개념은 쉽게
기능은 빠르게
실무활용은 바로

회사에서
바로 통하는

실무

엑셀
전미진·이화진·신면철 지음
파워포인트
워드&한글

모든 버전 사용 가능

2010 2013 2016 2019 2021 Microsoft 365

현장밀착형
입문서

한빛미디어
Hanbit Media, Inc.

KB092465

지은이 전미진 (smileimp@naver.com)

삼성전자, 삼성항공, 삼성코닝, 삼성멀티캠퍼스, 삼성석유화학, 삼성토탈, 지역난방공사, 농협대학, 국민건강보험공단, 경기경제과학진흥원, 한국생산성본부 등에서 업무 개선을 위한 엑셀과 파워포인트, 프로그래밍 관련 강의를 진행했습니다. 저서로는 《회사에서 바로 통하는 엑셀 FOR STARTERS : 왕초보가 시작하는 엑셀 입문서》, 《회사에서 바로 통하는 실무 엑셀 최강 업무 활용법》, 《회사에서 바로 통하는 엑셀 실무 강의》, 《회사에서 바로 통하는 엑셀+파워포인트+워드 2016&한글 NEO&윈도우 10》 등이 있습니다.

지은이 이화진 (hwajin@kkummolda.com)

삼성물산, KT, 포스코, 현대자동차, 농협, 마이크로소프트, 아모레퍼시픽, 유한킴벌리, LG인화원, 쌍용건설, 한화케미칼, 국민건강보험공단, 경희대학교, 한국외국어대학교 등에서 프레젠테이션 제작 및 강의를 진행했습니다. 현재 꿈몰다 대표, 나다운스타일연구소 소장, 오피스튜터 프레젠테이션 강사로 활동하고 있습니다. 저서로는 《회사에서 바로 통하는 파워포인트 FOR STARTERS : 왕초보가 시작하는 파워포인트 입문서》, 《회사에서 바로 통하는 엑셀+파워포인트+워드 2016&한글 NEO&윈도우 10》 등이 있습니다.

지은이 신면철 (bavo@paran.com)

(주)익스터디 대표이사, 두목넷 사무자동화 부분 대표 강사로 IT 자격증 분야에서 '왕두목'이라는 애칭으로 활발히 활동하고 있습니다. 경기공업대학 외래 교수, 철도대학 특강 교수로 강의했습니다. 저서로는 《회사에서 바로 통하는 엑셀+파워포인트+워드 2016&한글 NEO&윈도우 10》, 《회사에서 바로 통하는 한글 NEO FOR STARTERS》 등이 있습니다.

회사에서 바로 통하는
실무 엑셀+파워포인트+워드&한글 : 개념은 쉽게, 기능은 빠르게, 실무활용은 바로

초판 1쇄 발행 2022년 5월 27일
초판 5쇄 발행 2024년 4월 29일

지은이 전미진, 이화진, 신면철 / **펴낸이** 전태호
펴낸곳 한빛미디어(주) / **주소** 서울특별시 서대문구 연희로 2길 62 한빛미디어(주) IT출판1부
전화 02-325-5544 / **팩스** 02-336-7124
등록 1999년 6월 24일 제25100-2017-000058호 / **ISBN** 979-11-6224-569-9 13000

총괄 배윤미 / **책임편집** 장용희 / **기획** 유희현 / **편집** 유희현, 박동민 / **진행** 오희라
디자인 박정화 / **전산편집** 오정화
영업 김형진, 장경환, 조유미 / **마케팅** 박상용, 한종진, 이행은, 김선아, 고광일, 성화정, 김한솔 / **제작** 박성우, 김정우

이 책에 대한 의견이나 오탈자 및 잘못된 내용은 출판사 홈페이지나 아래 이메일로 알려주십시오.
파본은 구매처에서 교환하실 수 있습니다. 책값은 뒤표지에 표시되어 있습니다.
한빛미디어 홈페이지 www.hanbit.co.kr / 이메일 ask@hanbit.co.kr / 자료실 www.hanbit.co.kr/src/10569

지금 하지 않으면 할 수 없는 일이 있습니다.
책으로 펴내고 싶은 아이디어나 원고를 메일(writer@hanbit.co.kr)로 보내주세요.
한빛미디어(주)는 여러분의 소중한 경험과 지식을 기다리고 있습니다.

엑셀의 기초부터 충실히 다져야 실력이 쌓인다!

실무에서는 엑셀을 잘 다루기만 해도 업무 효율이 높아져서 유능하다는 소리를 듣는 경우가 많습니다. 하지만 엑셀은 어렵다는 꼬리표도 늘 달고 다닙니다. 잘 다루고 싶어도 생각만큼 쉽게 실력이 쌓이지 않죠. 그래서 엑셀을 익힐 때는 처음부터 기초를 탄탄하게 다지는 것이 매우 중요합니다. 이 책은 엑셀의 기초 기능을 빠르고 쉽게 익히고 싶어하는 독자들을 위해서 집필되었습니다. 꼭 알아두어야 할 기본적인 핵심기능이 실무 예제로 구성되어 있으므로 하루에 한두 가지 핵심기능만 익혀도 금세 엑셀의 기본기를 다질 수 있습니다. 이 책이 엑셀을 처음 사용하는 모든 분들의 기초를 탄탄하게 다지는 기본서로, 엑셀에 대해 관심을 갖는 계기가 되기를 바랍니다.

전미진

보라, 생각하라, 하라! 그러면 자기 실력이 되리라!

이 책에는 필자의 오랜 프레젠테이션 제작 경험과 노하우를 녹여냈습니다. 또한 무수한 강의를 통해 현장에서 쌓은 활용도 높은 예제를 수록했습니다. 핵심기능을 하나하나 직접 따라 해보면서 파워포인트의 주요한 기능을 쉽고 빠르게 마스터할 수 있습니다. 처음에는 어렵겠지만 반복해서 학습하다 보면 자신의 실력이 점점 좋아지는 것을 느낄 수 있을 것입니다. 더 나아가 주어진 완성 예제의 텍스트 내용이나 색, 이미지, 도형 등을 원하는 대로 변경하여 자신의 업무에 맞게 활용해보기 바랍니다. 프레젠테이션 전문가 못지않은 완성도 높은 슬라이드를 만들 수 있을 것입니다. 이 책에 수록한 제 경험과 노하우가 여러분의 성공 프레젠테이션 제작을 위한 밑거름이 되길 기도합니다.

이화진

'핵심기능'으로 문서 작성의 기본기를 다져라!

워드는 일상 업무에서 문서를 작성할 때 가장 많이 사용되는 소프트웨어입니다. 워드의 간단한 기능만 알고 있어도 세련되고 정돈된 문서를 작성할 수 있습니다. 이 책에서는 워드의 주요 기능을 바로 찾아 실무에서 사용할 수 있도록 구성했습니다. 특히 직장에서 쓰는 실무 문서뿐만 아니라 일상에서 문서를 작성할 때도 활용할 수 있도록 폭넓은 예제를 수록했습니다. 몇 분이면 해결할 문제들을 인터넷에 검색하며 시간을 낭비한 경험이 있는 독자라면 이 책으로 답답함을 쉽게 해결할 수 있을 것입니다.

실무 예제로 익혀 문서 작업의 달인이 된다!

전 세계에서 자국 워드프로세서를 보유하고 있으며 사용률까지 높은 나라는 우리나라뿐입니다. 이 책에는 입력하기, 문서 편집하기, 글꼴과 문단, 쪽 꾸미기, 도형 및 개체 활용하기, 표 꾸미기 등 실무를 할 때 꼭 필요한 한글의 핵심기능을 알차게 수록했습니다. 이 책의 내용을 순서대로 학습하고 독자 여러분의 실무 문서에 적용하는 작업을 반복하다 보면 한글의 달인에 가까워질 수 있으리라 생각합니다. 이 책과 함께 활용도 높은 한글의 기능별 세부 설정을 마음껏 즐겨보기 바랍니다.

신면철

회사에서 바로 통하는 현장밀착형
3단계 학습 전략

01 모든 버전에서 완벽하게 학습한다!

엑셀, 파워포인트, 워드, 한글의 다양한 버전에서 학습할 수 있도록 구성했습니다.
버전에 상관없이 한 권의 책으로 핵심기능을 완벽하게 익힐 수 있습니다.

02 우선순위 기능부터 빠르게 마스터한다!

엑셀, 파워포인트, 워드, 한글을 마스터할 때 가장 먼저 학습해야 할 우선순위 핵심기능을
표시해두었습니다. 기초부터 빠르고 탄탄하게 학습할 수 있도록 안내합니다.

03 실무에 바로 써먹는 핵심기능을 익힌다!

효율적으로 실무하는 데 꼭 필요한 핵심기능의 활용 방법을 익힙니다. 꼼꼼한
따라 하기 실습은 실무형 예제로 진행하므로 바로 익혀 바로 써먹을 수 있습니다.

일 잘하는 직장인이 꼭 알아야 할
우선순위 핵심기능

사용 가능 버전

학습할 수 있는 프로그램의 버전을 한눈에 확인할 수 있습니다.

핵심기능

엑셀, 파워포인트, 워드, 한글을 다룰 때 반드시 알아야 할 기본 기능과 활용 방법을 소개합니다. 핵심기능을 따라 하면서 기본 기능을 충실히 익힐 수 있습니다.

바로 통하는 TIP

학습 중 헷갈리기 쉬운 부분을 정리합니다.

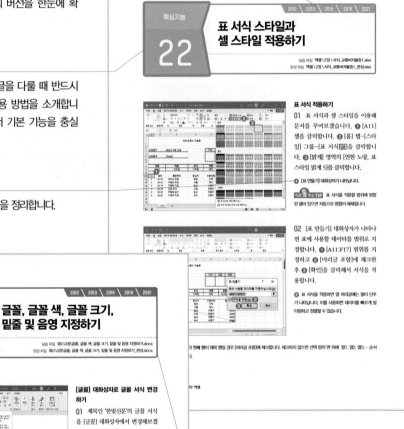

핵심기능 22
2010 / 2013 / 2016 / 2019 / 2021
표 서식 스타일과 셀 스타일 적용하기

핵심기능 11
2010 / 2013 / 2016 / 2019 / 2021
글꼴, 글꼴 색, 글꼴 크기, 밑줄 및 음영 지정하기

실습 파일&완성 파일

따라 하기에 필요한 실습 파일과 결과를 비교해 볼 수 있는 완성 파일을 제공합니다.

쉽고 빠른 노트

엑셀, 파워포인트, 워드, 한글을 다루는 데 필요한 유용한 정보, 알아두면 좋을 참고 사항 등을 상세히 소개합니다.

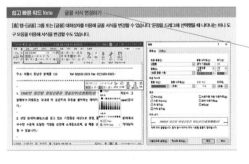

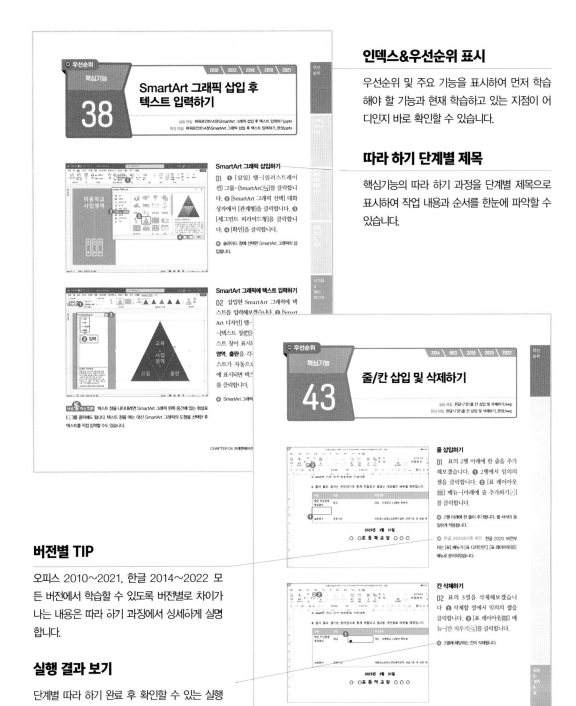

인덱스&우선순위 표시

우선순위 및 주요 기능을 표시하여 먼저 학습해야 할 기능과 현재 학습하고 있는 지점이 어디인지 바로 확인할 수 있습니다.

따라 하기 단계별 제목

핵심기능의 따라 하기 과정을 단계별 제목으로 표시하여 작업 내용과 순서를 한눈에 파악할 수 있습니다.

버전별 TIP

오피스 2010~2021, 한글 2014~2022 모든 버전에서 학습할 수 있도록 버전별로 차이가 나는 내용은 따라 하기 과정에서 상세하게 설명합니다.

실행 결과 보기

단계별 따라 하기 완료 후 확인할 수 있는 실행 결과 및 주요 변화를 한 번 더 설명합니다.

회사에서 바로 통하는 실습 예제 다운로드하기

이 책에 사용된 모든 실습 및 완성 예제 파일은 한빛출판네트워크 홈페이지(www.hanbit.co.kr)에서 다운로드할 수 있습니다. 예제 파일은 따라 하기를 진행할 때마다 사용되므로 컴퓨터에 복사해두고 활용합니다.

1 한빛출판네트워크 홈페이지(www.hanbit.co.kr)로 접속합니다. 로그인 후 화면 오른쪽 아래에서 [자료실]을 클릭합니다.

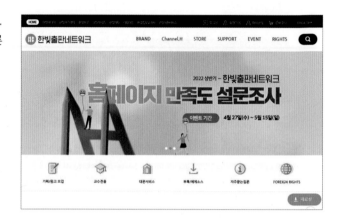

2 자료실 도서 검색란에 도서명을 입력하고 🔍를 클릭합니다. 검색한 도서가 표시되면 오른쪽에 있는 [예제소스]를 클릭합니다.

3 선택한 도서 정보가 표시되면 [다운로드]를 클릭합니다.

다운로드한 예제 파일은 일반적으로 [다운로드] 폴더에 저장되며, 사용하는 웹 브라우저 설정에 따라 다를 수 있습니다.

PART 01 | 엑셀

CHAPTER 01
엑셀 문서 작성으로 시작하기

—— CHAPTER 02 ——

문서 편집 및 인쇄하기

——— CHAPTER 03 ———
수식 작성 및 함수 활용하기

─────── **CHAPTER 04** ───────

차트 만들기

PART
02 | **파워포인트**

CHAPTER 01
기본 프레젠테이션 만들기

CHAPTER 02

프레젠테이션 슬라이드 배경 서식 만들기

CHAPTER 03

프레젠테이션 내용 작성하고 서식 지정하기

CHAPTER 04

프레젠테이션 시각화 및 서식 지정하기

CHAPTER 05

멀티미디어 삽입하고 서식 지정하기

CHAPTER 06

프레젠테이션 슬라이드 정리 및 저장하기

CHAPTER 07

프레젠테이션 발표 준비 및 발표하기

─── **CHAPTER 03** ───

글꼴 꾸미기

─── **CHAPTER 04** ───

단락 꾸미기

─── **CHAPTER 05** ───

도형 및 개체 활용하기

───── CHAPTER 06 ─────

표 꾸미기

───── CHAPTER 07 ─────

페이지 관리 및 출력하기

PART
04 한글

CHAPTER 01

한글 기본기 다지기

CHAPTER 02

입력 및 기본 편집하기

CHAPTER 03

문서 편집과 글꼴 꾸미기

CHAPTER 04

문단 꾸미기

—— CHAPTER 05 ——

쪽 꾸미기

—— CHAPTER 06 ——

도형 및 개체 활용하기

———— CHAPTER 07 ————

표 꾸미기

PART

01

엑셀

CHAPTER

01

엑셀
문서 작성으로
시작하기

엑셀과 빨리 친숙해지려면 엑셀의 구성 요소들을 잘 다뤄야 합니다. 그런 후에 문서 작성의 기본인 데이터를 입력하는 방법을 익히면 전체 작업 시간을 줄일 수 있습니다. 여기에서는 엑셀의 기본 화면에 대해 살펴보고 각 구성 요소를 익숙하게 다루는 방법과 데이터를 입력하여 통합 문서를 작성하는 방법에 대해서 알아보겠습니다.

들어가기

00

엑셀의 기본 화면 구성 살펴보기

기본 화면 구성

엑셀은 2007 버전부터 최신 버전까지 몇 년간 꾸준히 업그레이드되었습니다. 따라서 각 버전별로 인터페이스 모양이 일부 다를 수는 있지만 기본 화면 구성은 동일합니다. 여기서는 Microsoft 365 버전의 엑셀을 기준으로 설명합니다. 다음은 엑셀을 실행하면 나타나는 기본 화면입니다. ❶ 리본 메뉴, ❷ 워크시트, ❸ 상태 표시줄로 구성됩니다.

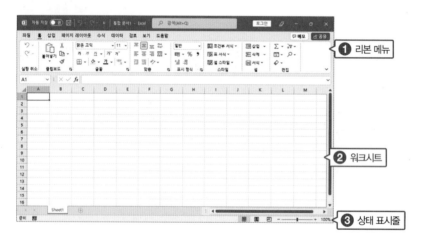

1 리본 메뉴

리본 메뉴는 화면 상단에서 확인합니다. 텍스트 형태의 메뉴와 아이콘 형태의 명령이 모여 있습니다.

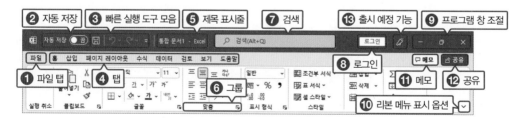

❶ **파일 탭** : 파일을 관리하는 메뉴가 모여 있으며 개인 정보를 설정하고 저장, 공유, 인쇄 및 옵션 등을 설정할 수 있습니다.

❷ **자동 저장** : 파일을 온라인 위치(OneDrive, SharePoint)에 저장한 상태에서 [자동 저장]이 [켬]으로 활성화되어 있으면 파일이 자동으로 온라인 위치에 저장됩니다.

❸ **빠른 실행 도구 모음** : 자주 사용하는 기능을 추가하여 빠르게 실행할 수 있습니다.

❹ **탭** : 비슷한 종류의 명령을 그룹별로 모은 메뉴입니다. 파일, 홈, 삽입, 페이지 레이아웃, 수식, 데이터, 검토, 보기 등으로 구성되어 있습니다.

❺ **제목 표시줄** : 프로그램 이름과 현재 작업 중인 파일 이름이 표시되며 작업 상태에 따라 [읽기 전용], [호환 모드], [공유], [그룹]이 표시됩니다. Microsoft 365에서 온라인 위치(OneDrive, SharePoint)에 저장하면 파일 이름, 저장 위치, 버전 기록을 알 수 있습니다.

❻ **그룹** : 각각의 탭 관련 기능을 세부적으로 구분합니다.

❼ **검색** : 작업에 필요한 키워드나 설명을 입력해 관련 엑셀 기능, 도움말, 스마트 조회 창을 열 수 있습니다

❽ **로그인** : 로그인한 후 온라인 위치에 오피스 문서를 [업로드], [열기], [공유]할 수 있습니다.

❾ **프로그램 창 조절** : 엑셀 창을 최소화/최대화하거나 닫을 때 사용합니다.

❿ **리본 메뉴 표시 옵션** ✓ : [전체 화면 모드], [탭만 표시], [항상 리본 표시], [빠른 실행 도구 모음 표시], [빠른 실행 도구 모음 감추기]를 선택해 작업 영역을 조절할 수 있습니다.

⓫ **메모** : Microsoft 365의 대화형 메모를 활용하면 파일을 공유하거나 온라인 위치(OneDrive, SharePoint)를 이용해 공동 작업을 진행할 때 메신저를 사용하듯 셀에 댓글을 입력할 수 있습니다.

⓬ **공유** : 온라인 위치(OneDrive, SharePoint)에 저장한 오피스 문서를 다른 사용자와 공유합니다. 공유할 사용자를 추가하거나, 보기, 편집 링크를 활용해 공동 작업을 할 수 있습니다. Microsoft 365와 엑셀 2021 버전에서는 실시간으로 파일과 작업을 공유할 수 있으며 동기화 속도가 개선되었습니다.

⓭ **출시 예정 기능** : [출시 예정 기능 🖋]을 클릭하고 [제공 예정]에서 [새 환경 사용해보기]를 클릭해 활성화 ◖●◗ 켜기 한 후 엑셀을 다시 실행하면 최신 엑셀 레이아웃으로 변경됩니다.

2 워크시트(작업 영역)

워크시트는 격자 형태의 모눈종이처럼 보이는 공간입니다.

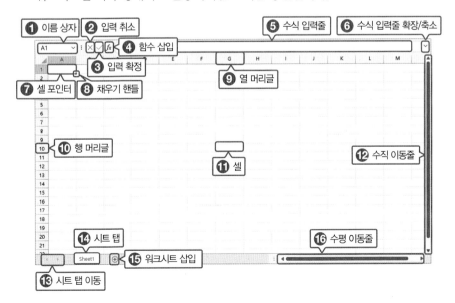

❶ **이름 상자** : 셀 주소와 정보 또는 수식이나 함수 목록이 나타납니다.

❷ **입력 취소**☒ : 셀에 입력한 내용을 취소합니다. Esc 를 누르는 것과 같습니다.

❸ **입력 확정**☑ : 셀에 입력한 내용을 확정합니다. Enter 를 누르는 것과 같습니다.

❹ **함수 삽입** _fx_ : 함수 마법사를 실행하여 함수를 삽입합니다.

❺ **수식 입력줄** : 선택한 셀에 입력한 내용이나 수식이 나타나며 셀 내용을 직접 입력하거나 수정할 수 있습니다.

❻ **수식 입력줄 확장/축소** : 수식 입력줄을 확장/축소합니다.

❼ **셀 포인터** : 셀이 선택되었다는 표시로 굵은 테두리가 셀 주위에 표시됩니다.

❽ **채우기 핸들** : 셀 포인터 오른쪽 아래의 점입니다. 드래그하면 셀 내용을 연속으로 채울 수 있습니다.

❾ **열 머리글** : 열 이름이 표시되는 곳으로 A열부터 XFD열까지 16,384개의 열이 있습니다.

❿ **행 머리글** : 행 번호가 표시되는 곳으로 1행부터 1,048,576행까지 있습니다.

⓫ **셀** : 행과 열이 만나는 격자 형태의 사각형 영역으로 데이터나 수식 등을 입력할 수 있습니다.

⓬ **수직 이동줄** : 화면을 위/아래로 옮기면서 볼 수 있습니다.

⓭ **시트 탭 이동** : 시트 개수가 많아 가려진 시트 탭이 있을 경우 클릭하여 이동할 수 있습니다.

⓮ **시트 탭** : 현재 통합 문서에 있는 시트의 이름이 표시됩니다.

⓯ **워크시트 삽입**⊕ : 새 워크시트를 삽입할 수 있습니다.

⓰ **수평 이동줄** : 화면을 왼쪽/오른쪽으로 옮기면서 볼 수 있습니다.

3 상태 표시줄

상태 표시줄에서는 현재의 작업 상태를 확인할 수 있습니다.

❶ **셀 모드** : 준비, 입력, 편집 등의 셀 작업 상태를 표시합니다.

❷ **표시 영역** : 키보드 기능키의 선택 상태를 표시하며, 숫자가 입력된 범위를 지정하면 자동 계산 결과를 표시합니다.

❸ **보기 바로 가기** : 기본, 페이지 레이아웃, 페이지 나누기 미리 보기 등 워크시트 보기 상태를 선택할 수 있습니다.

❹ **확대/축소 슬라이드** : 확대/축소 버튼을 클릭하여 10% 단위로 확대/축소하거나, 조절바를 드래그하여 확대/축소할 수 있습니다.

❺ **확대/축소 비율** : [확대/축소] 대화상자를 열어 원하는 배율을 지정합니다.

작업 영역의 기본 구조

엑셀은 통합 문서, 워크시트(Worksheet), 셀(Cell)로 이루어져 있습니다. 엑셀의 기본 구조를 살펴보면 엑셀의 동작 원리와 용도를 명확하게 알 수 있습니다.

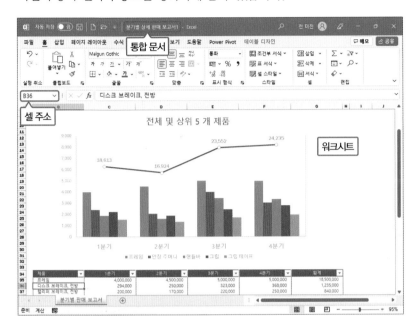

1 모든 작업의 시작, 셀과 셀 주소

엑셀의 작업 영역은 가로 행과 세로 열이 교차하여 격자 형태의 모눈종이처럼 직사각형으로 이루어져 있습니다. 이 직사각형 하나를 셀(Cell)이라 부릅니다. 셀은 데이터를 입력(저장)할 수 있는 공간으로 각 셀에는 고유한 주소(셀 주소)가 부여됩니다. 셀 주소는 열 머리글과 행 머리글을 조합해서 만듭니다.

2 데이터를 편집하는 공간, 워크시트

워크시트는 1,048,576행과 16,384열의 셀이 모여 문서를 만들고 편집하는 공간입니다. 엑셀을 처음 실행하면 기본으로 [Sheet1] 워크시트 하나가 생성되며 총 255개까지 삽입할 수 있습니다. 장부에 견 출지를 붙이는 것처럼 각 워크시트 또한 이름이나 색으로 구분할 수 있습니다.

3 워크시트를 한꺼번에 관리하는 통합 문서

통합 문서는 한 권의 책에 해당합니다. 개별 문서에 해당하는 워크시트를 묶어서 관리하는 셈입니다. 엑셀에서는 통합 문서 단위로 문서를 저장하므로 관련 있는 내용을 하나로 묶어서 관리하면 편리합니다. 예를 들어 경비 예산 문서라면 2022년도 총예산과 1월~12월의 문서를 한 통합 문서 안에서 작업하는 것입니다.

엑셀 빠르게 시작하기

엑셀을 시작하면 [홈] 화면이 나타납니다. [새로 만들기], [열기], [새 통합 문서], [추가 서식 파일], [최근 항목] 중에서 선택하여 엑셀을 시작할 수 있습니다.

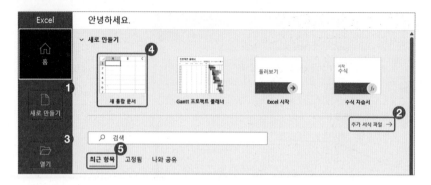

1. **새로 만들기** : [새 통합 문서]를 엽니다.
2. **추가 서식 파일** : 엑셀 문서의 [서식 파일]을 온라인에서 검색한 후 서식 파일을 열어 빠르게 문서 작업을 할 수 있습니다.
3. **열기** : 기존에 작업했던 통합 문서를 저장 공간(컴퓨터/OneDrive 등)에서 찾아옵니다.
4. **새 통합 문서** : 새로운 통합 문서를 열어 데이터 입력, 편집, 서식 적용 등을 할 수 있습니다.
5. **최근 항목** : 최근에 작업한 통합 문서 목록에서 통합 문서를 불러옵니다.

엑셀 저장하기

작업한 엑셀 문서를 컴퓨터, 클라우드에 저장합니다.

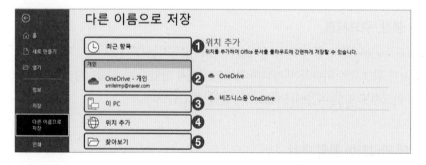

1. **최근 항목** : 최근에 작업한 컴퓨터, 클라우드의 목록에서 폴더를 선택해 통합 문서를 저장합니다.
2. **OneDrive** : OneDrive에 통합 문서를 저장합니다.
3. **이 PC** : 최근에 작업한 컴퓨터 목록에서 폴더를 선택해 통합 문서를 지장합니다.
4. **위치 추가** : 온라인 위치를 추가하여 통합 문서를 클라우드(OneDrive, SharePoint)에 간편하게 저장할 수 있습니다.
5. **찾아보기** : 로컬 컴퓨터에서 저장할 위치를 찾아 문서를 저장합니다.

핵심기능

01

엑셀 서식 파일로 열고 통합 문서 저장하기

실습 파일 없음
완성 파일 엑셀 \ 1장 \ 연간달력_완성.xlsx

문서
작성

01 엑셀에서 기본으로 제공하는 서식 파일을 열어서 문서를 작성해 보겠습니다. ❶ [파일] 탭을 클릭합니다. ❷ [새로 만들기]를 클릭하고 ❸ [추천 검색어]에서 [캘린더]를 클릭합니다.

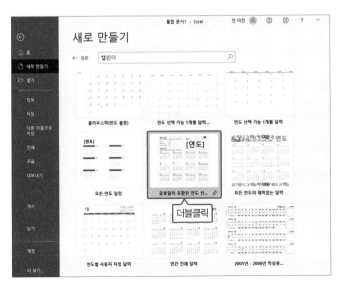

02 캘린더와 관련된 서식 파일 목록이 나타납니다. [공휴일이 포함된 연도 선택 가능 달력]을 더블클릭합니다.

바로 통하는TIP 온라인(Office.com)에서 다운로드한 후 파일이 열리므로 인터넷에 연결되어 있어야 합니다. 서식 파일 목록은 엑셀 버전에 따라 다를 수 있습니다.

03 ❶ 연도를 변경한 후 ❷ [파일] 탭을 클릭합니다.

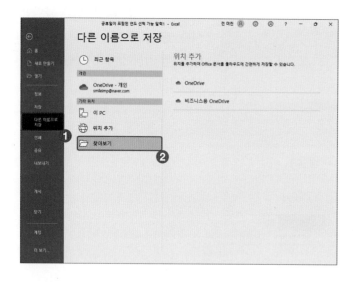

04 ❶ [다른 이름으로 저장]을 클릭하고 ❷ [찾아보기]를 클릭합니다.

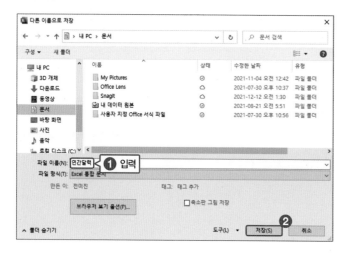

05 ❶ [다른 이름으로 저장] 대화 상자에서 [파일 이름]에 **연간달력**을 입력한 후 ❷ [저장]을 클릭해서 통합 문서를 저장합니다.

바로 통 하는 TIP 자동 저장하려면 제목 표시줄에서 자동저장 ●끔 을 클릭하고 OneDrive에 파일을 저장합니다. [자동 저장]이 자동 저장 켬 ●으로 활성화되어 있으면 OneDrive에 자동 저장됩니다. [자동 저장]은 Microsoft 365 또는 엑셀 2021 버전에서만 사용할 수 있습니다.

핵심기능

02

PDF 파일로 저장하기

실습 파일 엑셀\1장\저장_견적서.xlsx
완성 파일 엑셀\1장\저장_견적서.pdf

문서
작성

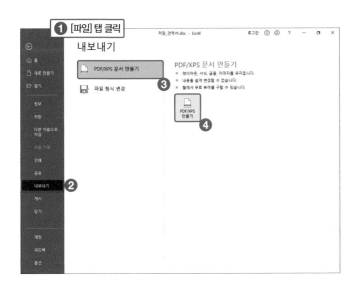

01 엑셀이 설치되지 않은 컴퓨터에서도 견적서 파일 내용을 확인할 수 있도록 PDF 파일 형식으로 저장해보겠습니다. ❶ [파일] 탭을 클릭한 후 ❷ [내보내기]를 클릭합니다. ❸ [PDF/XPS 문서 만들기]를 클릭하고 ❹ [PDF/XPS 만들기]를 클릭합니다.

02 ❶ [PDF 또는 XPS로 게시] 대화상자에서 [파일 이름]에 **저장_견적서**를 입력한 후 ❷ [게시]를 클릭합니다.

➕ '저장_견적서.pdf' 파일이 저장됩니다.

바로통하는TIP PDF나 XPS 파일 형식으로 저장할 때 인쇄 품질을 높이려면 최적화 항목에서 [표준(온라인 게시 및 인쇄)]를 클릭하고, 파일 크기를 줄이려면 [최소 크기(온라인 게시)]를 클릭합니다. 그밖에 파일의 옵션을 설정하려면 [옵션]을 클릭합니다.

핵심기능

03

화면 구성 요소 보이기/숨기기

실습 파일 엑셀 \ 1장 \ 화면구성_경력증명서.xlsx
완성 파일 없음

눈금선 숨기기

01 완성된 경력증명서를 확인할 때는 눈금선과 같은 불필요한 요소를 숨기는 것이 좋습니다. [보기] 탭-[표시] 그룹-[눈금선]을 클릭하여 체크를 해제합니다.

➕ 눈금선이 숨겨집니다.

바로 통하는 TIP 눈금선 외에 수식 입력줄, 머리글 등의 요소도 같은 방법으로 숨길 수 있습니다.

바로 통하는 TIP 엑셀 창의 너비가 좁으면 [표시] 그룹이 별도의 아이콘 메뉴로 표시됩니다.

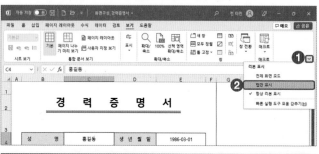

리본 메뉴 축소하기

02 ❶ [리본 메뉴 표시 옵션⌄]을 클릭하고 ❷ [탭만 표시]를 클릭하면 리본 메뉴가 축소되면서 작업 창의 문서 내용을 좀 더 넓은 영역에서 볼 수 있습니다. ❸ 임의의 리본 탭을 클릭하고 ❹ [리본 메뉴 표시 옵션⌄]을 클릭한 후 ❺ [항상 리본 표시]를 클릭하면 원상태로 돌아갑니다.

바로 통하는 TIP 임의의 리본 메뉴 탭을 더블클릭하거나 단축키 Ctrl+F1을 눌러도 리본 메뉴를 축소/확장할 수 있습니다.

✅ **엑셀 2019** 엑셀 2019 버전은 제목 표시줄에서 [리본 메뉴 표시 옵션🔲]을 클릭하고 [탭 표시] 또는 [탭 및 명령 표시]를 클릭합니다.

핵심기능

04

2010 \ 2013 \ 2016 \ 2019 \ 2021

빠른 실행 도구 모음에 명령어 추가하기

실습 파일 없음
완성 파일 없음

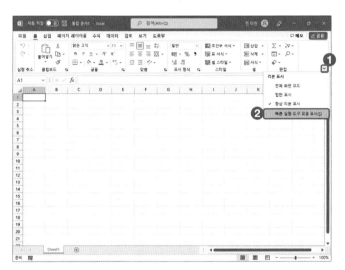

빠른 실행 도구 모음 표시하기

01 ❶ [리본 메뉴 표시 옵션▼]을 클릭하고 ❷ [빠른 실행 도구 모음 표시]를 클릭합니다.

➕ 자동 저장 오른쪽 또는 리본 메뉴 하단에 빠른 실행 도구 모음이 표시됩니다.

바로 통하는TIP Microsoft 365 최신 버전으로 업데이트하지 않았다면 기본적으로 빠른 실행 도구 모음이 표시됩니다.

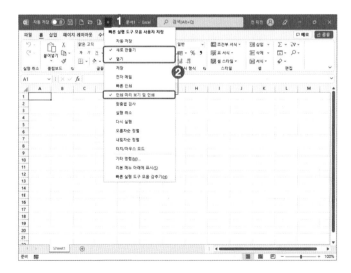

빠른 실행 도구 모음에 명령어 추가하기

02 ❶ [빠른 실행 도구 모음 사용자 지정▼]을 클릭하고 ❷ [새로 만들기], [열기], [인쇄 미리 보기 및 인쇄]를 각각 클릭하여 빠른 실행 도구 모음에 추가합니다.

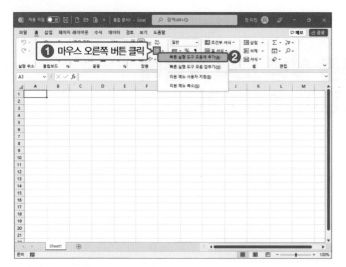

리본 메뉴 탭의 명령어 추가하기

03 ❶ [홈] 탭-[맞춤] 그룹-[병합하고 가운데 맞춤圄]에서 마우스 오른쪽 버튼을 클릭한 후 ❷ [빠른 실행 도구 모음에 추가]를 클릭합니다.

➕ 빠른 실행 도구 모음에 [병합하고 가운데 맞춤]이 추가됩니다.

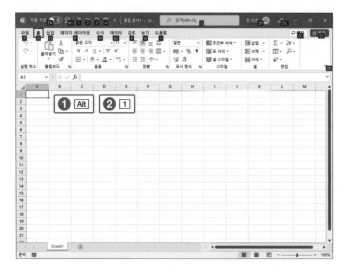

키 번호로 명령어 실행하기

04 ❶ Alt 를 누르면 빠른 실행 도구 모음과 리본 메뉴를 실행할 수 있는 키 번호가 표시됩니다. ❷ 이때 1 을 누르면 통합 문서 [새로 만들기] 기능이 실행됩니다.

➕ Alt 를 누르면 표시되는 키 번호는 엑셀 사용 환경에 따라 다를 수 있습니다.

✔ **엑셀 2019&이전 버전** 엑셀 2019 버전을 포함한 이전 버전에서는 키 번호 1 을 누르면 [저장] 기능이 실행됩니다.

핵심기능

05

키보드로 범위 지정하기

실습 파일 엑셀\1장\셀범위_거래처판매현황1.xlsx
완성 파일 없음

키보드로 범위 지정하기

01 ❶ [A4] 셀을 클릭하고 ❷ Ctrl + Shift + ↓를 누르면 [A4:A83] 범위가 지정됩니다.

전체 데이터 범위 지정하기

02 ❶ 데이터 목록에서 임의의 셀을 클릭한 후 ❷ Ctrl + A를 누르면 데이터가 입력된 전체 범위가 지정됩니다.

바로 통 하는 TIP 워크시트 전체 범위를 지정할 때는 [A1] 셀 왼쪽 위에 있는 [전체 선택▦]을 클릭합니다.

쉽고 빠른 엑셀 Note 범위 지정 단축키

다음 표의 단축키로 데이터의 범위를 지정할 수 있습니다.

난축기	결과
Ctrl + Shift + →/←/↑/↓	데이터가 입력된 현재 셀에서 열의 첫 행 또는 마지막 행, 첫 열 또는 마지막 열까지 범위를 지정합니다. 단, 데이터가 입력되지 않았을 때는 현재 열/행의 처음 또는 마지막 셀까지 범위가 지정됩니다.
Ctrl + Shift + *	데이터가 입력된 전체 범위를 지정합니다. 단, 데이디기 입력되지 않았을 때는 범위 지정이 되지 않습니다.
Ctrl + A	데이터가 입력된 전체 범위를 지정합니다. 단, 데이터가 입력되지 않았을 때는 현재 워크시트 전체 범위가 지정됩니다.

핵심기능

06

이름 정의로 범위 지정하기

실습 파일 엑셀\1장\셀범위_거래처판매현황2.xlsx
완성 파일 엑셀\1장\셀범위_거래처판매현황2_완성.xlsx

범위를 이름 정의하기

01 셀과 범위에 이름을 정의할 수 있습니다. ❶ [A4:H24] 범위를 지정합니다. ❷ [이름 상자]에 **거래_4월**을 입력한 후 Enter 를 누릅니다.

➕ [A4:H24] 범위가 '거래_4월'이란 이름으로 정의되었습니다.

바로 통 하는TIP 셀 하나를 이름 정의할 때는 셀을 클릭한 후 [이름 상자]에 이름을 입력하고 Enter 를 누릅니다.

02 ❶ 임의의 셀을 클릭합니다. ❷ 이름 상자 목록 단추 ⌄ 를 클릭한 후 ❸ 앞서 이름 정의한 [거래_4월]을 선택합니다.

➕ [A4:H24] 범위에 해당하는 4월 판매 데이터 범위가 지정됩니다.

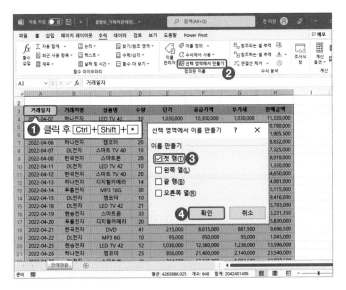

선택 영역에서 이름 만들기

03 [선택 영역에서 만들기]를 이용하면 한번에 이름을 지정할 수 있습니다. ❶ 전체 데이터를 선택하기 위해 [A3] 셀을 클릭한 후 Ctrl + Shift + * 를 누릅니다. ❷ [수식] 탭-[정의된 이름] 그룹-[선택 영역에서 만들기▦]를 클릭합니다. ❸ [선택 영역에서 이름 만들기] 대화상자에서 [첫 행]에만 체크하고 ❹ [확인]을 클릭합니다.

➕ 선택 범위에서 각 열의 첫 행이 범위 이름으로 정의됩니다.

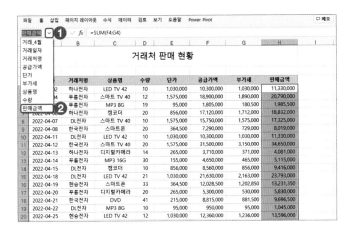

04 앞서 첫 행을 이름으로 정의하였으므로 [이름 상자]의 목록에는 거래일자, 거래처명, 공급가액, 단가, 부가세, 상품명, 수량, 판매금액이 추가됩니다. ❶ 이름 상자 목록 단추✓를 클릭하고 ❷ 앞서 이름 정의한 범위 중에 [판매금액]을 클릭하면 판매금액 열이 선택됩니다.

쉽고 빠른 엑셀 Note [이름 관리자]로 셀 이름 정의/수정/삭제하기

이름 정의한 셀과 범위는 [수식] 탭-[정의된 이름] 그룹-[이름 관리자▦]에서 확인할 수 있습니다. [이름 관리자] 대화상자에서는 이름을 수정하거나 삭제할 수 있으며, 이름을 새로 정의할 수 있습니다.

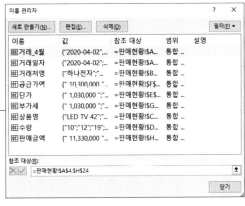

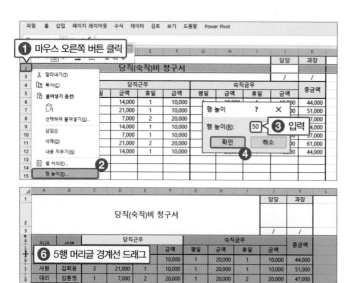

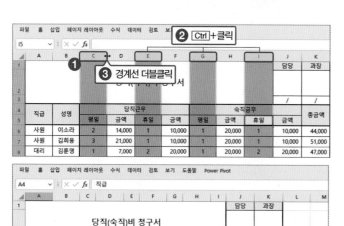

행 높이 조절하기

01 ❶ 2행 머리글에서 마우스 오른쪽 버튼을 클릭합니다. ❷ [행 높이]를 클릭하고 ❸ [행 높이] 대화상자에 **50**을 입력한 후 ❹ [확인]을 클릭합니다. ❺ [4:21] 행 머리글 범위를 드래그합니다. ❻ 5행 머리글 경계선에 마우스 포인터를 위치시키고 아래쪽으로 드래그합니다.

➕ 드래그해서 조절한 5행의 높이만큼 선택한 나머지 행의 높이도 일괄 변경됩니다.

열 너비 조절하기

02 ❶ C열 머리글을 클릭하고 ❷ Ctrl을 누른 상태에서 E, G, I열 머리글을 클릭합니다. ❸ 선택한 열 머리글 사이 경계선에 마우스 포인터를 위치시키고 더블클릭합니다.

➕ 선택한 범위의 데이터 너비만큼 열 너비가 일괄적으로 자동 조절됩니다.

바로 통 하는TIP 행/열 머리글에서 행의 아래쪽 및 열의 오른쪽 경계선을 더블클릭하면 행/열의 높이/너비가 자동으로 조절됩니다.

핵심기능

08

열 너비를 유지하여 붙여넣기 및 선택하여 붙여넣기

실습 파일 엑셀\1장\복사_개인고객정보.xlsx
완성 파일 엑셀\1장\복사_개인고객정보_완성.xlsx

문서
작성

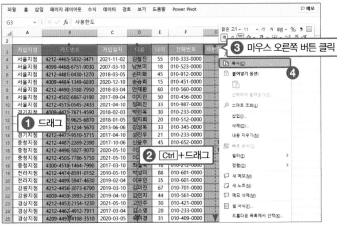

열 너비를 유지하여 붙여넣기

01 [고객정보] 시트의 카드번호, 이름, 사용한도를 열 너비를 유지한 채 [한도조회] 시트에 붙여 넣어 보겠습니다. ❶ [고객정보] 시트에서 [B3:B26] 범위를 지정하고 ❷ Ctrl 을 누른 상태에서 [D3:D26], [G3:G26] 범위를 지정합니다. ❸ 지정된 범위에서 마우스 오른쪽 버튼을 클릭하고 ❹ [복사]를 클릭합니다.

바로 통 하는 TIP [복사]의 단축키는 Ctrl + C, [잘라내기]는 Ctrl + X, [붙여넣기]는 Ctrl + V 입니다.

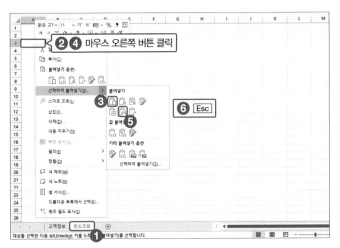

02 ❶ [한도조회] 시트 탭을 클릭하고 ❷ [A3] 셀에서 마우스 오른쪽 버튼을 클릭한 후 ❸ [선택하여 붙여넣기]에서 [붙여넣기🔲]를 클릭합니다. ❹ 한 번 더 마우스 오른쪽 버튼을 클릭하고 ❺ [선택하여 붙여넣기]에서 [원본 열 너비 유지🔲]를 클릭한 후 ❻ Esc 를 눌러 복사 모드를 해제합니다.

➕ 복사한 데이터의 열 너비가 유지된 채 붙여 넣어집니다.

바로 통 하는 TIP 데이터를 복사하면 지정한 범위의 테두리가 깜빡거립니다. 이는 원본 데이터를 계속 붙여 넣을 수 있다는 의미입니다. 붙여 넣지 않으려면 Esc 를 누릅니다.

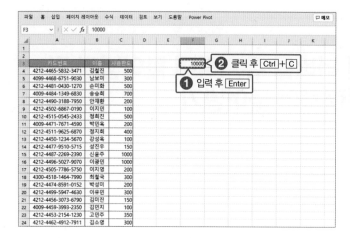

곱하여 붙여넣기

03 [선택하여 붙여넣기] 대화상자를 이용해 사용한도 금액에 10000을 곱해서 표시해보겠습니다. ❶ [F3] 셀에 **10000**을 입력하고 Enter를 누릅니다. ❷ [F3] 셀을 클릭한 후 Ctrl + C 를 누릅니다.

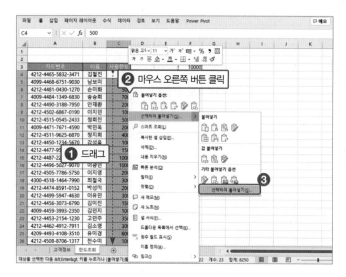

04 ❶ [C4:C26] 범위를 지정하고 ❷ 마우스 오른쪽 버튼을 클릭한 후 ❸ [선택하여 붙여넣기]에서 [선택하여 붙여넣기]를 클릭합니다.

➕ [선택하여 붙여넣기] 대화상자가 표시됩니다.

바로 통 하는 TIP [선택하여 붙여넣기] 대화상자를 표시하는 단축키는 Ctrl + Alt + V 입니다.

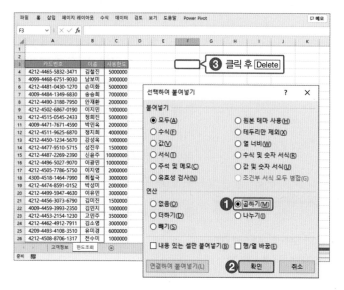

05 ❶ [선택하여 붙여넣기] 대화상자에서 [연산]-[곱하기]를 클릭하고 ❷ [확인]을 클릭합니다. ❸ [F3] 셀을 클릭한 후 Delete 를 눌러 값을 삭제합니다.

➕ 선택한 범위의 값에 10000이 곱해집니다.

이름 열의 서식만 복사하기

06 ❶ [B4:B26] 범위를 지정합니다. ❷ [홈] 탭-[클립보드] 그룹-[서식 복사] 를 클릭합니다.

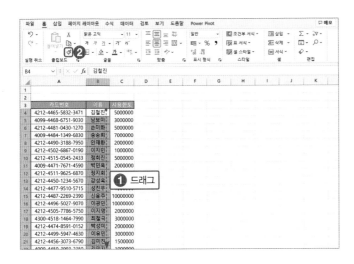

07 마우스 포인터가 서식 붙여넣기 모양 으로 변경됩니다. [C4] 셀을 클릭하면 이름 열의 서식이 사용한도 열로 복사됩니다.

바로 통 하는 TIP [서식 복사]를 더블클릭하면 동일한 서식을 여러 군데에 반복해서 복사할 수 있습니다. 서식 복사를 중단하려면 Esc 를 누릅니다.

쉽고 빠른 엑셀 Note [실행 취소]와 [다시 실행]

[실행 취소]나 [다시 실행]을 이용하면 잘못 실행한 작업이나 명령을 100단계까지 취소하거나 다시 실행할 수 있습니다. 단, 메뉴 탭을 선택하거나 [시트 보호], [통합 문서 저장], [매크로 실행] 등의 일부 작업은 취소할 수 없습니다. [실행 취소]와 [다시 실행]은 빠른 실행 도구 모음에 있으며 단축키는 각각 Ctrl + Z 와 Ctrl + Y 입니다.

① 실행 취소(Ctrl + Z)
최근 작업이나 그 이전 작업을 취소하고 싶을 때는 빠른 실행 도구 모음에서 [실행 취소]를 클릭합니다.

② 다시 실행(Ctrl + Y)
실행 취소한 최근 작업을 다시 실행하려면 빠른 실행 도구 모음에서 [다시 실행]을 클릭합니다.

핵심기능

09

그림으로 연결하여 붙여넣기

실습 파일 엑셀\1장\복사_인사평가표.xlsx
완성 파일 엑셀\1장\복사_인사평가표_완성.xlsx

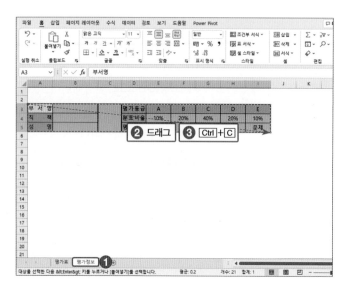

평가정보 표 복사하기

01 [평가정보] 시트에 작성된 표를 복사하여 [평가표] 시트에 그림으로 붙여 넣어보겠습니다. ❶ [평가정보] 시트 탭을 클릭합니다. ❷ [A3:I5] 범위를 지정한 후 ❸ Ctrl + C 를 눌러 복사합니다.

바로 통하는TIP 그림으로 붙여넣기는 표뿐만 아니라 눈금선도 복사하므로 복사하기 전에 [보기] 탭-[표시] 그룹-[눈금선]의 체크를 해제합니다.

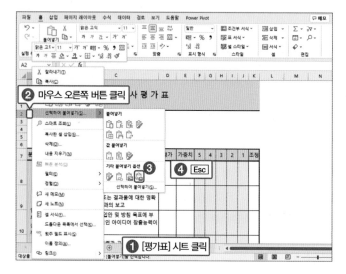

그림으로 붙여넣기

02 ❶ [평가표] 시트 탭을 클릭합니다. ❷ [A2] 셀에서 마우스 오른쪽 버튼을 클릭한 후 ❸ [선택하여 붙여넣기]-[기타 붙여넣기 옵션]에서 [연결된 그림📷]을 클릭합니다. ❹ Esc 를 눌러 복사 모드를 해제합니다.

➕ 복사한 평가정보 표가 그림으로 붙여 넣어집니다.

바로 통하는TIP [연결된 그림📷]을 사용하면 원본 데이터에 따라 연결된 데이터가 자동으로 수정됩니다. 만약 원본 데이터의 영향을 받지 않으려면 [그림📷]을 클릭합니다.

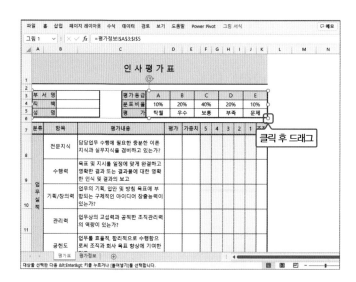

03 붙여 넣은 그림 개체를 클릭한 후 조절점을 드래그하여 크기를 조절합니다.

바로 통 하는TIP 개체를 클릭한 후 방향키([←], [↑], [→], [↓])를 눌러 위치를 옮길 수 있습니다.

쉽고 빠른 엑셀 Note   [선택하여 붙여넣기] 옵션 살펴보기

복사 모드에서 마우스 오른쪽 버튼을 클릭할 때 나타나는 메뉴는 [선택하여 붙여넣기] 옵션을 아이콘으로 제공합니다. 이 메뉴를 이용하면 좀 더 쉽고 편리하게 붙여 넣을 수 있습니다.

선택하여 붙여넣기 옵션		설명
붙여넣기	: 붙여넣기	모든 셀 내용과 수식 및 서식 붙여넣기
	: 수식	수식 입력줄에 입력한 대로 수식만 붙여넣기
	: 수식 및 숫자 서식	수식 입력줄에 입력한 대로 수식과 숫자 서식을 붙여넣기
	: 원본 서식 유지	원본 서식을 유지하면서 셀 내용과 수식을 붙여넣기
	: 테두리 없음	테두리 없이 셀 내용과 서식 및 수식을 붙여넣기
	: 원본 열 너비 유지	원본 열 너비를 유지하면서 셀 내용과 서식, 수식을 붙여넣기
	: 행/열 바꿈	행과 열을 바꿔서 셀 내용과 서식, 수식을 붙여넣기
	: 조건부 서식 병합	조건부 서식을 영역의 조건부 서식과 병합하여 붙여넣기
값 붙여넣기	: 값	셀 내용만 붙여넣기
	: 값 및 숫자 서식	셀 내용과 숫자 서식만 붙여넣기
	: 값 및 원본 서식	셀 내용과 서식을 붙여넣기
기타 붙여넣기	: 서식	셀 서식만 붙여넣기
	: 연결하여 붙여넣기	셀 내용만 연결하여 붙여넣기
	: 그림	원본과 연결하지 않고 그림으로 붙여넣기
	: 연결된 그림	원본과 연결하여 그림으로 붙여넣기

워크시트 이름 및 탭 색 변경하기

실습 파일 엑셀\1장\시트_실적현황1.xlsx
완성 파일 엑셀\1장\시트_실적현황1_완성.xlsx

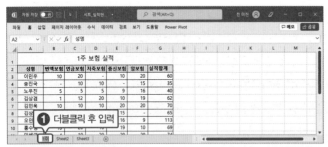

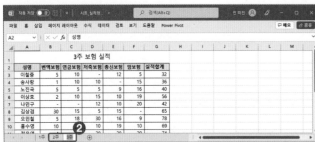

워크시트 이름 변경하기

01 ❶ [Sheet1] 시트 탭을 더블클릭한 후 **1주**를 입력합니다. ❷ 같은 방법으로 [Sheet2] 시트와 [Sheet3] 시트의 이름을 각각 **2주**, **3주**로 변경합니다.

바로 통 하는 TIP 시트 탭에서 마우스 오른쪽 버튼을 클릭한 후 [이름 바꾸기]를 클릭해 워크시트 이름을 바꾸거나 [탭 색]을 클릭해 워크시트 탭 색을 바꿀 수 있습니다. 워크시트 이름은 31자를 넘지 않아야 하며 \, /, ?, *, [,], '를 포함하지 않아야 합니다.

워크시트 탭 색 변경하기

02 ❶ [1주] 시트 탭에서 마우스 오른쪽 버튼을 클릭하여 ❷ [탭 색]에서 [바다색, 강조 1]을 클릭합니다. ❸ 같은 방법으로 [2주] 시트 탭과 [3주] 시트 탭의 색을 각각 [녹색, 강조 2], [황금색, 강조 5]로 변경합니다.

우선순위

핵심기능

11

2010 \ 2013 \ 2016 \ 2019 \ 2021

워크시트 이동/복사/삭제하기

실습 파일 엑셀\1장\시트_실적현황2.xlsx
완성 파일 엑셀\1장\시트_실적현황2_완성.xlsx

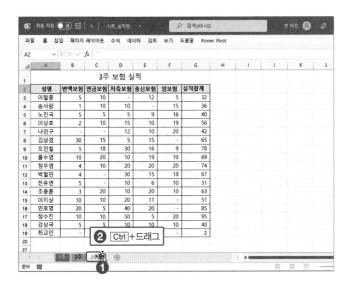

워크시트 복사하기

01 4주간의 매출 실석을 각각의 시트에 기록하려고 합니다. [4주] 시트가 없으므로 [3주] 시트를 복사한 후 이름을 바꿔보겠습니다. ❶ [3주] 시트 탭을 클릭합니다. ❷ Ctrl 을 누른 상태에서 오른쪽으로 드래그합니다.

➕ [3주] 시트가 복사됩니다.

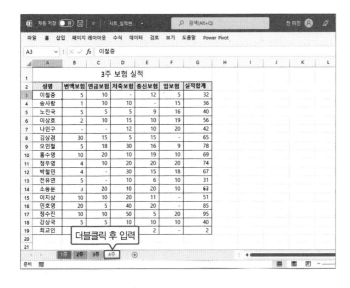

복사된 워크시트 이름 변경하기

02 복사된 시트 탭을 더블클릭하고 **4주**를 입력합니다.

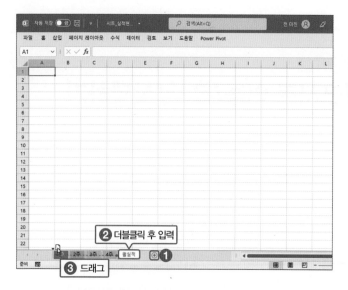

워크시트 삽입 및 이동하기

03 ❶ [새 시트⊕]를 클릭합니다. ❷ 새로운 시트 탭을 더블클릭한 후 **월실적**을 입력합니다. ❸ [월실적] 시트 탭을 [1주] 시트 탭 왼쪽으로 드래 그합니다.

바로 **통** 하는**TIP** 통합 문서를 새로 열면 기본적 으로 시트는 하나만 있습니다. 기본 시트 개수를 수 정하려면 [파일] 탭-[옵션]을 클릭합니다. [Excel 옵션] 대화상자가 나타나면 [일반] 항목의 [포함할 시 트 수]에 1~255 사이의 값을 입력합니다.

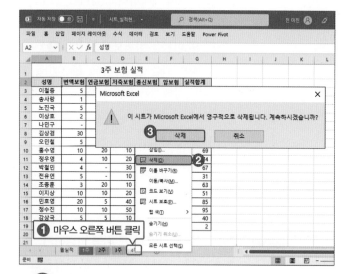

워크시트 삭제하기

04 앞서 추가한 [4주] 시트를 삭제 해보겠습니다. ❶ [4주] 시트 탭에서 마우스 오른쪽 버튼을 클릭한 후 ❷ [삭제]를 클릭합니다. ❸ 삭제하려는 시트에서 데이터를 삭제해도 되는지 물어보는 메시지가 나타나면 [삭제] 를 클릭합니다.

⊕ [4주] 시트가 삭제됩니다.

바로 **통** 하는**TIP** 여러 개의 워크시트를 한번에 선택할 때는 Shift와 Ctrl을 이용합니다. Shift를 누른 상태에서 워크시트를 클릭하면 처음 선 택한 워크시트와 마지막으로 선택한 워크시트 사이의 모든 워크시트가 선택됩니다. Ctrl을 누른 상태에서 워크시트를 클릭하면 클릭한 워크시트 만 선택됩니다.

핵심기능

12

워크시트 보호하기

실습 파일 엑셀\1장\시트보호_거래명세서.xlsx
완성 파일 엑셀\1장\시트보호_거래명세서_완성.xlsx

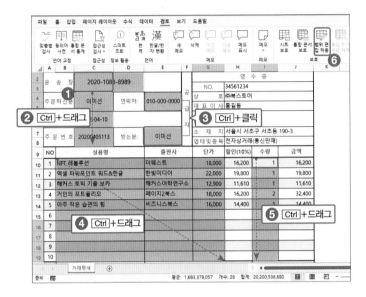

범위 편집 허용하기

01 지정한 범위 외에는 수정할 수 없도록 편집 허용 범위를 설정해보겠습니다. ❶ [C2] 셀을 클릭합니다. ❷ Ctrl을 누른 상태에서 [C4:C7] 범위를 지정하고 ❸ [E4] 셀과 [E7] 셀을 클릭한 후 ❹ [B10:G19] 범위, ❺ [I10:I19] 범위를 각각 지정합니다. ❻ [검토] 탭-[보호] 그룹-[범위 편집 허용 📖]을 클릭합니다.

➕ [범위 편집 허용] 대화상자가 나타납니다.

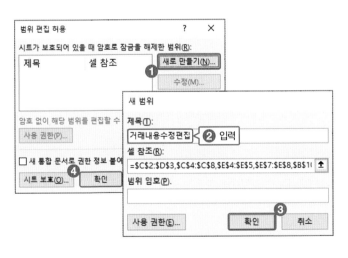

02 ❶ [범위 편집 허용] 대화상자에서 [새로 만들기]를 클릭합니다. ❷ [새 범위] 대화상자의 [제목]에 **거래내용수정편집**을 입력하고 ❸ [확인]을 클릭합니다. ❹ [범위 편집 허용] 대화상자에서도 [확인]을 클릭합니다.

➕ 지정한 범위만 편집할 수 있도록 편집 허용 범위가 설정됩니다.

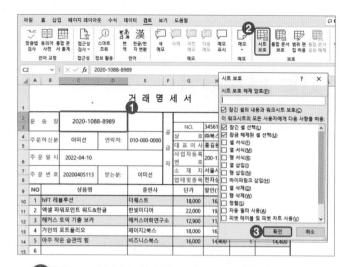

시트 보호하기

03 데이터와 서식을 변경할 수 없도록 시트 보호를 설정해보겠습니다. ❶ 임의의 셀을 클릭하고 ❷ [검토] 탭-[보호] 그룹-[시트 보호🖾]를 클릭합니다. ❸ [시트 보호] 대화 상자에서 [확인]을 클릭합니다.

➕ 시트 보호가 설정됩니다.

바로 통 하는 TIP 편집 허용 범위를 지정한 후 시트 보호를 설정하면 [거래내용수정편집]으로 지정한 [C2], [C4:C7], [E4], [E7], [B10:G19], [I10:I19] 셀만 수정할 수 있습니다.

바로 통 하는 TIP [시트 보호 해제 암호]를 입력하면 시트 보호를 해제하려고 할 때 반드시 암호를 입력해야 합니다. 암호를 설정한 후에는 잊어버리지 않도록 주의합니다.

04 편집 범위를 허용한 운송장, 주문하신분, 연락처, 주문일시, 주문번호, 받는분, 상품명, 출판사, 단가, 수량 이외의 셀에서 데이터 수정을 시도하면 경고 메시지가 나타납니다.

바로 통 하는 TIP 시트 보호를 해제하려면 [검토] 탭-[보호] 그룹-[시트 보호 해제🖾]를 클릭합니다.

쉽고 빠른 엑셀 Note 　　**[검토] 탭-[보호] 그룹 살펴보기**

개인 사용자나 공유된 문서를 사용하는 여러 사용자가 실수나 고의로 워크시트 또는 통합 문서의 중요한 데이터를 변경, 이동, 삭제할 수 없도록 암호를 설정하여 워크시트나 통합 문서의 요소를 보호할 수 있습니다.

① **시트 보호** : 데이터 수정, 서식 변경, 행과 열 삽입/삭제 등 워크시트에서 허용할 요소와 보호할 내용을 선택하고 보호를 해제할 수 없도록 암호를 설정하여 시트를 보호합니다.

② **통합 문서 보호** : 문서의 구조를 보호하고 해제할 수 없도록 시트의 이동, 삭제, 추가 시에 암호를 설정하여 통합 문서를 보호합니다.

③ **범위 편집 허용** : 시트를 보호할 경우 편집을 허용할 범위를 설정합니다.

④ **통합 문서 공유 해제** : 이미 공유된 통합 문서를 해제할 수 있습니다. 엑셀 최신 버전에서는 공동 작성 기능으로 통합 공유 문서 기능을 대체합니다.

우선순위

핵심기능

13

2010 \ 2013 \ 2016 \ 2019 \ 2021

문자/숫자 데이터 입력하기

실습 파일 엑셀 \ 1장 \ 데이터입력.xlsx [문자], [숫자] 시트
완성 파일 엑셀 \ 1장 \ 데이터입력_완성.xlsx

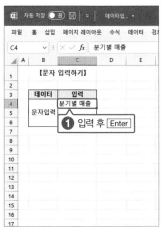

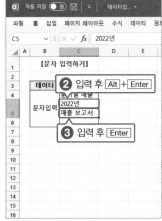

문자 데이터 입력하기

01 ❶ [문자] 시트에서 [C4] 셀에 **분기별 매출**을 입력한 후 Enter 를 누릅니다. ❷ [C5] 셀에 **2022년**을 입력한 후 Alt + Enter 를 눌러 행을 바꿉니다. ❸ **매출 보고서**를 입력한 후 Enter 를 누릅니다.

➕ 2022년 매출 보고서가 두 줄로 입력됩니다.

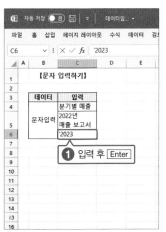

02 ❶ [C6] 셀에 **'2023**을 입력하고 Enter 를 누릅니다. ❷ [C6] 셀 옆에 표시되는 [오류 검사 ⚠️]를 클릭한 후 ❸ [오류 무시]를 클릭하여 오류 표시를 지웁니다.

🔵 **바로 통 하는 TIP** 숫자 데이터 앞에 아포스트로피(')를 입력하면 엑셀은 이를 문자 데이터로 인식합니다. 따라서 숫자에 아포스트로피를 붙여 입력한 데이터로는 계산을 할 수 없습니다.

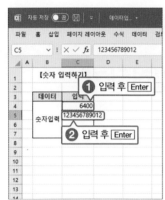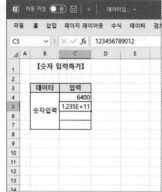

숫자 데이터 입력하기

03 ❶ [숫자] 시트에서 [C4] 셀에 **6400**을 입력한 후 Enter를 누릅니다. ❷ [C5] 셀에 **123456789012**를 입력한 후 Enter를 누릅니다.

➕ 숫자 데이터는 셀 너비가 좁거나 12자리 이상이면 지수 형태로 표시됩니다.

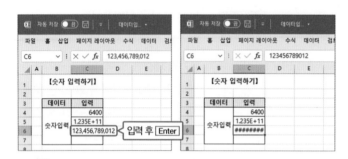

04 [C6] 셀에 **123,456,789,012**를 입력한 후 Enter를 누릅니다.

➕ 서식이 포함된 숫자 데이터가 셀 너비보다 더 길 경우에는 '#####'으로 표시됩니다.

바로 통 하는 TIP C열 머리글의 경계를 오른쪽으로 드래그하여 셀 너비를 조정하면 '123,456,789,012' 값이 나타납니다. 셀 너비를 데이터 너비에 맞춰 자동으로 조절하려면 C열 머리글의 오른쪽 경계를 더블클릭합니다.

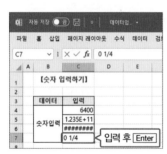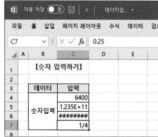

05 [C7] 셀에 **0 1/4**을 입력한 후 Enter를 누르면 분수로 입력됩니다.

➕ 셀에는 '1/4'로 표시되고 수식 입력줄에는 '0.25'로 나타납니다.

바로 통 하는 TIP 숫자 데이터 중 분수를 표현하려면 0 이상의 숫자를 입력한 후 한 칸 띄고 분자/분모를 입력합니다.

쉽고 빠른 엑셀 Note ▶ 셀에 입력할 수 있는 데이터

셀에는 문자와 숫자 데이터를 입력할 수 있습니다. 문자와 숫자 데이터를 함께 입력할 경우 문자 데이터로 인식됩니다.

① **문자** : 한글, 한자, 일본어, 특수 문자 등 계산할 수 없는 데이터입니다. 숫자와 수식을 제외한 모든 데이터가 문자열에 해당하며 셀 내에서 왼쪽 정렬됩니다.

② **숫자** : 계산 및 통계에 사용되는 가장 기본적인 데이터입니다. 숫자, 통화를 비롯해 분수, 지수까지 다양하게 입력할 수 있으며 셀 내에서 오른쪽 정렬됩니다.

	A	B
1	문자	입력
2	한글	엑셀
3	영문	Excel
4	특수문자	★★★★☆
5	'숫자-숫자	1-4
6		
7	숫자	입력
8	숫자	1234567
9	지수(12자리)	1.23457E+11
10	통화	₩1,234,567
11	백분율	12.30%

우선순위

핵심기능

14

2010 \ 2013 \ 2016 \ 2019 \ 2021

날짜/시간 입력하기

실습 파일 엑셀\1장\데이터입력.xlsx [날짜시간] 시트
완성 파일 엑셀\1장\데이터입력_완성.xlsx

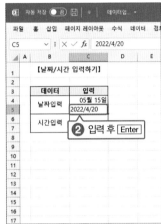

날짜 입력하기

01 ❶ [날짜시간] 시트에서 [C4] 셀에 **5-15**를 입력한 후 Enter를 누르면 올해 연도를 기준으로 5월 15일이 입력됩니다. ❷ [C5] 셀에 **2022/4/20**을 입력한 후 Enter를 누릅니다.

➕ '2022/4/20'으로 입력하면 년-월-일로 인식해 '2022-04-20'으로 표시됩니다.

바로 통하는TIP 현재 날짜를 입력하려면 Ctrl + ; 을 누릅니다. 컴퓨터에 설정된 오늘 날짜가 자동으로 입력됩니다.

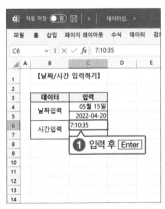

시간 입력하기

02 ❶ [C6] 셀을 클릭하고 **7:10:35**를 입력한 후 Enter를 누릅니다. ❷ [C7] 셀을 클릭하고 **20:10:30**을 입력한 후 Enter를 누릅니다.

➕ [C6] 셀, [C7] 셀을 클릭하면 수식 입력줄에 각각 '7:10:35 AM', '8:10:30 PM'이 표시됩니다.

바로 통하는TIP 현재 시간을 입력하려면 Ctrl + Shift + ; 을 누릅니다. 컴퓨터에 설정된 현재 시간이 자동으로 입력됩니다. 시간을 입력한 후 한 칸 띄고 **AM**이나 **PM**을 입력하면 12시간제로 표시됩니다. 아무것도 입력하지 않으면 24시간제로 표시됩니다.

엑셀에서 날짜는 1900년 1월 1일부터 9999년 12월 31일까지 누적된 숫자 일련번호로 관리합니다. 따라서 셀에 **1900-1-1**을 입력하면 숫자 1인 일련번호로, **1900-1-30**을 입력하면 숫자 30인 일련번호로 저장되고, 셀에는 날짜 형식(년-월-일)으로 표시됩니다. 그러므로 날짜 사이의 기간(일, 월, 연수)을 계산하려면 날짜 형식에 맞춰 값을 입력해야 합니다.

날짜	1900-01-01	...	1900-12-31	...	2022-05-10	...	9999-12-31
실제 값	1		366		44,691		2,958,465

엑셀에서 시간 데이터는 시, 분, 초로 구분되어 있는 것처럼 보이지만, 실제로는 1일을 24시간으로 나눠 표시하므로 24시간은 숫자 1로 나타냅니다. 즉, 1을 24로 나눈 값에 따라 시간이 숫자로 저장되고 셀에는 시간 형식(시:분:초)으로 표시됩니다. 예를 들어 06:00:00은 숫자 0.25이고, 18:00:00은 숫자 0.75, 24:00:00은 숫자 1입니다. 숫자 1.25를 시간으로 표시하면 1일 6시간(30H)입니다. 따라서 시간 사이의 간격(시, 분, 초)을 계산하려면 시간 형식에 맞춰 값을 입력해야 합니다.

시간	1:00:00	6:00:00	12:00:00	18:00:00	24:00:00
실제 값	0.04166667	0.25	0.5	0.75	1

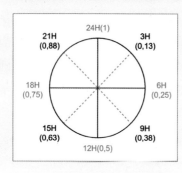

핵심기능

15

한자/기호 입력하기

실습 파일 엑셀\1장\데이터입력_설문조사.xlsx
완성 파일 엑셀\1장\데이터입력_설문조사_완성.xlsx

문서
작성

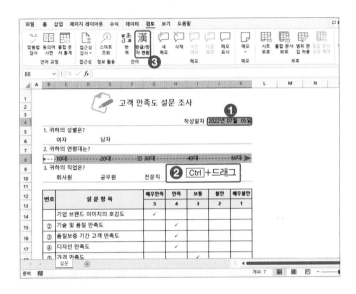

한자로 바꿀 범위 지정하기

01 한자로 바꿀 범위를 지정한 후 한글을 한자로 바꿔보겠습니다. ❶ [J4] 셀을 클릭하고 ❷ Ctrl 을 누른 상태에서 [B8:K8] 범위를 지정합니다. ❸ [검토] 탭-[언어] 그룹-[한글/한자 변환漢]을 클릭합니다.

➕ [한글/한자 변환] 대화상자가 나타납니다.

한자로 바꾸기

02 ❶ [한글/한자 변환] 대화상자에서 [年](년)을 클릭합니다. ❷ [변환]을 클릭하여 한자를 변환합니다. ❸❹❺❻❼❽ 月(월), 日(일), 代(대)를 순서대로 변환합니다. ❾ 한자 변환이 모두 끝났다는 메시지가 나타나면 [확인]을 클릭해서 변환을 마칩니다.

➕ 한자 변환이 완료됩니다.

바로 동 하는TIP 문자를 입력하면서 한 글자씩 한자로 변환하려면 키보드의 한자 를 눌러 변경합니다.

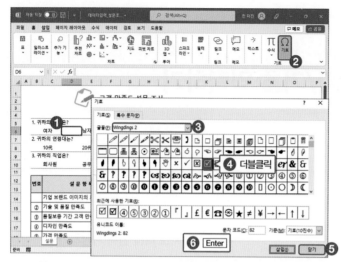

기호 입력하기

03 ① [D6] 셀을 클릭하고 ② [삽입] 탭-[기호Ω]를 클릭합니다. ③ [기호] 대화상자의 [글꼴▼]을 클릭한 후 [Wingdings 2]를 선택하고 ④ [체크☑]를 더블클릭합니다. ⑤ [닫기]를 클릭한 후 ⑥ Enter를 누릅니다.

➕ 선택한 셀에 ☑ 기호가 입력됩니다.

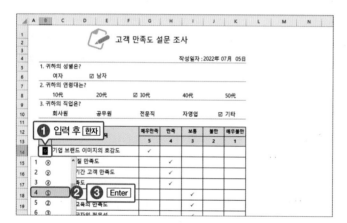

한자를 이용하여 기호 입력하기

04 ① [B14] 셀에 ㅇ을 입력한 후 한자를 누릅니다. ② 목록에서 [①]을 클릭한 후 ③ Enter를 누릅니다.

➕ 선택한 셀에 ① 기호가 입력됩니다.

쉽고 빠른 엑셀 Note 　한자를 이용하여 특수 문자 입력하기

한글 자음을 입력한 후 키보드의 한자를 눌러서 특수 문자를 입력할 수 있습니다. 자음을 입력한 후 한자를 누르면 특수 문자 목록이 나타나고 여기서 원하는 특수 문자를 선택하거나 특수 문자 옆에 있는 숫자를 입력합니다.

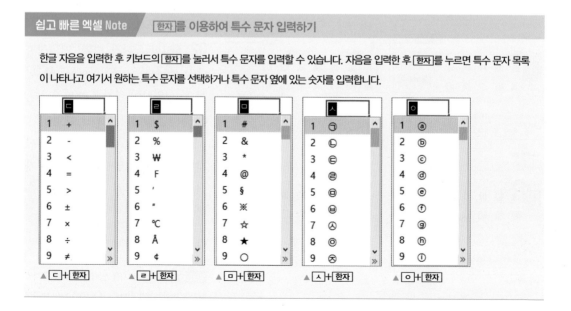

핵심기능
16

노트 삽입 및 편집하기

실습 파일 엑셀\1장\메모삽입_설문조사.xlsx
완성 파일 엑셀\1장\메모삽입_설문조사_완성.xlsx

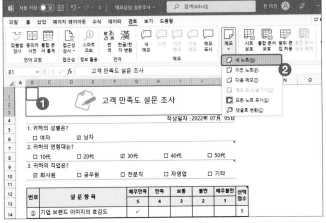

노트 삽입하기

01 ❶ [B1] 셀을 클릭한 후 ❷ [검토] 탭-[메모] 그룹-[새 노트 □]를 클릭합니다. ❸ 노트 상자에 **기업의 브랜드 이미지와 품질, 디자인, 가격, 교육, 서비스 만족도를 조사합니다.**를 입력합니다.

➕ 노트가 삽입됩니다.

✅ **엑셀 2019&이전 버전** 엑셀 2019 버전을 포함한 이전 버전에서는 [새 메모]를 클릭합니다.

바로 통하는 TIP Microsoft 365에서는 셀에 삽입할 수 있는 두 가지 메모(① 새 메모□, ② 새 노트□) 기능이 있습니다. 버전과 상관없이 새 노트 단축키는 Shift + F2 입니다.

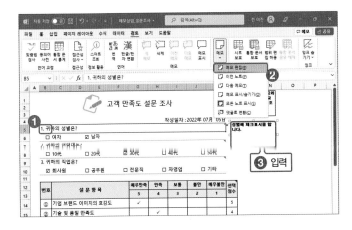

노트 수정하기

02 ❶ [B5] 셀을 클릭합니다. ❷ [검토] 탭-[메모] 그룹-[메모 편집 □]을 클릭합니다. ❸ 노트 상자의 내용을 **성별에 체크표시를 합니다.**로 수정합니다.

바로 통하는 TIP 메모 편집 단축키는 Shift + F2 입니다.

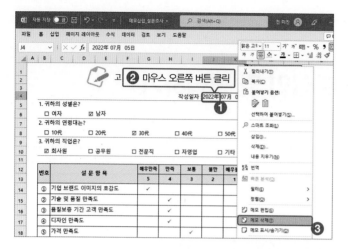

노트 삭제하기

03 ❶ [J4] 셀을 클릭한 후 ❷ 마우스 오른쪽 버튼을 클릭하고 ❸ [메모 삭제]를 클릭합니다.

➕ 노트가 삭제됩니다.

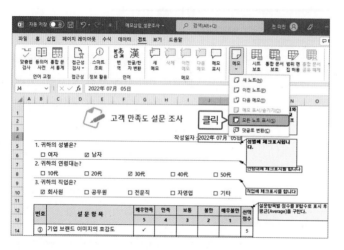

노트 모두 표시하기

04 [검토] 탭-[메모] 그룹-[모든 노트 표시🖾]를 클릭합니다.

➕ 모든 노트가 표시됩니다.

✅ **엑셀 2019&이전 버전** 엑셀 2019 버전을 포함한 이전 버전에서 메모를 표시하거나 숨기려면 [검토] 탭-[메모] 그룹-[메모 모두 표시]를 클릭합니다.

쉽고 빠른 엑셀 Note | **대화형 메모와 노트**

Microsoft 365의 [검토] 탭-[메모] 그룹에는 ① [노트🖾]와 ② [메모🖾]가 있습니다. ① [노트🖾]는 엑셀 2019 버전을 포함한 이전 버전의 메모 기능으로 셀에 간단한 설명을 입력할 때 삽입하며, 노트가 추가된 셀에는 빨간색 삼각형이 표시됩니다. ② [메모🖾]는 Microsoft 365에 업데이트된 대화형 메모로 셀에 아이콘이 표시됩니다. [메모🖾]는 파일을 공유하거나, 클라우드를 이용해 공동 작업을 진행할 때 메신저에서 채팅하는 것과 같이 셀에 답글(멘션)을 입력할 수 있습니다.

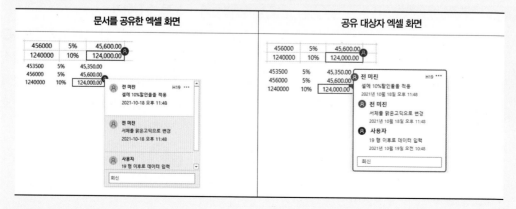

데이터 수정 및
행 삽입/삭제하기

실습 파일 엑셀\1장\수정_대출금.xlsx
완성 파일 엑셀\1장\수정_대출금_완성.xlsx

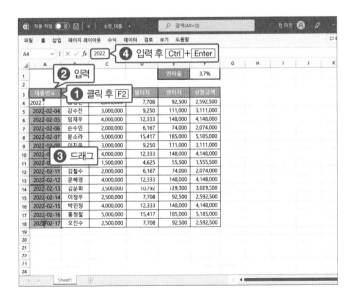

데이터 수정하기

01 셀을 더블클릭하여 데이터를 수정할 수 있습니다. [F1] 셀을 더블 클릭하여 **3.7**로 수정합니다.

➕ 연이율에는 백분율 서식이 지정되어 있어 '%' 가 자동으로 입력됩니다.

02 [F2]를 누르면 셀을 편집 상태로 만들어서 데이터를 수정할 수 있습니다. ❶ [A3] 셀을 클릭한 후 [F2]를 눌러 ❷ **대출연도**로 수정합니다. ❸ [A4:A18] 범위를 지정합니다. ❹ 수식 입력줄에서 **2022**라고 입력한 후 [Ctrl]+[Enter]를 눌러 지정한 범위에 같은 값을 넣습니다.

➕ 대출연도 열에는 날짜 서식이 지정되어 있습니다.

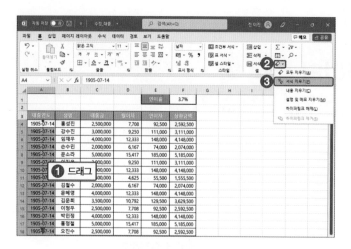

서식 지우기

03 셀에 지정된 서식을 지워보겠습니다. ❶ [A4:A18] 범위를 지정합니다. ❷ [홈] 탭–[편집] 그룹–[지우기⬦]를 클릭하고 ❸ [서식 지우기]를 클릭합니다.

➕ 범위에 적용된 날짜 서식이 지워져서 '2022'라는 숫자만 나타납니다.

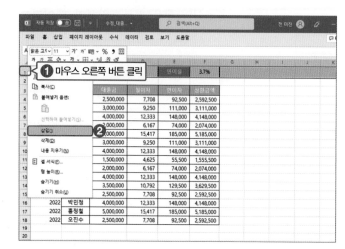

행 삽입하기

04 ❶ 1행 머리글에서 마우스 오른쪽 버튼을 클릭한 후 ❷ [삽입]을 클릭하여 행을 삽입합니다.

바로 통 하는 TIP 행을 삽입하는 단축키는 Ctrl + Shift + + 입니다.

쉽고 빠른 엑셀 Note │ 데이터를 수정할 때 셀에 직접 입력하거나 수식 입력줄 이용하기

셀을 더블클릭하거나 F2 를 눌러 편집 상태로 만든 후 내용을 입력하거나 수정할 수도 있습니다. 데이터를 지울 때는 Delete 를 누르거나 [홈] 탭–[편집] 그룹–[지우기⬦]의 ⌄을 클릭합니다. 수식 입력줄에서도 마찬가지로 데이터를 입력/수정할 수 있습니다. [모두 지우기]는 셀에 입력된 서식, 내용, 메모를 모두 지웁니다. [서식 지우기]는 셀에 입력된 내용은 남겨두고 서식만 지웁니다. [내용 지우기]는 셀에 입력된 서식은 남겨두고 내용만 지웁니다. [설명 및 메모 지우기]는 셀에 입력된 메모만 지웁니다.

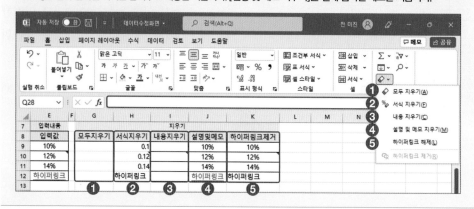

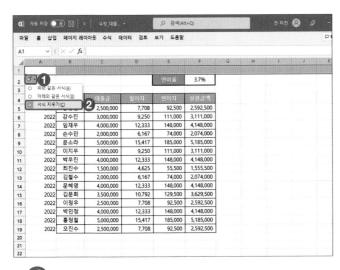

05 ❶ [삽입 옵션 ✐]을 클릭하고 ❷ [서식 지우기]를 클릭합니다.

➕ 삽입한 행의 서식이 지워집니다.

바로 **통** 하는TIP 서식이 지정된 행을 선택하고 행을 삽입하면 [삽입 옵션 ✐]이 나타납니다. [삽입 옵션]에서 [위와 같은 서식], [아래와 같은 서식], [서식 지우기]를 선택할 수 있습니다. [삽입 옵션]은 다른 셀을 편집하면 바로 사라집니다.

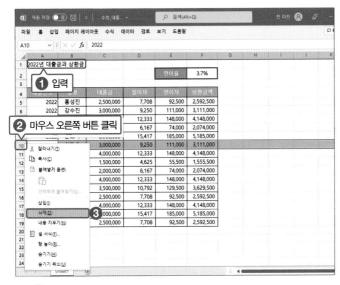

행 삭제하기

06 ❶ [A1] 셀에 **2022년 대출금과 상환금**을 입력합니다. ❷ 10행 머리글에서 마우스 오른쪽 버튼을 클릭하고 ❸ [삭제]를 클릭하여 행을 삭제합니다.

바로 **통** 하는TIP 행을 삭제하는 단축키는 Ctrl + ─ 입니다.

채우기 핸들로 데이터 채우기

실습 파일 엑셀 \ 1장 \ 채우기_생산현황.xlsx
완성 파일 엑셀 \ 1장 \ 채우기_생산현황_완성.xlsx

같은 내용으로 채우기

01 문서에서 제품 및 생산 공장에 해당하는 내용을 채우기 핸들을 이용해 채우겠습니다. ❶ [A4] 셀을 클릭합니다. ❷ 채우기 핸들을 [A12] 셀까지 드래그합니다.

➕ [A12] 셀까지 동일한 데이터인 'LED TV'가 채워집니다.

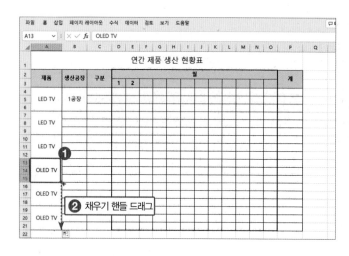

02 ❶ [A13] 셀을 클릭하고 ❷ 채우기 핸들을 [A21] 셀까지 드래그하면 동일한 데이터가 채워집니다.

바로 통 하는TIP 문자 데이터를 채우기 핸들로 드래그하면 동일한 내용으로 복제됩니다.

바로 통 하는TIP 채우기 핸들을 드래그해서 값을 채우면 마지막 셀 아래쪽에 [자동 채우기 옵션 📑]이 나타납니다. [셀 복사], [연속 데이터 채우기], [서식만 채우기], [서식 없이 채우기] 중 하나를 선택하여 데이터를 채울 수 있습니다.

쉽고 빠른 엑셀 Note   채우기 핸들로 데이터 입력하기

문자 데이터는 같은 내용으로, 문자와 숫자가 혼합된 데이터는 숫자만 1씩 증가하며 채워집니다. 숫자 데이터는 두 셀을 범위로 지정하고 드래그하면 두 셀의 차이만큼 데이터가 증감합니다.

	A	B	C
1	지역	지점	휴무일
2	서울	강북1호점	7
3			14
4			
5			

→ 드래그

	A	B	C
1	시역	지점	휴무일
2	서울	강북1호점	7
3	서울	강북2호점	14
4	서울	강북3호점	21
5	서울	강북4호점	28

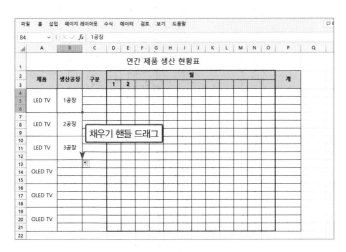

숫자만 바꾸면서 채우기

03 [B4] 셀의 채우기 핸들을 [B12] 셀까지 드래그합니다.

➕ 문자와 숫자가 혼합된 데이터에서 채우기 핸들을 드래그하면 문자는 그대로인 채 숫자만 1씩 증가하므로 '1공장', '2공장', '3공장' 순서로 채워집니다.

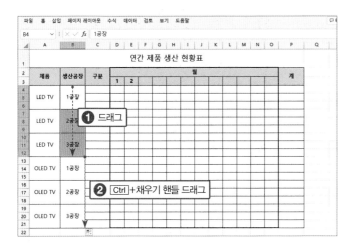

04 ➊ [B4:B12] 범위를 지정하고 ➋ Ctrl을 누른 상태에서 채우기 핸들을 [B21] 셀까지 드래그합니다.

➕ 지정한 범위 안의 내용이 반복해서 채워집니다.

바로 통하는 TIP Ctrl을 누른 상태에서 채우기 핸들을 드래그하면 숫자 데이터가 증가하지 않고 동일한 내용이 복제됩니다.

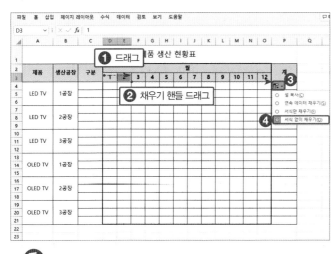

숫자 1씩 증가하면서 채우기

05 월에 해당하는 항목에 12월까지 숫자를 채워보겠습니다. ➊ [D3:E3] 범위를 지정합니다. ➋ 채우기 핸들을 [O3] 셀까지 드래그한 후 ➌ [자동 채우기 옵션 📴]을 클릭하고 ➍ [서식 없이 채우기]를 클릭합니다.

➕ 서식은 그대로 유지되고, 숫자가 1씩 증가하여 번호가 채워집니다.

바로 통하는 TIP 숫자 데이터인 두 셀을 범위로 지정하고 채우기 핸들을 드래그하면 두 셀 값의 차이만큼 데이터가 증감하면서 채워집니다.

사용자가 지정한 목록으로 채우기

06 ❶ [파일] 탭을 클릭하고 ❷ [옵션]을 클릭합니다. ❸ [Excel 옵션] 대화상자에서 [고급]을 클릭하고 ❹ [일반]에서 [사용자 지정 목록 편집]을 클릭합니다.

➕ [사용자 지정 목록] 대화상자가 나타납니다.

07 ❶ [사용자 지정 목록] 대화상자의 [목록 항목]에 **목표, 생산, 불량**을 Enter 를 눌러 구분하면서 입력합니다. ❷ [추가]를 클릭해서 사용자 지정 목록에 등록합니다. ❸ [확인]을 클릭해서 대화상자를 닫습니다.

바로 통 하는 TIP [목록 항목]을 입력할 때 각 항목과 항목 사이는 Enter 나 콤마(,)로 구분합니다.

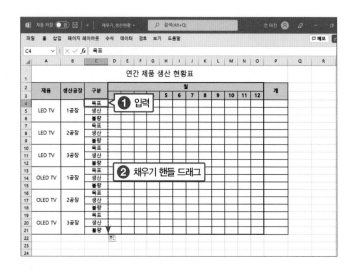

08 ❶ [C4] 셀에 **목표**를 입력합니다. ❷ [C4] 셀의 채우기 핸들을 [C21] 셀까지 드래그합니다.

➕ 사용자 지정 목록에 추가한 '목표', '생산', '불량' 순서대로 셀이 채워집니다.

핵심기능

19

빠른 채우기로 신속하게
데이터 열 채우기

실습 파일 엑셀\1장\채우기_제품목록.xlsx
완성 파일 엑셀\1장\채우기_제품목록_완성.xlsx

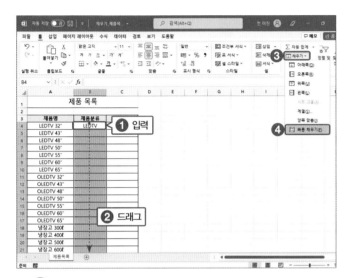

빠른 채우기로 같은 패턴의 분할 데
이터 입력하고 채우기

01 ❶[B4] 셀에 **LEDTV**를 입력합
니다. ❷[B4:B44] 범위를 지정합니
다. ❸[홈] 탭-[편집] 그룹-[채우기
▣]를 클릭한 후 ❹[빠른 채우기]를
클릭합니다.

➕ [B44] 범위까지 같은 패턴의 데이터가 자동으
로 채워집니다.

바로 통 하는TIP 빠른 채우기 기능이 항상 데이터를 채우지는 않습니다. 데이터가 일관성이 있는 경우에 이 기능을 사용하는 것이 적합합니다.
여기서는 제품명에 입력된 데이터의 패턴을 분석하여 제품 이름만 빠른 채우기로 채운 것입니다. 빠른 채우기의 단축키는 Ctrl + E 입니다.

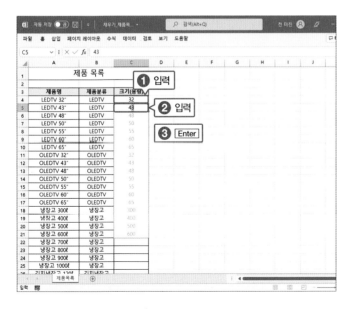

02 ❶[C4] 셀에 **32**를 입력합니다.
❷[C5] 셀에 **4**를 입력합니다. ❸빠
른 채우기에서 제안한 목록이 나타
나면 Enter 를 눌러 빠르게 데이터를
채웁니다.

➕ 세품 용량이 반복해서 채워집니다.

바로 통 하는TIP 빠른 채우기에서 제안한 목록
으로 채우지 않으려면 끝까지 데이터 값을 입력하
거나 Esc 를 누릅니다.

핵심기능

20

데이터 유효성 검사로
한글/영문 모드 설정하기

실습 파일 엑셀\1장\유효성_직무교육1.xlsx
완성 파일 엑셀\1장\유효성_직무교육1_완성.xlsx

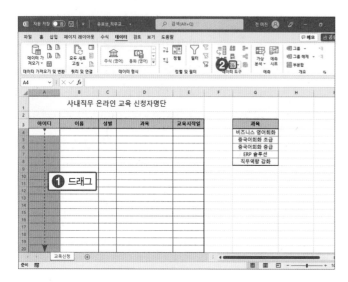

아이디 열에 데이터 유효성 검사 설정하기

01 데이터 유효성 검사를 설정하여 아이디 항목을 영문 모드 상태로만 입력할 수 있도록 변경해보겠습니다. ❶ [A4:A24] 범위를 지정합니다. ❷ [데이터] 탭-[데이터 도구] 그룹-[데이터 유효성 검사 🖼]를 클릭합니다.

➕ [데이터 유효성] 대화상자가 나타납니다.

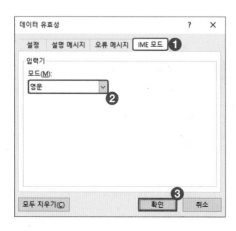

02 ❶ [데이터 유효성] 대화상자에서 [IME 모드] 탭을 클릭하고 ❷ [입력기]의 [모드]에서 [영문]을 선택한 후 ❸ [확인]을 클릭합니다.

➕ 데이터 유효성 검사가 설정되어 영문 모드로만 아이디 항목을 입력할 수 있습니다.

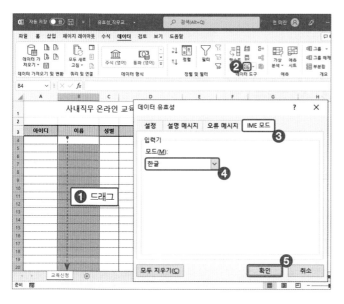

이름 열에 데이터 유효성 검사 설정하기

03 데이터 유효성 검사를 설정하여 이름 항목을 한글 모드 상태로만 입력할 수 있도록 변경해보겠습니다. **①** [B4:B24] 범위를 지정합니다. **②** [데이터] 탭-[데이터 도구] 그룹-[데이터 유효성 검사 🖾]를 클릭합니다. **③** [데이터 유효성] 대화상자에서 [IME 모드] 탭을 클릭합니다. **④** [입력기]의 [모드]에서 [한글]을 선택한 후 **⑤** [확인]을 클릭합니다.

➕ 데이터 유효성 검사가 설정되어 한글 모드로만 이름 항목을 입력할 수 있습니다.

04 **①** [A4] 셀에 **kim001**을 입력하고 [Tab]을 누릅니다. **②** [B4] 셀에 **김철수**를 입력합니다.

바로 통 하는TIP [IME 모드]에서 [한글] 또는 [영문] 모드를 설정하면 [한/영]을 눌러 한글과 영문을 바꾸지 않아도 설정한 형식으로 데이터를 입력할 수 있습니다.

핵심기능

21

데이터 유효성 검사로 목록 설정하기

실습 파일 엑셀\1장\유효성_직무교육2.xlsx
완성 파일 엑셀\1장\유효성_직무교육2_완성.xlsx

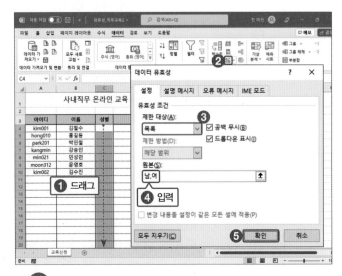

성별에 데이터 유효성 검사 설정하기

01 성별 셀을 클릭했을 때 목록에서 남,여를 고를 수 있도록 설정해보겠습니다. ❶ [C4:C24] 범위를 지정하고 ❷ [데이터] 탭-[데이터 도구] 그룹-[데이터 유효성 검사🖼]를 클릭합니다. ❸ [데이터 유효성] 대화상자의 [설정] 탭에서 [제한 대상]으로 [목록]을 선택하고 ❹ [원본]에 **남, 여**를 입력합니다. ❺ [확인]을 클릭합니다.

➕ 데이터 유효성 검사가 설정되어 성별 셀을 클릭하면 남, 여를 고를 수 있습니다.

바로 **통**하는 **TIP** 원본 항목에 입력되는 데이터는 콤마(,)로 각 데이터를 구분합니다.

과목에 데이터 유효성 검사 설정하기

02 G열에 입력된 데이터 범위에서만 과목을 고를 수 있도록 설정해보겠습니다. ❶ [D4:D24] 범위를 지정하고 ❷ [데이터] 탭-[데이터 도구] 그룹-[데이터 유효성 검사🖼]를 클릭합니다.

➕ [데이터 유효성] 대화상자가 나타납니다.

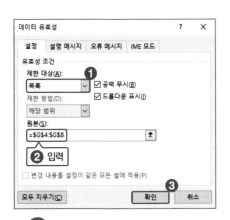

03 ❶ [데이터 유효성] 대화상자의 [설정] 탭에서 [유효성 조건]의 [제한 대상]으로 [목록]을 선택합니다. ❷ [원본]에 **=$G$4:$G$8**을 입력한 후 ❸ [확인]을 클릭합니다.

➕ [G4:G8] 범위에 입력된 데이터에서만 과목을 고를 수 있도록 [D4:D24] 범위에 데이터 유효성 검사가 설정됩니다.

바로 통 하는TIP [설정] 탭에서 설정한 사항은 입력할 데이터에 대한 제한 조건이며 각 셀 또는 범위마다 서로 다른 조건을 설정할 수 있습니다.

교육시작일에 데이터 유효성 검사 설정하기

04 특정 날짜 범위에서만 시작일과 종료일을 표시할 수 있도록 설정해보겠습니다. ❶ [E4:E24] 범위를 지정하고 ❷ [데이터] 탭—[데이터 도구] 그룹—[데이터 유효성 검사📑]를 클릭합니다.

➕ [데이터 유효성] 대화상자가 나타납니다.

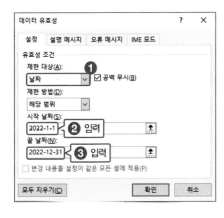

05 ❶ [데이터 유효성] 대화상자의 [설정] 탭에서 [유효성 조건]의 [제한 대상]으로 [날짜]를 선택합니다. ❷ [시작 날짜]에 **2022-1-1**을, ❸ [끝 날짜]에는 **2022-12-31**을 입력합니다.

➕ 데이터 유효성 검사가 설정되어 2022년 날짜 범위에서만 시작일과 종료일을 표시할 수 있습니다.

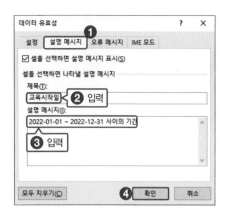

날짜에 메시지 입력하기

06 데이터 유효성 검사에서 설정한 유효 값 이외의 값을 입력했을 때 보여줄 오류 메시지를 입력해보겠습니다. ❶ [데이터 유효성] 대화상자에서 [설명 메시지] 탭을 클릭합니다. ❷ [제목]에 **교육시작일**을 입력하고 ❸ [설명 메시지]에 **2022-01-01 ~ 2022-12-31 사이의 기간**을 입력한 후 ❹ [확인]을 클릭합니다.

➕ 데이터 유효성 검사가 설정되어 2022년이 아닌 날짜를 입력했을 경우 오류 메시지가 표시됩니다.

바로 통하는TIP 설정한 유효 값 이외의 값을 입력했을 때 나타나는 오류 메시지는 [오류 메시지] 탭에 입력합니다.

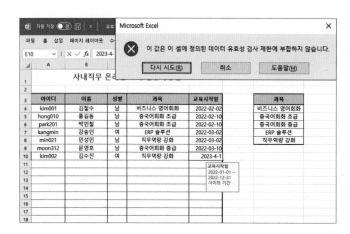

07 유효성 검사를 모두 설정했습니다. 성별과 과목 열에서 셀을 클릭한 후 목록 상자에서 원하는 항목을 선택하거나 목록에 있는 내용을 직접 입력합니다. 교육시작일에는 2022-01-01~2022-12-31 사이의 날짜를 입력할 수 있고 잘못 입력하면 오류 메시지가 나타납니다.

쉽고 빠른 엑셀 Note   데이터 유효성 검사

데이터 유효성 검사는 데이터의 입력 오류를 줄이고 유효한 데이터만 입력하도록 설정합니다. 사용자에게 입력 방법에 대한 도움말을 제공하거나 경고 메시지를 표시해서 데이터 입력 오류를 줄일 수 있습니다.

CHAPTER

02

문서 편집 및 인쇄하기

문서를 구체적이고 명확하게 볼 수 있도록 깔끔하고 보기 좋게 만들려면 셀 서식을 잘 다루어야 합니다. 또한 인쇄 미리 보기를 통해 인쇄될 문서의 모양을 확인하고 다양한 인쇄 옵션을 설정하면 용지 낭비를 줄일 수 있습니다. 여기서는 엑셀 문서 내의 셀 스타일, 표 서식, 글꼴, 맞춤, 표시 형식, 조건부 서식 등을 사용해 문서를 완성해보겠습니다. 또한, 문서의 용지, 여백, 배율, 제목, 페이지를 미리 보기로 확인한 후 인쇄하는 방법에 대해서 알아보겠습니다.

표 서식 스타일과 셀 스타일 적용하기

실습 파일 엑셀\2장\서식_교통비지불증1.xlsx
완성 파일 엑셀\2장\서식_교통비지불증1_완성.xlsx

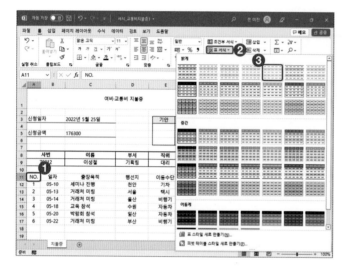

표 서식 적용하기

01 표 서식과 셀 스타일을 이용해 문서를 꾸며보겠습니다. **①** [A11] 셀을 클릭합니다. **②** [홈] 탭-[스타일] 그룹-[표 서식 ▦]을 클릭합니다. **③** [밝게] 영역의 [연한 노랑, 표 스타일 밝게 5]를 클릭합니다.

➕ [표 만들기] 대화상자가 나타납니다.

바로 통 하는TIP 표 서식을 적용할 범위에 병합된 셀이 있으면 자동으로 병합이 해제됩니다.

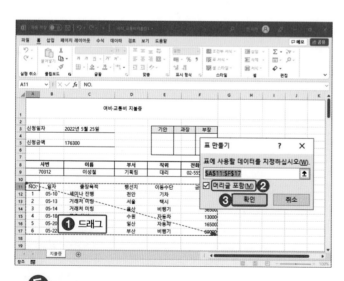

02 [표 만들기] 대화상자가 나타나면 표에 사용할 데이터를 범위로 지정합니다. **①** [A11:F17] 범위를 지정하고 **②** [머리글 포함]에 체크한 후 **③** [확인]을 클릭해서 서식을 적용합니다.

➕ 표 서식을 적용하면 열 머리글에는 필터 단추가 나타납니다. 이를 사용하면 데이터를 빠르게 필터링하고 정렬할 수 있습니다.

바로 통 하는TIP 표 서식의 첫째 행이 제목 행일 경우 [머리글 포함]에 체크합니다. 체크하지 않으면 선택 범위 맨 위에 열1, 열2, 열3,… 순서로 임시 제목 행이 삽입됩니다.

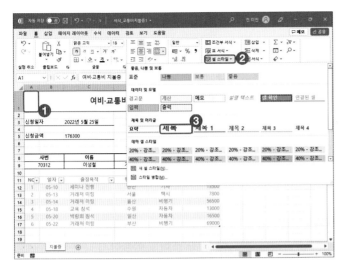

셀 스타일 적용하기

03 ❶ [A1] 셀을 클릭합니다. ❷ [홈] 탭-[스타일] 그룹-[셀 스타일 🖫]을 클릭한 후 ❸ [제목 및 머리글] 영역의 [제목]을 클릭해서 스타일을 변경합니다.

바로 통 하는 TIP [셀 스타일]에서 [좋음, 나쁨 및 보통] 영역의 [표준]을 클릭하면 셀 무늬나 글자 색, 데이터 형식 등이 모두 표준 표시 형식으로 변경됩니다.

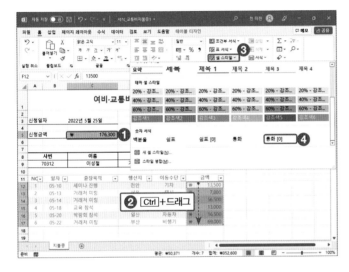

숫자 서식 셀 스타일 적용하기

04 ❶ [C5] 셀을 클릭하고 ❷ Ctrl 을 누른 상태에서 [F12:F17] 범위를 지정합니다. ❸ [홈] 탭-[스타일] 그룹-[셀 스타일 🖫]을 클릭하고 ❹ [숫자 서식] 영역에서 [통화 [0]]을 클릭합니다.

➕ 숫자에 통화 기호(₩)와 천 단위 쉼표가 표시됩니다.

바로 통 하는 TIP 숫자 서식에서 [통화]와 [통화 [0]]은 둘 다 통화 기호(₩)와 천 단위 쉼표를 표시합니다. 그러나 [통화]는 소수점 둘째 자리까지 표시하고 [통화 [0]]은 정수만 표시합니다.

쉽고 빠른 엑셀 Note / **표와 데이터를 일목요연하게 꾸미기**

엑셀은 기본적으로 표와 숫자로 구성되며 셀과 워크시트는 모두 격자로 이루어져 있습니다. 그러다 보니 계산과 통계에는 효율적이지만 직관적으로 데이터를 보기에는 어려움이 있습니다. 엑셀에서 제공하는 여러 디자인 도구(셀과 표 스타일, 또는 각종 서식 도구 등)를 사용하면 데이터를 훨씬 너 살 보이노록 깔끔하게 꾸밀 수 있습니다.

NO.	일자	출장목적	행선지	이동수단	금액
1	05-10	세미나 진행	천안	기차	13500
2	05-13	거래처 미팅	서울	택시	7800
3	05-14	거래처 미팅	울산	비행기	56500
4	05-18	교육 참석	수원	자동차	13000
5	05-20	박람회 참석	일산	자동차	16500
6	05-22	거래처 미팅	부산	비행기	69000

▲ 일반 표

NO	일자	출장목적	행선지	이동수단	금액
1	05-10	세미나 진행	천안	기차	₩ 13,500
2	05-13	거래처 미팅	서울	택시	₩ 7,800
3	05-14	거래처 미팅	울산	비행기	₩ 56,500
4	05-18	교복 삼석	수원	자동차	₩ 13,000
5	05-20	박람회 참석	일산	자동차	₩ 16,500
6	05-22	거래처 미팅	부산	비행기	₩ 69,000

▲ 서식과 스타일을 적용한 표

표 디자인 변경 및 범위로 변환하기

실습 파일 엑셀\2장\서식_교통비지불증2.xlsx
완성 파일 엑셀\2장\서식_교통비지불증2_완성.xlsx

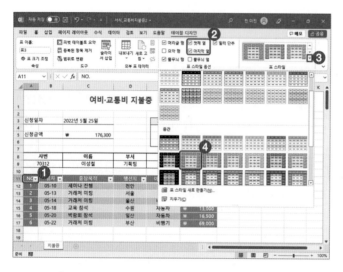

✅ **엑셀 2019&이전 버전** [표 도구]-[디자인] 탭을 클릭합니다.

표 스타일 적용하기

01 ❶ 표 영역에서 임의의 셀을 클릭합니다. ❷ [테이블 디자인] 탭-[표 스타일 옵션] 그룹에서 [첫째 열], [마지막 열]에 체크하여 스타일 옵션을 변경합니다. ❸ [표 스타일] 그룹에서 [자세히 ⬇]를 클릭한 후 ❹ [중간] 영역의 [파랑, 표 스타일 보통 9]를 클릭합니다.

➕ 첫째 열과 마지막 열이 굵게 처리되어 데이터를 쉽게 구분할 수 있습니다.

02 [A18:F18] 셀에 **7**, **5-23**, **직무 교육**, **기흥**, **자동차**, **14000**을 각각 입력합니다. 표 서식이 자동으로 확장됩니다.

➕ 여비·교통비 지불증의 데이터 범위에 표 서식을 적용했기 때문에 사용자가 내용을 입력할 때마다 표 서식이 자동으로 확장됩니다.

표 서식을 범위로 변환하기

03 ❶ 표 영역에서 임의의 셀을 클릭합니다. ❷ [테이블 디자인] 탭-[표스타일] 그룹에서 [자세히⊡]를 클릭합니다.

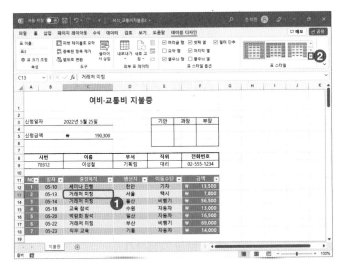

04 [밝게] 영역의 [없음]을 클릭합니다.

➕ 표 스타일이 [없음]으로 변경됩니다.

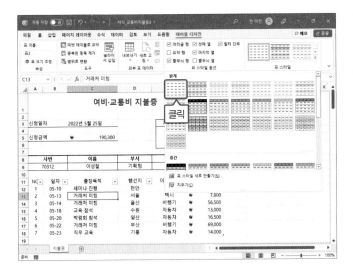

05 표 스타일은 변경되었지만 아직 표 서식이 적용되어 있습니다. 표범위를 일반 데이터 범위로 변경해보겠습니다. ❶ [테이블 디자인] 탭-[도구] 그룹-[범위로 변환⬚]을 클릭합니다. ❷ 표를 정상 범위로 변경할 것인지 묻는 메시지가 나타나면 [예]를 클릭합니다.

➕ 표가 데이터 범위로 바뀝니다.

글꼴 그룹에서 서식 지정하기

실습 파일 엑셀\2장\서식_세금계산서.xlsx
완성 파일 엑셀\2장\서식_세금계산서_완성.xlsx

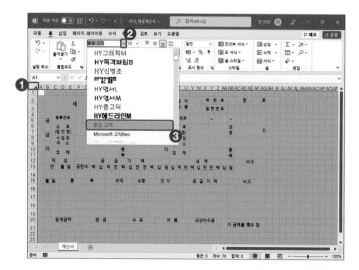

글꼴 지정하기

01 글꼴, 크기, 테두리, 채우기 색의 서식을 지정해 문서를 꾸며보겠습니다. ❶ [전체 선택▲]을 클릭하고 ❷ [홈] 탭-[글꼴] 그룹-[글꼴▼]을 클릭하고 ❸ [맑은 고딕]을 클릭합니다.

➊ 워크시트 전체가 범위로 지정되고 글꼴이 [맑은 고딕]으로 변경됩니다.

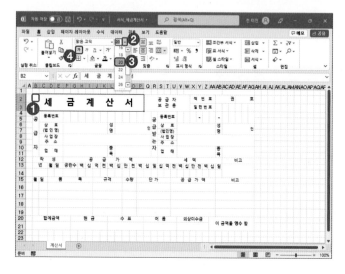

글꼴 크기와 굵기 지정하기

02 ❶ [B2] 셀을 클릭합니다. ❷ [홈] 탭-[글꼴] 그룹-[글꼴 크기▼]를 클릭하고 ❸ [20]을 클릭합니다. ❹ [굵게 가]를 클릭해서 글꼴을 굵게 표시합니다.

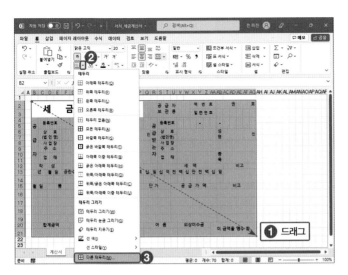

테두리 설정하기

03 ❶ [B2:AG21] 범위를 지정합니다. ❷ [홈] 탭-[글꼴] 그룹-[테두리囲]의 ⌄을 클릭하고 ❸ [다른 테두리]를 클릭합니다.

➕ [셀 서식] 대화상자가 나타납니다.

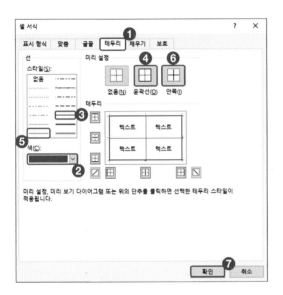

04 [셀 서식] 대화상자가 나타나면 ❶ [테두리 탭]을 클릭하고 ❷ [색]에서 [파랑]을 선택합니다. ❸ [선]-[스타일]에서 [중간 굵기]를 클릭한 후 ❹ [미리 설정]에서 [윤곽선]을 클릭합니다. ❺ 다시 [선 스타일]에서 [실선]을 클릭한 후 ❻ [미리 설정]에서 [안쪽]을 클릭합니다. ❼ [확인]을 클릭합니다.

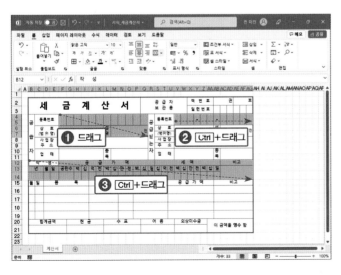

05 ❶ [F4:Q7] 범위를 지정하고 ❷ [Ctrl]을 누른 상태에서 [V4:AG4] 범위, ❸ [B12:AG14] 범위를 각각 지정합니다.

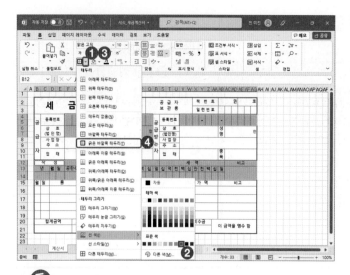

06 ❶ [홈] 탭-[글꼴] 그룹-[테두리⊞]의 ∨을 클릭한 후 ❷ [선 색]에서 [파랑]을 클릭합니다. ❸ 다시 [글꼴] 그룹-[테두리 목록∨]을 클릭한 후 ❹ [굵은 바깥쪽 테두리]를 클릭해서 각 선택 영역에 윤곽선을 그립니다.

바로 통 하는 TIP ▣ 테두리 그리기는 드래그한 범위의 바깥쪽 가로세로 선만 그릴 수 있으며 ⊞ 테두리 눈금 그리기는 드래그한 범위의 안쪽 가로세로 선까지 그릴 수 있습니다. 테두리를 그린 후에는 Esc를 눌러 테두리 그리기를 해제합니다.

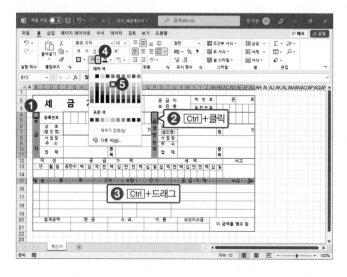

채우기 색 지정하기

07 ❶ [B4] 셀을 클릭하고 ❷ Ctrl을 누른 상태에서 [R4] 셀, ❸ [B15:AG15] 범위를 지정합니다. ❹ [홈] 탭-[글꼴] 그룹-[채우기 색⌘]의 ∨을 클릭합니다. ❺ [테마 색]에서 [파랑, 강조 1, 80% 더 밝게]를 클릭해 셀에 색을 채웁니다.

우선순위

핵심기능

25

맞춤, 표시 형식 그룹에서 서식 지정하기

실습 파일 엑셀\2장\서식_실적분석.xlsx
완성 파일 엑셀\2장\서식_실적분석_완성.xlsx

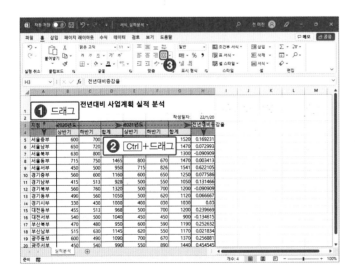

병합하고 가운데 맞춤 지정하기

01 ❶ [A1:H1] 범위를 지정합니다. ❷ [홈] 탭-[맞춤] 그룹-[병합하고 가운데 맞춤🔤]을 클릭합니다.

➕ 범위 지정한 셀들이 하나로 병합되고 텍스트는 가운데 정렬됩니다.

02 병합하고 가운데 맞춤할 범위가 떨어져 있는 경우에는 Ctrl 을 누른 상태에서 각각의 범위를 지정해 한번에 맞춤 기능을 적용할 수 있습니다. ❶ [A3:A4] 범위를 지정하고 ❷ Ctrl 을 누른 상태에서 [B3:D3], [E3:G3], [H3:H4] 범위를 각각 지정합니다. ❸ [홈] 탭-[맞춤] 그룹-[병합하고 가운데 맞춤🔤]을 클릭합니다.

➕ 지정한 각 범위가 병합되고 가운데 정렬됩니다.

03 전년대비증감율이 표시된 [H3] 셀은 데이터의 길이가 길어 텍스트 전체가 다 보이지 않습니다. 텍스트를 줄 바꿈하여 데이터가 한 셀에 모두 표시되도록 수정해보겠습니다. ❶ [H3] 셀을 클릭하고 ❷ [홈] 탭-[맞춤] 그룹-[자동 줄 바꿈]을 클릭합니다.

➕ 줄 바꿈이 적용되어 텍스트가 한 셀에 모두 표시됩니다.

바로 통 하는TIP 데이터를 입력할 때 Alt + Enter 를 눌러 텍스트의 줄을 바꿀 수도 있습니다.

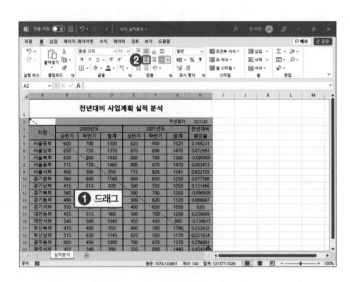

04 ❶ [A2:H20] 범위를 지정합니다. ❷ [홈] 탭-[맞춤] 그룹-[가운데 맞춤≣]을 클릭합니다.

➕ 문서의 텍스트가 셀을 기준으로 가운데 정렬됩니다.

바로 통 하는TIP 맞춤 옵션을 상세하게 지정하려면 [맞춤] 그룹-[맞춤 설정☑]을 클릭해서 [셀 서식] 대화상자를 불러옵니다.

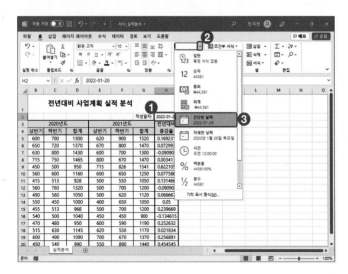

날짜 형식 표시하기

05 작성일자를 년-월-일 형태로 표시해보겠습니다. ❶ [H2] 셀을 클릭합니다. ❷ [홈] 탭-[표시 형식] 그룹-[표시 형식☑]을 클릭하고 ❸ [간단한 날짜]를 클릭합니다.

➕ 날짜 형식이 년-월-일 형태로 바뀝니다.

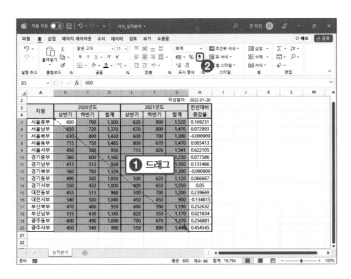

숫자 세 자리마다 쉼표 넣기

06 데이터에서 숫자 세 자리마다 쉼표가 표시되도록 수정해보겠습니다. ❶ [B5:G20] 범위를 지정합니다. ❷ [홈] 탭-[표시 형식] 그룹-[쉼표 스타일 🔽]을 클릭합니다.

➕ 숫자 세 자리마다 쉼표가 표시됩니다.

백분율 기호 넣기

07 전년대비증감율을 백분율 형식으로 표시해보겠습니다. ❶ [H5:H20] 범위를 지정합니다. ❷ [홈] 탭-[표시 형식] 그룹-[백분율 스타일 %]을 클릭해서 숫자에 백분율 기호를 넣습니다.

➕ 숫자가 백분율로 표시됩니다.

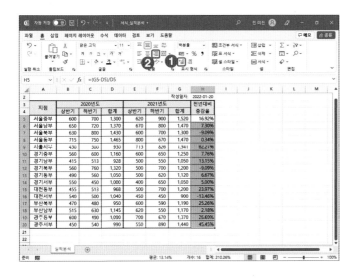

소수점 자릿수 늘리기

08 ❶ [홈] 탭-[표시 형식] 그룹-[자릿수 늘림 🔼]을 두 번 클릭해서 소수점 둘째 자리까지 표시합니다. ❷ [홈] 탭-[맞춤] 그룹-[오른쪽 맞춤 ☰]을 클릭합니다.

➕ 백분율이 소숫점 둘째 자리까지 표시되고 오른쪽 맞춤이 적용됩니다.

바로 통 하는TIP 소수점 자릿수를 줄이려면 줄일 자릿수만큼 [자릿수 줄임 🔽]을 클릭합니다.

문자, 숫자 데이터 표시 형식 사용자 지정하기

실습 파일 엑셀\2장\서식_견적서1.xlsx
완성 파일 엑셀\2장\서식_견적서1_완성.xlsx

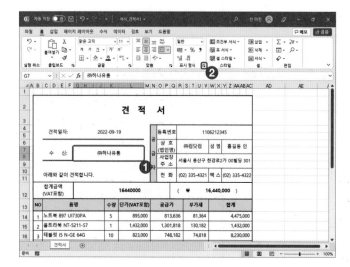

문자 표시 형식 사용자 지정하기

01 고객 명단이나 세미나 참석자 명단, 수신인 등을 표시할 경우 이름 뒤에 '님'이나 '귀하'를 붙이기도 합니다. 문자 사용자 코드인 @를 사용해 이름 뒤에 반복되는 문자를 표시할 수 있습니다. ❶ [G7] 셀을 클릭합니다. ❷ [홈] 탭-[표시 형식] 그룹-[표시 형식 🔽]을 클릭합니다.

➕ [셀 서식] 대화상자가 나타납니다.

02 ❶ [셀 서식] 대화상자의 [표시 형식] 탭-[범주]에서 [사용자 지정]을 클릭합니다. ❷ [형식]에 **@ 귀하**를 입력하고 ❸ [확인]을 클릭합니다.

➕ 셀에 입력한 내용에 서식이 적용되어 '귀하'가 자동으로 표시됩니다.

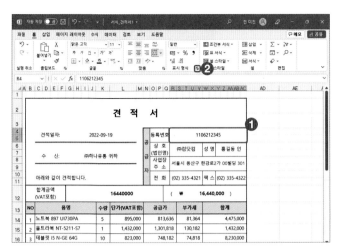

숫자 표시 형식 사용자 지정하기

03 계좌번호나 사업자 등록번호, 신용카드 일련번호 등 숫자의 자릿수를 맞춰 표시해야 하는 경우가 있습니다. 사업자 등록번호 10자리를 세 자리-두 자리-다섯 자리 형식으로 표시해보겠습니다. ❶ [R4] 셀을 클릭하고 ❷ [홈] 탭-[표시 형식] 그룹-[표시 형식 ▨]을 클릭합니다.

➕ [셀 서식] 대화상자가 나타납니다.

04 ❶ [셀 서식] 대화상자의 [표시 형식] 탭-[범주]에서 [사용자 지정]을 클릭합니다. ❷ [형식]에 **000-00-00000**을 입력하고 ❸ [확인]을 클릭해서 서식을 적용합니다.

➕ 사업자 등록번호가 110-62-12345로 표시됩니다.

바로 통 하는TIP 0은 유효한 자릿수가 아닌 숫자의 자릿수를 맞추는 기호로, 000-00-00000은 사업자 등록 번호를 세 자리-두 자리-다섯 자리 형식으로 표시합니다.

쉽고 빠른 엑셀 Note │ 사용자 지정 표시 형식

사용자 지정 형식을 만들 때는 다음과 같이 데이터 형식마다 지정된 기호가 있습니다.

데이터 형식	서식 기호	기능
숫자	#	유효한 숫자를 표시하는 기호(무효한 0은 표시 안 함)입니다.
	0	숫자를 표시하는 기호(무효한 0을 표시하여 자릿수를 맞춤)입니다.
	?	숫자를 표시하는 기호(무효한 0을 공백으로 표시하여 자릿수를 맞춤)입니다.
	%	백분율을 표시합니다.
	.	소수점을 표시합니다.
	,	숫자 세 자리마다 구분 기호를 표시합니다.
	₩, $, ¥	통화 유형 기호를 표시합니다.
문자	@	문자를 대표하는 형식으로 문자에 특정 문자를 표시하고 싶을 때 사용합니다.

| 2010 | 2013 | 2016 | 2019 | 2021 |

숫자를 한글로 표시하는 서식 지정하기

실습 파일 엑셀 \ 2장 \ 서식_견적서2.xlsx
완성 파일 엑셀 \ 2장 \ 서식_견적서2_완성.xlsx

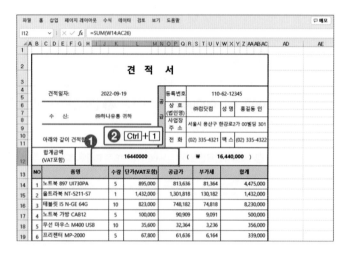

합계금액을 한글로 표시하는 사용자 지정하기

01 견적서의 합계금액을 정확하게 읽을 수 있도록 한글로 바꿔 표시해 보겠습니다. ❶ [I12] 셀을 클릭하고 ❷ Ctrl + 1 을 누릅니다.

➕ [셀 서식] 대화상자가 나타납니다.

02 ❶ [셀 서식] 대화상자가 나타나면 [표시 형식] 탭-[범주]에서 [기타]를 클릭합니다. ❷ [형식]에서 [숫자(한글)]을 클릭합니다.

바로 통 하는 TIP [숫자(한글)]은 숫자를 한글로 표시하는 서식으로 [형식] 목록에 [숫자(한글)]이 없다면 [로캘(위치)]를 [한국어]로 변경합니다.

03 ❶ [범주]에서 [사용자 지정]을 클릭합니다. ❷ [형식]에 입력되어 있는 서식 코드 맨 앞에 **일금**을 입력한 후 한 칸 띄고 ❸ 맨 뒤에 **원정**을 입력합니다. ❹ [확인]을 클릭해서 서식을 적용합니다.

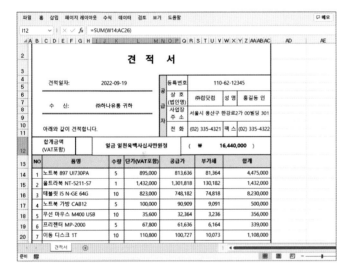

04 숫자가 한글로 표기되며 앞에 '일금', 뒤에 '원정'이 붙습니다.

쉽고 빠른 엑셀 Note | **숫자를 한글, 한자로 표시하는 형식 코드**

사용자 지정 형식을 만들 때는 다음과 같이 데이터 형식마다 지정된 기호가 있습니다.

형식 코드	설명	기능
[DBNum1][$-ko-KR]G/표준	한자로 표시	一千二百五十万
[DBNum2][$-ko-KR]G/표준	한자 갖은자 표시	壹阡貳百伍拾萬
[DBNum3][$-ko-KR]G/표준	단위만 한자로 표시	千2百5十万
[DBNum4][$-ko-KR]G/표준	한글로 표시	일천이백오십만

✅ **엑셀 2013 & 이전 버전** 엑셀 2013 버전을 포함한 이전 버전의 형식 코드는 [$-ko-KR] 대신 [$-412]를 사용합니다.

핵심기능

28

숫자 데이터 표시 형식으로 양수/음수/0의 서식 지정하기

실습 파일 엑셀 \ 2장 \ 서식_표시형식.xlsx [실적분석] 시트
완성 파일 엑셀 \ 2장 \ 서식_표시형식_완성.xlsx

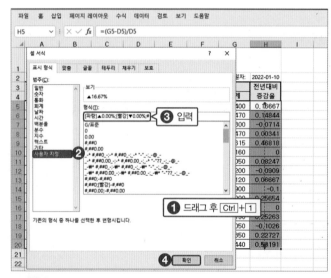

양수/음수/0의 형식 지정하기

01 전년대비 실적이 증가했을 때와 하락했을 때, 0일 때를 구분하여 셀에 표시해보겠습니다. ❶ [실적분석] 시트에서 [H5:H20] 범위를 지정한 후 [Ctrl]+[1]을 눌러 [셀 서식] 대화상자를 표시합니다. ❷ [표시 형식] 탭-[범주]에서 [사용자 지정]을 클릭합니다. ❸ [형식]에 서식 코드 **[파랑]▲0.00%;[빨강]▼0.00%;#**을 입력한 후 ❹ [확인]을 클릭합니다.

바로 통 하는 TIP 한글 자음 ㅁ을 입력한 후 [한자]를 눌러서 특수 문자 ▲, ▼를 입력합니다.

바로 통 하는 TIP 사용자 지정 서식은 **[색]양수의 형식;[색]음수의 형식;0의 형식**으로 입력합니다. 따라서 **[파랑]▲#,##0;[빨강]▼#,##0;#** 형식은 지정한 범위의 숫자가 양수이면 파란색의 ▲가 표시되고, 음수이면 빨간색의 ▼가 표시됩니다. 0일 때는 0을 셀에 표시하지 않습니다. 색상은 [검정], [파랑], [녹청], [녹색], [자홍], [빨강], [흰색], [노랑]으로 8가지입니다. 기본적으로 0보다 크면 양수, 0보다 작으면 음수, 0이면 0, 문자면 문자 형식으로 표현합니다.

02 증감율 범위에 양수, 음수, 0의 서식이 적용되어 나타납니다.

지정	2020년도			2021년도			전년대비 증감율
	상반기	하반기	합계	상반기	하반기	합계	
서울중부	500	700	1,200	500	900	1,400	▲16.67%
서울남부	580	700	1,280	670	800	1,470	▲14.84%
서울북부	600	800	1,400	600	700	1,300	▼7.14%
서울동부	715	750	1,465	800	670	1,470	▲0.34%
서울서부	500	600	1,100	715	900	1,615	▲46.82%
경기중부	560	600	1,160	600	560	1,160	
경기남부	450	520	970	500	550	1,050	▲8.25%
경기북부	560	760	1,320	500	700	1,200	▼9.09%
경기동부	490	560	1,050	500	620	1,120	▲6.67%
경기서부	550	450	1,000	400	500	900	▼10.00%
대전동부	455	500	955	500	700	1,200	▲25.65%
대전서부	540	500	1,040	540	500	1,040	
부산북부	470	480	950	600	590	1,190	▲25.26%
부산남부	540	630	1,170	500	550	1,050	▼10.26%
광주동부	600	500	1,100	700	650	1,350	▲22.73%
광주서부	400	540	940	550	890	1,440	▲53.19%

전년대비 사업계획 실적 분석
작성일자: 2022-01-10

핵심기능

29

숫자 백만 단위 이하 자르고 네 자리마다 쉼표 표시하기

실습 파일 엑셀\2장\서식_표시형식.xlsx [매출액] 시트
완성 파일 엑셀\2장\서식_표시형식_완성.xlsx

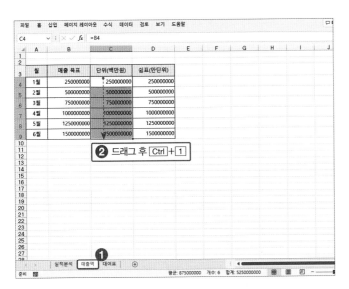

백만 단위 이하는 잘라서 표시하기

01 자릿수가 큰 매출 목표의 숫자를 백만 원 단위로 잘라서 간단하게 표시해보겠습니다. ❶ [매출액] 시트를 클릭합니다. ❷ [C4:C9] 범위를 지정한 후 Ctrl+1을 누릅니다.

➕ [셀 서식] 대화상자가 나타납니다.

02 ❶ [셀 서식] 대화상자의 [표시 형식] 탭-[범주]에서 [사용자 지정]을 클릭합니다. ❷ [형식]에 **#,##0,,**를 입력한 후 ❸ [확인]을 클릭합니다.

➕ 지정한 범위의 숫자가 백만 단위로 표시됩니다.

바로 통하는 TIP 천 단위 또는 백만 단위로 표시하기

• **사용자 형식 코드 단위(천 원) :** #,##0,
• **사용자 형식 코드 단위(백만 원) :** #,##0,,

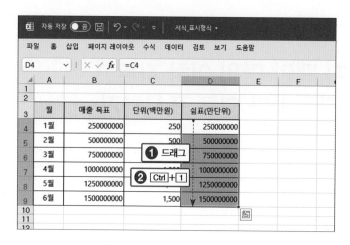

네 자리마다 쉼표 표시하기

03 숫자 네 자리마다 쉼표를 표시해 만 단위, 억 단위로 읽을 수 있도록 수정해보겠습니다. ❶ [D4:D9] 범위를 지정한 후 ❷ Ctrl + 1 을 누릅니다.

➕ [셀 서식] 대화상자가 나타납니다.

04 ❶ [셀 서식] 대화상자의 [표시 형식] 탭–[범주]에서 [사용자 지정]을 클릭합니다. ❷ [형식]에 **[>99999999]####","####","####;####","####**을 입력한 후 ❸ [확인]을 클릭합니다.

바로 통 하는TIP 서식 설명

사용자 서식은 **[조건]서식1;서식2**로 입력합니다. 조건을 만족하면 서식1을 적용하고, 조건을 만족하지 않으면 서식2를 적용합니다. 따라서 **[>99999999]####","####","####;####","####** 형식은 자릿수가 12자리일 경우와 여덟 자리일 경우에 따라 쉼표(,)가 표시되는 자릿수가 달라지므로 여덟 자리를 초과하면 ####","####","#### 서식을 적용하고, 여덟 자리 이하이면 ####","#### 서식을 적용합니다. 쉼표(,) 형식은 세 자리마다 쉼표를 표시하는 기호이므로, 네 자리마다 쉼표를 표시하려면 문자(",")로 입력해야 합니다.

05 매출액에 네 자리마다 쉼표가 표시됩니다.

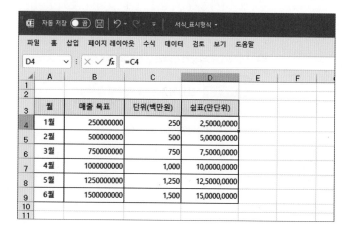

핵심기능

30

요일과 누적 시간에 사용자 지정 표시 형식 설정하기

실습 파일 엑셀\2장\서식_표시형식.xlsx [대여표] 시트
완성 파일 엑셀\2장\서식_표시형식_완성.xlsx

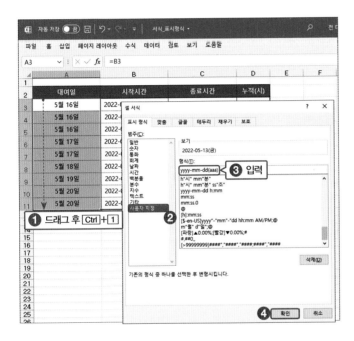

요일 표시하기

01 ❶ [대여표] 시트에서 [A3:A11] 범위를 지정한 후 Ctrl+1을 눌러 [셀 서식] 대화상자를 불러옵니다. ❷ [셀 서식] 대화상자의 [표시 형식] 탭-[범주]에서 [사용자 지정]을 클릭합니다. ❸ [형식]에 **yyyy-mm-dd(aaa)**를 입력합니다. ❹ [확인]을 클릭해서 셀에 입력한 내용에 요일이 나타나도록 서식을 적용합니다.

➕ '2022-05-16(월)'처럼 연도와 월, 일이 각각 네 자리-두 자리-두 자리로 표시되고 괄호 안에 요일이 한글 한 자리로 표시됩니다.

대여 시간 표시하기

02 [D3:D11] 범위를 지정한 후 Ctrl+1을 눌러 [셀 서식] 대화상자를 불러옵니다.

바로 통 하는TIP 1일은 24시간입니다. 엑셀에서 24시간은 24를 24로 나눈 값인 숫자 1로 표시됩니다. 1시간은 1을 24로 나눈 값인 숫자 0.041667입니다.

03 ❶ [셀 서식] 대화상자의 [표시 형식] 탭–[범주]에서 [사용자 지정]을 클릭하고 ❷ [형식]에 **[h]**를 입력한 후 ❸ [확인]을 클릭합니다.

04 시작 시간부터 종료 시간까지 걸린 시간, 즉 '=종료시간–시작시간'이 계산되어 표시되도록 서식이 적용되었습니다.

➕ 시작 시간부터 종료 시간까지 24시간이 넘는 누적 시간이 표시됩니다.

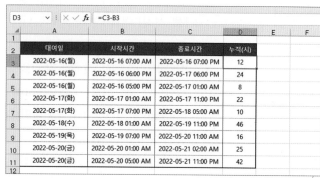

쉽고 빠른 엑셀 Note　　**날짜/시간 사용자 지정 형식에 사용되는 표시 형식**

날짜 형식은 주로 년–월–일 형태의 표시 형식을 사용하며 시간 형식은 주로 시:분:초 형태의 h:m:s 표시 형식을 사용합니다. 24시간이 넘는 누적 시간을 표시할 때는 대괄호와 함께 h, m, s 기호를 사용합니다.

데이터 형식	서식 기호	기능
날짜	yy/yyyy	연도를 두 자리 또는 네 자리로 표시합니다.
	m/mm/mmmm	월을 1~12 또는 01~12, 또는 영문으로 표시합니다.
	d/dd	일을 1~31 또는 01~31로 표시합니다.
	ddd/dddd	요일을 영문 세 자리 또는 영문으로 표시(예 : Mon 또는 Monday)합니다.
	aaa/aaaa	요일을 한글 한 자리 또는 한글로 표시(예 : 월 또는 월요일)합니다.
시간	h/hh	시간을 0~23 또는 00~23으로 표시합니다.
	m/mm	분을 0~59 또는 00~59로 표시합니다.
	s/ss	초를 0~59 또는 00~59로 표시합니다.

우선순위

핵심기능

31

셀 강조와 상위/하위 규칙으로 조건부 서식 지정하기

실습 파일 엑셀\2장\서식_실적현황.xlsx
완성 파일 엑셀\2장\서식_실적현황_완성.xlsx

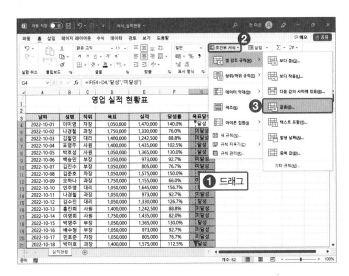

조건부 서식의 셀 강조 규칙 적용하기

01 목표달성에서 '달성'인 셀을 노랑으로 강조해보겠습니다. ❶ [G4:G65] 범위를 지정합니다. ❷ [홈] 탭-[스타일] 그룹-[조건부 서식📰]을 클릭하고 ❸ [셀 강조 규칙]-[같음]을 클릭합니다.

➕ [같음] 대화상자가 나타납니다.

바로 통 하는 TIP 조건부 서식을 수정 또는 삭제하려면 [스타일] 그룹에서 [조건부 서식]-[규칙 관리]를 선택합니다. [조건부 서식 규칙 관리자] 대화상자가 나타나면 규칙을 수정 또는 삭제합니다.

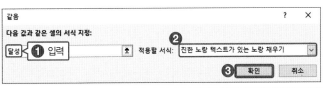

02 ❶ [같음] 대화상자에서 서식을 지정할 셀 값에 **달성**을 입력합니다. ❷ [적용할 서식]에서 [진한 노랑 텍스트가 있는 노랑 채우기]를 선택하고 ❸ [확인]을 클릭합니다.

➕ 목표달성에서 '달성'인 셀에 서식이 적용되어 강조됩니다.

날짜	성명	직위	목표	실적	달성률	목표달성
2022-10-01	이미영	차장	1,050,000	1,470,000	140.0%	달성
2022-10-02	나경철	과장	1,750,000	1,330,000	76.0%	미달성
2022-10-03	김철민	대리	1,400,000	1,242,500	88.8%	미달성
2022-10-04	표영주	사원	1,400,000	1,435,000	102.5%	달성
2022-10-05	빅호싱	사원	1,050,000	1,365,000	130.0%	달성
2022-10-06	백승민	부장	1,050,000	973,000	92.7%	미달성
2022-10-07	김진수	부장	1,050,000	805,000	76.7%	미달성
2022-10-08	김준호	차장	1,050,000	1,575,000	150.0%	달성
2022-10-09	오하나	과장	1,750,000	1,155,000	66.0%	미달성
2022-10-10	민주영	대리	1,050,000	1,645,000	156.7%	달성
2022-10-11	나경철	과장	1,050,000	973,000	92.7%	미달성

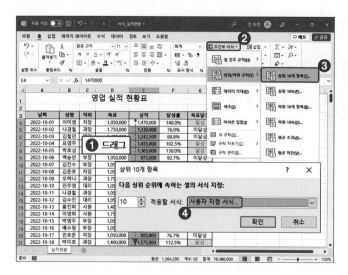

상위/하위 규칙 적용하기

03 실적을 기준으로 상위 10개 목록에 포함되는 셀의 경우 글꼴을 굵게, 빨간색으로 표시해보겠습니다. ❶ [E4:E65] 범위를 지정합니다. ❷ [홈] 탭-[스타일] 그룹-[조건부 서식🎨]을 클릭하고 ❸ [상위/하위 규칙]-[상위 10개 항목]을 클릭합니다. ❹ [상위 10개 항목] 대화상자의 [적용할 서식]에서 [사용자 지정 서식]을 선택합니다.

➕ [셀 서식] 대화상자가 나타납니다.

04 ❶ [셀 서식] 대화상자에서 [글꼴] 탭을 클릭하고 ❷ [글꼴 스타일]은 [굵게], ❸ [색]은 [진한 빨강]을 선택합니다. ❹ [확인]을 클릭하고 [상위 10개 항목] 대화상자에서도 [확인]을 클릭해 대화상자를 모두 닫습니다.

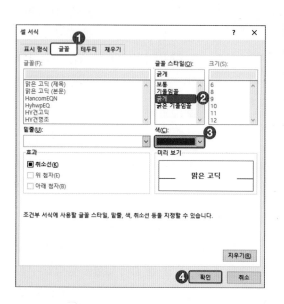

05 전체 실적 데이터에서 상위 10개에 포함되는 셀에 서식이 적용됩니다.

핵심기능

32

색조, 아이콘으로
조건부 서식 지정하기

실습 파일 엑셀 \ 2장 \ 서식_예산집계표1.xlsx
완성 파일 엑셀 \ 2장 \ 서식_예산집계표1_완성.xlsx

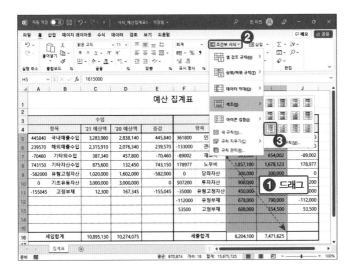

색조로 조건부 서식 지정하기

01 2020년과 2021년 예산액을 녹색과 흰색 두 가지 색조로 표시한 후 비교해보겠습니다. ❶ [H5:I15] 범위를 지정합니다. ❷ [홈] 탭-[스타일] 그룹-[조건부 서식]을 클릭하고 ❸ [색조]-[녹색, 흰색 색조]를 클릭합니다.

➕ 값이 클수록 녹색에, 작을수록 흰색에 가깝게 표현됩니다.

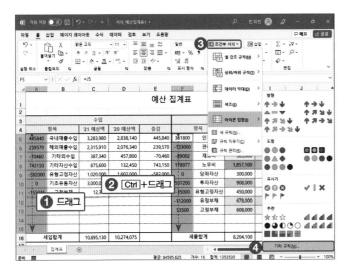

아이콘으로 조건부 서식 지정하기

02 2020년 대비 2021년의 수입이나 지출이 증가했을 때, 감소했을 때, 그대로일 때를 비교해 아이콘으로 표시해보겠습니다. ❶ [A5:A15] 범위를 지정하고 ❷ Ctrl 을 누른 상태에서 [F5:F15] 범위를 지정합니다. ❸ [홈] 탭-[스타일] 그룹-[조건부 서식]을 클릭하고 ❹ [아이콘 집합]-[기타 규칙]을 클릭합니다.

➕ [새 서식 규칙] 대화상자가 나타납니다.

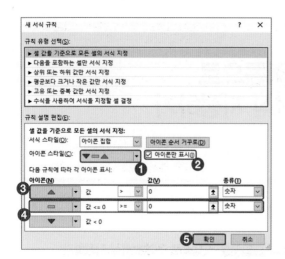

03 ❶ [새 서식 규칙] 대화상자에서 [아이콘 스타일]로 [삼각형 3개 ▲━▼]를 선택하고 ❷ [아이콘만 표시]에 체크합니다. ❸ [다음 규칙에 따라 아이콘 표시] 영역에서 [▲] 값에 [>, 0, 숫자]를 지정하고 ❹ [━] 값에 [>=, 0, 숫자]를 지정합니다. ❺ [확인]을 클릭하여 대화상자를 닫습니다.

바로 통 하는TIP 셀 값을 기준으로 백분율, 숫자, 백분위수, 수식으로 변경할 수 있습니다. 백분율과 백분위수에 0~100 사이 값을 입력합니다.

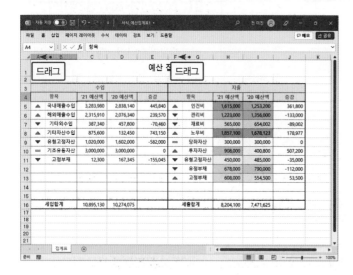

04 셀 값이 0 초과면 ▲, 0이면 ━, 0 미만이면 ▼ 아이콘이 표시됩니다. 아이콘에 맞춰서 A열과 F열의 너비를 적당히 조절합니다.

핵심기능 33

데이터 막대로 조건부 서식 지정 및 규칙 편집하기

실습 파일 엑셀\2장\서식_예산집계표2.xlsx
완성 파일 엑셀\2장\서식_예산집계표2_완성.xlsx

데이터 막대로 조건부 서식 지정하기

01 2020년과 2021년 예산액에 해당하는 각 셀 값을 전체 셀 값과 비교했을 때 예산액이 차지하는 비율을 데이터 막대 길이로 표시해보겠습니다. ❶ [C5:D15] 범위를 지정합니다. ❷ [홈] 탭-[스타일] 그룹-[조건부 서식🔲]을 클릭하고 ❸ [데이터 막대]-[그라데이션 채우기]-[주황 데이터 막대]를 클릭합니다.

➕ 셀 값에 따라 막대 길이가 다르게 표시됩니다.

02 2020년 대비 2021년의 수입이나 지출이 증가했을 때, 감소했을 때, 그대로일 때를 비교해 데이터 막대로 표시해보겠습니다. ❶ [E5:E15] 범위를 지정한 후 ❷ Ctrl 을 누른 상태에서 [J5:J15] 범위를 지정합니다.

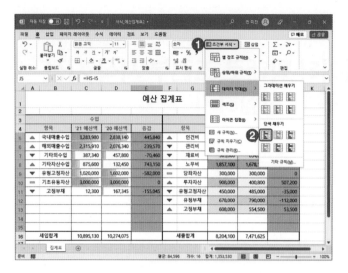

03 ❶ [홈] 탭-[스타일] 그룹-[조건부 서식▦]을 클릭하고 ❷ [데이터 막대]-[단색 채우기]-[파랑 데이터 막대]를 클릭합니다.

➕ 셀 값에 따라 음수와 양수 막대로 표시됩니다. 예산액이 증가한 경우 파란색 데이터 막대가 오른쪽으로 길게 표시되고 감소한 경우 빨간색 데이터 막대가 왼쪽으로 길게 표시됩니다.

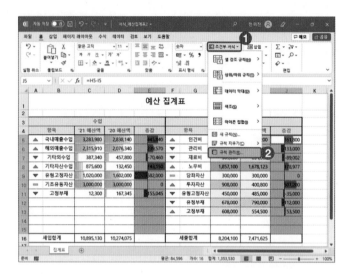

음수와 양수의 막대를 반대 방향으로 표시하기

04 예산액 증감이 표시된 데이터 막대의 방향을 바꿔보겠습니다. ❶ 범위가 지정된 상태에서 [홈] 탭-[스타일] 그룹-[조건부 서식▦]을 클릭합니다. ❷ [규칙 관리]를 클릭합니다.

➕ [조건부 서식 규칙 관리자] 대화상자가 나타납니다.

✅ **엑셀 2010** 엑셀 2010 버전부터는 0을 기준으로 최댓값(양수)과 최솟값(음수)을 막대의 길이로 표시합니다. 따라서 양수와 음수에 따라 막대의 방향이 다르게 표시됩니다.

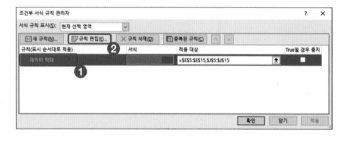

05 ❶ [조건부 서식 규칙 관리자] 대화상자에서 [데이터 막대] 규칙을 클릭하고 ❷ [규칙 편집]을 클릭합니다.

➕ [서식 규칙 편집] 대화상자가 나타납니다.

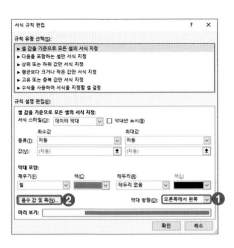

06 ❶ [서식 규칙 편집] 대화상자의 [규칙 설명 편집]에서 [막대 모양]–[막대 방향]을 [오른쪽에서 왼쪽]으로 선택하고 ❷ [음수 값 및 축]을 클릭합니다.

➕ [음수 값 및 축 설정] 대화상자가 나타납니다.

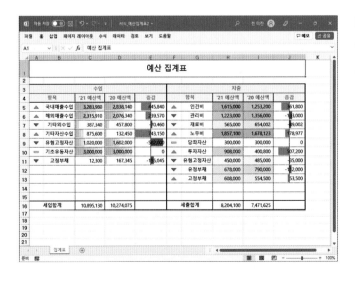

07 예산액 증감이 표시된 데이터 막대의 중심축을 셀 가운데로 바꿔보겠습니다. ❶ [음수 값 및 축 설정] 대화상자의 [축 설정]에서 [셀 중간점]을 클릭합니다. ❷ [확인]을 클릭하고 [조건부 서식 규칙 관리자] 대화상자와 [서식 규칙 편집] 대화상자에서 [확인]을 클릭해 대화상자를 모두 닫습니다.

08 막대의 방향이 오른쪽에서 왼쪽으로 변경되고 중심축이 셀 중간으로 변경됩니다.

핵심기능

| 2010 | 2013 | 2016 | 2019 | 2021 |

수식으로 조건부 서식 지정하기

34

실습 파일 엑셀\2장\서식_신용평가.xlsx
완성 파일 엑셀\2장\서식_신용평가_완성.xlsx

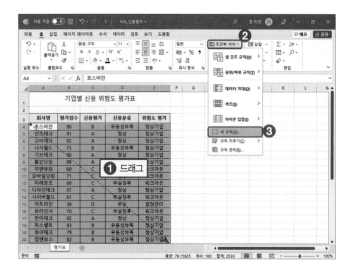

수식으로 서식 지정하기

01 위험도 평가에서 워크아웃 대상 기업인 경우 해당 행을 연한 노란색으로 채워보겠습니다. ❶ [A4:E35] 범위를 지정합니다. ❷ [홈] 탭-[스타일] 그룹-[조건부 서식 📰]을 클릭하고 ❸ [새 규칙]을 클릭합니다.

➕ [새 서식 규칙] 대화상자가 나타납니다.

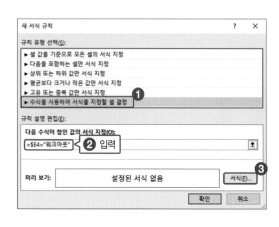

02 ❶ [새 서식 규칙] 대화상자의 [규칙 유형 선택]에서 [수식을 사용하여 서식을 지정할 셀 결정]을 클릭합니다. ❷ 목표를 달성한 행 전체에 서식을 적용하기 위해 수식 입력란에 **=$E4="워크아웃"**를 입력하고 ❸ [서식]을 클릭합니다.

➕ [셀 서식] 대화상자가 나타납니다.

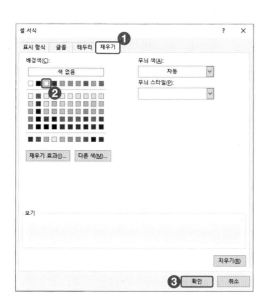

03 ❶ [셀 서식] 대화상자에서 [채우기] 탭을 클릭하고 ❷ [배경색]의 [연한 노랑]을 클릭합니다. ❸ [확인]을 클릭하고 [새 서식 규칙] 대화상자에서도 [확인]을 클릭해서 대화상자를 모두 닫습니다.

04 워크아웃이 포함된 셀의 행 전체가 연한 노란색으로 강조됩니다.

핵심기능

35

빠른 분석 도구를 사용하여 표 서식과 조건부 서식 지정하기

실습 파일 엑셀 \ 2장 \ 서식_수출입추이.xlsx
완성 파일 엑셀 \ 2장 \ 서식_수출입추이_완성.xlsx

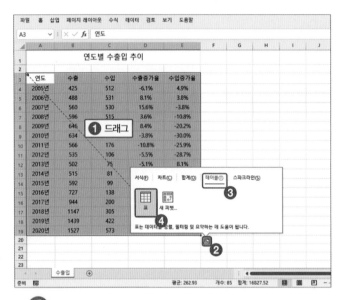

표 서식 지정하기

01 데이터 범위를 지정했을 때 범위 끝에 자동으로 표시되는 **빠른 분석 도구**를 이용해 표 서식을 지정해보겠습니다. ❶ [A3:E19] 범위를 지정합니다. ❷ 표의 오른쪽 아래에 나타나는 [빠른 분석圖]을 클릭합니다. ❸ [테이블]을 클릭하고 ❹ [표]를 클릭하여 지정한 범위에 표 서식을 적용합니다.

➕ 표 스타일이 적용되고 머리글 행에 필터 단추가 나타납니다.

바로 통 하는TIP 빠른 분석 도구에서 적용한 표의 스타일은 [테이블 디자인] 탭-[표 스타일] 그룹에서 변경할 수 있습니다.

쉽고 빠른 엑셀 Note | **빠른 분석 도구 알아보기**

표 서식과 셀 스타일이 표 자체를 좀 더 보기 좋게 꾸며준다면 빠른 분석 도구는 표의 데이터를 이용해 간편하게 자료를 시각화합니다.
서식 변경은 물론 차트와 스파크라인을 간편하게 만들어주고 합계 또는 피벗 테이블도 바로 작성할 수 있습니다.

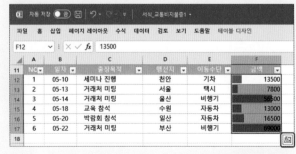

조건부 서식은 규칙을 사용해 원하는 데이터를 강조합니다.

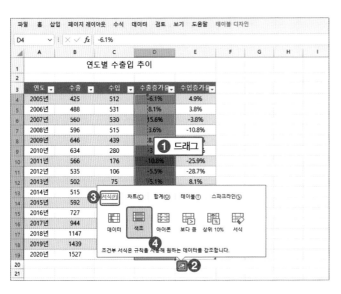

색조로 조건부 서식 지정하기

02 수출증가율이 클 때와 낮을 때를 비교하여 색조로 표시해보겠습니다. ❶ [D4:D19] 범위를 지정합니다. ❷ [빠른 분석[圖]]을 클릭합니다. ❸ [서식]을 클릭하고 ❹ [색조]를 클릭합니다.

➕ 지정한 범위에 세 가지 색조(녹색–흰색–빨강)로 서식이 적용됩니다.

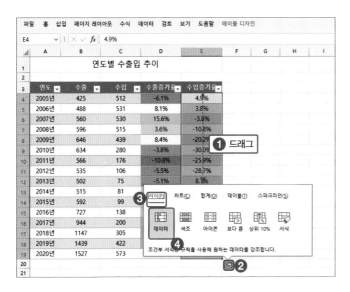

막대로 조건부 서식 지정하기

03 ❶ [E4:E19] 범위를 지정합니다. ❷ [빠른 분석[圖]]을 클릭합니다. ❸ [서식]을 클릭하고 ❹ [데이터]를 클릭하여 데이터 막대 서식을 적용합니다.

04 음수는 빨간색, 양수는 파란색의 데이터 막대로 표시됩니다.

바로 통 하는TIP 빠른 분석 도구에서 적용한 조건부 서식 등의 스타일은 [홈] 탭–[스타일] 그룹–[조건부 서식]–[규칙 관리]에서 변경할 수 있습니다.

틀 고정하기

실습 파일 엑셀\2장\틀고정_매출표.xlsx
완성 파일 없음

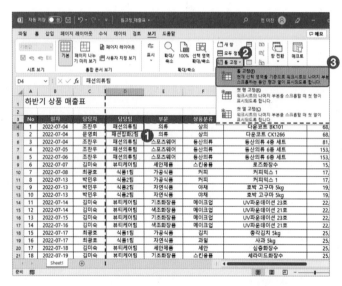

틀 고정하기

01 하반기 상품 매출표에서 화면을 이동해도 표 제목, 연번과 일자, 담당자가 계속해서 보이도록 특정 범위를 고정해보겠습니다. ❶ [D4] 셀을 클릭합니다. ❷ [보기] 탭-[창] 그룹-[틀 고정🔛]을 클릭합니다. ❸ [틀 고정] 을 클릭합니다.

➕ 셀 포인터를 기준으로 위쪽과 왼쪽에 있는 셀이 고정됩니다. 화면을 이동해도 [D4] 셀 위쪽의 [1:3] 행, 왼쪽의 [A:C] 열은 계속해서 나타납니다.

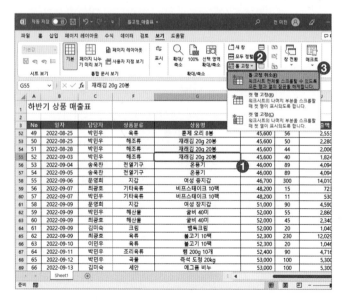

틀 고정 취소하기

02 화면을 아래로 이동한 후 오른쪽으로 이동하면 제목 행과 열이 고정된 것을 확인할 수 있습니다. 고정되어 있는 틀을 취소해보겠습니다. ❶ 임의의 셀을 클릭합니다. ❷ [보기] 탭-[창] 그룹-[틀 고정🔛]을 클릭하고 ❸ [틀 고정 취소]를 클릭합니다.

➕ 고정된 틀이 취소되어 원래 상태로 돌아갑니다.

| 2010 | 2013 | 2016 | 2019 | 2021 |

핵심기능

37

문서를 바둑판식으로 정렬해서 작업하기

실습 파일 엑셀\2장\창_매출실적.xlsx
완성 파일 없음

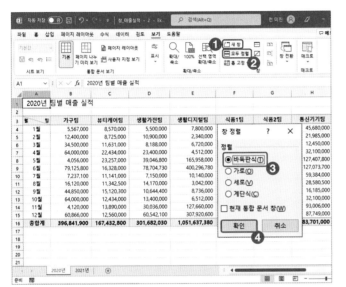

바둑판식으로 창 정렬하기

01 [2020년]과 [2021년] 시드를 한 화면에 표시해보겠습니다. 엑셀 창을 추가로 열고 원하는 시트를 클릭한 후 창을 정렬합니다. ❶ 작업 중인 문서를 새 창에 띄우기 위해 [보기] 탭-[창] 그룹-[새 창🗗]을 클릭합니다. ❷ [보기] 탭-[창] 그룹-[모두 정렬🗄]을 클릭합니다. ❸ [창 정렬] 대화상자에서 [바둑판식]을 클릭한 후 ❹ [확인]을 클릭합니다.

➕ 작업 창 두 개가 바둑판식으로 정렬됩니다.

바로 통 하는TIP [보기] 탭-[창] 그룹-[창 전환]을 클릭하면 '창_매출실적.xlsx:1', '창_매출실적.xlsx:2' 두 개의 문서가 열려 있는 것을 확인할 수 있습니다. 현재 열려 있는 문서를 새 창에서 한 번 더 열었다는 의미입니다.

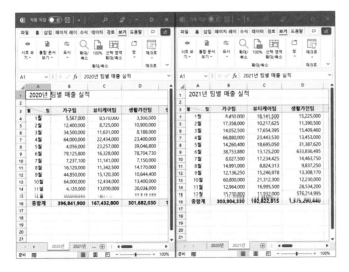

창 나란히 비교하기

02 [2020년] 시트와 [2021년] 시트를 비교하면서 작업합니다.

바로 통 하는TIP 작업이 모두 끝난 뒤에는 작업 창 중 하나에서 [닫기✕]를 클릭하여 작업 창을 닫습니다.

핵심기능

38

| 2010 | 2013 | 2016 | 2019 | 2021 |

인쇄 미리 보기에서
인쇄 선택 영역 및 여백 설정하기

실습 파일 엑셀\2장\인쇄_주간일정표.xlsx
완성 파일 엑셀\2장\인쇄_주간일정표_완성.xlsx

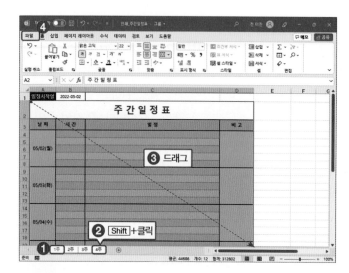

인쇄 영역 설정하기

01 ❶ [1주] 시트 탭을 클릭하고 ❷ [Shift]를 누른 상태에서 [4주] 시트 탭을 클릭합니다. ❸ 인쇄 영역을 설정하기 위해 [A2:D38] 범위를 지정하고 ❹ [파일] 탭을 클릭합니다.

바로 통하는 TIP [Shift]는 'A부터 B까지'라는 개념이고 [Ctrl]은 'A와 B'라는 개념입니다. 따라서 [Shift]는 처음 선택한 워크시트부터 마지막 워크시트까지 선택할 때, [Ctrl]은 처음 선택한 워크시트와 각각의 워크시트를 선택할 때 사용합니다.

02 ❶ [인쇄]를 클릭하면 인쇄 관련 메뉴와 인쇄 미리 보기가 나타납니다. ❷ [설정]-[인쇄 영역]을 클릭하고 ❸ [선택 영역 인쇄]를 클릭합니다.

➕ [1주]~[4주] 시트에서 [A2:D38] 범위가 인쇄 영역으로 설정됩니다.

바로 통하는 TIP 편집 화면에서 단축키 [Ctrl]+[P]를 누르면 인쇄 미리 보기가 바로 실행됩니다.

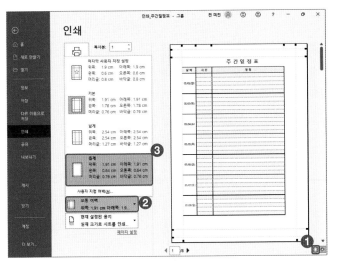

용지 여백 설정하기

03 넓은 용지 여백을 좁게 설정해 보겠습니다. ❶ [여백 표시▦]를 클릭합니다. ❷ [여백 설정]을 클릭하고 ❸ [좁게]를 클릭하여 여백을 조절합니다.

➕ 인쇄 미리 보기에서 좁은 여백이 적용된 페이지가 나타납니다.

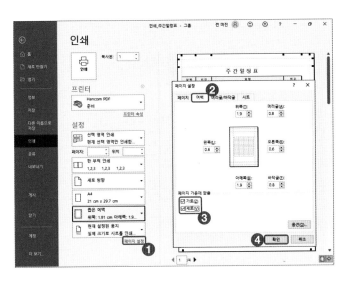

04 ❶ [설정]–[페이지 설정]을 클릭하고 ❷ [페이지 설정] 대화상자에서 [여백] 탭을 클릭합니다. ❸ [페이지 가운데 맞춤]에서 [가로], [세로]에 체크하고 ❹ [확인]을 클릭하여 문서 내용을 페이지 가운데로 정렬합니다.

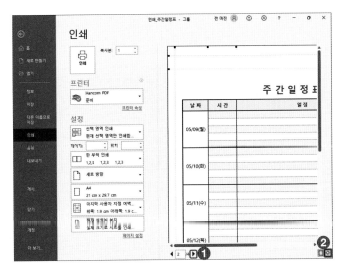

인쇄 미리 보기 확대/축소하기

05 ❶ 인쇄 미리 보기에서 [다음 페이지▶]를 클릭하여 다른 페이지를 보거나 ❷ 화면 오른쪽 아래의 [페이지 확대/축소▣]를 클릭해서 미리 보기 화면을 확대/축소할 수 있습니다.

바로 통 하는 TIP 인쇄 작업 후에 그룹 시트를 해제하려면 [1주]~[4주] 시트 중에서 임의의 시트 탭을 클릭합니다.

인쇄 영역 또는 프린트 설정을 제대로 해두지 않으면 데이터와 배율이 제멋대로 반영됩니다.
[파일] 탭–[인쇄]에서 인쇄와 관련된 작업과 메뉴를 확인할 수 있습니다. 용지에 맞게 데이터
를 인쇄하기 위해서는 다음과 같이 인쇄 환경을 설정합니다.

① 인쇄할 시트를 지정합니다. 활성 시트, 전체 통합 문서 또
는 선택 영역만 인쇄할 수 있습니다.

② 인쇄할 용지의 방향을 지정합니다. 세로 방향 또는 가로
방향으로 지정하여 인쇄합니다.

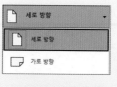

③ 작업한 문서에 맞는 용지 규격을 지정합니다.

④ 미리 보기 화면을 확인하면서 용지의 여백을 지정합니다.

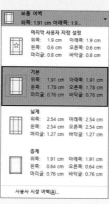

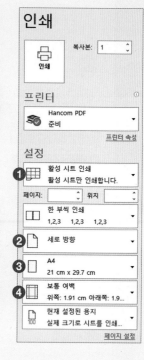

핵심기능

39

반복 인쇄할 제목 행 지정하기

실습 파일 엑셀 \ 2장 \ 인쇄_업무추진비1.xlsx
완성 파일 엑셀 \ 2장 \ 인쇄_업무추진비1_완성.xlsx

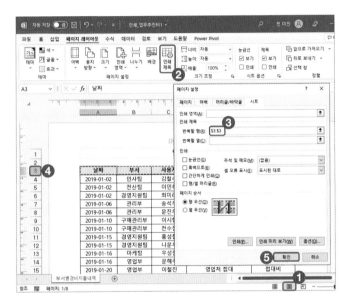

페이지마다 제목 행이 반복 인쇄되도록 설정하기

01 ❶상태 표시줄에서 [페이지 레이아웃圖]을 클릭합니다. ❷ [페이지 레이아웃] 탭-[페이지 설정] 그룹-[인쇄 제목圖]을 클릭합니다. ❸ [페이지 설정] 대화상자에서 [시트] 탭-[인쇄 제목]-[반복할 행]을 클릭하고 ❹3행 머리글을 클릭하면 반복할 행이 선택됩니다. ❺ [확인]을 클릭합니다.

02 각 페이지로 이동하면서 살펴보면 제목이 반복되어 나타납니다.

2010 \ 2013 \ 2016 \ 2019 \ 2021

페이지 나누기 미리 보기 및 인쇄 배율 지정하기

실습 파일 엑셀 \ 2장 \ 인쇄_업무추진비2.xlsx
완성 파일 엑셀 \ 2장 \ 인쇄_업무추진비2_완성.xlsx

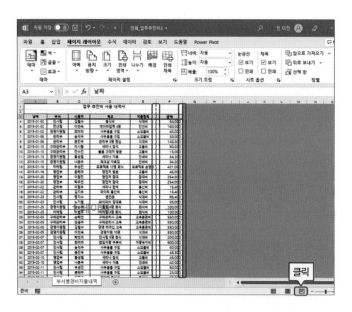

페이지 나누기 미리 보기 모드로 변경하기

01 상태 표시줄에서 [페이지 나누기 미리 보기凹]를 클릭합니다. 페이지 나누기 창에서 인쇄 영역 전체는 파란색 실선으로, 자동으로 나눠진 페이지 구분선은 파란색 점선으로 표시됩니다.

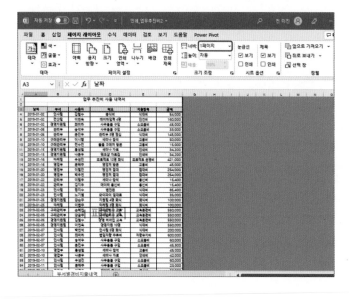

인쇄 배율 조정하기

02 [페이지 레이아웃] 탭-[크기 조정] 그룹에서 [너비日]를 [1페이지]로 선택합니다.

➕ 인쇄 가로 배율이 [89%]로 조정됩니다.

바로 통하는 TIP 페이지 구분선인 파란색 점선을 오른쪽으로 드래그하면 자동으로 인쇄 배율이 조정되어 한 페이지에 인쇄됩니다.

핵심기능

41

페이지 나누기 구분선 수정하기

실습 파일 엑셀\2장\인쇄_업무추진비3.xlsx
완성 파일 엑셀\2장\인쇄_업무추진비3_완성.xlsx

41	2019-02-25	관리부	송사랑	관리부 3명 회식	식대비	250,000
42	2019-03-03	영업부	이철수	세미나 참석	교통비	292,600
43	2019-03-03	영업부	강민욱	물품 구매처 방문	교통비	292,600
44	2019-03-03	영업부	나철민	❶ 드래그	인쇄비	292,600
45	2019-03-03	영업부	문혜성		기타경비	292,600
46	2019-03-05	경영지원팀	이진우		프로젝트 운영비	46,000
47	2019-03-05	경영지원팀	박진섭	사무용품 구입	소모품비	46,000
48	2019-03-05	마케팅	우성진	교육자료집 인쇄	인쇄비	46,000

65	2019-03-20	개발부	문진우	개발부 2명 회식	회식비	40,000
66	2019-04-02	경영지원팀	이시헌	리더십 교육	교육훈련비	3,000,000
67	2019-04-02	경영지원팀	전수진	리더십 교육	교육훈련비	3,000,000
68	2019-04-02	인사팀	홍성철	리더십 교육	교육훈련비	3,000,000
69	2019-04-02	경영지원팀	나문우	경영지원팀 5명 프로	프로젝트 운영비	3,000,000
70	2019-04-07	개발부	우성진	자바 프로그래밍 교육	교육훈련비	137,000
71	2019-04-07	영업부	문혜성	영업 마케팅 교육	교육훈련비	137,000
72	2019-04-07	개발부	이철진	서버 교육	교육훈련비	137,000
73	2019-04-07	영업부	정훈	영업부 5명 교육	교육훈련비	137,000
74	2019-04-12	관리부	송사랑	기타 사무경비	기타경비	12,000
75	2019-04-12	영업부	이철수	❷ 드래그	기타경비	12,000
76	2019-04-12	영업부	강민욱		기타경비	12,000
77	2019-04-12	영업부	나철민	기타 영업경비	기타경비	12,000
78	2019-04-17	관리부	문혜성	기타 관리경비	기타경비	74,000
79	2019-04-17	개발부	이진우	개발부 5명 프로젝트 운영	프로젝트 운영비	174,000
80	2019-04-17	관리부	박진섭	기타 관리경비	기타경비	474,000
81	2019-04-17	관리부	강글주	기타 관리경비	기타경비	14,000
82	2019-04-20	마케팅	김철수	기타 마케팅 자료 수집비	기타경비	20,000
83	2019-04-20	영업부	이민욱	기타 영업경비	기타경비	450,000
84	2019-04-20	영업부	박민석	기타 영업경비	기타경비	20,000
85	2019-04-20	영업부	최미라	영업부 5명 기타	통신비	30,000
86	2019-04-27	인사팀	송석우	인사팀 5명 기타	식대비	78,000
87	2019-04-27	인사팀	문진우	인사팀 5명 기타	식대비	78,000
88	2019-04-27	인사팀	이시헌	세미나 참석	교통비	5,000

01 1~6월까지의 매출 보고 실적 데이터가 월별로 표시되도록 페이지를 나누겠습니다. ❶ 1페이지 나누기 구분선을 41행, ❷ 2페이지 나누기 구분선을 65행 위치로 각각 드래그합니다.

바로 통 하는TIP 페이지 영역을 페이지 나누기 구분선으로 나누려면 [페이지 레이아웃] 탭─[크기 조정] 그룹에서 [너비]와 [높이]를 [자동]으로 선택합니다.

89	2019-04-27	마케팅	전수진	회주업체 방문	교통비	8,000
90	2019-05-03	개발부	홍성철	개발부 5명 식대	식대비	50,000
91	2019-05-03	인사팀	나문우	인사팀 5명 식대	식대비	250,000
92	2019-05-07	경영지원팀	우성진	데이터 통신비	통신비	45,000
93	2019-05-07	경영지원팀	문혜주	법인폰	통신비	34,000
94	2019-05-11	인사팀	이철진	와이파이 임대료	통신비	68,000
95	2019-05-11	인사팀	박우민	인사팀 5명 통신	통신비	68,000
96	2019-05-15	영업부	이철수	영업부 5명 회식	회식비	80,000
97	2019-05-15	영업부	김지우	영업부 5명 회식	회식비	100,000
98	2019-05-19	관리부	정지수	관리부 5명 회식	회식비	120,000
99	2019-05-19	관리부	노기범	관리부 5명 식대	식대비	120,000
100	2019-05-20	영업부	강순우	❶ 드래그	회식비	45,000
101	2019-05-20	영업부	이범주		회식비	45,000
102	2019-05-21	경영지원팀	손혜민	경영지원팀 5명 교육	교육훈련비	1,250,000
103	2019-05-21	관리부	강글주	관리부 5명 교육	교육훈련비	650,000
104	2019-05-21	경영지원팀	김철수	경영지원팀 5명 교육	교육훈련비	1,250,000
105	2019-05-21	관리부	이민욱	관리부 5명 교육	교육훈련비	650,000
106	2019-05-24	구매관리부	박민석	구매관리부 5명 기타	기타경비	12,000
107	2019-05-24	구매관리부	최미라	구매관리부 5명 소모	소모품비	12,000
108	2019-05-26	경영지원팀	김철수	경영지원팀 5명 소모	소모품비	45,000
109	2019-05-26	경영지원팀	문진우	세미나 참석	식대비	45,000
110	2019-05-27	경영지원팀	이시헌	세미나 참석	교통비	55,000
111	2019-05-27	경영지원팀	전수진	물품 구매처 방문	교통비	55,000
112	2019-05-28	경영지원팀	홍성철	영업처 방문	인쇄비	30,000

117	2019-06-30	경영지원팀	강민욱	경영지원팀 5명 회식	회식비	54,000
118	2019-06-03	영업부	나철민	영업부 5명 교육	교육훈련비	2,000,000
119	2019-06-03	영업부	문혜성	영업부 5명 교육	교육훈련비	2,000,000
120	2019-06-05	개발부	이진우	개발부 5명 교육	교육훈련비	120,000
121	2019-06-05	개발부	박진섭	개발부 5명 프로	프로젝트 운영비	120,000
122	2019-06-08	관리부	강순우	관리부 5명 교육	교육훈련비	92,000
123	2019-06-08	관리부	이범주	관리부 5명 교육	교육훈련비	92,000
124	2019-06-09	영업부	손혜민	영업부 5명 기타	기타경비	45,000
125	2019-06-09	영업부	강글주	영업부 5명 기타	기타경비	45,000
126	2019-06-13	경영지원팀	김철수	❷ 드래그	소모품비	12,000
127	2019-06-13	인사팀	이민욱		소모품비	12,000
128	2019-06-14	관리부	박민석	사무용품 구입	소모품비	120,000
129	2019-06-14	관리부	최미라	사무용품 구입	소모품비	120,000
130	2019-06-15	영업부	송석우	영업부 5명 식대	식대비	14,000
131	2019-06-15	영업부	문진우	세미나 참석	교통비	14,000
132	2019-06-17	영업부	이시헌	물품 구매처 방문	교통비	12,000
133	2019-06-17	영업부	전수진	영업처 방문	인쇄비	12,000
134	2019-06-18	인사팀	홍성철	인사팀 5명 통신	통신비	56,000
135	2019-06-18	인사팀	나문우	인사팀 5명 회식	회식비	56,000
136	2019-06-19	관리부	우성진	관리부 5명 회식	회식비	450,000

02 ❶ 3페이지 나누기 구분선을 89행, ❷ 4페이지 나누기 구분선을 117행 위치로 각각 드래그합니다.

➕ 월별 매출 보고 실적 데이터의 페이지가 나눠졌습니다.

바로 통 하는TIP [페이지 레이아웃] 탭─[페이지 설정] 그룹─[나누기]를 클릭한 후 [페이지 나누기 삽입] 또는 [페이지 나누기 제거]나 [페이지 나누기 모두 원래대로]를 클릭하여 페이지 나누기를 수정할 수 있습니다.

머리글/바닥글 설정하기

42

실습 파일 엑셀 \ 2장 \ 인쇄_업무추진비4.xlsx
완성 파일 엑셀 \ 2장 \ 인쇄_업무추진비4_완성.xlsx

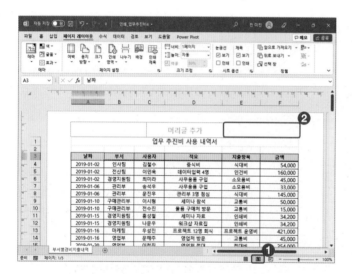

머리글에 현재 날짜 입력하기

01 ❶ 상태 표시줄에서 [페이지 레이아웃 ▦]을 클릭합니다. ❷ 머리글 추가 영역 오른쪽 빈칸을 클릭합니다.

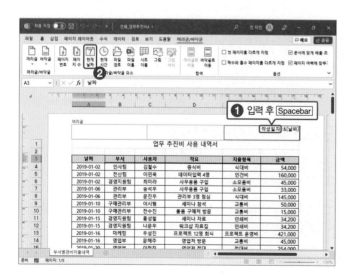

02 ❶ **작성일자 :**를 입력한 후 한 칸 띄웁니다. ❷ [머리글/바닥글] 탭-[머리글/바닥글 요소] 그룹-[현재 날짜 ⑦]를 클릭해서 날짜를 표기합니다.

➕ '작성일자 :' 뒤로 '&[날짜]'가 삽입됩니다.

✅ **엑셀 2019&이전 버전** [머리글/바닥글 도구]-[디자인] 탭을 확인합니다.

바닥글에 페이지 번호 입력하기

03 [머리글/바닥글] 탭–[탐색] 그룹
–[바닥글로 이동🔲]을 클릭해 바닥
글로 이동합니다.

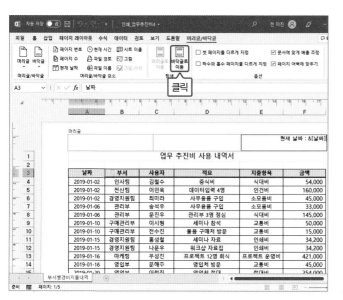

04 ❶ 바닥글 가운데 영역을 클릭
합니다. ❷ [머리글/바닥글] 탭–[머
리글/바닥글 요소] 그룹–[페이지 번
호🔢]를 클릭합니다. ❸ /를 입력한
후 ❹ [페이지 수📄]를 클릭합니다.

➕ '/' 뒤로 '&[전체 페이지 수]'가 삽입됩니다.

바로 통 하는 TIP [머리글/바닥글] 탭은 머리글
또는 바닥글 영역을 클릭한 상태에서만 나타납니
다.

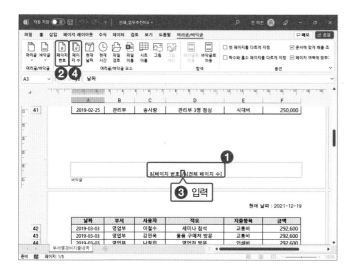

05 임의의 셀을 클릭하면 바닥글
이 '페이지 번호/전체 페이지 수' 형
식으로 표기됩니다.

머리글과 바닥글은 [머리글/바닥글] 탭과 [페이지 설정] 대화상자에서 설정할 수 있으며 페이지마다 반복할 요소를 삽입하거나 편집할 수 있습니다. 먼저 [머리글/바닥글] 탭을 활용하기 위해서는 상태 표시줄의 [페이지 레이아웃▣]을 클릭하여 페이지 레이아웃 보기 상태로 전환하고 화면 상단의 [머리글 추가](또는 하단의 [바닥글 추가])를 클릭한 후 [머리글/바닥글] 탭에서 필요한 요소를 삽입합니다.

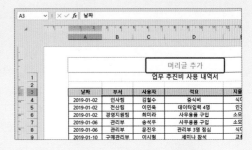

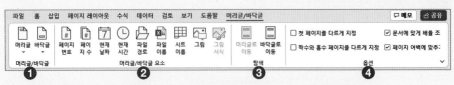

① **머리글/바닥글** : 미리 설정된 머리글/바닥글 목록 16개를 이용해서 머리글과 바닥글을 설정합니다.

② **머리글/바닥글 요소** : 머리글과 바닥글에 삽입할 요소를 사용자가 직접 선택합니다.

③ **탐색** : 머리글과 바닥글로 이동합니다.

④ **옵션** : 첫 페이지 또는 홀수나 짝수 페이지의 머리글과 바닥글을 각각 다르게 설정하여 사용할 수 있습니다.

[페이지 설정] 대화상자를 활용하기 위해서는 [페이지 레이아웃] 탭-[페이지 설정] 그룹에서 [페이지 설정▣]을 클릭합니다. [페이지 설정] 대화상자가 나타나면 [머리글/바닥글] 탭에서 머리글과 바닥글을 편집합니다.

① [머리글 편집]을 클릭하고 [머리글] 대화상자에서 각각의 구역에 필요한 요소를 삽입하고 편집합니다.

② [바닥글 편집]을 클릭하고 [바닥글] 대화상자에서 각각의 구역에 필요한 요소를 삽입하고 편집합니다.

○ 우선순위

핵심기능

2010 \ 2013 \ 2016 \ 2019 \ 2021

머리글에 배경 그림 삽입하기

43

실습 파일 엑셀\2장\인쇄_경력증명서.xlsx
완성 파일 엑셀\2장\인쇄_경력증명서_완성.xlsx

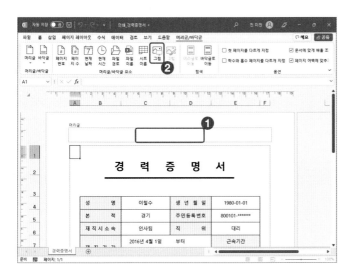

배경 그림 삽입하기

01 ❶ 머리글 가운데 영역을 클릭합니다. ❷ [머리글/바닥글] 탭-[머리글/바닥글 요소] 그룹-[그림🖼]을 클릭합니다.

➕ [그림 삽입] 대화상자가 나타납니다.

✔ **엑셀 2019&이전 버전** [머리글/바닥글 도구]-[디자인] 탭에서 [머리글/바닥글 요소]-[그림]을 클릭합니다.

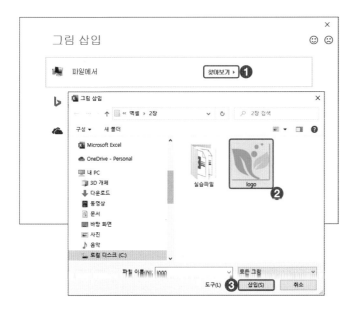

02 ❶ [그림 삽입] 대화상자에서 [찾아보기]를 클릭한 후 ❷ 엑셀 실습 폴더에서 'logo.png' 이미지 파일을 클릭하고 ❸ [삽입]을 클릭합니다.

➕ 머리글 위치에 배경 그림이 삽입됩니다.

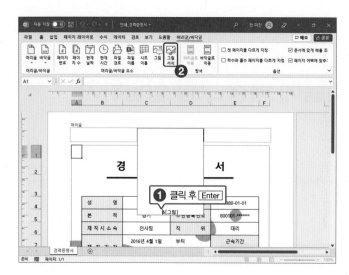

배경 그림 서식 지정하기

03 ❶ 그림을 가운데 배치하기 위해 '&[그림]' 앞을 클릭하고 Enter를 여러 차례 누릅니다. ❷ [머리글/바닥글] 탭−[머리글/바닥글 요소] 그룹−[그림 서식🖼]을 클릭합니다.

➕ [그림 서식] 대화상자가 나타납니다.

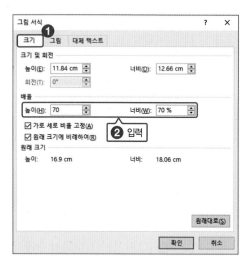

04 ❶ [그림 서식] 대화상자에서 [크기] 탭을 클릭한 후 ❷ [배율]에서 [높이]와 [너비]에 각각 **70**을 입력합니다. ❸ [그림] 탭을 클릭한 후 ❹ [색]에서 [희미하게]를 선택하고 ❺ [확인]을 클릭합니다.

➕ 임의의 셀을 클릭하면 머리글의 가운데 영역에 로고 그림이 배경으로 희미하게 삽입된 것을 확인할 수 있습니다.

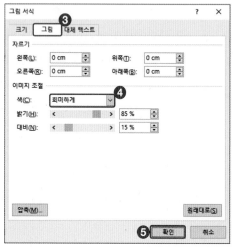

CHAPTER

03

수식 작성 및
함수 활용하기

엑셀을 사용하는 가장 큰 이유는 복잡한 계산을 쉽고 빠르게 끝내면서
반복되는 계산도 함수로 간단하게 해결할 수 있기 때문입니다. 여기서는
수식과 함수의 구조를 이해하고, 상대 참조, 절대 참조, 혼합 참조를 이
용해 수식을 만들어보겠습니다. 실무에서 자주 쓰는 활용도 높은 함수를
사용하는 방법에 대해서 살펴보겠습니다.

2010 \ 2013 \ 2016 \ 2019 \ 2021

상대 참조로 수식 만들기

실습 파일 엑셀 \ 3장 \ 수식_셀참조.xlsx [상대참조] 시트
완성 파일 엑셀 \ 3장 \ 수식_셀참조_완성.xlsx

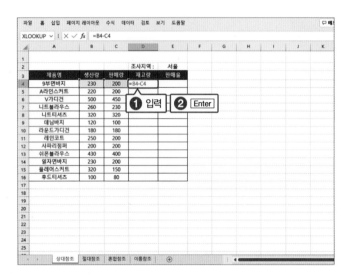

상대 참조로 재고량 구하기

01 생산량에서 판매량을 빼서 재고량을 구해보겠습니다. ❶ [상대참조] 시트에서 [D4] 셀에 수식 **=B4-C4**를 입력한 후 ❷ Enter 를 누릅니다.

➕ 생산량에서 판매량을 뺀 재고량이 계산됩니다.

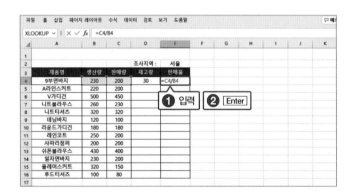

상대 참조로 판매율 구하기

02 판매율은 판매량을 생산량으로 나누어 구합니다. ❶ [E4] 셀에 수식 **=C4/B4**를 입력한 후 ❷ Enter 를 누릅니다.

➕ 판매량을 생산량으로 나눈 판매율이 계산됩니다.

쉽고 빠른 엑셀 Note 상대 참조

주소 형식	설명	수식 복사
A1	일반적인 셀 주소 형식입니다. 셀을 참조하여 수식을 만드는 방법으로 가장 많이 사용됩니다. 수식을 복사하면 셀 위치에 따라 참조한 셀 주소가 바뀝니다.	A1 → B1, C1, D1 / A2, A3, A4

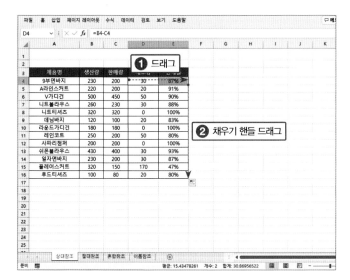

수식 복사하기

03 재고량과 판매율의 수식을 복사해 각 셀에 결괏값을 표시해보겠습니다. ❶ [D4:E4] 범위를 지정합니다. ❷ 채우기 핸들을 [E16] 셀까지 드래그해 수식을 복사합니다. 셀위치에 따라 재고량과 판매율이 바뀝니다.

➕ 재고량과 판매율의 각 셀을 클릭해 수식 입력줄을 살펴보면 셀 위치에 따라 참조한 셀 주소가 바뀌었음을 알 수 있습니다.

문자 연산자로 제목 표시하기

04 제목은 조사지역과 생산/판매/재고량의 문자를 합쳐서 표시합니다. ❶ [A1] 셀에 수식 **=E2&"지역 생산/판매/재고량"**를 입력한 후 ❷ Enter 를 누릅니다.

➕ 제목이 '서울지역 생산/판매/재고량'으로 표시됩니다.

바로 통 하는 TIP 문자와 문자를 합칠 때는 문자 연산자(&)를 사용합니다.

우선순위

수식 & 함수

45

절대 참조로 수식 만들기

실습 파일 엑셀 \ 3장 \ 수식_셀참조.xlsx [절대참조] 시트
완성 파일 엑셀 \ 3장 \ 수식_셀참조_완성.xlsx

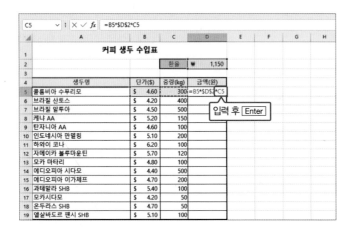

절대 참조로 금액 구하기

01 생두의 단가를 원화로 환산하고 중량을 곱하여 금액을 구합니다. [절대참조] 시트에서 [D5] 셀에 수식 **=B5*D2**를 입력한 후 F4 를 눌러 수식 내의 D2를 절대 참조 **$D$2**로 바꿉니다.

02 계속해서 ***C5**를 입력하고 Enter 를 눌러 **=B5*$D$2*C5** 수식을 완성합니다.

➕ 생두의 단가와 중량이 곱해진 금액을 계산하여 원화로 표시합니다.

바로 통 하는TIP 완성 수식은 **=단가*환율*중량**을 의미합니다.

쉽고 빠른 엑셀 Note 절대 참조

주소 형식	설명	수식 복사
$A$1	열 머리글과 행 머리글 앞에 $ 기호를 붙입니다. 절대 참조 수식을 입력한 후 수식을 복사하면 셀 위치에 관계없이 참조한 셀 주소가 바뀌지 않고 고정됩니다.	$A$1 ↓ A1(고정) ↘ A1(고정)

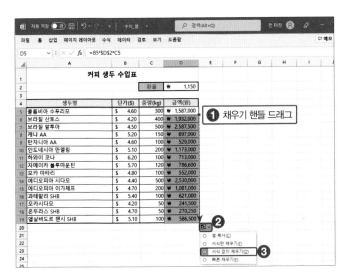

서식 없이 수식 자동 채우기

03 완성된 수식을 [D19] 셀까지 채워보겠습니다. ❶ [D5] 셀의 채우기 핸들을 [D19] 셀까지 드래그합니다. ❷ [자동 채우기 옵션 🖫]을 클릭하고 ❸ [서식 없이 채우기]를 클릭하여 미리 지정된 서식을 유지합니다.

➕ [D19] 셀까지 금액이 계산됩니다. 셀 주소를 고정할 때는 절대 참조를 사용합니다.

쉽고 빠른 엑셀 Note 　상대, 절대, 혼합 참조 유형을 빠르게 변경하기

참조 영역을 고정할 때는 수식의 셀 주소에 $ 기호를 직접 입력할 수도 있지만, F4 를 눌러 셀 참조 유형을 상대 참조→절대 참조→혼합 참조 순서로 바꿀 수도 있습니다.

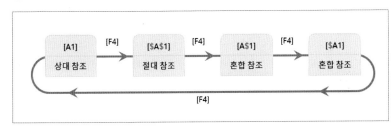

우선
순위

수식
&
함수

2010 \ 2013 \ 2016 \ 2019 \ 2021

혼합 참조로 수식 만들기

실습 파일 엑셀\3장\수식_셀참조.xlsx [혼합참조] 시트
완성 파일 엑셀\3장\수식_셀참조_완성.xlsx

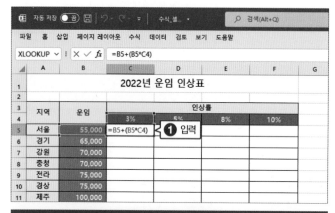

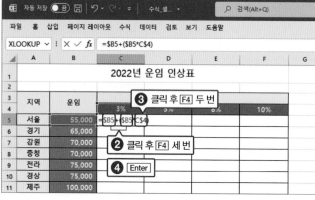

혼합 참조로 운임료 구하기

01 지역에 따른 운임을 기준으로 2022년 인상 운임을 구합니다. ❶ [혼합참조] 시트에서 [C5] 셀에 수식 **=B5+(B5*C4)**를 입력합니다. ❷ 수식 내의 B5를 각각 클릭한 후 F4를 세 번 눌러 **\$B5**로 변경합니다. ❸ 수식 내의 C4를 클릭한 후 F4를 두 번 눌러 **C\$4**로 변경하고 ❹ Enter를 누릅니다. **=\$B5+(\$B5*C\$4)** 수식을 완성합니다.

➕ 인상률에 따른 2022년 인상 운임이 계산됩니다.

바로 통 하는 TIP [C5] 셀의 수식을 복사해도 B열과 4행은 고정되어야 하므로 B열과 4행 앞에 \$ 기호를 붙여 각각 **\$B5**와 **C\$4**로 변경합니다.

쉽고 빠른 엑셀 Note · 혼합 참조

주소 형식	설명	수식 복사
A\$1	행 앞에 \$를 붙입니다. 행 고정 참조로 수식을 입력한 후 복사하면 셀 위치에 따라 \$가 붙은 행이 고정되고 열만 바뀝니다.	A\$1 → B1, C1, D1 ↓ A1(고정)
\$A1	열 앞에 \$를 붙입니다. 열 고정 참조로 수식을 입력한 후 복사하면 셀 위치에 따라 \$가 붙은 열이 고정되고 행만 바뀝니다.	\$A1 → A1(고정) ↓ A2, A3, A4

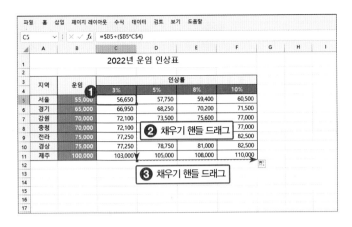

02 ❶ [C5] 셀을 클릭한 후 ❷ 채우기 핸들을 [C11] 셀까지 드래그합니다. ❸ [C5:C11] 범위가 지정된 상태에서 [C11] 셀의 채우기 핸들을 [F11] 셀까지 드래그하여 수식을 복사합니다.

➕ 각 지역의 운임을 해당 요율만큼 인상했을 때 금액이 계산됩니다.

바로통하는TIP 수식을 복사하면 B열과 4행은 변하지 않고 $ 기호가 붙지 않은 부분의 값만 변하는 혼합 참조 형태의 수식이 복사됩니다.

쉽고 빠른 엑셀 Note | **수식의 구조**

수식은 등호(=)를 먼저 입력하고 연산자, 피연산자, 함수 등을 조합하여 만듭니다. 피연산자는 숫자일 수도 있지만 셀 주소가 될 수도 있습니다. 연산자는 산술, 문자, 비교 연산자로 데이터를 계산하라는 명령 기호입니다.

=	피연산자	연산자	피연산자
① 등호	② 숫자 또는 셀 주소, 또는 정의된 이름	③ 산술, 문자, 비교 연산자 등	④ 숫자 또는 셀 주소, 또는 정의된 이름

연산자 종류와 우선순위

연산자에는 산술, 비교, 문자, 참조 연산자가 있습니다. 산술, 문자, 참조 연산자는 수식에 직접 사용하지만 비교 연산자는 TRUE, FALSE 값을 결과로 표시하기 때문에 함수식에 주로 쓰입니다. 각 연산자 사이에도 우선순위가 있으며, 우선순위가 같은 연산자는 왼쪽에 있는 연산자를 먼저 계산합니다. 연산자의 우선순위를 바꾸려면 괄호( )를 사용합니다. 괄호 연산자 안에 있는 수식을 가장 먼저 계산합니다.

① **산술 연산자** : 더하기, 빼기, 곱하기와 같은 기본적인 수학 연산을 수행합니다. 1순위 연산자입니다.

기능	백분율	거듭제곱	곱하기	나누기	더하기	빼기
연산자	%	^	*	/	+	−

② **문자 연산자** : 문자열을 여러 개 연결해서 하나로 만듭니다. 2순위 연산자입니다.

기능	같다
연산자	&

③ **비교 연산자** : 두 값을 비교하여 참 또는 거짓으로 결괏값이 나타납니다. 3순위 연산자입니다.

기능	같다	크다	크거나 같다	작다	작거나 같다	같지 않다
연산자	=	>	>=	<	<=	<>

핵심기능

47

이름으로 수식 만들기

실습 파일 엑셀\3장\수식_셀참조.xlsx [이름참조] 시트
완성 파일 엑셀\3장\수식_셀참조_완성.xlsx

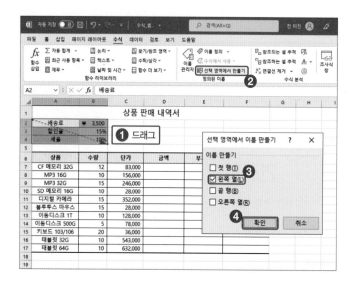

선택 영역에서 이름 정의하기

01 ❶ [이름참조] 시트에서 [A2: B4] 범위를 지정합니다. ❷ [수식] 탭-[정의된 이름] 그룹-[선택 영역에서 만들기 🔢]를 클릭합니다. ❸ [선택 영역에서 이름 만들기] 대화상자에서 [왼쪽 열]에만 체크한 후 ❹ [확인]을 클릭합니다.

➕ 지정된 범위에서 왼쪽 열 이름인 배송료, 할인율, 세율이 오른쪽 범위의 이름으로 정의되었습니다.

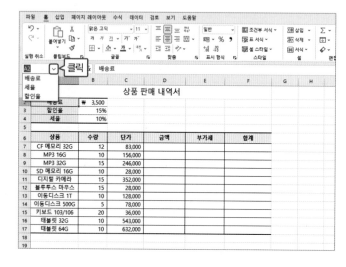

02 이름 상자 목록 단추⌄를 클릭하면 정의된 이름이 표시됩니다.

바로 통 하는 TIP [수식] 탭-[정의된 이름] 그룹-[이름 관리자]를 클릭하면 정의된 이름을 수정 및 삭제할 수 있습니다.

정의된 이름으로 수식 만들기

03 정의한 이름으로 수식을 만들면 수식을 좀 더 직관적으로 이해할 수 있습니다. **①** [D7] 셀에 수식 **=C7*(1-할인율)*B7**을 입력한 후 **②** Enter를 누릅니다.

➕ 할인율이 적용된 금액이 표시됩니다.

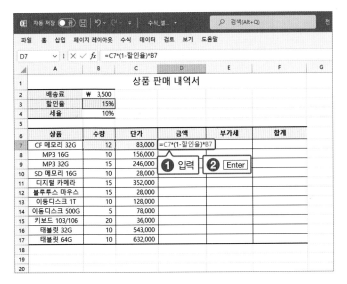

04 **①** [E7] 셀에 수식 **=D7*세율**을 입력한 후 **②** Enter를 누릅니다.

➕ 세율에 따른 부가세가 표시됩니다.

05 **①** [F7] 셀에 수식 **=D7+E7+배송료**를 입력한 후 **②** Enter를 누릅니다.

➕ 배송료가 포함된 전체 합계가 표시됩니다.

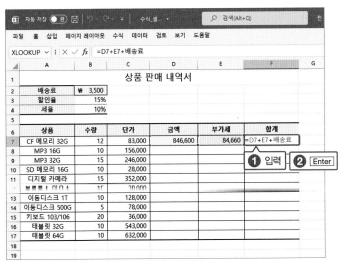

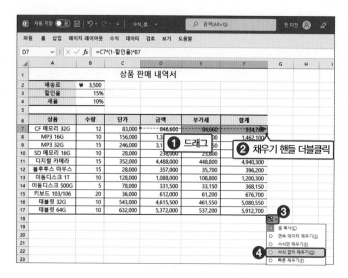

06 ❶ [D7:F7] 범위를 지정하고 ❷ 채우기 핸들을 더블클릭하여 수식을 복사합니다. ❸ [자동 채우기 옵션⊞]을 클릭하고 ❹ [서식 없이 채우기]를 클릭합니다.

➕ 전 상품의 금액, 부가세, 합계가 구해집니다.

쉽고 빠른 엑셀 Note ▌ 이름 정의하고 이름으로 수식 만들기

셀이나 선택 범위를 특정 이름으로 정의한 후 수식에 사용할 수 있습니다. 자주 참조하는 셀 주소를 이름으로 정의하면 셀 주소를 수식으로 사용할 때 자주 나타나는 오류를 줄일 수 있고, 수식을 좀 더 직관적으로 만들 수 있습니다.

수식	이름을 사용한 수식
=D7*B4	=D7*세율
=C7*(1−B3)*B7	=C7*(1-할인율)*B7

범위를 선택한 후 [이름 상자]에 직접 이름을 입력하고 [Enter]를 누르면 이름을 정의할 수 있습니다. [수식] 탭-[정의된 이름] 그룹-[선택 영역에서 만들기圖]를 이용해 셀 이름을 정의하면 매번 범위를 지정할 필요 없이 데이터 목록의 첫 행(제목 행)이나 왼쪽 열(제목 열)의 이름을 한번에 셀 이름으로 정의할 수 있습니다.

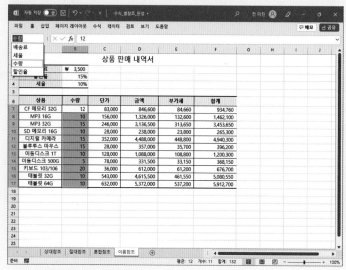

▲ [이름 상자]에서 직접 입력해 이름 정의하기

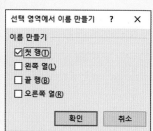

▲ [선택 영역에서 이름 만들기] 대화상자에서 이름 정의하기

핵심기능
....

48

다른 시트의 셀을 참조하여
수식 만들기

실습 파일 엑셀\3장\수식_시트참조_매출실적.xlsx
완성 파일 엑셀\3장\수식_시트참조_매출실적_완성.xlsx

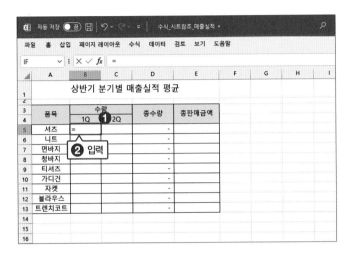

다른 시트의 셀을 참조하여 실적수량 데이터 가져오기

01 [상반기] 시트의 수량 데이터를 작성하기 위해 [1Q] 시트와 [2Q] 시트의 실적수량을 참조합니다. ❶ [상반기] 시트에서 [B5] 셀을 클릭한 후 ❷ =를 입력합니다.

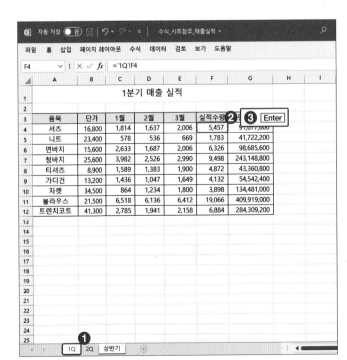

02 ❶ [1Q] 시트 탭을 클릭합니다. ❷ [F4] 셀을 클릭한 후 ❸ Enter를 눌러 수식 **='1Q'!F4**를 완성합니다.

➕ [F4] 셀에 '셔츠' 품목의 1분기 실적수량 데이터가 표시됩니다.

바로 통 하는TIP 완성 수식은 **='1Q'!F4**입니다. 시트명이나 파일명이 숫자로 시작하거나 공백이 포함된 경우에는 작은따옴표('') 안에 시트명('1Q'!셀주소) 또는 파일명과 시트명('[수식_시트참조_매출실적.xlsx]1Q'!셀주소)을 표시합니다.

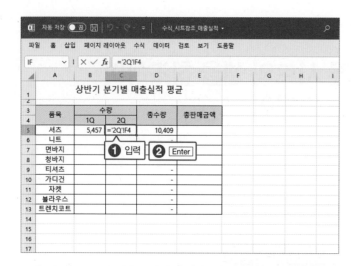

03 ❶ [상반기] 시트에서 [C5] 셀에 수식 **='2Q'!F4**를 입력합니다. ❷ Enter를 눌러 수식을 완성합니다.

➕ [C5] 셀에 '셔츠' 품목의 2분기 실적수량 데이터가 표시됩니다.

04 ❶ [B5:C5] 범위를 지정하고 ❷ 채우기 핸들을 더블클릭하여 수식을 복사합니다.

➕ 각 품목의 분기별 실적수량이 모두 표시됩니다.

다른 시트의 셀을 참조하여 총판매금액 합계 구하기

05 [상반기] 시트의 총판매금액을 입력하기 위해 [1Q] 시트와 [2Q] 시트의 판매금액을 참조하여 합계를 구합니다. ❶ [상반기] 시트에서 [E5] 셀에 수식 **='1Q'!G4+'2Q'!G4**를 입력한 후 ❷ Enter를 눌러 수식을 완성합니다. ❸ [E5] 셀의 채우기 핸들을 더블클릭하여 수식을 복사합니다.

➕ 각 품목의 분기별 총판매금액이 모두 표시됩니다.

핵심기능

....

49

자동 합계 기능으로
수식 계산하기

실습 파일 엑셀 \3장 \수식_자동합계.xlsx
완성 파일 엑셀 \3장 \수식_자동합계_완성.xlsx

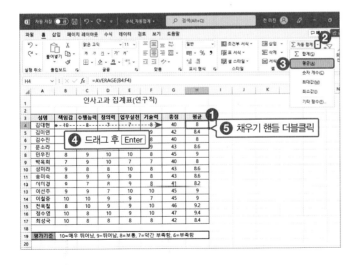

합계 구하기

01 인사고과 집계표에는 평가 항목별로 점수가 표시되어있습니다. 총점의 합계를 구해보겠습니다. ❶ [G4:G17] 범위를 지정한 후 ❷ [홈] 탭-[편집] 그룹-[자동 합계∑]를 클릭합니다.

➕ 개인별 점수 합계가 계산됩니다.

평균 구하기

02 다음은 평가 항목별 점수의 평균을 구해보겠습니다. ❶ [H4] 셀을 클릭합니다. ❷ [자동 합계∑]의 ⌄을 클릭하고 ❸ [평균]을 클릭합니다. ❹ [B4:F4] 범위를 지정하고 Enter를 눌러 평균을 구합니다. ❺ [H4] 셀의 채우기 핸들을 더블클릭하여 수식을 복사합니다.

➕ 개인별 점수의 평균이 계산됩니다.

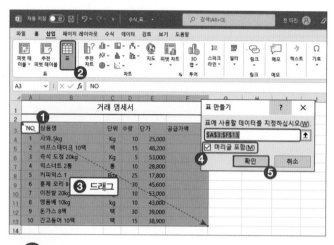

핵심기능

50

2010 / 2013 / 2016 / 2019 / 2021

표에서 구조적 참조를 이용해 한번에 수식 계산하기

실습 파일 엑셀\3장\수식_표수식.xlsx [표수식1] 시트
완성 파일 엑셀\3장\수식_표수식_완성.xlsx

바로 통하는 TIP 데이터 범위(A3:F13)가 표로 변환되면 셀 주소 대신에 구조적 참조를 사용합니다. 표 전체의 이름은 [표1], 각 열의 범위는 머리글을 참조하여 [NO], [상품명], [단위], [수량], [단가], [공급가액]을 사용합니다.

바로 통하는 TIP 표의 구조적 수식에서 [열 머리글]은 열 전체의 범위를 의미하고, [@열 머리글]은 열 전체 중에서 현재 셀이 위치하는 행을 의미합니다. 즉, [수량]이면 [D4:D13] 범위를 의미하고 [@수량]이면 각각의 [D4], [D5], … [D13] 셀을 의미합니다.

표 만들기

01 거래 명세서의 데이터를 표로 변환하고 서식을 적용해보겠습니다. ❶ [표수식1] 시트에서 임의의 데이터 셀을 클릭합니다. ❷ [삽입] 탭-[표] 그룹-[표]를 클릭합니다. ❸ [표 만들기] 대화상자에서 표에 사용할 데이터로 [A3:F13] 범위를 지정하고 ❹ [머리글 포함]에 체크합니다. ❺ [확인]을 클릭합니다.

➕ 선택한 범위의 데이터가 표로 변환됩니다.

구조적 참조로 공급가액 구하기

02 상품의 수량과 단가를 곱해 공급가액을 계산해보겠습니다. ❶ [F4] 셀에 =를 입력합니다. ❷ [D4] 셀을 클릭하고 ❸ *를 입력한 후 ❹ [E4] 셀을 클릭하면 =[@수량]*[@단가]로 수식이 자동 입력됩니다. ❺ Enter를 누릅니다.

➕ 표의 구조적 수식으로 공급가액 전체가 계산됩니다.

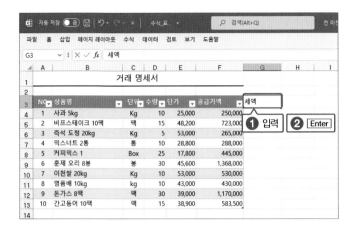

세액 열 추가하기

03 ❶ [G3] 셀에 **세액**을 입력한 후 ❷ Enter를 누릅니다.

➕ 표가 오른쪽으로 확장됩니다.

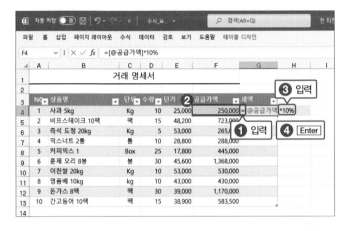

구조적 참조로 세액 구하기

04 ❶ [G4] 셀에 **=**를 입력하고 ❷ [F4] 셀을 클릭한 후 ❸ ***10%**를 입력합니다. **=[@공급가액]*10%**로 수식이 자동 입력됩니다. ❹ Enter를 눌러 세액 전체를 구합니다.

➕ 자동 채우기 기능으로 모든 세액이 계산됩니다.

쉽고 빠른 엑셀 Note | **표의 구성 요소와 구조적 참조**

표의 구성 요소는 표, 머리글, 데이터, 열 등으로 구성되어 있으며 표의 이름은 표1,표2,표3,…순으로 자동으로 정의되며 표의 이름은 [테이블 디자인] 탭-[속성] 그룹에서 재정의할 수 있습니다. 각 구성 요소가 어느 영역을 참조하는지 알아보겠습니다.

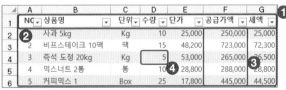

① 표1[#모두] : 표 전체를 참조합니다.

② 표1[#머리글] : 머리글 영역 전체를 참조합니다.

③ 표1[공급가액] : 머리글 영역을 제외한 데이터 영역을 참조합니다.

④ 표1[@수량] : 선택된 셀과 행 위치가 같은 값을 참조합니다.

구조적 참조로 수식 작성하기

표 안의 데이터를 참조해서 만들어진 수식은 대괄호([])와 열 머리글을 사용하는 구조적 참조 방식을 사용합니다.

일반 셀 참조 수식	구조적 참조 수식
수량(D2)과 단가(E2)를 곱하기 수식 : =D2*E2	표1의 수량과 단가를 곱하기 수식 : =[@수량]*[@단가]
[F2:F6] 범위의 합계를 계산 수식 : =SUM(F2:F6)	표1의 공급가액 열의 합계를 계산 수식 : =SUM(표1[공급가액])

표에서 요약 행 표시하기

실습 파일 엑셀 \ 3장 \ 수식_표수식.xlsx [표수식2] 시트
완성 파일 엑셀 \ 3장 \ 수식_표수식_완성.xlsx

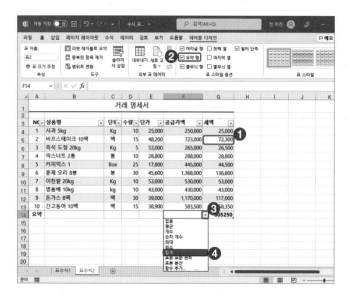

✅ 엑셀 2019&이전 버전 [표 도구]-[디자인] 탭을 클릭합니다.

요약 행 표시하기

01 ❶ [표수식2] 시트에서 표 안에 있는 임의의 데이터 셀을 클릭합니다. ❷ [테이블 디자인] 탭-[표 스타일 옵션] 그룹-[요약 행]에 체크합니다. 표에 요약 행이 추가됩니다. ❸ [F14] 셀의 요약 목록 단추▼를 클릭하고 ❹ [합계]를 클릭해서 공급가액의 합계를 구합니다.

바로 통하는TIP 표의 마지막 행에 요약 행이 삽입되어 열의 합계를 간단히 구할 수 있습니다.

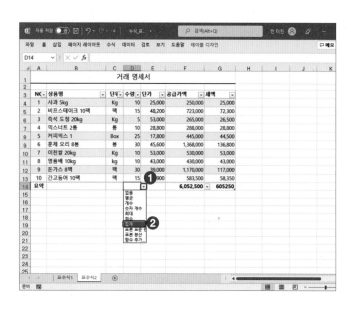

02 ❶ 같은 방법으로 [D14] 셀을 클릭하고 요약 목록 단추▼를 클릭합니다. ❷ [합계]를 클릭하여 수량의 합계를 구합니다.

➕ 수량의 합계가 요약 행에 표시됩니다.

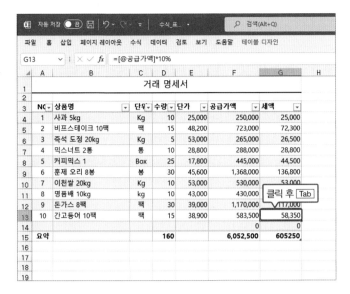

데이터 입력하기

03 표 범위에서 데이터의 마지막 셀인 [G13] 셀을 클릭하고 Tab을 누르면 자동으로 행이 추가됩니다.

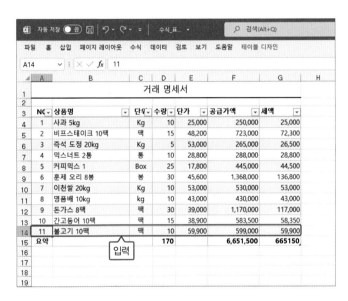

04 추가된 [A14:E14] 범위에 **11**, **불고기 10팩**, **팩**, **10**, **59900**을 각각 입력하면 공급가액과 세액, 요약행의 합계가 자동으로 계산됩니다.

핵심기능

52

SUM, MAX, LARGE 함수로 합계와 최댓값 구하기

실습 파일 엑셀\3장\함수_SUM_인사고과.xlsx
완성 파일 엑셀\3장\함수_SUM_인사고과_완성.xlsx

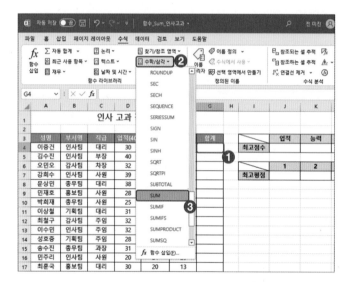

인사 고과 평가 항목의 합계 구하기

01 인사 고과의 평가 항목에 포함된 업적, 능력, 태도의 합계 점수를 구해보겠습니다. ❶ [G4] 셀을 클릭합니다. ❷ [수식] 탭–[함수 라이브러리] 그룹–[수학/삼각⬜]을 클릭하고 ❸ [SUM]을 클릭합니다.

➕ [함수 인수] 대화상자가 나타납니다.

🔵 **바로 통 하는TIP** SUM 함수는 범위의 합계를 구합니다.

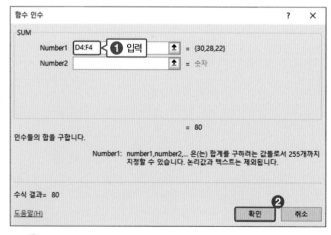

SUM 함수 인수 입력하기

02 ❶ [함수 인수] 대화상자의 [Number1]에 **D4:F4**를 입력하고 ❷ [확인]을 클릭합니다.

➕ [G4] 셀에 수식이 입력되며 평가 항목별 합계 점수가 계산됩니다. 완성 수식은 **=SUM(D4:F4)**입니다.

🔵 **바로 통 하는TIP** 셀과 셀 사이에 콜론(:)을 입력하면 '앞에 있는 셀부터 뒤에 있는 셀까지의 범위'를 의미합니다.

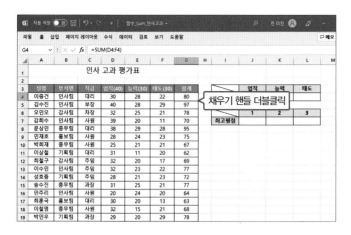

03 [G4] 셀의 채우기 핸들을 더블
클릭하여 수식을 복사합니다.

➕ 모든 구성원의 업적, 능력, 태도 항목의 합계가
구해집니다.

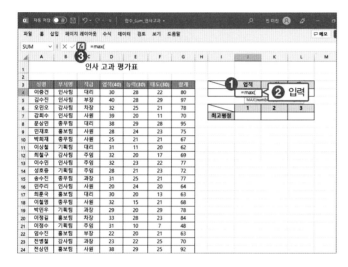

인사 고과 평가 항목의 최대 점수 구하기

04 인사 고과의 평가 항목에 포함
된 업적, 능력, 태도의 최고 점수를
구해보겠습니다. ❶ [J4] 셀을 클릭
합니다. ❷ **=MAX(**를 입력하고 ❸
수식 입력줄에서 [함수 삽입[_fx_]]을
클릭합니다.

➕ [함수 인수] 대화상자가 나타납니다.

바로 통하는TIP 함수 삽입 단축키는 Shift + F3
입니다.

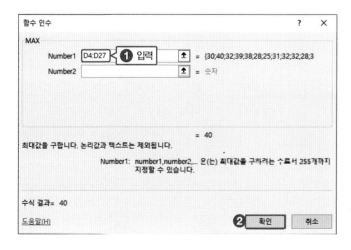

MAX 함수 인수 입력하기

05 ❶ [함수 인수] 대화상자의
[Number1]에 **D4:D27**을 입력하고
❷ [확인]을 클릭합니다.

➕ [J4] 셀에 수식이 입력되며 평가 항목별 최
고 점수가 계산됩니다. 완성 수식은 **=MAX
(D4:D27)** 입니다.

바로 통하는TIP MAX 함수는 범위의 최댓값을
구합니다.

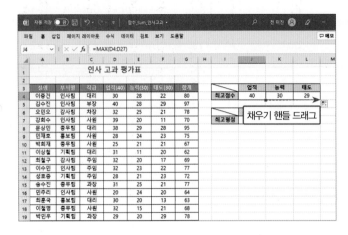

06 [J4] 셀의 채우기 핸들을 [L4] 셀까지 드래그해서 수식을 복사합니다.

➕ 업적, 능력, 태도 항목에서 가장 높은 점수가 기록됩니다.

바로 통 하는TIP 수식 입력줄에서 [함수 삽입 *fx*]을 클릭하여 [함수 인수] 대화상자에서 함수식을 수정할 수 있습니다. 직접 수정하려면 수식 입력줄을 클릭하거나 F2를 눌러 함수식을 수정합니다.

고과 점수에서 첫 번째~세 번째 큰 값을 구하기

07 인사 고과 합계 점수 중 가장 높은 순서로 상위 세 개 점수를 구해 보겠습니다. ❶ [J7] 셀을 클릭하고 **=L**을 입력합니다. ❷ 수식 자동 완성 목록 상자에서 [LARGE]를 클릭하고 Tab 을 누릅니다.

➕ LARGE 함수가 입력되면서 인수를 지정할 수 있습니다.

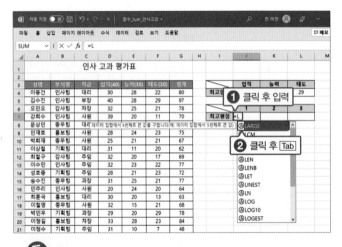

바로 통 하는TIP LARGE 함수는 범위에서 지정한 인수 번째의 큰 값을 구합니다.

LARGE 함수 인수 입력하기

08 ❶ [G4:G27] 범위를 드래그한 후 F4 를 눌러 범위를 고정합니다. ❷ **,** 를 입력하고 ❸ [J6] 셀을 클릭합니다. ❹ **)** 를 입력해서 수식을 완성하고 Enter 를 눌러 첫 번째로 큰 값을 구합니다.

➕ 완성 수식은 **=LARGE($G$4:$G$27,J6)**입니다.

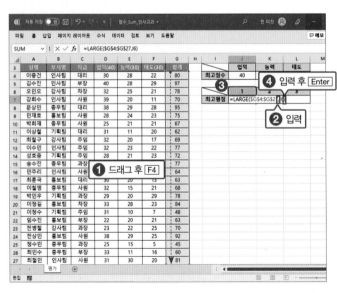

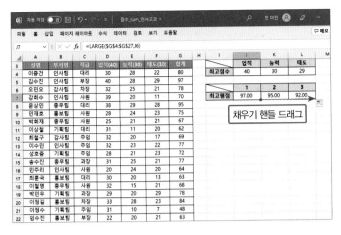

09 [J7] 셀의 채우기 핸들을 [L7] 셀까지 드래그해서 수식을 복사합니다.

➕ [J7] 셀의 채우기 핸들을 오른쪽으로 드래그해서 수식을 복사하면 두 번째 인수의 값이 자동으로 2, 3으로 변하면서 두 번째, 세 번째로 큰 점수가 구해집니다.

쉽고 빠른 엑셀 Note ▶ SUM, MAX, LARGE 함수 한눈에 보기

다음을 참고해 SUM 함수와 MAX, LARGE 함수를 자세히 이해할 수 있습니다.

범주	이름	설명
수학/삼각 함수	SUM(숫자1,숫자2,…,숫자255)	숫자의 합계를 구합니다.
통계 함수	MAX(숫자1,숫자2,…,숫자255)	숫자 중에서 최댓값을 구합니다.
	LARGE(범위,K번째)	범위에서 K번째로 큰 값을 구합니다.

핵심기능

53

2010 \ 2013 \ 2016 \ 2019 \ 2021

COUNTA, COUNTBLANK 함수로 출석일, 결석일 구하기

실습 파일 엑셀\3장\함수_COUNTA_출석부.xlsx
완성 파일 엑셀\3장\함수_COUNTA_출석부_완성.xlsx

바로 통하는TIP COUNTA 함수는 범위에서 공백을 제외한 모든 셀의 개수를 구합니다.

출석일 구하기

01 1일~5일까지 기간 중 어학 교육에 출석한 인원의 출석일을 구해 보겠습니다. ❶ [H3] 셀을 클릭합니다. ❷ [수식] 탭-[함수 라이브러리] 그룹-[함수 더 보기🗐]를 클릭하고 ❸ [통계]-[COUNTA]를 클릭합니다.

➕ [함수 인수] 대화상자가 나타납니다.

COUNTA 함수 인수 입력하기

02 ❶ [함수 인수] 대화상자에서 [Value1]에 **C3:G3**을 입력한 후 ❷ [확인]을 클릭합니다.

➕ 입력한 범위(C3:G3)에서 공백을 제외한 셀의 개수, 즉 출석일을 구합니다. 완성 수식은 **=COUNTA(C3:G3)**입니다.

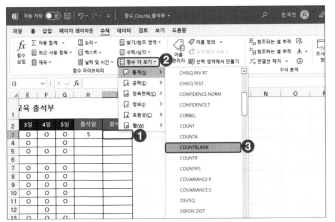

결석일 구하기

03 1일~5일까지 기간 중 어학 교육에 결석한 인원의 결석일을 구해 보겠습니다 ❶ [I3] 셀을 클릭합니다. ❷ [수식] 탭-[함수 라이브러리] 그룹-[함수 더 보기🔲]를 클릭합니다. ❸ [통계]-[COUNTBLANK]를 클릭합니다.

➕ [함수 인수] 대화상자가 나타납니다.

바로 통 하는TIP COUNTBLANK 함수는 범위에서 비어 있는 셀의 개수를 구합니다.

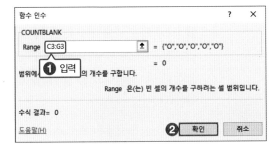

COUNTBLANK 함수 인수 입력하기

04 ❶ [함수 인수] 대화상자에서 [Range]에 **C3: G3**을 입력하고 ❷ [확인]을 클릭합니다.

➕ 입력한 범위(C3:G3)에서 빈 셀의 개수, 즉 결석일을 구합니다. 완성 수식은 **=COUNTBLANK(C3:G3)**입니다.

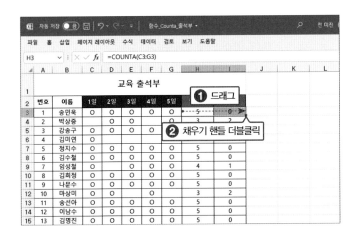

05 ❶ [H3:I3] 범위를 지정한 후 ❷ 채우기 핸들을 더블클릭하여 수식을 복사합니다.

➕ 교육 출석 수강생의 전체 출석일과 결석일이 구해집니다.

쉽고 빠른 엑셀 Note   COUNTA, COUNTBLANK 함수 한눈에 보기

다음을 참고해 COUNTA 함수와 COUNTBLANK 함수를 자세히 이해할 수 있습니다.

범주	이름	설명
통계 함수	COUNTA(값1,값2,…,값255)	값 중에서 공백을 제외한 모든 인수의 개수를 구합니다.
	COUNTBLANK(범위)	범위 중 비어 있는 셀의 개수를 구합니다.

핵심기능

54

INT, ROUND 함수로
내림과 반올림하기

실습 파일 엑셀\3장\함수_ROUND_제안비.xlsx
완성 파일 엑셀\3장\함수_ROUND_제안비_완성.xlsx

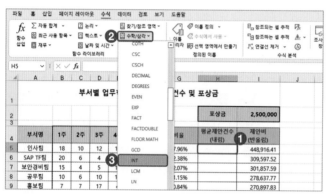

평균제안건수를 정수로 표시하기

01 부서별 평균제안건수를 정수로 내림해 값을 표시해보겠습니다. ❶ [H5] 셀을 클릭합니다. ❷ [수식] 탭-[함수 라이브러리] 그룹-[수학/삼각📧]을 클릭하고 ❸ [INT]를 클릭합니다.

➕ [함수 인수] 대화상자가 나타납니다.

바로 통 하는TIP INT 함수는 소수점 아래는 버리고 가장 가까운 정수로 내림합니다.

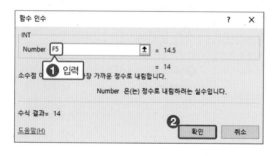

INT 함수 인수 입력하기

02 ❶ [함수 인수] 대화상자에서 [Number]에 **F5**를 입력하고 ❷ [확인]을 클릭합니다.

➕ 평균제안건수를 소수 첫째 자리에서 내림해 정수로 표시합니다. 완성 수식은 **=INT(F5)**입니다.

03 [H5] 셀의 채우기 핸들을 더블클릭해서 수식을 복사합니다.

➕ 정수로 내림한 부서별 평균제안건수가 모두 표시됩니다.

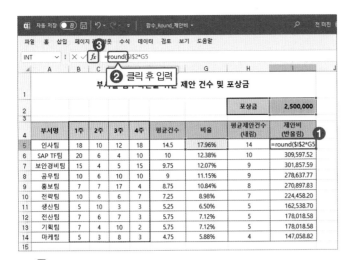

제안비를 반올림하여 천의 자리까지 표시하기

04 각 부서별 제안 비율에 따른 제안비를 백의 자리에서 반올림해 천의 자리까지 값을 표시해보겠습니다. ❶ [I5] 셀을 클릭합니다. ❷ 수식 입력줄에서 =의 뒷부분을 클릭한 후 **ROUND(**를 입력하고 ❸ [함수 삽입 fx]을 클릭합니다.

➕ [함수 인수] 대화상자가 나타납니다.

![바로 통하는 TIP] ROUND 함수는 지정한 자릿수의 숫자가 5 이상이면 올림하고, 4 이하면 내림합니다.

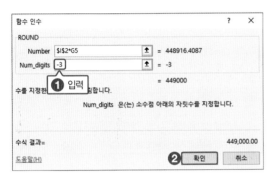

ROUND 함수 인수 입력하기

05 [함수 인수] 대화상자의 [Number]에 **\$I\$2*G5**가 입력되어 있습니다. ❶ [Num_digits]에 **−3**을 입력합니다. ❷ [확인]을 클릭합니다.

➕ 완성 수식은 **=ROUND(\$I\$2*G5,−3)**입니다.

![바로 통하는 TIP] 0을 기준으로 양수(1, 2, 3,…)를 지정하면 소수점 이하로 자릿수를 조정하고, 음수(−1, −2, −3,…)로 지정하면 소수점 이상으로 자릿수를 조정합니다. 여기에서는 제안비(포상금*비율)를 백의 자리(−3)에서 반올림해 천의 자리로 표시했습니다.

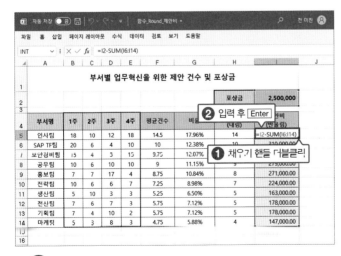

반올림한 값의 합계 오차 해결하기

06 ❶ [I5] 셀의 채우기 핸들을 더블클릭하여 수식을 복사합니다. ❷ [I5] 셀의 수식을 **=I2−SUM(I6:I14)**로 수정한 후 Enter 를 누릅니다.

➕ 제안비를 모두 반올림하면 제안비의 합계는 2,501,000원으로 포상금과 1,000원의 오차가 생깁니다. 따라서 첫 번째 제안비는 포상금(I2)에서 나머지 제안비의 합계(I6:I14)를 빼서 오차를 해결합니다.

![바로 통하는 TIP] ROUND 함수는 제안비를 백의 자리에서 반올림하기 때문에 실제 값이 바뀌어 오차가 발생하므로 주의합니다.

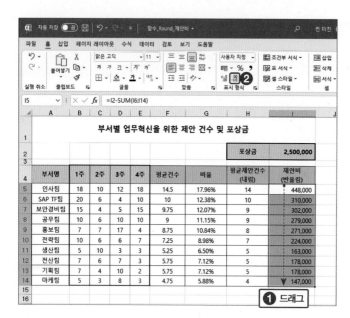

07 ❶ [I5:I14] 범위를 지정합니다. ❷ [홈] 탭-[표시 형식] 그룹-[자릿수 줄임 [.00→.0]]을 두 번 클릭하여 정수로 표시합니다.

바로통하는TIP [표시 형식] 그룹에 있는 [자릿수 늘림 [.0→.00]]과 [자릿수 줄임 [.00→.0]]은 실제 값이 바뀌는 것이 아니라 화면에 표시되는 자릿수를 늘리거나 줄여서 반올림합니다.

쉽고 빠른 엑셀 Note   INT, ROUND 함수 한눈에 보기

다음을 참고해 INT 함수와 ROUND 함수를 자세히 이해할 수 있습니다.

범주	이름	설명
수학/삼각 함수	INT(숫자)	소수점 아래를 버리고 가장 가까운 정수로 내림합니다.
	ROUND(숫자,반올림할 자릿수)	인수를 지정한 자릿수로 반올림합니다.

핵심기능

55

QUOTIENT, MOD 함수로 몫, 나머지 값 표시하기

실습 파일 엑셀\3장\함수_Quotient_포장재.xlsx
완성 파일 엑셀\3장\함수_Quotient_포장재_완성.xlsx

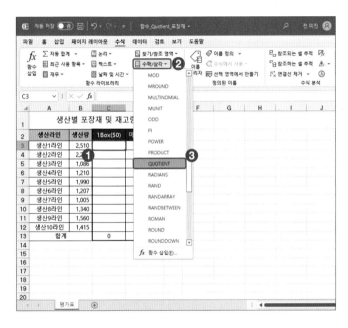

50개를 포장할 수 있는 포장재의 개수 구하기

01 생산라인의 생산량에 따라 50개를 포장할 수 있는 포장재의 개수를 구해보겠습니다. ❶ [C3] 셀을 클릭합니다. ❷ [수식] 탭-[함수 라이브러리] 그룹-[수학/삼각🔳]을 클릭하고 ❸ [QUOTIENT]를 클릭합니다.

➕ [함수 인수] 대화상자가 나타납니다.

바로 통 하는TIP QUOTIENT 함수는 나누기 수식에서 몫을 구합니다.

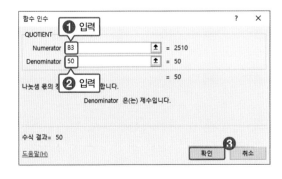

QUOTIENT 함수 인수 입력하기

02 ❶ [함수 인수] 대화상자의 [Numerator]에 **B3**을 입력하고 ❷ [Denominator]에 **50**을 입력합니다. ❸ [확인]을 클릭합니다.

➕ 생산량에서 50개를 포장할 수 있는 포장재의 개수가 구해집니다. 완성 수식은 **=QUOTIENT(B3,50)**입니다.

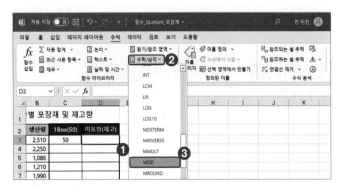

미포장한 재고량 구하기

03 생산량을 50개 단위로 포장하고 남은 미포장 재고의 수량을 구해보겠습니다. ❶ [D3] 셀을 클릭합니다. ❷ [수식] 탭-[함수 라이브러리] 그룹-[수학/삼각 📷]을 클릭하고 ❸ [MOD]를 클릭합니다.

➕ [함수 인수] 대화상자가 나타납니다.

바로 **통** 하는 **TIP** MOD 함수는 나누기 수식에서 나머지 값을 구합니다.

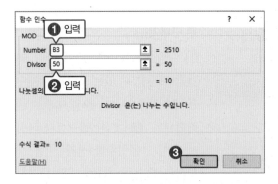

MOD 함수 인수 입력하기

04 ❶ [함수 인수] 대화상자의 [Number]에 **B3**을 입력하고 ❷ [Divisor]에 **50**을 입력합니다. ❸ [확인]을 클릭합니다.

➕ 생산 수량에서 포장하지 못한 재고량을 구합니다. 완성 수식은 **=MOD(B3,50)**입니다.

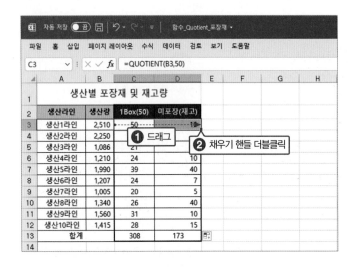

05 ❶ [C3:D3] 범위를 지정한 후 ❷ 채우기 핸들을 더블클릭해서 수식을 복사합니다.

➕ 생산라인별 포장재의 개수와 재고량이 표시됩니다.

QUOTIENT, MOD 함수 한눈에 보기

다음을 참고해 QUOTIENT 함수와 MOD 함수를 자세히 이해할 수 있습니다.

범주	이름	설명
수학/삼각	QUOTIENT(피제수,제수)	피제수(나뉘는 수)에서 제수(나누는 수)를 나눈 몫의 정수 부분을 구합니다.
함수	MOD(피제수,제수)	피제수(나뉘는 수)에서 제수(나누는 수)를 나눠 나머지를 구합니다.

ROW, SUMPRODUCT 함수로 행 번호와 합계 금액 구하기

실습 파일 엑셀 \ 3장 \ 함수_ROW_견적서.xlsx
완성 파일 엑셀 \ 3장 \ 함수_ROW_견적서_완성.xlsx

행 번호를 구하기

01 품명의 행 번호를 구해보겠습니다. ❶ [B14] 셀에 **=ROW()–13**을 입력한 후 ❷ Enter 를 누릅니다.

➕ 행 번호 1이 표시됩니다.

바로 통 하는TIP ROW 함수는 행 번호를 구합니다. [B14] 셀의 현재 행 번호는 14이므로 ROW 함수에서 13을 빼서 1을 표시했습니다.

02 ❶ [B14] 셀의 채우기 핸들을 [B27] 셀까지 드래그한 후 ❷ [자동 채우기 옵션📋]을 클릭하고 ❸ [서식 없이 채우기]를 클릭합니다.

➕ [B27] 셀까지 행 번호가 채워집니다.

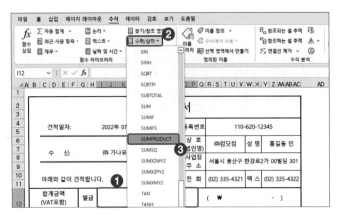

합계 금액 구하기

03 범위의 수량과 공급가를 곱한 후 모두 더하여 합계 금액을 구해보 겠습니다. ❶ [I12] 셀을 클릭합니 다. ❷ [수식] 탭-[함수 라이브러리] 그룹-[수학/삼각 📷]을 클릭하고 ❸ [SUMPRODUCT]를 클릭합니다.

➕ [함수 인수] 대화상자가 나타납니다.

바로 통 하는TIP SUMPRODUCT 함수는 배열에서 대응하는 각 행의 값을 곱하고 더합니다.

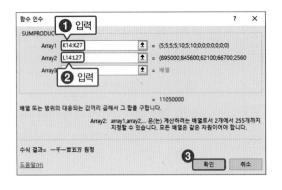

SUMPRODUCT 함수 인수 입력하기

04 ❶ [함수 인수] 대화상자에서 [Array1](대 응하여 곱할 범위1)에 **K14:K27**을 입력하고 ❷ [Array2](대응하여 곱할 범위2)에 **L14:L27**을 입 력한 후 ❸ [확인]을 클릭합니다.

➕ 범위의 수량과 공급가를 곱한 후 모두 더한 값이 구해집니다. 완성 수식은 =SUMPRODUCT(K14:K27,L14:L27)입니다.

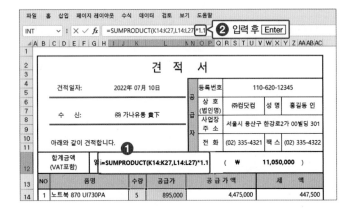

부가세 10% 포함 합계 금액 구하기

05 ❶ [I12] 셀을 클릭합니다. ❶ 수식 입력줄에서 수식의 마지막에 ***1.1**을 추가로 입력한 후 Enter를 누 릅니다.

➕ 공급가액에 10%가 추가되어 합계 금액이 구해집니다. 완성 수식은 =SUMPRODUCT (K14:K27,L14:L27)***1.1**입니다.

쉽고 빠른 엑셀 Note ROW, SUMPRODUCT 함수 한눈에 보기

다음을 참고해 ROW 함수와 SUMPRODUCT 함수를 자세히 이해할 수 있습니다.

범주	이름	설명
찾기/참조 함수	ROW(셀 주소)	현재 셀이나 특정 셀의 행 번호를 표시합니다.
수학/삼각 함수	SUMPRODUCT(배열1,배열2,…)	배열 또는 범위의 대응하는 값끼리 곱하고 더해 줍니다.

RANK.EQ, RANK.AVG 함수로 순위 구하기

실습 파일 엑셀 \ 3장 \ 함수_RANK_보험계약.xlsx
완성 파일 엑셀 \ 3장 \ 함수_RANK_보험계약_완성.xlsx

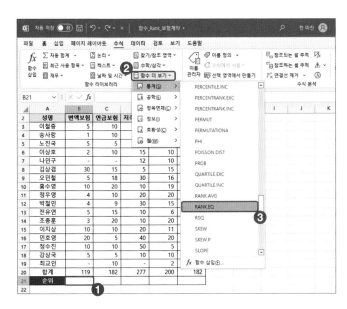

합계를 기준으로 순위 구하기

01 개인별 전체 계약 건수 중 보험 종류별로 가장 많이 계약된 보험의 순위를 알아보겠습니다. ❶ [B21] 셀을 클릭합니다. ❷ [수식] 탭-[함수 라이브러리] 그룹-[함수 더 보기 ⬚]를 클릭하고 ❸ [통계]-[RANK. EQ]를 클릭합니다.

➕ [함수 인수] 대화상자가 나타납니다.

바로 통 하는TIP RANK.EQ 함수는 범위에서 지정한 수의 순위를 구합니다.

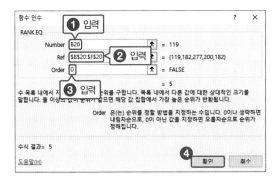

RANK.EQ 함수 인수 입력하기

02 ❶ [함수 인수] 대화상자에서 [Number](순위를 구할 셀)에 **B20**를 입력하고 ❷ [Ref](순위를 구할 때 참조할 범위)에 **$B$20:$F$20**을 입력합니다. ❸ [Order](오름차순/내림차순)에 **0**을 입력하고 ❹ [확인]을 클릭합니다.

➕ 특정 셀(B20)이 범위(B20:F20)에서 몇 위인지 내림차순(0)으로 순위를 구합니다. 완성 수식은 **=RANK.EQ(B20,$B$20:$F$20,0)** 입니다.

바로 통 하는TIP 순위를 계산할 때 큰 값에서 작은 값순이면 내림차순, 작은 값에서 큰 값순이면 오름차순입니다. 순위 결정 방법에 0을 입력이거나 생략하면 내림차순으로, 1을 입력하면 오름차순으로 순위를 구합니다.

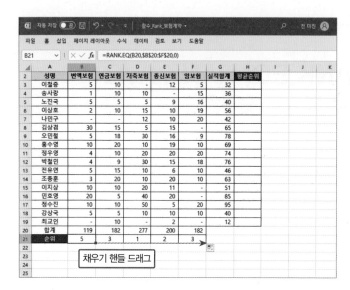

03 [B21] 셀의 채우기 핸들을 [F21] 셀까지 드래그해서 수식을 복사합니다.

➕ 가장 계약 건수가 많은 보험 순서대로 순위가 표시됩니다. 순위가 같으면 동순위(3위)로 표시하고 동순위의 개수 만큼 건너뛴 다음 순위(5위)를 표시합니다.

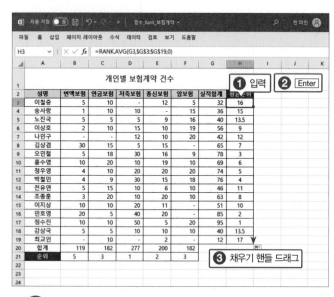

RANK.AVG 함수로 합계의 평균 순위 구하기

04 계약 건수가 많은 개인별 순위를 알아보겠습니다. ❶ [H3] 셀에 **=RANK.AVG(G3,$G$3:$G$19,0)**을 를 입력한 후 ❷ Enter를 누릅니다. ❸ [H3] 셀의 채우기 핸들을 [H19] 셀까지 드래그해서 수식을 복사합니다.

➕ 범위(G3:G19)에서 계약 건수의 합계 '40'이 2명으로 동순위입니다. 따라서 13위, 14위의 구간 평균값인 13.5위로 순위가 표시됩니다.

바로 통 하는TIP RANK.AVG 함수는 범위에서 지정한 수의 순위를 구하지만 동순위가 나오면 구간 평균 순위로 표시합니다.

쉽고 빠른 엑셀 Note RANK.EQ, RANK.AVG 함수 한눈에 보기

다음을 참고해 RANK.EQ 함수와 RANK.AVG 함수를 자세히 이해할 수 있습니다.

범주	이름	설명
수학/삼각 함수	RANK.EQ(순위를 구하는 수,범위,순위 결정 방법)	범위에서 지정한 수의 순위를 구합니다. 순위가 같으면 동순위를 표시합니다. 순위 결정 방법에는 0(내림차순) 또는 1(오름차순)을 입력합니다.
	RANK.AVG(순위를 구하는 수,범위,순위 결정 방법)	동순위가 나오면 순위가 구간 평균값을 표시합니다.

우선순위

핵심기능

58

IF 함수로 과정 수료자와
교육점수 구하기

실습 파일 엑셀\3장\함수_IF_과정수료.xlsx
완성 파일 엑셀\3장\함수_IF_과정수료_완성.xlsx

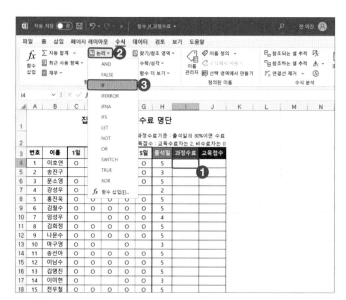

출석 일수에 따라 수료와 미수료 표시하기

01 출석 일수의 80%(4일) 이상 교육에 참여한 경우에는 '수료'를, 그렇지 않은 경우에는 '미수료'를 표시해 보겠습니다. ❶ [I4] 셀을 클릭합니다. ❷ [수식] 탭-[함수 라이브러리] 그룹-[논리 ?]를 클릭하고 ❸ [IF]를 클릭합니다.

➕ [함수 인수] 대화상자가 나타납니다.

 하는TIP IF 함수는 조건에 따른 참값과 거짓값을 표시합니다.

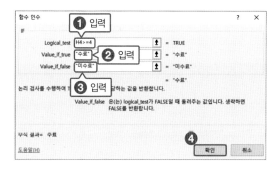

02 [함수 인수] 대화상자에서 ❶ [Logical_test](조건)에 **H4>=4**를 입력하고 ❷ [Value_if_true](참값)에 **수료**를 입력합니다. ❸ [Value_if_false](거짓값)에 **미수료**를 입력한 후 ❹ [확인]을 클릭합니다.

➕ 출석 일수에 따른 '수료', '미수료'가 표시됩니다. 완성 수식은 **=IF(H4>=4,"수료","미수료")**입니다.

교육점수에 수료면 2, 미수료면 0을 표시하기

03 교육을 수료한 경우에는 교육 점수에 '2', 미수료한 경우에는 '0'을 표시해보겠습니다. ❶ [J4] 셀에 **=IF(I4="수료",2,0)**를 입력하고 ❷ Enter 를 누릅니다.

➕ 교육 수료 점수가 계산됩니다.

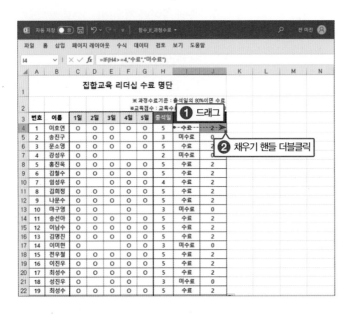

04 ❶ [I4:J4] 범위를 지정하고 ❷ 채우기 핸들을 더블클릭해서 수식을 복사합니다.

➕ 모든 수강생의 교육 과정 수료 여부 및 인사 고과에 반영될 교육점수가 표시됩니다.

쉽고 빠른 엑셀 Note | **IF 함수 한눈에 보기**

다음을 참고해 IF 함수를 자세히 이해할 수 있습니다.

범주	이름	설명
논리 함수	IF(조건식,참값,거짓값)	조건식에 따라 참 또는 거짓으로 구분합니다.

2010 / 2013 / 2016 / 2019 / 2021

중첩 IF 함수와 IFS 함수로 부서별 포상금/부서 등급 구하기

실습 파일 엑셀 \ 3장 \ 함수_IF중첩_업무제안.xlsx
완성 파일 엑셀 \ 3장 \ 함수_IF중첩_업무제안_완성.xlsx

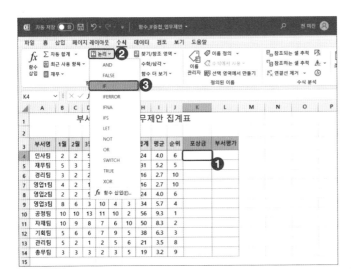

IF 함수 중첩해 포상금 표시하기

01 부서별 포상금을 업무제안 순위에 따라 1위면 100만 원, 2위면 50만 원, 3위면 30만 원을 표시해보겠습니다. ❶ 포상금을 표시할 [K4] 셀을 클릭합니다. ❷ [수식] 탭-[함수 라이브러리] 그룹-[논리②]를 클릭하고 ❸ [IF]를 클릭합니다.

➕ [함수 인수] 대화상자가 나타납니다.

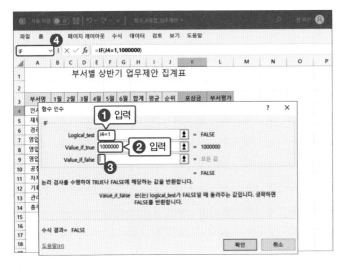

IF 함수 인수 입력하기

02 ❶ [함수 인수] 대화상자에서 [Logical_test]에 **J4=1**을 입력하고 ❷ [Value_if_true]에 **1000000**을 입력합니다. ❸ [Value_if_false]를 클릭한 후 ❹ [이름 상자]에서 [IF]를 클릭합니다.

➕ IF 함수에 대한 [함수 인수] 대화상자가 추가로 나타나 두 번째 IF 함수를 중첩할 수 있습니다.

🔔 인수 설명

Logical_test(조건식): 순위가 1인지 판단하는 조건식으로 **J4=1**을 입력합니다.

Value_if_true(참값): 순위가 1이면 포상금에 **1000000**을 입력합니다.

Value_if_false(거짓값): 첫 번째 조건이 거짓인 경우 두 번째 조건으로 IF 함수를 중첩하기 위해 [이름 상자]에서 [IF]를 클릭합니다.

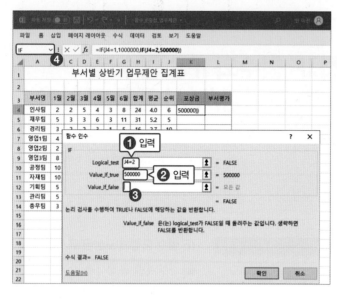

03 ❶ 새로운 [함수 인수] 대화상자에서 [Logical_test]에 **J4=2**를 입력하고 ❷ [Value_if_true]에 **500000**을 입력합니다. ❸ [Value_if_false]를 클릭한 후 ❹ [이름 상자]에서 [IF]를 클릭합니다.

➕ IF 함수에 대한 [함수 인수] 대화상자가 추가로 나타나 세 번째 IF 함수를 중첩할 수 있습니다.

🔢 인수 설명

Logical_test : 순위가 2인지 판단하는 조건식으로 **J4=2**를 입력합니다.

Value_if_true : 순위가 2이면 포상금에 **500000**을 입력합니다.

Value_if_false : 두 번째 조건이 거짓인 경우 세 번째 조건으로 IF 함수를 중첩하기 위해 [이름 상자]에서 [IF]를 클릭합니다.

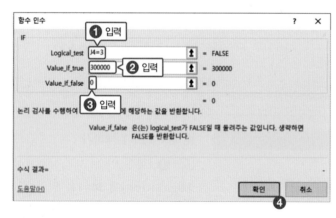

04 ❶ 새로운 [함수 인수] 대화상자의 [Logical_test]에 **J4=3**을 입력하고 ❷ [Value_if_true]에 **300000**을 입력합니다. ❸ [Value_if_false]에 **0**을 입력하고 ❹ [확인]을 클릭합니다.

➕ 업무 제안 순위에 따른 포상금이 1~3위까지 계산됩니다. 완성 수식은 **=IF(J4=1,1000000, IF(J4=2,500000,IF(J4=3,300000,0)))**입니다.

🔢 인수 설명

Logical_test : 순위가 3인지 판단하는 조건식으로 **J4=3**를 입력합니다.

Value_if_true : 순위가 3이면 포상금에 **300000**을 입력합니다.

Value_if_false : 순위가 1~3이 아니면 **0**을 입력합니다.

IFS 함수로 부서별 평가 등급 표시하기

05 부서별 업무제안 건수의 평균이 7개 이상이면 'A', 5개 이상이면 'B', 5개 미만이면 'C'를 표시해보겠습니다. ❶ [L4] 셀에 **=IFS(I4>=7,"A",I4>=5,"B",I4<5,"C")**를 입력한 후 ❷ Enter를 누릅니다.

➕ 부서별 평가 등급이 표시됩니다. 완성 수식은 **=IFS(I4>=7,"A",I4>=5,"B",I4<5,"C")**입니다. 마지막 조건을 TRUE로 대신해 수식을 만들면 **=IFS(I4>=7,"A",I4>=5,"B",TRUE,"C")**입니다.

🔧 인수 설명

Logical_test 1 : 평균 제안 건수가 7개 이상인지를 판단하는 조건식으로 **I4>=7**을 입력합니다.

Value_if_true1 : 평균 제안 건수가 7개 이상이면 **A**를 입력합니다.

Logical_test 2 : 평균 제안 건수가 5개 이상인지를 판단하는 조건식으로 **I4>=5**를 입력합니다.

Value_if_true2 : 평균 제안 건수가 5개 이상이면 **B**를 입력합니다.

Logical_test 3 : 평균 제안 건수가 5개 미만인지 판단하는 조건식으로 **I4<5**를 입력합니다.

Value_if_true3 : 평균 제안 건수가 5개 미만이면 **C**를 입력합니다.

✅ **엑셀 2013&이전 버전** 중첩 IF 함수를 사용한 완성 수식은 **=IF(I4>=7,"A",IF(I4>=5,"B","C"))**입니다.

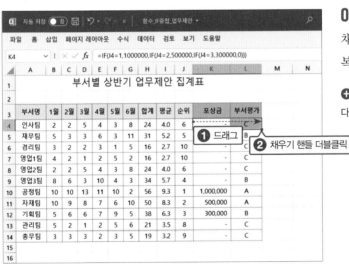

06 ❶ [K4:L4] 범위를 지정하고 ❷ 채우기 핸들을 더블클릭해서 수식을 복사합니다.

➕ 전체 부서별 포상금과 평가 등급이 표시됩니다.

IF 함수 형식은 **= IF(Logical_test, Value_if_true, Value_if_False)**입니다.

조건식   참값   거짓값

기본적으로 조건이 하나일 때 사용하지만, 조건이 여럿일 때도 IF 함수 안에 IF 함수를 중첩해서 쓸 수 있습니다. 예를 들어 평가 점수가 90점 이상이면 교육 이수 점수를 2점, 70점 이상이면 1점, 70점 미만이면 0점을 주는 경우에는 다음과 같이 쓸 수 있습니다.

=만약(점수가 90점 이상이면, 2점, 만약(점수가 70점 이상이면 1점, 70점 미만이면 0점을 준다)

이것을 함수식으로 표현하면 다음과 같습니다. 교육 점수에는 교육 점수가 담긴 셀 주소를 입력합니다.

조건식②   참값②   거짓값②

=IF(교육점수〉=90,2,IF(교육점수〉=70,1,0))

조건식①   참값①   거짓값①

엑셀 2016 버전에 새로 추가된 IFS(조건식1,참값1,조건식2,참값2,…) 함수는 IF를 중첩하지 않고 127개의 조건식을 만들 수 있습니다. IFS 함수를 사용한 함수식은 다음과 같습니다.

=IFS(교육점수〉=90,2,교육점수〉=70,1,교육점수〈70,0)

조건식①   참값①   조건식②   참값②   조건식③   참값③

또는 다음과 같이 만들 수 있습니다.

=IFS(교육점수〉=90,2,교육점수〉=70,1,TRUE,0)

조건식①   참값①   조건식②   참값② 조건식③ 참값③

60

IF, AND, OR 함수로 기업 신용도 분류하기

실습 파일 엑셀\3장\함수_IF_AND_신용평가.xlsx
완성 파일 엑셀\3장\함수_IF_AND_신용평가_완성.xlsx

수식
&
함수

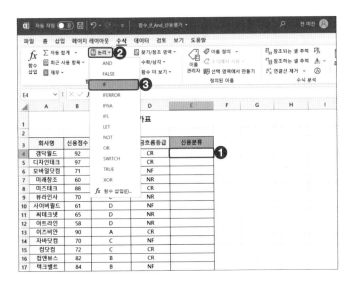

IF 함수와 AND 함수를 중첩해 신용도 분류하기

01 기업별 신용 평가표에서 신용평가등급이 A나 B고 현금흐름등급이 CR일 때는 신용분류에 '정상기업'을, 그렇지 않을 때는 '워크아웃'을 표시해보겠습니다. ❶ [E4] 셀을 클릭합니다. ❷ [수식] 탭-[함수 라이브러리] 그룹-[논리🗒]를 클릭한 후 ❸ [IF]를 클릭합니다.

➕ [함수 인수] 대화상자가 나타납니다.

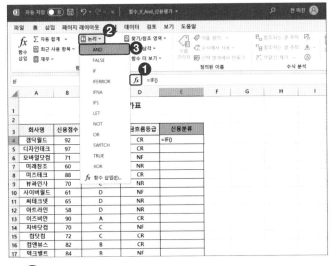

02 신용평가등급과 현금흐름등급의 두 가지 조건을 모두 만족해야 하므로 조건식에 AND 함수를 중첩시킵니다. ❶ 수식 입력줄에서 [함수 삽입🔣]을 클릭하여 [함수 인수] 대화상자를 닫습니다. ❷ [수식] 탭-[함수 라이브러리] 그룹-[논리🗒]를 클릭한 후 ❸ [AND]를 클릭합니다.

➕ AND 함수에 대한 [함수 인수] 대화상자가 나타납니다.

바로 통 하는TIP AND 함수는 다중 조건을 모두 만족하면 참값을 표시하고 그 외에는 거짓값을 표시합니다.

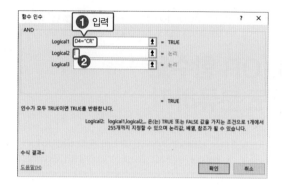

AND 함수 인수 입력하기

03 ❶ [함수 인수] 대화상자에서 [Logical1]에 **D4="CR"**를 입력하고 ❷ [Logical2]를 클릭합니다.

➕ IF 함수 수식에 AND 함수가 중첩되어 추가됩니다.

ƒx 인수 설명

Logical1(조건1) : 현금흐름등급이 "CR"인지를 판단하는 조건입니다.

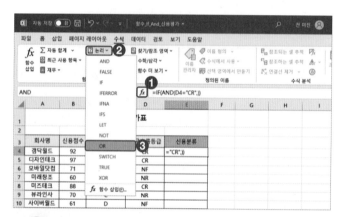

바로 **통** 하는TIP OR 함수는 다중 조건에 하나라도 만족하면 참값을 표시합니다.

OR 함수 중첩하기

04 신용평가등급이 A나 B인 경우 조건을 만족하므로 OR 함수를 중첩시킵니다. ❶ 수식 입력줄에서 [함수 삽입 ƒx]을 클릭하여 [함수 인수] 대화상자를 닫습니다. ❷[함수 라이브러리] 그룹—[논리 ②]를 클릭하고 ❸[OR]을 클릭합니다.

➕ OR 함수에 대한 [함수 인수] 대화상자가 나타납니다.

OR 함수 인수 입력하기

05 ❶ [함수 인수] 대화상자에서 [Logical1]에 **C4="A"**를 입력하고 ❷ [Logical2]에 **C4="B"**를 입력합니다. ❸IF 함수의 [함수 인수] 대화상자로 돌아가기 위해 수식 입력줄에서 IF를 클릭합니다.

➕ IF 함수에 대한 [함수 인수] 대화상자가 나타납니다.

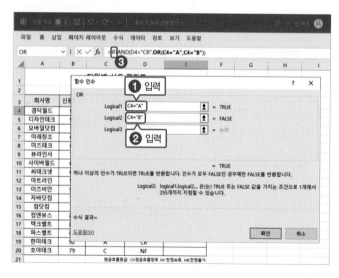

ƒx 인수 설명

Logical1(조건1) : 신용평가등급이 "A"인지를 판단하는 조건입니다.
Logical2(조건2) : 신용평가등급이 "B"인지를 판단하는 조건입니다.

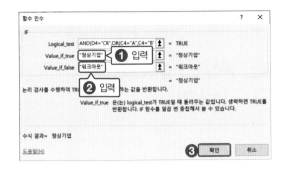

06 [함수 인수] 대화상자에서 [Logical_test]에 AND, OR 함수 수식이 입력되어 있습니다. ❶ [Value_if_true]에 **정상기업**을 입력하고 ❷ [Value_if_false]에 **워크아웃**을 입력한 후 ❸ [확인]을 클릭합니다.

➕ 완성 수식은 =IF(AND(D4="CR",OR(C4="A",C4="B")),"정상기업","워크아웃")입니다. IFS 함수를 사용한 수식은 =IFS(AND(D4="CR",OR(C4="A",C4="B")),"정상기업",TRUE,"워크아웃")입니다.

ⓕ 인수 설명

Logical_test : 현금흐름등급이 "CR"이고, 신용평가등급이 "A"이거나 "B"인 조건입니다.

Value_if_true : 조건 결과가 참이면 "정상기업"을 표기합니다.

Value_if_false : 조건 결과가 거짓이면 "워크아웃"을 표기합니다.

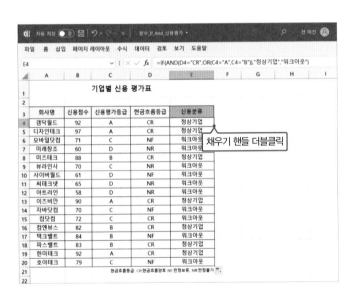

07 [E4] 셀의 채우기 핸들을 더블클릭하여 나머지 셀에 수식을 복사합니다.

➕ 중첩한 IF, AND, OR 함수의 조건에 따라 '정상기업'과 '워크아웃'으로 신용분류가 표시됩니다.

쉽고 빠른 엑셀 Note　　AND, OR 함수 한눈에 보기

다음을 참고해 AND 함수와 OR 함수를 자세히 이해할 수 있습니다.

범주	이름	설명
논리 함수	AND(조건1,조건2,…)	여러 항목의 조건을 비교해 모두 만족할 경우 참값을 반환합니다.
	OR(조건1,조건2,…)	여러 항목의 조건을 비교해 일부 조건을 만족할 경우 참값을 반환합니다.

핵심기능

61

AVERAGE, AVERAGEIF 함수로 평균 구하기

실습 파일 엑셀\3장\함수_AVERAGE_교육평가표.xlsx
완성 파일 엑셀\3장\함수_AVERAGE_교육평가표_완성.xlsx

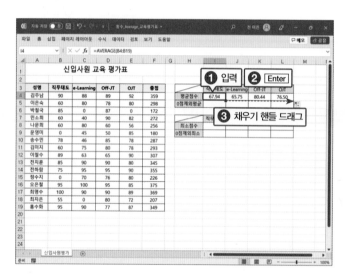

평가 항목의 평균 구하기

01 신입사원 교육 평가표에서 평가 항목의 전체 평균을 구해보겠습니다. ❶ [I4] 셀을 클릭한 후 **=AVERAGE (B4:B19)**를 입력하고 ❷ Enter를 누릅니다. ❸ [I4] 셀의 채우기 핸들을 [L4] 셀까지 드래그해서 수식을 복사합니다.

➕ 평가 항목별 평균 점수가 표시됩니다.

바로 통하는 TIP AVERAGE 함수는 범위의 평균을 구합니다.

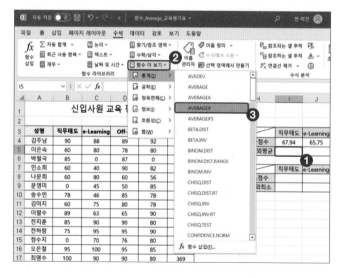

0을 제외한 평가 항목의 평균 구하기

02 신입사원 평가표에서 0점을 제외한 평가 항목의 평균을 구해보겠습니다. ❶ [I5] 셀을 클릭하고 ❷ [수식] 탭-[함수 라이브러리] 그룹-[함수 더 보기⬛]를 클릭합니다. ❸ [통계]-[AVERAGEIF]를 클릭합니다.

➕ [함수 인수] 대화상자가 나타납니다.

바로 통하는 TIP AVERAGEIF 함수는 조건에 만족하는 범위의 평균을 구합니다.

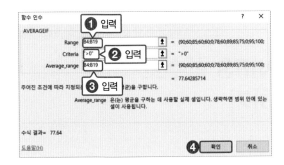

AVERAGEIF 함수 인수 입력하기

03 ❶ [함수 인수] 대화상자에서 [Range](범위)에 **B4:B19**를 입력하고 ❷ [Criteria](조건)에 **>0**을 입력합니다. ❸ [Average_range](평균 범위)에 **B4:B19**를 입력한 후 ❹ [확인]을 클릭합니다.

➕ 전체 평가 항목의 범위(B4:B19)에서 0을 제외한 조건(">0")에 만족하는 점수의 평균이 구해집니다. 완성 수식은 **=AVERAGEIF(B4:B19,">0",B4:B19)**입니다.

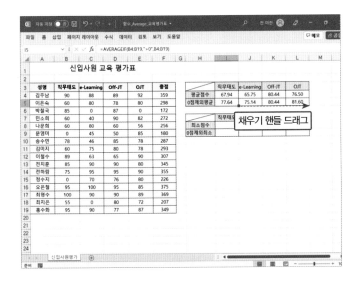

04 [I5] 셀의 채우기 핸들을 [L5] 셀까지 드래그해서 수식을 복사합니다.

➕ 0점을 제외한 평균 점수가 표시됩니다.

쉽고 빠른 엑셀 Note · AVERAGE, AVERAGEIF 함수 한눈에 보기

다음을 참고해 AVERAGE 함수와 AVERAGEIF 함수를 자세히 이해할 수 있습니다.

범주	이름	설명
통계 함수	AVERAGE(평균을 계산할 전체 범위,…)	셀의 평균을 계산합니다.
	AVERAGEIF(조건을 검사할 범위,조건,평균을 계산할 범위)	조건에 만족하는 셀의 평균을 구합니다.

MIN, MINIFS 함수로
최솟값 구하기

실습 파일 엑셀\3장\함수_Min_교육평가표.xlsx
완성 파일 엑셀\3장\함수_Min_교육평가표_완성

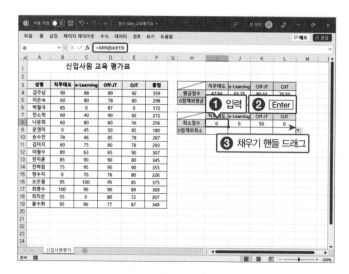

평가 항목의 최솟값 구하기

01 신입사원 교육 평가표에서 평가 항목의 전체 최솟값을 구해보겠습니다. ❶ [I8] 셀에 **=MIN(B4:B19)** 를 입력하고 ❷ Enter를 누릅니다. ❸ [I8] 셀의 채우기 핸들을 [L8] 셀까지 드래그해서 수식을 복사합니다.

➕ 평가 항목별 최소 점수가 표시됩니다.

바로 통 하는TIP MIN 함수는 범위의 최솟값을 구합니다.

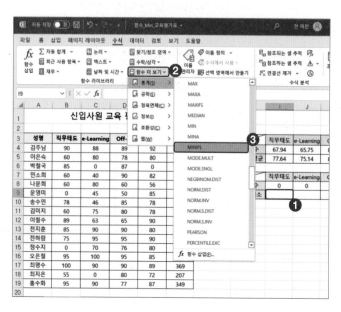

0을 제외한 평가 항목의 최솟값 구하기

02 신입사원 교육 평가표에서 0점을 제외한 평가 항목의 최솟값을 구해보겠습니다. ❶ [I9] 셀을 클릭하고 ❷ [수식] 탭-[함수 라이브러리] 그룹-[함수 더 보기🔳]를 클릭합니다. ❸ [통계]-[MINIFS]를 클릭합니다.

➕ [함수 인수] 대화상자가 나타납니다.

바로 통 하는TIP MINIFS 함수는 엑셀 2019 버전에서 새로 추가된 함수로 조건에 만족하는 셀의 최솟값을 구합니다.

▶ **엑셀 2016&이전 버전** 수식 =MIN(IF(B4:B19)0,B4:B19))를 입력하고 Ctrl+Shift+Enter를 눌러 배열 수식으로 조건을 만족하는 최솟값을 구합니다.

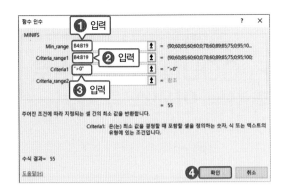

MINIFS 함수 인수 입력하기

03 ❶ [함수 인수] 대화상자에서 [Min_range]
(최솟값 범위)에 **B4:B19**를 입력하고 ❷ [Criteria
_range1](조건1 범위)에 **B4:B19**를 입력합니다.
❸ [Criteria1](조건1)에 **〉0**을 입력한 후 ❹ [확인]
을 클릭합니다.

➕ 전체 평가 항목의 범위(B4:B19)에서 0을 제외한 조건("〉0")
에 만족하는 점수의 최솟값이 구해집니다. 완성 수식은 **=MINIFS
(B4:B19,B4:B19,"〉0")**입니다.

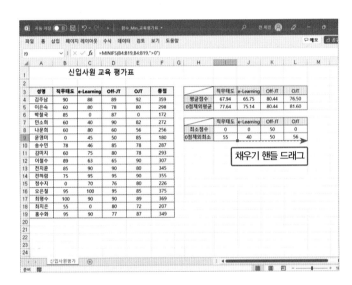

04 [I9] 셀의 채우기 핸들을 [L9]
셀까지 드래그해서 수식을 복사합니
다.

➕ 0점을 제외한 최소 점수가 표시됩니다.

　　MIN, MINIFS 함수 한눈에 보기

다음을 참고해 MIN 함수와 MINIFS 함수를 자세히 이해할 수 있습니다.

범주	이름	설명
통계 함수	MIN(최솟값을 계산할 전체 범위,…)	셀의 최솟값을 계산합니다.
	MINIFS(최솟값을 계산할 범위,최솟값을 검사할 범위1, 조건1,최솟값을 검사할 범위2,조건2,…)	다중 조건에 만족하는 셀의 최솟값을 구합니다.

COUNTIF, COUNTIFS 함수로
조건을 만족하는 인원수 구하기

실습 파일 엑셀\3장\함수_COUNTIF_참가명단.xlsx
완성 파일 엑셀\3장\함수_COUNTIF_참가명단_완성.xlsx

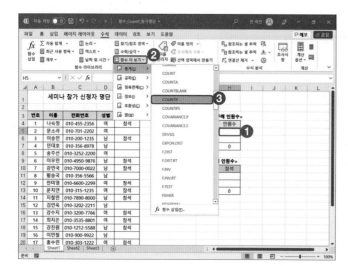

참석 인원수 구하기

01 구매유무에 따라 명부에 참석 또는 공란이 표시되어 있습니다. 참석한 인원수를 세어보겠습니다. ❶ [H5] 셀을 클릭합니다. ❷ [수식] 탭-[함수 라이브러리] 그룹-[함수 더 보기📋]를 클릭합니다. ❸ [통계]-[COUNTIF]를 클릭합니다.

➕ [함수 인수] 대화상자가 나타납니다.

바로통하는TIP COUNTIF 함수는 조건에 만족하는 셀의 개수를 구합니다.

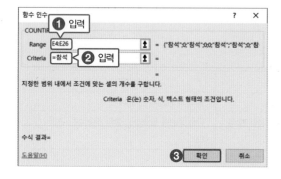

COUNTIF 함수 인수 입력하기

02 ❶ [함수 인수] 대화상자의 [Range]에 **E4: E26**을 입력한 후 ❷ [Criteria]에 **=참석**을 입력합니다. ❸ [확인]을 클릭합니다.

➕ 범위(E4:E26)에서 조건(참석)에 만족하는 셀의 개수, 즉 참석한 인원수가 표시됩니다. 완성 수식은 **=COUNTIF(E4:E26,"=참석")** 입니다.

불참 인원수 구하기

03 신청자 명단에 공란으로 표시된 셀의 개수를 세어보겠습니다. ❶ [H6] 셀에 **=COUNTIF(E4:E26,"")**를 입력하고 ❷ Enter 를 누릅니다.

➕ 범위(E4:E26)에서 조건(공란)에 만족하는 셀의 개수, 즉 불참한 인원수가 표시됩니다.

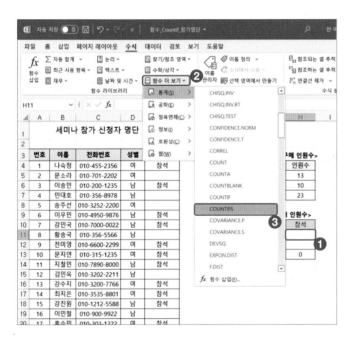

성별 참석 인원수 구하기

04 참석한 인원 중 성별에 따라 남, 여의 인원수를 세어보겠습니다. ❶ [H11] 셀을 클릭합니다. ❷ [수식] 탭-[함수 라이브러리] 그룹-[함수 더 보기 🔲]를 클릭하고 ❸ [통계]-[COUNTIFS]를 클릭합니다.

➕ [함수 인수] 대화상자가 나타납니다.

바로 통 하는TIP COUNTIFS 함수는 다중 조건에 만족하는 셀의 개수를 구합니다.

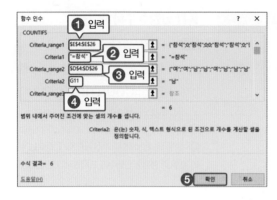

COUNTIFS 함수 인수 입력하기

05 ❶ [함수 인수] 대화상자에서 [Criteria_range1](조건1 범위)에 **$E$4:$E$26**을 입력합니다. ❷ [Criteria1](조건1)에 **=참석**을 입력하고 ❸ [Criteria_range2](조건2 범위)에 **$D$4:$D$26**을 입력합니다. ❹ [Criteria2](조건2)에 **G11**을 입력하고 ❺ [확인]을 클릭합니다.

➕ 완성 수식은 **=COUNTIFS($E$4:$E$26,"=참석",$D$4:$D$26,G11)**입니다.

06 [H11] 셀의 채우기 핸들을 [H12] 셀까지 드래그해서 수식을 복사합니다.

➕ 참석한 인원 중 남. 여 인원수가 표시됩니다.

쉽고 빠른 엑셀 Note / COUNTIF, COUNTIFS 함수 한눈에 보기

다음을 참고해 COUNTIF 함수와 COUNTIFS 함수를 자세히 이해할 수 있습니다.

범주	이름	설명
통계 함수	COUNTIF(개수를 세고 싶은 범위,조건)	조건에 맞는 셀의 개수를 구합니다.
	COUNTIFS(개수를 세고 싶은 범위1,조건1,개수를 세고 싶은 범위2,조건2,…)	다중 조건에 만족하는 셀의 개수를 구합니다.

우선순위

핵심기능

64

UNIQUE, SUMIF, SUMIFS 함수로 조건을 만족하는 합계 계산하기

실습 파일 엑셀\3장\함수_SUMIF_입금대장.xlsx
완성 파일 엑셀\3장\함수_SUMIF_입금대장_완성.xlsx

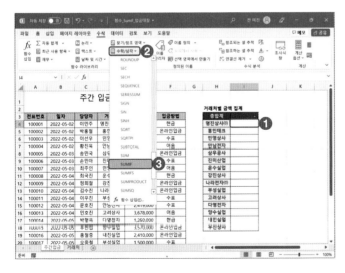

✔ **엑셀 2019&이전 버전** [거래처] 시트의 [A2:A16] 범위를 복사해서 [주간입금] 시트의 [H4] 셀에 붙여 넣습니다.

거래처 고윳값 추출하기

01 주간 입금 대장의 거래처 범위에서 고윳값을 추출해보겠습니다. ❶ [H4] 셀에 **=UNIQUE(D4:D28)**입력하고 ❷ Enter를 누르면 거래처 고윳값을 범위로 반환합니다.

바로통하는TIP 엑셀 2021버전에 새로 추가된 UNIQUE 함수는 거래처 범위(D4:D28)에서 중복된 값을 제거하고 고윳값을 추출하는 동적 배열 함수로, 결괏값을 범위로 반환하고 파란색 테두리로 강조해 표시합니다. 반환할 위치에 다른 값이 있으면 #SPILL! 오류가 표시됩니다. 동적 배열 함수로 고윳값을 추출한 범위를 참조할 때 수식을 입력한 셀 주소(H4) 뒤에 #을 입력하면 범위를 반환합니다.

거래처별 금액의 합계 구하기

02 주간 입금 대장에서 거래처별로 입금액의 합계를 구해보겠습니다. ❶ [I4] 셀을 클릭합니다. ❷ [수식] 탭-[함수 라이브러리] 그룹-[수학/삼각回]을 클릭하고 ❸ [SUMIF]를 클릭합니다.

➕ [함수 인수] 대화상자가 나타납니다.

바로통하는TIP SUMIF 함수는 조건에 만족하는 셀의 합계를 구합니다.

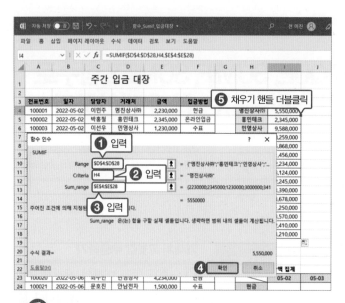

SUMIF 함수 인수 입력하기

03 ❶ [함수 인수] 대화상자에서 [Range](범위)에 **$D$4:$D$28**을 입력한 후 ❷ [Criteria](조건)에 **H4**를 입력하고 ❸ [Sum_range](합계 범위)에 **$E$4:$E$28**을 입력합니다. ❹ [확인]을 클릭합니다. ❺ [I4] 셀의 채우기 핸들을 더블클릭하여 수식을 복사합니다.

➕ [I18] 셀까지 값이 채워지며 거래처별 금액의 합계가 표시됩니다. 완성 수식은 =SUMIF($D$4: $D$28,H4,$E$4:$E$28)입니다.

바로 통 하는TIP [Criteria](조건)에 **명진상사㈜**를 입력하면 수식을 복사할 때 조건이 변하지 않고 고정됩니다. 따라서 [H4] 셀을 지정하여 조건이 바뀌도록 합니다.

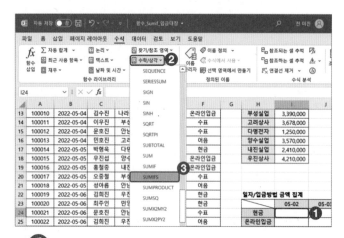

일자별 입금방법을 조건으로 한 금액의 합계 구하기

04 일자별로 입금한 방법에 따른 금액의 합계를 구해보겠습니다. ❶ [I24] 셀을 클릭하고 ❷ [수식] 탭-[함수 라이브러리] 그룹-[수학/삼각🔲]을 클릭한 후 ❸ [SUMIFS]를 클릭합니다.

➕ [함수 인수] 대화상자가 나타납니다.

바로 통 하는TIP SUMIFS 함수는 다중 조건에 만족하는 셀의 합계를 구합니다.

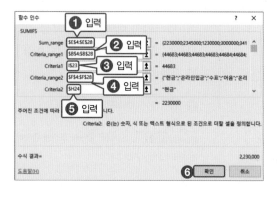

05 ❶ [함수 인수] 대화상자에서 [Sum_range](합계 범위)에 **$E$4:$E$28**을 입력한 후 ❷ [Criteria_range1](조건1 범위)에 **$B$4:$B$28**을 입력합니다. ❸ [Criteria1](조건1)에 **I$23**를 입력하고 ❹ [Criteria_range2](조건2 범위)에 **$F$4:$F$28**을 입력한 후 ❺ [Criteria2](조건2)에 **$H24**를 입력합니다. ❻ [확인]을 클릭합니다.

➕ 완성 수식은 =SUMIFS($E$4:$E$28,$B$4:$B$28,I$23,$F $4:$F$28,$H24)입니다.

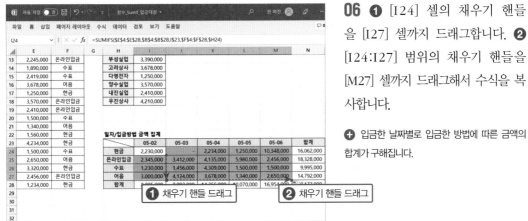

06 ❶ [I24] 셀의 채우기 핸들을 [I27] 셀까지 드래그합니다. ❷ [I24:I27] 범위의 채우기 핸들을 [M27] 셀까지 드래그해서 수식을 복사합니다.

➕ 입금한 날짜별로 입금한 방법에 따른 금액의 합계가 구해집니다.

쉽고 빠른 엑셀 Note | UNIQUE, SUMIF, SUMIFS 함수 한눈에 보기

다음을 참고해 UNIQUE 함수와 SUMIF 함수, SUMIFS 함수를 자세히 이해할 수 있습니다.

범주	이름	설명
찾기/참조 영역	UNIQUE(고윳값을 반환할 범위,[방향],[고윳값])	범위에서 고윳값을 추출합니다. 방향에는 조회할 방향을 행(FALSE)방향이나 열 방향(TRUE)으로 지정하고, 고윳값에는 범위 내에서 모든 고윳값을 추출(FALSE)하거나 한 번만 발생한 고윳값을 추출(TRUE)하도록 지정합니다.
수학/삼각 함수	SUMIF(조건을 검사할 범위,조건,합계를 계산할 범위)	조건에 맞는 셀의 합계를 구합니다.
	SUMIFS(합계를 계산할 범위,조건을 검사할 범위1, 조건1,조건을 검사할 범위2,조건2,…)	다중 조건에 만족하는 셀의 합계를 구합니다.

2010 \ 2013 \ 2016 \ 2019 \ 2021

FREQUENCY 함수로
연령대 분포 빈도수 구하기

실습 파일 엑셀\3장\함수_FREQUENCY_빈도수.xlsx
완성 파일 엑셀\3장\함수_FREQUENCY_빈도수_완성.xlsx

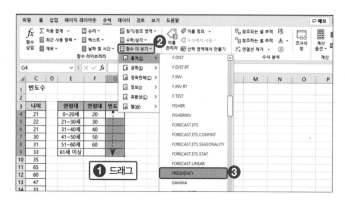

연령대 분포 빈도수 구하기

01 여행 참가자를 연령대별로 표시해보겠습니다. ❶ [G4:G9] 범위를 지정합니다. ❷ [수식] 탭–[함수 라이브러리] 그룹–[함수 더 보기▣]를 클릭하고 ❸ [통계]–[FREQUENCY]를 클릭합니다.

➕ [함수 인수] 대화상자가 나타납니다.

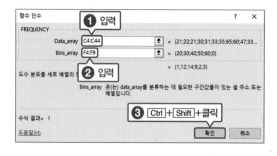

FREQUENCY 함수 인수 입력하기

02 ❶ [함수 인수] 대화상자에서 [Data_array](빈도수를 계산할 범위)에 **C4:C44**를 입력하고 ❷ [Bins_array](빈도수 구간 범위)에 **F4:F9**를 입력합니다. ❸ Ctrl + Shift 를 누른 상태에서 [확인]을 클릭합니다.

➕ 완성 수식은 **{=FREQUENCY(C4:C44,F4:F9)}**입니다. 연령대별 분포 빈도수가 계산됩니다.

바로 통하는 TIP FREQUENCY 함수는 배열 수식이 필요하므로 Ctrl + Shift 를 누른 채 [확인]을 클릭해 수식을 완성합니다.

🅕 인수 설명

Data_array : 연령대의 빈도수를 계산하기 위한 나이 전체 범위 (C4:C44)입니다.

Bins_array : 연령대의 빈도수를 계산하기 위한 분포 구간 범위 (F4:F9)입니다.

쉽고 빠른 엑셀 Note FREQUENCY 함수 한눈에 보기

다음을 참고해 FREQUENCY 함수를 자세히 이해할 수 있습니다.

범주	이름	설명
통계 함수	FREQUENCY(데이터 배열,분포 구간)	대상 자료의 구간별 분포를 구합니다.

핵심기능

66

CHOOSE, MID 함수로 주민번호에서 성별 구하기

실습 파일 엑셀\3장\함수_CHOOSE_사원명부.xlsx
완성 파일 엑셀\3장\함수_CHOOSE_사원명부_완성.xlsx

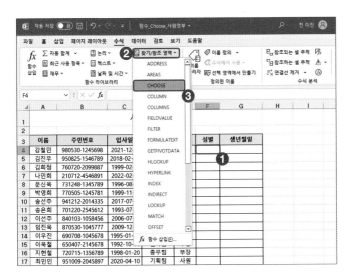

CHOOSE와 MID 함수를 중첩하여 성별을 표시하기

01 ❶ [F4] 셀을 클릭합니다. ❷ [수식] 탭-[함수 라이브러리] 그룹-[찾기/참조 영역⬚]을 클릭하고 ❸ [CHOOSE]를 클릭합니다.

➕ [함수 인수] 대화상자가 나타납니다.

바로 통 하는TIP CHOOSE 함수는 인덱스 번호에 대응하는 값을 찾아 표시합니다.

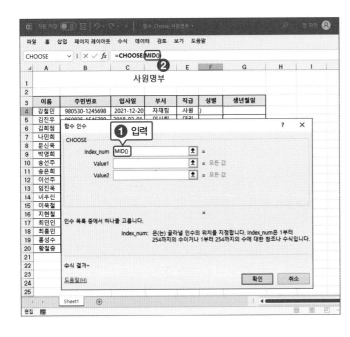

02 ❶ [함수 인수] 대화상자의 [Index_num]에 **MID()**를 입력하고 ❷ MID 함수의 인수를 입력하기 위해 수식 입력줄에서 MID()를 클릭합니다.

➕ MID 함수에 대한 [함수 인수] 대화상자가 나타납니다.

바로 통 하는TIP MID 함수는 문자열에서 일부 글자를 추출합니다.

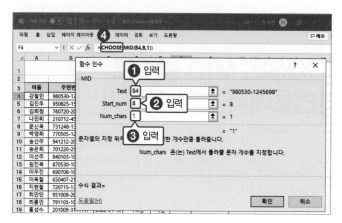

MID 함수 인수 입력하기

03 ❶ [함수 인수] 대화상자에서 [Text]에 **B4**를 입력하고 ❷ [Start_num]에 **8**을 입력합니다. ❸ [Num_chars]에 **1**을 입력한 후 ❹ 수식 입력줄에서 CHOOSE를 클릭합니다.

➕ CHOOSE 함수의 [함수 인수] 대화상자로 돌아갑니다.

🔎 인수 설명

Text : 주민번호가 있는 셀 주소를 지정합니다.

Start_num : 주민번호에서 추출을 시작할 위치를 입력합니다.

Num_chars : 시작 위치로부터 추출할 문자 개수를 입력합니다.

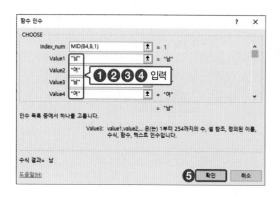

CHOOSE 함수 인수 입력하기

04 ❶ [Value1]에 **남**을 입력하고 ❷ [Value2]에 **여**를 입력합니다. ❸ [Value3]에 **남**을 입력한 후 ❹ [Value4]에 **여**를 입력합니다. ❺ [확인]을 클릭합니다.

➕ 주민번호에서 추출한 성별을 구분하는 수식(MID(B4,8,1)에 따라 1, 3이면 "남", 2, 4면 "여"를 표시합니다. 완성 수식은 **=CHOOSE (MID(B4,8,1),"남","여","남","여")**입니다.

05 [F4] 셀의 채우기 핸들을 더블 클릭해서 수식을 복사합니다.

➕ 주민번호 여덟 번째 자리 숫자를 추출해서 사원의 성별을 표시합니다.

쉽고 빠른 엑셀 Note | CHOOSE, MID 함수 한눈에 보기

다음을 참고해 CHOOSE 함수와 MID 함수를 자세히 이해할 수 있습니다.

범주	이름	설명
찾기/참조 영역 함수	CHOOSE(인덱스 번호,값1,값2,…)	인덱스 번호(1~254)에 따른 위치의 목록(값1, 값2, …)을 찾아줍니다.
텍스트 함수	MID(문자열,추출할 시작 위치,추출할 문자의 수)	문자열에서 글자 일부를 추출합니다.

핵심기능

67

LEFT, FIND, SUBSTITUTE, TEXTJOIN 함수로 문자 수정하기

실습 파일 엑셀\3장\함수_FIND_이메일주소록.xlsx
완성 파일 엑셀\3장\함수_FIND_이메일주소록_완성.xlsx

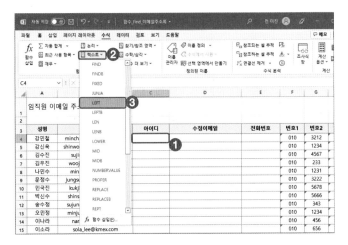

이메일 주소에서 아이디 추출하기

01 이메일 주소에서 @ 기호 앞부분에 위치한 사원별 아이디를 추출해보겠습니다. ❶ [C4] 셀을 클릭합니다. ❷ [수식] 탭-[함수 라이브러리] 그룹-[텍스트 🔠]를 클릭하고 ❸ [LEFT]를 클릭합니다.

➕ [함수 인수] 대화상자가 나타납니다.

바로 통하는 TIP LEFT 함수는 문자열에서 왼쪽의 일부 문자를 추출합니다.

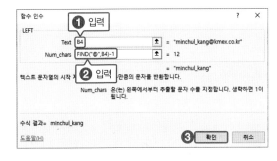

LEFT, FIND 함수 인수 입력하기

02 ❶ [함수 인수] 대화상자의 [Text]에 **B4**를 입력하고 ❷ [Num_chars]에 **FIND("@",B4)-1**을 입력합니다. ❸ [확인]을 클릭합니다.

➕ 완성 수식은 =LEFT(B4,FIND("@",B4)-1)입니다. 이메일 주소에서 아이디만 추출됩니다.

🔧 인수 설명

Text : 아이디를 추출할 이메일 주소(B4)를 지정합니다.

Num_chars : 이메일 주소에서 @ 기호(FIND("@",B4))의 위치를 구하고, @ 위치 전까지만 추출해야 하므로 -1을 입력합니다.

바로 통하는 TIP FIND 함수는 특정 문자가 문자열에서 몇 번째 위치에 있는지를 숫자로 표시합니다.

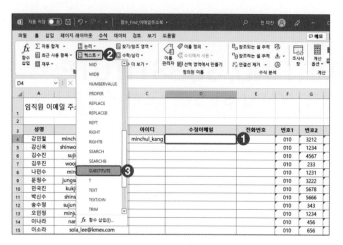

이메일 주소에서 수정하기

03 이메일 주소에서 co.kr을 com 으로 수정해보겠습니다. ❶ [D4] 셀을 클릭합니다. ❷ [수식] 탭-[함수 라이브러리] 그룹-[텍스트▣]를 클릭하고 ❸ [SUBSTITUTE]를 클릭합니다.

➕ [함수 인수] 대화상자가 나타납니다.

바로 통 하는 TIP SUBSTITUTE 함수는 문자열에서 일부 문자를 새로운 문자로 치환합니다.

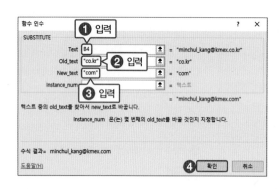

SUBSTITUTE 함수 인수 입력하기

04 ❶ [함수 인수] 대화상자의 [Text]에 **B4**를 입력하고 ❷ [Old_text]에 **co.kr**을 입력합니다. ❸ [New_text]에 **com**을 입력한 후 ❹ [확인]을 클릭합니다.

➕ 완성 수식은 **=SUBSTITUTE(B4, "co.kr", "com")** 입니다.

fx **인수 설명**

Text : 이메일 주소(B4)를 지정합니다.

Old_text : 바꾸고자 하는 문자열을 찾기 위해 **co.kr**을 입력합니다.

New_text : 새롭게 바꿀 문자열 **com**을 입력합니다.

전화번호 합치기

05 각각의 번호를 '-' 구분 기호로 합쳐보겠습니다. ❶ [E4] 셀을 클릭합니다. ❷ [수식] 탭-[함수 라이브러리] 그룹-[텍스트▣]를 클릭하고 ❸ [TEXTJOIN]을 클릭합니다.

➕ [함수 인수] 대화상자가 나타납니다.

✔ **엑셀 2016&이전 버전** TEXTJOIN 함수는 엑셀 2019 버전에서 새로 추가된 함수로, 구분 기호를 사용하여 문자열을 합칩니다. 엑셀 2016 버전을 포함한 이전 버전에서는 이 단계를 건너 뛰고 다음 단계의 엑셀 2016 버전 팁을 참고합니다.

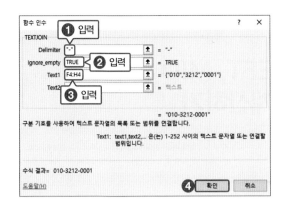

TEXTJOIN 함수 인수 입력하기

06 ❶ [함수 인수] 대화상자의 [Delimiter]에 **−** 를 입력하고 ❷ [Ignore_empty]에 **TRUE**를 입력합니다. ❸ [Text1]에 **F4:H4**를 입력합니다. ❹ [확인]을 클릭합니다.

➕ 완성 수식은 =TEXTJOIN("−",TRUE,F4:H4)입니다. 전화번호가 '−' 구분 기호로 합쳐집니다.

✅ **엑셀 2016**   수식 =F4&"−"&G4&"−"&H4를 입력합니다.

📖 인수 설명

Delimiter : 문자열을 합칠 때 구분 기호 −를 입력합니다.

Ignore_empty : 합칠 문자열의 범위에 빈 셀을 포함하지 않으려면 **TRUE**를 입력합니다.

Text1: 전화번호를 합칠 범위(F4:H4)를 지정합니다.

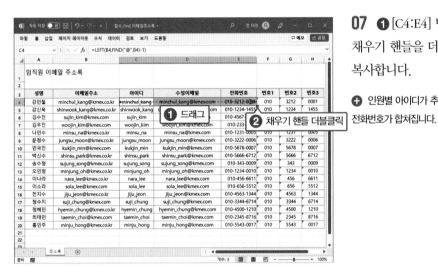

07 ❶ [C4:E4] 범위를 지정하고 ❷ 채우기 핸들을 더블클릭해서 수식을 복사합니다.

➕ 인원별 아이디가 추출되며 이메일이 수정되고 전화번호가 합쳐집니다.

쉽고 빠른 엑셀 Note   **LEFT, FIND, SUBSTITUTE, TEXTJOIN 함수 한눈에 보기**

다음을 참고해 LEFT, FIND, SUBSTITUTE, TEXTJOIN 함수를 자세히 이해할 수 있습니다.

범주	이름	설명
텍스트 함수	LEFT(문자열,왼쪽으로부터 추출할 문자의 수)	문자열의 왼쪽으로부터 글자를 추출합니다.
	FIND(찾을 문자,문자열,시작 위치)	문자열에서 글자 일부의 시작 위치를 찾아 숫자로 나타냅니다.
	SUBSTITUTE(문자열,대상 문자,바꿀 문자,시작 위치)	문자열에서 일부 글자를 다른 글자로 대치하고자 할 때 사용합니다.
	TEXTJOIN(구분 기호,빈 셀 포함 유무,문자열1,문자열2,…,문자열252)	구분 기호를 사용하여 문자열을 합칩니다. TEXTJOIN 함수는 엑셀 2019 버전에서 새로 추가되었습니다.

2010 \ 2013 \ 2016 \ 2019 \ 2021

DATE, LEFT, MID 함수로
생년월일 계산하기

실습 파일 엑셀 \ 3장 \ 함수_DATE_사원명부.xlsx
완성 파일 엑셀 \ 3장 \ 함수_DATE_사원명부_완성.xlsx

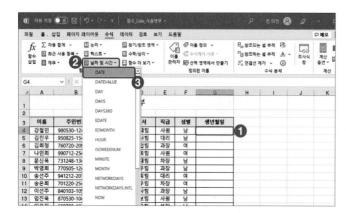

생년월일 구하기

01 ❶ [G4] 셀을 클릭합니다. ❷ [수식] 탭-[함수 라이브러리] 그룹-[날짜 및 시간📅]을 클릭하고 ❸ [DATE]를 클릭합니다.

➕ [함수 인수] 대화상자가 나타납니다.

바로 통 하는TIP DATE 함수는 연, 월, 일의 숫자를 입력받아 날짜로 변환합니다.

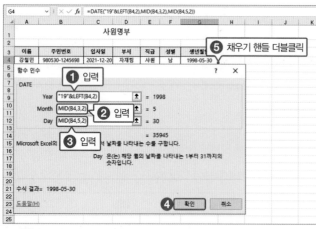

DATE 함수 인수 입력하기

02 ❶ [함수 인수] 대화상자에서 [Year]에 **"19"&LEFT(B4,2)**를 입력하고 ❷ [Month]에 **MID(B4,3,2)**를 입력합니다. ❸ [Day]에 **MID(B4,5, 2)**를 입력한 후 ❹ [확인]을 클릭합니다. ❺ [G4] 셀의 채우기 핸들을 더블클릭해서 수식을 복사합니다.

➕ [G20] 셀까지 생년월일이 계산되어 채워집니다. 완성 수식은 **=DATE("19"&LEFT(B4,2),MID(B4,3,2),MID(B4,5,2))**입니다.

바로 통 하는TIP 2000년 이후 출생자의 주민등록번호일 경우 'DATE_사원명부_완성.xlsx'의 [Sheet2] 시트를 참고합니다.

𝑓𝑥 인수 설명

Year : 주민번호(B4)의 왼쪽에서 두 글자를 가져와서 "19"를 합쳐 연도를 지정합니다.

Month : 주민번호의 세 번째 글자부터 두 글자를 가져와서 월로 지정합니다.

Day : 주민번호의 다섯 번째 글자부터 두 글자를 가져와서 일로 지정합니다.

핵심기능

69

DATEDIF, EOMONTH 함수로 근무기간과 퇴직금 지급일 구하기

실습 파일 엑셀 \ 3장 \ 함수_DATEDIF_퇴직금.xlsx
완성 파일 엑셀 \ 3장 \ 함수_DATEDIF_퇴직금_완성.xlsx

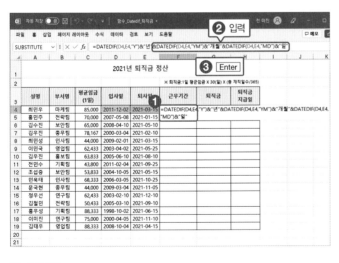

DATEDIF 함수로 근무기간을 계산하기

01 퇴직금 정산 목록의 입사일과 퇴사일을 비교해 근무기간을 계산 해보겠습니다. ❶ [F4] 셀에 **=DATEDIF(D4,E4,"Y")&"년"**를 입력한 후 ❷ Enter 를 누릅니다.

➕ 입사일(D4)과 퇴사일(E4) 사이의 경과 연수 ("Y")가 계산됩니다.

바로 통하는 TIP DATEDIF 함수는 두 날짜 사이의 연, 월, 일 간격을 구합니다.

02 ❶ [F4] 셀을 클릭합니다. ❷ 수식 입력줄에 입력된 **=DATEDIF (D4,E4,"Y")&"년"**에 이어서 & **DATEDIF(D4,E4,"YM")&"개월"& DATEDIF(D4,E4,"MD")&"일"**를 입력합니다. ❸ Enter 를 눌러 근무기간을 계산합니다.

➕ 근무기간의 연, 월, 일이 계산됩니다.

수식 설명

DATEDIF(D4,E4,"Y")&"년" : 입사일(D4)로부터 퇴직일(E4)까지의 경과 연도("Y")를 구한 후 "년"과 연결합니다.

&DATEDIF(D4,E4,"YM")&"개월" : 입사일(D4)로부터 퇴직일(E4)까지의 경과 연도를 제외한 개월 수("YM")를 구한 다음 "개월"과 연결합니다.

&DATEDIF(D4,E4,"MD")&"일" : 입사일(D4)로부터 퇴직일(E4)까지의 경과 개월 수를 제외한 일수("MD")를 구한 다음 "일"과 연결합니다.

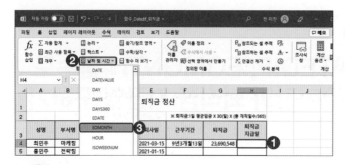

퇴직금 지급 일자 구하기

03 퇴직금은 퇴사일로부터 2개월이 경과한 후 그 달의 마지막 날짜에 지급합니다. 퇴직금 지급일을 계산합니다. ❶ [H4] 셀을 클릭합니다. ❷ [수식] 탭-[함수 라이브러리] 그룹-[날짜 및 시간圓]을 클릭하고 ❸ [EOMONTH]를 클릭합니다.

⊕ [함수 인수] 대화상자가 나타납니다.

바로 통하는TIP EOMONTH 함수는 지정한 날짜의 전이나 후의 마지막 날짜를 계산합니다. 결괏값을 일련번호로 반환하기 때문에 날짜로 표시하려면 표시 형식을 날짜 형식으로 지정해야 합니다. [H4:H19] 범위에는 날짜 형식으로 표시 형식이 지정되어 있습니다.

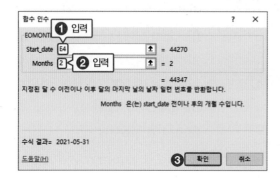

EOMONTH 함수 인수 입력하기

04 ❶ [함수 인수] 대화상자의 [Start_date](시작일)에 **E4**를 입력하고 ❷ [Months](개월 수)에 **2**를 입력합니다. ❸ [확인]을 클릭합니다.

⊕ 완성 수식은 **=EOMONTH(E4,2)**입니다. 퇴사일로부터 2개월 후 그 달의 마지막 날짜로 퇴직금 지급일이 계산됩니다.

𝑓𝑥 인수 설명
Start_date : 시작일로 여기서는 퇴사일(E4)을 입력합니다.
Months : 개월 수로 시작일로부터 2개월 후에 마지막 날짜를 표시하기 위해 **2**를 입력합니다.

05 ❶ [F4:H4] 범위를 지정하고 ❷ 채우기 핸들을 더블클릭하여 수식을 복사합니다.

⊕ 인원별 근무기간이 계산되면서 근무기간에 따른 퇴직금 및 퇴직금 지급일이 표시됩니다.

쉽고 빠른 엑셀 Note 　　DATEDIF, EOMONTH 함수 한눈에 보기

다음을 참고해 DATEDIF 함수와 EOMONTH 함수를 자세히 이해할 수 있습니다.

범주	이름	설명
날짜 및 시간 함수	DATEDIF(시작일,종료일,옵션)	두 날짜 사이의 연, 월, 일 간격을 계산합니다. (옵션 : Y, M, D, YM, YD, MD)
	EOMONTH(개월 수를 계산하기 위한 시작일, 전이나 후의 개월 수)	지정한 날짜의 전이나 후 마지막 날짜를 계산하여 일련번호를 반환합니다.

⊙ 우선순위

핵심기능

70

HLOOKUP, VLOOKUP, XLOOKUP 함수로 상품명, 단가, 할인율 표시하기

실습 파일 엑셀 \3장 \함수_VHlookup_판매일보.xlsx
완성 파일 엑셀 \3장 \함수_VHlookup_판매일보_완성.xlsx

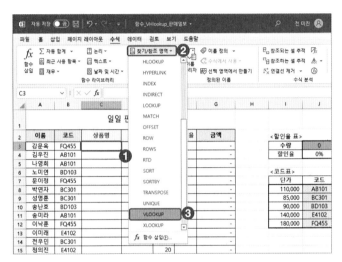

VLOOKUP 함수를 이용하여 상품명 입력하기

01 코드표에 입력된 코드를 참조하여 판매일보에 상품명을 표시해보겠습니다. ❶ [C3] 셀을 클릭합니다. ❷ [수식] 탭-[함수 라이브러리] 그룹-[찾기/참조 영역 🖾]을 클릭하고 ❸ [VLOOKUP]을 클릭합니다.

➕ [함수 인수] 대화상자가 나타납니다.

바로 통 하는TIP VLOOKUP 함수는 찾을 값을 코드표 범위에서 세로 방향으로 검색하여 대응하는 열의 값을 찾습니다.

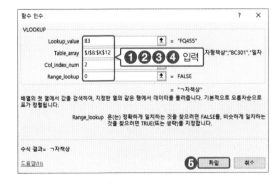

VLOOKUP 함수 인수 입력하기

02 ❶ [함수 인수] 대화상자의 [Lookup_value] (찾을 값)에 **B3**을 입력하고 ❷ [Table_array] (범위)에 **$J$8:$K$12**를 입력합니다. ❸ [Col_index_num](추출할 열)에 **2**를 입력하고 ❹ [Range_lookup](옵션)에 **0**을 입력합니다. ❺ [확인]을 클릭합니다.

➕ 완성 수식은 **=VLOOKUP(B3,$J$8:$K$12,2,0)**입니다. 코드표에서 [B3] 셀의 코드를 찾아 상품명을 가져옵니다.

⨍ 인수 설명

Lookup_value : 상품 코드를 찾아 상품명을 입력해야 하므로 **B3**을 입력합니다.

Table_array : [B3] 셀의 값을 찾을 범위로 코드표의 범위(J8:K12)입니다.

Col_index_num : 상품 코드별 코드표 범위에서 [B3] 셀 값을 찾아 상품명을 반영할 열 번호입니다.

Range_lookup : 찾는 값에 정확하게 일치해서 찾을 때는 **FALSE** 또는 **0**을 입력합니다.

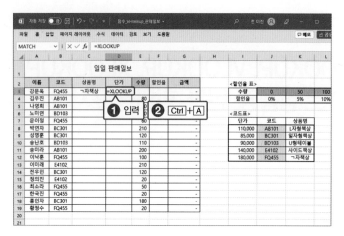

XLOOKUP 함수 이용하여 단가 입력하기

03 코드표에 입력된 단가를 참조하여 해당 상품의 단가를 입력해보겠습니다. ❶ [D3] 셀에 **=XLOOKUP**을 입력합니다. ❷ Ctrl + A 를 누릅니다.

➕ [함수 인수] 대화상자가 나타납니다.

✅ **엑셀 2021** XLOOKUP 함수는 엑셀 2021 버전에 새로 추가된 함수입니다. 찾을 값을 가로, 세로 방향으로 모두 검색할 수 있습니다. 이전 버전은 이 단계를 건너뛰고 다음 단계의 엑셀 2019 버전 팁을 참고합니다.

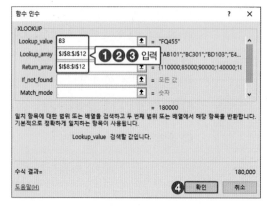

XLOOKUP 함수 인수 입력하기

04 ❶ [함수 인수] 대화상자에서 [Lookup_value](찾을 값)에 **B3**을 입력하고 ❷ [Lookup_array](범위)에 **$J$8:$J$12**를 입력합니다. ❸ [Return_array](결과 범위)에 **$I$8:$I$12**를 입력한 후 ❹ [확인]을 클릭합니다.

➕ 완성 수식은 **=XLOOKUP(B3,$J$8:$J$12,$I$8:$I$12)**입니다.

✅ **엑셀 2019** 찾을 범위가 코드 범위의 첫 번째 열에 없으므로 수식 **=LOOKUP(B3,$J$8:$J$12,$I$8:$I$12)**을 입력합니다. 완성 수식은 완성 파일의 [판매일보2019이전버전] 시트를 참고합니다.

🔢 인수 설명

Lookup_value : 상품 코드를 찾아야 하므로 **B3**을 입력합니다.

Lookup_array : [B3] 셀의 값을 찾을 범위로 코드표의 범위(J8:J12)입니다.

Return_array : 결과를 표시할 단가의 범위(I8:I12)입니다.

05 ❶ [C3:D3] 범위를 지정하고 ❷ 채우기 핸들을 더블클릭하여 수식을 복사합니다.

➕ 코드에 따른 상품명과 단가가 모두 표시됩니다.

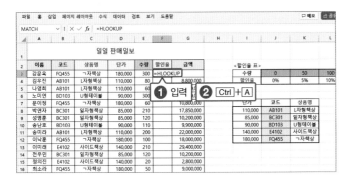

HLOOKUP 함수 이용하여 할인율 입력하기

06 수량별 할인율을 참조하여 상품의 할인율을 입력해보겠습니다. ❶ [F3] 셀에 **=HLOOKUP**을 입력합니다. ❷ Ctrl+A를 누릅니다.

➕ [함수 인수] 대화상자가 나타납니다.

바로 통 하는TIP HLOOKUP 함수는 찾을 값을 할인율 표 범위에서 가로 방향으로 검색하여 대응하는 행의 값을 찾습니다.

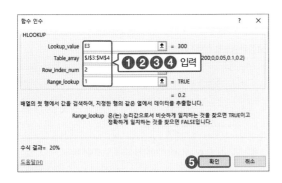

07 ❶ [함수 인수] 대화상자에서 [Lookup_value]에 **E3**을 입력하고 ❷ [Table_array]에 **$J$3:$M$4**를 입력합니다. ❸ [Row_index_num]에 **2**를 입력하고 ❹ [Range_lookup]에 **1**을 입력합니다. ❺ [확인]을 클릭합니다.

➕ 할인율 표에서 [E3] 셀의 수량에 따른 할인율을 찾아 가져옵니다. 완성 수식은 **=HLOOKUP(E3,$J$3:$M$4,2,1)**입니다.

🆷 인수 설명

Lookup_value : 수량을 찾아 할인율을 입력해야 하므로 **E3**을 입력합니다.

Table_array : [E3] 셀 값을 찾을 범위로 할인율 표의 범위(J3:M4)입니다.

Row_index_num : 할인율 표 범위에서 [E3] 셀 값을 찾아 할인율을 반영할 행 번호입니다.

Range_lookup : 찾는 값의 근삿값을 찾을 때는 **TRUE** 또는 **1**을 입력합니다.

08 [F3] 셀의 채우기 핸들을 더블클릭하여 수식을 복사합니다.

➕ 수량에 따른 할인율이 모두 표시됩니다.

쉽고 빠른 엑셀 Note   HLOOKUP, VLOOKUP 함수 한눈에 보기

다음을 참고해 HLOOKUP 함수와 VLOOKUP 함수를 자세히 이해할 수 있습니다.

범주	이름	설명
찾기/ 참조 영역 함수	HLOOKUP(찾을 값,데이터를 검색하고 참조할 범위,범위에서 추출할 행 번호,옵션)	목록 범위의 첫 번째 행에서 가로(Horizontal) 방향으로 검색하면서 결과가 표시될 행 위치에서 원하는 값을 추출합니다.
	VLOOKUP(찾을 값,데이터를 검색하고 참조할 범위,범위에서 추출할 열 번호,옵션)	목록 범위의 첫 번째 열에서 세로(Vertical) 방향으로 검색하면서 결과가 표시될 열 위치에서 원하는 값을 추출합니다.

VLOOKUP과 HLOOKUP 함수는 사용법과 기능이 유사합니다. VLOOKUP 함수는 첫 행에서 원하는 값을 찾아 지정한 열에 있는 값을 반환하고 HLOOKUP 함수는 첫 열에서 원하는 값을 찾아 지정한 행에 있는 값을 반환합니다.

① 찾는 값(Lookup_value)은 반드시 Table_array의 **첫 번째 열(행)**에 있어야 합니다. 예를 들어 VLOOKUP 함수를 이용하여 상품 코드를 찾아서 상품명을 반환하려면 [A3:C7] 범위가 아닌 [B3:C7] 범위를 지정해야 합니다.

	A	B	C
1	<코드표>		
2	단가	코드	상품명
3	110,000	AB101	L자형책상
4	85,000	BC301	일자형책상
5	90,000	BD103	U형테이블
6	140,000	E4102	사이드책상
7	180,000	FQ455	ㄱ자책상

	A	B
10		
11	코드	상품명
12	E4102	사이드책상
13	FQ455	ㄱ자책상
14	AB101	L자형책상
15	BC301	일자형책상
16	AB101	L자형책상

▲ [B3:C7] 범위를 참조하여 단가를 찾음, 완성 수식 : =VLOOKUP(A12,$B$3:$C$7,2,0)) 또는 =XLOOKUP(A12,$B$3:$B$7,$C$3:$C$7)

② Table_array의 첫 번째 열(행)에서 근삿값을 찾을 경우에는 반드시 **오름차순으로 정렬**되어 있어야 합니다.

	A	B	C	D	E
1	<할인율 표>				
2		0~49	50~99	100~199	200이상
3	수량	0	50	100	200
4	할인율	0%	5%	10%	20%

	수량	할인율
6		
7	수량	할인율
8	45	0%
9	100	10%
10	160	10%
11	210	20%

▲ [B2:E3] 범위를 참조하여 할인율을 찾음, 완성 수식 : =HLOOKUP(A8,$B$3:$E$4,2,1)) 또는 =XLOOKUP(A8,$B$3:$E$3,$B$4:$E$4,"",-1)

③ VLOOKUP이나 HLOOKUP 함수를 사용할 때 원하는 값을 찾지 못하면 해당 셀에 **#N/A 오류**가 나타납니다.

XLOOKUP 함수는 엑셀 2021 버전에서 새로 추가된 함수로 VLOOKUP, HLOOKUP, LOOKUP 함수가 하나로 합쳐지면서 처리 속도가 향상되었습니다. 기존 함수(VLOOKUP, HLOOKUP)에서 반드시 첫 열(행)에 찾을 값이 위치해야 했던 점이 개선되었으며, LOOKUP 함수에서 찾을 범위가 반드시 오름차순으로 정렬되고 근사값만을 찾는 불편한 점도 개선되었습니다.

범주	이름	설명
찾기/ 참조 영역 함수	XLOOKUP(찾을 값,찾을 범위,결과 범위,불일치 시 처리할 값,찾는 방법,찾는 순서)	목록 범위에서 가로 또는 세로 방향으로 검색하면서 결과가 표시될 범위에서 원하는 값을 추출합니다. • 찾을 값 : 찾을 값 지정 • 찾을 범위 : 찾을 범위 지정 • 결과 범위 : 결과 범위를 참조하여 결과 값 표시 • 불일치 시 처리할 값 : 찾는 값이 없을 경우 셀에 표시할 값 • 찾는 방법 : 정확히 일치(0 또는 생략), 작은 값(-1), 큰 값(1) • 찾는 순서 : 순방향 (1 또는 생략), 역방향 -1

핵심기능

71

IFERROR 함수로
오류 처리하기

실습 파일 엑셀 \ 3장 \ 함수_Iferror_판매일보.xlsx
완성 파일 엑셀 \ 3장 \ 함수_Iferror_판매일보_완성.xlsx

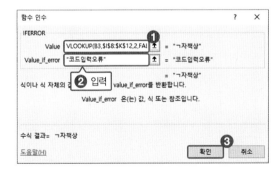

상품명에 #N/A 오류 발생 시 '코드 입력오류' 표시하기

01 ❶ [C3] 셀의 수식 맨 앞에 **=IFERROR(** 를 입력합니다. ❷ 수식 입력줄에서 IFERROR를 클릭하고 ❸ [함수 삽입 *fx*]을 클릭해 [함수 인수] 대화상자를 불러옵니다.

➕ [함수 인수] 대화상자가 나타납니다.

바로 통 하는TIP IFERROR 함수는 수식 오류 발생 시 처리할 값을 지정합니다.

IFERROR 함수 인수 입력하기

02 ❶ [함수 인수] 대화상자의 [Value]에 **VLOOKUP(B3,\$I\$8:\$K\$12,2,FALSE)** 가 입력된 것을 확인하고 ❷ [Value_if_error]에 **코드입력오류** 를 입력합니다. ❸ [확인]을 클릭합니다.

➕ 완성 수식은 =IFERROR(VLOOKUP(B3,\$I\$8:\$K\$12,2,FALSE),"코드입력오류")입니다.

fx 인수 설명

Value : [C3] 셀에 오류(#N/A, #VALUE!, #REF!, #DIV/0!, #NUM!, #NAME?, #NULL!)가 있는지 검사합니다.

Value_if_error : 수식에서 오류(#N/A)가 발생했을 때 반환할 값으로 **코드입력오류** 를 입력합니다.

단가에 #N/A 오류 발생 시 '0'으로 표시하기

03 단가에 #N/A 오류가 발생한 경우 셀에 '0'을 표시해보겠습니다. ❶ [D3] 셀에 **=IFERROR(**를 입력합니다. ❷ 수식 입력줄에서 IFERROR을 클릭하고 ❸ [함수 삽입[*fx*]]을 클릭해 [함수 인수] 대화상자를 불러옵니다.

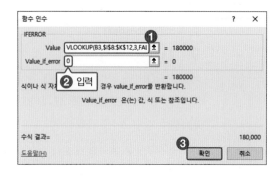

IFERROR 함수 인수 입력하기

04 ❶ [함수 인수] 대화상자의 [Value]에 **VLOOKUP(B3,$I$8:$K$12,3,FALSE)**가 입력된 것을 확인하고 ❷ [Value_if_error]에 **0**을 입력합니다. ❸ [확인]을 클릭합니다.

➕ 완성 수식은 =IFERROR(VLOOKUP(B3,$I$8:$K$12,3, FALSE),0)입니다.

🔢 인수 설명

Value : [D3] 셀에 오류(#N/A, #VALUE!, #REF!, #DIV/0!, #NUM!, #NAME?, #NULL!)가 있는지 검사합니다.

Value_if_error : 수식에서 오류(#N/A)가 발생하면 반환할 값으로 **0**을 입력합니다.

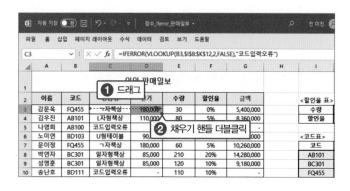

05 ❶ [C3:D3] 범위를 지정하고 ❷ 채우기 핸들을 더블클릭하여 수식을 복사합니다.

➕ 상품명의 #N/A 오류는 '코드입력오류'로, 단가의 #N/A 오류는 '0'으로 표시됩니다.

쉽고 빠른 엑셀 Note IFERROR 함수 한눈에 보기

다음을 참고해 IFERROR 함수를 자세히 이해할 수 있습니다.

범주	이름	설명
논리 함수	IFERROR(오류를 검사할 셀,오류일 때 표시할 값)	수식이나 셀의 오류를 검사하고 오류가 있다면 이를 처리합니다.

핵심기능

72

INDEX, MATCH 함수로
최저가 업체 선정하기

실습 파일 엑셀 \ 3장 \ 함수_INDEX_업체선정.xlsx
완성 파일 엑셀 \ 3장 \ 함수_INDEX_업체선정_완성.xlsx

상품별 최저가 열의 위치(번호) 찾기

01 상품별로 최저 가격을 기록한 업체가 몇 번째 열에 위치하고 있는지 찾아 번호로 표시해보겠습니다. ❶ [K4] 셀을 클릭합니다. ❷ [수식] 탭-[함수 라이브러리] 그룹-[찾기/참조 영역 📖]을 클릭하고 ❸ [MATCH]를 클릭합니다.

➕ [함수 인수] 대화상자가 나타납니다.

바로 통 하는TIP MATCH 함수는 찾는 값이 몇 번째 행 또는열에 있는지 숫자로 표시합니다.

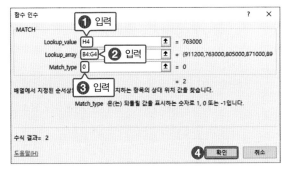

MATCH 함수 인수 입력하기

02 ❶ [함수 인수] 대화상자의 [Lookup_value](찾을 값)에 **H4**를 입력하고 ❷ [Lookup_array](범위)에 **B4:G4**를 입력합니다. ❸ [Match_type](찾을 방법)에 **0**을 입력합니다. ❹ [확인]을 클릭합니다.

➕ 완성 수식은 **=MATCH(H4,B4:G4,0)**입니다.

fx 인수 설명

Lookup_value : 최저가의 열 번호를 찾기 위해 **H4**를 입력합니다.

Lookup_array : [H4] 셀 값이 포함된 열의 위치를 찾기 위한 업체별 상품 가격의 범위(B4:G4)입니다.

Match_type : 정확하게 찾고 싶은 첫 번째 위치의 값을 검색해야하므로 0을 입력합니다.

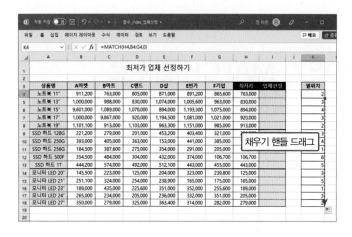

03 [K4] 셀의 채우기 핸들을 [K18] 셀까지 드래그하여 수식을 복사합니다.

➕ 상품별 최저가인 열의 위치가 표시됩니다.

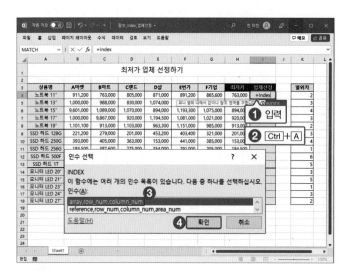

상품별로 최저가인 업체 찾기

04 상품별로 최저가인 업체를 업체선정란에 표시해보겠습니다. ❶ [I4] 셀에 **=INDEX**를 입력합니다. ❷ Ctrl + A를 눌러 [인수 선택] 대화상자를 불러옵니다. ❸ [인수]에서 첫 번째 항목인 [array,row_num, column_num]을 클릭하고 ❹ [확인]을 클릭합니다.

➕ [함수 인수] 대화상자가 나타납니다.

바로 통 하는 TIP INDEX 함수는 배열에서 행 번호와 열 번호로 해당 데이터를 찾습니다. [인수 선택] 대화상자에서 인수를 선택해야 [함수 인수] 대화상자가 나타납니다.

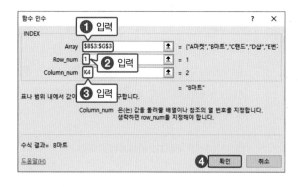

INDEX 함수 인수 입력하기

05 ❶ [함수 인수] 대화상자의 [Array]에 **$B$3:$G$3**을 입력하고 ❷ [Row_num]에 **1**을 입력합니다. ❸ [Column_num]에 **K4**를 입력한 후 ❹ [확인]을 클릭합니다.

➕ 완성 수식은 **=INDEX($B$3:$G$3,1,K4)**입니다.

𝑓𝑥 인수 설명

Array : 행 번호와 열 번호를 사용해서 검색할 기업 목록의 전체 범위(B3:G3)입니다.

Row_num : 행 번호를 지정하는 곳으로 **1**을 입력합니다.

Column_num : 열 번호를 지정하는 곳으로 **K4**를 입력합니다.

06 ❶ [I4] 셀의 채우기 핸들을 더블클릭하여 수식을 복사합니다. ❷ [자동 채우기 옵션圖]을 클릭하고 ❸ [서식 없이 채우기]를 클릭해 서식을 유지합니다.

➕ 상품별로 최저가인 업체명이 표시됩니다.

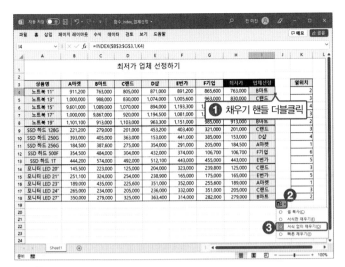

바로 통하는 TIP 선정이 완료된 후 불필요한 열을 숨기려면 K열 머리글에서 마우스 오른쪽 버튼을 클릭한 후 [숨기기]를 클릭합니다.

쉽고 빠른 엑셀 Note | **INDEX, MATCH 함수 한눈에 보기**

다음을 참고해 INDEX 함수와 MATCH 함수를 자세히 이해할 수 있습니다.

범주	이름	설명
찾기/ 참조 영역 함수	INDEX(배열,행 위치,열 위치)	특정 범위에서 행 번호와 열 번호에 해당하는 셀 값을 찾아줍니다.
	MATCH(행 또는 열 번호를 찾으려는 값,배열 행 또는 배열 열,찾을 방법)	특정 범위 내에서 지정한 값과 일치하는 항목의 상대 위치를 찾아 번호를 반환합니다.

수식 & 함수

핵심기능

73

FILTER, SORT 배열 함수로 데이터 추출 및 정렬하기

실습 파일 엑셀\3장\함수_배열_인사고과.xlsx
완성 파일 엑셀\3장\함수_배열_인사고과_완성.xlsx

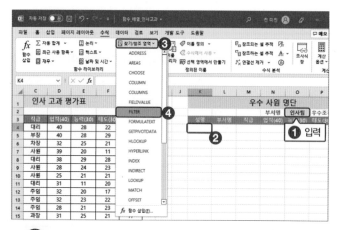

바로 통하는TIP 엑셀 2021 버전에 새로 추가된 FILTER 함수는 조건에 만족하는 데이터를 추출하는 동적 배열 함수로, 결괏값을 범위로 반환하고 파란색 테두리로 강조해 표시합니다. 반환할 위치에 다른 값이 있으면 #SPILL! 오류가 표시됩니다. 동적 배열 함수로 추출한 범위를 참조할 때 수식을 입력한 셀 주소(K4) 뒤에 #을 입력하면 범위를 반환합니다.

FILTER 함수로 데이터 추출하기

01 인사 고과 평가표에서 부서명이 같은 데이터를 추출해보겠습니다. ❶ [O2] 셀에 **인사팀**을 입력합니다. ❷ [K4] 셀을 클릭합니다. ❸ [수식] 탭-[함수 라이브러리] 그룹-[찾기/참조 영역 圓]을 클릭하고 ❹ [FILTER]를 클릭합니다.

➕ [함수 인수] 대화상자가 나타납니다.

✅ **엑셀 2019&이전 버전** FILTER 함수는 엑셀 2021 이전 버전에서는 사용할 수 없으며 자동 필터 기능으로 대체할 수 있으므로 핵심기능 90을 참고합니다.

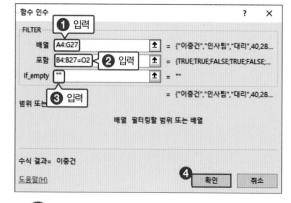

바로 통하는TIP 배열 수식에서는 범위에 절대 참조를 사용하지 않아도 됩니다.

인수 입력하기

02 ❶ [함수 인수] 대화상자에서 [배열]에 **A4:G27**을 입력하고 ❷ [포함]에 **B4:B27=O2**를 입력합니다. ❸ [If_empty]에 **""**를 입력합니다. ❹ [확인]을 클릭합니다.

➕ 완성 수식은 **=FILTER(A4:G27,B4:B27=O2,"")**입니다.

fx **인수 설명**

배열 : 데이터의 전체를 입력해야 하므로 데이터 범위(A4:G27)를 입력합니다.

포함 : 부서명의 범위(B4:B27)에서 추출할 조건을 입력해야 하므로 [O2] 셀을 조건으로 지정합니다.

If_empty : 조건에 맞는 데이터는 찾지 못하면 공란("")을 표시합니다.

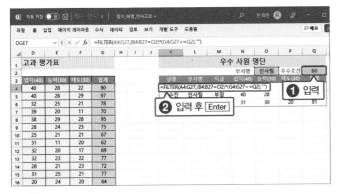

FILTER 함수에 조건 추가하기

03 우수사원을 추출하기 위해 합계 80점 이상인 조건을 추가해보겠습니다. ❶ [Q2] 셀에 **80**을 입력합니다. ❷ [K4] 셀에서 수식을 **=FILTER(A4:G27,(B4:B27=O2)*(G4:G27>=Q2),"")**으로 수정하고 Enter를 누릅니다.

➕ 인사팀 중에서 80점 이상인 명단을 추출합니다.

바로 통 하는TIP FILTER 함수에서 다중 조건을 지정할 때 AND 조건이면 곱하기(*)를, OR 조건이면 더하기(+) 기호를 입력합니다.

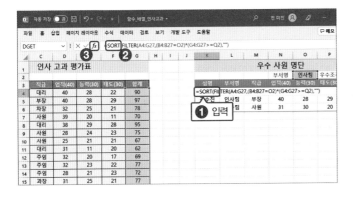

SORT 함수로 데이터 정렬하기

04 추출할 데이터를 합계 점수를 기준으로 내림차순으로 정렬해보겠습니다. ❶ [K4] 셀에서 수식 맨 앞에 **=SORT(**를 입력합니다. ❷ 수식 입력줄에서 SORT를 클릭하고 ❸ [함수 삽입 *fx*]을 클릭해 [함수 인수] 대화상자를 불러옵니다.

✅ **엑셀 2019&이전 버전** SORT 함수는 범위에 해당하는 데이터를 오름차순 또는 내림차순으로 정렬합니다. 엑셀 2021 이전 버전에서는 사용할 수 없으며 정렬 기능으로 대체할 수 있으므로 핵심기능 87을 참고합니다.

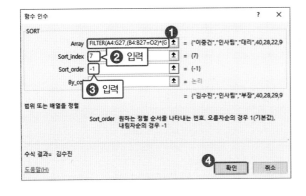

인수 입력하기

05 [함수 인수] 대화상자에서 ❶ [Array]에 **FILTER(A4:G27,(B4:B27=O2)*(G4:G27>=Q2),"")**가 입력되어 있는지 확인하고 ❷ [Sort_Index]에 **7**을 입력합니다. ❸ [Sort_order]에 **−1**을 입력합니다. ❹ [확인]을 클릭합니다.

➕ 완성 수식은 =SORT(FILTER(A4:G27,(B4:B27=O2)*(G4:G27>=Q2),""),7,−1)입니다.

fx 인수 설명

Array : 정렬할 데이터 전체 범위로 여기서는 FILTER 함수로 추출한 데이터 범위 수식을 지정합니다.

Sort_Index : 정렬할 필드의 번호로 [합계] 필드에 해당하는 **7**을 입력합니다.

Sort_order : 정렬할 순서로 내림차순(−1)으로 지정합니다. 생략하면 오름차순(1)으로 지정합니다.

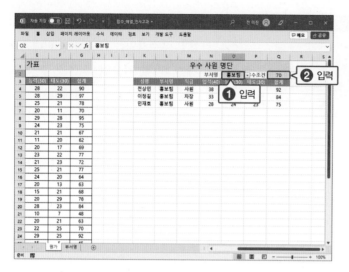

06 ❶ [O2] 셀에 **홍보팀**을 입력하고 ❷ [Q2] 셀에 **70**을 입력합니다.

➕ 홍보팀 중에서 70점 이상인 명단을 추출하고 합계를 기준으로 내림차순으로 정렬됩니다.

FILTER, SORT 함수 한눈에 보기

다음을 참고해 엑셀 2021 버전에 추가된 FILTER, SORT 함수를 자세히 이해할 수 있습니다.

범주	이름	설명
찾기/참조 영역 함수	FILTER(배열,배열 조건,[조건에 해당 데이터가 없을 경우 표시할 값])	배열에서 조건에 만족하는 데이터를 필터링할 수 있습니다.
	SORT(배열,[정렬 기준 번호],[정렬 순서],[정렬 방향])	배열에서 기준 열로 정렬(1:오름,-1:내림)합니다.

CHAPTER

04

차트
만들기

차트는 표 형태의 자료를 효과적으로 분석해서 데이터의 변화와 추이를
시각적으로 보여줍니다. 따라서 데이터의 흐름을 한눈에 파악할 때 사
용하면 좋습니다. 여기에서는 차트 구성 요소를 익히고 막대, 원형, 혼합
등의 다양한 차트를 살펴보겠습니다. 또한, 셀에서 데이터의 추이를 확
인할 수 있는 스파크라인 차트를 만들어보겠습니다. 차트 만들기 핵심기
능은 엑셀 2013, 2016, 2019, 2021 버전을 기준으로 작성되었습니다.

데이터에 적합한 차트 만들고 차트 종류 변경하기

실습 파일 엑셀\4장\차트_기본1.xlsx
완성 파일 엑셀\4장\차트_기본1_완성.xlsx

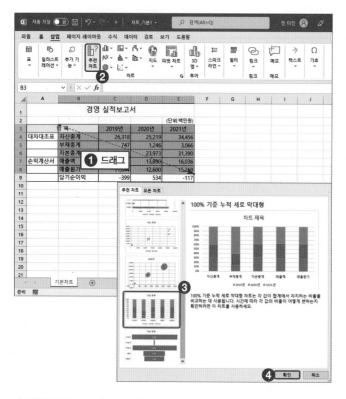

추천 차트로 데이터에 적합한 차트 삽입하기

01 연도별로 자산총계~매출원가를 기록한 데이터를 차트로 만들어보겠습니다. [추천 차트]에서는 선택한 데이터의 특징에 맞는 차트 종류를 추천합니다. ❶ [기본차트] 시트에서 차트로 만들 데이터인 [B3:E8] 범위를 지정합니다. ❷ [삽입] 탭-[차트] 그룹-[추천 차트]를 클릭합니다. ❸ [차트 삽입] 대화상자의 [추천 차트] 탭에서 [100% 기준 누적 세로 막대형]을 클릭하고 ❹ [확인]을 클릭합니다.

➕ 100% 기준 누적 세로 막대형 차트가 삽입됩니다.

✅ **엑셀 2010** [삽입] 탭-[차트] 그룹-[세로 막대형]을 클릭하고 [2차원 가로 막대형]에서 [100% 기준 누적 세로 막대형]을 클릭합니다.

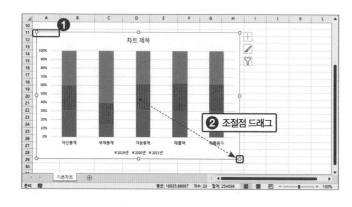

차트 위치와 크기 조절하기

02 ❶ 삽입한 차트를 드래그해서 [A11] 셀을 기준으로 배치합니다. ❷ 차트 조절점을 드래그해서 적당한 크기로 조절합니다.

바로통하는TIP 차트를 클릭하고 Delete를 누르면 차트를 삭제할 수 있습니다.

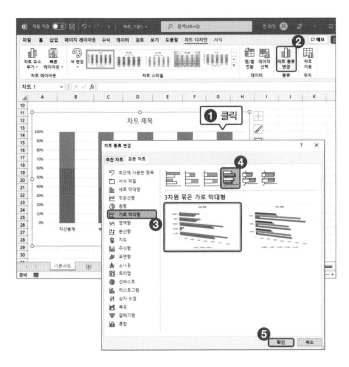

차트 종류 변경하기

03 삽입된 차트의 종류를 변경해보겠습니다. ❶ 차트 영역을 클릭합니다. ❷ [차트 디자인] 탭-[종류] 그룹-[차트 종류 변경 📊]을 클릭합니다. ❸ [차트 종류 변경] 대화상자의 [모든 차트] 탭에서 [가로 막대형]을 클릭하고 ❹ [3차원 묶은 가로 막대형]을 클릭한 후 ❺ [확인]을 클릭합니다.

❶ 3차원 묶은 가로 막대형 차트로 변경됩니다.

✅ **엑셀 2019&이전 버전** [차트 도구]-[디자인] 탭을 클릭합니다.

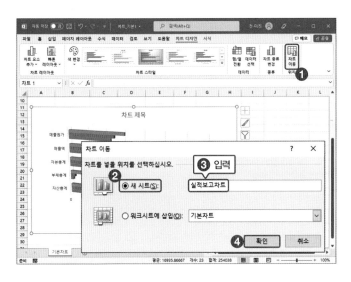

새 시트로 차트 이동하기

04 새 시트를 만들어 차트를 이동해보겠습니다. ❶ 차트 영역이 선택된 상태에서 [차트 디자인] 탭-[위치] 그룹-[차트 이동 📊]을 클릭합니다. ❷ [차트 이동] 대화상자에서 [새 시트]를 클릭하고 ❸ **실적보고차트**를 입력한 후 ❹ [확인]을 클릭합니다.

➕ [실적보고차트] 시트가 생성되면서 차트가 생성된 시트로 이동합니다.

차트는 일반 텍스트나 표에 비해 데이터 추세나 유형을 한눈에 비교할 수 있습니다. 차트의 각 구성 요소를 살펴보고 차트를 빠르게 변경하거나 추천 기능을 이용해 작성할 수 있습니다. 레이아웃과 색, 스타일, 필터링을 적용하고 눈금 간격을 비롯해 레이블과 범례 표시도 자유롭게 할 수 있습니다. 차트는 텍스트와 숫자로 이루어진 표에 비해 시각적으로 표현되므로 정보를 비교하거나 파악하는 데 도움이 됩니다. 특히 프레젠테이션 자료를 만들거나 정보를 빠르게 전달할 때 유용하게 활용할 수 있습니다.

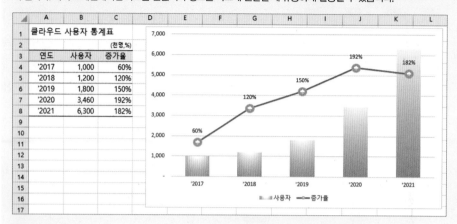

차트의 구성 요소 살펴보기

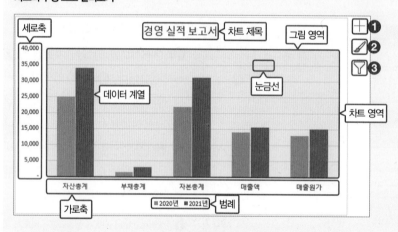

차트의 각 구성 요소는 차트 안에서 각각 독립적으로 이동하거나 크기 조절, 수정, 삭제할 수 있습니다.

① **차트 요소**(⊞) : 축 제목, 데이터 레이블 등의 요소를 추가하거나 숨깁니다.

② **차트 스타일**(✎) : 차트 스타일 및 색 구성표 등의 디자인을 지정합니다.

③ **차트 필터**(▽) : 차트에 표시된 데이터 요소 및 이름을 변경합니다.

핵심기능

75

차트 레이아웃, 색, 스타일 변경하고 차트 데이터 필터링하기

실습 파일 엑셀 \ 4장 \ 차트_기본2.xlsx [실적보고차트] 시트
완성 파일 엑셀 \ 4장 \ 차트_기본2_완성.xlsx

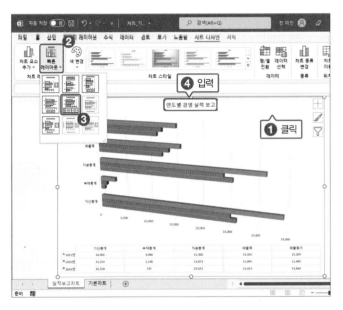

차트 레이아웃 변경하기

01 [빠른 레이아웃]을 이용하면 미리 구성된 차트 서식을 빠르게 적용할 수 있습니다. 차트 레이아웃을 변경해보겠습니다. ❶ [실적보고차트] 시트에서 차트 영역을 클릭합니다. ❷ [차트 디자인] 탭-[차트 레이아웃] 그룹-[빠른 레이아웃 📊]을 클릭하고 ❸ [레이아웃 5]를 클릭합니다. ❹ [차트 제목]을 클릭하고 **연도별 경영 실적 보고**를 입력합니다.

➕ 데이터 표가 차트 하단에 삽입됩니다.

✅ **엑셀 2010** [차트 도구]-[디자인] 탭-[차트 레이아웃] 그룹-[자세히 ▼]를 클릭하고 [레이아웃 5]를 클릭합니다.

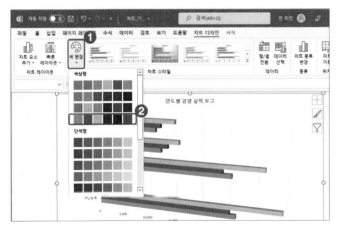

색 변경하기

02 [색 변경]을 이용하면 미리 구성된 차트 색 배합을 빠르게 적용할 수 있습니다. ❶ 차트 영역이 선택되어 있는 상태에서 [차트 디자인] 탭-[차트 스타일] 그룹-[색 변경 🎨]을 클릭하고 ❷ [색상형]-[다양한 색상표 4]을 클릭합니다.

➕ 차트 색상이 변경됩니다.

✅ **엑셀 2010** 차트에서 각각의 데이터 계열을 선택하고 [차트 도구]-[서식] 탭-[도형 스타일] 그룹-[도형 채우기 🎨]를 클릭한 후 원하는 색을 클릭합니다.

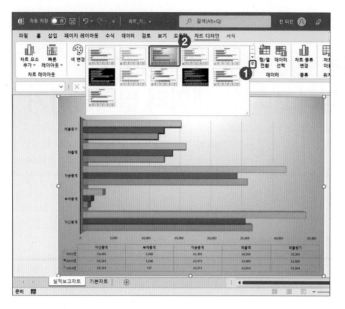

차트 스타일 변경하기

03 차트 스타일을 변경해보겠습니다. ❶ 차트 영역이 선택된 상태에서 [차트 디자인] 탭-[차트 스타일] 그룹-[자세히⯆]를 클릭하고 ❷ [스타일 3]을 클릭합니다.

➕ 차트 스타일이 변경됩니다.

바로 통 하는TIP 엑셀 버전에 따라 차트 스타일 목록이 다를 수 있습니다.

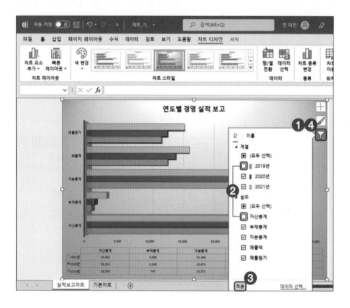

차트 데이터 필터링하기

04 차트 필터를 이용해 연도(2019년)와 자산총계를 제외하고 나머지 계열과 범주를 표시해보겠습니다. ❶ 차트 영역이 선택된 상태에서 [차트 필터⯆]를 클릭합니다. ❷ [계열]에서 [2019], 범주에서 [자산총계]의 체크를 해제하고 ❸ [적용]을 클릭합니다. ❹ [차트 필터⯆]를 다시 클릭하여 필터링을 마칩니다.

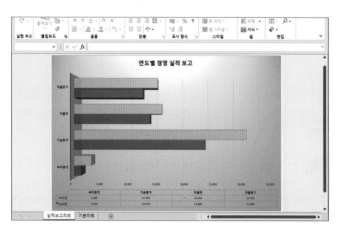

05 연도별(2020년, 2021년) 매출원가, 매출액, 자본총계, 부채총계로 필터링된 데이터 계열이 표시됩니다.

핵심기능

76

차트의 눈금 간격 조절 및 레이블, 범례 표시하기

실습 파일 엑셀\4장\차트_기본3.xlsx [실적보고차트] 시트
완성 파일 엑셀\4장\차트_기본3_완성.xlsx

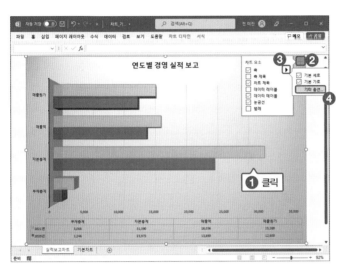

주 눈금 조정하기

01 세로축의 주 단위 눈금 간격을 조정해보겠습니다. **❶** [실적보고차트] 시트에서 차트 영역을 클릭한 후 **❷** [차트 요소⊞]를 클릭합니다. **❸** [축▶]을 클릭하고 **❹** [기타 옵션]을 클릭합니다.

➕ [축 서식] 작업 창이 나타납니다.

✅ **엑셀 2010** 차트의 [가로(값) 축]을 클릭하고 마우스 오른쪽 버튼을 클릭한 후 [축 서식]을 클릭합니다.

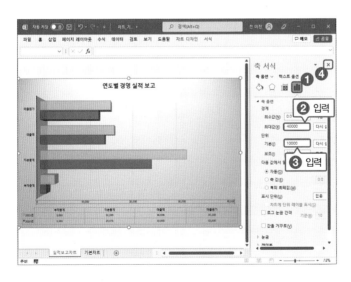

02 ❶ [축 서식] 작업 창에서 [축 옵션◾]을 클릭합니다. ❷ [경계]의 [최대값]에 **40000**을 입력하고 ❸ [단위]의 [기본]에 **10000**을 입력한 후 ❹ [닫기✕]를 클릭하여 [축 서식] 작업 창을 닫습니다.

➕ 축의 주 단위 눈금이 0부터 40000까지 표시되고, 10000 단위로 나눠 구분됩니다.

✅ **엑셀 2010** [축 서식] 대화상자에서 [축 옵션]의 [최대값]에 **40000**, [주 단위]에 **10000**을 입력합니다.

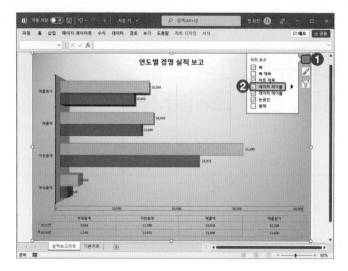

데이터 레이블 표시하기

03 데이터 계열 값을 명확히 보여 줄 수 있도록 데이터 레이블을 차트 에 표시해보겠습니다. ❶ 차트 영역 이 선택된 상태에서 [차트 요소⊞]를 클릭하고 ❷ [데이터 레이블]에 체크 합니다.

➕ 데이터 계열의 값이 표시됩니다.

✅ 엑셀 2010 [차트 도구]-[레이아웃] 탭-[레 이블] 그룹-[데이터 레이블]-[표시]를 클릭합니다.

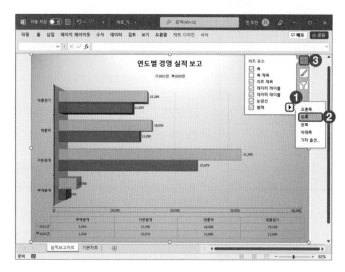

범례 위치 바꾸기

04 데이터 계열 위쪽으로 범례를 표시해보겠습니다. ❶ [범례▶]를 클릭하고 ❷ [위쪽]을 클릭합니다. ❸ [차트 요소⊞]를 다시 클릭하여 차트 요소 설정을 마칩니다.

➕ 범례가 제목 아래 표시됩니다.

✅ 엑셀 2010 [차트 도구]-[레이아웃] 탭-[레 이블] 그룹-[범례]-[위쪽에 범례 표시]를 클릭합 니다.

핵심기능

77

차트 배경 설정 및 눈금선 없애기

실습 파일 엑셀\4장\차트_기본4.xlsx [실적보고차트] 시트
완성 파일 엑셀\4장\차트_기본4_완성.xlsx

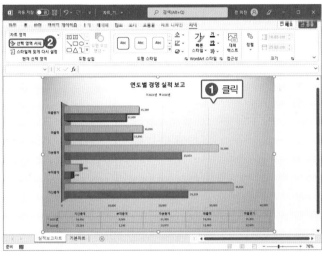

차트 배경 꾸미기

01 그림으로 차트 배경을 채워보
겠습니다. ❶ [실적보고차트] 시트에
서 차트 영역을 클릭합니다. ❷ [서
식] 탭-[현재 선택 영역] 그룹-[선택
영역 서식]을 클릭합니다.

➕ [차트 영역 서식] 작업 창이 나타납니다.

✅ **엑셀 2010** [차트 도구]-[레이아웃] 탭-[현
재 선택 영역] 그룹-[선택 영역 서식]을 클릭합
니다.

✅ **엑셀 2019** [차트 도구]-[서식] 탭을 클릭합
니다.

02 ❶ [차트 영역 서식] 작업 창에
서 [채우기 및 선🪣]을 클릭하고 ❷
[채우기]를 클릭합니다. ❸ [그림 또는
질감 채우기]를 클릭하고 ❹ [삽입]을
클릭합니다. ❺ [그림 삽입] 대화상자
에서 [파일에서]를 클릭합니다.

✅ **엑셀 2010** [차트 영역 서식] 대화상자에서
[채우기] 항목을 클릭한 후 [그림 또는 질감 채우기]
를 클릭하고 [파일]을 클릭합니다.

03 ❶ [그림 삽입] 대화상자의 실습 폴더에서 '차트배경.jpg' 이미지 파일을 더블클릭하여 불러온 후 ❷ [닫기✕]를 클릭하여 [차트 영역 서식] 작업 창을 닫습니다.

➕ 차트 영역이 선택한 그림으로 채워집니다.

바로 통하는 TIP 예제의 사진은 엑셀에서 제공하는 스톡 이미지입니다. 스톡 이미지는 [삽입] 탭-[일러스트레이션] 그룹-[그림]-[스톡 이미지🖼]를 클릭하고 원하는 그림을 삽입할 수 있습니다.

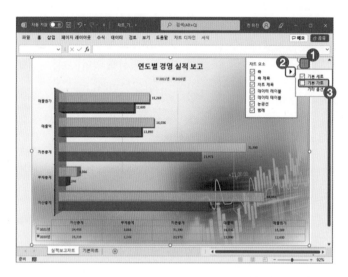

가로축 지우기

04 데이터 계열에 레이블 값이 표시되어 있으므로 가로축을 지워보겠습니다. ❶ 차트 영역이 선택된 상태에서 [차트 요소⊞]를 클릭합니다. ❷ [축▶]을 클릭하고 ❸ [기본 가로]의 체크를 해제합니다.

➕ 가로축이 화면에서 숨겨집니다.

✅ **엑셀 2010** [차트 도구]-[레이아웃] 탭-[축] 그룹-[기본 가로 축]-[없음]을 클릭합니다.

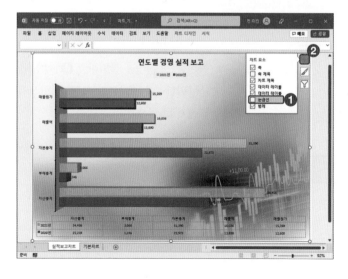

눈금선 지우기

05 눈금선을 지워보겠습니다. ❶ [눈금선]의 체크를 해제하고 ❷ [차트 요소⊞]를 클릭하여 차트 요소 설정을 마칩니다.

➕ 눈금선이 화면에서 숨겨집니다.

✅ **엑셀 2010** [차트 도구]-[레이아웃] 탭-[축] 그룹-[눈금선]-[기본 세로 눈금선]-[없음]을 클릭합니다.

우선순위

핵심기능

78

원형 차트 3차원 서식 및 테마 바꾸기

실습 파일 엑셀\4장\차트_원형.xlsx
완성 파일 엑셀\4장\차트_원형_완성.xlsx

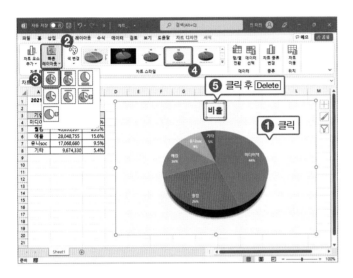

차트 레이아웃과 스타일 변경하기

01 스마트폰 AP 시장 점유율이 원형 차트로 표시되어 있습니다. 차트 레이아웃과 스타일을 변경해보겠습니다. ❶ 차트 영역을 클릭합니다. ❷ [차트 디자인] 탭-[차트 레이아웃] 그룹-[빠른 레이아웃🖿]을 클릭하고 ❸ [레이아웃 1]을 클릭합니다. ❹ [차트 디자인] 탭-[차트 스타일] 그룹-[스타일 9]를 클릭합니다. ❺ 차트 제목을 클릭하고 Delete를 누릅니다.

➕ 범례가 표시되고 삭제한 제목 공간만큼 데이터 계열이 커집니다.

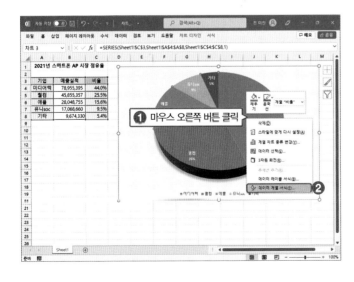

3차원 서식 지정하기

02 3차원 서식이 좀 더 두드러지도록 데이터 계열 서식에서 너비와 높이를 조절해보겠습니다. ❶ 원형 차트의 데이터 계열에서 마우스 오른쪽 버튼을 클릭합니다. ❷ [데이터 계열 서식]을 클릭합니다.

➕ [데이터 계열 서식] 작업 창이 나타납니다.

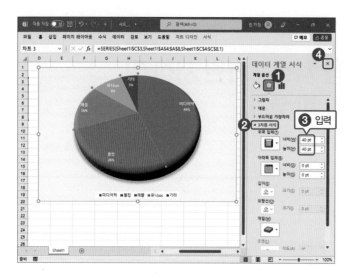

03 ① [데이터 계열 서식] 작업 창에서 [효과🔘]를 클릭한 후 ② [3차원 서식]을 클릭합니다. ③ [위쪽 입체]의 [너비]와 [높이]에 각각 **40**을 입력하고 ④ [닫기✖]를 클릭합니다.

➕ 차트에 부드러운 입체 효과가 적용됩니다.

✅ **엑셀 2010** [데이터 계열 서식] 대화상자에서 [3차원 서식]을 클릭합니다.

항목 조각내기

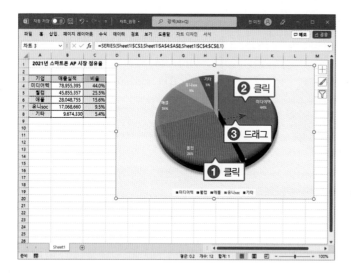

04 차트의 [미디어텍] 항목을 조각내서 보기 좋게 배치해보겠습니다. ① 원형 차트의 데이터 계열을 클릭한 후 ② [미디어텍] 항목을 클릭합니다. ③ [미디어텍] 항목을 오른쪽으로 드래그하여 조각을 분리합니다.

차트에 테마 적용하기

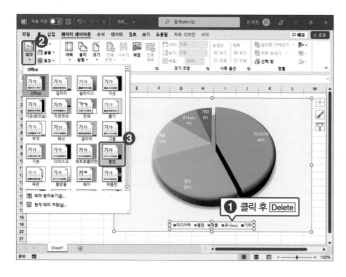

05 ① 범례를 클릭하고 [Delete]를 누릅니다. ② [페이지 레이아웃] 탭-[테마] 그룹-[테마]를 클릭합니다. ③ [명언]을 클릭해서 테마를 변경합니다.

➕ 테마에 따라 차트의 색상과 글꼴, 서식이 바뀝니다.

바로통하는TIP 엑셀 버전에 따라 테마 목록이 다를 수 있습니다.

이중 축 혼합 차트 만들기

실습 파일 엑셀\4장\차트_혼합.xlsx
완성 파일 엑셀\4장\차트_혼합_완성.xlsx

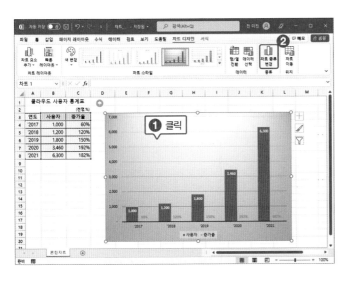

이중 축 혼합 차트 만들기

01 [증가율] 계열은 기본 축을 기준으로 막대가 표시되므로 데이터 값의 차이가 너무 커서 막대가 짧게 나타납니다. [증가율] 계열을 오른쪽 보조 축으로 지정한 후 꺾은선형으로 변경해보겠습니다. ❶ 차트 영역을 클릭하고 ❷ [차트 디자인] 탭-[종류] 그룹-[차트 종류 변경🔟]을 클릭합니다.

➕ [차트 종류 변경] 대화상자가 나타납니다.

✅ **엑셀 2010** [증가율] 막대 계열에서 마우스 오른쪽 버튼을 클릭하고 [데이터 계열 서식]을 클릭한 후 [보조 축]으로 변경합니다. 같은 방법으로 [계열 차트 종류 변경]을 클릭한 후 차트의 종류를 [꺾은선형]-[표식이 있는 꺾은선형]으로 변경합니다.

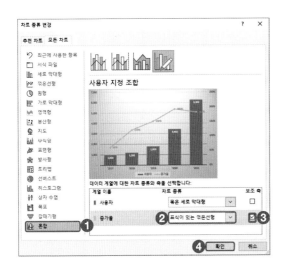

02 ❶ [차트 종류 변경] 대화상자의 [모든 차트] 탭에서 [혼합]을 클릭합니다. ❷ [계열 이름]에서 [증가율]의 [차트 종류]를 [표식이 있는 꺾은선형]으로 선택하고 ❸ [보조축]에 체크한 후 ❹ [확인]을 클릭합니다.

➕ 차트에 꺾은선 차트가 추가됩니다.

✅ **엑셀 2013, 2016** [차트 종류 변경] 대화상자의 [모든 차트] 탭에서 [콤보]를 클릭합니다.

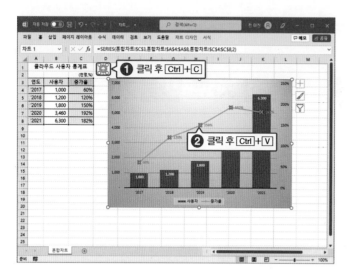

그림으로 표식 지정하기

03 꺾은선 차트의 표식을 그림으로 지정해보겠습니다. ❶ [D1] 셀에 있는 구름 그림을 클릭하고 Ctrl + C 를 누릅니다. ❷ [증가율]의 꺾은선형 데이터 계열을 클릭하고 Ctrl + V 를 눌러 그림으로 표식을 지정합니다.

➕ 표식에 복사한 구름 그림이 적용됩니다.

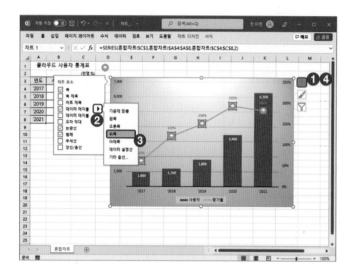

데이터 레이블 표시하기

04 ❶ [차트 요소⊞]를 클릭합니다. ❷ [데이터 레이블▶]을 클릭하고 ❸ [위쪽]을 클릭합니다. ❹ [차트 요소⊞]를 다시 클릭하여 차트 요소 수정을 마칩니다.

➕ 데이터 레이블이 차트와 서로 겹치지 않고 위치가 조정됩니다.

✅ **엑셀 2010** [증가율]의 꺾은선형 데이터 계열을 클릭한 후 [차트 도구]-[레이아웃] 탭-[레이블] 그룹-[데이터 레이블]-[위쪽]을 클릭합니다.

핵심기능

80

선버스트 차트로 사업 영역 한눈에 살펴보기

실습 파일 엑셀\4장\차트_사업영역_선버스트.xlsx
완성 파일 엑셀\4장\차트_사업영역_선버스트_완성.xlsx

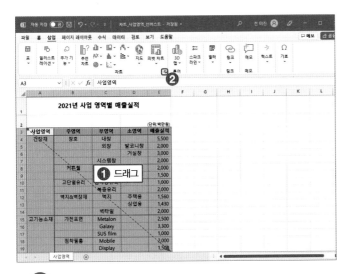

바로 통 하는 TIP 선버스트 차트는 계층 구조로 데이터가 입력되어 있어야 합니다. 사업 영역에서 주영역-부영역-소영역의 항목을 계층 구조로 입력하고 항목의 내용이 없을 경우에는 빈 셀로 둡니다.

선버스트 차트 만들기

01 사업 영역별 구조와 매출실적을 한눈에 볼 수 있도록 선버스트 차트를 만들어보겠습니다. ❶ 차트로 만들 데이터인 [A3:E33] 범위를 지정합니다. ❷ [삽입] 탭-[차트] 그룹-[추천 차트 🖼]를 클릭합니다.

➕ [차트 삽입] 대화상자가 나타납니다.

✔ **엑셀 2013&이전 버전** 엑셀 2013 버전을 포함한 이전 버전에서는 [선버스트] 차트를 삽입할 수 없습니다.

02 ❶ [차트 삽입] 대화상자에서 [모든 차트] 탭을 클릭하고 ❷ [선버스트]를 클릭합니다. ❸ [확인]을 클릭합니다.

➕ 선버스트 차트가 삽입됩니다.

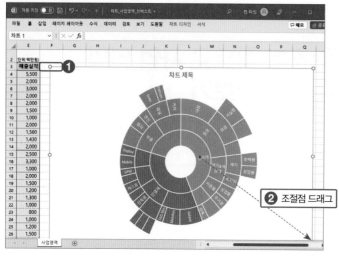

차트 위치와 크기 조절하기

03 ❶ 삽입한 차트를 드래그하여 [F3] 셀을 기준으로 배치합니다. ❷ 차트 조절점을 드래그해서 적당한 크기로 조절합니다.

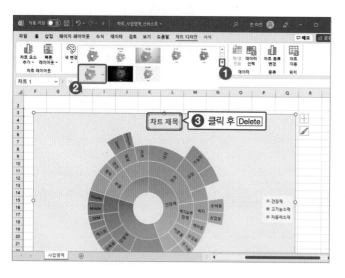

차트 스타일 변경하기

04 차트 스타일을 변경해보겠습니다. ❶ 차트 영역이 선택되어 있는 상태에서 [차트 디자인] 탭-[차트 스타일] 그룹-[자세히⎘]를 클릭하고 ❷ [스타일 6]을 클릭합니다. ❸ 차트 제목을 클릭하고 Delete를 누릅니다.

➕ 차트 스타일이 변경되고 삭제한 제목 공간만큼 데이터 계열이 커집니다.

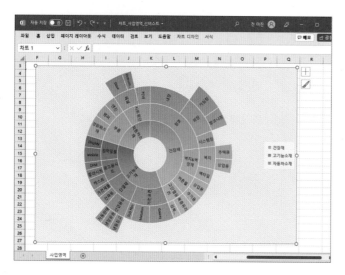

05 선버스트 차트가 완성되었습니다.

바로 통 하는TIP 원이 계층 구조의 각 수준을 보여줍니다. 가장 안쪽의 원이 가장 상위 수준을, 가장 바깥쪽의 원이 가장 하위 수준을 나타냅니다.

핵심기능

81

스파크라인 차트 삽입하고 종류 변경하기

실습 파일 엑셀\4장\차트_펀드수익률_스파크라인.xlsx [스파크라인1] 시트
완성 파일 엑셀\4장\차트_펀드수익률_스파크라인_완성.xlsx

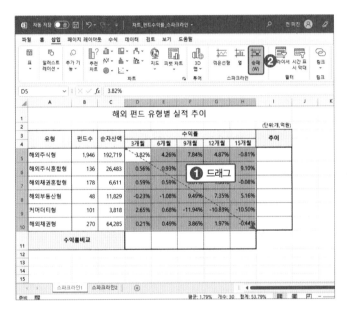

승패 스파크라인 차트 삽입하기

01 스파크라인 차트로 펀드 수익률을 비교해보겠습니다. ❶ [스파크라인1] 시트에서 [D5:H10] 범위를 지정합니다. ❷ [삽입] 탭-[스파크라인] 그룹-[승패🏳]를 클릭합니다.

➕ [스파크라인 만들기] 대화상자가 나타납니다.

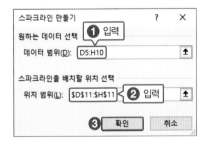

02 ❶ [스파크라인 만들기] 대화상자에서 [데이터 범위]에 **D5:H10**을 입력합니다. ❷ [위치 범위]에 **$D$11:$H$11**을 입력하고 ❸ [확인]을 클릭합니다.

➕ 승패 스파크라인 차트가 삽입됩니다.

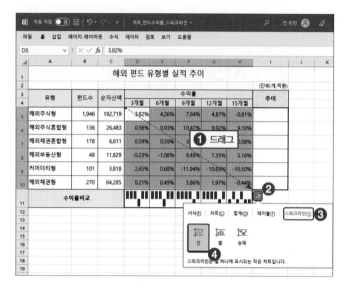

빠른 분석 도구로 스파크라인 차트 삽입하기

03 ❶ [D5:H10] 범위를 지정합니다. ❷ [빠른 분석 圖]을 클릭합니다. ❸ [스파크라인]을 클릭하고 ❹ [선]을 클릭합니다.

➕ 지정한 범위의 오른쪽 열에 스파크라인 차트가 삽입됩니다.

✅ **엑셀 2010** [삽입] 탭-[스파크라인] 그룹-[선]을 클릭합니다. [스파크라인 만들기] 대화상자에서 [데이터 범위]에 **D5:H10**을 입력하고 [위치 범위]에 **\$I\$5:\$i\$10**을 입력한 후 [확인]을 클릭합니다.

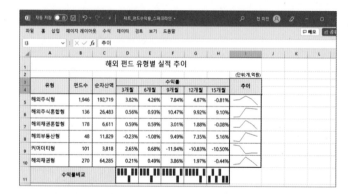

04 [D11:H11] 범위에서는 각 펀드의 같은 기간 동안 수익률을 승패 차트로 비교할 수 있고, [I5:I10] 범위에서는 각 펀드의 전체 기간 수익률 추이를 선 차트로 확인할 수 있습니다.

쉽고 빠른 엑셀 Note 스파크라인 차트

셀에 작은 추세 차트(선, 열, 승패)를 삽입해 데이터를 강조하고 비교합니다. 열 스파크라인은 데이터 값의 크기를 비교할 때, 선 스파크라인은 데이터의 변화 추세를 나타낼 때 적합합니다. 승패 스파크라인은 음수를 표시해주므로 손익 등을 나타낼 때 적합합니다.

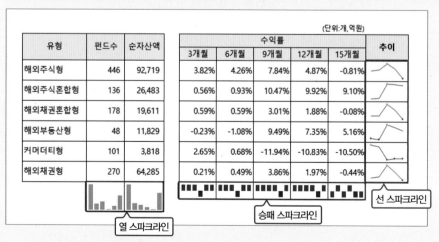

유형	펀드수	순자산액	수익률					추이
			3개월	6개월	9개월	12개월	15개월	
해외주식형	446	92,719	3.82%	4.26%	7.84%	4.87%	-0.81%	
해외주식혼합형	136	26,483	0.56%	0.93%	10.47%	9.92%	9.10%	
해외채권혼합형	178	19,611	0.59%	0.59%	3.01%	1.88%	-0.08%	
해외부동산형	48	11,829	-0.23%	-1.08%	9.49%	7.35%	5.16%	
커머더티형	101	3,818	2.65%	0.68%	-11.94%	-10.83%	-10.50%	
해외채권형	270	64,285	0.21%	0.49%	3.86%	1.97%	-0.44%	

(단위:개, 억원)

열 스파크라인 승패 스파크라인 선 스파크라인

핵심기능

82

스파크라인 차트 스타일과 디자인 변경하기

실습 파일 엑셀\4장\차트_펀드수익률_스파크라인.xlsx [스파크라인2] 시트
완성 파일 엑셀\4장\차트_펀드수익률_스파크라인_완성.xlsx

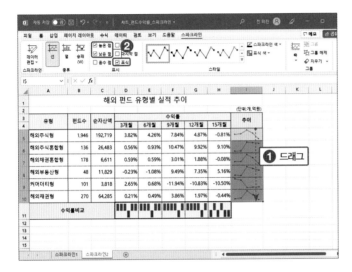

스파크라인 차트의 표식 강조하기

01 선 스파크라인 차트에서 표식을 강조해보겠습니다. ❶ [스파크라인2] 시트에서 [I5:I10] 범위를 지정합니다. ❷ [스파크라인] 탭-[표시] 그룹에서 [높은 점], [낮은 점], [표식]에 체크합니다.

➕ 스파크라인 차트에서 표식이 나타나며 높은 점과 낮은 점이 강조됩니다.

✅ 엑셀 2019 [스파크라인 도구]-[디자인] 탭을 클릭합니다.

스파크라인 차트의 스타일 변경하기

02 ❶ [I5:I10] 범위가 지정된 상태에서 [스파크라인] 탭-[스타일] 그룹-[자세히▽]를 클릭하고 ❷ [회색, 스파크라인 스타일 강조 3]을 클릭합니다.

➕ 스파크라인 차트의 스타일이 변경됩니다.

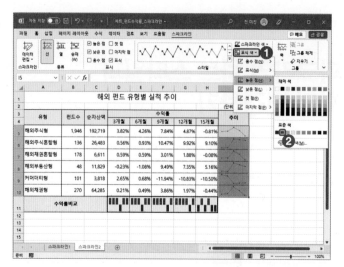

스파크라인 차트의 표식 색 변경하기

03 ❶ [스파크라인] 탭-[스타일] 그룹-[표식 색]을 클릭합니다. ❷ [높은 점]-[빨강]을 클릭합니다.

➕ 스파크라인 차트에서 가장 높은 점이 빨간색으로 표시됩니다.

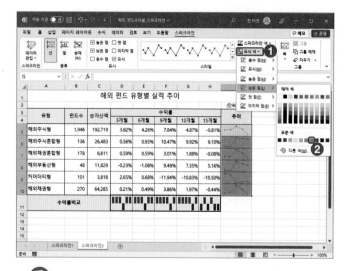

04 ❶ 다시 [표식 색]을 클릭하고 ❷ [낮은 점]-[연한 파랑]을 클릭합니다.

➕ 스파크라인 차트에서 가장 낮은 점이 연한 파란색으로 표시됩니다.

바로 통 하는 TIP 스파크라인 차트를 지우려면 [스파크라인] 탭-[그룹] 그룹-[지우기]를 클릭합니다. 스파크라인 차트의 일부 또는 전체를 지울 수 있습니다.

CHAPTER

05

데이터베이스
관리/분석
및 자동화하기

엑셀에서 제공하는 데이터베이스의 기능은 방대한 양의 자료를 관리하
고 요약해서 데이터를 효과적으로 분석하기에 유용합니다. 또 반복된 작
업을 한번에 처리할 수 있는 매크로를 사용하면 업무 시간을 단축하고
자동화할 수 있습니다. 여기에서는 텍스트 나누기, 중복 제거 및 데이터,
통합 기능을 사용하어 데이디베이스를 관리하고, 정렬, 필디, 부분합, 피
벗 테이블로 데이터를 분석하는 방법과 통합 문서 내 자동화에 필요한
명령어들을 모아 매크로로 기록하고 실행, 편집하는 방법에 대해서 살펴
보겠습니다.

핵심기능

83

텍스트 파일로
데이터베이스 만들기

실습 파일 엑셀 \ 5장 \ DB_텍스트_입출고.txt
완성 파일 엑셀 \ 5장 \ DB_텍스트_입출고_완성.xlsx

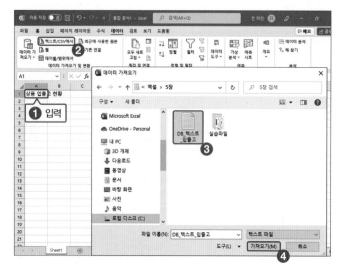

✅ **엑셀 2016** [데이터] 탭-[외부 데이터 가져오기] 그룹-[텍스트]를 클릭합니다.

텍스트 파일 데이터로 가져오기

01 ❶ 새 통합 문서를 열고 [A1] 셀에 **상품 입출고 현황**을 입력합니다. ❷ [데이터] 탭-[데이터 가져오기 및 변환] 그룹-[텍스트/CSV에서 📄]를 클릭합니다. ❸ [데이터 가져오기] 대화상자에서 'DB_텍스트_입출고.txt' 텍스트 파일을 클릭하고 ❹ [가져오기]를 클릭합니다.

➕ [DB_텍스트_입출고.txt] 작업 창이 나타납니다.

02 [DB_텍스트_입출고.txt] 작업 창이 열리면 [파일 원본]에 언어코드 [949: 한국어]와 [구분 기호]에 [탭]을 자동으로 인식합니다. ❶ [로드 📄]를 클릭한 후 ❷ [다음으로 로드]를 클릭합니다.

➕ [데이터 가져오기] 대화상자가 나타납니다.

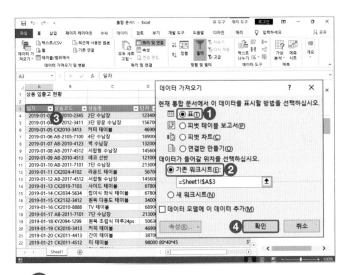

03 ❶ [데이터 가져오기] 대화상자에서 [표]를 클릭하고 ❷ [기존 워크시트]를 클릭합니다. ❸ 데이터가 시작될 위치로 [A3] 셀을 클릭하여 지정한 후 ❹ [확인]을 클릭합니다.

➕ [A3] 셀 위치에 표로 변환된 데이터가 로드되고 [쿼리 및 연결] 작업 창에 68개의 행이 로드되었다는 메시지가 표시됩니다.

바로 통 하는TIP 외부 데이터 연결을 위해 텍스트 파일을 워크시트로 가져온 경우에는 원본 텍스트와 워크시트 텍스트가 연결됩니다. 즉, 원본 텍스트 파일을 수정한 후 [데이터] 탭-[쿼리 및 연결] 그룹-[모두 새로 고침]을 클릭하면 현재 워크시트에 담긴 텍스트 데이터도 수정됩니다. 원본과 연결을 해제하려면 [쿼리 및 연결] 작업 창의 [DB_텍스트_입출고]에서 마우스 오른쪽 버튼을 클릭하고 [삭제]를 클릭합니다. 쿼리를 삭제할지 물어보는 경고 메시지가 나타났을 때 [삭제]를 클릭하면 텍스트 파일과 연결이 끊어집니다.

쉽고 빠른 엑셀 Note / 엑셀 표(Table) 작성 규칙 알아보고 데이터 효율적으로 관리하기

데이터를 특정 용도에 맞게 체계적으로 정리하여 데이터를 처리할 수 있도록 테이블 구조로 표를 만듭니다. 테이블 구조는 필드명(머리글), 레코드(행), 필드(열) 등으로 구성되어 있습니다. 보통은 일반 표로 데이터를 입력하지만, 관련 데이터를 쉽게 관리하고 분석하려면 범위를 엑셀 표로 변환해서 사용하는 것이 좋습니다.

일반 표

NO	일자	구분	코드	품명	수량	할인율	단가	금액
1	01-02	매출	H607	외장하드	10	3%	131,000	1,270,700
2	01-04	매입	EF345	출퇴근기록기	5	0%	1,777,100	8,885,500
3	01-05	매입	BE500	지폐계수기	5	0%	286,000	1,430,000
4	01-06	매출	D204	문서 세단기	25	3%	217,800	5,281,650
5	01-08	매입	L451	코팅기	10	3%	74,000	717,800
6	01-10	매입	H607	외장하드	6	0%	131,000	786,000

엑셀 표

NC	일자	구분	코드	품명	수량	할인율	단가	금액
1	01-02	매출	H607	외장하드	10	3%	131,000	1,270,700
2	01-04	매입	EF345	출퇴근기록기	5	0%	1,777,100	8,885,500
3	01-05	매입	BE500	지폐계수기	5	0%	286,000	1,430,000
4	01-06	매출	D204	문서 세단기	25	3%	217,800	5,281,650
5	01-08	매입	L451	코팅기	10	3%	74,000	717,800
6	01-10	매입	H607	외장하드	6	0%	131,000	786,000

머리글, 행, 열로 구성된 표로 범위가 고정적입니다. 범위의 이름을 정의하거나 함수를 사용해야 동적인 참조가 가능합니다.

머리글, 행, 열로 구성된 엑셀 표로 별도의 작업 없이 각 구성 요소를 참조할 수 있고, 데이터의 양에 따라 범위가 동적으로 변합니다.

엑셀 표(Table) 작성 규칙

데이터베이스로 관리할 표(Table)를 작성할 때는 다음과 같은 사항에 주의합니다.

① 필드명은 한 줄로 입력하고, 필드명이 입력된 셀은 병합하지 않아야 합니다.

② 각 셀에 입력한 데이터는 병합하지 않아야 하고, 빈 행이나 열이 없어야 합니다.

③ 셀 하나에는 하나의 정보만 입력해야 합니다. 외부에서 데이터를 가져왔을 때 셀 하나에 여러 정보가 있으면 텍스트를 나눠서 여러 필드에 입력합니다.

NO	일자	매입/매출 정보					NO	일자	구분	코드	품명	수량	할인율
		구분	코드/품명	수량	할인율								
1	01-02	매출	H607/외장하드	10	3%		1	01-02	매출	H607	외장하드	10	3%
2	01-04		EF345/출퇴근기록기	5	0%		2	01-04	매입	EF345	출퇴근기록기	5	0%
3	01-05	매입	BE500/지폐계수기	5	0%		3	01-05	매입	BE500	지폐계수기	5	0%
4	01-06	매출	D204/문서 세단기	25			4	01-06	매출	D204	문서 세단기	25	3%
5	01-08	매입	L451/코팅기	10	3%		5	01-08	매입	L451	코팅기	10	3%
6	01-10	매입	H607/외장하드	6			6	01-10	매입	H607	외장하드	6	0%
7	01-14	매출	RS130/제본기	4	0%		7	01-14	매출	RS130	제본기	4	0%

▲ 잘못 작성된 표　　　　　　　　　　　　　　　　▲ 바르게 작성된 표

효율적으로 데이터 관리하기

데이터를 효율적으로 관리하려면 열 하나에 여러 정보가 담기지 않도록 데이터를 분리해야 합니다. 데이터가 중복되면 잘못된 결과가 나타나거나 검색 및 분석이 제대로 이뤄지지 않기 때문입니다. 데이터베이스를 관리하는 다양한 방법에 대해 살펴보겠습니다. 각각의 관리 방법에 대한 자세한 내용은 핵심기능 83~핵심기능 97을 참고합니다.

① **텍스트 나누기** : 열 하나에 여러 정보가 담겨 있을 때 이를 종류별로 나눠 관리합니다.

▲ 셀에 여러 정보가 있는 데이터　　　　　　　　▲ 텍스트 나누기를 적용해 셀에 하나의 정보만 있는 데이터

② **중복 데이터 삭제하기** : 잘못된 결과를 불러오는 중복 데이터를 삭제합니다.

▲ 상품코드, 상품명 단가가 중복된 데이터　　　　▲ 중복을 제거한 데이터

③ **통합하기** : 여러 워크시트의 결과를 첫 번째 필드 항목 기준으로 통합하고 서식을 지정합니다. 여러 워크시트의 결과를 합계, 개수, 평균, 최댓값, 최솟값, 곱, 수치 개수, 표본 표준 편차, 표준 편차, 표본 분산, 분산 등으로 요약하고 집계합니다.

▲ 통합 전의 1월~3월 매출 데이터　　　　　　　　▲ 성명을 기준으로 통합한 데이터

④ **자동 필터를 이용한 필터링하기** : 전체 데이터에서 조건에 맞는 데이터 목록만 필터링합니다.

비품코드	분류	비품명	구매일자	수량	취득가액	취득총액	내용연	사용연	잔존가
E00001	사무기기	데스크탑	2021-04-05	10	876,000	8,760,000	5	3	70,080
E00002	사무기기	노트북 13	2019-03-01	10	1,234,000	12,340,000	5	2	98,720
E00003	사무기기	태블릿 64G	2017-03-04	10	876,000	4,380,000	5	2	70,080
E00004	사무기기	레이저 프린터	2015-01-02	5	567,000	2,835,000	5	3	45,360
V00007	영상기기	LCD 모니터	2018-06-07	5	3,450,000	17,250,000	5	3	276,000
V00001	영상기기	LED 모니터 23	2019-05-04	10	432,000	4,320,000	5	4	34,560
V00002	영상기기	빔프로젝트 A100	2016-03-01	5	2,345,000	11,725,000	9	1	187,600
V00003	영상기기	캠코더	2019-05-06	2	875,000	1,750,000	9	4	70,000
V00004	영상기기	디지털카메라	2020-10-03	5	3,450,000	17,250,000	8	6	276,000
V00005	영상기기	LED TV	2019-04-05	10	2,560,000	25,600,000	8	8	204,800
V00006	영상기기	화이트스크린	2021-02-04	10	345,000	3,450,000	8	8	27,600
F00001	사무가구	1인용책상	2021-04-10	20	678,000	13,560,000	8	7	54,240
F00002	사무가구	라운드테이블	2021-04-10	20	456,000	9,120,000	8	7	36,480

▲ 자동 필터를 적용하고 조건을 지정하기 전의 데이터

비품코드	분류	비품명	구매일자	수량	취득가액	취득총액	내용연	사용연	잔존가
F00001	사무가구	1인용책상	2021-04-10	20	678,000	13,560,000	8	7	54,240
F00002	사무가구	라운드테이블	2021-04-10	20	456,000	9,120,000	8	7	36,480
F00003	사무가구	1인용의자	2015-04-10	10	367,000	7,340,000	8	3	29,360
F00005	사무가구	회의용테이블	2021-05-21	30	2,134,000	64,020,000	8	4	170,720
F00006	사무가구	4단캐비넷	2019-12-10	30	245,000	7,350,000	8	4	19,600
F00007	사무가구	2단서랍장	2018-05-09	30	154,000	4,620,000	8	3	12,320
F00010	사무가구	캐비닛	2021-06-03	30	456,000	13,680,000	8	8	36,480
F00011	사무가구	파티션	2006-03-02	40	201,000	8,040,000	8	7	16,080

▲ 필드에 조건을 지정해 특정 분류의 목록만 추출한 데이터

⑤ **정렬 및 다중 부분합 작성하기** : 데이터를 분석하기 편한 기준으로 오름차순, 내림차순, 사용자 지정 순서로 정렬합니다. 정렬된 특정 필드를 그룹화해 분류하고 합계, 평균, 개수 등을 계산합니다.

▲ 고객 정보를 지점, 보험상품 순서로 오름차순 정렬

▲ 고객 정보에서 지점별, 보험상품을 그룹화하고 부분합을 계산한 데이터

⑥ **피벗 테이블로 크로스 탭 집계표 작성하기** : 기초 데이터를 분석해 행/열 구조의 크로스 탭 표로 요약하여 집계표를 작성합니다.

▲ 일자별, 지점별 판매 현황 데이터

▲ 피벗 테이블로 분기/상품명 수량의 합계를 요약한 집계표

2010 \ 2013 \ 2016 \ 2019 \ 2021

텍스트 마법사로 텍스트 나누기

실습 파일 엑셀\5장\DB_텍스트_입출고현황.xlsx
완성 파일 엑셀\5장\DB_텍스트_입출고현황_완성.xlsx

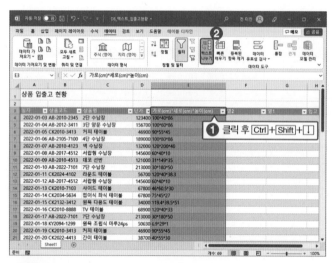

바로 통 하는 TIP 텍스트를 나누려면 나누려는 데이터 개수만큼 오른쪽에 빈 열이 있어야 합니다. 만약 빈 열이 없을 경우에는 오른쪽 열이 나눠진 텍스트 값으로 대치되므로 주의합니다.

텍스트를 나눌 셀 범위 지정하기

01 일정한 너비나 기호를 기준으로 텍스트를 나눌 수 있습니다. 상품의 가로, 세로, 높이가 한 열에 입력되어 있으므로 각각 데이터를 나눠 보겠습니다. ❶ [E3] 셀을 클릭하고 Ctrl + Shift + ↓를 눌러 [E3:E71] 범위를 지정합니다. ❷ [데이터] 탭-[데이터 도구] 그룹-[텍스트 나누기]를 클릭합니다.

➕ [텍스트 마법사] 대화상자가 나타납니다.

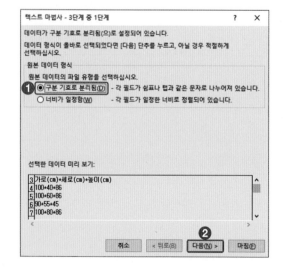

텍스트 마법사 – 3단계 중 1단계

02 ❶ [텍스트 마법사 – 3단계 중 1단계] 대화상자에서 [원본 데이터 형식]의 [구분 기호로 분리됨]을 클릭하고 ❷ [다음]을 클릭합니다.

✅ **엑셀 2016** [텍스트 마법사-3단계 중 1단계] 대화상자에서 원본 데이터의 파일 유형을 [구분 기호로 분리됨]으로 선택하고 [다음]을 클릭합니다. [텍스트 마법사-3단계 중 2단계] 대화상자에서 [구분 기호]의 [*]에 체크하고 [다음]을 클릭합니다. [텍스트 마법사-3단계 중 3단계] 대화상자에서 [데이터 미리 보기] 목록의 첫 번째 열인 [일자]를 클릭하고 [열 데이터 서식]을 [날짜]로 선택합니다. [마침]을 클릭해서 텍스트 마법사를 완료합니다.

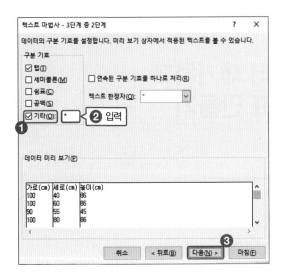

텍스트 마법사 – 3단계 중 2단계

03 ❶ [텍스트 마법사 – 3단계 중 2단계] 대화상자에서 [구분 기호]의 [기타]에 체크한 후 ❷ *를 입력합니다. ❸ [다음]을 클릭합니다.

➕ * 기호를 기준으로 텍스트가 분리됩니다.

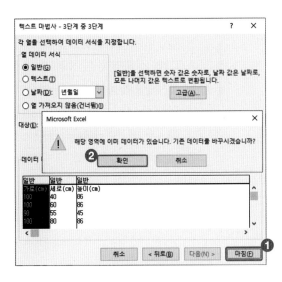

텍스트 마법사 – 3단계 중 3단계

04 [텍스트 마법사 – 3단계 중 3단계] 대화상자의 [데이터 미리 보기] 목록에서 서식을 지정합니다. ❶ 여기서는 지정할 서식이 없으므로 텍스트 마법사를 완료하기 위해 [마침]을 클릭하고 ❷ 기존 데이터를 바꿀 것인지 확인하는 메시지가 나타나면 [확인]을 클릭합니다.

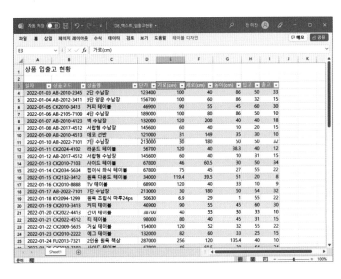

05 가로, 세로, 높이 항목이 나눠졌습니다.

2010 \ 2013 \ 2016 \ 2019 \ 2021

우선순위

핵심기능

85

중복 데이터 제거하고
상품 목록표 만들기

실습 파일 엑셀 \5장 \DB_중복제거_입출고현황.xlsx
완성 파일 엑셀 \5장 \DB_중복제거_입출고현황_완성.xlsx

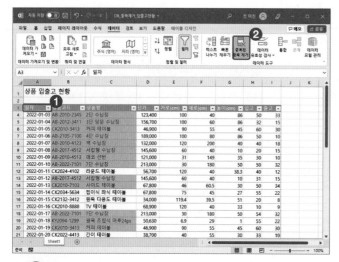

바로 통 하는TIP [B4:C50] 범위에는 [홈] 탭-[스타일] 그룹-[조건부 서식]-[셀 강조
규칙]-[중복 값]이 지정되어 있습니다.

중복 데이터 제거하기

01 상품의 입출고 현황에는 일자
별로 상품이 입고된 내역이 표시되
어 있습니다. 목록에서 중복된 상
품코드와 상품명 등의 중복 데이터
를 제거하여 상품 목록표를 만들어
보겠습니다. ❶ [A3] 셀을 클릭합니
다. ❷ [데이터] 탭-[데이터 도구] 그
룹-[중복된 항목 제거🔳]를 클릭합
니다.

➕ [중복 값 제거] 대화상자가 나타납니다.

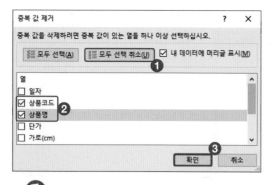

바로 통 하는TIP [일자]에 체크를 하더라도 일치하는 항목이 없으면 제거되지 않습니다. 체크한 항목에서 일치하는 레코드가 있을 때만 제거됩
니다.

02 ❶ [중복 값 제거] 대화상자에서 [모두 선택
취소]를 클릭하고 ❷ [열]의 [상품코드], [상품명]
에 체크합니다. ❸ [확인]을 클릭합니다.

➕ 상품코드와 상품명 데이터 중 중복된 데이터가 제거됩니다.

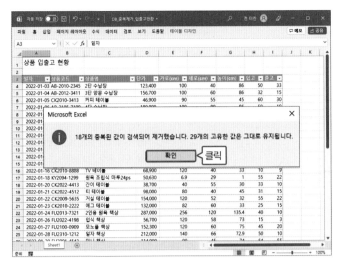

03 18개의 중복된 데이터가 제거되었다는 메시지가 나타나면 [확인]을 클릭합니다.

바로 통 하는 TIP 중복된 데이터를 제거하면 첫 번째 레코드 하나만 남고 두 번째 레코드부터는 삭제됩니다. 중복 값이 제거되었으므로 조건부 서식 규칙이 지워집니다.

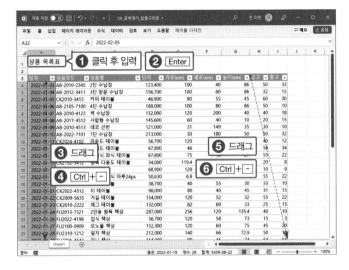

상품 목록표 만들기

04 ❶ [A1] 셀을 클릭한 후 **상품 목록표**를 입력하고 ❷ Enter 를 누릅니다. ❸ [A4:A32] 범위를 지정한 후 ❹ Ctrl + − 를 눌러 일자 열을 삭제합니다. ❺ [H3:I32] 범위를 지정한 후 ❻ Ctrl + − 를 눌러 입고, 출고 열을 삭제합니다.

➕ 일자 열과 입고, 출고 열이 삭제되어 상품코드, 상품명, 단가와 상품 사양만 남습니다.

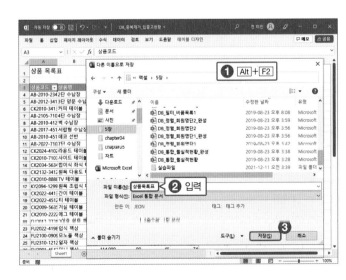

05 ❶ Alt + F2 를 누릅니다. ❷ [다른 이름으로 저장] 대화상자가 나타나면 [파일 이름]에 **상품목록표**를 입력한 후 ❸ [저장]을 클릭합니다.

➕ '상품목록표.xlsx' 파일이 저장됩니다.

동일 항목으로 데이터 통합하고 빠른 서식 적용하기

실습 파일 엑셀\5장\DB_통합_월실적현황.xlsx
완성 파일 엑셀\5장\DB_통합_월실적현황_완성.xlsx

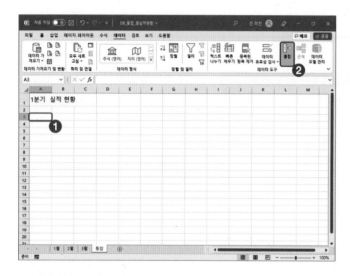

성명을 기준으로 1월~3월까지의 실적 통합하기

01 데이터를 통합하면 여러 워크 시트에 담긴 결과를 요약하고 집계해서 볼 수 있습니다. 같은 통합 문서 내에 있는 [1월]~[3월] 시트의 데이터를 통합해보겠습니다. ❶ [통합] 시트에서 [A3] 셀을 클릭합니다. ❷ [데이터] 탭-[데이터 도구] 그룹-[통합]을 클릭합니다.

➕ [통합] 대화상자가 나타납니다.

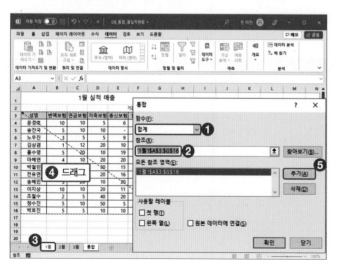

통합할 데이터 선택하기

02 ❶ [통합] 대화상자의 [함수]에서 [합계]를 선택하고 ❷ [참조]를 클릭합니다. ❸ [1월] 시트 탭을 클릭하고 ❹ [A3:G16] 범위를 지정한 후 ❺ [추가]를 클릭합니다.

➕ 선택한 범위가 [모든 참조 영역]에 추가됩니다.

바로 통 하는 TIP 데이터를 통합하면 첫 번째 열을 기준으로 여러 데이터를 하나로 합칩니다.

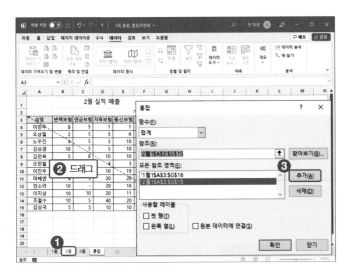

03 ❶ [2월] 시트 탭을 클릭하고 ❷ [A3:G15] 범위를 지정한 후 ❸ [추가]를 클릭합니다.

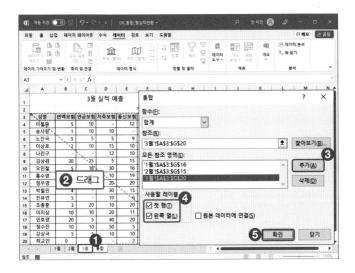

04 ❶ [3월] 시트 탭을 클릭하고 ❷ [A3:G20] 범위를 지정한 후 ❸ [추가]를 클릭합니다. ❹ [사용할 레이블]에서 [첫 행]과 [왼쪽 열]에 체크하고 ❺ [확인]을 클릭합니다.

➕ [통합] 시트에 통합된 데이터가 입력됩니다.

바로 통 하는TIP [사용할 레이블]에서 [첫 행]과 [왼쪽 열]에 체크하면 제목 행과 제목 열을 기준으로 통합됩니다. 그러나 레이블을 사용하지 않으면 행과 열 방향의 순서대로 데이터를 통합하기 때문에 잘못된 통합 결과를 얻을 수도 있습니다.

데이터 통합하여 서식 지정하기

05 1월부터 3월까지의 데이터가 통합되어 [통합] 시트에 입력됩니다. ❶ 비어 있는 [A3] 셀에 **성명**을 입력합니다. ❷ Ctrl + A 를 눌러 [A3:G32] 범위를 지정하고 ❸ [빠른 분석 📊]을 클릭합니다. ❹ [테이블]을 클릭하고 ❺ [표]를 클릭합니다.

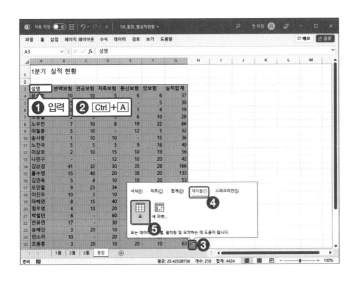

➕ 데이터가 엑셀 표로 변환되며 표 서식이 적용됩니다.

셀 값을 기준으로 정렬하기

실습 파일 엑셀 \ 5장 \ DB_정렬_회원명단1.xlsx
완성 파일 엑셀 \ 5장 \ DB_정렬_회원명단1_완성.xlsx

회원등급 오름차순으로 정렬하기

01 회원명단의 회원등급을 기준으로 셀을 정렬해보겠습니다. ❶ [B3] 셀을 클릭합니다. ❷ [데이터] 탭–[정렬 및 필터] 그룹–[오름차순 정렬 囷]을 클릭합니다.

➕ 회원등급을 'ㄱ~ㅎ' 순서로 정렬합니다.

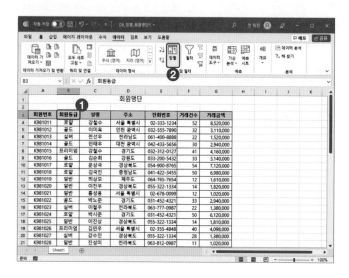

여러 조건을 정렬하기

02 ❶ 데이터에서 임의의 셀을 클릭하고 ❷ [데이터] 탭–[정렬 및 필터] 그룹–[정렬]을 클릭합니다.

➕ [정렬] 대화상자가 나타납니다.

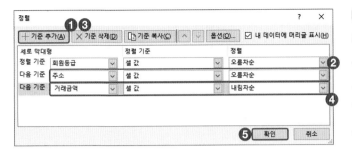

03 ❶ [정렬] 대화상자에서 두 번째 정렬 기준을 추가하기 위해 [기준 추가]를 클릭하고 ❷ [다음 기준]에서 [주소], [셀 값], [오름차순]을 선택합니다. ❸ 세 번째 정렬 기준을 추가하기 위해 [기준 추가]를 클릭하고 ❹ [다음 기준]에서 [거래금액], [셀 값], [내림차순]을 선택합니다. ❺ [확인]을 클릭합니다.

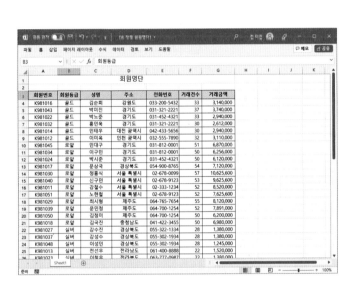

04 회원등급과 주소를 기준으로 오름차순, 거래금액을 기준으로 내림차순으로 데이터가 정렬됩니다.

쉽고 빠른 엑셀 Note　데이터의 정렬 순서

엑셀 데이터는 다음 표의 정렬 순서를 따릅니다.

숫자	가장 작은 음수에서 가장 큰 양수로 정렬됩니다.
날짜	가장 이전 날짜에서 가장 최근 날짜로 정렬됩니다.
문자 (문자와 숫자가 섞여 있는 경우)	0~9 (공백) ! # $ % & ( ) * . . / : ; ? @ [\ ] ^ _ '{	} ~ + 〈 = 〉 a–z, A–Z 순서로 정렬됩니다.
논릿값	FALSE, TRUE 순서로 정렬됩니다.
오룻값	#N/A, #VALUE! 등의 오룻값은 정렬 순서가 모두 동일합니다.

우선
순위

문서
작성

문서
편집
&
인쇄

수식
&
함수

차트

데이터
관리/
분석&
자동화

핵심기능

88

사용자가 지정한 순서로 정렬하기

실습 파일 엑셀\5장\DB_정렬_회원명단2.xlsx
완성 파일 엑셀\5장\DB_정렬_회원명단2_완성.xlsx

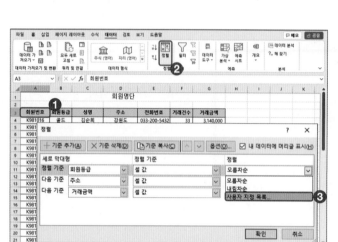

회원등급 사용자 지정 목록으로 정렬하기

01 회원등급을 사용자 지정 순서(로얄~일반)로 정렬해보겠습니다. ❶ 데이터에서 임의의 셀을 클릭하고 ❷ [데이터] 탭-[정렬 및 필터] 그룹-[정렬🔳]을 클릭합니다. ❸ [정렬] 대화상자가 나타나면 [회원등급]의 [정렬]에서 [사용자 지정 목록]을 클릭합니다.

➕ [사용자 지정 목록] 대화상자가 나타납니다.

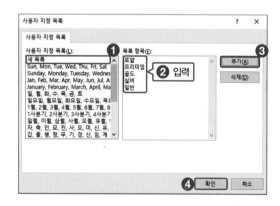

사용자 지정 목록 추가하기

02 ❶ [사용자 지정 목록] 대화상자의 [사용자 지정 목록]에서 [새 목록]을 클릭하고 ❷ [목록 항목]에 **로얄, 프리미엄, 골드, 실버, 일반**을 순서대로 입력한 후 ❸ [추가]를 클릭합니다. ❹ [확인]을 클릭합니다.

➕ [정렬] 대화상자가 나타납니다.

03 [정렬] 대화상자에서 [회원등급]의 [정렬]이 로얄~일반순으로 지정되었습니다. [확인]을 클릭해 [정렬] 대화상자를 닫습니다.

➕ 지정한 순서로 회원 등급이 정렬됩니다.

SUBTOTAL 함수로
부분합 계산하기

실습 파일 엑셀\5장\DB_필터_비품목록1.xlsx
완성 파일 엑셀\5장\DB_필터_비품목록1_완성.xlsx

SUBTOTAL 함수로 비품 수량 합계 계산하기

01 비품 수량의 합계를 구해보겠습니다. ❶ [H3] 셀에 **=SUBTOTAL(9,E6:E82)**를 입력한 후 ❷ Enter를 누릅니다.

➕ [E6:E82] 범위에 담긴 데이터의 합계(9)를 구합니다.

SUBTOTAL 함수로 비품 목록 개수 계산하기

02 전체 비품 목록의 개수를 구해보겠습니다. ❶ [J3] 셀에 **=SUBTOTAL(3,A6:A82)**를 입력한 후 ❷ Enter를 누릅니다.

➕ [A6:A82] 범위에 담긴 데이터의 개수(3)를 구합니다.

바로 통하는TIP 검색수량합계와 검색건수의 값은 전체수량합계와 전체건수와 같습니다. 하지만 자동 필터 기능으로 지정 조건에 맞는 데이터를 검색할 경우 그 결과에 따라 SUBTOTAL 함수로 구한 검색수량합계와 검색건수의 값은 달라집니다. 자세한 내용은 핵심기능 90을 참고합니다.

자동 필터나 고급 필터 기능으로 데이터를 검색하여 원하는 데이터를 추출하면 결과에 따라 계산된 수식 값도 매번 달라져야 합니다. 하지만 일반적인 SUM 함수나 COUNT, AVERAGE 함수를 사용하면 데이터 검색으로 추출된 결과와 상관없이 전체 데이터의 계산 결과를 표시합니다. SUBTOTAL 함수는 현재 표시되는 데이터의 목록을 가지고 부분합을 계산하므로 자동 필터나 고급 필터에서 자주 사용하는 함수입니다.

범주	수학/삼각 함수			
형식	=SUBTOTAL(함수 번호,범위1,범위2…) 함수 번호 : 데이터 범위나 목록에서 부분합을 계산할 함수를 1~11 또는 101~111까지 지정할 수 있습니다. 1~11 : 숨겨진 행의 셀 값을 포함하여 계산(필터 기능 이외에 일부 행 숨기기를 한 경우)합니다. 101~111 : 숨겨진 행의 셀 값을 포함하지 않고 계산(필터 기능 이외에 일부 행 숨기기를 한 경우)합니다.			

fun_num(숨겨진 값 포함)	fun_num(숨겨진 값 무시)	함수 유형	계산
1	101	AVERAGE	평균
2	102	COUNT	수치 개수
3	103	COUNTA	개수
4	104	MAX	최댓값
5	105	MIN	최솟값
6	106	PRODUCT	수치 곱
7	107	STDEV	표본 표준 편차
8	108	STDEVP	표준 편차
9	109	SUM	합계
10	110	VAR	표본 분산
11	111	VARP	분산

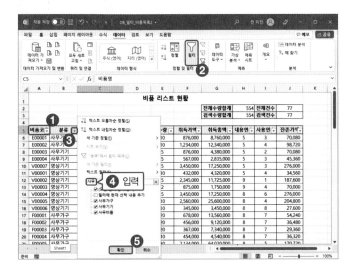

○ 우선순위

핵심기능

90

2010 \ 2013 \ 2016 \ 2019 \ 2021

자동 필터로 데이터 추출하기

실습 파일 엑셀\5장\DB_필터_비품목록2.xlsx
완성 파일 엑셀\5장\DB_필터_비품목록2_완성.xlsx

특정 문자가 포함된 데이터 표시하기

01 '사무'라는 문자가 포함된 레코드만 표시해보겠습니다. ❶ 데이터 목록에서 임의의 셀을 클릭합니다. ❷ [데이터] 탭-[정렬 및 필터] 그룹-[필터 ▽]를 클릭합니다. ❸ [분류] 필드의 필터 단추 ▼를 클릭하고 ❹ [텍스트 필터]의 검색란에 **사무**를 입력한 후 ❺ [확인]을 클릭합니다.

바로 통 하는 TIP Ctrl + T를 눌러 범위를 표로 변환하면 자동으로 필터가 설정됩니다.

02 [분류] 필드에서 '사무'라는 문자가 포함된 레코드만 표시되면서 앞서 SUBTOTAL 함수로 수식을 입력한 [H3], [J3] 셀의 값이 검색된 레코드를 기준으로 다시 계산됩니다.

바로 통 하는 TIP 자동 필터의 필터 단추가 ▼ 모양이면 아무 조건도 지정되지 않은 필드 열이라는 뜻이고, ▼ 모양이면 필드 열에 조건이 지정되어 있다는 뜻입니다.

특정 날짜의 데이터 표시하기

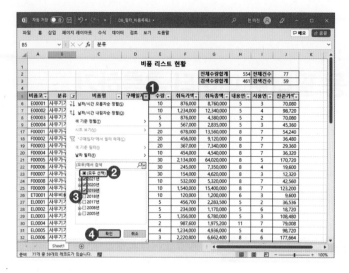

03 2019년~2021년에 구입한 비품을 검색해보겠습니다. ❶ [구매일자] 필드의 필터 단추▼를 클릭하고 ❷ [모두 선택]의 체크를 해제합니다. ❸ [2021년], [2020년], [2019년]에 체크한 후 ❹ [확인]을 클릭합니다.

➕ 2019년~2021년의 데이터만 표시됩니다.

바로 통하는TIP 필드 열의 데이터가 날짜일 경우 일, 주, 월, 분기, 연 등의 값을 검색할 수 있습니다.

특정 수량의 데이터 표시하기

04 수량이 다섯 개 이상인 비품을 검색해보겠습니다. ❶ [수량] 필드의 필터 단추▼를 클릭합니다. ❷ [숫자 필터]를 클릭하고 ❸ [크거나 같음]을 클릭합니다. ❹ [사용자 지정 자동 필터] 대화상자에서 [찾을 조건]에 **5**를 입력하고 ❺ [확인]을 클릭합니다.

➕ 수량이 다섯 개 이상인 비품만 표시됩니다.

바로 통하는TIP 필드 열의 데이터가 숫자일 경우 같은 값, 이상, 이하, 미만, 초과 등의 값을 검색할 수 있습니다.

05 '사무'라는 문자가 포함되고, 구매일자는 2019년~2021년, 수량이 다섯 개 이상인 비품이 목록에 표시됩니다.

바로 통하는TIP [데이터] 탭-[정렬 및 필터] 그룹-[지우기▼]를 클릭하면 모든 데이터를 다시 표시합니다.

핵심기능

91

평균과 상위 10 기준으로 데이터 추출하기

실습 파일 엑셀\5장\DB_필터_비품목록3.xlsx
완성 파일 엑셀\5장\DB_필터_비품목록3_완성.xlsx

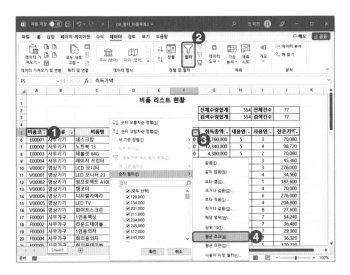

평균 초과 데이터 추출하기

01 ❶ 데이터 목록에서 임의의 셀을 클릭합니다. ❷ [데이터] 탭–[정렬 및 필터] 그룹–[필터 🔽]를 클릭합니다. ❸ [취득가액] 필드의 [필터 단추🔽]를 클릭하고 ❹ [숫자 필터]–[평균 초과]를 클릭합니다.

➕ 취득가액이 평균 초과인 데이터를 추출합니다.

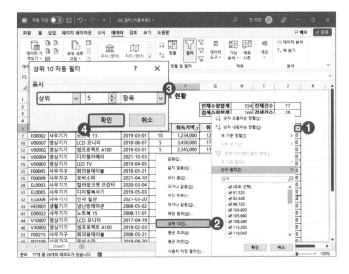

상위 5위 항목 추출하기

02 ❶ [잔존가액] 필드의 필터 단추🔽를 클릭합니다. ❷ [숫자 필터]–[상위 10]을 클릭합니다. ❸ [상위 10 자동 필터] 대화상자의 [표시]에서 [상위], [5], [항목]을 선택한 후 ❹ [확인]을 클릭합니다.

➕ 비품 목록에서 취득가액이 평균 초과이고, 잔존가액이 상위 5위에 해당하는 데이터가 추출됩니다.

데이터
관리/
분석&
자동화

2010 / 2013 / 2016 / 2019 / 2021

여러 그룹으로
다중 부분합 작성하기

실습 파일 엑셀 \ 5장 \ DB_부분합_고객정보1.xlsx
완성 파일 엑셀 \ 5장 \ DB_부분합_고객정보1_완성.xlsx

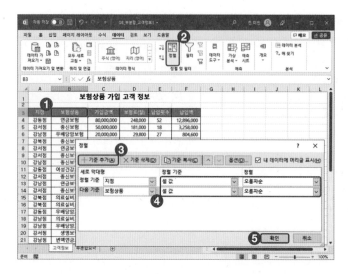

필드를 정렬하기

01 ❶ 데이터에서 임의의 셀을 클릭합니다. ❷ [데이터] 탭-[정렬 및 필터] 그룹-[정렬▦]을 클릭합니다. ❸ [정렬] 대화상자에서 [기준 추가]를 클릭하고 ❹ [지점]과 [보험상품]의 [정렬 기준]을 [셀 값], [정렬]을 [오름차순]으로 각각 선택합니다. ❺ [확인]을 클릭합니다.

➕ 필드가 셀 값을 기준으로 오름차순 정렬됩니다.

첫 번째 부분합 구하기

02 각 항목의 소계가 표시되는 첫 번째 부분합을 구해보겠습니다. ❶ 데이터에서 임의의 셀을 클릭하고 ❷ [데이터] 탭-[개요] 그룹-[부분합▦]을 클릭합니다. ❸ [부분합] 대화상자에서 [그룹화할 항목]을 [지점], [사용할 함수]를 [합계]로 선택하고 ❹ [부분합 계산 항목]에서 [가입금액], [보험료(월)], [납입횟수], [납입액]에 체크합니다. ❺ [확인]을 클릭합니다.

➕ 체크한 항목의 지점별 부분합이 구해집니다.

바로 통 하는 TIP [부분합] 대화상자에서 [모두 제거]를 클릭하면 부분합을 제거할 수 있습니다.

✔ **엑셀 2016** [데이터] 탭-[윤곽선] 그룹-[부분합]을 클릭합니다.

03 [데이터] 탭-[개요] 그룹-[부분합]을 클릭해 [부분합] 대화상자를 불러옵니다.

우선
순위

두 번째 부분합 구하기

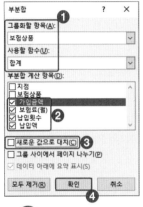

04 보험상품별로 가입금액, 보험료, 납입횟수, 납입액의 소계가 표시되는 두 번째 부분합을 구해보겠습니다. ❶ [부분합] 대화상자에서 [그룹화할 항목]을 [보험상품], [사용할 함수]를 [합계]로 선택하고 ❷ [부분합 계산 항목]의 [가입금액], [보험료(월)], [납입횟수], [납입액]에 체크합니다. ❸ [새로운 값으로 대치]의 체크를 해제한 후 ❹ [확인]을 클릭합니다.

바로 통 하는 TIP [새로운 값으로 대치]의 체크를 해제하면 여러 그룹으로 부분합을 구할 수 있습니다.

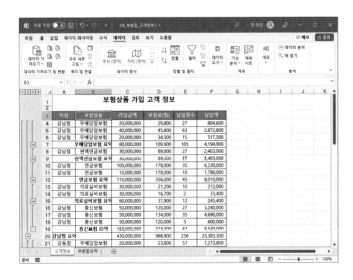

05 지점별, 보험상품별 가입금액 및 보험료, 납입횟수와 납입액의 합계가 나타납니다.

데이터
관리/
분석&
자동화

핵심기능

93

부분합의 요약된 결과만 복사하기

실습 파일 엑셀 \5장\DB_부분합_고객정보2.xlsx
완성 파일 엑셀 \5장\DB_부분합_고객정보2_완성.xlsx

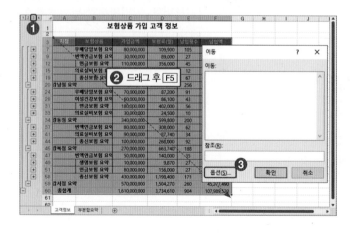

윤곽 기호를 이용해 데이터 요약하기

01 부분합을 작성하면 그림과 같이 지점별, 보험상품별 가입금액, 보험료, 납입횟수, 납입액의 합계가 구해지고 윤곽 기호가 생깁니다. ❶ 윤곽 기호 [2번 ②]을 클릭하면 지점별 부분합 결과만 표시할 수 있습니다. ❷ [확장 +]이나 [축소 -]를 클릭해서 데이터를 확장하거나 축소할 수 있습니다.

바로 통 하는TIP 윤곽 기호를 이용하면 그룹별로 하위 수준을 숨기거나 표시할 수 있습니다. ① 은 전체 결과(총합계), ② 는 지점 소계, ③ 은 보험상품별 소계, ④ 는 전체 데이터를 표시합니다.

화면에 보이는 셀만 범위로 지정하기

02 ❶ 윤곽 기호 [3번 ③]을 클릭해 보험상품별 소계만 표시합니다. ❷ 요약된 결과만 표시된 상태에서 [A3:F60] 범위를 지정하고 F5 를 누릅니다. ❸ [이동] 대화상자에서 [옵션]을 클릭합니다.

➕ [이동 옵션] 대화상자가 나타납니다.

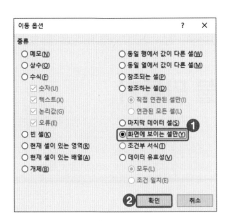

03 ❶ [이동 옵션] 대화상자에서 [화면에 보이는 셀만]을 클릭하고 ❷ [확인]을 클릭합니다.

➕ 화면에 보이는 셀만 범위로 지정됩니다.

바로 통 하는TIP 화면에 보이는 셀만 지정하는 단축키는 Alt + ; 입니다.

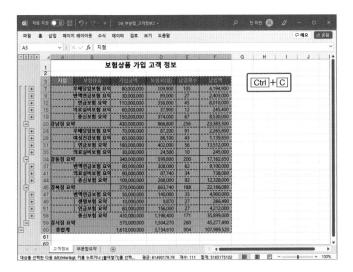

화면에 보이는 셀만 복사하기

04 화면에 보이는 셀만 선택된 상태에서 Ctrl + C 를 눌러 복사합니다.

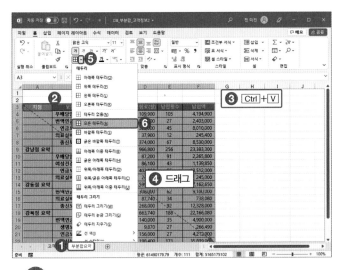

화면에 보이는 셀만 붙여 넣고 요약표 편집하기

05 ❶ [부분합요약] 시트 탭을 클릭하고 ❷ [A3] 셀을 클릭한 후 ❸ Ctrl + V 를 누르고 열 너비를 보기 좋게 조절합니다. ❹ [A3:F24] 범위를 지정합니다. ❺ [홈] 탭-[글꼴] 그룹-[테두리 田]의 ⌄을 클릭하고 ❻ [모든 테두리]를 클릭합니다.

바로 통 하는TIP [고객정보] 시트의 부분합을 제거하려면 [데이터] 탭-[개요] 그룹-[부분합]을 클릭해 [부분합] 대화상자에서 [모두 제거]를 클릭합니다.

핵심기능

94

추천 피벗 테이블 만들기

실습 파일 엑셀 \5장\DB_피벗_상품재고관리1.xlsx
완성 파일 엑셀 \5장\DB_피벗_상품재고관리1_완성.xlsx

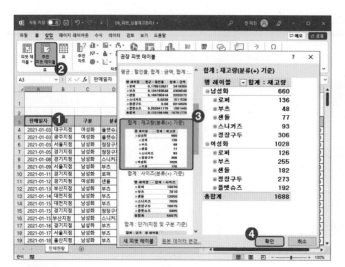

추천 피벗 테이블 만들기

01 엑셀에서 제공하는 추천 피벗 테이블로 피벗 테이블을 삽입해보겠습니다. ❶ 임의의 셀을 클릭하고 ❷ [삽입] 탭-[표] 그룹-[추천 피벗 테이블📊]을 클릭합니다. ❸ [권장 피벗 테이블] 대화상자에서 [합계 : 재고량(분류(+) 기준)]을 클릭하고 ❹ [확인]을 클릭합니다.

바로 통하는 TIP [권장 피벗 테이블] 대화상자에서 [새 피벗 테이블]을 클릭하면 사용자 지정 피벗 테이블을 만들 수 있습니다.

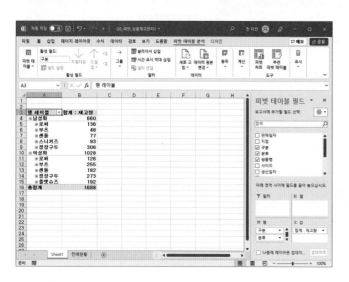

02 새로운 시트가 삽입되면서 피벗 테이블이 만들어집니다.

♀ 우선순위

핵심기능

95

사용자 지정
새 피벗 테이블 만들기

실습 파일 엑셀\5장\DB_피벗_상품재고관리2.xlsx
완성 파일 엑셀\5장\DB_피벗_상품재고관리2_완성.xlsx

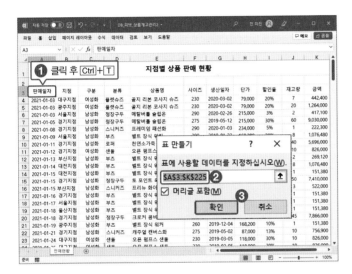

표로 변환하기

01 상품 재고 데이터의 범위를 표로 변환해보겠습니다. ❶ 임의의 셀을 클릭하고 Ctrl+T를 누릅니다. ❷ [표 만들기] 대화상자에서 전체 범위가 지정된 것을 확인하고 ❸ [확인]을 클릭합니다.

➕ 피벗 테이블 보고서에서 데이터의 범위가 고정되지 않고 동적으로 참조하려면 데이터의 범위를 표로 변환하는 것이 좋습니다.

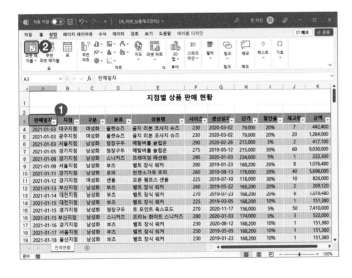

피벗 테이블 만들기

02 ❶ 데이터에서 임의의 셀을 클릭한 후 ❷ [삽입] 탭-[표] 그룹-[피벗 테이블]을 클릭합니다.

➕ [표 또는 범위의 피벗 테이블] 대화상자가 나타납니다.

CHAPTER 05 데이터베이스 관리/분석 및 자동화하기 **233**

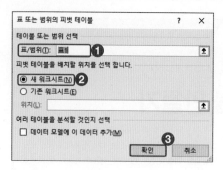

03 ❶ [표 또는 범위의 피벗 테이블] 대화상자의 [표/범위]에 데이터 범위인 '표1'이 자동으로 지정되면 ❷ 피벗 테이블 보고서를 배치할 위치로 [새 워크시트]를 클릭한 후 ❸ [확인]을 클릭합니다.

➕ 피벗 테이블의 데이터 범위(A3:K225)는 앞서 변환한 표의 이름인 '표1'로 지정됩니다.

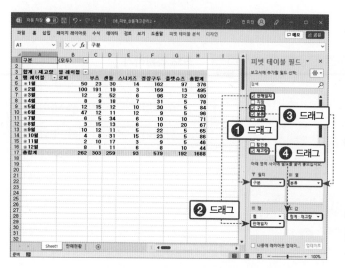

피벗 테이블 레이아웃 지정하기

04 새로운 시트가 삽입되면서 왼쪽에는 피벗 테이블 레이아웃을 설계할 영역이, 오른쪽에는 [피벗 테이블 필드] 작업 창이 나타납니다. ❶ 필드 목록에서 [구분]을 [필터] 영역으로 드래그하고 ❷ [판매일자]를 [행] 영역으로 드래그합니다. ❸ [분류]를 [열] 영역으로 드래그하고 ❹ [재고량]을 [값] 영역으로 드래그합니다.

✅ **엑셀 2013&이전 버전** 엑셀 2013 버전을 포함한 이전 버전에서는 [판매일자]가 개별 일자로 표시됩니다.

✅ **엑셀 2016** 엑셀 2016 버전부터는 개별 일자로 입력되어 있던 [판매일자]가 자동으로 [월] 단위로 그룹화됩니다.

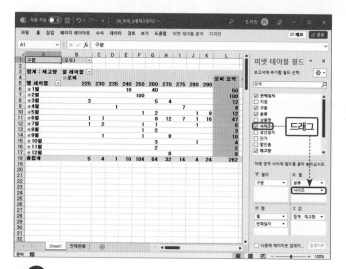

필드 추가하기

05 [사이즈]를 [열] 영역으로 드래그합니다. [피벗 테이블 필드] 작업 창에서 지정한 대로 피벗 테이블 레이아웃이 완성되었습니다.

바로 통 하는TIP [필터], [행], [열], [값] 영역에 있는 필드를 제거하려면 필드를 클릭할 때 나타나는 메뉴에서 [필드 제거]를 클릭합니다.

바로 통 하는TIP [판매현황] 시트의 원본 데이터를 수정, 삭제, 추가한 후 피벗 테이블 보고서에 반영하려면 [피벗 테이블 분석] 탭–[데이터] 그룹–[새로 고침]을 클릭합니다.

엑셀에서 제공하는 추천 기능을 이용하거나 직접 피벗 테이블을 만들고 레이아웃을 설계할 수 있습니다. 피벗 테이블을 만들면 나타나는 [피벗 테이블 필드] 작업 창에서 보고서에 추가할 필드를 [필터], [열], [행], [값] 영역으로 드래그하여 피벗 테이블 레이아웃을 설계합니다.

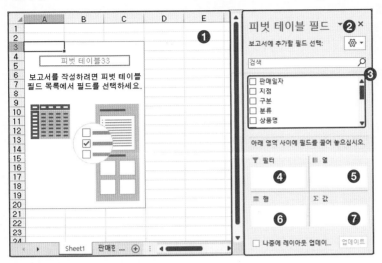

① 피벗 테이블의 결과가 표시되는 영역입니다.

② **피벗 테이블 필드** : 피벗 테이블을 만들기 위한 레이아웃을 설계합니다.

③ **필드 목록** : 피벗 테이블을 만들기 위한 원본 데이터의 필드 목록이 표시됩니다. 필드를 아래쪽의 [필터], [열], [행], [값] 영역으로 드래그합니다.

④ **필터** : 필터 전체의 데이터 영역을 요약할 보고서 필드입니다.

⑤ **열** : 피벗 테이블에서 열 방향으로 그룹화할 필드로 필드의 데이터 항목이 중복 없이 목록으로 표시됩니다.

⑥ **행** : 피벗 테이블에서 행 방향으로 그룹화할 필드로 필드의 데이터 항목이 중복 없이 목록으로 표시됩니다.

⑦ **값** : 일반적으로 숫자 값 필드가 위치합니다. 행과 열 레이블에서 지정할 필드를 분석하여 행과 열이 교차하는 위치에서 소계, 평균, 최대, 최소, 총계, 비율 등을 계산합니다. 만약 문자 값 필드가 위치하면 문자의 개수가 계산됩니다.

핵심기능

96

피벗 테이블 그룹 지정/해제 및 필드 필터링하기

실습 파일 엑셀 \5장 \DB_피벗_상품재고관리3.xlsx
완성 파일 엑셀 \5장 \DB_피벗_상품재고관리3_완성.xlsx

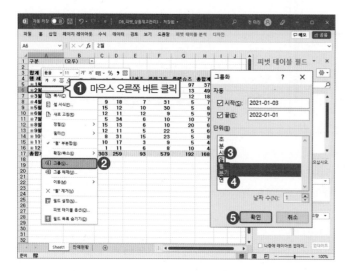

판매일자 필드 그룹화하고 해제하기

01 날짜와 같은 숫자 데이터는 직접 그룹화할 수 있습니다. 월별로 그룹화된 [판매일자]에 분기별 그룹화를 추가해보겠습니다. ❶ 행 레이블의 임의의 셀에서 마우스 오른쪽 버튼을 클릭하고 ❷ [그룹]을 클릭합니다. ❸ [그룹화] 대화상자의 [단위]에서 [일]을 클릭해 선택을 해제하고 ❹ [월], [분기]를 클릭한 후 ❺ [확인]을 클릭합니다.

➕ 판매일자 필드가 분기별로 그룹화됩니다.

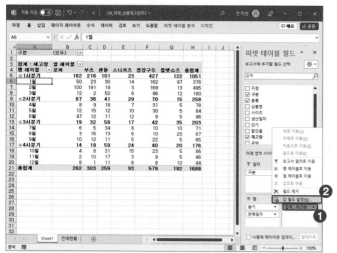

02 피벗 테이블은 기본적으로 합계로 요약됩니다. ❶ 요약 기준을 변경하려면 [값] 영역에서 [합계 : 재고량]을 클릭하고 ❷ [값 필드 설정]을 클릭합니다.

➕ [값 필드 설정] 대화상자가 나타납니다.

03 ❶ [값 필드 설정] 대화상자의 [값 요약 기준] 탭에서 [최대]를 클릭하고 ❷ [확인]을 클릭합니다.

➕ 값 필드의 요약 기준이 최댓값으로 변경되면서 월별, 분기별로 재고량이 가장 많은 데이터로 요약됩니다.

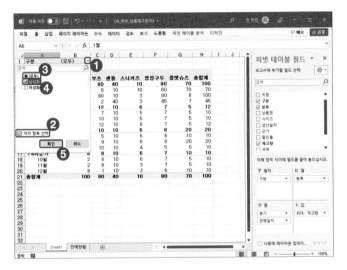

필드 필터링하기

04 남성화 중에서 로퍼와 스니커즈, 정장구두만 표시해보겠습니다. ❶ [구분] 필드의 필터 단추▼를 클릭합니다. ❷ [여러 항목 선택]에 체크하고 ❸ [모두]의 체크를 해제합니다. ❹ [남성화]에 체크한 후 ❺ [확인]을 클릭합니다.

➕ 남성화에 해당하는 상품 분류가 표시됩니다.

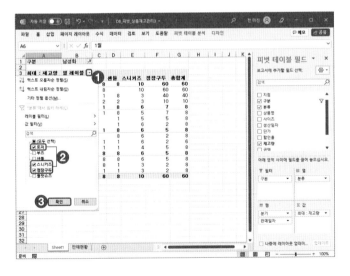

05 ❶ [열 레이블] 필드의 필터 단추▼를 클릭하고 ❷ [로퍼]와 [스니커즈], [정장구두]에 체크한 후 ❸ [확인]을 클릭합니다.

➕ 로퍼, 스니커즈, 정장구두 항목만 표시됩니다.

바로 통 하는TIP 피벗 테이블에서 [확장⊞]과 [축소⊟]를 클릭하면 일부 하위 레코드를 확장/축소할 수 있습니다.

핵심기능

97

피벗 테이블 레이아웃 및 디자인 변경하기

2010 \ 2013 \ 2016 \ 2019 \ 2021

실습 파일 엑셀 \5장\DB_피벗_상품재고관리4.xlsx
완성 파일 엑셀 \5장\DB_피벗_상품재고관리4_완성.xlsx

부분합 표시하기

01 분기별로 하단에 상품 재고량의 부분합을 구해보겠습니다. ❶ [디자인] 탭-[레이아웃] 그룹-[부분합 📄]을 클릭하고 ❷ [그룹 하단에 모든 부분합 표시]를 클릭합니다.

➕ 각 분기 하단에 분기별 재고량의 합계가 표시됩니다.

✔ **엑셀 2019&이전 버전** [피벗 테이블 도구]-[디자인] 탭을 클릭합니다.

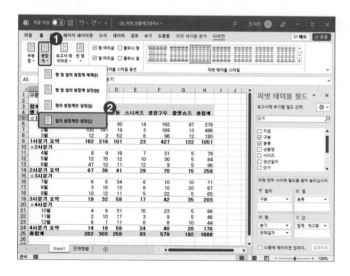

열의 총합계만 표시하기

02 피벗 테이블에는 기본적으로 행과 열의 총합계가 표시됩니다. ❶ [디자인] 탭-[레이아웃] 그룹-[총합계 📄]를 클릭하고 ❷ [열의 총합계만 설정]을 클릭합니다.

➕ H열에 표시되었던 행의 총합계가 사라지고 열의 총합계만 표시합니다.

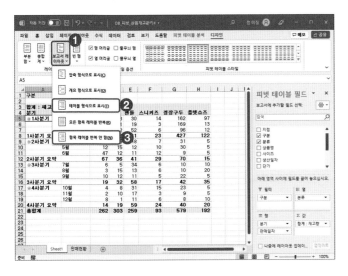

피벗 테이블을 테이블 형식으로 변경하기

03 ❶ [디자인] 탭-[레이아웃] 그룹-[보고서 레이아웃圖]을 클릭합니다. ❷ [테이블 형식으로 표시]와 ❸ [항목 레이블 반복 안함]을 각각 클릭합니다.

➕ 분기와 월을 분리하여 레이아웃을 테이블 형식으로 변경합니다. 분기명은 반복되지 않고 한 번만 표시됩니다.

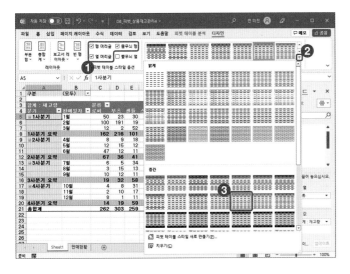

피벗 테이블 스타일 변경하기

04 ❶ [디자인] 탭-[피벗 테이블 스타일 옵션] 그룹-[행 머리글], [줄무늬 행], [열 머리글]에 체크하고 ❷ [피벗 테이블 스타일] 그룹에서 [자세히▽]를 클릭합니다. ❸ [피벗 스타일 보통 12]를 클릭합니다.

➕ 피벗 테이블 스타일이 변경됩니다.

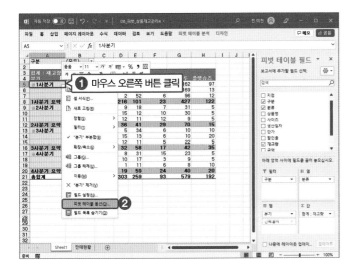

셀 병합하기

05 [행]과 [열] 영역에 두 개 이상의 필드가 있는 경우 첫 번째 항목으로 셀 병합을 할 수 있습니다. ❶ 피벗 테이블의 임의의 셀에서 마우스 오른쪽 버튼을 클릭하고 ❷ [피벗 테이블 옵션]을 클릭합니다.

➕ [피벗 테이블 옵션] 대화상자가 나타납니다.

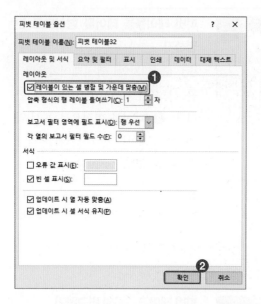

06 ❶ [피벗 테이블 옵션] 대화상자의 [레이아웃 및 서식] 탭-[레이아웃]-[레이블이 있는 셀 병합 및 가운데 맞춤]에 체크한 후 ❷ [확인]을 클릭합니다.

➕ 행 레이블이 분기별로 병합됩니다.

피벗 테이블 보고서 완성하기

07 [피벗 테이블 분석] 탭-[표시] 그룹에서 [필드 목록▦], [+/- 단추▦], [필드 머리글▤]을 각각 클릭하여 숨깁니다.

✅ **엑셀 2010** [피벗 테이블 도구]-[옵션] 탭을 클릭합니다.

✅ **엑셀 2019** [피벗 테이블 도구]-[분석] 탭을 클릭합니다.

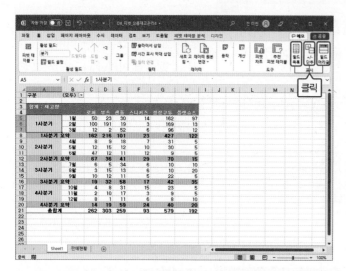

08 열 너비를 보기 좋게 조절하여 피벗 테이블 보고서를 완성합니다.

핵심기능

98

피벗 테이블 슬라이서와
시간 표시 막대 삽입/제거하기

실습 파일 엑셀 \5장 \DB_피벗_상품재고관리5.xlsx
완성 파일 엑셀 \5장 \DB_피벗_상품재고관리5_완성.xlsx

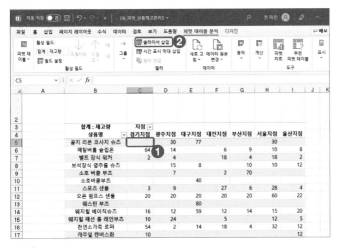

슬라이서 삽입하기

01 ❶ 피벗 테이블 목록에서 임의의 셀을 클릭합니다. ❷ [피벗 테이블 분석] 탭-[필터] 그룹-[슬라이서 삽입🔲]을 클릭합니다.

➕ [슬라이서 삽입] 대화상자가 나타납니다.

✔ **엑셀 2010** [피벗 테이블 도구]-[옵션] 탭-[정렬 및 필터] 그룹-[슬라이서 삽입]을 클릭합니다.

✔ **엑셀 2019** [피벗 테이블 도구]-[분석] 탭을 클릭합니다.

바로 통하는TIP 슬라이서를 이용하면 피벗 테이블의 데이터 중에서 사용자가 원하는 자료를 필드 목록으로 세분화하고 필터링하여 필요한 내용만 표시할 수 있습니다.

슬라이서 항목 표시하기

02 ❶ [슬라이서 삽입] 대화상자에서 [구분], [사이즈]에 체크하고 ❷ [확인]을 클릭합니다.

➕ [구분], [사이즈] 필드에 입력된 데이터가 슬라이서의 항목으로 표시됩니다.

데이터
관리/
분석&
자동화

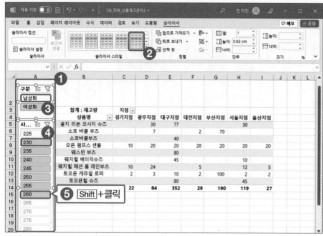

슬라이서 배치 및 필터링하기

03 ❶ [구분]과 [사이즈] 슬라이서를 드래그하여 A열에 각각 배치합니다. ❷ [슬라이서] 탭-[슬라이서 스타일] 그룹에서 원하는 스타일을 클릭합니다. ❸ [구분] 슬라이서에서 [남성화]를 클릭해 선택을 해제합니다. ❹ [사이즈] 슬라이서에서 [230]을 클릭한 후 ❺ Shift 를 누른 상태에서 [260]을 클릭합니다.

➕ 여성화 중 230~260 사이즈의 지점별 상품 재고량이 표시됩니다.

바로 통 하는TIP 슬라이서 창에서 [필터 지우기 🔣]를 클릭하면 조건이 해제되고 전체 목록이 나타납니다.

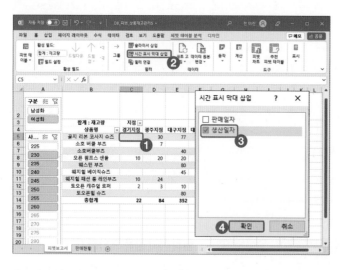

시간 표시 막대 삽입하기

04 날짜 필드인 '생산일자'를 시간 표시 막대로 삽입해보겠습니다. ❶ 피벗 테이블 목록에서 임의의 셀을 클릭합니다. ❷ [피벗 테이블 분석] 탭-[필터] 그룹-[시간 표시 막대 삽입 🔲]을 클릭하고 ❸ [시간 표시 막대] 대화상자가 나타나면 [생산일자]에 체크한 후 ❹ [확인]을 클릭합니다.

➕ [생산일자] 시간 표시 막대 창이 삽입됩니다.

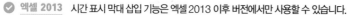

✔ 엑셀 2013 시간 표시 막대 삽입 기능은 엑셀 2013 이후 버전에서만 사용할 수 있습니다.

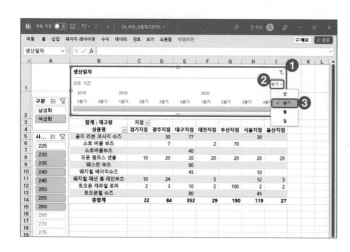

시간 표시 막대의 시간 수준 지정하기

05 ❶ [생산일자] 시간 표시 막대 창을 [B1:I2] 범위에 배치합니다. ❷ [분기]로 표시된 시간 수준 항목을 클릭하고 ❸ [분기]를 클릭합니다.

➕ 시간 표시 막대의 시간 수준이 연도와 분기 단위로 변경됩니다.

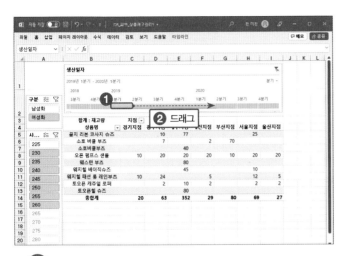

시간 표시 막대의 시작/종료 구간 설정하기

06 ❶ 시간 표시 막대의 [2019년 1분기]를 클릭하고 ❷ 종료 지점을 [2020년 1분기]까지 드래그합니다.

➕ 2019년 1분기~2020년 1분기에 생산된 상품의 재고량이 표시됩니다.

바로**통**하는**TIP** 시간 표시 막대는 날짜나 시간의 간격을 막대로 표시하여 사용자가 특정 기간의 데이터를 필터링하도록 도와줍니다. 이를 사용하면 네 개의 시간 수준(연, 분기, 월 또는 일) 중 하나를 기준으로 필터링할 수 있습니다. 시간 표시 막대의 시간 수준이 변경되면 피벗 테이블의 데이터도 변경됩니다.

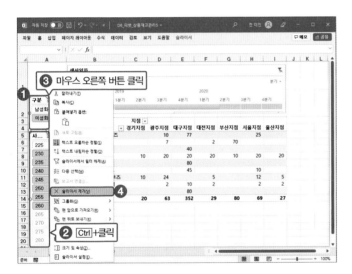

슬라이서와 시간 표시 막대 제거하기

07 ❶ [구분] 슬라이서를 클릭하고 ❷ Ctrl 을 누른 상태에서 [사이즈] 슬라이서를 클릭합니다. ❸ [구분] 슬라이서 창에서 마우스 오른쪽 버튼을 클릭하고 ❹ [슬라이서 제거]를 클릭합니다.

➕ 슬라이서가 제거됩니다.

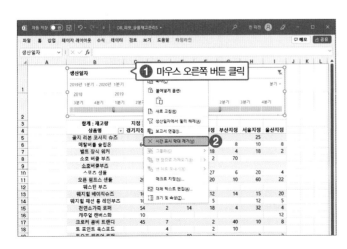

08 ❶ [생산일자] 시간 표시 막대 창에서 마우스 오른쪽 버튼을 클릭하고 ❷ [시간 표시 막대 제거]를 클릭합니다.

➕ 시간 표시 막대가 제거됩니다.

데이터
관리/
분석&
자동화

개발 도구 탭 추가 및 매크로 보안 설정하기

실습 파일 없음
완성 파일 없음

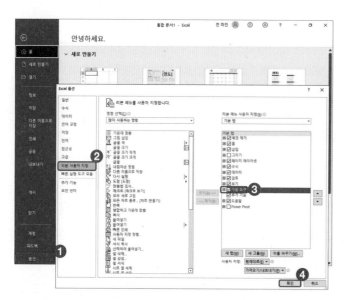

리본 메뉴에 [개발 도구] 탭 표시하기

01 ❶ [파일] 탭-[옵션]을 클릭합니다. ❷ [Excel 옵션] 대화상자의 [리본 사용자 지정]을 클릭합니다. ❸ [기본 탭]-[개발 도구]에 체크한 후 ❹ [확인]을 클릭합니다.

➕ 리본 메뉴에 [개발 도구] 탭이 표시됩니다.

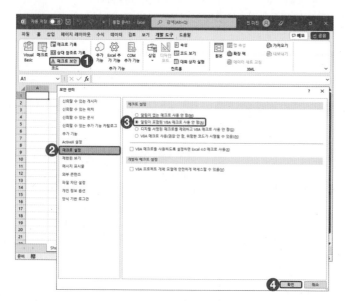

매크로 보안 설정하기

02 ❶ [개발 도구] 탭-[코드] 그룹-[매크로 보안⚠]을 클릭합니다. ❷ [보안 센터] 대화상자에서 [매크로 설정]을 클릭합니다. ❸ [매크로 설정]에서 [알림이 포함된 VBA 매크로 사용 안 함]을 클릭하고 ❹ [확인을 클릭합니다.

바로 통하는TIP [알림이 포함된 VBA 매크로 사용 안함]은 매크로 보안의 기본 설정으로 가장 많이 사용하는 보안 설정입니다. 매크로가 포함된 통합 문서를 열 때마다 보안 경고 메시지가 나타나며 현재 문서가 신뢰할 만한 문서인지 확인한 후 매크로의 실행 여부를 상황별로 선택합니다.

✅ **엑셀 2019** [매크로 설정] 목록에서 [모든 매크로 제외(알림 표시)]를 클릭합니다.

핵심기능

100

자동 매크로 기록 및 저장하기

실습 파일 엑셀\5장\매크로_도서목록1.xlsx
완성 파일 엑셀\5장\매크로_도서목록1_완성.xlsm

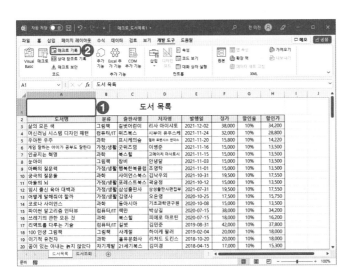

조건부 서식 적용 매크로 기록하기

01 네 개의 행 중에 두 개의 행마다 셀의 배경색을 채워 구분하도록 매크로로 조건부 서식 적용 과정을 기록하겠습니다. ❶ [A1] 셀을 클릭합니다. ❷ [개발 도구] 탭-[코드] 그룹-[매크로 기록📷]을 클릭합니다.

➕ [매크로 기록] 대화상자가 나타납니다.

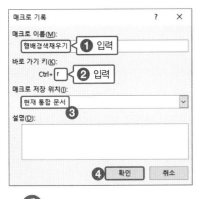

02 [매크로 기록] 대화상자에서 매크로의 이름, 바로 가기 키, 저장 위치를 지정합니다. ❶ [매크로 이름]에 **행배경색채우기**를 입력하고 ❷ [바로 가기 키]에 **r**을 입력합니다. ❸ [매크로 저장 위치]를 [현재 통합 문서]로 선택한 후 ❹ [확인]을 클릭합니다.

➕ [매크로 기록] 대화상자에서 [확인]을 클릭한 후부터 셀과 관련된 명령어, 메뉴 선택 등의 동작이 모두 매크로로 기록됩니다.

바로 통 하는TIP [매크로 기록] 대화상자

• **매크로 이름** : 기록할 매크로 이름을 입력합니다. 매크로 이름의 첫 글자는 반드시 문자로 시작해야 하고 공백, 특수 문자(!, @, ?, %, & 등), 셀 주소는 사용할 수 없습니다.

• **바로 가기 키** : 매크로를 실행하는 바로 가기 키를 설정할 수 있으며 내소문자를 구별합니다.

• **매크로 저장 위치** : 자동 매크로가 기록될 위치를 [개인용 매크로 통합 문서], [새 통합 문서], [현재 통합 문서] 중에서 선택합니다.

• **설명** : 매크로에 대한 부연 설명을 입력합니다.

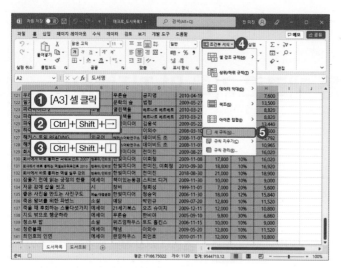

03 ❶ [A3] 셀을 클릭합니다. ❷ [A3:H141] 범위를 지정하기 위해 Ctrl + Shift + → 를 누른 후 ❸ Ctrl + Shift + ↓ 를 누릅니다. ❹ [홈] 탭 -[스타일] 그룹-[조건부 서식圖]을 클릭하고 ❺ [새 규칙]을 클릭합니다.

➕ [새 서식 규칙] 대화상자가 나타납니다.

04 ❶ [새 서식 규칙] 대화상자에서 [수식을 사용하여 서식을 지정할 셀 결정]을 클릭하고 ❷ 두 개의 행마다 행마다 배경색을 지정하기 위해 수식 입력란에 **=AND(MOD(ROW(A1),4))=1,MOD(ROW(A1),4)<=2)**를 입력합니다. ❸ [서식]을 클릭합니다.

➕ [셀 서식] 대화상자가 나타납니다.

바로 통 하는TIP 행 번호(ROW(A1))가 1이므로 행 번호를 4로 나눈(MOD(ROW(A1),4) 나머지 값이 1과 2일 때에만 규칙이 적용되도록 수식 **=AND(MOD(ROW(A1),4))=1,MOD(ROW(A1),4)<=2)**를 입력합니다.

05 ❶ [셀 서식] 대화상자에서 [채우기] 탭을 클릭하고 ❷ [녹색, 강조5, 80% 더 밝게]를 클릭합니다. ❸ [확인]을 클릭하고 [새 서식 규칙] 대화상자에서도 [확인]을 클릭해 대화상자를 모두 닫습니다.

➕ 조건부 서식 규칙에 따라 셀에 강조색이 적용됩니다.

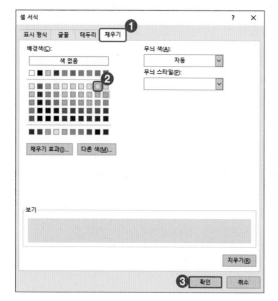

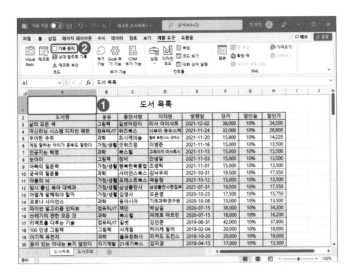

06 ❶ [A1] 셀을 클릭하고 ❷ [개발 도구] 탭-[코드] 그룹-[기록 중지 □]를 클릭하여 매크로 작성을 마칩니다.

➕ 기록한 매크로가 저장됩니다.

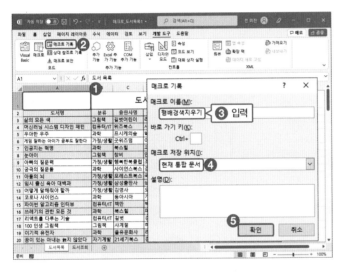

조건부 서식 제거 매크로 기록하기

07 조건부 서식의 규칙을 지우는 매크로를 기록하겠습니다. ❶ [A1] 셀을 클릭합니다. ❷ [개발 도구] 탭-[코드] 그룹-[매크로 기록 🔲]을 클릭합니다. ❸ [매크로 기록] 대화 상자에서 [매크로 이름]에 **행배경색 지우기**를 입력하고 ❹ [매크로 저장 위치]를 [현재 통합 문서]로 선택한 후 ❺ [확인]을 클릭합니다.

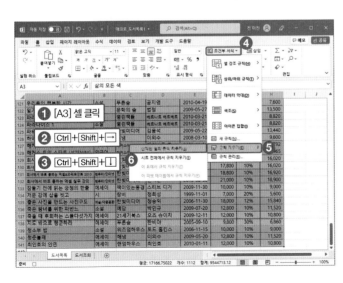

08 ❶ [A3] 셀을 클릭합니다. ❷ [A3:H141] 범위를 지정하기 위해 Ctrl + Shift + → 를 누른 후 ❸ Ctrl + Shift + ↓ 를 누릅니다. ❹ [홈] 탭-[스타일] 그룹-[조건부 서식 🔲]을 클릭하고, ❺ [규칙 지우기]-[선택한 셀의 규칙 지우기]를 클릭합니다.

➕ 지정된 서식이 지워집니다.

데이터
관리/
분석&
자동화

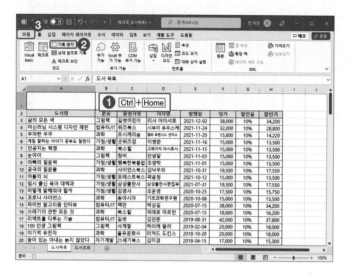

매크로 포함 문서 저장하기

09 ❶ Ctrl + Home 을 누릅니다.
❷ [개발 도구] 탭-[코드] 그룹-[기록 중지 ▣]를 클릭하여 매크로 작성을 마칩니다. ❸ [파일] 탭을 클릭합니다.

✅ **엑셀 2010** F12 를 누르고 [다른 이름으로 저장] 대화상자의 [파일 형식]에서 [Excel 매크로 사용 통합 문서(*.xlsm)]를 선택한 후 저장합니다.

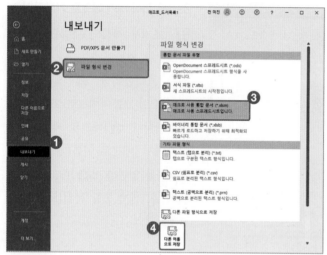

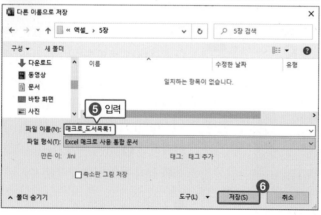

10 ❶ [내보내기]를 클릭하고 ❷ [파일 형식 변경]을 클릭한 후 ❸ [매크로 사용 통합 문서 (*.xlsm)]를 클릭합니다. ❹ [다른 이름으로 저장]을 클릭합니다. ❺ [다른 이름으로 저장] 대화상자에서 [파일 이름]에 **매크로_도서목록1**을 입력한 후 ❻ [저장]을 클릭합니다.

➕ 매크로가 포함된 통합 문서가 저장됩니다.

바로 통하는 TIP '*.xlsx' 형식으로 저장하면 현재 통합 문서에서 작성한 매크로가 저장되지 않습니다. 반드시 매크로 사용 통합 문서인 '*.xlsm' 형식으로 저장합니다.

핵심기능

101

바로 가기 키와 양식 컨트롤로 매크로 실행하기

실습 파일 엑셀 \ 5장 \ 매크로_도서목록2.xlsm
완성 파일 엑셀 \ 5장 \ 매크로_도서목록2_완성.xlsm

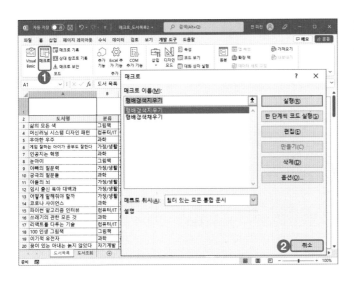

매크로 포함 통합 문서 실행하기

01 실습 파일을 열면 메시지 표시 줄에 보안 경고 메시지가 나타납니다. [콘텐츠 사용]을 클릭해서 매크로를 사용할 수 있도록 설정합니다.

02 ❶ [개발 도구] 탭-[코드] 그룹-[매크로]를 클릭합니다. ❷ [매크로] 대화상자에 앞서 기록한 매크로 목록이 나타납니다. 여기서는 [취소]를 클릭해서 [매크로] 대화상자를 닫습니다.

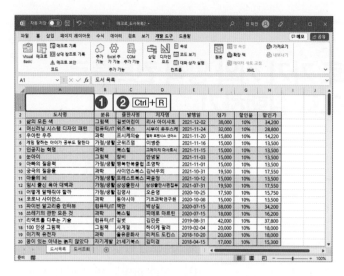

[행배경색채우기] 매크로를 바로 가기 키로 실행하기

03 ❶ [A1] 셀을 클릭하고 ❷ Ctrl + R 을 눌러 매크로를 실행합니다.

➕ [행배경색채우기] 매크로가 실행되어 셀에 강조색이 적용됩니다.

바로 통 하는TIP [행배경색채우기] 매크로의 바로 가기 키는 소문자 'r'로 지정했습니다. 키보드로 매크로를 실행할 때는 Ctrl + R 을 누릅니다.

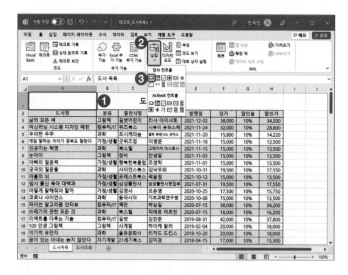

[조건부규칙지우기] 매크로를 양식 컨트롤로 실행하기

04 ❶ [A1] 셀을 클릭합니다. ❷ [개발 도구] 탭-[컨트롤] 그룹-[삽입 📇]을 클릭한 후 ❸ [양식 컨트롤]의 [단추□]를 클릭합니다.

바로 통 하는TIP ActiveX 컨트롤은 주로 VBA 프로그래밍에 사용됩니다. 양식 컨트롤은 매크로를 실행하거나 통합 문서에서 함수와 연동해 작업할 때 사용합니다.

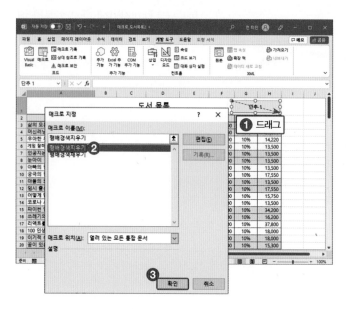

05 ❶ 오른쪽 상단에서 드래그해 단추를 삽입합니다. ❷ [매크로 지정] 대화상자가 나타나면 [매크로 이름] 목록에서 [행배경색지우기]를 클릭하고 ❸ [확인]을 클릭합니다.

➕ 단추에 [조건부규칙지우기] 매크로가 연결됩니다.

06 ❶ 난주 안을 클릭한 후 **행배경색지우기**를 입력합니다. ❷ 임의의 셀을 클릭하여 단추 선택을 해제합니다.

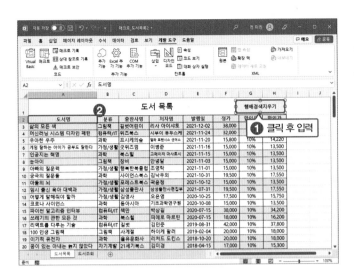

07 ❶ [A1] 셀을 클릭한 후 ❷ [행배경색지우기] 단추를 클릭하여 매크로를 실행합니다.

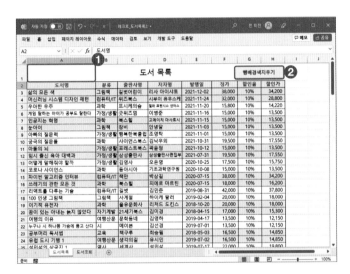

08 지정된 서식이 지워집니다.

핵심기능

매크로 편집하기

102

실습 파일 엑셀\5장\매크로_도서목록3.xlsm
완성 파일 엑셀\5장\매크로_도서목록3_완성.xlsm

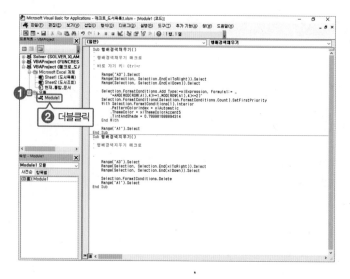

매크로 편집하기

01 앞서 기록한 매크로의 조건부 서식 규칙 조건은 **=AND(MOD(ROW(A1),4)>=1,MOD(ROW(A1),4)<=2)** 이므로 항상 두 개의 행마다 셀의 색을 채우는 매크로가 적용됩니다. 따라서 행의 개수를 입력받아서 원하는 행에 조건부 서식이 적용되도록 매크로를 편집해보겠습니다. Alt + F11 을 눌러 비주얼 베이식 편집기를 엽니다.

바로 통 하는TIP [개발 도구] 탭-[코드] 그룹- [Visual Basic]을 클릭하거나 시트 탭에서 마우스 오른쪽 버튼을 클릭한 후 [코드 보기]를 클릭해도 비주얼 베이식 편집기를 열 수 있습니다.

02 ❶ 프로젝트 창에서 [모듈] 폴더의 [확장⊞]을 클릭하고 ❷ [Module1]을 더블클릭합니다.

➕ [행배경색채우기] 매크로 구문이 코드 창에 표시됩니다.

비주얼 베이식 편집기 창의 화면 구성은 다음과 같습니다.

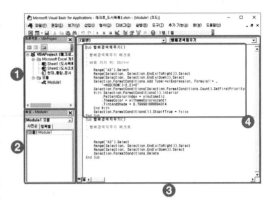

① **프로젝트 탐색기 창** : 엑셀을 구성하는 통합 문서, 워크시트
그리고 모듈, 폼, 클래스 등의 개체를 계층 구조 형태로 표시
합니다.

② **속성 창** : 프로젝트 탐색기 창에 나타나는 개체들의 각 속성
을 설정합니다.

③ **코드 창** : 매크로가 VBA 코드로 기록되어 나타나는 창으로
매크로를 직접 수행하거나 삭제할 수 있으며 매크로를 만들
수 있습니다.

④ **프로시저** : 한 개의 프로시저는 Sub로 시작해서 End Sub
로 끝납니다. 그 사이에는 VBA 코드가 위치합니다. 앞서 매
크로 기록으로 기록한 매크로에 해당합니다.

---

03 [행배경색채우기] 코드 창에 다음과 같이 빨간색으로 표기된 코드를 입력하여 매크로를 수정합니다.

```
Sub 행배경색채우기()
'
'행배경색채우기 매크로
'
'바로 가기 키: Ctrl+r
'
❶ Dim rowno1 As Integer, rowno2 As Integer
❷ Dim con As String
❸ rowno1 = Val(InputBox("배경색을 지정할 행의 배수 값을 숫자로 입력해주세요", "숫자 입력창", 2))
❹ rowno2 = rowno1 * 2
❺ con = "=AND(MOD(ROW(A1)," & rowno2 & ")>=1,MOD(ROW(A1)," & rowno2 & ")<=" & rowno1 & ")"
❻ 행배경색지우기
    Range("A3").Select
    Range(Selection, Selection.End(xlToRight)).Select
    Range(Selection, Selection.End(xlDown)).Select
❼ Selection.FormatConditions.Add Type:=xlExpression, Formula1:=con
    Selection.FormatConditions(Selection.FormatConditions.Count).SetFirstPriority
    With Selection.FormatConditions(1).Interior
        .PatternColorIndex = xlAutomatic
        .ThemeColor = xlThemeColorAccent5
        .TintAndShade = 0.799981688894314
    End With
    Range("A1").Select
End Sub
```

❶ Dim rowno1 As Integer, rowno2 as Integer 구문은 변수 rowno1, rowno2를 정수로 선언합니다.

❷ Dim con As String 구문은 변수 con을 문자로 선언합니다.

❸ rowno1 = Val(InputBox("배경색을 지정할 행의 배수 값을 숫자로 입력해주세요", "숫자 입력창", 2)) 구문은 [입력 상자] 대화상자를 통해 행의 개수를 입력받아서 rowno1 변수에 넘겨줍니다.

❹ rowno2 = rowno1 * 2 구문은 입력 받은 행의 개수에 2를 곱해서 rowno2 변수에 넘겨줍니다.

❺ =AND(MOD(ROW(A1),4))=1,MOD(ROW(A1),4)<=2)의 조건부 서식의 규칙을 입력받은 행의 개수에 따라 파랑색 숫자가 매번 바뀌도록 규칙을 수정합니다.

따라서 con = "=AND(MOD(ROW(A1)," & rowno2 & "))=1,MOD(ROW(A1)," & rowno2 & ")<=" & rowno1 & ")" 구문은 조건부 서식 규칙에 따라 rowno1과 rowno2 값이 매번 바뀌도록 규칙을 수정하고 con 변수에 넘겨줍니다.

❻ 행배경색지우기 구문은 조건부 서식을 적용하기 전에 조건부 서식을 지우는 매크로를 호출합니다.

❼ Selection.FormatConditions.Add Type:=xlExpression, Formula1:=con 구문은 조건부 서식 규칙에 con 변수값을 넘겨줍니다.

바로 통 하는TIP 코드는 '매크로_도서목록__CODE.txt' 파일에서 복사하여 붙여 넣을 수 있습니다.

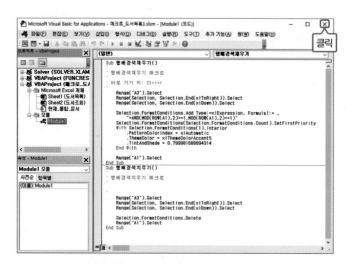

04 [닫기 ☒]를 클릭하여 비주얼 베이식 편집기를 닫습니다.

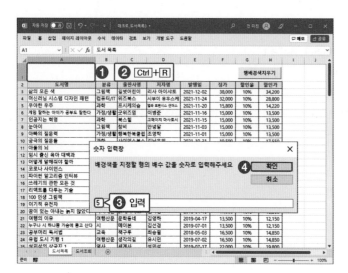

05 ❶ [A1] 셀을 클릭하고 ❷ Ctrl +R을 누릅니다. ❸ [숫자 입력창] 대화상자가 나타나면 5를 입력하고 ❹ [확인]을 클릭합니다.

➕ 바로 가기 키로 매크로를 실행하면 5행마다 배경색이 채워지는 매크로가 실행됩니다.

핵심기능

103

매크로 삭제하기

실습 파일 엑셀\5장\매크로_도서목록4.xlsm
완성 파일 엑셀\5장\매크로_도서목록4_완성.xlsm

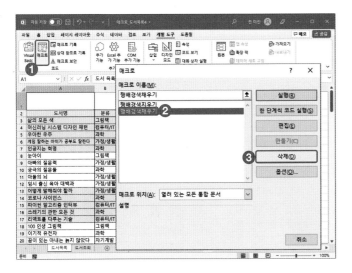

매크로 삭제하기

01 ❶ [개발 도구] 탭-[코드] 그룹-[매크로▦]를 클릭합니다. ❷ [매크로] 대화상자의 [매크로 이름] 목록에서 [행배경색채우기]를 클릭하고 ❸ [삭제]를 클릭합니다.

02 ❶ 매크로 삭제 경고 메시지가 나타나면 [예]를 클릭합니다. ❷ [개발 도구] 탭-[코드] 그룹-[매크로]를 클릭합니다. [매크로 이름] 목록에서 [행배경채우기]가 삭제되었습니다. ❸ [취소]를 클릭해서 [매크로] 대화상자를 닫습니다.

바로 **통**하는TIP 매크로를 삭제하면 Ctrl + R 바로 가기 키를 눌러도 매크로가 실행되지 않습니다.

PART

02

파워포인트

CHAPTER

01

기본
프레젠테이션
만들기

파워포인트의 기본을 다루는 CHAPTER입니다. 파워포인트의 화면 구성
을 살펴보고 효율적으로 작업하는 데 필요한 도구 모음과 메뉴를 구성
합니다. 슬라이드를 추가, 삭제, 복사, 이동하는 등 자유롭게 다룰 수 있
습니다. 한 번 클릭으로 텍스트, 도형, 표, 차트의 디자인을 끝내는 방법
과 문서를 열고 저장하는 방법도 알아봅니다. 파워포인트의 기본을 충실
하게 다질 수 있습니다.

파워포인트의 화면 구성 살펴보기

기본 화면 구성

① **자동 저장** : Microsoft 365 버전부터 사용할 수 있으며, 작업 중인 파일을 몇 초마다 자동으로 저장합니다. OneDrive, 비즈니스용 OneDrive 또는 SharePoint Online에 파일을 저장할 때 자동 저장이 기본적으로 활성화됩니다.

② **저장** : 클릭하여 작업한 내용을 현재 프레젠테이션에 저장합니다. 최초로 저장할 때는 위치를 지정합니다.

③ **빠른 실행 도구 모음** : 자주 사용하는 명령을 모아놓은 곳입니다. 필요에 따라 추가 또는 삭제할 수 있습니다. 리본 메뉴 아래에 빠른 실행 도구 모음을 표시하여 명령 레이블로 작업할 수 있습니다.

❹ **제목 표시줄** : 프로그램 이름과 현재 편집 중인 문서의 이름이 나타납니다.

❺ **검색** : 텍스트나 명령, 도움말 등 원하는 내용을 신속하게 찾을 수 있습니다.

❻ **사용자 계정** : Microsoft에 로그인한 사용자의 이름과 프로필 사진이 보입니다. 내 계정을 관리하거나 다른 계정으로 전환이 가능합니다.

❼ **출시 예정 기능** : 새 업데이트가 모든 사용자에게 공개되기 전에 신기능을 먼저 테스트하고 의견을 전달할 수 있습니다.

❽ **프로그램 창 조절** : 파워포인트 창을 최소화/최대화하거나 닫을 때 사용합니다.

❾ **리본 메뉴** : 슬라이드를 작성할 때 필요한 각종 명령을 기능별로 구분해서 탭 형태로 표시합니다. 탭을 열어 필요한 명령 버튼을 클릭하여 실행합니다. 사용자는 리본에 탭과 명령 버튼을 삭제, 추가, 이동할 수 있으며 변경된 상태를 저장할 수도 있습니다.

❿ **메모** : 문서에 대한 메모를 보거나 [새로 만들기]를 클릭하여 원하는 메모를 추가합니다.

⓫ **공유** : 프레젠테이션을 클라우드에 저장한 후 다른 사용자에게 공유합니다.

⓬ **리본 메뉴 표시 옵션** : 리본 메뉴 표시 방법을 전환하고 빠른 실행 도구 모음을 숨기거나 표시할 수 있습니다. 화면이 작아 불편한 경우 리본 메뉴를 축소하여 탭만 표시할 수 있습니다.

⓭ **슬라이드 축소판 창** : 열려 있는 파워포인트 파일의 각 슬라이드가 작은 그림으로 나타납니다.

⓮ **슬라이드 창** : 슬라이드를 편집하는 작업 영역입니다. 도형, 텍스트, 이미지, 차트, 표 등의 개체를 삽입하고 편집합니다.

⓯ **슬라이드 노트** : 발표할 내용을 입력합니다. 슬라이드를 인쇄할 때 [인쇄 모양]을 [슬라이드 노트]로 선택하면 슬라이드와 슬라이드 노트가 함께 인쇄됩니다. 리허설이나 발표에 유용하게 사용할 수 있습니다.

⓰ **작업 창** : [도형 서식], [그림 서식], [차트 서식] 작업 창 등에서 선택한 개체의 세부 서식을 세밀하게 조정할 수 있습니다. 작업 창은 기본적으로 나타나지는 않고 리본 메뉴나 슬라이드의 개체를 통해 표시합니다.

⓱ **상태 표시줄** : 슬라이드 번호, 맞춤법 검사, 입력 언어, 접근성 검사를 표시해줍니다.

상태 표시 및 화면 보기

❶ **메모** : 클릭하면 슬라이드 창 아래에 슬라이드 노트 창을 표시합니다. 감추려면 [메모]를 다시 클릭합니다.

❷ **화면 보기** : [기본], [여러 슬라이드], [읽기용 보기], [슬라이드 쇼]를 통해 원하는 대로 화면 보기를 변경하여 작업할 수 있습니다.

❸ **확대/축소 슬라이드** : ─를 클릭하면 화면이 축소되고, ＋를 클릭하면 화면이 확대됩니다. 조절바를 드래그하거나 배율을 직접 입력하여 조정할 수도 있습니다.

❹ **현재 창 크기에 맞춤** : 슬라이드 크기를 현재 창 크기에 최대한 맞춥니다.

무선 순위

프레젠 테이션 기본

슬라 이드 배경 서식

내용 작성 & 서식

시각화 & 멀티 미디어

슬라 이드 정리 & 저장

발표 준비 & 발표

빠른 실행 도구 모음에 [터치/마우스 모드]를 추가한 후 [터치]를 클릭하면 터치 제스처를 통해 슬라이드를 살짝 밀고, 누르고, 스크롤하고, 확대/축소하며 프레젠테이션을 실감나게 진행할 수 있습니다. 터치 사용에 최적화되도록 명령 사이의 간격이 넓어집니다.

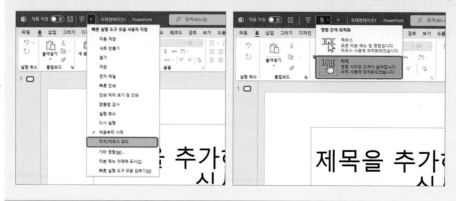

파워포인트 빠르게 시작하기

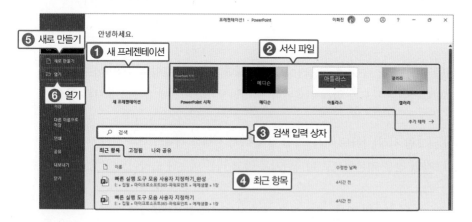

❶ 새 프레젠테이션 : 흰색 배경의 새 프레젠테이션을 만들려면 선택합니다.

❷ 서식 파일 : 파워포인트에서 기본으로 제공되는 서식 파일 중 하나를 선택할 수 있습니다. [추가 테마]를 클릭하면 다양한 서식 파일을 선택할 수 있습니다.

❸ 검색 입력 상자 : 최근에 작업한 파워포인트 파일명을 입력하면 빠르게 찾아서 실행할 수 있습니다.

❹ 최근 항목 : 최근에 사용한 프레젠테이션 목록에서 작업할 문서를 선택하여 빠르게 실행할 수 있습니다. [추가 프레젠테이션]을 클릭하면 더 많은 항목을 확인할 수 있습니다.

❺ 새로 만들기 : 새 프레젠테이션과 제공되는 다양한 서식 파일 중 하나를 선택하여 만들 수 있습니다. 마음에 드는 서식이 없다면 [추가 테마]를 클릭하고 [온라인 서식 파일 및 테마 검색]에 원하는 서식 이름을 입력한 후 서식을 선택하여 사용합니다.

❻ 열기 : 최근에 연 파일 목록이 표시되고 일반적으로 파일을 저장하는 위치의 링크가 포함됩니다. 저장된 모든 프레젠테이션 파일을 찾아서 열 수 있습니다.

바탕화면에 [PowerPoint] 바로 가기 아이콘 만들기

① 컴퓨터 바탕 화면에서 [시작]을 클릭하고 ② [PowerPoint]를 바탕 화면으로 드래그합니다. 바탕화면에 [PowerPoint] 바로 가기 아이콘이 만들어집니다. [PowerPoint] 바로 가기 아이콘을 더블클릭하면 파워포인트가 실행됩니다.

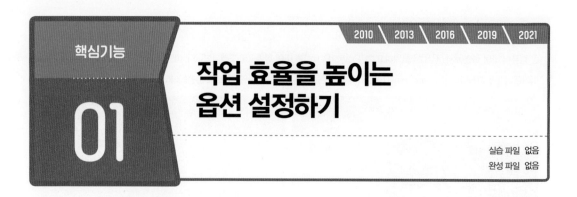

작업 효율을 높이는 옵션 설정하기

실습 파일 없음
완성 파일 없음

1 [PowerPoint 옵션] 대화상자 열기

❶ [파일] 탭을 클릭하고 ❷ [옵션]을 클릭합니다. [PowerPoint 옵션] 대화상자가 나타납니다.

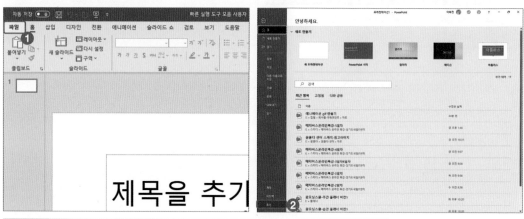

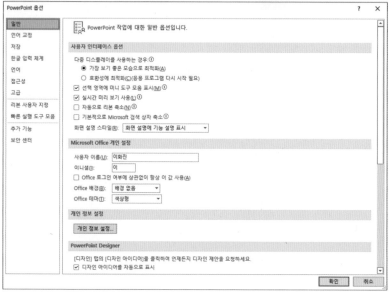

2 PowerPoint Designer의 자동 제안 끄기

슬라이드에 이미지를 추가하면 PowerPoint Designer가 자동으로 디자인 레이아웃을 제안합니다. 그러나 사용자가 정해놓은 디자인이 있다면 자동 제안은 불필요합니다. 디자인 레이아웃을 제공받지 않도록 설정해보겠습니다.

 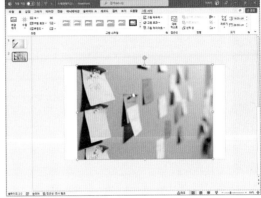

▲ PowerPoint Designer의 자동 제안 설정 적용　　　　　▲ PowerPoint Designer의 자동 제안 설정 해제

❶ ❶을 참고하여 [PowerPoint 옵션] 대화상자를 열고 [일반]을 클릭합니다. ❷ [PowerPoint Designer]–[디자인 아이디어를 자동으로 표시]의 체크를 해제한 후 ❸ [확인]을 클릭합니다. 슬라이드에 개체를 삽입하면 자동으로 나타나던 [디자인 아이디어] 작업 창이 나타나지 않습니다.

3 새 프레젠테이션(빈 화면)으로 시작하기

파워포인트를 실행할 때 테마 선택 화면이 나타나지 않고 바로 빈 화면이 나타나도록 설정해보겠습니다.

▲ 테마 선택 화면으로 시작

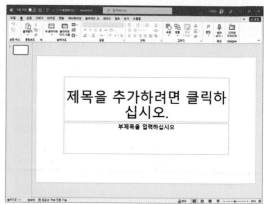

▲ 새 프레젠테이션으로 시작

❶❶을 참고하여 [PowerPoint 옵션] 대화상자를 열고 [일반]을 클릭합니다. ❷ [시작 옵션]-[이 응용 프로그램을 시작할 때 시작 화면 표시]의 체크를 해제한 후 ❸ [확인]을 클릭합니다. 파워포인트를 다시 실행해보면 테마 선택 화면이 나타나지 않고 곧바로 새 프레젠테이션의 빈 화면이 나타납니다.

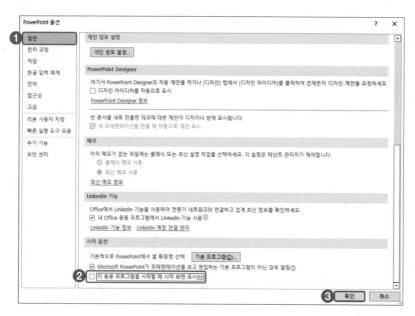

04 맞춤법 검사 해제하기

파워포인트 작업 중에 맞춤법 검사가 자동으로 실행되면 프로그램 속도가 느려집니다. 맞춤법 검사는 슬라이드 작업이 끝난 후 내용을 검수할 때 진행하는 것이 좋습니다. 자동으로 설정된 맞춤법 검사를 해제해보겠습니다.

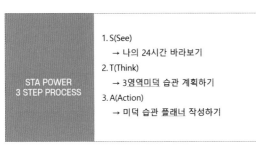

▲ 맞춤법 검사 설정 적용

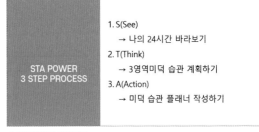

▲ 맞춤법 검사 설정 해제

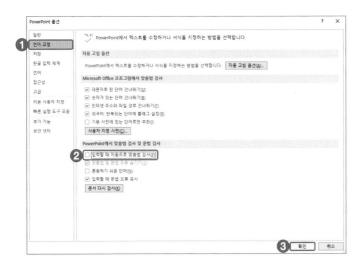

❶ **①**을 참고하여 [PowerPoint 옵션] 대화상자를 열고 [언어 교정]을 클릭합니다. ❷ [PowerPoint에서 맞춤법 검사 및 문법 검사]–[입력할 때 자동으로 맞춤법 검사]의 체크를 해제한 후 ❸ [확인]을 클릭합니다.

➕ 자동으로 표시되던 빨간색 밑줄이 표시되지 않습니다.

05 하이퍼링크 설정 해제하기

파워포인트 작업 중에 홈페이지 주소를 입력하면 자동으로 밑줄이 표시됩니다. 원하지 않은 경우에도 하이퍼링크가 자동으로 생성되므로 하이퍼링크 설정을 해제해보겠습니다.

▲ 하이퍼링크 설정 적용

▲ 하이퍼링크 설정 해제

❶🔢을 참고하여 [PowerPoint 옵션] 대화상자를 열고 [언어 교정]을 클릭합니다. ❷ [자동 고침 옵션]–[자동 고침 옵션]을 클릭합니다. ❸ [자동 고침] 대화상자에서 [입력할 때 자동 서식] 탭을 클릭하고 ❹ [인터넷과 네트워크 경로를 하이퍼링크로 설정]의 체크를 해제한 후 ❺ [확인]을 클릭합니다. ❻ [PowerPoint 옵션] 대화상자에서 [확인]을 클릭합니다. 파워포인트 작업 중에 홈페이지 주소를 입력해도 하이퍼링크가 자동 설정되지 않습니다.

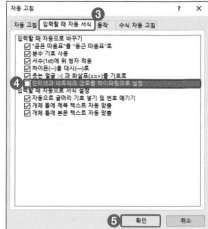

🔢 한/영 자동 고침 해제하기

텍스트를 입력할 때 사용자가 원하지 않아도 영어가 한글로, 한글이 영어로 고쳐지는 경우가 있습니다. 이 문제를 해결해보겠습니다. ❶🔢을 참고하여 [PowerPoint 옵션] 대화상자를 열고 [언어 교정]을 클릭합니다. ❷ [자동 고침 옵션]을 클릭합니다. ❸ [자동 고침] 대화상자에서 [자동 고침] 탭–[한/영 자동고침]의 체크를 해제한 후 ❹ [확인]을 클릭합니다. ❺ [PowerPoint 옵션] 대화상자에서 [확인]을 클릭합니다.

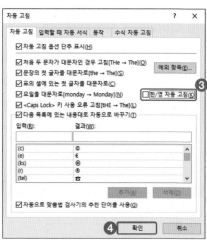

7 자동 복구 정보 저장 간격 설정하기

중요한 문서를 작업할 때는 자주 백업하여 파일 손상에 대비하는 것이 좋습니다. 파워포인트에서는 기본적으로 자동 복구 정보가 10분 간격으로 저장되도록 설정되어 있으며, 1분부터 120분까지 조정할 수 있습니다. [자동 저장 시간 간격]을 설정해 보겠습니다. ❶ 🔢을 참고하여 [PowerPoint 옵션] 대화상자를 열고 [저장]을 클릭합니다. ❷ [자동 복구 저장 정보 간격]에 체크한 후 ❸ [5분]으로 설정합니다. ❹ [확인]을 클릭합니다.

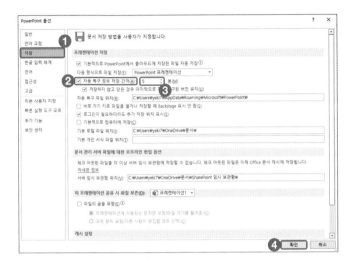

8 파일에 글꼴 포함하여 저장하기

문서를 저장할 때 글꼴을 포함하여 저장하면 다른 환경에서 문서를 열었을 때 글꼴이 깨지는 현상을 방지할 수 있습니다. 단, 글꼴을 포함하여 저장하면 파일의 용량이 늘어납니다. ❶ 🔢을 참고하여 [PowerPoint 옵션] 대화상자를 열고 [저장]을 클릭합니다. ❷ [파일의 글꼴 포함]에 체크합니다. ❸ [프레젠테이션에 사용되는 문자만 포함(파일 크기를 줄여줌)]을 클릭한 후 ❹ [확인]을 클릭합니다.

바로 통하는 TIP 글꼴 저장 옵션 알아보기

• **프레젠테이션에 사용되는 문자만 포함(파일 크기를 줄여줌)** : 해당 문서에서 사용하지 않은 글꼴을 입력하면 문자가 깨져서 나타납니다.

• **모든 문자 포함(다른 사람이 편집할 경우 선택)** : 해당 문서에서 사용하지 않은 글꼴을 입력해도 문자가 깨지지 않아 자유롭게 입력할 수 있습니다. 단, 파일의 용량이 커집니다.

9 실행 취소 최대 횟수 조정하기

파워포인트 작업 중에 단축키 [Ctrl]+[Z]를 누르면 작업 취소 기능이 실행됩니다. 파워포인트에서 작업을 취소할 수 있는 최대 횟수는 기본 20회로 설정되어 있고 3회부터150회까지 조정할 수 있습니다. 실행 취소 최대 횟수를 100회로 늘려보겠습니다. ❶ ❶을 참고하여 [PowerPoint 옵션] 대화상자를 열고 [고급]을 클릭합니다. ❷ [편집 옵션]–[실행 취소 최대 횟수]에 **100**을 입력한 후 ❸ [확인]을 클릭합니다.

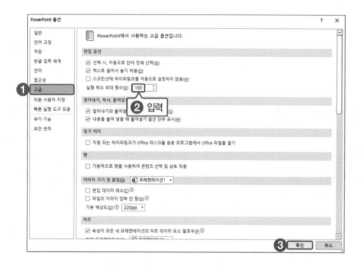

10 고품질 인쇄 설정하기

슬라이드에서 투명 효과를 적용한 개체가 인쇄물에 잘 나타나지 않을 때는 인쇄를 고품질로 설정하여 더욱 선명하게 인쇄합니다. ❶ ❶을 참고하여 [PowerPoint 옵션] 대화상자를 열고 [고급]을 클릭합니다. ❷ [인쇄]–[고품질]에 체크한 후 ❸ [확인]을 클릭합니다.

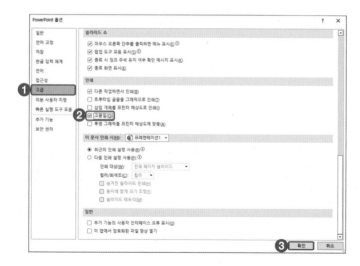

핵심기능 02

빠른 실행 도구 모음 사용자 지정하기

실습 파일 파워포인트\1장\빠른 실행 도구 모음 사용자 지정하기.pptx
완성 파일 파워포인트\1장\빠른 실행 도구 모음 사용자 지정하기_완성.pptx

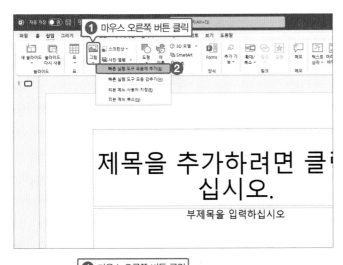

빠른 실행 도구 모음에 [그림 삽입] 기능 추가하기

01 ❶ [삽입] 탭-[이미지] 그룹-[그림 🖾]을 마우스 오른쪽 버튼으로 클릭합니다. ❷ [빠른 실행 도구 모음에 추가]를 클릭합니다.

➕ 빠른 실행 도구 모음에 [그림 삽입] 명령이 추가됩니다.

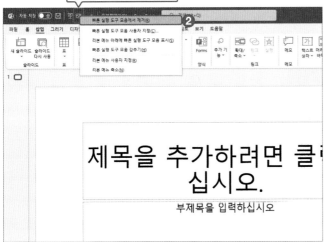

빠른 실행 도구 모음의 [그림 삽입] 기능 삭제하기

02 ❶ 빠른 실행 도구 모음에서 삭제하려는 [그림 삽입🖾]을 마우스 오른쪽 버튼으로 클릭합니다. ❷ [빠른 실행 도구 모음에서 제거]를 클릭합니다.

➕ 빠른 실행 도구 모음에서 [그림 삽입🖾]이 제거됩니다.

✔ **파워포인트 2021** 빠른 실행 도구 모음에 기본적으로 있었던 [실행 취소 ⤺], [다시 실행 ⤻] 기능이 파워포인트 2021 버전부터는 리본 메뉴의 [홈] 탭 가장 왼쪽으로 위치가 변경되었습니다.

우선
순위

프레젠
테이션
기본

슬라
이드
배경
서식

내용
작성
&
서식

시각화
&
멀티
미디어

슬라
이드
정리
&
저장

발표
준비
&
발표

한번에 여러 명령 추가하기

03 ❶ [파일] 탭을 클릭하고 ❷ [옵션]을 클릭합니다. ❸ [PowerPoint 옵션] 대화상자가 나타나면 [빠른 실행 도구 모음]을 클릭합니다. ❹ [명령 선택]에서 추가하고자 하는 명령을 클릭한 후 ❺ [추가]를 클릭하면 [빠른 실행 도구 모음 사용자 지정]에 명령이 추가됩니다. ❻ [빠른 실행 도구 모음 표시]에 체크합니다. ❼ [도구 모음 및 위치]를 [리본 아래]로 선택합니다. ❽ 명령을 모두 추가한 후 [확인]을 클릭합니다.

04 빠른 실행 도구 모음에 여러 명령이 한번에 추가되고 리본 메뉴 아래에 표시됩니다. 빠른 실행 도구 모음을 리본 메뉴 아래에 표시하면 슬라이드 화면과 빠른 실행 도구 모음 사이의 거리가 가까워 명령을 빠르게 실행할 수 있습니다.

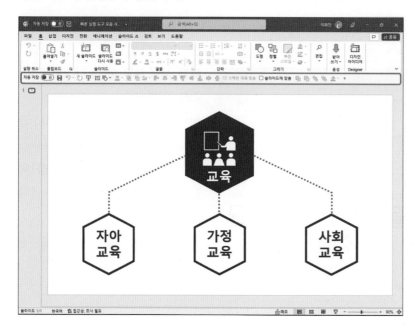

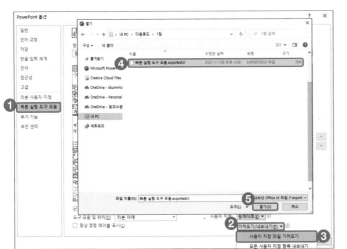

잘 만든 빠른 실행 도구 모음 가져오기

05 ❶ [PowerPoint 옵션] 대화상자에서 [빠른 실행 도구 모음]을 클릭합니다. ❷ 오른쪽 아래에 있는 [가져오기/내보내기]를 클릭한 후 ❸ [사용자 지정 파일 가져오기]를 선택합니다. ❹ [열기] 대화상자에서 '빠른 실행 도구 모음.exportedUI' 파일을 클릭한 후 ❺ [열기]를 클릭합니다.

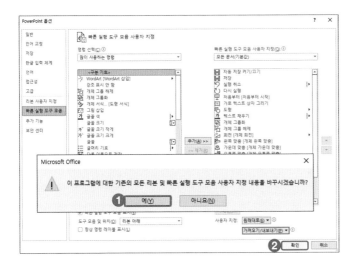

06 ❶ 기존 빠른 실행 도구 모음을 변경할지 묻는 메시지가 나타나면 [예]를 클릭합니다. ❷ [PowerPoint 옵션] 대화상자에서 [확인]을 클릭해 닫습니다.

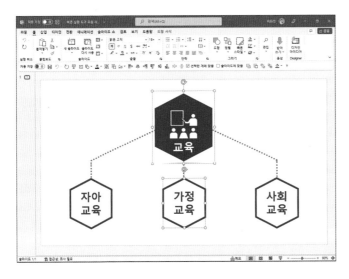

07 빠른 실행 도구 모음에 사용자 지정 파일로 가져온 명령이 추가된 것을 확인할 수 있습니다.

바로 통하는 TIP [가져오기/내보내기]-[모든 사용자 지정 항목 내보내기]를 클릭하여 현재 리본 메뉴와 빠른 실행 도구 모음 사용자 지정 항목을 파일로 내보낸 후 다른 컴퓨터에서 불러와 사용할 수 있습니다.

나만의 리본 메뉴 만들기

03

실습 파일 없음
완성 파일 없음

사용자 지정 리본 메뉴 탭과 그룹 만들기

01 ❶ [파일] 탭을 클릭하고 ❷ [옵션]을 클릭합니다.

➕ [PowerPoint 옵션] 대화상자가 나타납니다..

02 ❶ [PowerPoint 옵션] 대화상자에서 [리본 사용자 지정]을 클릭하고 ❷ 오른쪽 아래에서 [새 탭]을 클릭합니다.

➕ [새 탭 (사용자 지정)]과 [새 그룹 (사용자 지정)]이 생성됩니다.

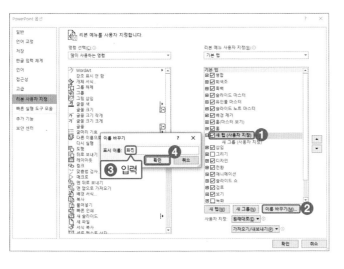

사용자 지정 리본 메뉴 이름 바꾸기

03 ❶ [새 탭 (사용자 지정)]을 클릭하고 ❷ [이름 바꾸기]를 클릭합니다. ❸ [이름 바꾸기] 대화상자에서 [표시 이름]에 **화진**을 입력하고 ❹ [확인]을 클릭합니다.

➕ 새로 추가한 탭의 이름이 [화진]으로 바뀝니다.

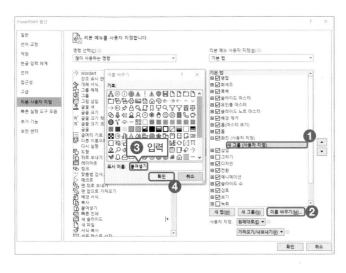

04 ❶ [새 그룹 (사용자 지정)]을 클릭합니다. ❷ [이름 바꾸기]를 클릭한 후 ❸ [이름 바꾸기] 대화상자에서 [표시 이름]에 **붙여넣기**를 입력하고 ❹ [확인]을 클릭합니다.

➕ 새로 추가한 그룹의 이름이 [붙여넣기]로 바뀝니다.

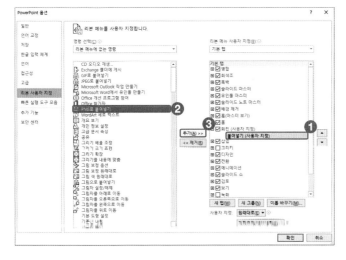

사용자 지정 리본 메뉴에 명령 추가하기

05 ❶ 새로 만든 그룹인 [붙여넣기 (사용자 지정)]를 클릭합니다. ❷ 왼쪽의 [명령 선택] 목록에서 필요한 명령을 클릭하고 ❸ [추가]를 클릭합니다.

➕ 새로 만든 그룹에 명령이 추가됩니다.

우선 순위

프레젠 테이션 기본

슬라 이드 배경 서식

내용 작성 & 서식

시각화 & 멀티 미디어

슬라 이드 정리 & 저장

발표 준비 & 발표

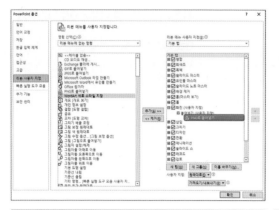

06 같은 방법으로 원하는 명령을 모두 추가합니다. [위로 이동 ▲]/[아래로 이동 ▼]을 클릭하여 탭의 위치를 이동할 수 있습니다.

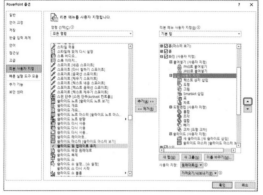
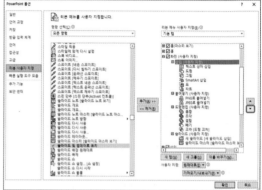

07 명령을 모두 추가한 후 [확인]을 클릭합니다. 리본 메뉴에서 [홈] 탭과 [삽입] 탭 사이에 새로 만든 [화진] 탭이 추가되었습니다.

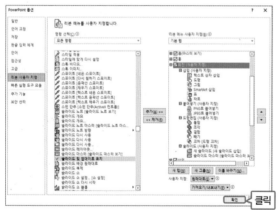
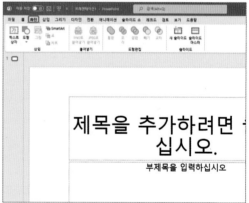

바로 통 하는TIP [PowerPoint 옵션] 대화상자의 [리본 사용자 지정]–[가져오기/내보내기]를 클릭하여 현재 리본 메뉴 및 빠른 실행 도구 모음 사용자 지정을 파일로 내보낸 후 다른 컴퓨터로 가져와 사용할 수 있습니다.

핵심기능

04

눈금선과 안내선, 눈금자 표시하기

실습 파일 파워포인트\1장\눈금선과 안내선, 눈금자 표시하기.pptx
완성 파일 파워포인트\1장\눈금선과 안내선, 눈금자 표시하기_완성.pptx

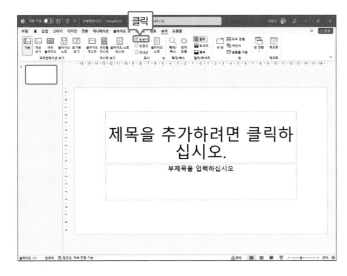

눈금자 표시하기

01 [보기] 탭-[표시] 그룹-[눈금자]에 체크합니다.

➕ 슬라이드 위쪽과 왼쪽에 눈금자가 나타납니다.

바로 통 하는 TIP 눈금자를 표시하거나 해제하는 단축키는 Alt + Shift + F9 입니다.

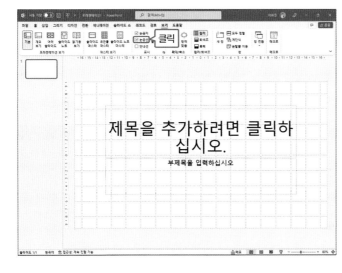

눈금선 표시하기

02 [눈금선]에 체크합니다.

➕ 슬라이드에 바둑판 형태로 눈금선이 나타납니다.

바로 통 하는 TIP 눈금선을 표시하거나 해제하는 단축키는 Shift + F9 입니다.

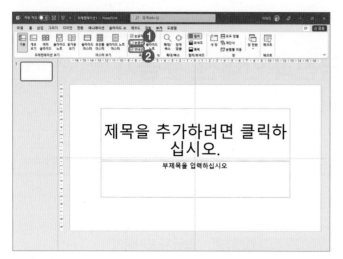

안내선 표시하기

03 ❶ [눈금선]의 체크를 해제하고 ❷ [안내선]에 체크합니다.

➕ 가로 한 개, 세로 한 개의 안내선이 나타납니다.

바로 통 하는 TIP 안내선을 표시하거나 해제하는 단축키는 Alt + F9 입니다.

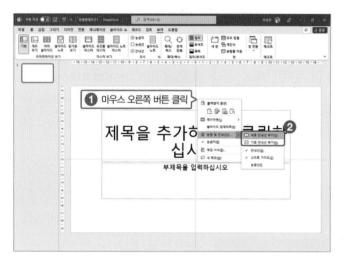

안내선 추가하기

04 슬라이드 화면에 안내선을 추가하겠습니다. ❶ 슬라이드의 빈 영역에서 마우스 오른쪽 버튼을 클릭합니다. ❷ [눈금 및 안내선]-[세로 안내선 추가] 또는 [가로 안내선 추가]를 클릭합니다.

➕ 세로 또는 가로 안내선이 추가됩니다.

바로 통 하는 TIP Ctrl 을 누른 상태에서 안내선을 원하는 방향으로 드래그하면 안내선이 추가됩니다.

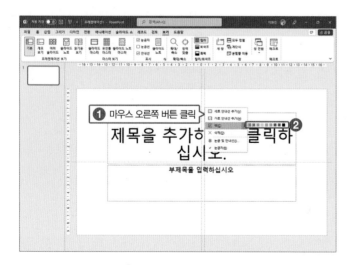

안내선 색 변경하기

05 안내선의 색상을 변경하겠습니다. ❶ 안내선을 마우스 오른쪽 버튼으로 클릭합니다. ❷ [색]의 색상표에서 원하는 색을 클릭합니다.

➕ 안내선 색이 선택한 색으로 변경됩니다.

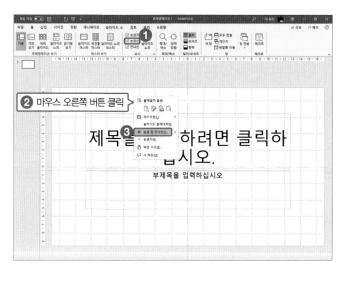

눈금선 간격 설정하기

06 ① [눈금선]에 다시 체크합니다. ② 슬라이드의 눈금이나 안내선을 설정하려면 슬라이드의 빈 영역에서 마우스 오른쪽 버튼을 클릭한 후 ③ [눈금 및 안내선]을 클릭합니다.

➕ [눈금 및 안내선] 대화상자가 나타납니다.

바로 통 하는TIP [보기] 탭−[표시] 그룹에서 [눈금 설정 표시 🔲]를 클릭하여 [눈금 및 안내선] 대화상자를 열 수도 있습니다.

07 ① [눈금 및 안내선] 대화상자에서 [눈금 설정]−[간격]을 [2cm]로 지정한 후 ② [확인]을 클릭합니다.

➕ 눈금선의 간격이 넓어집니다.

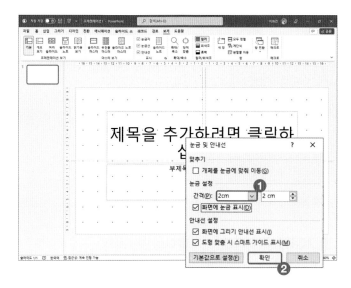

2010 2013 2016 2019 2021

개체 이름 변경하고
개체를 표시하거나 숨기기

실습 파일 파워포인트\1장\개체 이름 변경하고 개체를 표시하거나 숨기기.pptx
완성 파일 파워포인트\1장\개체 이름 변경하고 개체를 표시하거나 숨기기_완성.pptx

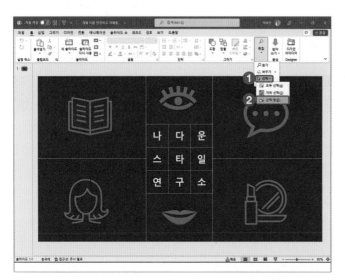

[선택] 작업 창 열기

01 ❶ [홈] 탭-[편집] 그룹-[선택
🔽]을 클릭하고 ❷ [선택 창]을 클릭
합니다.

➕ 화면 오른쪽에 [선택] 작업 창이 나타납니다.

바로 통 하는 TIP 파워포인트 창의 너비가 좁으
면 [편집] 그룹이 별도의 아이콘 메뉴로 표시됩니
다.

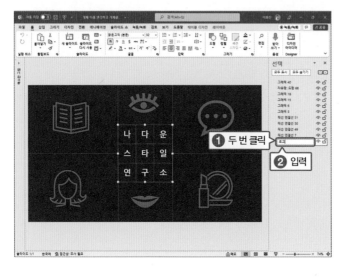

개체 이름 변경하기

02 ❶ [선택] 작업 창에서 가장 아
래에 위치한 [표 3]을 두 번 클릭한
후 ❷ 이름을 **로고**로 변경합니다.

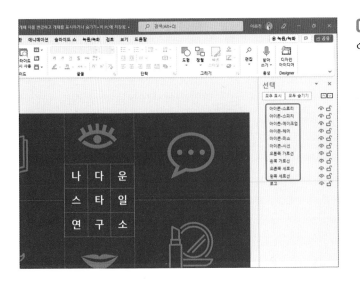

03 같은 방법으로 나머지 개체의 이름도 변경합니다.

개체 숨기기

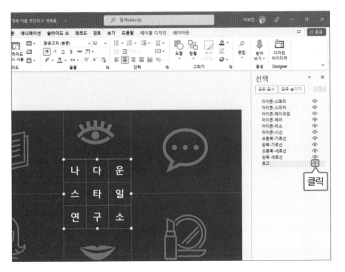

04 [선택] 작업 창에서 로고 개체 오른쪽의 열린 눈 모양 아이콘을 클릭합니다.

➕ 개체가 화면에서 숨겨집니다.

05 닫힌 눈 모양 아이콘을 클릭하면 개체가 슬라이드에 표시됩니다.

바로 통하는 TIP 눈 모양 아이콘은 슬라이드의 개체가 숨겨지거나 표시된 상태를 보여줍니다. 눈을 뜨고 있는 모양이면 슬라이드에 개체가 표시되고 눈에 사선이 있는 모양으로 바뀌면 개체가 표시되지 않습니다. 포토샵과 같은 그래픽 프로그램에서 레이어를 표시하거나 숨기는 눈 모양 아이콘과 같은 역할을 합니다.

특정 개체 잠그기

06 개체를 잠가 선택하거나 이동할 수 없도록 해보겠습니다. ❶ [선택] 작업 창에서 [아이콘-스토리]를 클릭한 후 ❷ 오른쪽의 열린 자물쇠 모양🔓 아이콘을 클릭합니다.

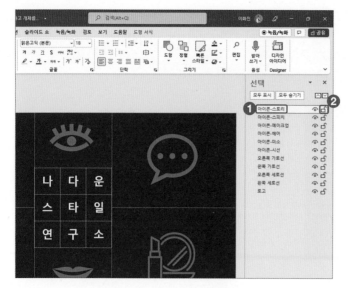

07 아이콘이 잠긴 자물쇠 모양🔒으로 바뀝니다. 자물쇠가 잠긴 개체는 선택하거나 이동할 수 없습니다.

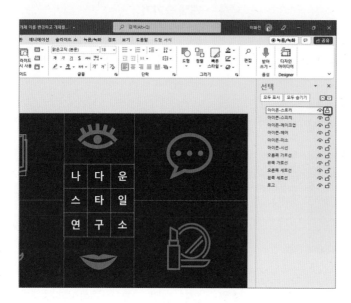

핵심기능

06

배경 서식이 적용된
새 프레젠테이션 만들기

실습 파일 파워포인트\1장\배경 서식이 적용된 새 프레젠테이션 만들기.pptx
완성 파일 파워포인트\1장\배경 서식이 적용된 새 프레젠테이션 만들기_완성.pptx

테마 선택하기

01 ❶ 파워포인트를 실행한 후 [새로 만들기]를 클릭합니다. ❷ 다양한 테마 중 [갤러리]를 클릭합니다.

➕ 선택한 테마의 색상과 패턴을 변경할 수 있는 대화상자가 나타납니다.

바로 통 하는TIP 원하는 배경 서식이 없는 경우에는 검색 입력 상자에 검색어를 입력하여 온라인 서식 파일이나 테마를 다운로드해 사용할 수 있습니다.

✅ **파워포인트 2010&이전 버전** 파워포인트를 실행하면 바로 [새 프레젠테이션]이 열립니다. [파일] 탭-[새로 만들기]를 클릭한 후 원하는 서식을 선택합니다.

02 ❶ 네 가지 종류 중 한 가지를 선택한 후 ❷ [만들기]를 클릭합니다.

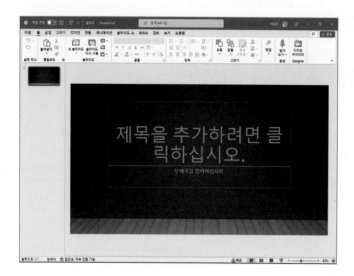

03 선택한 테마가 적용된 프레젠테이션이 열립니다.

2010 \ 2013 \ 2016 \ 2019 \ 2021

07 슬라이드 크기 및 방향 바꾸기

실습 파일 파워포인트\1장\슬라이드 크기 변경하기.pptx
완성 파일 파워포인트\1장\슬라이드 크기 변경하기_완성.pptx

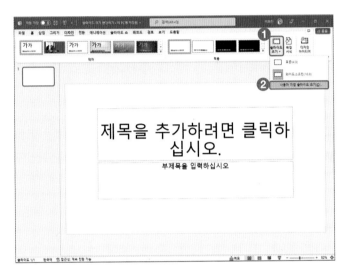

슬라이드 크기 및 방향 바꾸기

01 기본으로 적용된 16:9 비율의 와이드스크린 슬라이드의 크기를 A4 크기, 세로 형태로 변경해보겠습니다. ❶ [디자인] 탭–[사용자 지정] 그룹–[슬라이드 크기▢]를 클릭하고 ❷ [사용자 지정 슬라이드 크기]를 클릭합니다.

➕ [슬라이드 크기] 대화상자가 나타납니다.

◈ **파워포인트 2010** [디자인] 탭–[페이지 설정] 그룹–[페이지 설정]을 클릭한 후 [페이지 설정] 대화상자에서 슬라이드의 크기를 변경할 수 있습니다.

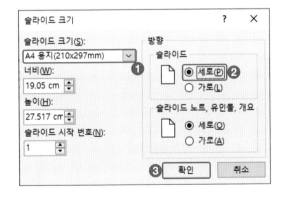

슬라이드 크기 및 방향 설정하기

02 ❶ [슬라이드 크기] 대화상자에서 [슬라이드 크기]를 [A4 용지(210×297mm)]로 선택합니다. ❷ [방향]에서 [슬라이드]–[세로]를 클릭한 후 ❸ [확인]을 클릭합니다.

➕ 슬라이드 크기와 콘텐츠 크기를 조정하기 위한 메시지가 나타납니다.

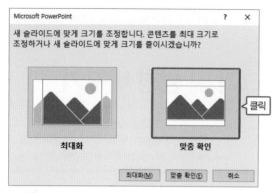

03 콘텐츠의 크기를 어떻게 조정할지 묻는 메시지가 나타나면 [맞춤 확인]을 클릭합니다.

바로 통 하는TIP **슬라이드 크기 변경 옵션 알아보기**

파워포인트에서 슬라이드에 있는 개체 크기를 자동으로 조정하지 못할 때 다음 두 가지 옵션이 메시지로 표시됩니다.

• **최대화**: 슬라이드 크기는 변경되지만 슬라이드에 있는 개체의 원래 크기는 유지합니다. 이 옵션을 선택하면 개체가 슬라이드에 맞지 않을 수 있습니다.

• **맞춤 확인**: 슬라이드 크기가 변경되면 그 크기에 맞춰 슬라이드에 있는 개체 크기도 변경됩니다. 이 옵션을 선택하면 개체 크기가 변경되지만 슬라이드에서 모든 개체를 볼 수 있습니다.

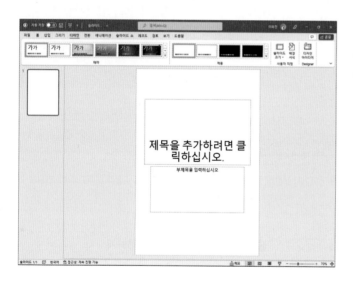

04 슬라이드의 크기가 A4 용지 세로 모양에 맞게 변경된 것을 확인할 수 있습니다.

2010 \ 2013 \ 2016 \ 2019 \ 2021

슬라이드 추가 및 레이아웃 변경하기

실습 파일 파워포인트\1장\슬라이드 추가 및 레이아웃 변경하기.pptx
완성 파일 파워포인트\1장\슬라이드 추가 및 레이아웃 변경하기_완성.pptx

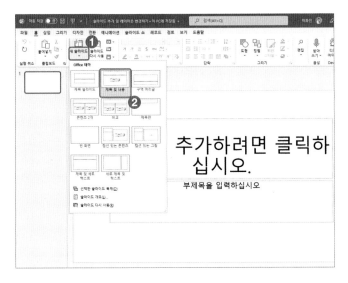

슬라이드 추가하기

01 ❶ [홈] 탭-[슬라이드] 그룹-[새 슬라이드🔲]의 ⌄을 클릭합니다. ❷ [Office 테마]에서 [제목 및 내용] 레이아웃을 클릭합니다.

바로 통 하는 TIP 새 슬라이드를 만드는 단축키는 Ctrl + M 입니다. 따로 레이아웃을 지정하지 않고 새 슬라이드를 추가하면 추가되는 슬라이드의 레이아웃은 바로 앞 슬라이드의 레이아웃과 같습니다. 다만, [제목 슬라이드] 레이아웃에서 새 슬라이드를 추가하면 [제목 및 내용] 레이아웃으로 추가됩니다.

레이아웃 변경하기

02 현재 슬라이드의 레이아웃을 변경해보겠습니다. ❶ [홈] 탭-[슬라이드] 그룹-[레이아웃🔲]을 클릭합니다. ❷ [Office 테마]에서 [빈 화면] 레이아웃을 클릭합니다. 선택한 레이아웃으로 슬라이드 레이아웃이 변경됩니다.

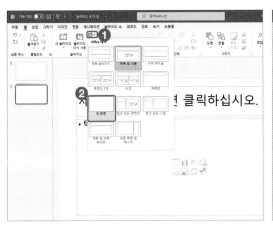

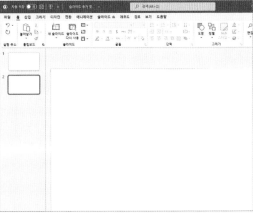

2010 / 2013 / 2016 / 2019 / 2021

슬라이드 이동 / 복사 / 붙여넣기 / 삭제하기

실습 파일 파워포인트\1장\슬라이드 이동, 복사, 붙여넣기, 삭제하기.pptx
완성 파일 파워포인트\1장\슬라이드 이동, 복사, 붙여넣기, 삭제하기_완성.pptx

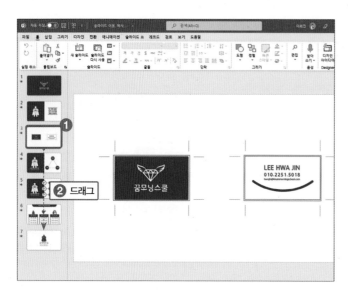

슬라이드 이동하기

01 위치가 적절하지 않은 슬라이드가 있다면 위치를 이동할 수 있습니다. **①** 화면 왼쪽의 슬라이드 축소판 창에서 [3번 슬라이드]를 클릭합니다. **②** [3번 슬라이드]를 드래그하여 [6번 슬라이드]와 [7번 슬라이드] 사이로 이동합니다.

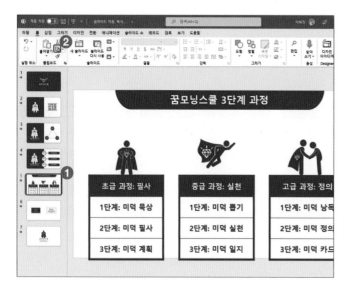

슬라이드 복사하기

02 슬라이드를 복사하면 같은 슬라이드를 추가할 수 있습니다. **①** 화면 왼쪽의 슬라이드 축소판 창에서 [5번 슬라이드]를 클릭합니다. **②** [홈] 탭-[클립보드] 그룹-[복사 🗐]를 클릭합니다.

바로 통 하는TIP 슬라이드 복사 단축키는 Ctrl +C입니다. 슬라이드 축소판 창에서 슬라이드를 클릭한 후 Ctrl+C를 누릅니다.

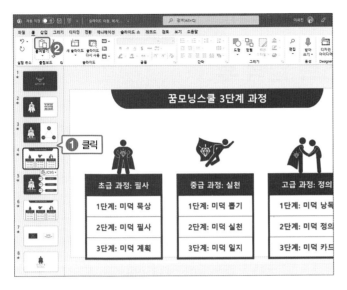

복사한 슬라이드 붙여넣기

03 ❶ 붙여 넣고 싶은 위치인 [3번 슬라이드]와 [4번 슬라이드] 사이를 클릭합니다. ❷ [홈] 탭-[클립보드] 그룹-[붙여넣기📋]를 클릭합니다.

➕ 복사한 슬라이드가 두 슬라이드 사이에 삽입됩니다.

바로 통하는 TIP 슬라이드 붙여넣기 단축키는 Ctrl + V 입니다. 슬라이드가 선택된 상태에서 Ctrl + D 를 누르면 바로 아래쪽에 슬라이드가 복제됩니다.

우선 순위

프레젠 테이션 기본

슬라이드 배경 서식

내용 작성 & 서식

시각화 & 멀티 미디어

슬라이드 정리 & 저장

발표 준비 & 발표

쉽고 빠른 파워포인트 Note / 붙여넣기 옵션

슬라이드를 붙여 넣으려는 위치에서 마우스 오른쪽 버튼을 클릭하면 다음과 같은 [붙여넣기 옵션]이 나타납니다. 원하는 옵션을 선택해 슬라이드를 붙여 넣을 수 있습니다.

① **대상 테마 사용** : 붙여 넣을 위치의 프레젠테이션 테마를 그대로 사용할 때 클릭합니다.

② **원본 서식 유지** : 복사하려는 프레젠테이션의 테마를 유지할 때 클릭합니다.

③ **그림** : 복사하려는 프레젠테이션 슬라이드를 그림으로 붙여 넣을 때 클릭합니다.

슬라이드 삭제하기

04 화면 왼쪽의 슬라이드 축소판 그림에서 [8번 슬라이드]를 클릭하고 Delete 를 누릅니다.

➕ 해당 슬라이드가 삭제됩니다.

바로 통하는 TIP 여러 개의 슬라이드를 한번에 삭제하려면 Ctrl 을 누른 상태에서 슬라이드를 각각 클릭한 후 Delete 를 누릅니다.

2010 \ 2013 \ 2016 \ 2019 \ 2021

텍스트 입력 후
빠른 스타일 적용하기

실습 파일 파워포인트\1장\텍스트 입력 후 빠른 스타일 적용하기.pptx
완성 파일 파워포인트\1장\텍스트 입력 후 빠른 스타일 적용하기_완성.pptx

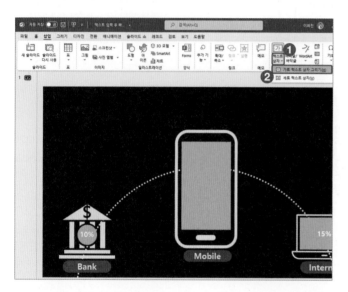

텍스트 입력하기

01 ❶ [삽입] 탭-[텍스트] 그룹-[텍스트 상자圖]의 ✔을 클릭하고 ❷ [가로 텍스트 상자 그리기]를 클릭합니다.

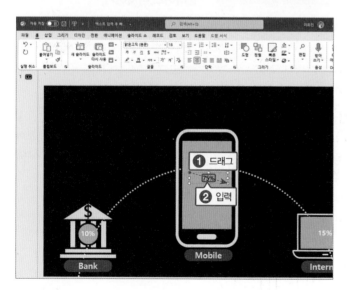

02 ❶ 그림 가운데 위치에서 드래그하여 텍스트 상자를 삽입합니다. ❷ 텍스트 상자에 **75%**를 입력합니다.

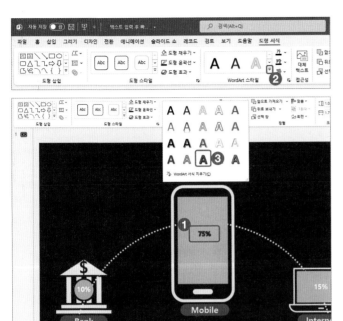

03 ❶ '75%'를 입력한 텍스트 상자를 클릭하고 ❷ [도형 서식] 탭－[WordArt 스타일] 그룹－[자세히▾]를 클릭합니다. ❸ [무늬 채우기: 진한 회색, 강조색 1, 50%, 진한 그림자: 회색, 강조색 1]을 클릭합니다.

➕ 텍스트에 WordArt 스타일이 적용됩니다.

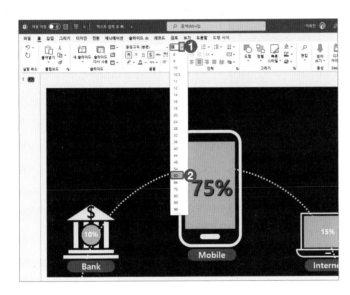

04 WordArt 스타일이 적용된 텍스트의 글꼴 크기를 변경하겠습니다. ❶ [홈] 탭－[글꼴] 그룹－[글꼴 크기▾]를 클릭하고 ❷ [60]을 클릭합니다.

➕ 텍스트의 글꼴 크기가 커집니다.

2010 \ 2013 \ 2016 \ 2019 \ 2021

빠른 스타일이 적용된 WordArt로 텍스트 입력하기

실습 파일 파워포인트\1장\빠른 스타일이 적용된 WordArt로 텍스트 입력하기.pptx
완성 파일 파워포인트\1장\빠른 스타일이 적용된 WordArt로 텍스트 입력하기_완성.pptx

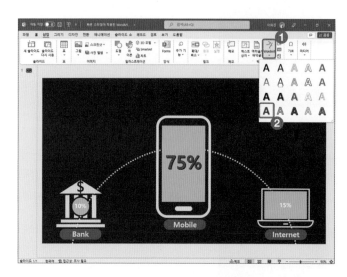

WordArt 스타일 선택하기

01 WordArt 스타일을 이용해 디자인이 적용된 텍스트를 간편하게 입력할 수 있습니다. ❶ [삽입] 탭-[텍스트] 그룹-[WordArt🔏]를 클릭하고 ❷ [무늬 채우기: 흰색, 어두운 상향 대각선 줄무늬, 그림자]를 클릭합니다.

WordArt 텍스트 상자를 사용해 텍스트 입력하기

02 WordArt 텍스트 상자가 슬라이드에 나타납니다. ❶ WordArt 텍스트 상자에 **The bank disappears**를 입력한 후 ❷ 슬라이드 위쪽 가운데에 배치시켜 슬라이드를 완성합니다.

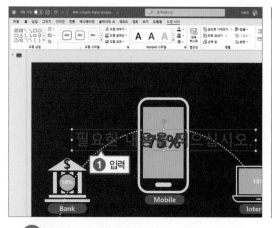

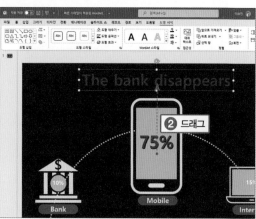

바로 **통** 하는 **TIP** 글꼴 크기는 66pt로 설정했습니다.

우선순위

핵심기능

2010 \ 2013 \ 2016 \ 2019 \ 2021

도형 그린 후
빠른 스타일 적용하기

12

실습 파일 파워포인트\1장\도형 그린 후 빠른 스타일 적용하기.pptx
완성 파일 파워포인트\1장\도형 그린 후 빠른 스타일 적용하기_완성.pptx

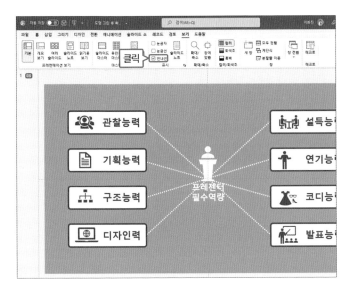

안내선 표시하기

01 슬라이드에 안내선을 표시하겠습니다. [보기] 탭-[표시] 그룹-[안내선]에 체크합니다.

➕ 가로와 세로 안내선이 하나씩 슬라이드 가운데에 표시됩니다.

바로 통하는 TIP 안내선을 표시하거나 해제하는 단축키는 Alt + F9 입니다.

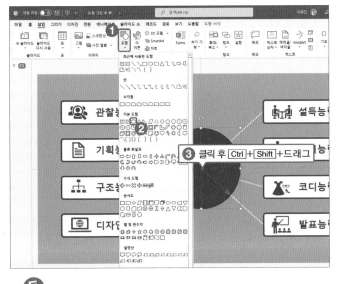

슬라이드에 도형 그리기

02 슬라이드에 도형을 그려 삽입하겠습니다. ❶ [삽입] 탭-[일러스트레이션] 그룹-[도형 🔘]을 클릭하고 ❷ [타원 ⬭]을 클릭합니다. ❸ 안내선이 교차하는 정가운데 지점을 Ctrl 과 Shift 를 누른 상태에서 대각선으로 드래그하여 적당한 크기로 도형을 그려줍니다.

➕ 안내선이 교차하는 지점을 중심으로 정원이 그려집니다.

바로 통하는 TIP Shift 를 누른 채 드래그하면 도형의 사방이 같은 모양으로 확대됩니다. Ctrl 을 누른 채 드래그하면 클릭한 지점이 중심이 되는 도형이 그려집니다.

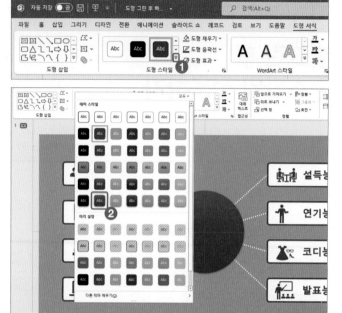

도형에 빠른 스타일 적용하기

03 삽입한 도형에 스타일을 적용해보겠습니다. ❶ 삽입한 도형이 선택된 상태에서 [도형 서식] 탭-[도형 스타일] 그룹-[자세히⬇]를 클릭합니다. ❷ [테마 스타일]에서 [강한 효과-진한 파랑, 강조 1]을 클릭합니다.

➕ 도형에 빠른 스타일이 적용됩니다.

 빠른 스타일이 적용된 도형을 뒤로 보내려면 도형을 선택한 후 [도형 서식] 탭-[정렬] 그룹-[뒤로 보내기🔳]를 클릭합니다.

우선순위

핵심기능

13

2010 \ 2013 \ 2016 \ 2019 \ 2021

그림 삽입 후
빠른 스타일 적용하기

실습 파일 파워포인트\1장\그림 삽입 후 빠른 스타일 적용하기.pptx
완성 파일 파워포인트\1장\그림 삽입 후 빠른 스타일 적용하기_완성.pptx

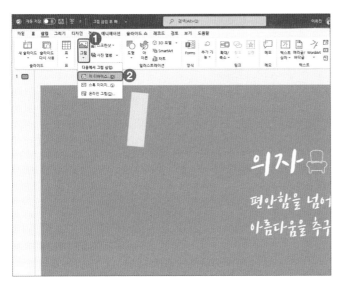

그림 삽입하기

01 슬라이드에 그림을 삽입한 후 빠른 스타일을 적용해보겠습니다. ❶ [삽입] 탭-[이미지] 그룹-[그림 🖼]을 클릭하고 ❷ [이 디바이스]를 클릭합니다.

➕ [그림 삽입] 대화상자가 나타납니다.

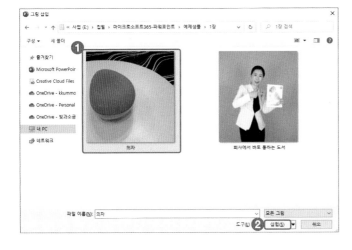

02 ❶ [그림 삽입] 대화상자에서 '의자.jpg' 파일을 클릭한 후 ❷ [삽입]을 클릭합니다.

➕ 슬라이드 창에 선택한 그림이 삽입됩니다.

그림에 빠른 스타일 적용하기

03 삽입한 그림에 스타일을 적용해보겠습니다. ❶ 삽입한 그림이 선택된 상태에서 빠른 스타일을 적용하기 위해 [그림 서식] 탭-[그림 스타일] 그룹-[자세히⎯]를 클릭합니다. ❷ 그림 스타일 중에서 [회전, 흰색]을 클릭합니다.

➕ 그림에 빠른 스타일이 적용됩니다.

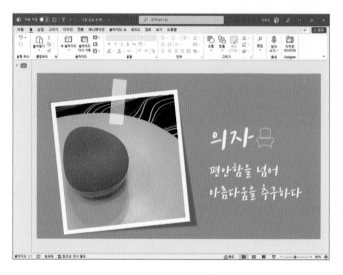

04 스타일이 적용된 그림을 보기 좋게 배치합니다.

바로 통 하는TIP 개체를 뒤로 보내려면 개체를 선택한 후 [홈] 탭-[그리기] 그룹-[정렬]-[뒤로 보내기]를 클릭합니다. 또는 개체를 선택한 후 [그림 서식] 탭-[정렬] 그룹-[뒤로 보내기]를 클릭합니다.

우선순위

핵심기능

2010 / 2013 / 2016 / 2019 / 2021

표 삽입 후 빠른 스타일 적용하기

14

실습 파일 파워포인트\1장\표 삽입 후 빠른 스타일 적용하기.pptx
완성 파일 파워포인트\1장\표 삽입 후 빠른 스타일 적용하기_완성.pptx

표 삽입하기

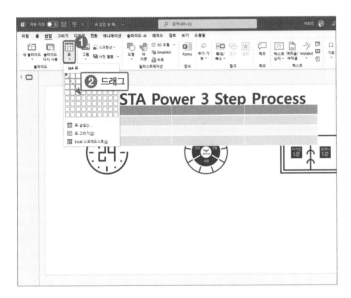

01 슬라이드에 표를 삽입해보겠습니다. ❶ [삽입] 탭-[표] 그룹-[표▦]를 클릭합니다. ❷ [3×4], 즉 3열 4행을 드래그합니다.

➕ 3열×4행 표가 삽입됩니다.

바로 통 하는TIP 행과 열 목록에서는 10열 8행 이내의 표만 삽입할 수 있습니다. 이보다 더 큰 표를 삽입하려면 [표 삽입]을 클릭하고 원하는 행과 열의 개수를 입력하여 만듭니다.

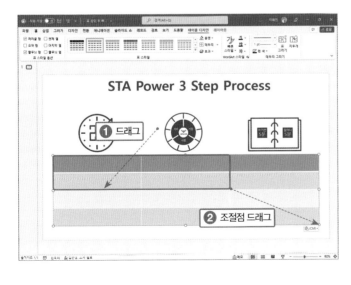

02 ❶ 삽입된 표의 테두리를 드래그하여 그림 아래쪽에 배치한 후 ❷ 표의 크기 조절 핸들○을 드래그하여 크기를 조정합니다.

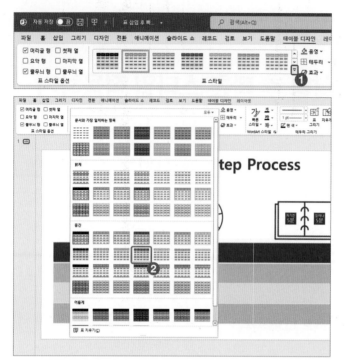

표에 빠른 스타일 적용하기

03 표에 스타일을 적용해보겠습니다. ❶ 표가 선택된 상태에서 [테이블 디자인] 탭-[표 스타일] 그룹-[자세히▼]를 클릭합니다. ❷ 표 스타일 중에서 [중간]-[보통 스타일 2-강조 3]을 클릭합니다.

04 빠른 스타일이 적용된 표에 내용을 입력하여 표를 완성합니다.

프레젠
테이션
기본

슬라
이드
배경
서식

내용
작성
&
서식

시각화
&
멀티
미디어

슬라
이드
정리
&
저장

발표
순비
&
발표

◉ 우선순위

핵심기능

15

차트 삽입 후 빠른 스타일 적용하기

실습 파일 파워포인트\1장\차트 삽입 후 빠른 스타일 적용하기.pptx
완성 파일 파워포인트\1장\차트 삽입 후 빠른 스타일 적용하기_완성.pptx

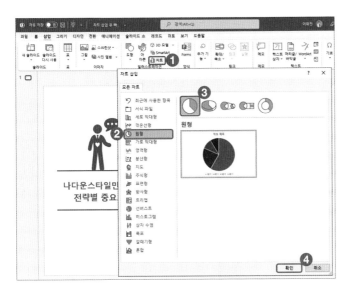

차트 삽입하기

01 슬라이드에 차트를 삽입해보겠습니다. ❶ [삽입] 탭–[일러스트레이션] 그룹–[차트🔳]를 클릭합니다. ❷ [차트 삽입] 대화상자에서 [원형]을 클릭하고 ❸ [원형]을 클릭합니다. ❹ [확인]을 클릭합니다.

➕ [Microsoft PowerPoint의 차트] 엑셀 창이 나타납니다.

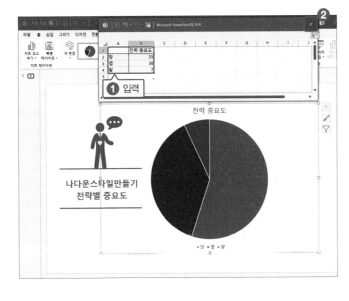

데이터 값 입력하기

02 ❶ [Microsoft PowerPoint의 차트] 엑셀 창에서 데이터 시트에 기본으로 입력되어 있는 값을 삭제하고 그림과 같이 값을 입력합니다. ❷ [닫기❌]를 클릭하여 데이터 시트를 닫습니다.

바로 통 하는 TIP 데이터가 잘못 입력된 경우에는 [차트 디자인] 탭–[데이터] 그룹–[데이터 편집]–[데이터 편집]을 클릭하고 엑셀 창을 다시 불러와 수성할 수 있습니다

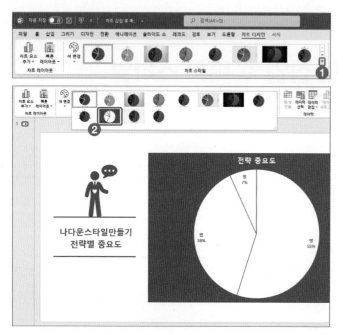

차트에 빠른 스타일 적용하기

03 삽입한 차트에 스타일을 적용해보겠습니다. ❶ 차트가 선택된 상태에서 [차트 디자인] 탭–[차트 스타일] 그룹–[자세히▾]를 클릭합니다. ❷ 차트 스타일에서 [스타일 10]을 클릭합니다.

➕ 차트에 빠른 스타일이 적용됩니다.

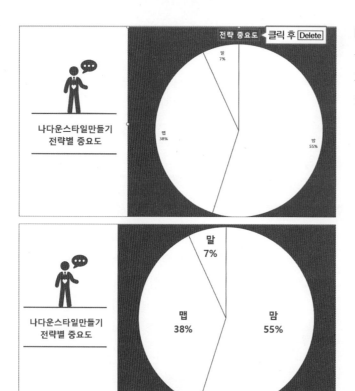

04 차트 제목을 클릭한 후 Delete 를 눌러 삭제합니다. 데이터 레이블과 원형 그래프의 크기를 화면에 맞게 조정하여 차트를 완성합니다.

우선순위

핵심기능

16

2010 \ 2013 \ 2016 \ 2019 \ 2021

프레젠테이션 문서 열기 및 저장하기

실습 파일 파워포인트\1장\프레젠테이션 문서 열기 및 저장하기.pptx
완성 파일 파워포인트\1장\프레젠테이션 문서 열기 및 저장하기_완성.pptx

파일 열기

01 ❶ 프레젠테이션 문서를 열기 위해 [파일] 탭-[열기]를 클릭합니다. ❷ [이 PC]를 클릭하고 ❸ [찾아보기]를 클릭합니다.

➕ [열기] 대화상자가 나타납니다.

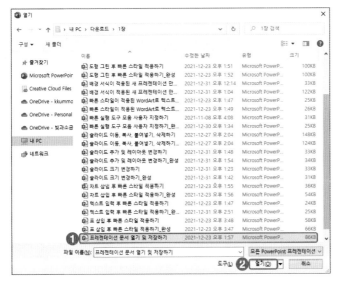

02 ❶ [열기] 대화상자에서 '프레젠테이션 문서 열기 및 저장하기.pptx' 파일을 클릭하고 ❷ [열기]를 클릭합니다.

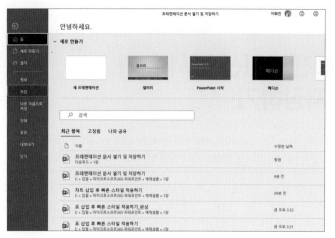

파일 저장하기

03 문서 수정 후 열린 파일을 저장하기 위해 [파일] 탭-[저장]을 클릭합니다.

바로 **통**하는TIP 저장 단축키는 Ctrl + S 입니다.

다른 이름으로 저장하기

04 불러온 파일은 이름이나 형식을 바꿔 다른 이름으로 저장할 수 있습니다. ❶ [파일] 탭-[다른 이름으로 저장]을 클릭합니다. ❷ [기타 위치]-[찾아보기]를 클릭합니다.

➕ [다른 이름으로 저장] 대화상자가 나타납니다.

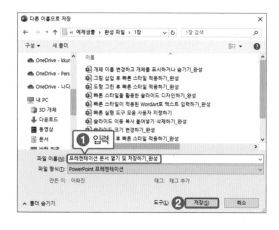

05 ❶ [다른 이름으로 저장] 대화상자에서 [파일 이름]에 **프레젠테이션 문서 열기 및 저장하기_완성**을 입력하고 ❷ [저장]을 클릭합니다.

➕ 입력한 이름의 프레젠테이션 문서가 따로 저장됩니다.

CHAPTER

02

프레젠테이션
슬라이드 배경
서식 만들기

프레젠테이션 주제에 어울리는 배경 서식 디자인은 청중의 시선을 사로
잡고 그들의 기억에 오래도록 남을 수 있게 도와줍니다. 배경 서식을 만
들 때는 프레젠테이션 내용과 대상, 상황에 맞게 테마 글꼴을 설정하고
브랜드 컬러를 중심으로 테마 색을 설정합니다. 프레젠테이션에 공통으
로 적용되는 슬라이드 배경, 제목 서식, 로고, 번호 등은 슬라이드 마스
터에서 작업합니다. 슬라이드 마스터를 사용하면 프레젠테이션을 쉽게
수정하고 편집할 수 있습니다.

새 테마 글꼴 만들기

실습 파일 파워포인트\2장\새 테마 글꼴 만들기.pptx
완성 파일 파워포인트\2장\새 테마 글꼴 만들기_완성.pptx

새 테마 글꼴 만들기

01 ❶ [디자인] 탭-[적용] 그룹-[자세히 ▽]를 클릭하고 ❷ [글꼴]-[글꼴 사용자 지정]을 클릭합니다.

➕ [새 테마 글꼴 만들기] 대화상자가 나타납니다.

바로 통 하는TIP 또 다른 방법으로 테마 글꼴을 사용자 지정하려면 슬라이드 마스터 보기 상태에서 [슬라이드 마스터] 탭-[배경] 그룹-[글꼴]-[글꼴 사용자 지정]을 클릭합니다.

✅ **파워포인트 2010** [디자인] 탭-[테마] 그룹-[글꼴]-[새 테마 글꼴 만들기]를 선택합니다.

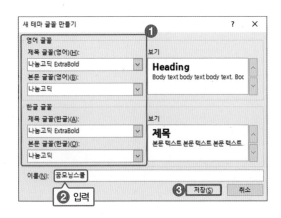

02 ❶ [새 테마 글꼴 만들기] 대화상자에서 [영어 글꼴], [한글 글꼴]의 [제목 글꼴]과 [본문 글꼴]을 프레젠테이션 내용에 어울리는 글꼴로 각각 변경합니다. ❷ [이름]에 **꿈모닝스쿨**을 입력하고 ❸ [저장]을 클릭합니다.

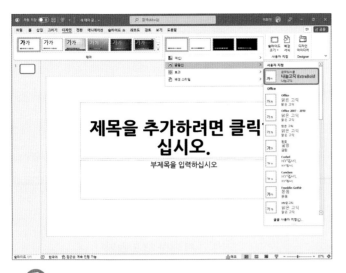

03 개체 틀의 글꼴이 변경되었습니다. 또한 새로 만든 글꼴이 [사용자 지정] 목록에 추가되었습니다.

우선
순위

프레젠
테이션
기본

슬라
이드
배경
서식

내용
작성
&
서식

시각화
&
멀티
미디어

슬라
이드
정리
&
저장

발표
준비
&
발표

바로 통 하는TIP 글꼴을 사용자 지정하면 [홈] 탭-[글꼴] 그룹-[글꼴▽] 목록에서 [테마 글꼴] 항목이 사용자가 지정한 글꼴로 변경되는 것을 확인할 수 있습니다.

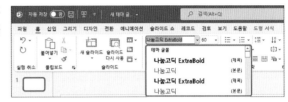

쉽고 빠른 파워포인트 Note 테마 글꼴 더 알아보기

테마 글꼴을 지정하면 해당 테마의 텍스트에 일괄적으로 적용됩니다. 테마 글꼴을 잘 사용하면 문서 작업 시간을 단축할 수 있습니다.

01 일반 글꼴과 테마 글꼴의 차이 알기

① **일반 글꼴이 적용된 텍스트** : 사용자가 글꼴을 변경하는 대로 적용됩니다. 테마 글꼴을 변경해도 일반 글꼴은 변경되지 않습니다.

② **테마 글꼴이 적용된 텍스트** : 테마 글꼴이 변경되면 테마 글꼴이 적용된 모든 텍스트가 자동으로 변경됩니다.

02 테마 글꼴을 설정할 때 영어 글꼴과 한글 글꼴을 같게 설정하기

① **한글 프레젠테이션** : 한글 글꼴과 영어 글꼴을 같은 글꼴로 사용하는 것이 좋습니다. 다른 글꼴을 사용하면 같은 단락에서 한글과 영어 글꼴이 다르게 표시되어 어색할 수 있습니다.

② **영어 프레젠테이션** : 영어 글꼴만 원하는 글꼴로 설정하고 한글 글꼴은 기본값인 맑은 고딕을 그대로 유지합니다.

새 테마 색 만들기

2010 \ 2013 \ 2016 \ 2019 \ 2021

실습 파일 파워포인트\2장\새 테마 글꼴 만들기.pptx
완성 파일 파워포인트\2장\새 테마 글꼴 만들기_완성.pptx

새 테마 색 만들기

01 ❶ [디자인] 탭-[적용] 그룹-[자세히 ▾]를 클릭하고 ❷ [색]-[색 사용자 지정]을 클릭합니다.

➕ [새 테마 색 만들기] 대화상자가 나타납니다.

바로 통 하는 TIP 다른 방법으로 테마 색을 사용자 지정하려면 슬라이드 마스터 보기 상태에서 [슬라이드 마스터] 탭-[배경] 그룹-[색]-[색 사용자 지정]을 클릭합니다.

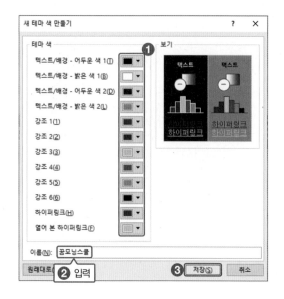

02 ❶ [새 테마 색 만들기] 대화상자에서 프레젠테이션의 스타일에 맞게 색을 변경합니다. ❷ [이름]에 **꿈모닝스쿨**을 입력하고 ❸ [저장]을 클릭합니다.

새 테마 색은 다음의 표와 같이 구성합니다. [강조 1(1)]에 적용한 색은 도형을 그리면 자동으로 도형에 채워지는 색입니다. [강조 1(1)]은 가장 많이 사용하는 색을 적용하는 것이 좋습니다.

테마 색	RGB 값	색상 코드
텍스트/배경–어두운 색 1(T)	빨강(R) : 0, 녹색(G) : 0, 파랑(B) : 0	#000000
텍스트/배경–밝은 색 1(B)	빨강(R) : 255, 녹색(G) : 255, 파랑(B) : 255	#FFFFFF
텍스트/배경–어두운 색 2(D)	빨강(R) : 0, 녹색(G) : 48, 파랑(B) : 96	#060761
텍스트/배경–밝은 색 2(L)	빨강(R) : 148, 녹색(G) : 148, 파랑(B) : 148	#9E9E9E
강조 1(1)	빨강(R) : 0, 녹색(G) : 118, 파랑(B) : 191	#0123B4
강조 2(2)	빨강(R) : 0, 녹색(G) : 178, 파랑(B) : 89	#143A82
강조 3(3)	빨강(R) : 12, 녹색(G) : 65, 파랑(B) : 154	#CED2E6
강조 4(4)	빨강(R) : 128, 녹색(G) : 195, 파랑(B) : 65	#2863B3
강조 5(5)	빨강(R) : 254, 녹색(G) : 131, 파랑(B) : 75	#57A5E1
강조 6(6)	빨강(R) : 255, 녹색(G) : 179, 파랑(B) : 0	#09174B
하이퍼링크(H)	빨강(R) : 44, 녹색(G) : 71, 파랑(B) : 158	#0123B4
열어 본 하이퍼링크(F)	빨강(R) : 127, 녹색(G) : 127, 파랑(B) : 127	#CED2E6

03 새로 만든 테마 색이 [사용자 지정] 목록에 추가되었습니다.

[색]을 [사용자 지정] 목록에서 선택하면 [도형 서식] 탭–[도형 스타일] 그룹–[도형 채우기]를 클릭했을 때 나타나는 [테마 색] 부분이 사용자가 지정한 색으로 변경된 것을 확인할 수 있습니다. 모든 테마 색이 변경됩니다.

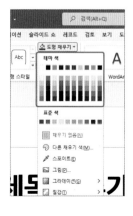

색을 사용자 지정하면 텍스트 빠른 스타일, 도형 빠른 스타일, 표 빠른 스타일, 차트 색 변경, SmartArt 그래픽 색 변경 부분이 사용자 지정 색으로 변경되는 것을 확인할 수 있습니다.

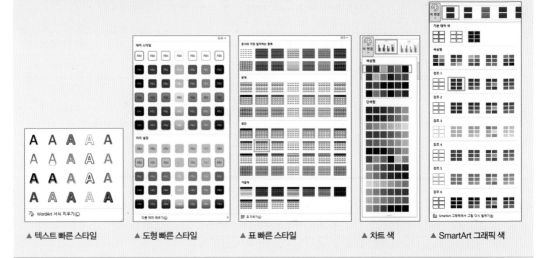

▲ 텍스트 빠른 스타일   ▲ 도형 빠른 스타일   ▲ 표 빠른 스타일   ▲ 차트 색   ▲ SmartArt 그래픽 색

일반 색과 테마 색을 구분해서 사용합니다.

① **일반 색이 적용된 개체** : 사용자가 개체의 색을 변경하는 대로 적용됩니다. 테마 색을 변경해도 일반 색이 적용된 개체는 변경되지 않습니다.

② **테마 색이 적용된 개체** : 테마 색이 변경되면 테마 색이 적용된 모든 개체의 색이 자동으로 변경됩니다.

핵심기능
19

슬라이드 배경 서식 변경하기

실습 파일 파워포인트\2장\슬라이드 배경 서식 변경하기.pptx
완성 파일 파워포인트\2장\슬라이드 배경 서식 변경하기_완성.pptx

슬라이드 마스터로 이동하기

01 [보기] 탭-[마스터 보기] 그룹-[슬라이드 마스터▤]를 클릭합니다. 슬라이드 마스터 보기 상태로 전환됩니다.

마스터 제목 스타일 편집하기

02 설정된 제목 스타일이 모든 레이아웃에 공통으로 적용되도록 슬라이드 마스터에서 마스터 제목의 글꼴 크기와 위치를 수정해보겠습니다. ❶ 슬라이드 축소판 창에서 첫 번째 [Office 테마 슬라이드 마스터]를 클릭합니다. ❷ 제목 개체 틀을 클릭합니다. ❸ [홈] 탭-[글꼴] 그룹-[글꼴 크기]를 [32]로 변경하고 ❹ [도형 서식] 탭-[크기] 그룹-[도형 높이▯]를 [1.5cm]로 변경합니다.

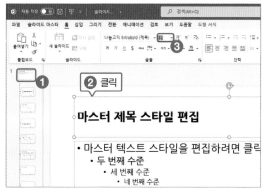

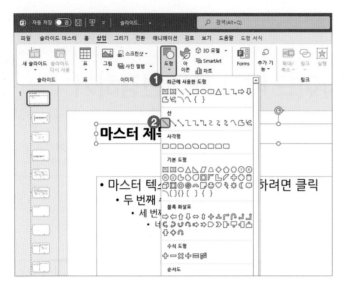

배경에 선 그리기

03 삽입할 개체가 모든 레이아웃에 공통으로 적용되도록 슬라이드 마스터에서 계속 작업하겠습니다. ❶ [삽입] 탭-[일러스트레이션] 그룹-[도형🔲]을 클릭하고 ❷ [선🔲]을 클릭합니다.

➕ 마우스 포인터가 십자 모양으로 바뀌어 슬라이드 창에 도형을 삽입할 준비가 됩니다.

04 ❶❷ 제목 개체 틀 바로 아래에서 드래그하여 선 두 개를 그립니다.

바로통하는TIP 슬라이드에 선을 그릴 때 Shift를 누른 상태로 드래그하면 직선을 그릴 수 있습니다.

바로통하는TIP 선 서식은 다음과 같이 지정합니다. [도형 서식] 탭-[크기] 그룹-[도형 너비]에서 선의 길이를 지정할 수 있고 [도형 스타일] 그룹-[도형 윤곽선]에서 선의 색과 두께를 지정할 수 있습니다.

도형	길이	두께	색
선1	6cm	6pt	진한 파랑, 강조1
선2	29cm	3pt	진한 파랑, 강조1

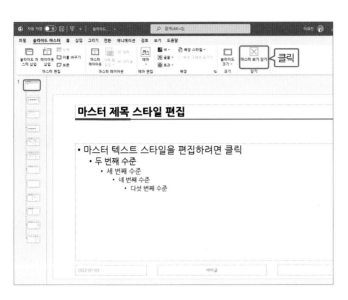

슬라이드 마스터 닫기

05 [슬라이드 마스터] 탭-[닫기] 그룹-[마스터 보기 닫기⊠]를 클릭합니다.

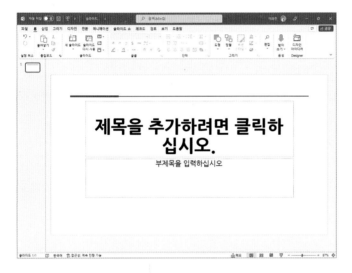

06 슬라이드 마스터에서 그린 도형이 슬라이드에 적용된 것을 확인할 수 있습니다.

바로 통 하는TIP [홈] 탭-[슬라이드] 그룹-[레이아웃▥]을 클릭하면 [Office 테마] 목록에서 슬라이드 마스터로 수정한 마스터 제목 스타일을 확인할 수 있습니다.

① **슬라이드 마스터** : 글꼴이나 로고와 같은 이미지를 모든 슬라이드에 똑같이 적용할 때는 슬라이드 마스터에서 변경합니다. 슬라이드 마스터 보기를 열려면 [보기] 탭-[마스터 보기] 그룹-[슬라이드 마스터]를 클릭합니다. 슬라이드 마스터 보기 상태에서 슬라이드 마스터는 슬라이드 창 왼쪽의 슬라이드 축소판 창에서 맨 위에 있는 슬라이드입니다.

② **레이아웃 마스터** : 슬라이드 마스터 아래에는 형태가 다른 11개의 레이아웃이 기본으로 제공됩니다. 목적에 맞게 추가하거나 삭제할 수 있습니다. 슬라이드 마스터와 레이아웃 마스터는 연결되어 있어 슬라이드 마스터에서 서식을 변경하면 레이아웃 마스터의 서식도 똑같이 변경됩니다. 레이아웃 마스터별로 슬라이드 마스터의 적용 내용을 숨기거나 원하는 디자인을 적용할 수 있습니다.

③ **테마** : 통일되고 전문적인 느낌을 표현하는 슬라이드에 적용할 색, 글꼴 및 시각 효과의 집합입니다. 테마를 사용하면 최소한의 노력으로 프레젠테이션을 조화롭게 보이도록 꾸밀 수 있습니다. 미리 디자인된 테마는 기본 보기 상태의 [디자인] 탭에서 제공합니다. 프레젠테이션에서 사용하는 모든 테마에는 슬라이드 마스터와 관련 레이아웃이 포함되어 있습니다. 프레젠테이션에 여러 테마를 사용할 때는 두 개 이상의 슬라이드 마스터와 여러 가지 레이아웃이 생성됩니다.

④ **슬라이드 레이아웃** : 모든 슬라이드에 표시되는 서식, 위치 및 개체 틀 상자가 포함됩니다. [홈] 탭-[슬라이드] 그룹-[레이아웃]을 클릭하면 나타나는 레이아웃 중 하나를 선택하여 적용합니다. 슬라이드 마스터 보기 상태에서 슬라이드 레이아웃을 변경하고 관리할 수 있습니다. 모든 테마에는 여러 가지 슬라이드 레이아웃이 있어 슬라이드 내용에 가장 적합한 레이아웃을 선택하여 슬라이드를 디자인할 수 있습니다.

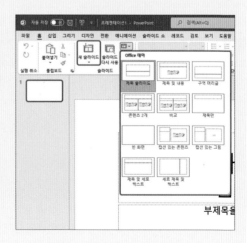

⑤ **새 슬라이드** : 슬라이드 마스터에서 디자인한 레이아웃이 표시됩니다. 파워포인트는 기본적으로 형태가 다른 11개의 레이아웃을 제공합니다. 레이아웃은 사용자의 목적에 맞게 슬라이드 마스터에서 더 만들거나 삭제할 수 있습니다.

핵심기능

20

제목 슬라이드 배경 서식만 변경하기

실습 파일 파워포인트\2장\제목 슬라이드 배경 서식만 변경하기.pptx
완성 파일 파워포인트\2장\제목 슬라이드 배경 서식만 변경하기_완성.pptx

제목 슬라이드 레이아웃 선택하기

01 ❶[보기] 탭-[마스터 보기] 그룹-[슬라이드 마스터 ▦]를 클릭해 슬라이드 마스터 보기로 이동합니다. ❷슬라이드 축소판 창에서 두 번째 [제목 슬라이드 레이아웃]을 클릭합니다.

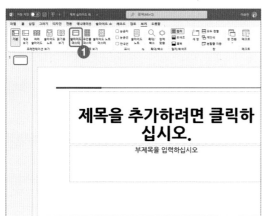
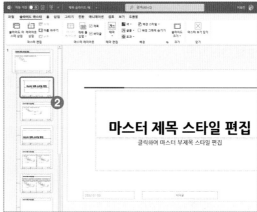

배경 그래픽 숨기기

02 [슬라이드 마스터] 탭-[배경] 그룹-[배경 그래픽 숨기기]에 체크합니다.

➕ [제목 슬라이드 레이아웃]에서 배경 그래픽이 사라집니다.

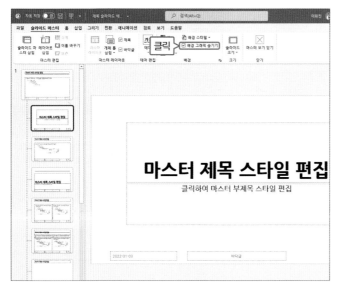

이미지 삽입하기

03 ❶ [삽입] 탭-[이미지] 그룹-[그림 🖼]을 클릭하고 ❷ [이 디바이스]를 클릭합니다. ❸ [그림 삽입] 대화상자에서 '아이디어 회의.jpg' 파일을 클릭한 후 ❹ [삽입]을 클릭합니다. 슬라이드 전체에 이미지가 꽉 차게 보입니다.

도형 그리기

04 ❶ [삽입] 탭-[일러스트레이션] 그룹-[도형 ⊙]을 클릭하고 ❷ [직사각형 ▭]을 클릭합니다. ❸❹ 슬라이드 좌우에 각각 드래그하여 사각형 도형을 그립니다.

바로 통 하는 TIP 도형 서식은 다음과 같이 지정합니다. [도형 서식] 탭-[크기] 그룹에서 도형의 높이와 너비를 지정할 수 있습니다. 투명도는 [도형 스타일] 그룹에서 [도형 서식 ▣]을 클릭하면 화면 오른쪽에 나타나는 [도형 서식] 작업 창에서 지정할 수 있습니다.

도형	크기		색상	투명도
왼쪽 사각형	높이	19.05 cm	진한 파랑, 강조1	0%
	너비	3 cm		
오른쪽 사각형	높이	19.05 cm	진한 파랑, 강조1	25%
	너비	19 cm		

텍스트 개체 틀 편집하기

05 ❶ Ctrl을 누른 상태로 이미지와 사각형 두 개를 각각 클릭하여 모두 선택하고 ❷ [도형 서식] 탭-[정렬] 그룹-[뒤로 보내기▣]의 ▽을 클릭한 후 ❸ [맨 뒤로 보내기]를 클릭합니다. 제목 레이아웃의 개체 틀이 보입니다. ❹ 제목과 부제목 개체 틀만 남기고 아래 나머지 개체틀은 클릭 후 Delete를 눌러 각각 삭제합니다.

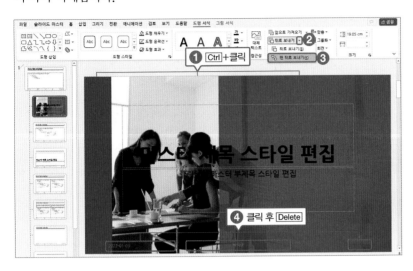

06 개체 틀의 서식과 위치를 변경한 후 내용을 입력하여 제목 슬라이드 레이아웃을 완성합니다.

바로 통하는 TIP 텍스트 개체 틀의 서식은 다음과 같이 지정합니다.

개체 틀	크기		색상
제목 개체 틀	높이	2.87 cm	흰색, 배경 1
	너비	17.91 cm	
부 제목 개체 틀	높이	1.01 cm	흰색, 배경 1
	너비	17.91 cm	

레이아웃 이름 바꾸기

07 ❶ [슬라이드 마스터] 탭-[마스터 편집] 그룹-[이름 바꾸기]를 클릭합니다. ❷ [레이아웃 이름 바꾸기] 대화상자에서 [레이아웃 이름]을 **표지**로 수정한 후 ❸ [이름 바꾸기]를 클릭합니다. ❹ [슬라이드 마스터] 탭-[닫기] 그룹-[마스터 보기 닫기⊠]를 클릭합니다. 제목 슬라이드의 배경 서식이 변경되었습니다.

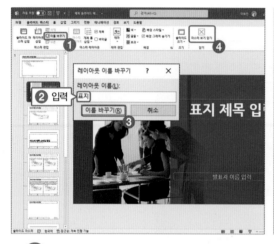 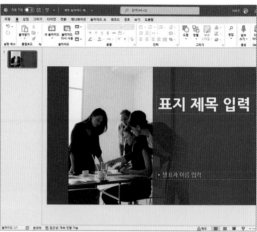

바로 통 하는TIP 슬라이드 마스터에서 변경한 대로 적용되지 않으면 [홈] 탭-[슬라이드] 그룹-[레이아웃▥]을 클릭한 후 [표지]를 클릭합니다.

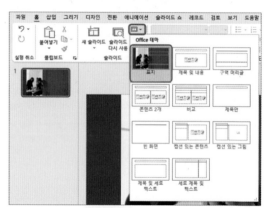

쉽고 빠른 파워포인트 Note 슬라이드 레이아웃에 텍스트 개체 틀 추가하기

① [슬라이드 마스터] 탭-[마스터 레이아웃] 그룹-[개체 틀 삽입▦]을 클릭한 후 ② [텍스트]를 클릭합니다. ③ 원하는 위치에서 텍스트 개체 틀을 그린 후 서식을 변경하여 사용합니다.

2010 \ 2013 \ 2016 \ 2019 \ 2021

핵심기능 21

서식 변경한 레이아웃을 슬라이드로 사용하기

실습 파일 파워포인트\2장\서식 변경한 레이아웃을 슬라이드로 사용하기.pptx
완성 파일 파워포인트\2장\서식 변경한 레이아웃을 슬라이드로 사용하기_완성.pptx

슬라이드 마스터 닫기

01 [슬라이드 마스터] 탭–[닫기] 그룹–[마스터 보기 닫기⊠]를 클릭합니다. 기본 보기 화면으로 바뀌었습니다.

개체 틀에 텍스트 입력하기

02 ❶ '표지 제목 입력'이 표시된 개체 틀에 **꿈모닝스쿨 소개서**를 입력합니다. ❷ '발표자 이름 입력'이라고 표시된 개체 틀에는 **이화진(꿈모닝스쿨 교장)**를 입력합니다. 표지 슬라이드를 완성합니다.

레이아웃이 다른 슬라이드 추가하기

03 ❶ [홈] 탭-[슬라이드] 그룹-
[새 슬라이드📱]의 ☑을 클릭하고 ❷
[목차], [간지], [내지], [엔딩], [로고]
를 차례대로 클릭합니다.

➕ 차례대로 슬라이드가 추가됩니다.

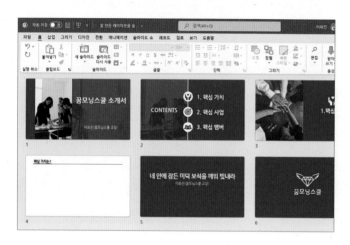

04 추가된 각 슬라이드의 텍스트
개체 틀에 원하는 내용을 입력하여
슬라이드 화면을 완성합니다.

핵심기능

22

슬라이드 번호 삽입하기

실습 파일 파워포인트\2장\슬라이드 번호 삽입하기.pptx
완성 파일 파워포인트\2장\슬라이드 번호 삽입하기_완성.pptx

슬라이드에 번호 삽입하기

01 원하는 슬라이드의 위치를 쉽게 찾을 수 있도록 슬라이드에 번호를 넣어보겠습니다. [삽입] 탭-[텍스트] 그룹-[슬라이드 번호📷]를 클릭합니다.

➕ [머리글/바닥글] 대화상자가 나타납니다.

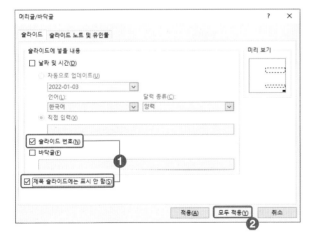

제목 슬라이드에 페이지 번호 표시하지 않기

02 ❶ [머리글/바닥글] 대화상자에서 [슬라이드] 탭-[슬라이드 번호]와 [제목 슬라이드에는 표시 안 함]에 체크하고 ❷ [모두 적용]을 클릭합니다.

▲ 목차 레이아웃

▲ 목차 슬라이드

✔️ 파워포인트 2010 [디자인] 탭—[페이지 설정] 그룹—[페이지 설정]을 선택한 후 [페이지 설정] 대화상자에서 [슬라이드 시작 번호]에 0을 입력하고 [확인]을 클릭합니다.

[2번 슬라이드]의 시작 번호가 1이 되도록 수정하기

03 슬라이드 축소판 창을 살펴보면 제목 슬라이드부터 슬라이드 번호가 '1'로 표시되어 [2번 슬라이드]는 '2'로 표시됩니다. [2번 슬라이드]가 '1'로 표시되도록 수정해보겠습니다. ❶ [2번 슬라이드]를 클릭합니다. ❷ [디자인] 탭—[사용자 지정] 그룹—[슬라이드 크기▢]를 클릭하고 ❸ [사용자 지정 슬라이드 크기]를 클릭합니다. ❹ [슬라이드 크기] 대화상자에서 [슬라이드 시작 번호]에 **0**을 입력하고 ❺ [확인]을 클릭합니다.

04 [2번 슬라이드]의 오른쪽 아래에 있는 슬라이드 번호가 '1'로 변경되었습니다.

➕ 첫 번째 제목 슬라이드의 슬라이드 번호는 '0' 입니다. 그러나 이번 실습에서는 [제목 슬라이드에는 표시 안 함]에 체크했기 때문에 '0'이 보이지 않습니다.

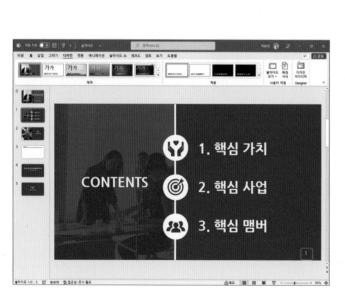

 하는TIP **슬라이드 번호 서식 변경하기**
[보기] 탭—[마스터 보기] 그룹—[슬라이드 마스터]를 클릭한 후 슬라이드 번호 개체 틀의 서식 및 위치를 변경합니다. 글꼴, 글꼴 크기, 글꼴 색 등을 원하는 대로 변경할 수 있습니다.

핵심기능

23

새 테마 저장하기

실습 파일 파워포인트\2장\새 테마 저장하기.pptx
완성 파일 파워포인트\2장\새 테마 저장하기_완성.pptx

새 테마 저장하기

01 ❶ [디자인] 탭–[테마] 그룹–[자세히⏷]를 클릭합니다. ❷ [현재 테마 저장]을 클릭합니다. ❸ [현재 테마 저장] 대화상자에서 [파일 이름]에 **꿈모닝스쿨**을 입력하고 ❹ [저장]을 클릭합니다.

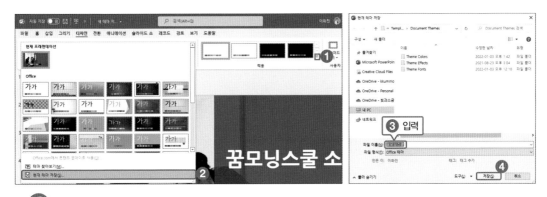

바로 통 하는TIP 새 테마는 기본적으로 [Microsoft\Templates\Document Themes] 폴더 내에 저장됩니다.

새로 저장한 테마 적용하기

02 새 프레젠테이션을 만들고 [꿈모닝스쿨] 테마를 적용해보겠습니다. ❶ [파일] 탭–[새로 만들기]를 클릭하고 ❷ [새 프레젠테이션]을 클릭합니다. ❸ [디자인] 탭–[테마] 그룹–[자세히⏷]를 클릭하고 ❹ [사용자 지정] 항목에서 [꿈모닝스쿨] 테마를 클릭합니다.

03 ❶ [홈] 탭-[새 슬라이드 📄]의 ✓을 클릭하면 ❷ [꿈모닝스쿨] 테마가 적용된 레이아웃을 확인할 수 있습니다.

CHAPTER

03

프레젠테이션
내용 작성하고
서식 지정하기

메시지 전달의 가장 기본 요소인 텍스트 작업에 대한 내용을 익혀보겠습니다. 슬라이드에 텍스트를 입력하고 서식을 자유롭게 변경할 수 있습니다. 많은 양의 텍스트를 사용하기보다는 간단명료하고 보기 좋게 정렬하는 것이 중요합니다. 글머리 기호를 활용하고 줄 간격과 단락 간격을 조정해 텍스트를 정렬하는 방법에 대해 알아보겠습니다. 텍스트를 잘 정렬하면 프레젠테이션의 가독성이 높아져 청중이 내용에 쉽게 집중할 수 있습니다.

슬라이드에 텍스트 입력하기

실습 파일 파워포인트\3장\슬라이드에 텍스트 입력하기.pptx
완성 파일 파워포인트\3장\슬라이드에 텍스트 입력하기_완성.pptx

개체 틀에 텍스트 입력하기

01 [1번 슬라이드]의 개체 틀에 텍스트를 입력해보겠습니다. ❶ '표지 제목 입력'이 입력된 개체 틀을 클릭합니다. ❷ 개체 틀에 **꿈모닝스쿨**을 입력합니다.

 [1번 슬라이드]에서 '표지 제목 입력'이 입력된 상자가 개체 틀입니다.

바로 통 하는 TIP 개체 틀에서 텍스트를 편집할 때 사용하는 단축키 알아보기

- Ctrl + Enter : 다음 개체 틀로 이동, 마지막 개체 틀일 경우 새 슬라이드를 생성합니다.
- Tab 또는 Alt + Shift + → : 수준 낮추기
- Tab + Shift 또는 Alt + Shift + ← : 수준 높이기

텍스트 상자에 텍스트 입력하기

02 [2번 슬라이드]에서 '이화진' 위쪽에 또 다른 텍스트 상자를 사용하여 텍스트를 입력해보겠습니다. ❶ 슬라이드 축소판 창에서 [2번 슬라이드]를 선택하고 ❷ [삽입] 탭-[텍스트] 그룹-[텍스트 상자[가]]의 ⌄을 클릭한 후 ❸ [가로 텍스트 상자 그리기]를 클릭합니다.

03 텍스트를 입력할 위치를 클릭한 후 생성되는 텍스트 상자에 **꿈모닝스쿨 교장**을 입력합니다.

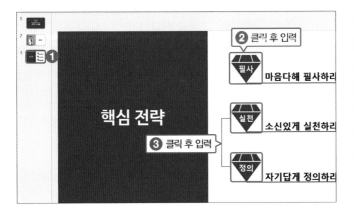

도형에 텍스트 입력하기

04 [3번 슬라이드]의 도형에 텍스트를 입력해보겠습니다. ❶ 슬라이드 축소판 창에서 [3번 슬라이드]를 클릭하고 ❷ 다이아몬드 모양의 도형을 클릭한 후 **필사**를 입력합니다. ❸ 아래쪽 다이아몬드 모양 도형에는 각각 **실천**과 **정의**를 입력하여 완성합니다.

쉽고 빠른 파워포인트 Note | 한자와 특수 문자 입력하기

한자와 특수 문자는 다음과 같은 방법으로 입력할 수 있습니다.

① 한자 입력하기

한자로 변환하고자 하는 단어 뒤에 커서를 둔 후 키보드의 [한자]를 누릅니다. 원하는 한자를 선택하면 한글이 한자로 변경되는 것을 확인할 수 있습니다.

② 특수 문자 입력하기

특수 문자를 입력하려면 [삽입] 탭─[기호] 그룹─[기호 ◯]를 클릭한 후 [기호]를 클릭합니다. [기호] 대화상자에서 원하는 기호를 선택한 후 [삽입]을 클릭하면 기호가 입력됩니다. 단축키로 기호를 입력하려면 [Alt]+[N]+[U]를 누릅니다. 단축키를 입력할 때 커서는 텍스트 창 내에 활성화되어 있어야 합니다.

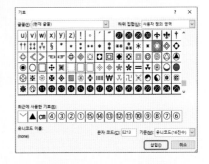

2010 \ 2013 \ 2016 \ 2019 \ 2021

글꼴, 글꼴 크기, 글꼴 색 변경하기

실습 파일 파워포인트\3장\글꼴, 글꼴 크기, 글꼴 색 변경하기.pptx
완성 파일 파워포인트\3장\글꼴, 글꼴 크기, 글꼴 색 변경하기_완성.pptx

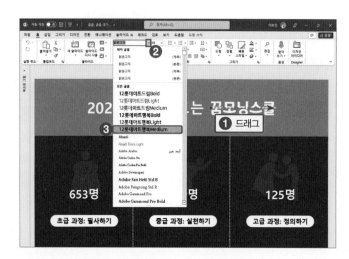

글꼴 변경하기

01 '꿈모닝스쿨'의 글꼴을 변경해 보겠습니다. ❶ '꿈모닝스쿨'을 드래 그하고 ❷ [홈] 탭-[글꼴] 그룹-[글 꼴▼]을 클릭한 후 ❸ [12롯데마트행 복Medium]을 클릭합니다.

➕ '꿈모닝스쿨'이 선택한 글꼴로 변경됩니다.

쉽고 빠른 파워포인트 Note | 무료 폰트 다운로드해서 사용하기

윈도우 운영체제에 포함되어 있지 않으나 인터넷에서 무료로 다운로드하여 사용할 수 있는 폰트가 많습니다. 직접 폰트명을 검색할 수도 있지만 무료 한글 폰트 사이트 눈누 (https://noonnu.cc)를 활용하면 원하는 폰트를 더 쉽고 빠르게 찾을 수 있습니다. 해당 사이트에 접속하여 폰트명을 입력해 검색하거나 원하는 문구를 입력하여 제시되는 폰트 중 하나를 선택해 다운로드합니다.

다운로드한 폰트는 컴퓨터에서 [제어판]-[모양 및 개인 설정]-[글꼴] 폴더에 넣어줍니다.

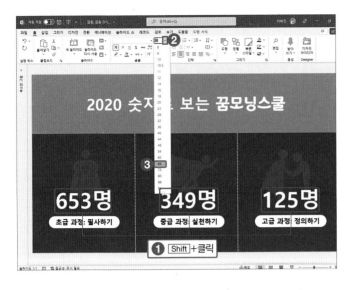

글꼴 크기 변경하기

02 슬라이드에 입력된 내용 중 '653명', '349명', '125명'의 글꼴 크기를 변경해보겠습니다. ❶ Shift 를 누른 상태로 변경하려는 글자를 모두 클릭합니다. ❷ [홈] 탭-[글꼴] 그룹-[글꼴 크기 ⌄]를 클릭한 후 ❸ [66]을 클릭합니다.

바로 통 하는 TIP 글꼴 크기 조절 단축키

• **글꼴 크게** : Ctrl + Shift + 〉
• **글꼴 작게** : Ctrl + Shift + 〈

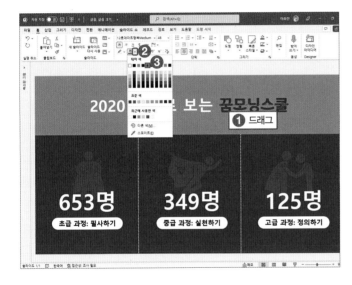

글꼴 색 변경하기

03 ❶ '꿈모닝스쿨'을 드래그하여 선택합니다. ❷ [홈] 탭-[글꼴] 그룹-[글꼴 색 가]의 ⌄을 클릭하고 ❸ [테마 색]-[진한 파랑, 강조1]을 클릭합니다.

➕ '꿈모닝스쿨'의 색이 변경됩니다.

2010 \ 2013 \ 2016 \ 2019 \ 2021

글머리 기호 설정 및 서식 변경하기

실습 파일 파워포인트\3장\글머리 기호 설정 및 서식 변경하기.pptx
완성 파일 파워포인트\3장\글머리 기호 설정 및 서식 변경하기_완성.pptx

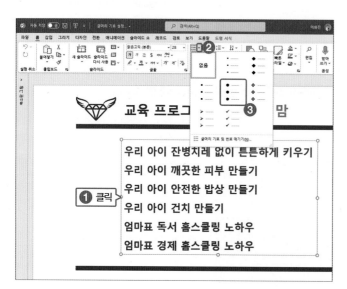

글머리 기호 삽입하기

01 ❶ 여섯 개의 교육 프로그램명이 입력된 텍스트 상자를 클릭합니다. ❷ [홈] 탭-[단락] 그룹-[글머리 기호]의 을 클릭하고 ❸ [속이 찬 큰 둥근 글머리 기호]를 클릭합니다.

➕ 텍스트 상자 내 여섯 개의 프로그램명 앞에 글머리 기호가 삽입됩니다.

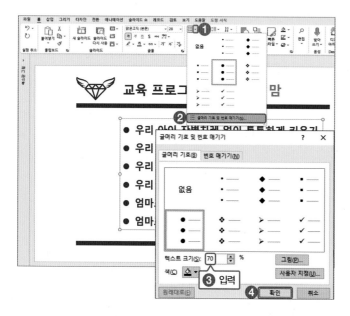

글머리 기호 크기 변경하기

02 ❶ [홈] 탭-[단락] 그룹-[글머리 기호]의 을 클릭하고 ❷ [글머리 기호 및 번호 매기기]를 클릭합니다. ❸ [글머리 기호 및 번호 매기기] 대화상자에서 [텍스트 크기]에 **70**을 입력하고 ❹ [확인]을 클릭합니다.

➕ 글머리 기호의 크기가 변경됩니다.

다음과 같은 방법으로 글머리 기호를 다양하게 바꿀 수 있습니다.

① 글머리 기호를 그림으로 변경하기

[글머리 기호 및 번호 매기기] 대화상자에서 [글머리 기호] 탭−[그림]을 클릭합니다. [파일에서]를 클릭하고 [그림 삽입] 대화상자에서 원하는 그림을 불러온 후 [확인]을 클릭하면 불러온 그림이 글머리 기호로 삽입됩니다.

 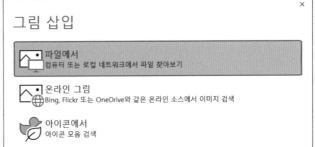

② 글머리 기호를 기호로 변경하기

[글머리 기호 및 번호 매기기] 대화상자에서 [사용자 지정]을 클릭한 후 [기호] 대화상자에서 원하는 기호를 클릭하고 [삽입]을 클릭하면 불러온 기호가 글머리 기호로 삽입됩니다.

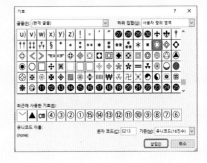

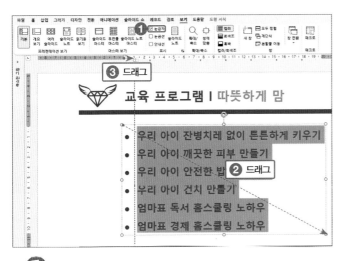

글머리 기호와 텍스트 사이의 간격 조정하기

03 텍스트의 시작 위치를 조절하면 글머리 기호와 텍스트 사이의 간격을 조정할 수 있습니다. ❶ [보기] 탭−[표시] 그룹−[눈금자]에 체크합니다. ❷ 간격을 조정할 텍스트를 드래그하고 ❸ 상단 눈금자에 있는 [내어쓰기△]를 눈금자의 1까지 드래그합니다.

🔼 글머리 기호와 텍스트 사이의 간격이 벌어집니다.

바로 통하는TIP 내어쓰기와 들여쓰기 아이콘 알아보기

- **첫 줄 들여쓰기 아이콘(▽)** : 글머리 기호와 번호 매기기의 시작 위치를 지정합니다.
- **내어쓰기 아이콘(△)** : 글머리 기호 뒤의 텍스트 위치를 지정합니다.
- **왼쪽 들여쓰기 아이콘(□)** : 첫 줄 들여쓰기와 내어쓰기 두 개의 아이콘 간격을 유지한 상태에서 이동할 수 있습니다.

글머리 기호를 번호로 변경하기

실습 파일 파워포인트\3장\글머리 기호를 번호로 변경하기.ppt
완성 파일 파워포인트\3장\글머리 기호를 번호로 변경하기_완성.pptx

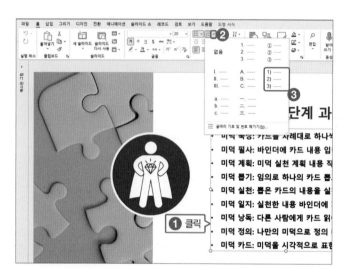

글머리 기호를 번호로 변경하기

01 글머리 기호를 번호로 변경해보겠습니다. ❶ 아홉 개의 글머리 기호가 적용된 텍스트 상자를 클릭합니다. ❷ [홈] 탭-[단락] 그룹-[번호 매기기 ▤]의 ▾을 클릭하고 ❸ [1) 2) 3)]을 클릭합니다.

➕ 글머리 기호가 번호로 변경됩니다.

시작 번호 변경하기

02 '1'부터 시작하는 번호를 '10'부터 시작하도록 변경해보겠습니다. ❶ 텍스트 상자를 클릭합니다. ❷ [홈] 탭-[단락] 그룹-[번호 매기기 ▤]의 ▾을 클릭하고 ❸ [글머리 기호 및 번호 매기기]를 클릭합니다.

➕ [글머리 기호 및 번호 매기기] 대화상자가 나타납니다.

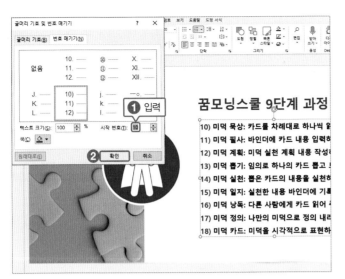

03 ❶ [글머리 기호 및 번호 매기기] 대화상자에서 [번호 매기기] 탭-[시작 번호]에 **10**을 입력한 후 ❷ [확인]을 클릭합니다.

➕ 시작 번호가 '10'으로 변경됩니다.

핵심기능

28

줄 및 단락 간격 조정하기

실습 파일 파워포인트\3장\줄 및 단락 간격 조정하기.pptx
완성 파일 파워포인트\3장\줄 및 단락 간격 조정하기_완성.pptx

줄 간격 넓히기

01 텍스트의 줄 간격을 조정하여 교육 프로그램의 분류와 프로그램별 내용을 보기 좋게 수정해보겠습니다. ❶ 교육 프로그램이 입력된 텍스트 상자를 클릭합니다. ❷ [홈] 탭-[단락] 그룹-[줄 간격 ⊞]을 클릭하고 ❸ [1.5]를 클릭합니다. 줄 간격이 넓어집니다.

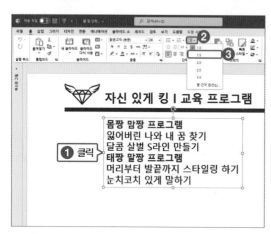
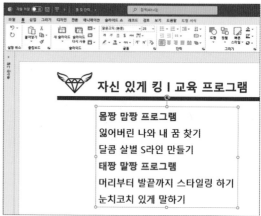

바로통하는TIP 줄 간격은 글꼴의 120% 정도로 설정하면 읽기 편합니다. 줄 간격을 설정하려면 [홈] 탭-[단락] 그룹-[줄 간격]- [줄 간격 옵션]을 클릭합니다. [단락] 대화상자가 나타나면 [들여쓰기 및 간격] 탭-[간격]-[줄 간격]을 [배수]로 선택하고 [값]에 **1.2** 를 입력한 후 [확인]을 클릭합니다.

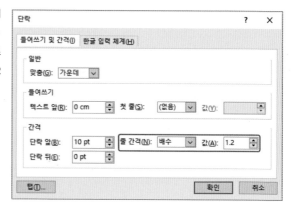

세밀하게 줄 간격 조정하기

02 ❶ 텍스트 상자를 클릭합니다. ❷ [홈] 탭-[단락] 그룹-[줄 간격▤]을 클릭하고 ❸ [줄 간격 옵션]을 클릭합니다. ❹ [단락] 대화상자에서 [들여쓰기 및 간격] 탭-[간격]-[줄 간격]을 [고정]으로 선택하고 ❺ [값]에 **45**를 입력한 후 ❻ [확인]을 클릭합니다.

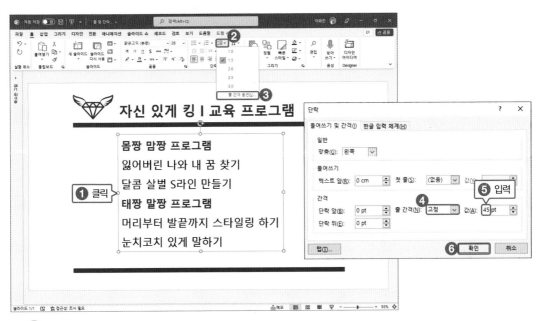

> **바로 통 하는TIP** [줄 간격]을 [고정]으로 설정하면 포인트(pt) 값으로 세밀하게 조정할 수 있습니다. 값이 글꼴 크기보다 작은 경우 줄이 겹쳐 보일 수 있으므로 주의합니다.

03 텍스트 상자의 줄 간격이 적당하게 줄어들었습니다.

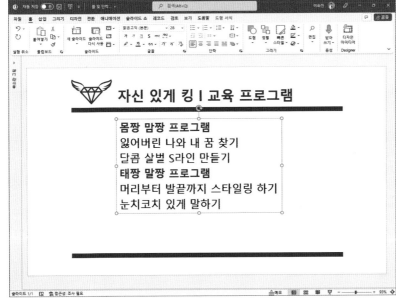

단락 간격 조정하기

04 단락 간격을 조정하여 '몸짱 맘짱 프로그램'과 '태짱 말짱 프로그램'의 하위 항목을 구분하겠습니다. ❶ 텍스트 상자를 클릭합니다. ❷ [홈] 탭-[단락] 그룹-[줄 간격 ▤]을 클릭하고 ❸ [줄 간격 옵션]을 클릭합니다. ❹ [단락] 대화상자에서 [들여쓰기 및 간격] 탭-[간격]-[단락 앞]에 **30**을 입력하고 ❺ [확인]을 클릭합니다.

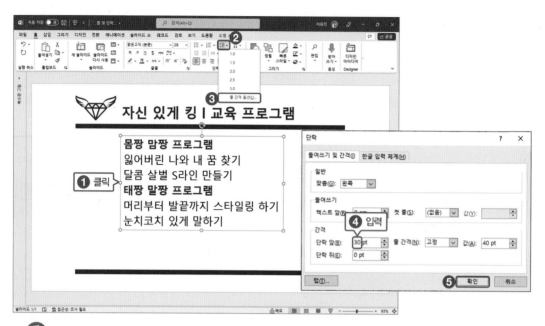

바로 통 하는TIP 선택한 텍스트를 마우스 오른쪽 버튼으로 클릭한 후 [단락]을 클릭해도 [단락] 대화상자가 나타납니다

05 단락 간격이 넓어져 내용이 구분됩니다.

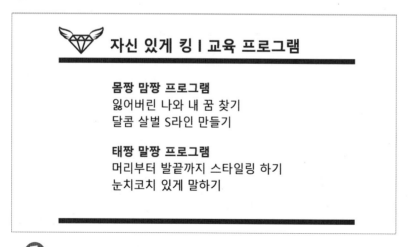

바로 통 하는TIP 줄을 바꾸는 단축키는 [Shift]+[Enter]이고, 단락을 바꾸는 단축키는 [Enter]입니다.

핵심기능

29

목록 수준 조정하기

실습 파일 파워포인트\3장\목록 수준 조정하기.pptx
완성 파일 파워포인트\3장\목록 수준 조정하기_완성.pptx

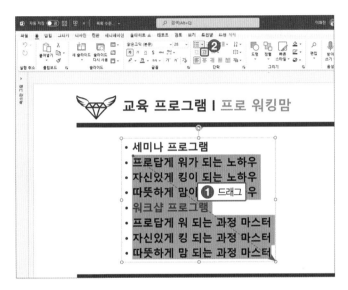

들여쓰기

01 슬라이드 내용이 모두 같은 수준으로 정리되어 있습니다. 목록 수준을 조정하여 제목과 하위 내용을 구분해보겠습니다. ❶ '세미나 프로그램' 아래에 있는 내용을 모두 드래그하여 선택합니다. ❷ [홈] 탭-[단락] 그룹-[목록 수준 늘림]을 클릭합니다.

02 '세미나 프로그램'을 제외한 내용이 한 칸씩 들여쓰기 되었습니다.

 들여쓰기 단축키는 Tab 입니다.

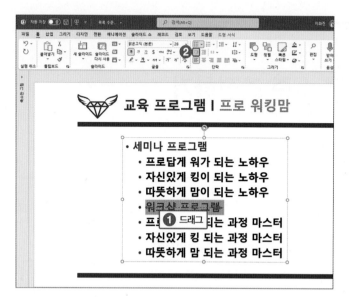

내어쓰기

03 '워크샵 프로그램'은 제목 역할을 하므로 다시 한 칸 앞으로 나오게 하여 아래 내용과 구분해야 합니다. ❶ '워크샵 프로그램'을 드래그합니다. ❷ [홈] 탭-[단락] 그룹-[목록 수준 줄임]을 클릭합니다.

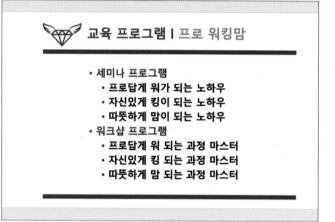

04 '워크샵 프로그램'이 내어쓰기 되었습니다.

바로 통하는 TIP 내어쓰기 단축키는 [Shift]+[Tab] 입니다.

프레젠테이션 전체 글꼴 한번에 바꾸기

실습 파일 파워포인트\3장\프레젠테이션 전체 글꼴 한번에 바꾸기.pptx
완성 파일 파워포인트\3장\프레젠테이션 전체 글꼴 한번에 바꾸기_완성.pptx

01 프레젠테이션 전체에 바탕 글꼴이 사용되었습니다. 바탕 글꼴을 나눔바른고딕 글꼴로 변경해보겠습니다. ❶ [홈] 탭-[편집] 그룹-[바꾸기▾]의 ▾을 클릭하고 ❷ [글꼴 바꾸기]를 클릭합니다.

➕ [글꼴 바꾸기] 대화상자가 나타납니다.

🔵 **바로 통 하는TIP** 파워포인트 창의 너비가 좁으면 [편집] 그룹이 별도의 아이콘 메뉴로 표시됩니다.

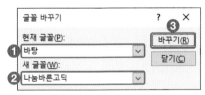

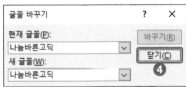

02 ❶ [글꼴 바꾸기] 대화상자에서 [현재 글꼴]을 [바탕]으로 선택하고 ❷ [새 글꼴]을 [나눔바른고딕]으로 선택한 후 ❸ [바꾸기]를 클릭합니다. [현재 글꼴]이 [나눔바른고딕]으로 바뀐 것을 확인할 수 있습니다. ❹ [닫기]를 클릭합니다.

🔵 **바로 통 하는TIP** 나눔바른고딕 글꼴이 컴퓨터에 설치되어 있지 않다면 [새 글꼴]에서 다른 글꼴을 선택해 실습을 진행합니다.

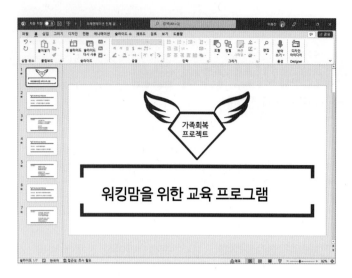

03 프레젠테이션 전체 글꼴이 나눔바른고딕 글꼴로 변경되었습니다.

CHAPTER

04

프레젠테이션 시각화 및 서식 지정하기

프레젠테이션을 위한 슬라이드 작업에서 가장 활용도가 높은 시각화 작업에 대해 알아보겠습니다. 도형, 표, 차트 그림 등의 이미지는 청중이 메시지를 더 쉽게 이해하고 오래도록 기억하게 만드는 필수 요소입니다. 메시지의 도해 표현은 SmartArt 그래픽으로 쉽게 해결할 수 있습니다. 또한 스포이트로 화면에 보이는 색을 추출하여 도형이나 텍스트 개체에 똑같이 적용할 수 있습니다.

정원 그리고 서식 지정하기

실습 파일 파워포인트\4장\정원 그리고 서식 지정하기.pptx
완성 파일 파워포인트\4장\정원 그리고 서식 지정하기_완성.pptx

슬라이드에 정원 그리기

01 '2020 Furniture Interior' 뒤쪽으로 정원을 그려보겠습니다. 먼저 원의 중심 위치를 확인하기 위해 화면에 안내선을 표시합니다. ❶ [보기] 탭-[표시] 그룹-[안내선]에 체크합니다. 가로와 세로 안내선이 나타납니다. 두 개의 안내선이 교차하는 지점이 원의 중심이 되도록 그려보겠습니다. ❷ [삽입] 탭-[일러스트레이션] 그룹-[도형⬚]을 클릭하고 ❸ [타원⬜]을 클릭합니다.

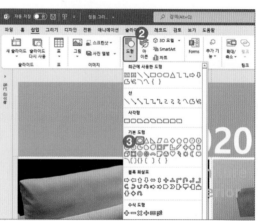

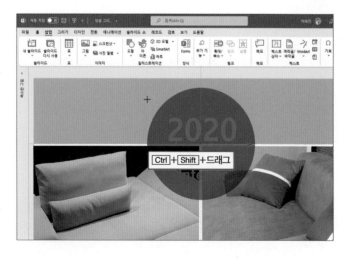

02 Ctrl + Shift 를 누른 상태에서 안내선의 교차점 바깥쪽으로 드래그하여 텍스트를 감싸도록 정원을 그려줍니다.

바로 통하는TIP 정사각형, 정원과 같이 비율이 일정한 정다각형을 그릴 때는 Shift 를 누른 상태에서 도형을 그리고, 드래그를 시작하는 지점이 도형의 중심이 되게 하려면 Ctrl 을 누른 상태에서 도형을 그립니다. Ctrl 과 Shift 를 같이 누른 상태에서 드래그하면 드래그 시작 지점이 중심인 정다각형이 그려집니다.

도형 순서 바꾸기

03 도형을 텍스트보다 뒤로 보내보 겠습니다. ❶ 정원을 클릭합니다. ❷ [도형 서식] 탭-[정렬] 그룹-[뒤로 보내기📑]를 클릭합니다. ❸ 한 번 더 [뒤로 보내기📑]를 클릭합니다.

➕ 정원이 텍스트보다 뒤로 보내지면서 텍스트가 나타납니다.

도형 채우기 및 윤곽선 변경하기

04 도형의 채우기 색과 윤곽선을 변경해보겠습니다. ❶ 정원을 클릭합니다. ❷ [도형 서식] 탭-[도형 스타일] 그룹-[도형 채우기📷]의 ⌄을 클릭하고 ❸ [진한 보라, 강조 2]를 클릭합니다. ❹ [도형 서식] 탭-[도형 스타일] 그룹-[도형 윤곽선📷]의 ⌄을 클릭합니다. ❺ [흰색, 배경1]을 클릭하고 ❻ [두께]-[6pt]를 클릭합니다. 정원의 채우기 색과 윤곽선 서식이 변경됩니다.

 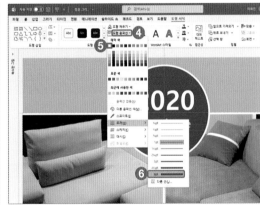

쉽고 빠른 파워포인트 Note | 같은 도형을 반복해서 그리기

같은 도형을 반복해서 그릴 때는 그리려고 하는 도형 위에서 마우스 오른쪽 버튼을 클릭한 후 [그리기 잠금 모드]를 클릭하여 실행합니다. 선택한 도형 이 반복적으로 그려지는 것을 확인할 수 있습니다. 해제하려면 Esc 를 누릅 니다.

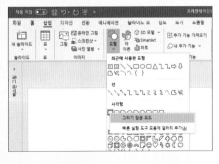

2010 \ 2013 \ 2016 \ 2019 \ 2021

여러 도형을 병합하여
새로운 도형 만들기

실습 파일 파워포인트\4장\여러 도형을 병합하여 새로운 도형 만들기.pptx
완성 파일 파워포인트\4장\여러 도형을 병합하여 새로운 도형 만들기_완성.pptx

도형 다중 선택하기

01 집 모양을 이루고 있는 삼각형과 직사각형을 선택해보겠습니다. Ctrl을 누른 상태에서 다중 선택합니다.

바로 통 하는 TIP 도형을 다중 선택할 때는 Shift를 눌러도 됩니다.

✓ **파워포인트 2010** [파일] 탭-[옵션]을 클릭합니다. [PowerPoint 옵션] 대화상자에서 [빠른 실행 도구 모음]을 클릭한 후 [다음에서 명령 선택]에서 [리본 메뉴에 없는 명령]을 선택합니다. [셰이프 결합], [셰이프 교차], [셰이프 병합], [셰이프 빼기]를 찾아 빠른 실행 도구 모음에 추가한 후 실습을 진행합니다.

도형 병합하기

02 ❶ [도형 서식] 탭-[도형 삽입] 그룹-[도형 병합 ◎]을 클릭하고 ❷ [통합]을 클릭합니다.

➕ 삼각형과 직사각형이 병합되어 집 모양 도형으로 변경됩니다.

바로 통 하는 TIP 도형 병합 작업에서는 다중 선택할 때 가장 먼저 선택한 도형의 서식을 따릅니다. 흰색 집 모양을 만들기 위해서는 흰색 삼각형을 먼저 선택해야 합니다.

03 ❶ Ctrl을 누른 상태에서 H 모양을 이루고 있는 직사각형 세 개를 각각 선택한 후 ❷ [도형 서식] 탭-[도형 삽입] 그룹-[도형 병합◎]을 클릭하고 ❸ [통합]을 클릭합니다.

➕ 세 개의 직사각형이 병합되어 H 모양 도형으로 변경됩니다.

도형 빼기

04 ❶ 집 모양 도형에서 원 모양을 빼기 위해 Ctrl을 누른 상태에서 두 개의 도형을 각각 선택한 후 ❷ [도형 서식] 탭-[도형 삽입] 그룹-[도형 병합◎]을 클릭하고 ❸ [빼기]를 클릭합니다.

➕ 원 도형은 삭제되고 집 모양에서 원 모양이 빠진 도형이 완성됩니다.

바로 통 하는 TIP [도형 병합]의 [빼기]는 먼저 선택한 도형에서 나중에 선택한 도형의 모양을 뺍니다. 따라서 여기에서는 집 모양을 먼저 선택한 후 원을 선택해야합니다.

05 H 모양의 도형을 하나 복사한 후 그림과 같이 화면을 완성합니다.

바로 통 하는 TIP 수평 또는 수직으로 도형을 복사하려면 Ctrl+Shift를 누른 상태로 도형을 드래그합니다.

핵심기능

33

도형 크기 변경하고
수직 복사하기

실습 파일 파워포인트\4장\도형 크기 변경하고 수직 복사하기.pptx
완성 파일 파워포인트\4장\도형 크기 변경하고 수직 복사하기_완성.pptx

도형 크기 변경하기

01 ❶ 모서리가 둥근 사각형을 클릭합니다. ❷ 오른쪽 테두리 선 중간의 크기 조절 핸들◯을 오른쪽으로 드래그하여 가로 크기를 늘립니다. 도형의 가로 크기가 늘어나 텍스트가 사각형 안쪽으로 배치됩니다.

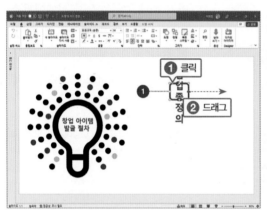

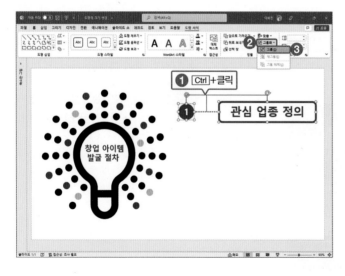

여러 개체 그룹하기

02 그룹으로 묶고 싶은 개체를 선택합니다. ❶ Ctrl 을 누른 상태에서 1번 동그라미, 가로 점선, 텍스트가 입력된 모서리가 둥근 직사각형을 클릭합니다. ❷ [도형 서식] 탭-[정렬] 그룹-[그룹화▣]를 클릭한 후 ❸ [그룹]을 클릭합니다.

➕ 세 개의 개체가 하나의 개체처럼 그룹화됩니다.

개체 수직 복사하기

03 ❶ 복사할 개체를 클릭한 후 ❷ Ctrl + Shift 를 누른 상태에서 아래로 드래그합니다. ❸ 같은 방식으로 두 번 더 개체를 수직 복사한 후 ❹ 그림과 같이 내용을 변경하여 슬라이드를 완성합니다.

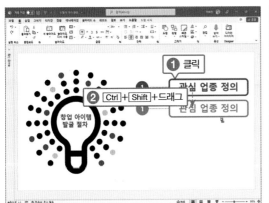 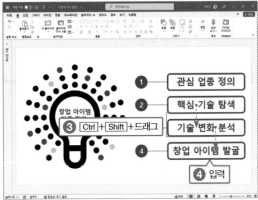

바로통하는TIP 도형을 복사하려면 Ctrl 을 누른 상태에서 드래그하고, 수직이나 수평으로 이동하려면 Shift 를 함께 누릅니다. 개체를 선택한 후 Ctrl 과 Shift 를 함께 누른 상태에서 드래그하면 수평이나 수직으로 이동하면서 개체가 복사됩니다.

쉽고 빠른 파워포인트 Note | 도형 모양, 크기, 회전 조절 핸들

도형을 변형할 수 있는 핸들의 종류는 다음과 같습니다.

① **모양 조절 핸들(●)** : 도형의 모양을 변경할 수 있습니다.

② **크기 조절 핸들(○)** : 도형의 크기를 조절할 수 있습입니다. 도형마다 여덟 개의 핸들이 있습니다.

③ **회전 조절 핸들(◎)** : 도형을 회전할 수 있습니다. Shift 를 누른 상태로 드래그하면 15도씩 회전합니다.

2010 \ 2013 \ 2016 \ 2019 \ 2021

균등한 간격으로 도형 정렬하기

실습 파일 파워포인트\4장\균등한 간격으로 도형 정렬하기.pptx
완성 파일 파워포인트\4장\균등한 간격으로 도형 정렬하기_완성.pptx

스마트 가이드로 도형 배치하기

01 ❶ '가정'이 입력된 사각형을 '따뜻하게 품어라'가 입력된 도형과 가운데 맞춤하여 배치합니다. 드래그할 때 자동으로 나타나는 스마트 가이드를 확인할 수 있습니다. ❷ '자아'가 입력된 사각형을 '가정'이 입력된 사각형과 동일한 높이로 맞추고 '자기 답게 살아라'가 입력된 도형과 가운데 맞춤하여 배치합니다.

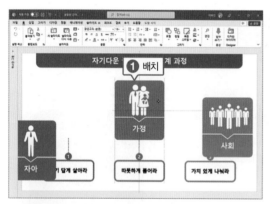 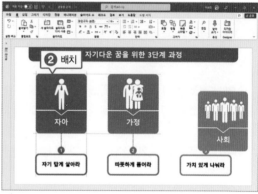

바로**통**하는**TIP** 맞추기 옵션을 일시적으로 무시하려면 Alt를 누른 상태로 개체를 드래그합니다.

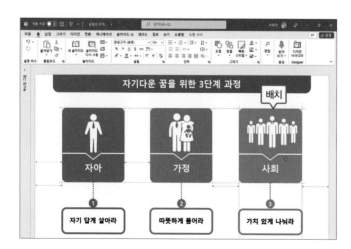

02 '사회'가 입력된 사각형을 다른 사각형과 동일한 높이로 맞추고 '가치 있게 나눠라'가 입력된 도형 위에 배치합니다.

바로**통**하는**TIP** **스마트 가이드 표시 해제하기**
스마트 가이드 표시를 해제하려면 [보기] 탭-[표시] 그룹-[눈금 설정 🖫]을 클릭합니다. [눈금 및 안내선] 대화상자가 나타나면 [도형 맞춤 시 스마트 가이드 표시]의 체크를 해제합니다.

핵심기능

35

스포이트로 색을 추출해 도형에 적용하기

실습 파일 파워포인트\4장\스포이트로 색을 추출해 도형에 적용하기.pptxt
완성 파일 파워포인트\4장\스포이트로 색을 추출해 도형에 적용하기_완성.pptx

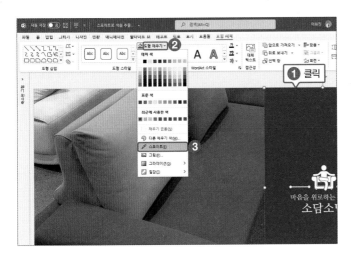

스포이트 선택하기

01 슬라이드에 배치한 이미지에서 특정 색을 추출해 도형의 배경색으로 적용해보겠습니다. ❶ 색을 적용할 도형을 클릭합니다. ❷ [도형 서식] 탭-[도형 스타일] 그룹-[도형 채우기🖌]의 ⌄을 클릭하고 ❸ [스포이트]를 클릭합니다.

➕ 마우스 포인터가 스포이트 모양🖊으로 바뀌어 슬라이드 창에서 색을 추출할 준비가 됩니다.

색 추출하기

02 원하는 색이 있는 곳에 스포이트를 가져간 후 클릭합니다. 추출한 색이 도형에 적용됩니다.

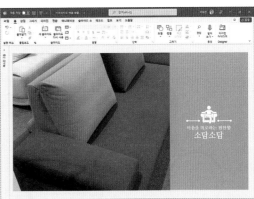

바로통하는TIP 색 위에 마우스 포인터를 올려놓으면 RGB(빨강, 녹색, 파랑) 색 좌표와 간략한 색 이름을 확인할 수 있습니다. 색을 추출할 때 마우스 왼쪽 버튼을 누르지 않고 Enter나 Spacebar를 눌러도 됩니다.

바로통하는TIP 슬라이드 화면 밖에 있는 색을 추출하려면 마우스 왼쪽 버튼을 클릭한 상태에서 추출하고자 하는 색이 있는 곳으로 스포이트를 드래그합니다. 마우스 왼쪽 버튼을 놓으면 색이 추출됩니다.

도형 서식을 다른 도형에 똑같이 적용하기

실습 파일 파워포인트\4장\도형 서식을 다른 도형에 똑같이 적용하기.pptx
완성 파일 파워포인트\4장\도형 서식을 다른 도형에 똑같이 적용하기_완성.pptx

도형 채우기

01 ❶ '공감' 텍스트가 입력된 원을 클릭합니다. ❷ [도형 서식] 탭-[도형 스타일] 그룹-[도형 채우기🖿]의 ⬝을 클릭하고 ❸ [흰색, 배경 1]을 클릭합니다.

➕ 원이 흰색으로 채워집니다. 흰색 텍스트는 보이지 않게 됩니다.

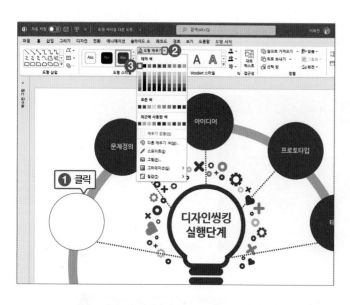

도형 윤곽선 변경하기

02 ❶ [도형 서식] 탭-[도형 스타일] 그룹-[도형 윤곽선☑]의 ⬝을 클릭하고 ❷ [두께]-[6pt]를 클릭합니다.

➕ 원의 윤곽선이 두껍게 변경됩니다.

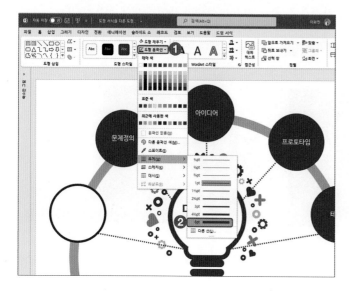

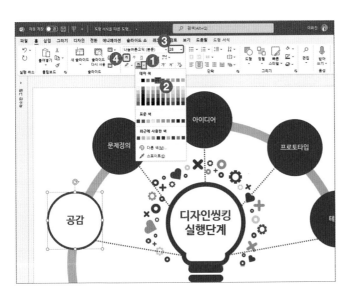

글꼴 서식 변경하기

03 ❶ [홈] 탭–[글꼴] 그룹–[글꼴 색 **가**]의 ⌄을 클릭하고 ❷ [진한 파랑, 강조 1]을 클릭한 후 ❸ [글꼴 크기]는 [28pt]로 설정합니다. ❹ [굵게 **가**]를 클릭하여 텍스트를 굵게 표시합니다.

➕ 흰색 원에서 텍스트가 강조되도록 글꼴 서식이 변경됩니다.

도형 서식 복사하고 붙여넣기

04 ❶ 서식이 변경된 도형을 클릭하고 ❷ [홈] 탭–[클립보드] 그룹–[서식 복사 ❤️]를 클릭합니다. 마우스 포인터가 페인트 붓 모양 ❤️으로 바뀝니다. ❸ 서식을 붙여 넣을 개체를 클릭합니다. 복사한 서식이 한번에 적용됩니다.

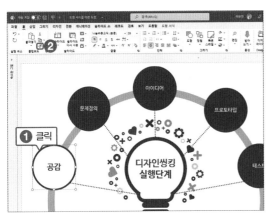

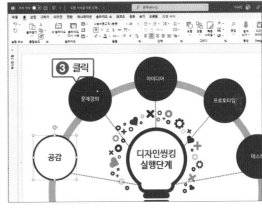

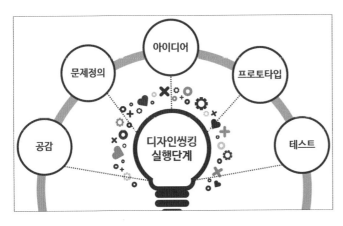

05 나머지 개체에도 같은 방법으로 도형 서식을 적용합니다.

바로 통 하는TIP 도형 서식 명령을 여러 개체에 반복 실행하려면 [서식 복사 ❤️]를 더블클릭합니다. 서식 복사를 중지하려면 Esc 를 누릅니다.

| 2010 | 2013 | 2016 | 2019 | 2021 |

평면 도형을
입체 도형으로 만들기

실습 파일 파워포인트\4장\평면 도형을 입체 도형으로 만들기.pptx
완성 파일 파워포인트\4장\평면 도형을 입체 도형으로 만들기_완성.pptx

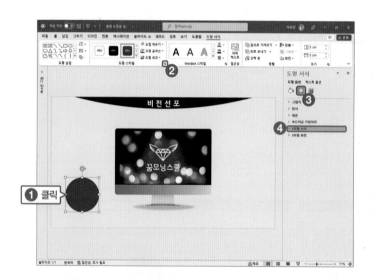

[도형 서식] 작업 창에서 입체 효과 적용하기

01 ❶ 슬라이드 창에서 정원을 클릭합니다. ❷ [도형 서식] 탭-[도형 스타일] 그룹-[도형 서식 ⬒]을 클릭합니다. ❸ 화면 오른쪽에 [도형 서식] 작업 창이 나타나면 [효과 ⬠]를 클릭하고 ❹ [3차원 서식]을 클릭합니다.

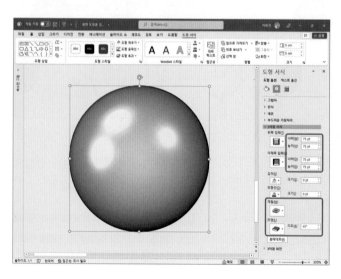

02 입체 효과를 그림과 같이 설정합니다.

➕ 정원에 3차원 서식이 적용됩니다.

바로 통 하는 TIP 도형 서식을 다음과 같이 설정합니다.

위쪽 입체	너비	75 pt
	높이	75 pt
아래쪽 입체	너비	75 pt
	높이	75 pt
재질	투명하게	
조명	퍼지게	
	각도	45˚

그림자 적용하기

03 ❶ [도형 서식] 작업 창에서 [효과🖼]의 [그림자]를 클릭합니다. ❷ [미리 설정]을 클릭하고 ❸ [원근감]−[원근감: 아래🔲]를 클릭합니다.

➕ 도형 아래에 그림자가 나타납니다.

도형 복사 후 그림으로 붙여넣기

04 ❶ 입체 효과가 적용된 도형을 마우스 오른쪽 버튼을 클릭한 후 ❷ [복사]를 클릭합니다. ❸ 슬라이드 창에서 마우스 오른쪽 버튼을 클릭합니다. ❹ [붙여넣기 옵션]에서 [그림🖼]을 클릭합니다. 구 모양 입체 도형이 PNG 형식으로 붙여 넣어집니다.

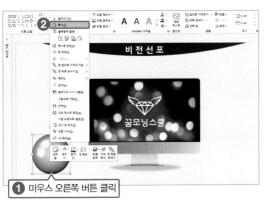

도형 크기 줄이고 복사하기

05 ❶ 붙여 넣은 도형을 클릭합니다. ❷ Ctrl + Shift 를 누른 상태에서 꼭지점의 크기 조절 핸들🔘 중 하나를 안쪽으로 드래그합니다. 도형 위치는 유지되면서 크기만 작아집니다. ❸ Ctrl 을 누른 상태에서 도형을 복사할 위치로 드래그하면 도형이 복사되어 이동합니다.

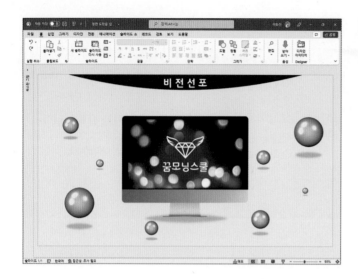

06 복사한 입체 도형을 배치하여
화면을 완성합니다.

우선순위

핵심기능

38

SmartArt 그래픽 삽입 후 텍스트 입력하기

실습 파일 파워포인트\4장\SmartArt 그래픽 삽입 후 텍스트 입력하기.pptx
완성 파일 파워포인트\4장\SmartArt 그래픽 삽입 후 텍스트 입력하기_완성.pptx

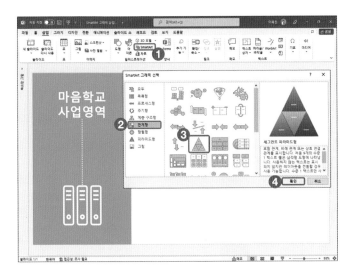

SmartArt 그래픽 삽입하기

01 ❶ [삽입] 탭-[일러스트레이션] 그룹-[SmartArt🖼]를 클릭합니다. ❷ [SmartArt 그래픽 선택] 대화상자에서 [관계형]을 클릭합니다. ❸ [세그먼트 피라미드형]을 클릭합니다. ❹ [확인]을 클릭합니다.

➕ 슬라이드 창에 선택한 SmartArt 그래픽이 삽입됩니다.

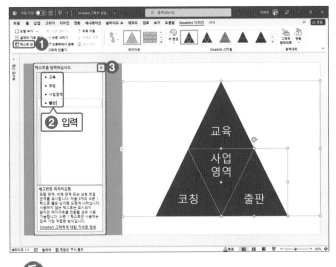

SmartArt 그래픽에 텍스트 입력하기

02 삽입한 SmartArt 그래픽에 텍스트를 입력해보겠습니다. ❶ [SmartArt 디자인] 탭-[그래픽 만들기] 그룹-[텍스트 창🔲]을 클릭합니다. ❷ 텍스트 창이 표시되면 **교육**, **코칭**, **사업영역**, **출판**을 각각 입력합니다. ❸ 텍스트가 자동으로 SmartArt 그래픽에 표시되면 텍스트 창에서 [닫기🗵]를 클릭합니다.

➕ SmartArt 그래픽이 완성됩니다.

> **바로 통 하는TIP** 텍스트 창을 나타내려면 SmartArt 그래픽 왼쪽 중간에 있는 화살표(◁)를 클릭해도 됩니다. 텍스트 창을 여는 대신 SmartArt 그래픽의 도형을 선택한 후 텍스트를 직접 입력할 수도 있습니다.

핵심기능

39

SmartArt 그래픽 서식 변경하기

실습 파일 파워포인트\4장\SmartArt 그래픽 서식 변경하기.pptx
완성 파일 파워포인트\4장\SmartArt 그래픽 서식 변경하기_완성.pptx

SmartArt 그래픽의 색 변경하기

01 ❶ 슬라이드에 삽입된 SmartArt 그래픽을 클릭합니다. ❷ [SmartArt 디자인] 탭-[SmartArt 스타일] 그룹-[색 변경🎨]을 클릭하고 ❸ [강조 4]-[색 채우기-강조 4]를 클릭합니다.

➕ SmartArt 그래픽 전체 색상이 변경됩니다.

SmartArt 그래픽의 전체 텍스트 색과 굵기 변경하기

02 ❶ 슬라이드에 삽입된 SmartArt 그래픽을 클릭합니다. ❷ [홈] 탭-[글꼴] 그룹-[글꼴 색🗛]의 ✓을 클릭하고 ❸ [진한 파랑, 강조 1]을 클릭합니다. ❹ [굵게🗛]를 클릭하여 텍스트를 굵게 만듭니다.

➕ SmartArt 그래픽 전체 글꼴 서식이 변경됩니다.

개별 개체 서식 변경하기

03 ❶ 도형의 모양을 변경하기 위해 '4P 전략'이라고 입력된 모서리가 둥근 직사각형을 클릭합니다. ❷ [서식] 탭-[도형] 그룹-[도형 모양 변경 🔲]을 클릭한 후 ❸ [다이아몬드◇]를 클릭합니다.

➕ 모서리가 둥근 직사각형이 다이아몬드 모양으로 변경됩니다.

04 다이아몬드 도형의 크기를 늘여보겠습니다. ❶ 다이아몬드 도형을 클릭합니다. ❷ 오른쪽 상단의 크기 조절 핸들🔲을 Ctrl + Shift 를 누른 상태에서 바깥쪽으로 드래그합니다. 중심을 기준으로 하여 일정한 비율로 도형의 크기가 커집니다.

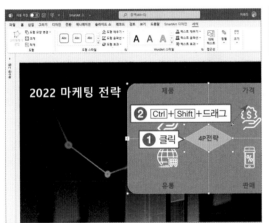

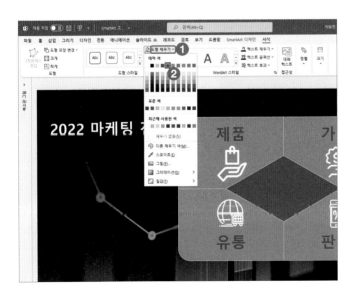

05 다이아몬드 도형의 색상을 변경합니다. ❶ [서식] 탭-[도형 스타일] 그룹-[도형 채우기🖎]의 ✓을 클릭한 후 ❷ [진한 파랑, 강조 1]을 클릭합니다.

➕ 다이아몬드 도형의 색상이 변경되어 같은 색상의 텍스트는 보이지 않게 됩니다.

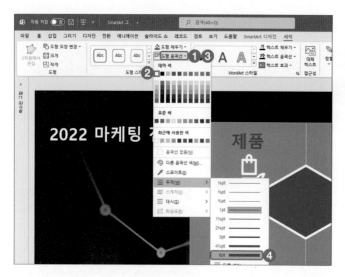

06 ❶ [서식] 탭-[도형 스타일] 그룹-[도형 윤곽선🖊]의 ▾을 클릭한 후 ❷ [흰색, 배경 1]을 클릭합니다. ❸ 다시 [서식] 탭-[도형 스타일] 그룹-[도형 윤곽선🖊]의 ▾을 클릭하고 ❹ [두께]-[6pt]를 클릭합니다.

➕ 다이아몬드 도형에 하얀색 윤곽선이 적용됩니다.

07 다이아몬드 도형 위의 텍스트가 잘 보이도록 설정하겠습니다. ❶ [서식] 탭-[WordArt 스타일] 그룹-[텍스트 채우기🄰]의 ▾을 클릭한 후 ❷ [흰색, 배경 1]을 클릭합니다.

➕ 글꼴 색이 변경되어 다이아몬드 도형 위에 텍스트가 나타납니다.

08 SmartArt 그래픽 서식이 변경된 슬라이드가 완성됩니다.

핵심기능

40

SmartArt 그래픽에 도형 추가하기

실습 파일 파워포인트\4장\SmartArt 그래픽에 도형 추가하기.pptx
완성 파일 파워포인트\4장\SmartArt 그래픽에 도형 추가하기_완성.pptx

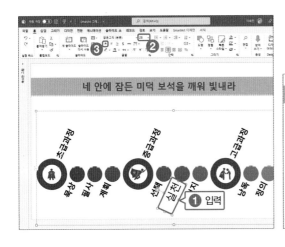

도형 추가하기

01 ❶ '선택'이 입력된 텍스트 상자 위의 원을 클릭합니다. ❷ [SmartArt 디자인] 탭-[그래픽 만들기] 그룹-[도형 추가]의 ✓을 클릭한 후 ❸ [뒤에 도형 추가]를 클릭합니다.

➕ '선택'이 입력된 도형 뒤에 원과 텍스트 상자가 추가됩니다.

텍스트 입력하기

02 추가된 도형 아래로 텍스트 상자가 선택되어 있습니다. ❶ **실천**이라고 입력한 후 ❷ [홈] 탭-[글꼴] 그룹-[글꼴 크기]를 [28]로 변경하고 ❸ [굵게 **가**]를 클릭하여 슬라이드를 완성합니다.

핵심기능

41

텍스트를 SmartArt 그래픽으로 변환하기

실습 파일 파워포인트\4장\텍스트를 SmartArt 그래픽으로 변환하기.pptx
완성 파일 파워포인트\4장\텍스트를 SmartArt 그래픽으로 변환하기_완성.pptx

텍스트를 SmartArt 그래픽으로 변환하기

01 텍스트 상자에 입력한 내용을 SmartArt 그래픽으로 변경해보겠습니다. ❶ 슬라이드 창에서 본문 텍스트 상자를 클릭합니다. ❷ [홈] 탭-[단락] 그룹-[SmartArt 그래픽으로 변환 📧]을 클릭하고 ❸ [세로 블록 목록형]을 클릭합니다. 텍스트가 SmartArt 그래픽으로 변경됩니다.

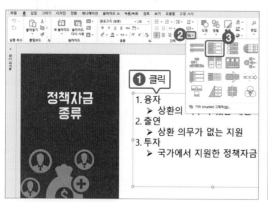

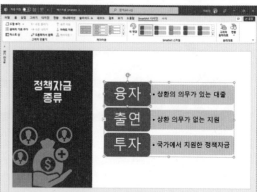

쉽고 빠른 파워포인트 Note 더 많은 SmartArt 그래픽 보기

[SmartArt 그래픽으로 변환] 목록에 원하는 형태가 없으면 [기타 SmartArt 그래픽]을 클릭한 후 [SmartArt 그래픽 선택] 대화 상자에서 원하는 SmartArt 그래픽 모양을 선택합니다.

42

그림을 SmartArt 그래픽으로 변환하기

실습 파일 파워포인트\4장\그림을 SmartArt 그래픽으로 변환하기.pptx
완성 파일 파워포인트\4장\그림을 SmartArt 그래픽으로 변환하기_완성.pptx

그림을 SmartArt 그래픽으로 변환하기

01 ❶ Ctrl 을 누른 상태에서 슬라이드에 삽입된 그림 네 개를 클릭합니다. ❷ [그림 서식] 탭–[그림 스타일] 그룹–[그림 레이아웃 ▨]을 클릭한 후 ❸ [그림 설명형]을 클릭합니다. 선택한 그림이 SmartArt 그래픽으로 변환되어 아래에 설명 텍스트를 추가할 수 있습니다.

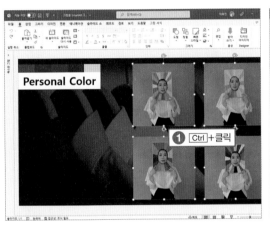
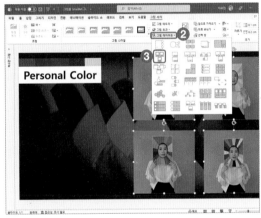

바로 통 하는 TIP 그림을 선택하는 순서대로 그림이 SmartArt 그래픽으로 변환됩니다.

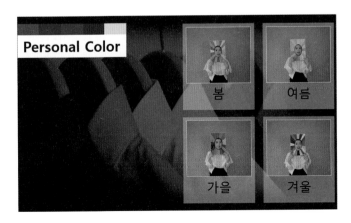

02 텍스트를 입력하여 슬라이드를 완성합니다.

핵심기능

43

표 디자인하기

실습 파일 파워포인트\4장\표 디자인하기.pptx
완성 파일 파워포인트\4장\표 디자인하기_완성.pptx

표 테두리 색 및 두께 변경하기

01 슬라이드에 작성된 표를 원하는 스타일로 수정해보겠습니다. ❶ 슬라이드에 삽입된 표를 클릭하고 ❷ [테이블 디자인] 탭-[테두리 그리기] 그룹-[펜 두께⯆]를 클릭한 후 ❸ [1 pt]를 클릭합니다. ❹ [펜 색 ✑]의 ⯆을 클릭하고 ❺ [진한 파랑, 강조 1]을 선택합니다. ❻ [표 스타일] 그룹-[테두리⊞]의 ⯆을 클릭하고 ❼ [모든 테두리]를 클릭합니다. 표의 모든 테두리가 설정한 색과 두께로 한번에 변경됩니다.

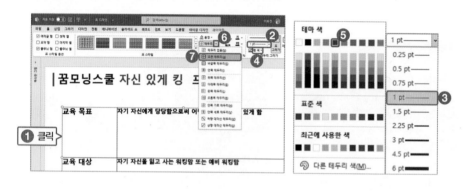

표 위쪽 테두리와 아래쪽 테두리 두껍게 하기

02 ❶ 표가 선택된 상태에서 [테이블 디자인] 탭-[테두리 그리기] 그룹-[펜 두께⯆]를 클릭한 후 ❷ [4.5 pt]를 클릭합니다. ❸ [펜 색✑]의 ⯆을 클릭하고 ❹ [진한 파랑, 강조 1]을 클릭합니다. ❺ [표 스타일] 그룹-[테두리⊞]의 ⯆을 클릭하고 ❻ [위쪽 테두리]를 클릭합니다. ❼ 다시 [표 스타일] 그룹-[테두리⊞]의 ⯆을 클릭한 후 ❽ [아래쪽 테두리]를 클릭합니다. 표 위쪽, 아래쪽 테두리만 진하게 변경됩니다.

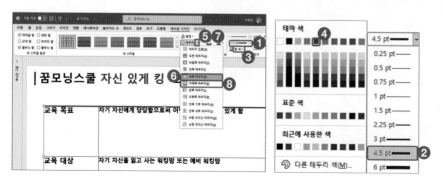

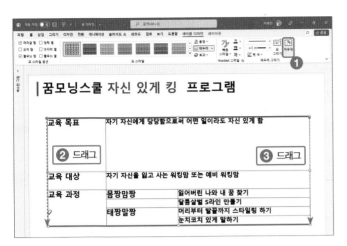

표 왼쪽 테두리와 오른쪽 테두리 지우기

03 ❶ [테이블 디자인] 탭-[테두리 그리기] 그룹-[지우개 ▨]를 클릭합니다. ❷❸ 표의 왼쪽 테두리와 오른쪽 테두리를 드래그합니다.

➕ 표 왼쪽, 오른쪽 테두리가 지워집니다.

바로 통 하는 TIP 지우개로 드래그할 때 표시되는 지우개의 경로가 점선인 경우에는 선이 지워지지 않습니다. 실선 형태일 때만 지워집니다.

셀에 배경색 채우기

04 ❶ 표의 1열을 드래그한 후 ❷ [테이블 디자인] 탭-[표 스타일] 그룹-[음영 ▨]의 ⌄을 클릭하고 ❸ [진한 파랑, 강조 1, 40% 더 밝게]를 클릭합니다. ❹ '몸짱맘짱'부터 '태짱말짱'까지 셀을 드래그한 후 ❺ [테이블 디자인] 탭-[표 스타일] 그룹-[음영 ▨]의 ⌄을 클릭하고 ❻ [진한 파랑, 강조 1, 80% 더 밝게]를 클릭합니다. 선택한 셀에 배경색이 채워져 표 내용을 쉽게 구분할 수 있습니다.

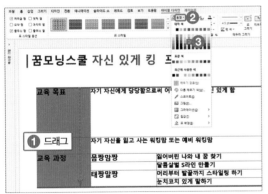

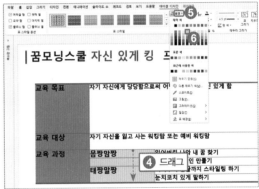

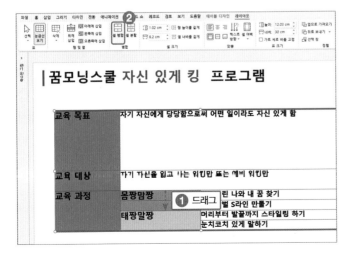

셀 병합하기

05 ❶ '몸짱맘짱'이 입력된 셀부터 바로 아래쪽 셀까지 드래그합니다. ❷ [레이아웃] 탭-[병합] 그룹-[셀 병합 ▦]을 클릭합니다.

➕ 선택한 셀 두 개가 하나로 병합됩니다.

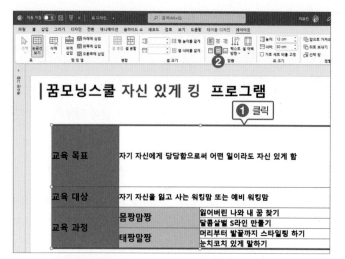

셀 안에 텍스트 위치 맞추기

06 ① 표를 클릭하고 ② [레이아웃] 탭-[맞춤] 그룹-[세로 가운데 맞춤 ▤]을 클릭합니다.

➕ 위쪽 맞춤되어 있던 표의 모든 셀에 세로 가운데 맞춤이 적용됩니다.

07 ① 표에서 구분에 해당되는 1열을 드래그하고 ② [레이아웃] 탭-[맞춤] 그룹-[가운데 맞춤▤]을 클릭합니다. ③④ 같은 방법으로 '몸짱맘짱'과 '태짱말짱'의 셀 안 텍스트 위치를 가운데로 맞춤니다.

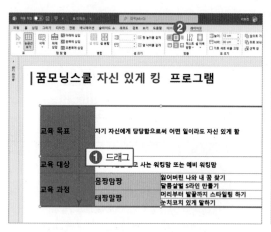

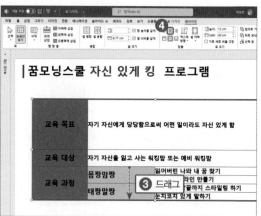

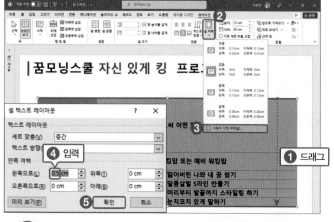

셀 여백 지정하기

08 ① 내용에 해당하는 셀 전체를 드래그합니다. ② [레이아웃] 탭-[맞춤] 그룹-[셀 여백▤]을 클릭하고 ③ [사용자 지정 여백]을 클릭합니다. ④ [셀 텍스트 레이아웃] 대화상자에서 [안쪽 여백]-[왼쪽으로]에 **0.5**를 입력합니다. ⑤ [확인]을 클릭합니다.

➕ 내용에 해당하는 셀의 왼쪽 여백이 0.5cm로 설정됩니다.

바로 통 하는TIP 표의 구분에 해당하는 '몸짱맘짱'과 '태짱말짱'까지 셀 안쪽 여백이 변경된다면 해당 셀을 드래그한 후 [레이아웃] 탭-[맞춤] 그룹-[셀 여백]-[없음]을 클릭합니다.

행 높이 같게 하기

09 ❶ 내용에 해당하는 셀 전체를 드래그합니다. ❷ [레이아웃] 탭-[셀 크기] 그룹-[행 높이를 같게 ⊞]를 클릭합니다. 내용에 해당하는 셀의 행 높이가 모두 같게 설정됩니다.

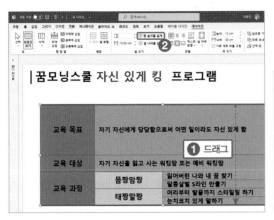
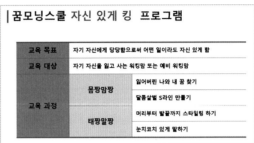

파워포인트에 자동으로 엑셀 표 연동하기

엑셀의 표 서식을 그대로 유지한 상태에서 파워포인트에 붙여 넣으면 엑셀 데이터의 값이 바뀌어도 주기적으로 업데이트되므로 유용하게 사용할 수 있습니다.

① 엑셀에서 표를 복사한 후 ② 파워포인트에서 [홈] 탭-[클립보드] 그룹-[붙여넣기 🗐]의 ⌄을 클릭하고 ③ [선택하여 붙여넣기]를 클릭합니다. ④ [선택하여 붙여넣기] 대화상자가 나타나면 [형식]에서 [Microsoft Excel 워크시트 개체]를 클릭하고 ⑤ [연결하여 붙여넣기]를 클릭한 후 ⑥ [확인]을 클릭합니다. ⑦ 바로 업데이트되지 않으면 파워포인트에 붙여 넣은 표에서 마우스 오른쪽 버튼을 클릭하고 [연결 업데이트]를 클릭합니다.

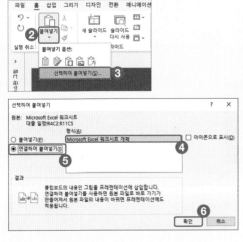
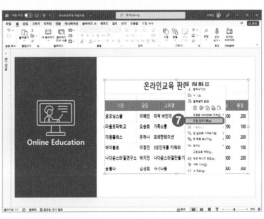

핵심기능

44

차트 디자인하기

실습 파일 파워포인트\4장\차트 디자인하기.pptx
완성 파일 파워포인트\4장\차트 디자인하기_완성.pptx

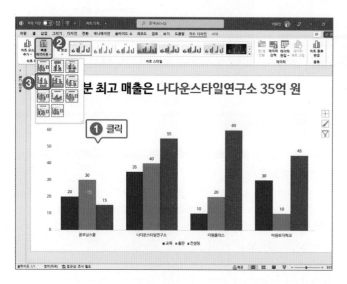

차트 레이아웃 변경하기

01 ① 차트 영역을 클릭합니다. ②
[차트 디자인] 탭-[차트 레이아웃]
그룹-[빠른 레이아웃圖]을 클릭하
고 ③ [레이아웃 4]를 클릭합니다.

➕ 차트 레이아웃이 선택한 레이아웃으로 변경됩
니다.

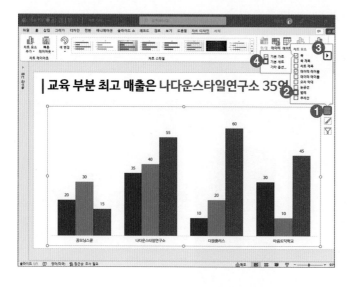

차트 범례 및 세로 축 없애기

02 ① [차트 요소┼]를 클릭합니다.
② [차트 요소]의 [범례]의 체크를 해
제하고 ③ [축▶]을 클릭한 후 ④ [기
본 세로]의 체크를 해제합니다.

➕ 차트 아래쪽 범례와 세로축이 사라집니다.

☑ **파워포인트 2010** [차트 도구]-[레이아웃]
탭-[레이블] 그룹에서 [범례]-[없음]을 클릭하고,
[차트 도구]-[레이아웃] 탭-[축] 그룹에서 [축]-[기
본 세로 축]-[없음]을 클릭합니다.

원하는 계열만 보이기

03 차트 필터를 이용하면 차트에 표시할 데이터 요소를 간편하게 선택할 수 있습니다. ❶ [차트 필터▽]를 클릭하고 ❷ [값]을 클릭합니다. ❸ [계열] 항목 중 [출판], [컨설팅]의 체크를 해제한 후 ❹ [적용]을 클릭합니다.

➕ [교육]에 해당하는 막대만 표시됩니다.

🔽 **파워포인트 2010** [차트 도구]–[디자인] 탭–[데이터] 그룹에서 [데이터 편집]을 클릭합니다. 엑셀 창이 나타나면 숨기고 싶은 계열의 셀 위쪽 열 이름을 마우스 오른쪽 버튼으로 클릭한 후 [숨기기]를 선택합니다.

차트 종류 변경하기

04 세로 막대형 차트를 가로 막대형 차트로 변경해보겠습니다. ❶ 차트 영역을 클릭하고 ❷ [차트 디자인] 탭–[종류] 그룹–[차트 종류 변경⬛]을 클릭합니다. ❸ [차트 종류 변경] 대화상자에서 [가로 막대형]을 클릭하고 ❹ [묶은 가로 막대형]을 더블클릭합니다. 차트 종류가 변경됩니다.

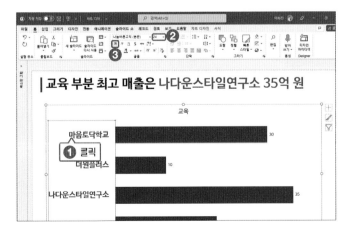

항목 글꼴 크기 변경하기

05 세로축 항목의 글꼴을 변경해보겠습니다. ❶ 세로축의 항목을 클릭합니다. ❷ [홈] 탭–[글꼴] 그룹–[글꼴 크기]를 [24]로 설정하고 ❸ [굵게🄰]를 클릭합니다.

➕ 세로축 항목의 글꼴 크기가 커지고 진해집니다.

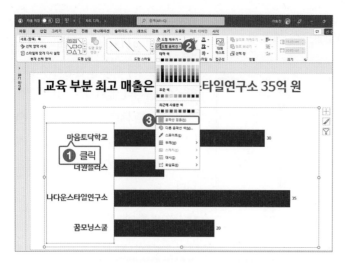

세로축 도형 윤곽선 없애기

06 세로축의 윤곽선을 없애보겠습니다. ❶ 세로축의 항목을 클릭합니다. ❷ [서식] 탭-[도형 스타일] 그룹-[도형 윤곽선 🖾]의 ✅을 클릭하고 ❸ [윤곽선 없음]을 클릭합니다.

➕ 차트의 세로축 윤곽선이 사라집니다.

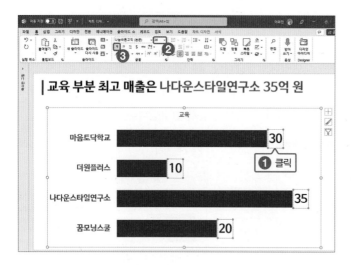

데이터 값의 글꼴 크기 변경하기

07 데이터 값의 글꼴을 변경하겠습니다. ❶ 데이터 레이블을 클릭합니다. ❷ [홈] 탭-[글꼴] 그룹-[글꼴 크기]를 [36]으로 설정하고 ❸ [굵게 🗛]를 클릭합니다.

➕ 데이터 값의 글꼴 크기가 커지고 진해집니다.

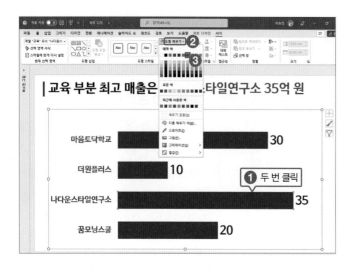

한 개의 막대 서식만 변경하기

08 특정 항목의 서식만 변경해보겠습니다. ❶ 나다운스타일연구소 항목의 막대를 두 번 클릭해 선택합니다. ❷ [서식] 탭-[도형 스타일] 그룹-[도형 채우기 🖾]의 ✅을 클릭하고 ❸ [분홍, 강조 3]을 클릭합니다.

➕ 선택한 가로 막대가 분홍색으로 채워져 강조됩니다.

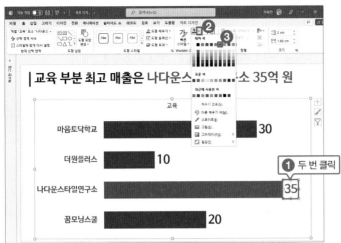

한 개의 텍스트 서식만 변경하기

09 ❶ 나다운스타일연구소의 데이터 레이블을 두 번 클릭합니다. ❷ [서식] 탭-[WordArt 스타일] 그룹-[텍스트 채우기 **가**]의 ▾을 클릭하고 ❸ [분홍, 강조 3]을 클릭합니다.

➕ 선택한 데이터 레이블의 색만 변경되어 강조됩니다.

쉽고 빠른 파워포인트 Note | **차트 구성 요소 살펴보기**

차트에는 계열, 축, 범례, 데이터 레이블 등 다양한 구성 요소가 있습니다. 차트를 선택하면 차트 영역 오른쪽에 차트 요소, 차트 스타일, 차트 필터가 표시됩니다. 간편하게 차트 요소를 추가, 제거하거나 차트 스타일을 선택할 수 있습니다. 차트 필터를 사용하면 원하는 데이터만 표시할 수 있습니다.

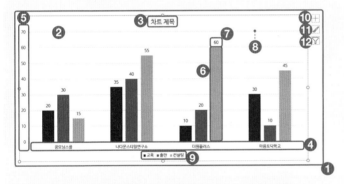

① **차트 영역** : 차트 전체 영역을 말하며 모든 구성 요소가 포함됩니다.

② **그림 영역** : 차트가 그려진 영역으로 데이터 계열, 항목, 항목 이름, 눈금선, 레이블 등을 포함합니다.

③ **차트 제목** : 차트 제목을 표시합니다.

④ **가로축** : 데이터 계열의 이름을 표시합니다.

⑤ **세로축** : 데이터 계열의 값을 표시합니다.

⑥ **데이터 계열/요소** : 데이터 요소나 값을 선택한 그래프 형태로 표시합니다.

⑦ **데이터 레이블** : 데이터 계열 또는 요소의 값과 이름을 표시합니다.

⑧ **눈금선** : 데이터의 값을 알기 쉽게 표시합니다.

⑨ **범례** : 데이터 계열별 이름과 색을 표시합니다.

⑩ **차트 요소** : 차트 요소를 숨기거나 표시할 수 있습니다.

⑪ **차트 스타일** : 차트 디자인 스타일을 선택할 수 있습니다.

⑫ **차트 필터** : 차트 데이터 중에서 특정 항목을 숨기거나 표시할 수 있습니다.

✔ **파워포인트 2010** [차트 요소], [차트 스타일], [차트 필터] 버튼은 파워포인트 2013 버전부터 나타납니다. 파워포인트 2010 버전은 [차트 도구]-[레이아웃] 탭에서 동일하게 실습할 수 있습니다.

핵심기능

45

잘 만든 차트 서식 저장하고 재활용하기

실습 파일 파워포인트\4장\잘 만든 차트 서식 저장하고 재활용하기.pptx
완성 파일 파워포인트\4장\잘 만든 차트 서식 저장하고 재활용하기_완성.pptx

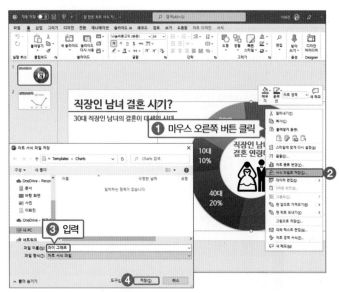

차트 서식 저장하기

01 ❶ [1번 슬라이드]에 삽입된 차트를 마우스 오른쪽 버튼으로 클릭합니다. ❷ [서식 파일로 저장]을 클릭합니다. ❸ [차트 서식 파일 저장] 대화상자에서 [파일 이름]에 **파이 그래프**를 입력하고 ❹ [저장]을 클릭합니다.

➕ 선택한 차트의 서식이 '파이 그래프.crtx' 파일로 저장됩니다.

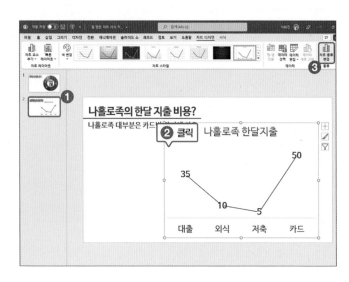

저장된 서식 파일 적용하기

02 ❶ 슬라이드 축소판 창에서 [2번 슬라이드]를 클릭하고 ❷ 차트 영역을 클릭합니다. ❸ [차트 디자인] 탭–[종류] 그룹–[차트 종류 변경🔲]을 클릭합니다.

➕ [차트 종류 변경] 대화상자가 나타납니다.

03 ❶ [차트 종류 변경] 대화상자에서 [서식 파일]을 클릭하고 ❷ [내 서식 파일]–[파이 그래프]를 클릭한 후 ❸ [확인]을 클릭합니다

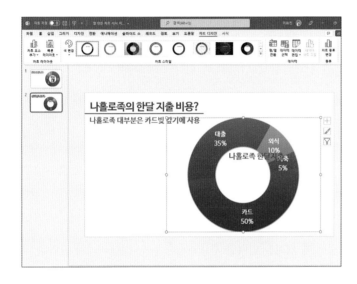

04 저장된 차트 서식 파일이 적용되어 차트 종류가 변경됩니다.

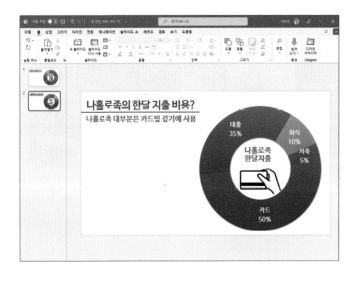

05 내용을 정리하여 그래프를 보기 좋게 완성합니다.

핵심기능

46

온라인 그림 삽입하기

실습 파일 파워포인트\4장\온라인 그림 삽입하기.pptx
완성 파일 파워포인트\4장\온라인 그림 삽입하기_완성.pptx

온라인에서 그림 검색하기

01 ❶ [삽입] 탭-[이미지] 그룹-[그림▦]을 클릭하고 ❷ [온라인 그림]을 클릭합니다.

➕ [온라인 그림] 대화상자가 나타납니다.

02 [온라인 그림] 대화상자에서 [Bing 검색]에 **커피**를 입력한 후 Enter를 누릅니다. 커피와 관련된 다양한 이미지가 나타납니다.

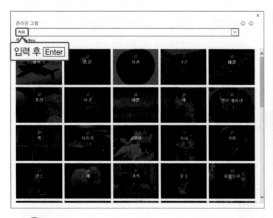

바로 통 하는 TIP [Creative Commons만]에 체크한 후 검색한 그림은 일정한 기준 아래에서 창작물을 마음대로 활용할 수 있습니다.

이미지 필터링하기

03 ❶ [필터 ▽]를 클릭하고 ❷ [크기]–[크게], ❸ [유형]–[사진], ❹ [레이아웃]–[넓게], ❺ [색]–[컬러만]을 각각 클릭합니다. 필터링된 이미지만 나타나는 것을 확인할 수 있습니다. ❻ 검색된 이미지 중에 하나를 클릭한 후 ❼ [삽입]을 클릭합니다. 선택한 이미지가 슬라이드 창에 삽입됩니다.

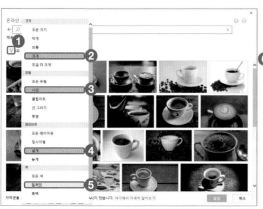

04 삽입한 이미지를 적당한 위치에 배치시켜 화면을 완성합니다.

바로 통 하는 TIP [온라인 그림]은 Microsoft Bing 검색 서비스의 실시간 검색 결과입니다. 따라서 예제와 다른 이미지가 나올 수 있습니다.

쉽고 빠른 파워포인트 Note / 저작권 없는 무료 이미지 다운로드하기

픽사베이(https://pixabay.com)는 저작권 없이 다양한 고품질의 이미지를 영리 · 비영리 목적으로 사용할 수 있는 사이트입니다. 검색 상자에 검색어를 입력한 후 검색한 이미지를 클릭하면 무료로 다운로드할 수 있습니다.

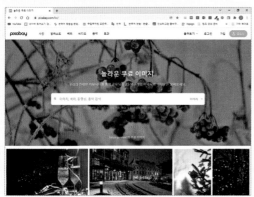
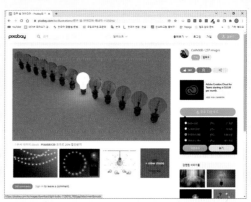

우선 순위

프레젠 테이션 기본

슬라 이드 배경 서식

내용 작성 & 서식

시각화 & 멀티 미디어

슬라 이드 정리 & 저장

발표 준비 & 발표

핵심기능

47

PowerPoint Designer로 전문가다운 슬라이드 만들기

실습 파일 파워포인트\4장\PowerPoint Designer로 전문가 슬라이드 만들기.pptx
완성 파일 파워포인트\4장\PowerPoint Designer로 전문가 슬라이드 만들기_완성.pptx

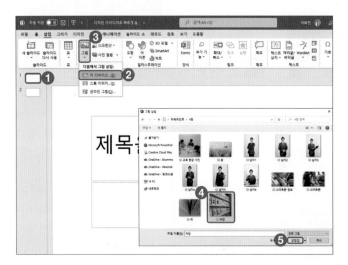

그림 한 개 삽입하기

01 ❶ 슬라이드 축소판 창에서 표지로 사용할 [1번 슬라이드]를 클릭합니다. ❷ [삽입] 탭-[이미지] 그룹-[그림📷]을 클릭하고 ❸ [이 디바이스]를 클릭합니다. ❹ [그림 삽입] 대화상자에서 '책장.jpg' 파일을 클릭한 후 ❺ [삽입]을 클릭합니다.

디자인 아이디어 적용하기

02 슬라이드에 그림이 삽입되며 자동으로 [디자인 아이디어] 작업 창이 나타납니다. 다양한 디자인 아이디어 중에서 원하는 디자인을 클릭하면 바로 슬라이드에 적용됩니다.

바로 통 하는 TIP [디자인 아이디어] 작업 창에 원하는 디자인이 없다면 작업 창 가장 아래쪽의 [더 많은 디자인 아이디어 보기]를 클릭하여 더 많은 디자인을 찾아볼 수 있습니다. [디자인 아이디어] 작업 창이 보이지 않는 경우에는 [디자인] 탭-[Designer] 그룹-[디자인 아이디어]를 클릭합니다.

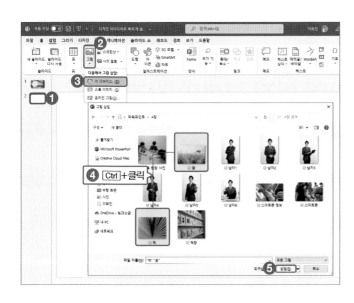

그림 두 개 삽입하기

03 ❶ 본문으로 사용할 [2번 슬라이드]를 클릭한 후 ❷ [삽입] 탭−[이미지] 그룹−[그림🖼]을 클릭하고 ❸ [이 디바이스]를 클릭합니다. ❹ [그림 삽입] 대화상자에서 Ctrl 을 누른 상태로 '꽃.jpg'와 '책.jpg' 파일을 클릭한 후 ❺ [삽입]을 클릭합니다.

바로 통 하는 TIP 그림을 다중 선택할 때는 Ctrl 또는 Shift 를 누르고 선택합니다.

04 슬라이드에 그림이 삽입되며 자동으로 [디자인 아이디어] 작업 창이 나타납니다. 다양한 디자인 아이디어 중에서 원하는 디자인을 클릭하면 슬라이드에 바로 적용됩니다.

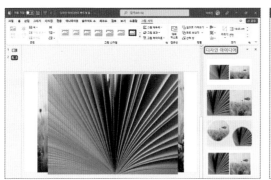

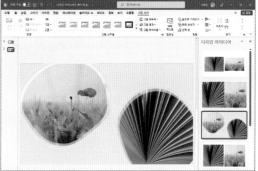

2010 \ 2013 \ 2016 \ 2019 \ 2021

그림의 특정 부분만 강조하기

실습 파일 파워포인트\4장\그림의 특정 부분만 강조하기.pptx
완성 파일 파워포인트\4장\그림의 특정 부분만 강조하기_완성.pptx

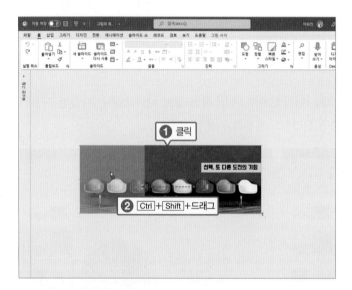

그림을 수평으로 이동 복사하기

01 그림의 특정 부분만 강조해보겠습니다. 먼저 그림을 복사하여 원본과 겹친 후 강조할 부분만 남기고 잘라내겠습니다. ❶ 슬라이드의 그림을 클릭합니다. ❷ Ctrl + Shift 를 누른 상태에서 왼쪽으로 드래그합니다.

➕ 선택한 그림이 드래그한 방향으로 수평 복사됩니다.

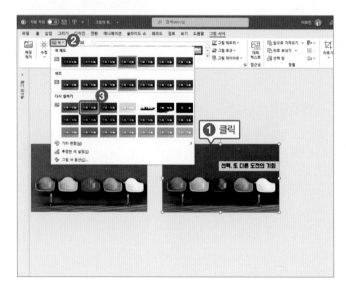

그림 색 변경하기

02 ❶ 원본 그림을 클릭합니다. ❷ [그림 서식] 탭-[조정] 그룹-[색🖼] 을 클릭하고 ❸ [다시 칠하기]-[회색조]를 클릭합니다.

➕ 원본 그림이 흑백 사진처럼 변경됩니다.

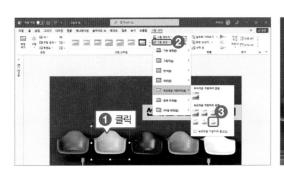

그림에서 원하는 부분만 남기고 자르기

03 ❶ 복사한 그림을 원본과 겹치도록 드래그합니다. ❷ [그림 서식]탭-[크기] 그룹-[자르기⌐]를 클릭합니다. ❸ 강조하고 싶은 부분만 남도록 그림 테두리에 생긴 꺾쇠 모양의 자르기 핸들을 드래그하여 크기를 조절한 후 ❹ 다시 [자르기⌐]를 클릭합니다.

➕ 그림에서 자르기 핸들로 선택한 부분만 남습니다.

잘린 그림의 주변을 부드럽게 처리하기

04 잘린 그림과 회색조로 변경한 원본 그림의 경계가 자연스럽지 않습니다. 잘린 그림의 주변을 부드럽게 처리해 원본 배경과 자연스럽게 어울리도록 수정해보겠습니다. ❶ 잘린 그림을 클릭합니다. ❷ [그림 서식] 탭-[그림 스타일] 그룹-[그림 효과🖼]를 클릭하고 ❸ [부드러운 가장자리]-[50 포인트]를 클릭합니다. 전체 그림 중 특정 부분의 색이 자연스럽게 강조되었습니다.

쉽고 빠른 파워포인트 Note | 그림의 투명도 조정하기

그림 뒤의 항목이 표시되도록 그림의 투명도를 조정할 수 있습니다. 투명도를 적용할 그림을 선택한 후 [그림 서식] 탭-[조정] 그룹-[투명도🖼]를 클릭하고 원하는 투명도를 클릭합니다.

2010 \ 2013 \ 2016 \ 2019 \ 2021

그림 서식은 유지하고 그림만 변경하기

실습 파일 파워포인트\4장\그림 서식은 유지하고 그림만 변경하기.pptx
완성 파일 파워포인트\4장\그림 서식은 유지하고 그림만 변경하기_완성.pptx

그림 테두리 색과 테두리 두께 변경하기

01 ❶ 슬라이드 창에서 왼쪽 첫 번째 그림을 클릭합니다. ❷ [그림 서식] 탭–[그림 스타일] 그룹–[그림 테두리🖉]의 ⌄을 클릭하고 ❸ [흰색, 배경 1]을 클릭합니다. ❹ 다시 한번 [그림 테두리🖉]의 ⌄을 클릭하고 ❺ [두께]–[다른 선]을 클릭합니다. ❻ [그림 서식] 작업 창에서 [선]–[실선]–[너비]에 **20**을 입력합니다. 왼쪽 첫 번째 그림에 흰색 테두리가 적용됩니다.

그림에 그림자 적용하기

02 ❶ [그림 서식] 탭–[그림 스타일] 그룹–[그림 효과]를 클릭합니다. ❷ [그림자]–[바깥쪽]–[오프셋 가운데]를 클릭합니다.

➕ 왼쪽 첫 번째 그림에 그림자 효과가 적용되어 보이지 않던 흰색 테두리가 표시됩니다.

그림 서식 복사하고 붙여넣기

03 ❶ 서식을 적용한 그림을 클릭하고 ❷ [홈] 탭-[클립보드] 그룹-[서식 복사 ☑]를 더블클릭합니다. ❸ 마우스 포인터가 페인트 붓 모양 ☑ 이 되면 서식을 붙여 넣을 그림을 각각 클릭합니다.

➕ 서식을 적용할 그림을 클릭할 때마다 왼쪽 첫 번째 그림의 서식이 복사됩니다.

바로 통 하는TIP [서식 복사]를 사용하면 한 개체의 모든 서식을 복사하여 다른 항목에 똑같이 적용할 수 있습니다.

바로 통 하는TIP 서식을 여러 곳에 적용하려면 [서식 복사]를 더블클릭합니다. 작업을 완료했으면 Esc 를 눌러 다중 복사 모드를 종료합니다.

다른 그림으로 변경하기

04 그림에 적용한 서식은 유지한 채 그림만 변경해보겠습니다. ❶ 변경할 그림을 클릭합니다. ❷ [그림 서식] 탭-[조정] 그룹-[그림 바꾸기 ☑]를 클릭한 후 ❸ [파일에서]를 클릭합니다. ❹ [그림 삽입] 대화상자에서 '교육 현장 사진.jpg' 파일을 클릭한 후 ❺ [삽입]을 클릭합니다.

05 서식은 그대로 유지한 채 그림이 바뀌었습니다.

바로 통 하는TIP **그림 원래대로 만들기**
현재 그림에 적용된 다양한 효과(꾸밈 효과, 색, 밝기, 대비, 선명도, 투명도 등)를 제거하여 원래대로 만들고 싶다면 [그림 서식] 탭-[조정] 그룹 [그림 원래대로]를 클릭합니다.

그림에서 불필요한 부분 제거하기

실습 파일 파워포인트\4장\그림에서 불필요한 부분 제거하기.pptx
완성 파일 파워포인트\4장\그림에서 불필요한 부분 제거하기_완성.pptx

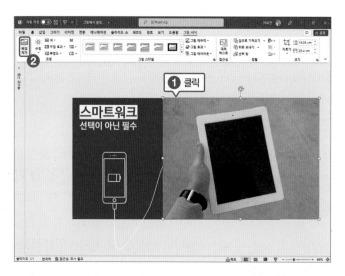

배경 제거하기

01 그림에서 불필요한 부분이 있으면 슬라이드가 복잡해 보입니다. 그림에서 원하는 부분만 제거해보겠습니다. **①** 슬라이드에 삽입된 그림을 클릭하고 **②** [그림 서식] 탭-[조정] 그룹-[배경 제거 📰]를 클릭합니다.

➕ 리본 메뉴에서 [배경 제거] 탭이 선택되고 이미지의 배경 부분이 자홍색으로 표시됩니다.

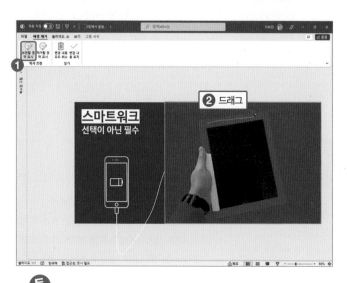

02 자홍색이 칠해진 부분이 그림에서 제거될 배경입니다. 그림에서 불필요한 부분만 선택되도록 조절해 보겠습니다. **①** [배경 제거] 탭-[미세 조정] 그룹-[보관할 영역 표시 ⊕]를 클릭합니다. **②** 마우스 포인터가 연필 모양 🖊으로 바뀌면 자홍색 부분에서 남기고 싶은 부분을 드래그하여 원래 이미지 색이 나오도록 합니다.

바로 통 하는TIP 그림에서 제거할 영역을 표시하고 싶을 때는 [제거할 영역 표시]를 클릭합니다. 마우스 포인터가 연필 모양으로 바뀌면 드래그하여 제거할 영역을 표시합니다.

03 그림에서 남기고 싶은 부분만 원래 이미지 색이 되었다면 [배경 제거] 탭-[닫기] 그룹-[변경 내용 유지☑]를 클릭합니다. 그림에서 자홍색으로 선택되었던 부분이 제거되고 프레젠테이션에 필요한 그림만 남습니다.

쉽고 빠른 파워포인트 Note　그림 일부분을 투명하게 만들기

[투명한 색 설정]은 전체 그림을 투명하게 만드는 것과 달리 하나의 색만 투명하게 만듭니다. 클립아트와 같이 간단한 단색 이미지에 사용하기 적합한 기능입니다. 투명하게 할 그림을 클릭하고 [그림 서식] 탭-[조정] 그룹-[색▦]을 클릭한 후 [투명한 색 설정]을 클릭하여 투명하게 만들고 싶은 색을 선택합니다. 단, 단색처럼 보이지만 실제로는 여러 가지 색이 섞여 구성된 경우에는 원하는 효과를 얻을 수 없습니다.

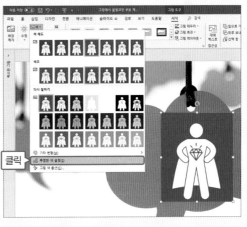

2010 \ 2013 \ 2016 \ 2019 \ 2021

원하는 모양으로 그림 자르고 용량 줄이기

실습 파일 파워포인트\4장\원하는 모양으로 그림 자르고 용량 줄이기.pptx
완성 파일 파워포인트\4장\원하는 모양으로 그림 자르고 용량 줄이기_완성.pptx

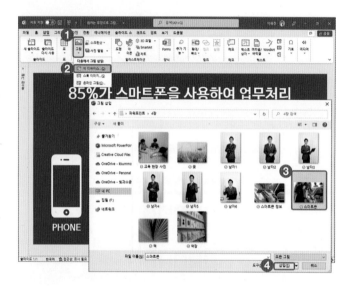

그림 삽입하기

01 ❶ [삽입] 탭-[이미지] 그룹-[그림 🖼]을 클릭하고 ❷ [이 디바이스]를 클릭합니다. ❸ [그림 삽입] 대화상자에서 '스마트폰.jpg' 파일을 클릭한 후 ❹ [삽입]을 클릭합니다.

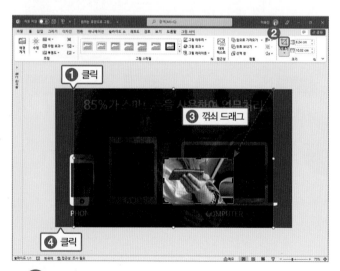

그림 자르기

02 ❶ 슬라이드에 삽입된 그림을 클릭하고 ❷ [그림 서식] 탭-[크기] 그룹-[자르기 🔲]를 클릭합니다. ❸ 꺾쇠 모양의 자르기 핸들을 드래그하여 원하는 부분만 남도록 영역을 조정합니다. ❹ 그림 외의 부분을 클릭합니다.

➕ 그림에서 필요한 부분만 남습니다.

바로 통 하는TIP 직사각형이 아닌 다른 모양으로 자르려면 [그림 서식] 탭-[크기] 그룹-[자르기 ☑]를 클릭한 후 [도형에 맞춰 자르기]에서 원하는 모양을 선택합니다.

그림 용량 줄이기

03 그림에서 잘려진 부분을 완전히 삭제하고 보이는 부분만 유지하여 문서의 용량을 줄여보겠습니다. ❶ 자르고 남은 부분의 그림을 클릭하고 ❷ [그림 서식] 탭–[조정] 그룹–[그림 압축🖼]을 클릭합니다. ❸ [그림 압축] 대화상자에서 [압축 옵션]–[이 그림에만 적용]과 [잘려진 그림 영역 삭제]에 각각 체크하고 ❹ [확인]을 클릭합니다. 그림에서 잘려진 부분이 완전히 삭제되어 그림의 용량이 줄어듭니다.

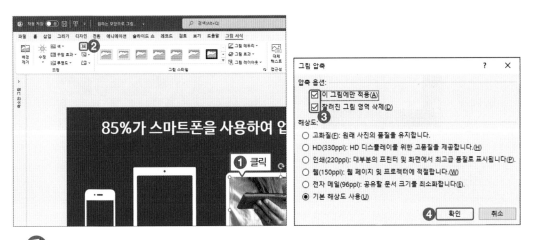

바로 통 하는TIP 파워포인트에서 그림을 자르면 슬라이드 창에서는 보이지 않지만 그림의 원본은 유지되고 용량 역시 그대로입니다. 용량을 줄이려면 [그림 압축]을 사용해 잘린 부분을 완전히 없애야 합니다.

압축한 그림 저장하기

04 원본 그림과 용량 차이를 비교하기 위해 잘려진 그림을 저장해보겠습니다. ❶ 그림을 마우스 오른쪽 버튼으로 클릭하고 ❷ [그림으로 저장]을 클릭합니다. ❸ [그림으로 저장] 대화상자에서 [파일 이름]에 **스마트폰 정보**를 입력하고 ❹ [저장]을 클릭합니다. 용량을 압축한 그림이 JPEG 이미지 파일로 저장됩니다.

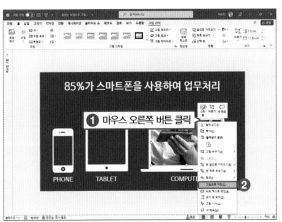
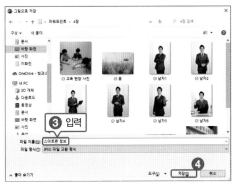

05 저장한 그림의 파일 크기를 비교해보면 원본 그림 '스마트폰.jpg' 파일은 6.21MB이고, 압축한 그림 '스마트폰 정보.jpg' 파일은 59.9KB입니다. 용량이 크게 줄었습니다.

06 크기를 줄인 그림에 테두리 및 그림자를 적용하여 서식을 변경합니다. 옆으로 그림 두 개를 복사한 후 화면에 어울리게 배치하여 슬라이드를 완성합니다.

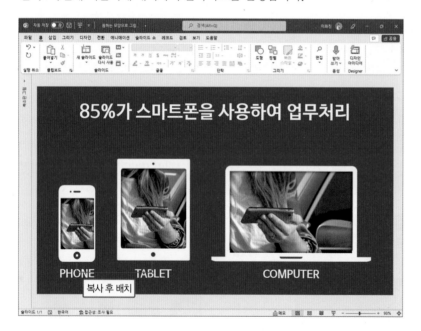

핵심기능

52

사진 앨범으로 프레젠테이션 만들기

실습 파일 파워포인트\4장\사진 앨범으로 프레젠테이션 만들기.pptx
완성 파일 파워포인트\4장\사진 앨범으로 프레젠테이션 만들기_완성.pptx

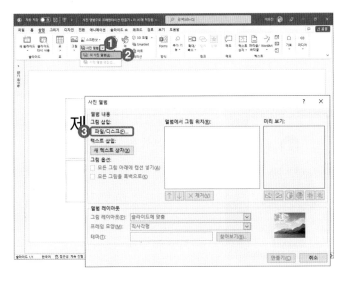

새 사진 앨범 만들기

01 ❶ [삽입] 탭-[이미지] 그룹-
[사진 앨범📷]의 ✓을 클릭하고 ❷
[새 사진 앨범]을 클릭합니다. ❸
[사진 앨범] 대화상자에서 [앨범 내
용]-[그림 삽입]-[파일/디스크]를
클릭합니다.

➕ [새 그림 삽입] 대화상자가 나타납니다.

02 ❶ [새 그림 삽입] 대화상자에
서 Ctrl 을 누른 상태로 '남자1.jpg',
'남자2.jpg', '남자3.jpg', '남자4.jpg',
'남자5.jpg', '남자6.jpg' 파일을 각각
클릭한 후 ❷ [삽입]을 클릭합니다.

➕ 선택한 그림이 모두 [사진 앨범] 대화상자에 추
가됩니다.

03 [사진 앨범] 대화상자에서 [앨범 내용]-[앨범에서 그림 위치]에 삽입한 사진이 선택한 차례대로 추가됩니다. ❶ [앨범 레이아웃]-[그림 레이아웃]을 [그림 2개]로, ❷ [프레임 모양]을 [단순형 프레임, 흰색]으로 설정한 후 ❸ [만들기]를 클릭합니다.

04 제목 슬라이드 아래로 이미지가 두 개씩 들어간 슬라이드가 세 장 만들어집니다. 첫 번째 슬라이드에 사진과 어울리는 제목을 입력하여 슬라이드를 완성합니다.

바로 통 하는TIP 앨범 배경 변경하기

배경을 변경하고 싶다면 [삽입] 탭-[이미지] 그룹-[사진 앨범]을 클릭하고 [사진 앨범 편집]을 클릭합니다. [사진 앨범 편집] 대화상자에서 [테마]-[찾아보기]를 클릭한 후 [테마 선택] 대화상자에서 원하는 테마를 클릭하고 [선택]을 클릭합니다. [사진 앨범 편집] 대화상자에서 [업데이트]를 클릭하여 적용합니다.

[사진 앨범] 대화상자는 다음과 같이 구성되어 있습니다.

① **파일/디스크** : 추가하고 싶은 그림을 선택합니다.

② **새 텍스트 상자** : 텍스트 개체 틀이 슬라이드에 추가됩니다.

③ **모든 그림 아래에 캡션 넣기** : 그림의 파일명이 그림 아래에 텍스트로 표시됩니다. [모든 그림 아래에 캡션 넣기]가 회색으로 표시되어 사용할 수 없는 경우에는 [앨범 레이아웃]에서 [슬라이드에 맞춤] 이외의 레이아웃을 선택해주어야 합니다.

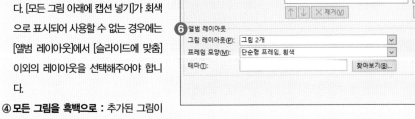

④ **모든 그림을 흑백으로** : 추가된 그림이 모두 흑백으로 바뀝니다.

⑤ **앨범에서 그림 위치** : 각각의 슬라이드에 추가한 그림과 텍스트 상자가 어떻게 표시되는지를 보여주며 목록 앞쪽에 체크하면 위치, 제거, 회전, 대비, 밝기를 변경할 수 있습니다.

⑥ **앨범 레이아웃** : 슬라이드에서 그림의 레이아웃과 모양을 어떻게 표시할지 결정합니다. 전체 배경의 디자인을 테마 부분에서 선택하여 적용할 수 있습니다.

온라인에서 파워포인트 사진 앨범 서식 파일을 다운로드하여 사진 앨범을 만들 수 있습니다(https://templates.office.com/en-us/Photo-Albums).

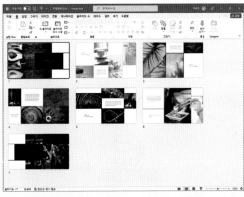

아이콘 삽입하고 편집하기

2010 2013 2016 2019 2021

실습 파일 파워포인트\4장\아이콘 삽입하고 편집하기.pptx
완성 파일 파워포인트\4장\아이콘 삽입하고 편집하기_완성.pptx

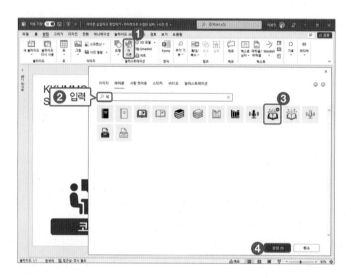

아이콘 삽입하기

01 ❶ [삽입] 탭-[일러스트레이션] 그룹-[아이콘]을 클릭합니다. ❷ 검색 상자에 **책**을 입력합니다. ❸ 나타나는 책 모양 아이콘 중에 원하는 아이콘을 클릭한 후 ❹ [삽입]을 클릭합니다.

➕ 슬라이드 창에 책 모양 아이콘이 삽입됩니다.

02 ❶ 삽입한 아이콘을 '출판' 위쪽으로 드래그하여 위치시킨 후 ❷ 크기를 조절하기 위해 아이콘 개체의 크기 조절 핸들⬜ 위에 마우스 포인터를 위치시킵니다. ❸ 마우스 포인터가 양쪽 화살표 모양↗으로 변하면 Ctrl 을 누른 채 드래그해 크기를 조절합니다.

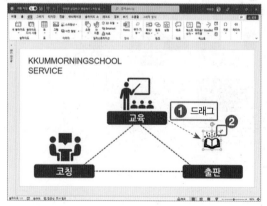

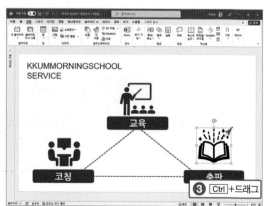

바로 통 하는TIP Shift 를 누른 상태에서 크기 조절 핸들⬜을 드래그하면 개체의 가로세로 비율을 유지하며 크기를 조절할 수 있습니다. Ctrl 을 누른 상태로 크기 조절 핸들⬜을 드래그하면 개체의 중심을 기준으로 크기가 조절됩니다.

아이콘을 도형으로 변환하기

03 ❶ 삽입한 아이콘을 클릭하고 ❷ [그래픽 형식] 탭-[변경] 그룹-[도형으로 변환🔁]을 클릭합니다. 아이콘의 그룹이 해제되어 개별 도형으로 변경됩니다. ❸ 책 모양 도형 위쪽에서 드래그하여 빛 효과 모양 도형을 모두 선택한 후 Delete 를 눌러 삭제합니다.

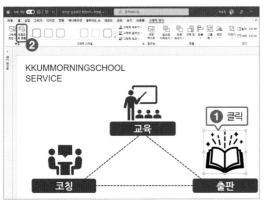

바로 통 하는TIP 그룹 해제 단축키는 Ctrl + Shift + G 입니다.

색 변경하기

04 ❶ 책 모양 도형을 클릭합니다. ❷ [도형 서식] 탭-[도형 스타일] 그룹-[도형 채우기🎨]의 ⌄을 클릭한 후 ❸ [진한 파랑, 강조 1]을 클릭합니다. 책 모양 도형의 색이 변경됩니다.

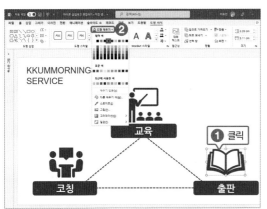

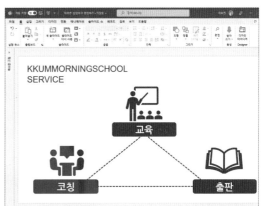

핵심기능

54

3D 모델 삽입하기

실습 파일 파워포인트\4장\3D 모델 삽입하기.pptx
완성 파일 파워포인트\4장\3D 모델 삽입하기_완성.pptx

3D 모델 삽입하기

01 ❶ [삽입] 탭-[일러스트레이션] 그룹-[3D 모델⬚]의 ⌄을 클릭하고 ❷ [스톡 3D 모델]을 클릭합니다.

➕ [온라인 3D 모델] 대화상자가 나타납니다.

✅ **파워포인트 2016&이전 버전** 파워포인트 2019 버전을 포함한 이후 버전에서만 3D 모델을 삽입할 수 있습니다.

02 ❶ [온라인 3D 모델] 대화상자에서 [Microsoft Products]를 클릭하고 ❷❸ 서피스와 마우스를 클릭한 후 ❹ [삽입]을 클릭합니다. 선택한 3D 모델이 슬라이드 창에 삽입됩니다.

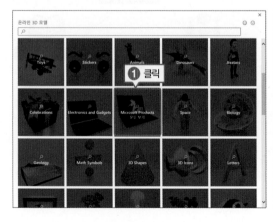

3D 모델 배치하기

03 삽입한 서피스와 마우스를 3D 컨트롤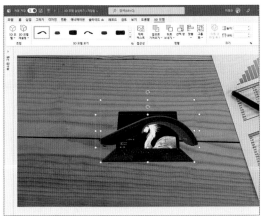을 이용하여 회전하거나 기울인 후 크기를 조절하여 화면에 어울리도록 배치합니다.

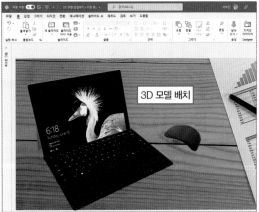

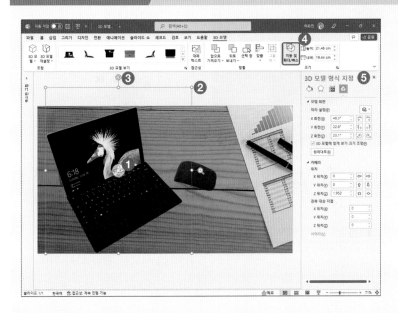

① **3D 컨트롤** : 3D 모델을 원하는 방향으로 회전하거나 기울입니다. 3D 컨트롤을 사용하면 3D 이미지를 더 풍부하게 표현할 수 있습니다.

② **이미지 핸들** : 3D 모델을 확대하거나 축소합니다.

③ **회전 핸들** : 3D 모델을 시계 방향 또는 시계 반대 방향으로 회전할 수 있습니다.

④ **이동 및 확대/축소** : 3D 모델의 위치와 크기를 프레임 내에서 조정합니다. [3D 모델] 탭–[크기] 그룹–[이동 및 확대/축소]를 클릭한 후 프레임 내에서 개체를 드래그하여 이동합니다. 프레임 오른쪽에 있는 확대/축소 아이콘 을 사용하여 프레임 내에서 개체를 확대하거나 축소할 수 있습니다.

⑤ **3D 모델 형식 지정** : 3D 모델의 모양을 세밀하게 조정합니다.

2010 / 2013 / 2016 / 2019 / 2021

디지털 잉크로 그리고
리플레이 실행하기

실습 파일 파워포인트\4장\디지털 잉크로 그리고 리플레이하기.pptx
완성 파일 파워포인트\4장\디지털 잉크로 그리고 리플레이하기_완성.pptx

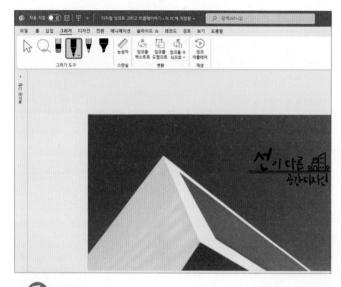

그리기 도구 선택하기

01 [그리기] 탭-[그리기 도구] 그룹에서 원하는 그리기 도구를 클릭합니다.

바로 통 하는 TIP [그리기 도구] 그룹에 다른 펜을 추가하려면 [펜▮]을 마우스 오른쪽 버튼으로 클릭하고 [다른 펜 추가]를 클릭합니다.

바로 통 하는 TIP 태블릿 PC처럼 터치가 지원되는 경우에 [그리기] 탭이 자동으로 활성화됩니다. 터치 지원 장치에서 손가락, 디지털 펜 또는 마우스를 사용하여 그립니다.

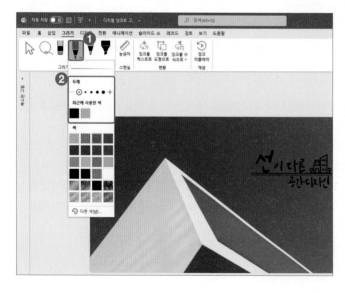

펜 두께, 색상 변경하기

02 ❶ 선택한 펜을 다시 한번 클릭합니다. ❷ 두께와 색상을 변경합니다.

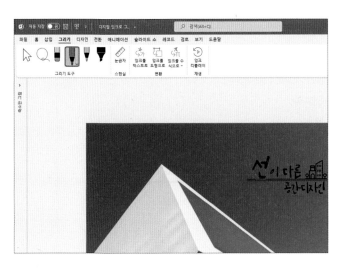

펜으로 그리기

03 변경된 펜으로 슬라이드 창에서 자유롭게 그려줍니다.

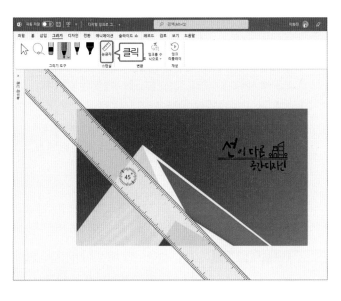

눈금자 사용하기

04 [그리기] 탭–[스텐실] 그룹–[눈금자]를 클릭합니다.

➕ 화면에 눈금자가 나타납니다.

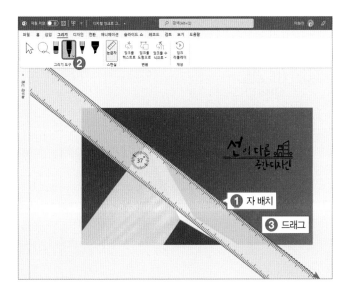

05 ❶ 배경 이미지에 있는 건물의 외곽선에 맞춰 눈금자를 위치시킵니다. ❷ [펜▼]을 클릭한 후 ❸ 자를 따라 선을 그립니다.

바로 통 하는 TIP 마우스를 사용하여 눈금자를 이동시키려면 눈금자를 드래그합니다. 마우스 왼쪽 버튼을 놓으면 눈금자 제어가 중지됩니다. 마우스 휠 버튼을 위로 스크롤하면 눈금자가 1도씩 늘어나며 회전하고 아래로 1도씩 줄어들며 회전합니다.

손을 사용하여 눈금자 제어하기

① 한 손가락을 사용하여 눈금자를 위/아래 또는 왼쪽/오른쪽으로 이동시킵니다.

② 두 손가락을 사용하여 눈금자를 원하는 각도로 회전합니다.

③ 세 손가락을 사용하여 눈금자를 5도씩 회전합니다.

키보드를 사용하여 눈금자 제어하기

키보드 사용을 선호하는 경우에는 슬라이드 표면에 눈금자를 활성화한 후 키를 조합하여 눈금자를 조작할 수 있습니다.

① [그리기] 탭-[스텐실] 그룹-[눈금자 ⬚]를 클릭하여 슬라이드의 그리기 화면에 눈금자가 나타나도록 합니다.

② 눈금자를 클릭합니다.

③ Shift + F6 을 눌러 눈금자 조작 모드를 시작합니다.

④ 바로 가기 키를 사용하여 눈금자를 조작합니다.

작업	단축키
눈금자를 위쪽, 아래쪽 또는 왼쪽, 오른쪽으로 이동	↑, ↓, ←, →
눈금자를 15도씩 회전	Alt 를 누른 채 ← 또는 → 를 한 번씩 누르면 15도씩 회전합니다. ← 는 눈금자를 시계 반대 방향으로 회전시키고 → 는 시계 방향으로 회전시킵니다.
눈금자를 1도씩 회전	Alt + Ctrl 을 누른 채 ← 또는 → 를 한 번씩 누르면 1도씩 회전합니다. ← 는 눈금자를 시계 반대 방향으로 회전시키고 → 는 시계 방향으로 회전시킵니다.

눈금자를 이동하면 눈금자 가장자리에 눈금자 조작 모드가 켜져 있음을 나타내는 진한 회색 테두리가 표시됩니다.

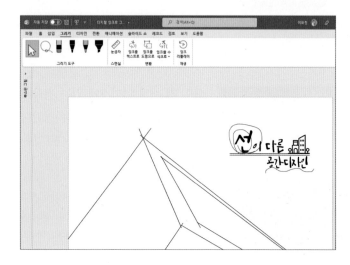

06 슬라이드 배경 이미지를 삭제하면 연필로 그린 화면만 남습니다.

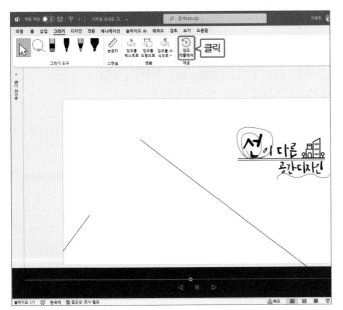

잉크 리플레이 실행하기

07 [그리기] 탭-[재생] 그룹-[잉크 리플레이🔁]를 클릭합니다.

➕ 잉크 스트로크가 그려지는 모습을 다시 볼 수 있습니다.

바로통 하는TIP 슬라이드 쇼에서 잉크 리플레이를 실행하려면 [애니메이션] 탭-[애니메이션] 그룹에서 [재생] 또는 [되감기]를 적용한 후 파일을 저장합니다.

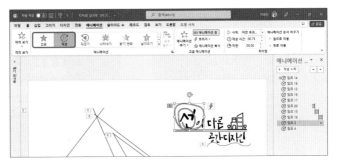

핵심기능

56

화면의 일부분을 캡처하여 슬라이드에 추가하기

실습 파일 파워포인트\4장\화면의 일부분을 캡처하여 슬라이드에 추가하기.pptx
완성 파일 파워포인트\4장\화면의 일부분을 캡처하여 슬라이드에 추가하기_완성.pptx

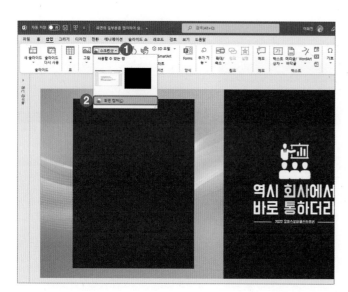

화면 캡처하기

01 캡처할 화면이 있는 웹사이트에 접속한 후 파워포인트를 실행합니다. ❶ [삽입] 탭-[이미지] 그룹-[스크린샷🖾]을 클릭하고 ❷ [화면 캡처]를 클릭합니다.

바로 통하는 TIP 여러 개의 창이 열려 있으면 화면 캡처를 하기 전에 먼저 캡처할 부분이 있는 창을 클릭해야 합니다. 해당 창이 [화면 캡처]를 클릭했을 때 바로 열립니다.

02 파워포인트 화면을 표시하기 직전의 창이 열리며 화면이 흐린 상태로 변경됩니다. 마우스 포인터가 십자 모양으로 바뀌면 캡처할 영역을 드래그합니다. 드래그한 부분이 캡처되어 슬라이드에 추가됩니다. 캡처한 이미지는 화면에 어울리게 크기를 조절하고 적당한 위치에 배치합니다.

CHAPTER

05

멀티미디어
삽입하고
서식 지정하기

프레젠테이션에서 오디오와 비디오는 내용을 역동적으로 만들어줍니다. 단순히 슬라이드에 오디오와 비디오를 삽입하는 것뿐만 아니라 특정 부분만 실행하거나 책갈피 기능을 사용하여 원하는 부분에 표시할 수 있습니다. 오디오를 원하는 슬라이드까지만 재생할 수 있으며 마치 그림처럼 비디오의 모양과 색을 변경할 수도 있습니다. 다만, 비디오의 경우 지나치게 변형하여 내용을 왜곡하지 않도록 주의합니다.

우선순위
핵심기능
57

| 2010 | 2013 | 2016 | 2019 | 2021 |

오디오 삽입 후
특정 슬라이드까지 실행하기

실습 파일 파워포인트\5장\오디오 삽입 후 특정 슬라이드까지 실행하기.pptx
완성 파일 파워포인트\5장\오디오 삽입 후 특정 슬라이드까지 실행하기_완성.pptx

오디오 삽입하기

01 슬라이드 쇼를 실행했을 때 특정 슬라이드에서 배경 음악이 재생되도록 오디오를 삽입해보겠습니다. ❶ [1번 슬라이드]를 클릭합니다. ❷ [삽입] 탭-[미디어] 그룹-[오디오 🔊]를 클릭하고 ❸ [내 PC의 오디오]를 클릭합니다.

➕ [오디오 삽입] 대화상자가 나타납니다.

바로 통하는TIP 파워포인트 창의 너비가 좁으면 [미디어] 그룹이 별도의 아이콘 메뉴로 표시됩니다.

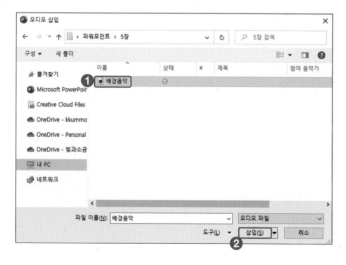

02 ❶ [오디오 삽입] 대화상자에서 '배경음악.mp3' 파일을 클릭하고 ❷ [삽입]을 클릭합니다.

바로 통하는TIP 오디오 삽입 옵션 알아보기

[오디오 삽입] 대화상자에서 [삽입▦]을 클릭하면 삽입 관련 옵션을 지정할 수 있습니다.

• **삽입** : PPT 문서에 오디오 파일이 포함되므로 파일의 용량이 커집니다.

• **파일에 연결** : 파워포인트 파일과 오디오 파일의 경로가 같아야 하며 연결된 오디오 파일의 경로가 다를 경우 오디오가 실행되지 않습니다.

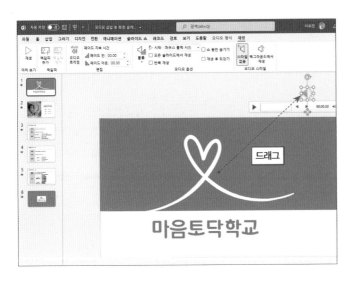

03 오디오 파일이 삽입되면 스피커 모양 🔊 아이콘을 드래그하여 슬라이드 창 밖으로 이동시킵니다.

바로 통 하는 TIP 오디오 아이콘은 [재생] 탭-[오디오 옵션] 그룹-[쇼 동안 숨기기]에 체크하면 슬라이드 쇼 화면에서 보이지 않습니다.

슬라이드 쇼 실행 시 오디오 자동 실행하기

04 슬라이드 쇼가 시작될 때 오디오가 자동으로 실행되도록 설정해보겠습니다. ❶ 오디오 아이콘을 클릭합니다. ❷ [재생] 탭-[오디오 옵션] 그룹-[시작⌄]을 클릭하고 ❸ [자동 실행]을 클릭합니다.

➕ 슬라이드 쇼를 실행하면 삽입한 오디오가 자동으로 재생됩니다.

오디오를 [2번 슬라이드]까지 실행하기

05 [애니메이션] 탭-[애니메이션] 그룹에서 [추가 효과 옵션 표시 🔽]를 클릭합니다.

➕ [오디오 재생] 대화상자가 나타납니다.

우선 순위

프레젠 테이션 기본

슬라 이드 배경 서식

내용 작성 & 서식

시각화 & 멀티 미디어

슬라 이드 정리 & 저장

발표 준비 & 발표

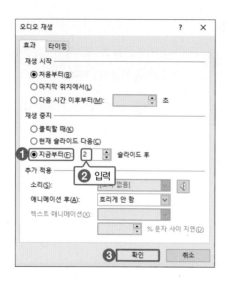

06 ❶ [오디오 재생] 대화상자에서 [효과] 탭-[재생 중지]-[지금부터]를 클릭하고 ❷ **2**를 입력합니다. ❸ [확인]을 클릭합니다.

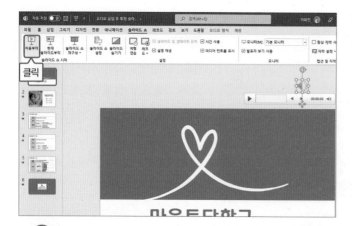

슬라이드 쇼 실행하기

07 [슬라이드 쇼] 탭-[슬라이드 쇼 시작] 그룹-[처음부터⬚]를 클릭합니다. 슬라이드 쇼가 실행되면 오디오도 함께 실행됩니다. 실행되는 슬라이드부터 두 번째에 해당하는 [2번 슬라이드]까지 오디오가 계속 실행되다가 세 번째인 [3번 슬라이드]에서 재생이 중지됩니다.

바로 통 하는TIP 빠른 실행 도구 모음에서 [처음부터 시작⬚]을 클릭하거나 F5를 눌러도 처음부터 슬라이드 쇼가 실행됩니다.

쉽고 빠른 파워포인트 Note ／ 지원되는 오디오 파일 형식

MP4 파일은 파워포인트 2013 이상 버전에서만 사용 가능합니다. 32비트의 파워포인트 2010 버전에서 사용하려면 컴퓨터에 QuickTime Player가 설치되어 있어야 합니다.

파일 형식	확장자
AIFF 오디오 파일	aiff
AU 오디오 파일	au
MIDI 파일	mid 또는 midi
MP3 오디오 파일	mp3
MPEG-4 오디오 파일	m4a, mp4
Windows 오디오 파일	wav
Windows Media 오디오 파일	wma

핵심기능

58

오디오 트리밍 후 시작과 끝부분 부드럽게 만들기

실습 파일 파워포인트\5장\오디오 트리밍 후 시작과 끝부분 부드럽게 만들기.pptx
완성 파일 파워포인트\5장\오디오 트리밍 후 시작과 끝부분 부드럽게 만들기_완성.pptx

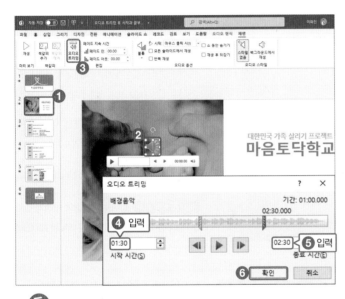

오디오 트리밍하기

01 ❶ [2번 슬라이드]를 클릭하고 ❷ 슬라이드 창에서 오디오 아이콘을 클릭합니다. ❸ [재생] 탭-[편집] 그룹-[오디오 트리밍 🔊]을 클릭합니다. ❹ [오디오 트리밍] 대화상자에서 [시작 시간]을 **01:30**, ❺ [종료 시간]을 **02:30**으로 입력하고 ❻ [확인]을 클릭합니다.

➕ 오디오를 재생하면 [시작 시간]부터 [종료 시간]까지에 해당하는 부분만 재생됩니다.

바로 통 하는 TIP 시간 표시 막대에서 초록색 표식으로 시작 시간을, 빨간색 표식으로 종료 시간을 설정할 수 있습니다. 트리밍을 해도 파일 용량은 변하지 않으며 오디오를 원래 상태로 복원할 수 있습니다.

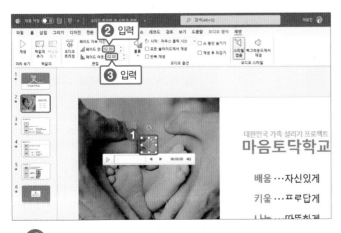

페이드 인/아웃 설정하기

02 오디오 트리밍 후 시작과 종료 지점을 자연스럽게 만들어보겠습니다. ❶ 오디오 아이콘을 선택합니다. ❷ [재생] 탭-[편집] 그룹-[페이드 인]에 **02:00**을 입력하고 ❸ [페이드 아웃]에 **02:00**을 입력합니다.

➕ 페이드 인/아웃 처리되어 오디오기 부드럽게 시작하고 부드럽게 끝납니다.

바로 통 하는 TIP 오디오를 재생하려면 오디오 컨트롤에서 [재생▶]을 클릭합니다.

2010 \ 2013 \ 2016 \ 2019 \ 2021

비디오 삽입 후 빠른 스타일 적용하기

실습 파일 파워포인트\5장\비디오 삽입 후 빠른 스타일 적용하기.pptx
완성 파일 파워포인트\5장\비디오 삽입 후 빠른 스타일 적용하기_완성.pptx

비디오 삽입하기

01 ① [삽입] 탭-[미디어] 그룹-[비디오▣]를 클릭하고 ② [이 디바이스]를 클릭합니다. ③ [비디오 삽입] 대화상자에서 '감사.mp4' 파일을 클릭하고 ④ [삽입]을 클릭합니다.

➕ 슬라이드 창에 비디오가 삽입됩니다.

바로 통 하는TIP 파워포인트 창의 너비가 좁으면 [미디어] 그룹이 별도의 아이콘 메뉴로 표시됩니다.

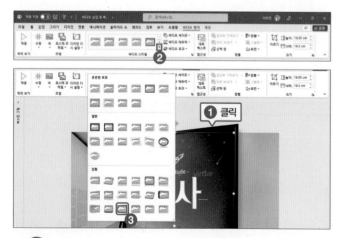

비디오에 빠른 스타일 적용하기

02 ① 슬라이드 창에서 비디오를 클릭한 후 ② [비디오 형식] 탭-[비디오 스타일] 그룹-[자세히▾]를 클릭합니다. ③ [강함]-[모니터, 회색]을 클릭합니다.

➕ 비디오가 모니터에 표시되는 것처럼 보입니다.

바로 통 하는TIP 온라인 비디오 삽입하기

슬라이드에 YouTube, Vimeo 또는 SlideShare의 온라인 비디오를 삽입할 수 있고 Microsoft 365 구독자는 Microsoft Stream의 비디오를 삽입할 수 있습니다. 온라인에 있는 비디오를 성공적으로 재생하려면 웹 사이트에서 원하는 비디오를 찾은 후 주소 표시줄의 URL을 복사합니다. 파워포인트에서 비디오를 배치할 슬라이드를 선택합니다. [삽입] 탭-[미디어] 그룹-[비디오]-[온라인 비디오]를 클릭한 후 [온라인 비디오] 대화상자에 복사한 URL을 붙여 넣고 [삽입]을 클릭합니다.

슬라이드 쇼 실행 시 자동으로 비디오 실행하기

03 슬라이드 쇼가 시작할 때 비디오가 자동으로 재생되도록 설정해보겠습니다. ❶ 비디오를 클릭합니다. ❷ [재생] 탭−[비디오 옵션] 그룹−[시작⌄]을 클릭하고 ❸ [자동 실행]을 클릭합니다.

바로 통하는 TIP [재생] 탭−[비디오 옵션] 그룹−[전체 화면 재생]에 체크하면 비디오에 적용된 서식과 상관없이 비디오만 화면 전체에서 재생됩니다. 슬라이드 공간이 부족하거나 비디오를 선택적으로 재생하는 경우에 유용합니다.

슬라이드 쇼 실행하기

04 [슬라이드 쇼] 탭−[슬라이드 쇼 시작] 그룹−[처음부터▣]를 클릭합니다. 슬라이드 쇼가 실행되며 비디오도 함께 실행됩니다.

쉽고 빠른 파워포인트 Note | 지원되는 비디오 파일 형식

MP4 파일은 파워포인트 2013 이상 버전에서만 사용 가능합니다. 32비트의 파워포인트 2010 버전에서 사용하려면 컴퓨터에 QuickTime Player가 설치되어 있어야 합니다. 일부 윈도우 비디오 파일은 추가 코덱이 필요할 수 있습니다.

파일 형식	확장자
윈도우 미디어 파일	asf
윈도우 비디오 파일	avi
MP4 비디오 파일	mp4, m4v, mov
동영상 파일	mpg 또는 mpeg
Windows Media 비디오 파일	wmv

비디오 모양 및 서식 변경하기

실습 파일 파워포인트\5장\비디오 모양 및 서식 변경하기.pptx
완성 파일 파워포인트\5장\비디오 모양 및 서식 변경하기_완성.pptx

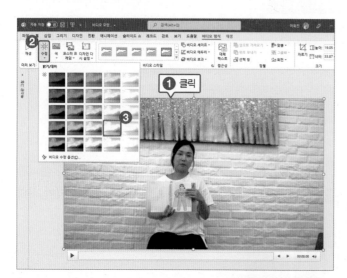

비디오 밝기 및 대비 개선하기

01 어둡게 보이는 비디오의 밝기와 대비를 조정해보겠습니다. ❶ 슬라이드 창에 삽입된 비디오를 클릭합니다. ❷ [비디오 형식] 탭-[조정] 그룹-[수정☀]을 클릭하고 ❸ [밝기: +20%, 대비: +20%]를 클릭합니다.

➕ 비디오 화면이 밝아집니다.

비디오 모양 변경하기

02 ❶ 비디오가 선택된 상태에서 [비디오 형식] 탭-[크기] 그룹-[자르기 ☑]를 클릭합니다. ❷ 꺾쇠 모양의 자르기 핸들을 드래그하여 원하는 부분만 남도록 밝은 영역을 조정합니다. ❸ 슬라이드 창에서 비디오 외의 영역을 클릭합니다.

➕ 비디오에서 필요한 부분만 남습니다.

바로 통하는 TIP 남겨지는 비디오 영역을 변경하려면 비디오를 드래그하여 이동합니다.

비디오 모양 변경하기

03 비디오를 평행 사변형으로 변경해보겠습니다. ❶ 비디오를 클릭합니다. ❷ [비디오 형식] 탭-[비디오 스타일] 그룹-[비디오 셰이프🔘]를 클릭한 후 ❸ [평행 사변형▱]을 클릭합니다. ❹ 비디오 왼쪽 상단의 모양 조절 핸들⬤을 좌우로 움직여 원하는 모양으로 변경합니다.

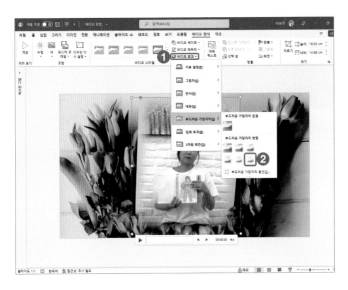

비디오에 부드러운 가장자리 효과 적용하기

04 ❶ 비디오가 선택된 상태에서 [비디오 형식] 탭-[비디오 스타일] 그룹-[비디오 효과▱]를 클릭한 후 ❷ [부드러운 가장자리]-[50 포인트]를 클릭합니다.

바로 통 하는TIP 비디오에서 변경한 모든 서식을 취소하려면 비디오를 클릭한 후 [비디오 형식] 탭-[조정] 그룹-[디자인 다시 설정]을 클릭합니다.

05 비디오가 슬라이드 배경과 어울리게 변경되었습니다.

핵심기능

61

전체 비디오 중
원하는 부분만 트리밍해 남기기

실습 파일 파워포인트\5장\전체 비디오 중 원하는 부분만 트리밍해 남기기.pptx
완성 파일 파워포인트\5장\전체 비디오 중 원하는 부분만 트리밍해 남기기_완성.pptx

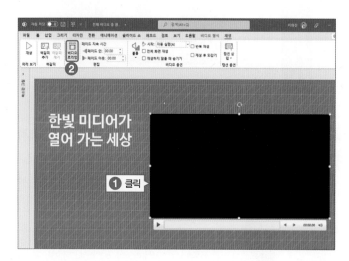

비디오 트리밍하기

01 비디오에서 원하는 구간만 재생되도록 조정해보겠습니다. ❶ 슬라이드 창에서 비디오를 클릭하고 ❷ [재생] 탭-[편집] 그룹-[비디오 트리밍🔲]을 클릭합니다.

➕ [비디오 트리밍] 대화상자가 나타납니다.

시작과 종료 지점 지정하기

02 ❶ [비디오 트리밍] 대화상자에서 [시작 시간]에 **00:29**, ❷ [종료 시간]에 **00:36**을 입력하고 ❸ [확인]을 클릭합니다.

03 비디오 하단의 컨트롤에서 [재생/일시 중지▶]를 클릭합니다. 앞서 트리밍한 약 7초 분량의 구간만 재생되는 것을 확인할 수 있습니다.

2010 \ 2013 \ 2016 \ 2019 \ 2021

비디오에 책갈피로 특정 지점 지정하기

실습 파일 파워포인트\5장\비디오에 책갈피로 특정 지점 지정하기.pptx
완성 파일 파워포인트\5장\비디오에 책갈피로 특정 지점 지정하기_완성.pptx

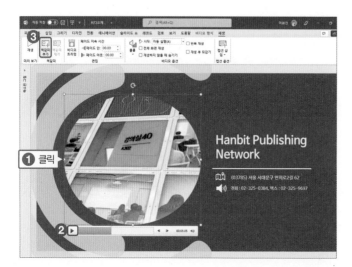

비디오 클립에 책갈피 추가하기

01 비디오에 특정 지점을 표시해 보겠습니다. ❶ 슬라이드 창에서 비디오를 클릭합니다. ❷ 비디오 하단의 컨트롤에서 [재생/일시 중지▶]를 클릭해 표시하고 싶은 특정 지점을 찾습니다. ❸ 원하는 지점에서 [재생/일시 중지▶]를 클릭해 비디오를 멈춘 후 [재생] 탭-[책갈피] 그룹-[책갈피 추가▣]를 클릭합니다.

02 책갈피를 추가한 지점에 노란색 원이 표시됩니다.

바로 통하는TIP 추가한 책갈피를 삭제하려면 시간 표시 막대에서 제거할 책갈피를 클릭한 후 [재생] 탭-[책갈피] 그룹-[책갈피 제거▣]를 클릭합니다.

핵심기능

63

비디오 표지 만들기

실습 파일 파워포인트\5장\비디오 표지 만들기.pptx
완성 파일 파워포인트\5장\비디오 표지 만들기_완성.pptx

비디오 미리 보기 이미지 설정하기

01 비디오의 내용을 잘 전달할 수 있도록 관련 이미지를 비디오의 표지로 설정해보겠습니다. ❶ 비디오를 클릭합니다. ❷ [비디오 형식] 탭–[조정] 그룹–[포스터 프레임🖻]을 클릭하고 ❸ [파일의 이미지]를 클릭합니다. ❹ [그림 삽입]–[파일에서]를 클릭합니다. ❺ [그림 삽입] 대화상자에서 '비디오 표지.jpg' 파일을 더블클릭합니다. 삽입한 그림이 비디오의 첫 화면으로 적용됩니다.

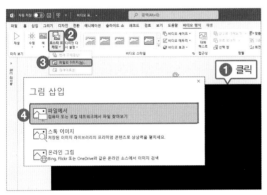

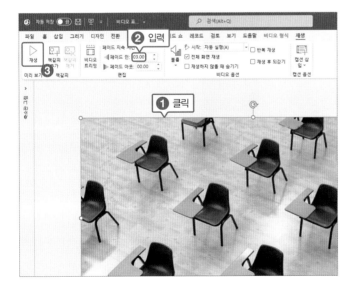

페이드 인 기능으로 비디오를 부드럽게 시작하기

02 비디오가 영상으로 부드럽게 넘어가도록 설정해보겠습니다. ❶ 비디오를 클릭하고 ❷ [재생] 탭–[편집] 그룹–[페이드 인]에 **03.00**을 입력합니다. ❸ [재생▶]을 클릭합니다.

➕ 페이드 인 기능이 적용되어 비디오가 부드럽게 시작합니다.

바로 통 하는TIP 비디오를 재생하려면 하단의 비디오 컨트롤에서 [재생▶]을 클릭해도 됩니다.

핵심기능

64

미디어 파일 압축하기

실습 파일 파워포인트\5장\미디어 파일 압축하기.pptx
완성 파일 파워포인트\5장\미디어 파일 압축하기_완성.pptx

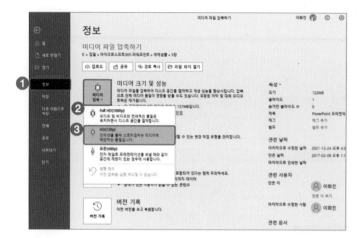

미디어 파일 압축하기

01 미디어 파일을 압축해보겠습니다. ❶ [파일] 탭-[정보]를 클릭합니다. [미디어 크기 및 성능]에서 프레젠테이션 파일에 포함된 미디어 용량의 합계를 확인할 수 있습니다. 현재 용량은 121MB입니다. ❷ [미디어 압축]을 클릭하고 ❸ [HD(720p)]을 클릭합니다.

➕ [미디어 압축] 대화상자가 나타나고 압축이 진행됩니다.

02 [미디어 압축] 대화상자에서 압축 진행률을 확인할 수 있습니다. 압축이 끝나면 [닫기]를 클릭하여 대화상자를 닫아줍니다. 미디어 파일의 용량이 18MB로 줄어들었습니다.

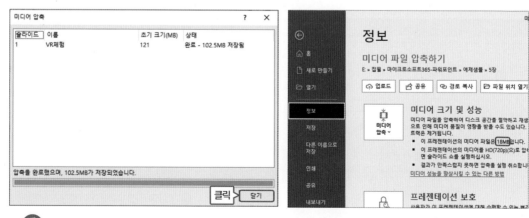

바로 **통**하는 **TIP** 압축한 미디어 파일을 원래 용량으로 복구하려면 [파일] 탭-[정보]를 클릭한 후 [미디어 압축]-[실행 취소]를 클릭합니다.

CHAPTER

06

프레젠테이션 슬라이드 정리 및 저장하기

슬라이드를 정리하고 저장하는 방법에 대해서 알아보겠습니다. 슬라이드 제목이나 번호가 불분명하여 해당 슬라이드를 찾지 못하는 경우가 있습니다. 이때 슬라이드를 유사한 내용별로 구역을 나누어 정리하면 쉽고 빠르게 원하는 슬라이드를 찾을 수 있습니다. 정리가 끝나면 슬라이드를 저장합니다. PDF 문서나 비디오 파일, 그림 프레젠테이션 등 다양한 방법으로 저장할 수 있습니다.

슬라이드를 구역으로 나누어 정리하기

2010 \ 2013 \ 2016 \ 2019 \ 2021

실습 파일 파워포인트\6장\슬라이드를 구역으로 나누어 정리하기.pptx
완성 파일 파워포인트\6장\슬라이드를 구역으로 나누어 정리하기_완성.pptx

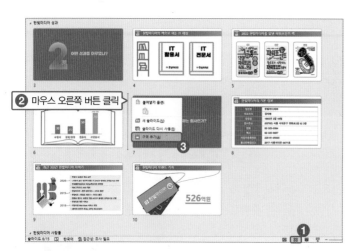

구역 추가하기

01 ❶ 화면 오른쪽 아래의 [여러 슬라이드 ▦]를 클릭합니다. ❷ 구역을 추가하고자 하는 [6번 슬라이드]와 [7번 슬라이드] 사이를 마우스 오른쪽 버튼으로 클릭하고 ❸ [구역 추가]를 클릭합니다.

➕ [7번 슬라이드]부터 새로운 구역이 추가됩니다.

바로 통 하는 TIP 여러 슬라이드 보기는 [보기] 탭-[프레젠테이션 보기] 그룹-[여러 슬라이드]를 클릭해도 됩니다.

바로 통 하는 TIP 구역을 추가할 때는 [홈] 탭-[슬라이드] 그룹-[구역]을 클릭한 후 [구역 추가]를 클릭해도 됩니다.

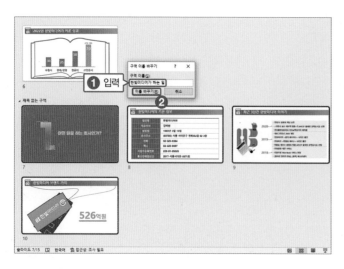

구역 이름 바꾸기

02 ❶ [구역 이름 바꾸기] 대화상자가 나타나면 [구역 이름]에 **한빛미디어가 하는 일**을 입력하고 ❷ [이름 바꾸기]를 클릭합니다.

➕ 구역 이름이 '한빛미디어가 하는 일'로 변경되었습니다.

바로 통 하는 TIP 구역 이름을 바꿀 때는 구역 이름을 마우스 오른쪽 버튼으로 클릭하여 [구역 이름 바꾸기]를 클릭하거나 [홈] 탭-[슬라이드] 그룹-[구역]을 클릭한 후 [구역 이름 바꾸기]를 클릭해도 됩니다.

구역 이동하기

03 ① 이동하려는 [한빛미디어가 하는 일] 구역을 마우스 오른쪽 버튼으로 클릭합니다. ② [구역을 위로 이동]을 클릭합니다. 구역이 위로 이동하면서 슬라이드 순서도 변경되었습니다.

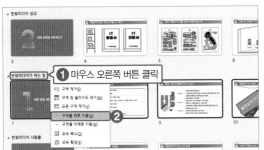 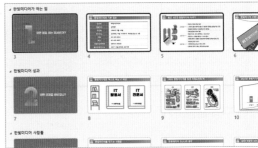

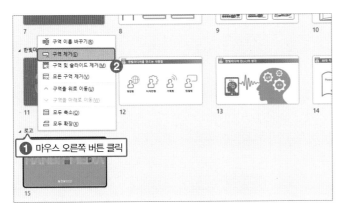

구역 삭제하기

04 ① 불필요한 [로고] 구역을 마우스 오른쪽 버튼으로 클릭합니다. ② [구역 제거]를 클릭해 구역을 삭제합니다.

➕ 구역은 제거되고 슬라이드는 그대로 남습니다.

바로 통 하는TIP 구역을 제거할 때는 [홈] 탭-[슬라이드] 그룹-[구역]을 클릭한 후 [구역 제거]를 클릭해도 됩니다. 만들어진 모든 구역을 제거하려면 [홈] 탭-[슬라이드] 그룹-[구역]을 클릭한 후 [모든 구역 제거]를 클릭합니다.

모든 구역 축소하기

05 모든 구역을 축소해보겠습니다. ① 임의의 구역 이름을 마우스 오른쪽 버튼으로 클릭하고 ② [모두 축소]를 클릭합니다. 모든 구역이 축소되고 각 구역 이름 옆에 해당 구역이 포함하는 슬라이드 개수가 표시됩니다.

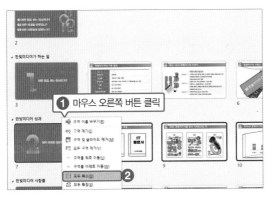 

바로 통 하는TIP 모든 구역을 축소할 때는 [홈] 탭-[슬라이드] 그룹-[구역]을 클릭한 후 [모두 축소]를 클릭해도 됩니다.

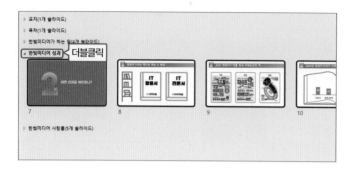

특정 구역만 확장하기

06 [한빛미디어 성과] 구역을 더블 클릭합니다.

➕ 더블클릭한 구역이 확장됩니다.

바로 통 하는TIP 특정 구역만 축소하고 싶다면 확장된 해당 구역을 더블클릭합니다.

모든 구역 확장하기

07 모든 구역을 확장해보겠습니다. ❶ 임의의 구역 이름을 마우스 오른쪽 버튼으로 클릭하고 ❷ [모두 확장]을 클릭합니다. 모든 구역이 확장되었습니다.

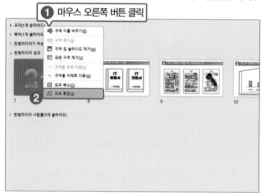

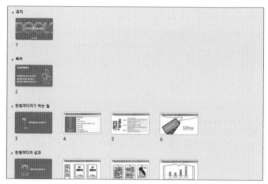

바로 통 하는TIP 모든 구역을 확장할 때는 [홈] 탭-[슬라이드] 그룹-[구역▣]을 클릭한 후 [모두 확장]을 클릭해도 됩니다.

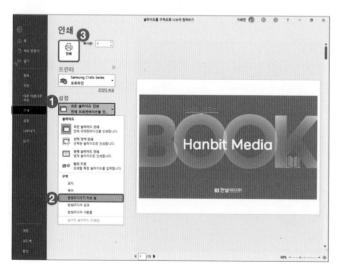

특정 구역 슬라이드만 인쇄하기

08 ❶ [파일] 탭-[인쇄]를 클릭하고 ❷ [설정]-[구역]-[한빛미디어가 하는 일]을 클릭합니다. ❸ [인쇄]를 클릭합니다.

➕ [한빛미디어가 하는 일]에 해당하는 슬라이드만 인쇄됩니다.

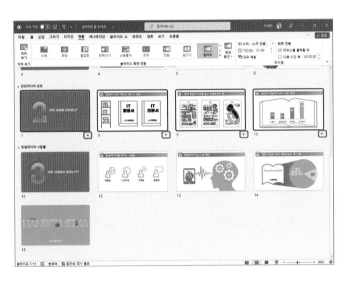

특정 구역 슬라이드만 화면 전환하기

09 ❶ [한빛미디어 성과] 구역을 클릭합니다. ❷ [전환] 탭-[슬라이드 화면 전환] 그룹-[자세히 ⬇]를 클릭한 후 ❸ [화려한 효과]-[갤러리]를 클릭합니다.

10 [한빛미디어 성과] 구역에 해당하는 슬라이드에 [갤러리] 화면 전환 효과가 적용됩니다. 각 슬라이드 오른쪽 아래에 화면 전환 효과가 적용되었다는 별 모양이 표시됩니다.

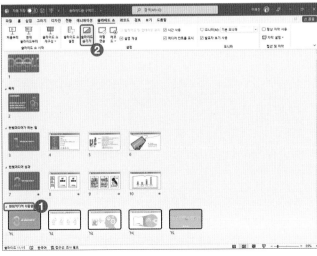

특정 구역 슬라이드만 숨기기

11 ❶ [한빛미디어 사람들] 구역을 클릭합니다. ❷ [슬라이드 쇼] 탭-[설정] 그룹-[슬라이드 숨기기 ▨]를 클릭합니다.

➕ [한빛미디어 사람들] 구역에 해당하는 슬라이드가 흐리게 변하고 아래쪽 번호에 사선 표시가 생깁니다. 사선 표시는 슬라이드 쇼 실행 시 슬라이드가 보이지 않는다는 의미입니다.

2010 \ 2013 \ 2016 \ 2019 \ 2021

자동 저장 파일 만들기

실습 파일 파워포인트\6장\자동 저장 파일 만들기.pptx
완성 파일 OneDrive\자동 저장 파일 만들기.pptx

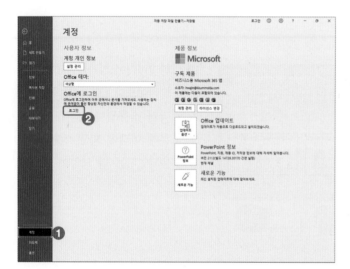

로그인하기

01 자동 저장 기능을 사용하기 위해 OneDrive에 로그인합니다. ❶ [파일] 탭-[계정]을 클릭하고 ❷ [Office에 로그인]-[로그인]을 클릭합니다. ❸ Microsoft에 등록된 이메일 계정을 입력하고 ❹ [다음]을 클릭합니다. ❺ 암호를 입력한 후 ❻ [로그인]을 클릭합니다.

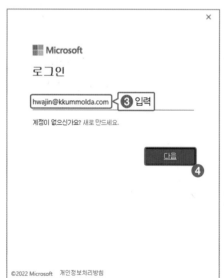

바로통하는TIP OneDrive 계정을 설정하려면 Microsoft 계정이 있어야 합니다.

02 연결된 서비스에 OneDrive가 추가됩니다.

바로 통 하는 TIP OneDrive가 보이지 않으면 [서비스 추가]–[저장소]–[OneDrive]를 클릭합니다.

OneDrive에 저장하기

03 자동 저장 기능을 켜기 위해 파일을 OneDrive에 저장합니다. ❶ [파일] 탭–[다른 이름으로 저장]–[OneDrive–kkummolda]를 클릭합니다. ❷ OneDrive 내에 저장 위치를 지정한 후 [저장]을 클릭합니다. OneDrive에 파일이 저장됩니다.

쉽고 빠른 파워포인트 Note | 자동 저장 모드 전환하기

자동 저장은 Microsoft 365 버전에서 사용할 수 있는 기능입니다. 자동 저장 기능을 사용하면 몇 초마다 파일을 저장합니다. 파일을 OneDrive, 비즈니스용 OneDrive 또는 SharePoint Online에 저장한 경우 화면 왼쪽 상단의 [자동 저장]이 [끔]에서 [켬]으로 전환됩니다. 자동 저장 스위치가 [켬]이면 자동 저장이 설정되고 [끔]이면 자동 저장이 해제됩니다. 문서를 처음 OneDrive 또는 SharePoint 라이브러리에 저장하는 경우에는 위치를 선택하라는 메시지가 표시됩니다.

▲ 자동 저장 경로 설정

▲ 자동 저장 해제   ▲ 자동 저장 설정

핵심기능

67

PDF 문서 만들기

실습 파일 파워포인트\6장\PDF 문서 만들기.pptx
완성 파일 파워포인트\6장\PDF 문서 만들기.pdf

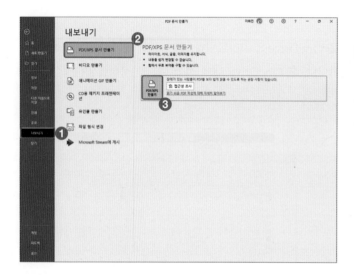

PDF 문서 만들기

01 ❶ [파일] 탭-[내보내기]를 클릭합니다. ❷ [PDF/XPS 문서 만들기]를 클릭하고 ❸ [PDF/XPS 만들기]를 클릭합니다.

02 ❶ [PDF 또는 XPS로 게시] 대화상자에서 [파일 이름]에 **PDF 문서 만들기**를 입력하고 ❷ [게시]를 클릭합니다.

➕ 전체 슬라이드 내용이 PDF 형식으로 변경됩니다.

바로 **통** 하는**TIP** PDF Reader가 설치되어 있어야 PDF 파일을 볼 수 있습니다.

바로 **통** 하는**TIP** [PDF 또는 XPS로 게시] 대화상자에서 [옵션]을 클릭하면 PDF 문서의 범위 및 게시 형태를 사용자가 원하는 대로 설정할 수 있습니다.

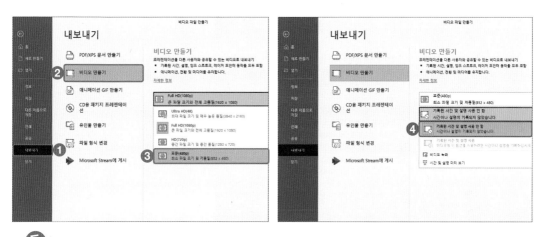

핵심기능

68

비디오 파일 만들기

실습 파일 파워포인트\6장\비디오 파일 만들기.pptxx
완성 파일 파워포인트\6장\비디오 파일 만들기.mp4

비디오로 저장하기

01 ❶ [파일] 탭-[내보내기]를 클릭하고 ❷ [비디오 만들기]를 클릭합니다. ❸ 비디오 품질을 [표준 (480p)]로 선택하고 ❹ 기록된 시간 및 설명 사용 여부를 [기록된 시간 및 설명 사용 안 함]으로 선택합니다.

바로 **통** 하는 **TIP** [Ultra HD(4K)] 옵션은 Windows 10 이상의 사용 환경에서만 사용할 수 있습니다.

02 비디오 재생 시 각각의 슬라이드를 2초씩 보여주면서 화면이 재생되도록 설정해보겠습니다. ❶ [각 슬라이드에 걸린 시간(초)]에 **02.00**을 입력하고 ❷ [비디오 만들기]를 클릭합니다.

➕ [다른 이름으로 저장] 대화상자가 나타납니다.

03 ❶ [다른 이름으로 저장] 대화 상자에서 [파일 이름]에 **비디오 파일 만들기**를 입력하고 ❷ [비디오 형식]을 [MPEG-4 비디오]로 선택한 후 ❸ [저장]을 클릭합니다.

➕ '비디오 만들기.mp4' 파일이 저장됩니다.

바로 통 하는TIP 압축률이 좋은 MPEG-4 비디오가 기본 파일 형식(mp4)이지만 Windows Media 비디오 형식(wmv)으로도 저장할 수 있습니다.

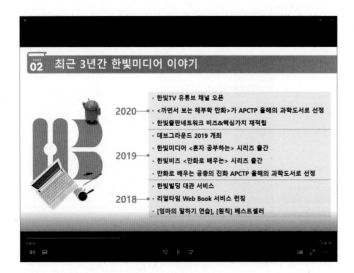

04 저장된 비디오 파일을 실행해서 프레젠테이션을 확인할 수 있습니다.

쉽고 빠른 파워포인트 Note │ 비디오 해상도와 원하는 비디오 품질 선택

비디오 품질이 높을수록 파일 크기가 커집니다. Ultra HD(4K) 옵션은 Windows 10 이상의 사용 환경에서만 사용할 수 있습니다.

옵션	해결 방법	표시
Ultra HD(4K)	3840×2160, 최대 파일 크기	큰 모니터
Full HD(1080p)	1920×1080, 대용량 파일 크기	컴퓨터 및 HD 화면
HD(720p)	1280×720, 중간 파일 크기	인터넷 및 DVD
Standard(480p)	852×480, 최소 파일 크기	휴대용 장치

핵심기능

69

애니메이션 GIF 만들기

실습 파일 파워포인트\6장\애니메이션 GIF 만들기.pptx
완성 파일 파워포인트\6장\애니메이션 GIF 만들기_완성.gif

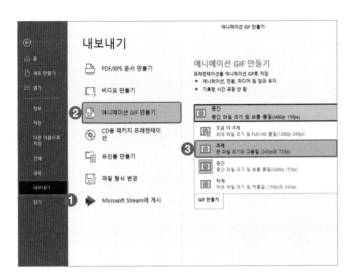

애니메이션 GIF 만들기

01 ❶ [파일] 탭-[내보내기]를 클릭합니다. ❷ [애니메이션 GIF 만들기]를 클릭합니다. ❸ 애니메이션 품질은 [크게]로 선택합니다.

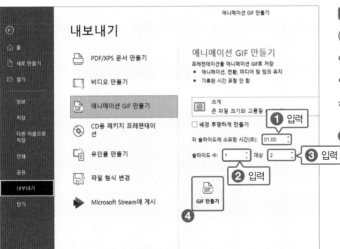

02 ❶ [각 슬라이드에 소요된 시간(초)]에 **01.00**을 입력하고 ❷ [슬라이드 수]에는 **1**, ❸ [대상]에는 **2**를 입력합니다. ❹ [GIF 만들기]를 클릭합니다.

➕ [다른 이름으로 저장] 대화상자가 나타납니다.

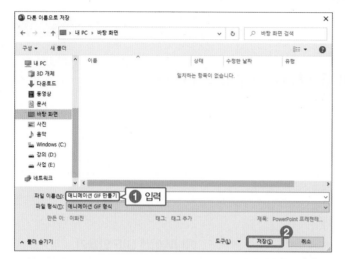

03 ❶ [다른 이름으로 저장] 대화 상자에서 [파일 이름]에 **애니메이션 GIF 만들기**를 입력하고 ❷ [저장]을 클릭합니다.

➕ '애니메이션 GIF 만들기.gif' 파일이 저장됩니다.

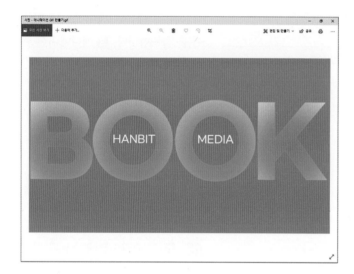

04 저장한 GIF 파일을 실행하면 애니메이션을 확인할 수 있습니다.

핵심기능

70

그림 프레젠테이션 만들기

실습 파일 파워포인트\6장\그림 프레젠테이션 만들기.pptx
완성 파일 파워포인트\6장\그림 프레젠테이션 만들기_완성.pptx

그림 프레젠테이션 만들기

01 ❶ [파일] 탭-[내보내기]를 클릭하고 ❷ [파일 형식 변경]을 클릭합니다. ❸ [PowerPoint 그림 프레젠테이션]을 클릭하고 ❹ [다른 이름으로 저장]을 클릭합니다. ❺ [다른 이름으로 저장] 대화상자에서 [파일 이름]에 **그림 프레젠테이션 만들기_완성**을 입력하고 ❻ [저장]을 클릭합니다.

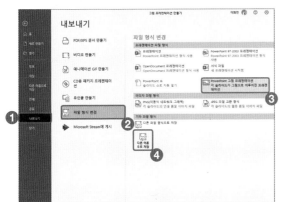

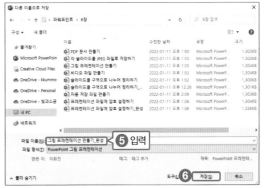

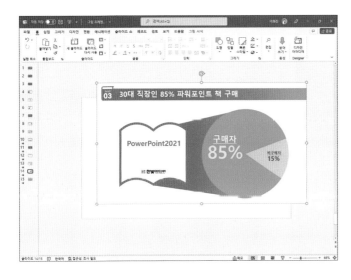

02 저장된 '그림 프레젠테이션 만들기_완성.pptx' 파일을 열어보면 각 슬라이드가 그림으로 이루어져 있는 것을 확인할 수 있습니다.

핵심기능

71

각 슬라이드를 JPEG 파일로 저장하기

실습 파일 파워포인트\6장\각 슬라이드를 JPEG 파일로 저장하기.pptx
완성 파일 파워포인트\6장\각 슬라이드를 JPEG 파일로 저장하기

이미지 파일로 저장하기

01 ❶[파일] 탭-[내보내기]를 클릭합니다. ❷[파일 형식 변경]을 클릭하고 ❸[JPEG 파일 교환 형식]을 클릭한 후 ❹[다른 이름으로 저장]을 클릭합니다. ❺[다른 이름으로 저장] 대화상자에서 [파일 이름]에 **각 슬라이드를 JPEG 파일로 저장하기**를 입력하고 ❻[저장]을 클릭합니다.

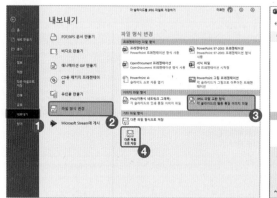
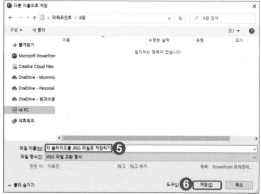

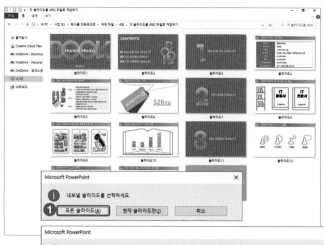

02 ❶ 내보낼 슬라이드를 선택하라는 메시지가 나타나면 [모든 슬라이드]를 클릭합니다. ❷ 저장 경로를 표시하는 메시지가 나타나면 [확인]을 클릭합니다. 생성된 폴더 안에 각각의 슬라이드가 JPEG 이미지 파일로 저장됩니다.

핵심기능

72

프레젠테이션 파일에
암호 설정하기

실습 파일 파워포인트\6장\프레젠테이션 파일에 암호 설정하기.pptx
완성 파일 파워포인트\6장\프레젠테이션 파일에 암호 설정하기_완성.pptx

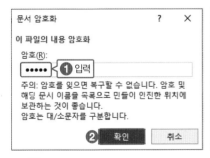

암호 설정하기

01 ❶ [파일] 탭-[정보]를 클릭합니다. ❷ [프레젠테이션 보호]를 클릭한 후 ❸ [암호 설정]을 클릭합니다.

➕ [문서 암호화] 대화상자가 나타납니다.

02 ❶ [문서 암호화] 대화상자에서 [암호]에 설정하고 싶은 암호를 입력한 후 ❷ [확인]을 클릭합니다. ❸ [암호 확인] 대화상자가 나타나면 [암호 다시 입력]에 다시 한번 똑같은 암호를 입력하고 ❹ [확인]을 클릭합니다.

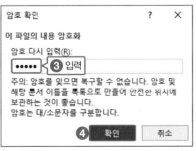

바로 통 하는 TIP 완성 파일의 암호는 '12345'로 설정했습니다.

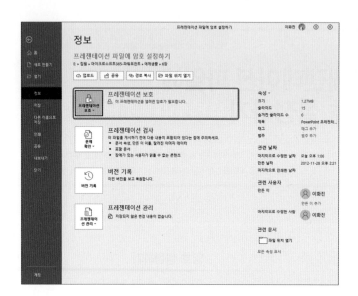

03 [프레젠테이션 보호]가 노란색으로 표시되며 암호가 설정됩니다.

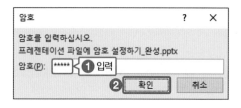

암호가 설정된 프레젠테이션 파일 열기

04 암호가 설정된 프레젠테이션 파일을 저장한 후 다시 열면 [암호] 대화상자가 나타납니다. ❶ [암호]에 설정한 암호를 입력하고 ❷ [확인]을 클릭합니다.

➕ 프레젠테이션 파일이 열리는 것을 확인할 수 있습니다.

쉽고 빠른 파워포인트 Note | 프레젠테이션 파일의 암호 해제하기

[파일] 탭-[정보]-[프레젠테이션 보호]를 클릭한 후 [암호 설정]을 클릭합니다. [문서 암호화] 대화상자가 나타나면 [암호]에 입력되어 있는 기존 암호를 삭제하고 [확인]을 클릭합니다.

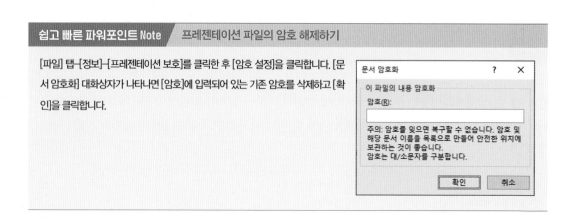

CHAPTER

07

프레젠테이션
발표 준비 및
발표하기

발표자의 말과 청중의 시선을 동기화하는 가장 좋은 방법은 개체에 애
니메이션을 적용하는 것입니다. 이때 애니메이션은 과하지 않게 적절히
사용하는 것이 중요합니다. 과한 애니메이션은 오히려 청중의 인상을 찌
푸리게 만드니 주의해야 합니다. 예행 연습을 통해 발표 소요 시간을 확
인하고 발표 전에 슬라이드 쇼를 설정해두면 전문가처럼 자연스럽게 발
표할 수 있습니다.

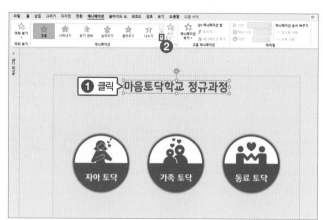

개체에 애니메이션 적용하기

2010 / 2013 / 2016 / 2019 / 2021

실습 파일 파워포인트\7장\개체에 애니메이션 적용하기.pptx
완성 파일 파워포인트\7장\개체에 애니메이션 적용하기_완성.pptx

텍스트에 애니메이션 적용하기

01 빈 화면에서 텍스트가 나타나도록 애니메이션을 적용해보겠습니다. ❶ 텍스트 상자를 클릭하고 ❷ [애니메이션] 탭-[애니메이션] 그룹-[자세히 ⏷]를 클릭합니다. ❸ 애니메이션 목록에서 [나타내기]-[닦아내기]를 클릭합니다. 텍스트가 아래쪽부터 나타나는 애니메이션이 적용됩니다.

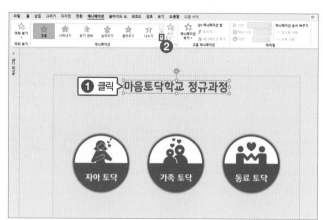

애니메이션 효과 옵션 변경하기

02 텍스트에 적용된 닦아내기 애니메이션의 방향을 변경해보겠습니다. ❶ 텍스트 상자가 선택된 상태에서 [애니메이션] 탭-[애니메이션] 그룹-[효과 옵션 →]을 클릭하고 ❷ [왼쪽에서]를 클릭합니다.

➕ 텍스트가 왼쪽부터 나타나는 애니메이션으로 옵션이 변경됩니다.

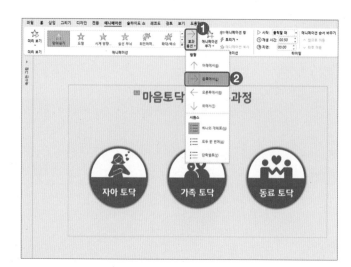

세 개의 개체에 같은 애니메이션 적용하기

03 세 개의 말풍선에 한번에 애니메이션을 적용해보겠습니다. ❶ 세 개의 말풍선 개체를 Ctrl 을 누른 상태에서 각각 클릭합니다. ❷ [애니메이션] 탭-[애니메이션] 그룹-[자세히 ▼]를 클릭하고 ❸ 애니메이션 목록에서 [나타내기]-[확대/축소]를 클릭합니다. 세 개의 말풍선이 점점 커지면서 슬라이드에 나타나는 애니메이션이 적용됩니다.

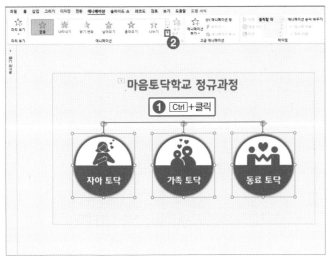

바로 통 하는TIP 애니메이션 목록 하단에 있는 [추가 나타내기 효과]를 클릭하면 더 많은 종류의 애니메이션을 지정할 수 있습니다.

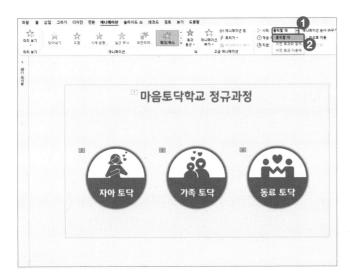

애니메이션 시작 방법 변경하기

04 ❶ 세 개의 말풍선이 선택된 상태에서 [애니메이션] 탭-[타이밍] 그룹-[시작 ▼]을 클릭하고 ❷ [클릭할 때]를 클릭합니다.

➕ 슬라이드 쇼에서 화면을 클릭하거나 Enter 또는 Spacebar 를 누르면 애니메이션이 실행됩니다.

바로 통 하는TIP 슬라이드 제목 개체의 시작은 [이전 효과와 함께]로 변경합니다.

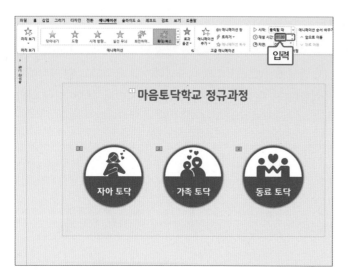

애니메이션 재생 시간 변경하기

05 세 개의 말풍선이 선택된 상태에서 [애니메이션] 탭-[타이밍] 그룹-[재생 시간]에 **01.00**을 입력합니다.

➕ 적용한 애니메이션이 1초 동안 동작하도록 설정됩니다.

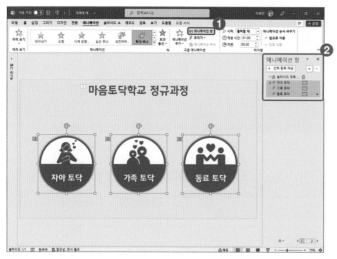

애니메이션 창 열기

06 ❶ [애니메이션] 탭-[고급 애니메이션] 그룹-[애니메이션 창]을 클릭합니다. ❷ 화면 오른쪽에 [애니메이션 창] 작업 창이 나타납니다. 지금까지 개체에 적용한 애니메이션 목록이 나타납니다.

➕ 개체에 적용한 애니메이션의 종류, 실행 순서, 시작 방법, 시간을 확인할 수 있습니다.

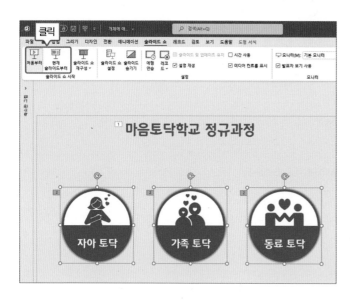

애니메이션 실행하기

07 [슬라이드 쇼] 탭-[슬라이드 쇼 시작] 그룹-[처음부터] 또는 [현재 슬라이드부터]를 클릭합니다.

➕ 슬라이드 쇼가 실행되면 개체에 적용된 애니메이션 효과를 확인할 수 있습니다.

바로 통하는 TIP 슬라이드 쇼를 끝내려면 Esc 를 누릅니다.

핵심기능

74

애니메이션 추가하고 다른 개체에 똑같이 적용하기

실습 파일 파워포인트\7장\애니메이션 추가하고 다른 개체에 똑같이 적용하기.pptx
완성 파일 파워포인트\7장\애니메이션 추가하고 다른 개체에 똑같이 적용하기_완성.pptx

애니메이션 창 열고 애니메이션 추가하기

01 슬라이드 내 세 개의 도형에 동일한 애니메이션 효과를 적용하려고 합니다. 첫 번째 개체에 애니메이션 효과를 적용한 후 복사해 다른 개체에 붙여 넣어보겠습니다. ❶ [애니메이션] 탭-[고급 애니메이션] 그룹-[애니메이션 창▥]을 클릭합니다. ❷ '초급: 필사하기'가 입력된 개체를 클릭합니다. ❸ [애니메이션] 탭-[고급 애니메이션] 그룹-[애니메이션 추가]를 클릭하고 ❹ 애니메이션 목록에서 [강조]-[펄스]를 클릭합니다. 개체에 적용되어 있던 [나타내기] 애니메이션에 이어 [펄스] 애니메이션이 추가됩니다.

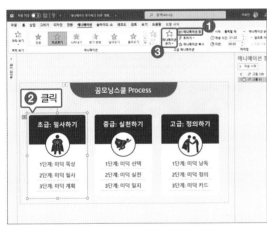

애니메이션 시작 방법 변경하기

02 ❶ [애니메이션] 탭-[타이밍] 그룹-[시작 ▾]을 클릭하고 ❷ [이전 효과 다음에]를 클릭합니다.

➕ 개체에 추가한 [펄스] 애니메이션은 이전 애니메이션이 실행된 후 자동으로 실행됩니다.

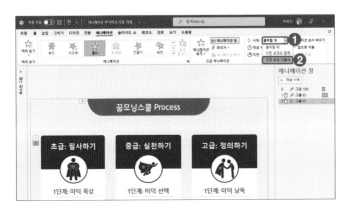

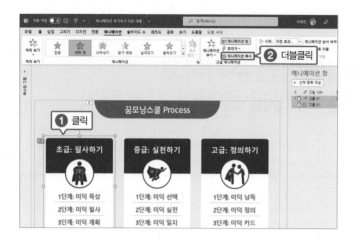

애니메이션 복사하기

03 ❶ '초급: 필사하기'에 해당하는 개체를 클릭하고 ❷ [애니메이션] 탭-[고급 애니메이션] 그룹-[애니메이션 복사 ☆]를 더블클릭합니다.

바로 통하는 TIP [애니메이션 복사 ☆]를 더블클릭하면 여러 개체에 같은 애니메이션을 연속으로 적용할 수 있습니다.

복사한 애니메이션 효과를 다른 개체에 붙여넣기

04 마우스 포인터가 붓 모양 ☆으로 변경되면 복사한 애니메이션 효과를 붙여 넣을 수 있습니다. ❶ '중급: 실천하기'가 입력된 개체를 클릭하여 복사한 애니메이션을 바로 적용합니다. ❷ '고급: 정의하기'가 입력된 개체도 클릭하여 애니메이션을 붙여 넣습니다. 첫 번째 개체에 적용된 애니메이션이 다른 두 개체에 똑같이 적용됩니다.

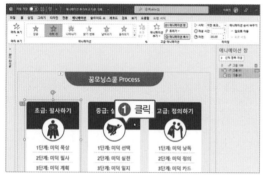
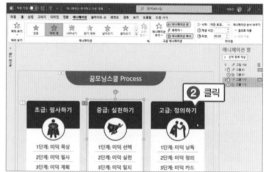

애니메이션 실행하기

05 [슬라이드 쇼] 탭-[슬라이드 쇼 시작] 그룹-[처음부터 ☲]를 클릭합니다. 슬라이드 쇼가 실행되면 개체에 적용된 애니메이션 효과를 확인할 수 있습니다.

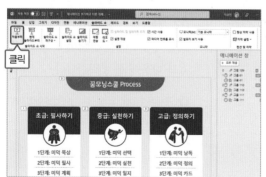
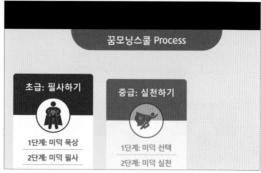

우선순위

핵심기능

75

2010 \ 2013 \ 2016 \ 2019 \ 2021

슬라이드에
화면 전환 효과 적용하기

실습 파일 파워포인트\7장\슬라이드에 화면 전환 효과 적용하기.pptx
완성 파일 파워포인트\7장\슬라이드에 화면 전환 효과 적용하기_완성.pptx

슬라이드에 화면 전환 효과 적용하기

01 ❶ 여러 슬라이드 보기 상태에서 [3번 슬라이드], [4번 슬라이드], [5번 슬라이드], [6번 슬라이드], [7번 슬라이드]를 Ctrl 을 누른 상태에서 각각 클릭하여 선택하고 ❷ [전환] 탭-[슬라이드 화면 전환] 그룹-[자세히 ▼]를 클릭합니다. ❸ 애니메이션 목록에서 [화려한 효과]-[페이지 말아 넘기기]를 클릭합니다. 선택한 슬라이드에 페이지를 넘기는 듯한 전환 효과가 적용됩니다.

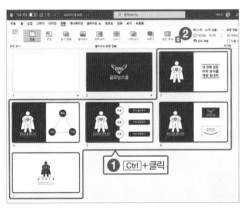

바로 통 하는TIP 여러 슬라이드 보기 상태로 만들기 위해서는 [보기] 탭-[프레젠테이션 보기] 그룹-[여러 슬라이드 品]를 클릭합니다. 화면 전환 효과를 선택하면 슬라이드 창에서 미리 보기가 제공되므로 원하는 전환 효과를 쉽게 확인할 수 있습니다.

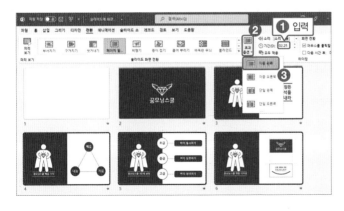

전환 길이 지정하고 효과 옵션 변경하기

02 ❶ [전환] 탭-[타이밍] 그룹-[기간]에 **02.25**를 입력합니다. ❷ [전환] 탭-[슬라이드 화면 전환] 그룹-[효과 옵션▣]]을 클릭하고 ❸ [이중 왼쪽]을 클릭합니다.

➕ 선택한 슬라이드에 2.25초 동안 페이지를 왼쪽으로 넘기는 듯한 전환 효과가 적용됩니다.

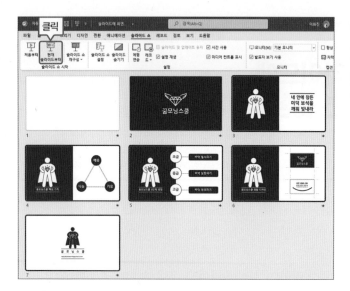

화면 전환 효과 실행하기

03 [슬라이드 쇼] 탭-[슬라이드 쇼 시작] 그룹-[현재 슬라이드부터🖥]를 클릭합니다.

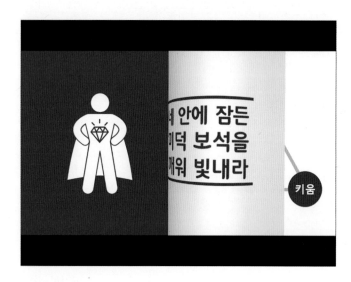

04 슬라이드 쇼가 실행되고 다음 슬라이드로 넘기면 적용한 화면 전환 효과가 나타납니다.

핵심기능

모핑 전환 효과 적용하기

76

실습 파일 파워포인트\7장\모핑 전환 효과 적용하기.pptx
완성 파일 파워포인트\7장\모핑 전환 효과 적용하기_완성.pptx

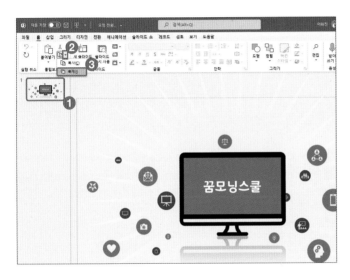

슬라이드 복제하기

01 ❶ 슬라이드 축소판 창에서 [1번 슬라이드]를 클릭합니다. ❷ [홈]탭-[클립보드] 그룹-[복사 🗐]의 ☑을 클릭한 후 ❸ [복제]를 클릭합니다.

➕ [1번 슬라이드]를 복제한 [2번 슬라이드]가 아래쪽에 추가됩니다.

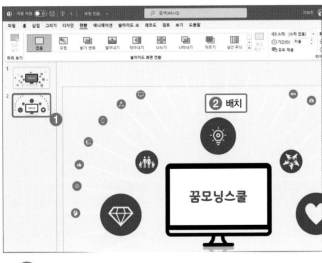

02 ❶ 복제된 [2번 슬라이드]를 클릭합니다. ❷ 동그라미 개체를 보기 좋게 배치하고 색상을 변경합니다. 모니터와 빛의 위치를 아래로 이동시키고 모니터와 텍스트의 색상을 변경합니다.

바로 **통** 하는 **TIP** 복제 단축키는 Ctrl + D 입니다.

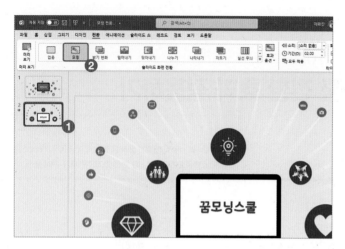

모핑 전환 효과 적용하고 슬라이드 쇼 실행하기

03 ❶ [2번 슬라이드]를 클릭합니다. ❷ [전환] 탭-[슬라이드 화면 전환] 그룹-[모핑]을 클릭합니다.

➕ [2번 슬라이드]에 슬라이드 모양이 서서히 전환되는 효과가 적용됩니다.

04 ❶ [슬라이드 쇼] 탭-[슬라이드 쇼 시작] 그룹-[처음부터 ⏯]를 클릭합니다. ❷ 슬라이드 쇼가 실행되면 Enter를 누릅니다.

➕ 동그라미 개체가 부드럽게 이동하고 색과 크기가 변경됩니다. 모니터와 빛이 아래로 이동하고 색이 변경됩니다.

핵심기능

77

자동으로 넘어가는
슬라이드 만들기

실습 파일 파워포인트\7장\자동으로 넘어가는 슬라이드 만들기.pptx
완성 파일 파워포인트\7장\자동으로 넘어가는 슬라이드 만들기_완성.pptx

슬라이드에 화면 전환 효과 적용하기

01 ❶ 여러 슬라이드 보기 상태에서 [1번 슬라이드]를 클릭합니다. ❷ [전환] 탭-[슬라이드 화면 전환] 그룹-[자세히 ⛛]를 클릭합니다. ❸ 전환 효과 목록에서 [은은한 효과]-[밝기 변화]를 클릭합니다. [1번 슬라이드]에 슬라이드가 서서히 밝아지는 전환 효과가 적용됩니다.

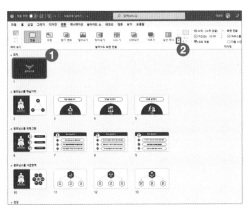

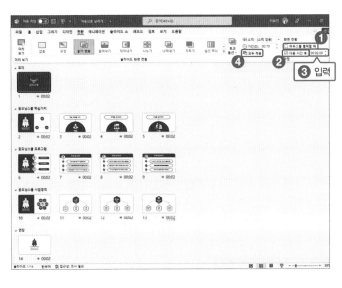

전체 슬라이드 자동 화면 전환하기

02 ❶ [전환] 탭-[타이밍] 그룹-[화면 전환]-[마우스를 클릭할 때]의 체크를 해제하고 ❷ [다음 시간 후]에 체크한 후 ❸ **02:00**을 입력합니다. ❹ [모두 적용 🗔]을 클릭합니다.

➕ 슬라이드 전체에 같은 전환 효과와 시간이 적용됩니다.

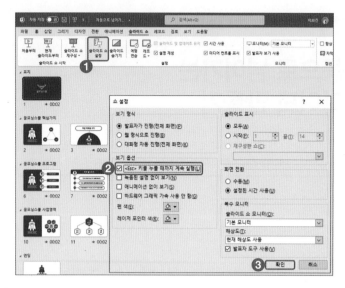

슬라이드 쇼 계속 실행하기

03 슬라이드가 계속 자동으로 넘어가도록 설정해보겠습니다. ❶ [슬라이드 쇼] 탭-[설정] 그룹-[슬라이드 쇼 설정🖳]을 클릭합니다. ❷ [쇼 설정] 대화상자에서 [보기 옵션]-[⟨Esc⟩ 키를 누를 때까지 계속 실행]에 체크한 후 ❸ [확인]을 클릭합니다.

➕ Esc를 누르기 전까지 슬라이드 쇼가 반복됩니다.

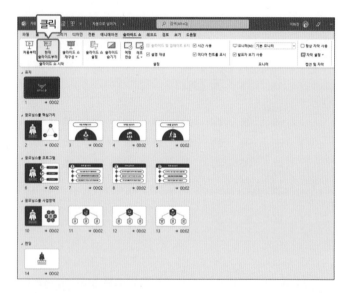

화면 전환 효과 실행하기

04 [슬라이드 쇼] 탭-[슬라이드 쇼 시작] 그룹-[현재 슬라이드부터🖳]를 클릭합니다.

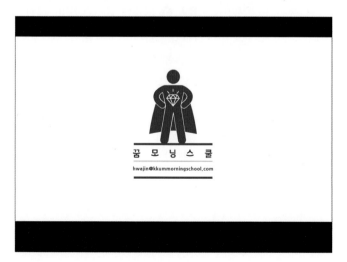

05 슬라이드 쇼가 실행되며 2초마다 다음 슬라이드로 넘어갑니다. 마지막 슬라이드에서는 다시 처음 슬라이드로 넘어가는 것을 확인할 수 있습니다.

바로 통 하는TIP 슬라이드 쇼를 끝내려면 Esc를 누릅니다.

[슬라이드 쇼] 탭-[설정] 그룹-[슬라이드 쇼 설정]을 클릭하면 [쇼 설정] 대화상자가 나타납니다. 슬라이드 쇼를 최적화할 수 있습니다.

① 보기 형식

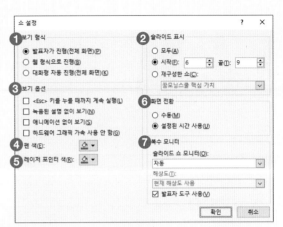

- **발표자가 진행(전체 화면)** : 일반적인 쇼 보기 상태입니다. 발표자가 Enter나 마우스 왼쪽 버튼을 클릭하면 다른 슬라이드로 전환됩니다.
- **웹 형식으로 진행** : 슬라이드 쇼를 [읽기용 보기]에서 진행합니다. 웹 페이지처럼 표시합니다.
- **대화형 자동 진행(전체 화면)** : 슬라이드 쇼에서 Enter나 클릭을 사용할 수 없으며, 하이퍼링크로 설정된 개체를 클릭하여 슬라이드 쇼를 진행합니다.

② 슬라이드 표시

- **모두** : 프레젠테이션 내의 모든 슬라이드를 보여줍니다.
- **시작/끝** : 시작 슬라이드와 끝 슬라이드를 지정합니다.
- **재구성한 쇼** : [슬라이드 쇼 재구성[⊞]]에서 재구성한 슬라이드 쇼로 프레젠테이션을 진행합니다.

③ 보기 옵션

- **〈Esc〉 키를 누를 때까지 계속 실행** : 슬라이드 쇼를 반복 실행하도록 설정할 수 있습니다.
- **녹음된 설명 없이 보기** : 설명 녹음 없이 슬라이드 쇼를 진행합니다.
- **애니메이션 없이 보기** : 애니메이션을 사용하지 않고 슬라이드 쇼를 진행합니다.
- **하드웨어 그래픽 가속 사용 안 함** : 하드웨어 그래픽 가속의 사용 여부를 선택합니다.

④ 펜 색

슬라이드 쇼에서 밑줄이나 코멘트를 표시할 수 있는 펜의 초기 색상을 지정해줍니다. 기본값은 빨간색입니다. Ctrl+P를 누르면 펜 기능을 실행할 수 있습니다.

⑤ 레이저 포인터 색

슬라이드 쇼에서 레이저 포인터를 사용하는 경우 레이저 포인터의 색상을 지정해줍니다. 기본값은 빨간색입니다.

⑥ 화면 전환

- **수동** : 발표자가 직접 조작하여 화면 전환을 실행합니다.
- **설정된 시간 사용** : 화면 전환 시간을 지정하여 자동으로 화면 전환을 실행합니다.

⑦ 복수 모니터

- **슬라이드 쇼 모니터** : 복수의 모니터 혹은 프로젝터 사용 시 슬라이드 쇼가 표시될 모니터를 선택합니다.
- **해상도** : 모니터 해상도를 선택합니다.
- **발표자 도구 사용** : 발표자 도구 사용 여부를 선택합니다.

슬라이드 쇼 재구성하기

실습 파일 파워포인트\7장\슬라이드 쇼 재구성하기.pptx
완성 파일 파워포인트\7장\슬라이드 쇼 재구성하기_완성.pptx

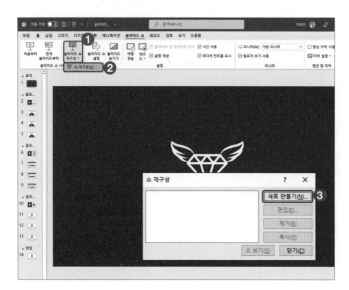

슬라이드 쇼 재구성하기

01 전체 슬라이드 구성에서 원하는 슬라이드만 선별해 보여줄 수 있습니다. 슬라이드 쇼를 재구성해보겠습니다. ❶ [슬라이드 쇼] 탭-[슬라이드 쇼 시작] 그룹-[슬라이드 쇼 재구성▼]을 클릭하고 ❷ [쇼 재구성]을 클릭합니다. ❸ [쇼 재구성] 대화상자에서 [새로 만들기]를 클릭합니다.

➕ [쇼 재구성 하기] 대화상자가 나타납니다.

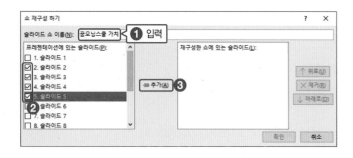

02 ❶ [쇼 재구성 하기] 대화상자에서 [슬라이드 쇼 이름]에 **꿈모닝스쿨 가치**를 입력합니다. ❷ [프레젠테이션에 있는 슬라이드]에서 2~5번 슬라이드에 체크하고 ❸ [추가 ⏩]를 클릭합니다.

03 ❶ [재구성한 쇼에 있는 슬라이드]에 2~5번 슬라이드가 추가된 것을 확인하고 [확인]을 클릭합니다. ❷ [쇼 재구성] 대화상자의 목록에 추가된 [꿈모닝스쿨 가치]를 확인한 후 [닫기]를 클릭합니다.

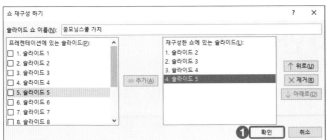

재구성한 슬라이드 쇼 실행하기

04 ❶ [슬라이드 쇼] 탭-[슬라이드 쇼 시작] 그룹-[슬라이드 쇼 재구성 ▦]을 클릭하고 ❷ [꿈모닝스쿨 가치]를 클릭합니다.

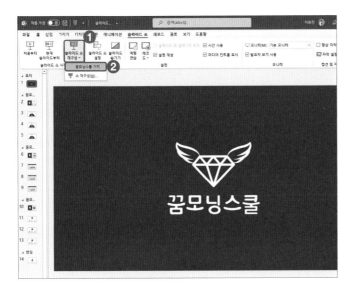

05 전체 슬라이드 중 [꿈모닝스쿨 가치]에 해당하는 슬라이드만 슬라이드 쇼에 나타납니다.

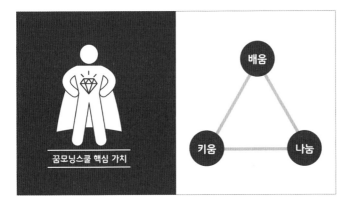

구역 확대/축소 기능으로
목차 만들기

79

실습 파일 파워포인트\7장\확대 축소 기능으로 목차 만들기.pptx
완성 파일 파워포인트\7장\확대 축소 기능으로 목차 만들기_완성.pptx

구역 확대/축소 만들기

01 ❶ 슬라이드 축소판 창에서 [2번 슬라이드]를 클릭합니다. ❷ [삽입] 탭-[링크] 그룹-[확대/축소 📧]를 클릭한 후 ❸ [구역 확대/축소]를 클릭합니다. ❹ [구역 확대/축소 삽입] 대화상자에서 목차로 사용할 [섹션 3], [섹션 4], [섹션 5]에 체크합니다. ❺ [삽입]을 클릭합니다.

02 체크한 섹션의 슬라이드가 그림 형태로 나타납니다. 그림 슬라이드를 순서대로 배치합니다.

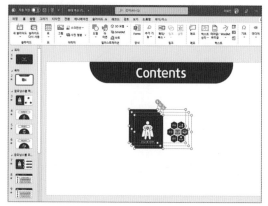

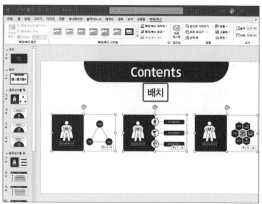

바로 통 하는TIP 추가된 그림 슬라이드를 선택한 후 [확대/축소] 탭을 클릭하면 오른쪽 아래에 번호가 표시됩니다. 몇 번 슬라이드부터 몇 번 슬라이드까지 보여지는를 의미합니다.

구역 확대/축소 편집하기

03 ❶ [섹션 5: 꿈모닝스쿨 사업영역]에 해당하는 그림 슬라이드를 클릭합니다. ❷ [확대/축소] 탭-[확대/축소 옵션] 그룹-[확대/축소로 돌아가기]의 체크를 해제합니다. 섹션의 끝에서 목차로 돌아가지 않고 다음 섹션의 슬라이드로 넘어갑니다.

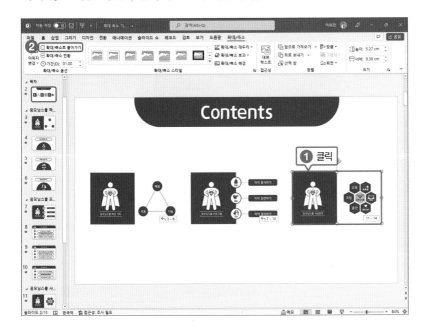

구역 확대/축소 확인하기

04 슬라이드 쇼를 실행하여 구역 확대/축소를 확인합니다. 이동하려는 섹션의 그림 슬라이드를 클릭하면 해당 섹션으로 바로 이동합니다. [섹션 5]를 제외하고는 해당 섹션의 슬라이드 쇼가 끝나면 다시 목차 슬라이드로 돌아옵니다.

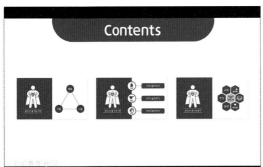 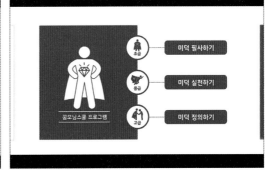

바로통하는TIP [섹션 5: 꿈모닝스쿨 사업영역]에 해당하는 슬라이드 쇼가 끝났을 때도 목차 슬라이드로 돌아가고 싶으면 해당 섹션의 그림 슬라이드를 클릭한 후 [확대/축소] 탭 [확대/축소 옵션] 그룹 [확대/축소로 돌아가기]에 체크합니다.

① 요약 확대/축소 만들기

요약 확대/축소는 프레젠테이션의 구성을 한눈에 볼 수 있는 방문 페이지와 비슷합니다. 각 구역의 시작 슬라이드를 선택하여 프레젠테이션 중에 빠르게 이동할 수 있으며 해당 구역의 마지막 슬라이드가 끝나면 요약 확대/축소가 삽입된 슬라이드로 돌아옵니다.

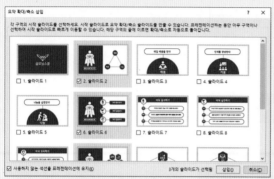
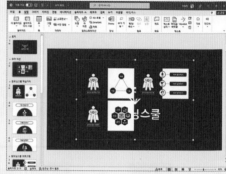

② 구역 확대/축소 만들기

구역 확대/축소를 사용하여 목차 슬라이드를 만들면 프레젠테이션의 특정 부분이 연결되는 방식을 강조할 수 있습니다. 구역 확대/축소로 만들 구역을 선택하여 프레젠테이션 중에 바로 이동할 수 있으며 해당 구역의 마지막 슬라이드가 끝나면 구역 확대/축소가 삽입된 슬라이드로 돌아옵니다.

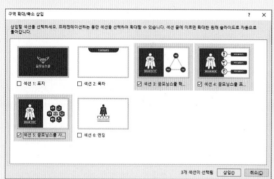

③ 슬라이드 확대/축소 만들기

슬라이드의 링크를 만들어줍니다. 슬라이드 확대/축소를 사용하면 프레젠테이션 흐름을 방해하지 않으면서 선택한 슬라이드로 자유롭게 이동할 수 있습니다. 슬라이드 확대/축소는 구역이 많지 않은 짧은 프레젠테이션에서 사용하기 좋은 옵션이며 다양한 프레젠테이션 시나리오에서 슬라이드 확대/축소를 활용할 수 있습니다.

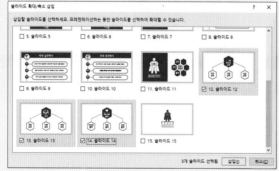

핵심기능

80

슬라이드 노트로 발표 원고 작성하고 인쇄하기

실습 파일 파워포인트\7장\슬라이드 노트로 발표 원고 작성하고 인쇄하기.pptx
완성 파일 파워포인트\7장\슬라이드 노트로 발표 원고 작성하고 인쇄하기_완성.pptx

바로 통 하는 TIP [보기] 탭-[프레젠테이션 보기] 그룹-[슬라이드 노트 🔲]를 클릭하면 노트와 함께 인쇄되는 프레젠테이션의 모양을 확인하면서 편집할 수 있습니다.

슬라이드 노트 창 열기

01 슬라이드 노트를 이용해 발표할 내용을 간단히 정리해보겠습니다. ❶ 슬라이드 축소판 창에서 [14번 슬라이드]를 클릭하고 ❷ 슬라이드 오른쪽 아래에서 [메모 ≝]를 클릭합니다. 슬라이드 노트 창이 나타납니다. ❸ 슬라이드 노트 창에 원하는 발표 내용을 입력합니다.

✅ **파워포인트 2013** 슬라이드 오른쪽 아래에서 [슬라이드 노트]를 누르고 입력합니다.

슬라이드 노트 인쇄하기

02 ❶ [파일] 탭-[인쇄]를 클릭합니다. ❷ [설정]에서 [전체 페이지 슬라이드]를 클릭하고 ❸ [인쇄 모양]-[슬라이드 노트]를 클릭합니다.

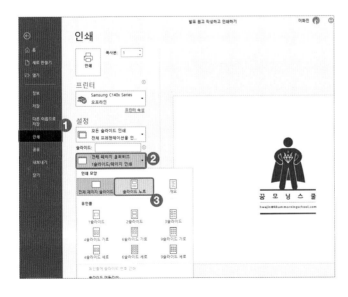

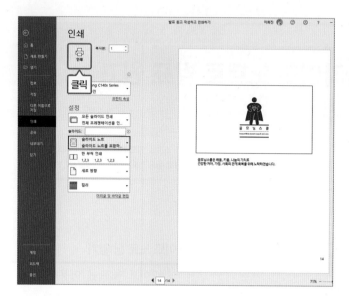

03 [인쇄]를 클릭합니다. 각 페이지에 하나의 슬라이드와 해당 슬라이드 노트가 포함되어 인쇄됩니다.

핵심기능

81

청중 유인물 만들고 인쇄하기

실습 파일 파워포인트\7장\청중 유인물 만들고 인쇄하기.pptx
완성 파일 파워포인트\7장\청중 유인물 만들고 인쇄하기_완성.pptx

유인물 레이아웃 설정하기

01 청중에게 배포할 유인물에 배포 단체, 날짜, 로고 등이 표시되도록 유인물 레이아웃을 수정해보겠습니다. [보기] 탭-[마스터 보기] 그룹-[유인물 마스터▦]를 클릭합니다. 유인물 마스터 보기로 전환됩니다.

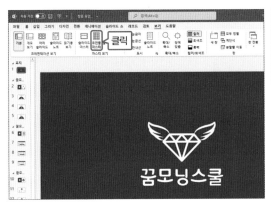
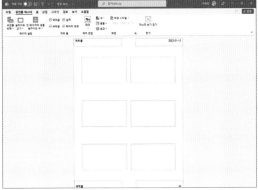

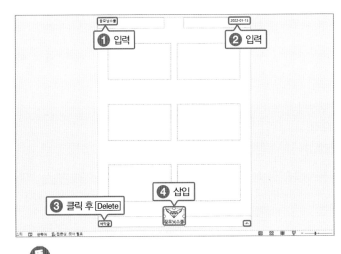

02 ❶ 왼쪽 위 머리글 개체 틀에 **꿈모닝스쿨**을 입력하고 ❷ 오른쪽 위 [머리글] 개체 틀에 원하는 날짜를 입력합니다. ❸ 왼쪽 아래의 바닥글 개체 틀을 클릭한 후 Delete 를 눌러 삭제하고 ❹ 가운데 아래에 '꿈모닝스쿨 로고.png' 파일을 삽입합니다.

바로 통 하는TIP 로고 삽입은 [삽입] 탭-[이미지] 그룹-[그림▣]-[이 디바이스]를 클릭합니다. 로고 삽입 후 크기와 위치를 적절히 조절합니다.

바로 통 하는TIP 오른쪽 아래의 '⟨#⟩'는 슬라이드 번호 개체입니다. 슬라이드 번호 개체의 글꼴 서식을 변경하려면 '⟨#⟩'를 클릭하고 [홈] 탭-[글꼴] 그룹에서 글꼴 색과 글꼴 크기 등을 변경합니다.

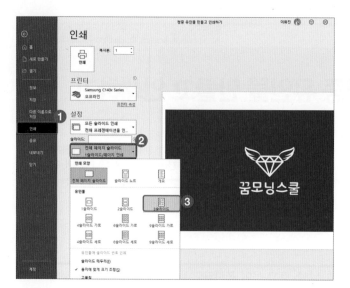

유인물 인쇄하기

03 ❶ [파일] 탭-[인쇄]를 클릭합니다. ❷ [설정]-[인쇄 모양]-[전체 페이지 슬라이드]를 클릭하고 ❸ [유인물]-[3슬라이드]를 클릭합니다.

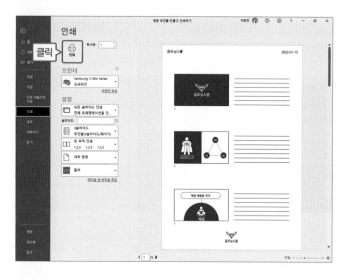

04 [인쇄]를 클릭합니다. 유인물 마스터에서 적용한 레이아웃 모양대로 인쇄됩니다.

쉽고 빠른 파워포인트 Note | 유인물에 페이지 번호 설정하기

[삽입] 탭-[텍스트] 그룹-[슬라이드 번호 삽입]을 클릭합니다. [머리글/바닥글] 대화상자에서 [슬라이드 노트 및 유인물] 탭을 클릭하고 [페이지 번호]에 체크합니다. [모두 적용]을 클릭하면 유인물 오른쪽 아래에 페이지 번호가 표시됩니다.

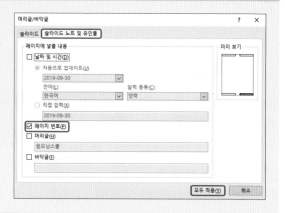

핵심기능

82

발표 전 예행연습하기

실습 파일 파워포인트\7장\발표 전 예행연습하기.pptx
완성 파일 파워포인트\7장\발표 전 예행연습하기_완성.pptx

01 ❶ 슬라이드 축소판 창에서 [1번 슬라이드]를 클릭하고 ❷ [슬라이드 쇼] 탭-[설정] 그룹-[예행 연습⬚]을 클릭합니다. 슬라이드 쇼가 실행되며 화면 왼쪽 위에 [녹화] 대화상자가 나타납니다. 실제 원고를 이용해 발표를 연습해봅니다. ❸ Enter 를 눌러 슬라이드를 넘깁니다.

 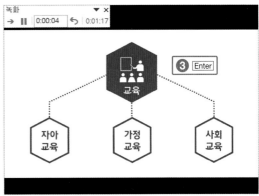

바로 통 하는 TIP [녹화] 대화상자에서 왼쪽 시간은 쇼가 진행되고 있는 현재 슬라이드의 시간이고, 오른쪽 시간은 전체 녹화된 슬라이드 쇼의 누적 시간입니다.

02 슬라이드 쇼가 끝까지 실행되면 마지막에 사용 시간 저장 여부를 묻는 메시지가 나타납니다. [예]를 클릭합니다. 여러 슬라이드 보기 화면에서 각각의 슬라이드 아래에 발표 소요 시간이 표시됩니다.

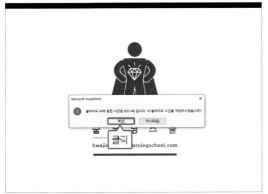 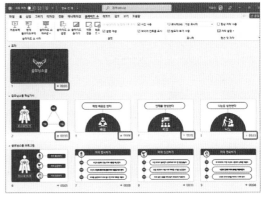

슬라이드 쇼 시작하기

실습 파일 파워포인트\7장\슬라이드 쇼 시작하기.pptx
완성 파일 파워포인트\7장\슬라이드 쇼 시작하기_완성.pptx

첫 번째 슬라이드부터 슬라이드 쇼 하기

01 [슬라이드 쇼] 탭-[슬라이드 쇼 시작] 그룹-[처음부터 🖵]를 클릭합니다. 첫 번째 슬라이드부터 쇼가 시작됩니다.

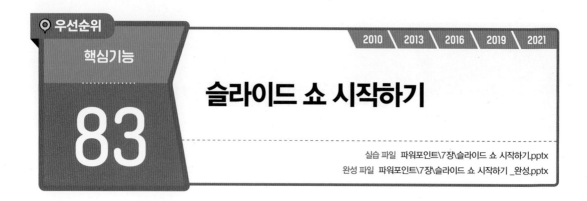

바로통하는TIP 첫 번째 슬라이드부터 슬라이드 쇼를 시작하려면 빠른 실행 도구 모음의 [처음부터 시작 🖵]을 클릭하거나 F5 를 눌러도 됩니다.

02 Enter 를 눌러 슬라이드를 넘깁니다. 마지막 슬라이드 다음에 나타나는 화면을 클릭하거나 Enter 를 눌러 기본 보기 화면으로 돌아옵니다.

바로통하는TIP 슬라이드 쇼를 도중에 바로 끝내려면 Esc 를 누릅니다.

현재 슬라이드부터 슬라이드 쇼 시작하기

03 ❶ [10번 슬라이드]를 클릭하고 ❷ [슬라이드 쇼] 탭-[슬라이드 쇼 시작] 그룹-[현재 슬라이드부터📷]를 클릭합니다. [10번 슬라이드]부터 슬라이드 쇼가 시작됩니다.

바로 통 하는TIP 현재 슬라이드부터 슬라이드 쇼를 시작하려면 화면 오른쪽 아래에 있는 [슬라이드 쇼📷]를 클릭하거나 Shift + F5 를 눌러도 됩니다.

04 Enter 를 눌러 슬라이드를 넘깁니다. 슬라이드 쇼가 끝나면 검은 화면을 클릭하거나 Enter 를 눌러 기본 보기 화면으로 돌아옵니다.

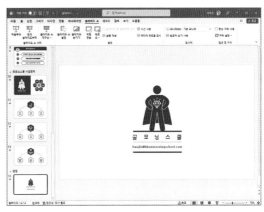

2010 2013 2016 2019 2021

발표자 도구를 사용하여 발표하기

84

실습 파일 파워포인트\7장\발표자 도구를 사용하여 발표하기.pptx
완성 파일 파워포인트\7장\발표자 도구를 사용하여 발표하기_완성.pptx

발표자 도구 표시하기

01 ❶ F5 를 클릭하여 슬라이드 쇼를 실행합니다. ❷ 화면 왼쪽 아래에 있는 컨트롤 막대에서 [슬라이드 쇼 옵션 더 보기⊡]를 클릭하고 ❸ [발표자 도구 표시]를 클릭합니다. 발표자 보기 화면으로 바뀝니다.

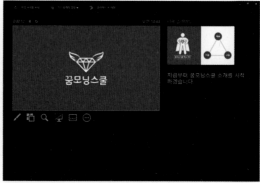

펜으로 주석 달기

02 발표자 도구의 펜 기능을 이용하면 중요한 내용을 슬라이드에 표시하면서 프레젠테이션을 진행할 수 있습니다. ❶ 발표자 도구에서 [펜 및 레이저 포인터 도구⏚]를 클릭하고 ❷ [형광펜]을 클릭합니다. ❸ 마우스 포인터가 형광펜으로 변경되면 원하는 곳에 드래그하여 표시합니다.

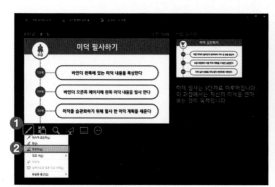
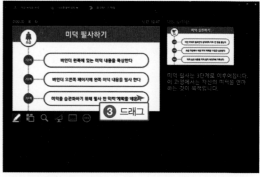

바로 통 하는 TIP 마우스 포인터를 본래 화살표 모양으로 변경하려면 Ctrl + A 를 누릅니다.

모든 슬라이드 보기

03 발표자 도구에서 [모든 슬라이드 보기🔳]를 클릭합니다. 모든 슬라이드를 확인할 수 있습니다.

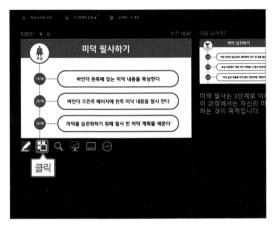
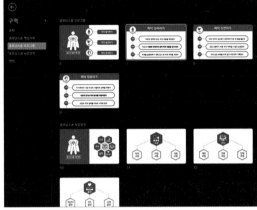

슬라이드 특정 부분 확대하기

04 ❶ 발표자 도구에서 [슬라이드 확대🔍]를 클릭합니다. ❷ 확대하려는 부분에 마우스 포인터를 놓고 클릭합니다. 해당 부분이 확대됩니다.

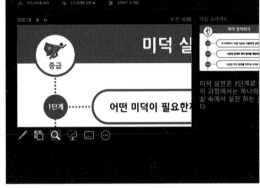

05 다시 원래 상태로 돌아오려면 발표자 도구에서 [축소🔍]를 클릭합니다. 확대 전 상태로 돌아옵니다.

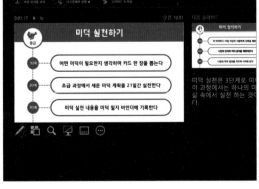

화면을 검은색으로 만들기

06 발표자 도구에서 [슬라이드 쇼를 검정으로 설정/취소 ■]를 클릭합니다.

➕ 화면이 검은색으로 변경됩니다.

바로 통 하는TIP 본래의 상태로 돌아오려면 [슬라이드 쇼 검정으로 설정/취소 ■]를 다시 클릭합니다.

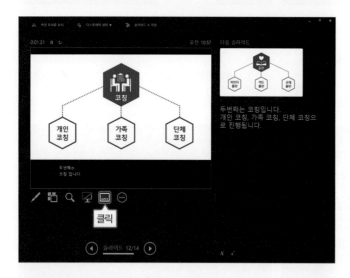

자막 켜기

07 발표자 도구에서 [자막 켜기/끄기 ■]를 클릭합니다.

➕ 슬라이드 아래에 자막이 나타납니다.

바로 통 하는TIP 자막은 [슬라이드 쇼 옵션 더 보기 ■]를 클릭하고 [자막 설정]−[기타 설정]을 클릭해 [캡션 및 자막] 대화상자에서 설정합니다.

바로 통 하는TIP 자막을 끄려면 [자막 켜기/끄기 ■]를 다시 클릭합니다.

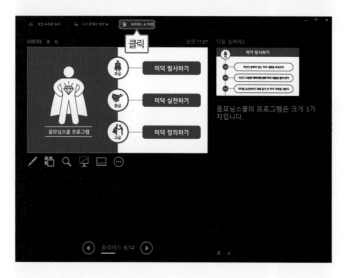

슬라이드 쇼 마치기

08 화면의 위쪽에 있는 [슬라이드 쇼 마침 ■]을 클릭합니다.

➕ 기본 보기 화면으로 돌아옵니다.

슬라이드 쇼를 실행할 때 나타나는 발표자 도구는 발표자에게만 보입니다. 발표자 도구에서는 현재 슬라이드와 다음 슬라이드에 추가한 노트 내용을 미리 볼 수 있는 기능 등 발표할 때 유용한 기능이 제공됩니다.

① **작업 표시줄 표시** : 프로그램을 전환할 수 있도록 작업 표시줄을 표시합니다.

② **디스플레이 설정** : 발표자 보기와 슬라이드 쇼 화면을 바꾸거나 슬라이드 쇼 화면을 복제할 수 있습니다.

③ **슬라이드 쇼 마침** : 현재 슬라이드 쇼를 마칩니다.

④ **시간 표시** : 슬라이드 쇼 진행 시간, 타이머 일시 중지 시간, 타이머 다시 시작 시간, 현재 시간을 표시합니다.

⑤ **현재 슬라이드** : 현재 청중이 보는 화면입니다.

⑥ **펜 및 레이저 포인터 도구** : 레이저 포인터, 펜, 형광펜, 지우개를 실행합니다.

⑦ **모든 슬라이드 보기** : 모든 슬라이드가 보여지며 원하는 슬라이드를 클릭하면 해당 슬라이드를 보여줍니다.

⑧ **슬라이드 확대** : 슬라이드에서 확대하고 싶은 특정 부분을 클릭하여 확대합니다. [Esc]를 누르면 원래 상태로 돌아옵니다.

⑨ **슬라이드 쇼를 검정으로 설정/취소** : 화면이 검정색으로 변하여 [Esc]를 누르면 원래 상태로 바뀝니다.

⑩ **자막 켜기/끄기** : 화면에 발표자의 말을 그대로 표시하거나 다른 언어로 번역하여 표시합니다. 자막의 위치와 언어를 설정할 수 있습니다.

⑪ **슬라이드 쇼 옵션 더 보기** : 슬라이드 쇼 관련 옵션을 지정합니다.

⑫ **이전** : 이전 애니메이션이나 슬라이드로 돌아갑니다.

⑬ **슬리이드 번호** : 전체 슬리이드 중에 현재 슬라이드가 몇 번째 슬라이드인지 보어줍니다.

⑭ **다음** : 다음 애니메이션이나 슬라이드로 넘어갑니다.

⑮ **다음 슬라이드** : 다음 슬라이드를 미리 보여줍니다.

⑯ **슬라이드 노트** : 현재 슬라이드에 입력한 노트 내용이 보입니다.

⑰ **텍스트 확대/ 축소** : 슬라이드 노트의 텍스트 크기를 소정합니다.

2010 | 2013 | 2016 | 2019 | 2021

슬라이드 쇼 녹화하기

실습 파일 파워포인트\7장\슬라이드 쇼 녹화하기.pptx
완성 파일 파워포인트\7장\슬라이드 쇼 녹화하기_완성.pptx

녹음/녹화 창으로 이동하기

01 [녹음/녹화] 탭-[녹음/녹화] 그룹-[처음부터 🎦]를 클릭합니다.

➕ 녹음/녹화 창에서 슬라이드 쇼가 시작됩니다.

02 녹음/녹화 창에서는 프레젠테이션 발표를 녹음/녹화하기 위한 여러 기능이 제공됩니다. 화면 위쪽에 표시되는 [녹음/녹화◉]를 클릭하여 녹화를 시작하고 중지할 수 있습니다.

녹음/녹화 창 설정하기

03 현재 녹음/녹화 창은 발표자 보기 상태입니다. 발표 원고로 활용할 슬라이드 노트를 화면 상단에 표시하여 발표자가 청중과 시선을 마주하도록 만들어보겠습니다. ❶ 오른쪽 아래 [보기]를 클릭하고 ❷ [텔레프롬 프터]를 클릭합니다.

➕ 화면 상단에 노트 내용이 표시됩니다.

슬라이드 쇼 녹화하기

04 발표 준비가 완료됐다면 [녹음/녹화◉]를 클릭하거나 단축키 [R]을 눌러 녹화를 시작합니다.

➕ 3초 카운트 후에 녹화가 시작됩니다.

바로통하는TIP 발표자 영상을 원하지 않는다면 화면 오른쪽 위의 [카메라◉]를 클릭하여 녹화 영상을 끕니다.

슬라이드 쇼 녹화 중지하기

05 발표가 끝났다면 [녹음/녹화 중지◉]를 클릭하거나 단축키 [S]를 누릅니다.

➕ 녹화가 저장됩니다. 슬라이드 쇼를 실행하여 확인할 수 있습니다.

녹화된 영상 확인하기

06 기본 보기 화면으로 돌아가기 위해 [편집]을 클릭합니다. 슬라이드 창의 오른쪽 아래에 녹화된 발표자 영상이 나타납니다.

07 단축키 F5를 눌러 슬라이드 쇼를 실행해보면 슬라이드 쇼에 발표자 영상이 함께 보입니다.

쉽고 빠른 파워포인트 Note 녹음/녹화 창 구성 살펴보기

녹음/녹화 창에서는 프레젠테이션을 진행하며 녹음/녹화하기 위한 여러 가지 기능이 제공됩니다. 녹음/녹화 관련 기능을 제외하고는 발표자 도구와 유사합니다.

① **편집** : 기본 보기 화면으로 이동합니다.

② **타이머** : 현재 슬라이드의 녹화 시간과 누적 녹화 시간을 표시합니다.

③ **재촬영** : 현재 슬라이드 또는 모든 슬라이드에서 간단하게 영상을 다시 녹화할 수 있습니다.

④ **녹음/녹화** : 클릭하면 슬라이드 쇼 녹음/녹화가 시작되고 다시 클릭하면 중지됩니다.

⑤ **녹음/녹화 일시 중지** : 클릭하면 녹화 중인 슬라이드 쇼가 일시 중지되고 다시 클릭하면 녹화가 재개됩니다.

⑥ **카메라** : 발표자의 모습을 촬영할 수 있습니다.

⑦ **마이크** : 녹음할 수 있습니다.

⑧ **더 보기** : 녹음/녹화를 위한 카메라, 마이크 옵션을 설정할 수 있습니다.

⑨ **내보내기** : 녹음/녹화한 비디오를 파일로 저장할 수 있습니다. 기본적으로 영상은 MP4 비디오 파일 형식의 Full HD(1080p) 해상도로 제공되며, 프레젠테이션이 저장되는 곳과 동일한 위치에 저장됩니다.

⑩ **슬라이드 노트** : 슬라이드 미리 보기 위에 현재 슬라이드에 대한 노트를 표시합니다.

⑪ **텍스트 확대** : 슬라이드 노트의 텍스트 크기를 크게 합니다.

⑫ **텍스트 축소** : 슬라이드 노트의 텍스트 크기를 작게 합니다.

⑬ **현재 슬라이드** : 현재 녹화되고 있는 슬라이드를 표시합니다.

⑭ **이전** : 이전 슬라이드로 돌아갑니다.

⑮ **슬라이드 번호** : 전체 슬라이드 중에 현재 슬라이드가 몇 번째 슬라이드인지 보여줍니다.

⑯ **다음** : 다음 슬라이드로 넘어갑니다.

⑰ **레이저 포인터** : 녹음/녹화 중인 슬라이드에 레이저 포인터를 사용할 수 있습니다.

⑱ **지우개** : 펜 및 형광펜 표시를 지워줍니다.

⑲ **펜** : 녹음/녹화 중인 슬라이드에 펜을 사용하여 주석을 표시할 수 있습니다.

⑳ **형광펜** : 녹음/녹화 중인 슬라이드에 형광펜을 사용하여 내용을 강조할 수 있습니다.

㉑ **펜 및 형광펜 색상** : 펜과 형광펜의 색상을 선택합니다.

㉒ **카메라 모드 선택** : 배경을 표시하거나 녹화하는 동안 주변을 흐리게 만드는 효과를 적용할 수 있습니다.

㉓ **보기 선택** : [텔레프롬프터], [발표자 보기], [슬라이드 보기]를 선택할 수 있습니다. [텔레프롬프터]는 현재 슬라이드 위쪽에 슬라이드 노트를 표시하여 녹화된 영상에서는 청중과 시선을 마주하도록 연출할 수 있습니다. [발표자 보기]는 슬라이드 노트를 현재 슬라이드 오른쪽에 표시하고 작은 화면에 다음 슬라이드나 애니메이션을 표시합니다.

▲ 텔레프롬프터

▲ 발표자 보기

▲ 슬라이드 보기

PART

03

워드

CHAPTER

01

워드
기본기 다지기

워드를 본격적으로 익히기 전에 화면 구성과 각 부분의 명칭을 익혀보
겠습니다. 또한 새 문서를 만들고 저장하는 방법과 문서에 비밀번호를
지정하고 해제하는 방법, 화면 확대/축소와 보기 옵션 설정 등 프로그램
을 다루는 데 기본이 되는 부분을 살펴보겠습니다.

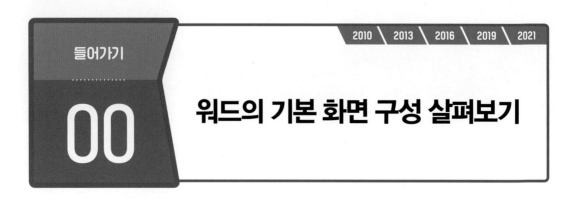

들어가기

00

2010 \ 2013 \ 2016 \ 2019 \ 2021

워드의 기본 화면 구성 살펴보기

기본 화면 구성

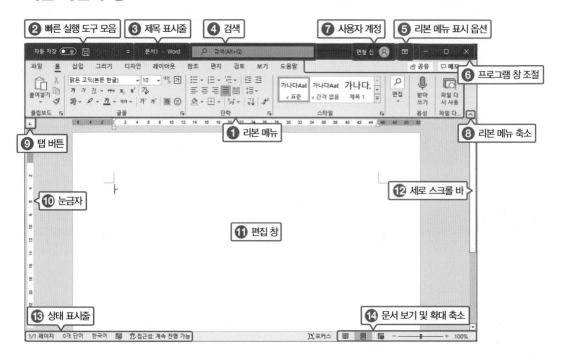

❶ **리본 메뉴** : 리본처럼 탭을 펼쳐 메뉴를 표시합니다. 탭은 [파일], [홈], [삽입], [디자인], [레이아웃], [참조], [편지], [검토], [보기] 등으로 구성되어 있습니다.

❷ **빠른 실행 도구 모음** : 사용자가 자주 사용하는 명령을 빠르게 실행하도록 모아놓은 도구함입니다. 필요에 따라 명령을 추가하거나 삭제할 수 있습니다.

❸ **제목 표시줄** : 현재 작업 중인 문서의 이름을 표시합니다. 문서 이름을 별도로 지정하지 않으면 새로운 문서를 열었을 때 문서1, 문서2, 문서3, … 순서로 이름이 자동 부여됩니다.

❹ **검색** : 작업에 필요한 키워드나 설명을 입력하면 관련 워드 기능을 실행하거나 도움말 또는 스마트 조회 창을 엽니다.

❺ **리본 메뉴 표시 옵션** : 리본 메뉴 자동 숨기기, 탭 표시, 탭 및 명령 표시가 가능합니다.

❻ **프로그램 창 조절** : 워드 창을 최소화/최대화하거나 닫습니다.

❼ 사용자 계정 : 마이크로소프트의 클라우드 서비스인 원드라이브(OneDrive)의 사용자 계정 정보를 표시합니다. 로그인하면 사용자 정보가 표시됩니다.

❽ 리본 메뉴 축소 : 문서 편집 창을 넓게 사용하고자 할 때 [리본 메뉴 축소]를 클릭하면 리본 메뉴를 숨길 수 있습니다.

❾ 탭 버튼 : [보기] 탭–[눈금자]를 활성화하면 표시되며, 탭을 전환할 수 있는 버튼입니다. 클릭할 때마다 왼쪽 탭, 가운데 탭, 오른쪽 탭, 소수점 탭, 줄 탭, 첫 줄 들여쓰기, 내어쓰기 등으로 전환할 수 있습니다.

❿ 눈금자 : [보기] 탭–[눈금자]를 활성화하면 표시되며, 문서를 작성할 때 글의 위치를 확인하거나 도형, 표 등을 규칙적으로 배열할 수 있도록 도와주는 도구입니다.

⓫ 편집 창 : 문자, 표, 도형, 차트 등의 개체를 입력해 문서를 편집하는 창입니다.

⓬ 세로 스크롤 바 : 스크롤 바를 드래그하면 문서 위치를 위아래로 이동할 수 있습니다.

⓭ 상태 표시줄 : 편집 창에서 마우스 포인터가 놓인 곳의 페이지 번호, 단어 개수, 입력 언어, 입력 모드(삽입/겹쳐 쓰기) 등의 정보를 표시합니다.

⓮ 문서 보기 및 확대 축소 : [읽기 모드], [인쇄 모양], [웹 모양], [확대/축소] 슬라이드 등으로 구성되어 있으며 화면에서 문서를 표현하는 방식을 변경할 수 있습니다. 기본 설정은 [인쇄 모양]입니다.

워드 빠르게 시작하기

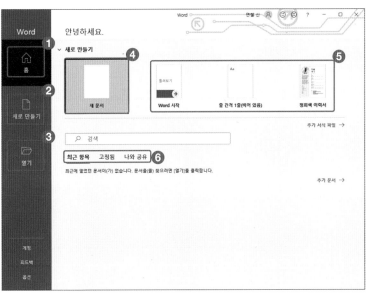

워드를 실행하면 그림과 같은 시작 화면이 표시됩니다. 화면 왼쪽에는 ❶ [홈], ❷ [새로 만들기], ❸ [열기] 버튼이 배치되어 있습니다. 시작 화면에서 ❹ [새 문서], ❺ 기본 제공되는 서식을 바로 클릭할 수 있습니다. 화면 하단에는 ❻ [최근 항목], [고정됨], [나와 공유] 버튼이 배치되어 이전에 사용했거나 공유된 문서를 빠르게 열 수 있도록 구성되어 있습니다.

새 문서 만들어 저장하기

2010 \ 2013 \ 2016 \ 2019 \ 2021

실습 파일 없음
완성 파일 없음

워드 시작 후 새 문서 만들기

01 워드를 실행하고 시작 화면에서 [새 문서]를 클릭합니다.

➕ 새 문서가 열립니다.

워드 작업 중 새 문서 만들기

02 문서를 작성하다가 새로운 문서를 열어 작업해야 하는 경우가 있습니다. 새 문서를 만들어보겠습니다. **❶** [파일] 탭을 클릭하고 **❷** [새로 만들기]-[새 문서]를 클릭합니다.

➕ 새 문서가 하나 더 열립니다.

문서 저장하기

03 ❶ [파일] 탭–[저장]을 클릭합니다. ❷ [찾아보기]를 클릭합니다. ❸ [다른 이름으로 저장] 대화상자가 나타나면 [파일 이름]에 **연습1**을 입력하고 ❹ [저장]을 클릭합니다.

➕ '연습1.docx' 파일이 저장됩니다.

바로 통 하는TIP 문서를 처음 작성하고 [저장]을 클릭하면 [다른 이름으로 저장] 메뉴가 나타나지만 이후로는 [저장]을 클릭했을 때 [다른 이름으로 저장] 메뉴가 나타나지 않고 바로 저장됩니다. 저장할 때 다른 이름으로 저장하려면 [파일] 탭을 클릭한 후 [다른 이름으로 저장]을 클릭합니다.

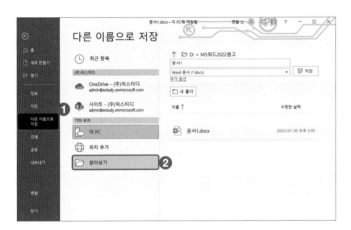

다른 형식으로 문서 저장하기

04 워드에서 작성한 문서를 하위 버전에서 열 수 있도록 파일 형식을 변경하고 저장해보겠습니다. ❶ [파일] 탭–[다른 이름으로 저장]을 클릭합니다. ❷ [찾아보기]를 클릭합니다.

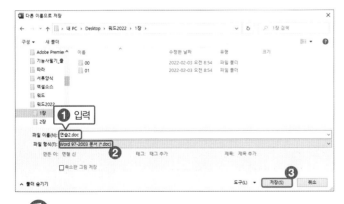

대화상자 설정하고 저장하기

05 ❶ [다른 이름으로 저장] 대화상자의 [파일 이름]에 **연습2**를 입력하고 ❷ [파일 형식]을 [Word 97–2003 문서 (*.doc)]로 변경합니다. ❸ [저장]을 클릭합니다.

➕ '연습2.doc' 파일이 저장됩니다.

바로 통 하는TIP 워드 최신 버전의 파일은 워드 97–2003 버전에서 정상적으로 열리지 않을 수 있습니다. 상위 버전에서 작성한 파일을 하위 버전에서 열어보려면 [Word 97–2003 문서]로 파일 형식을 바꾸어야 합니다.

핵심기능

02

문서에 암호 지정 및 해제하기

실습 파일 없음
완성 파일 없음

문서에 암호 지정하기

01 ❶ [파일] 탭을 클릭하고 ❷ [다른 이름으로 저장]을 클릭합니다. ❸ [찾아보기]를 클릭합니다. ❹ [다른 이름으로 저장] 대화상자에서 [파일 이름]에 **연습3**을 입력합니다. ❺ [도구]를 클릭하고 ❻ [일반 옵션]을 클릭합니다.

➕ [일반 옵션] 대화상자가 나타납니다.

열기 암호와 쓰기 암호 입력하기

02 ❶ [일반 옵션] 대화상자에서 [열기 암호]와 [쓰기 암호]를 입력하고 ❷ [확인]을 클릭합니다. 암호 형식은 문자나 숫자, 또는 문자와 숫자의 혼합으로 지정할 수 있습니다.

➕ [암호 확인] 대화상자가 나타납니다.

바로 통 하는TIP [열기 암호]는 파일을 열 때 입력하며 [쓰기 암호]는 파일을 수정한 뒤 저장할 때 묻는 암호입니다. 문서를 열지 못하도록 할 때는 [열기 암호]를 지정하고, 문서를 열어 열람할 수 있지만, 내용을 수정하지 못하게 할 때는 [쓰기 암호]를 지정합니다.

지정한 암호 확인하기

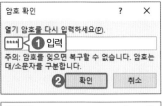

03 ❶ [암호 확인] 대화상자가 나타나면 **02**에서 입력한 [열기 암호]를 다시 입력하고 ❷ [확인]을 클릭합니다. ❸ 마찬가지로 [쓰기 암호]를 다시 입력하고 ❹ [확인]을 클릭합니다.

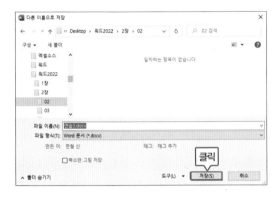

04 암호가 바르게 지정된 것을 확인하고 [다른 이름으로 저장] 대화상자의 [저장]을 클릭합니다.

➕ '연습3.docx' 파일이 저장됩니다.

암호 적용 확인하기

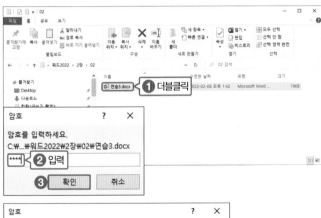

05 ❶ 실행 중인 워드를 종료한 후 암호를 포함해 저장한 '연습3.docx' 파일을 더블클릭하여 실행합니다. ❷ 열기 [암호] 대화상자가 나타나면 **02**에서 입력한 열기 암호를 입력하고 ❸ [확인]을 클릭합니다. ❹ 쓰기 [암호] 대화상자에서 앞서 입력한 쓰기 암호를 입력하고 ❺ [확인]을 클릭합니다.

➕ 문서가 열립니다.

바로통하는TIP [열기 암호]와 [쓰기 암호] 중 한 가지 암호만 지정했다면 대화상자가 하나만 나타납니다. 두 가지 암호를 모두 설정한 상태에서 열기 [암호] 대화상자에서 암호를 입력한 후 쓰기 [암호] 대화상자에서 [읽기 전용]을 클릭하면 문서는 열람할 수 있지만 수정은 할 수 없습니다.

암호 해제하기

06 문서에 지정된 암호를 해제해 보겠습니다. ❶ [파일] 탭-[다른 이름으로 저장]을 클릭하고 ❷ [찾아보기]를 클릭합니다. ❸ [다른 이름으로 저장] 대화상자에서 [도구]를 클릭하고 ❹ [일반 옵션]을 클릭합니다.

➕ [일반 옵션] 대화상자가 나타납니다.

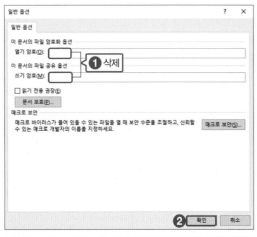

07 ❶ [일반 옵션] 대화상자의 [열기 암호]와 [쓰기 암호]에 입력된 암호를 삭제하고 ❷ [확인]을 클릭합니다. ❸ [다른 이름으로 저장] 대화상자에서 [저장]을 클릭하여 문서를 저장합니다. 실행 중인 문서를 종료하고 저장한 문서를 열어 암호가 해제되었는지 확인합니다.

핵심기능

03

화면 확대/축소하고 보기 옵션 변경하기

실습 파일 워드\1장\화면 확대 축소하고 보기 옵션 변경하기.docx
완성 파일 없음

[보기] 탭에서 화면 확대/축소하기

01 작업 화면의 배율을 선택해보겠습니다. ❶ [보기] 탭–[확대/축소] 그룹–[확대/축소🔍]를 클릭합니다. ❷ [확대/축소] 대화상자에서 [페이지 크기에 맞게]를 클릭하고 ❸ [확인]을 클릭합니다.

➕ 페이지 크기에 맞게 전체 페이지가 한 화면에 표시됩니다.

보기 변경하기

02 [보기] 탭-[확대/축소] 그룹에서 [한 페이지], [여러 페이지], [페이지 너비], [100%] 등을 선택해 편집하기 좋은 화면 구성을 적용할 수 있습니다. ❶ [페이지 너비🗔]를 클릭하여 페이지 너비에 맞게 보기를 변경합니다. ❷ [여러 페이지🗔]를 클릭하여 두 페이지를 한 화면에 볼 수 있도록 변경합니다.

 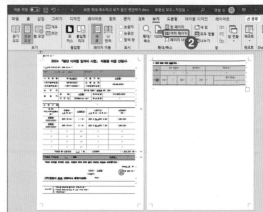

바로 통 하는TIP [확대/축소] 슬라이드 또는 키보드와 마우스 휠 버튼을 사용해 간단히 화면을 확대하거나 축소할 수도 있습니다.
① 화면 오른쪽 아래에 있는 [확대/축소] 슬라이드를 좌우로 드래그해 화면 배율을 변경할 수 있습니다.
② [Ctrl]을 누른 채 마우스 휠 버튼을 스크롤하여 화면을 확대/축소할 수 있습니다.

읽기 모드로 문서 보기

03 [읽기 모드]는 문서를 읽기만 하고 편집하지 않을 때 사용하는 보기 옵션입니다. ❶ [보기] 탭-[보기] 그룹-[읽기 모드🗔]를 클릭합니다. ❷ 읽기 모드에서 좌우 화살표를 클릭하면 페이지가 전환됩니다. ❸ 읽기 모드를 종료할 때는 [보기] 메뉴-[문서 편집]을 클릭하여 편집 모드로 전환합니다.

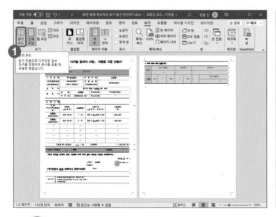 

바로 통 하는TIP 읽기 모드를 다시 인쇄 모양 화면으로 전환하려면 [Esc]를 누르거나 화면 오른쪽 아래의 보기 모드에서 [인쇄 모양]을 클릭합니다.

CHAPTER

02

입력 및 기본 편집하기

한자나 특수 기호, 단위 기호 입력 등 문서를 작성할 때 사용하는 기본 기능에 대해서 알아보겠습니다. 특히 문서에서 특정 단어를 찾거나 찾아 바꾸는 기능은 오류 없는 정확한 문서를 만들 때 유용합니다.

우선순위
핵심기능
04

한자 입력 및 변환하고
자주 사용하는 한자 등록하기

실습 파일 워드\2장\한자 입력 및 변환하고 자주 사용하는 한자 등록하기.docx
완성 파일 워드\2장\한자 입력 및 변환하고 자주 사용하는 한자 등록하기_완성.docx

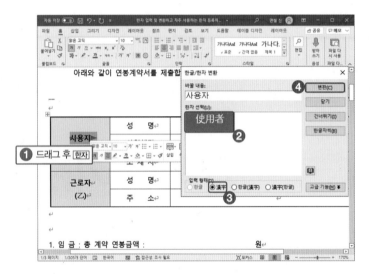

한글을 한자로 변환하기

01 연봉 계약서의 표 항목 중 '사용자'를 한자로 변환해보겠습니다. ❶ '사용자'를 드래그한 후 [한자]를 누릅니다. ❷ [한글/한자 변환] 대화상자의 [한자 선택]에서 [使用者]를 클릭하고 ❸ [입력 형태]에서 [漢字]를 클릭한 후 ❹ [변환]을 클릭합니다.

➕ '사용자'가 '使用者'로 변경됩니다.

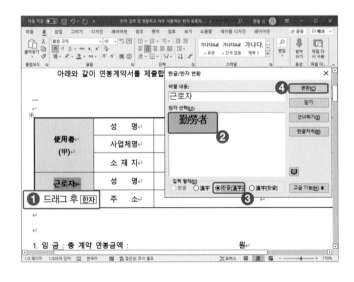

한글과 한자 병기하기

02 '근로자'를 한글로 표시하되, 바로 뒤 괄호 안에 한자를 표시해보겠습니다. ❶ '근로자'를 드래그한 후 [한자]를 누릅니다. ❷ [한글/한자 변환] 대화상자의 [한자 선택]에서 [勤勞者]를 클릭하고 ❸ [입력 형태]에서 [한글(漢字)]를 클릭합니다. ❹ [변환]을 클릭합니다.

➕ '근로자'가 '근로자(勤勞者)'로 변경됩니다.

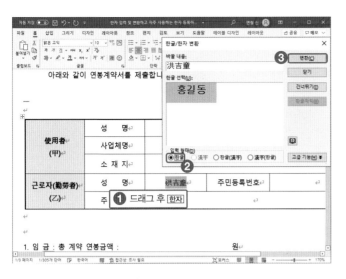

한자를 한글로 변환하기

03 '洪吉童'을 한글로 변환해보겠습니다. ❶ '洪吉童'을 드래그한 후 한자를 누릅니다. ❷ [한글/한자 변환] 대화상자의 [입력 형태]에서 [한글]을 클릭한 후 ❸ [변환]을 클릭합니다.

➕ '洪吉童'이 '홍길동'으로 변경됩니다.

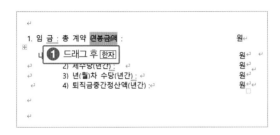

한자 사전을 이용해 한자로 변환하기

04 ❶ '연봉금액'을 드래그한 후 한자를 누릅니다. ❷ [한글/한자 변환] 대화상자의 [한자 선택]에서 [年俸]을 클릭하고 ❸ [한자 사전📖]을 클릭합니다. ❹ [한자 사전] 대화상자에서 한자의 뜻을 확인하고 [확인]을 클릭합니다. ❺ [한글/한자 변환] 대화상자에서 [변환]을 클릭합니다.

➕ '연봉금액' 중 '연봉'만 먼저 한자로 변경됩니다.

바로 통하는TIP 한자로 변환할 단어인 '연봉금액'에서 '연봉'만 먼저 변환되는 이유는 '연봉금액'이라는 단어가 한자 사전에 등록되어 있지 않기 때문입니다. 한자 사전에 이미 등록된 '연봉'을 우선 변환하고 '금액'은 다음 단계에서 변환합니다.

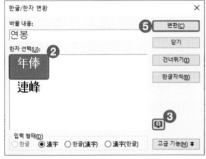

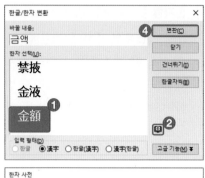

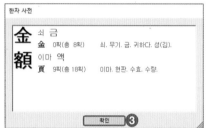

05 계속해서 [한글/한자 변환] 대화상자의 [한자 선택]에 '금액'에 해당하는 한자들이 나타납니다. ❶ [한자 선택]에서 [金額]을 클릭한 후 ❷ [한자 사전📖]을 클릭하여 변환하려는 한자가 맞는지 확인합니다. ❸ [한자 사전] 대화상자에서 [확인]을 클릭합니다. ❹ [한글/한자 변환] 대화상자에서 [변환]을 클릭합니다.

➕ '연봉금액'이 '年俸金額'으로 변경됩니다.

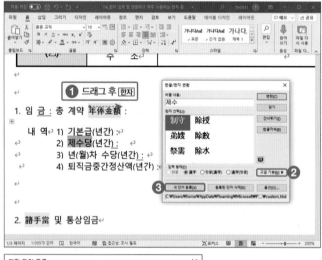

자주 사용하는 한자를 한자 사전에 등록하기

06 문서를 작성할 때 자주 사용하는 한자를 미리 한자 사전에 등록하고 필요할 때마다 불러 쓸 수 있습니다. ❶ 한자 사전에 등록할 '제수당'을 드래그한 후 [한자]를 누릅니다. ❷ [한글/한자 변환] 대화상자에서 [고급 기능]을 클릭하고 ❸ [새 단어 등록]을 클릭합니다. ❹ [한자 단어 등록] 대화상자에서 의미에 맞는 한자를 각각 더블클릭합니다.

➕ 한 글자씩 더블클릭하거나 한자를 클릭한 후 [선택]을 클릭하면 다음 글자에 해당하는 [한자 선택] 목록이 이어서 나타납니다.

바로통하는TIP 정확한 한자를 모른다면 [한자 사전📖]을 클릭해 의미가 맞는지 확인할 수 있습니다.

07 ❶ 변환이 모두 완료되면 한자사전에 등록하기 위해 [목록에 추가]를 클릭하여 사전에 등록합니다. ❷ [변환]을 클릭해 한자로 변환합니다.

➕ 한자 사전에 '諸手當'이 추가되고 본문의 '제수당'이 '諸手當'으로 변환됩니다.

2010 \ 2013 \ 2016 \ 2019 \ 2021

특수 기호와 수식 입력하기

실습 파일 워드\2장\특수 기호와 수식 입력하기.docx
완성 파일 워드\2장\특수 기호와 수식 입력하기_완성.docx

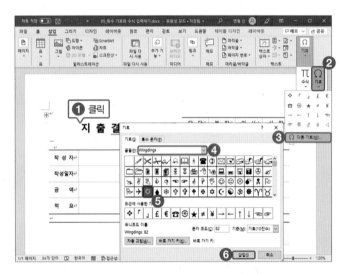

특수 기호 입력하기

01 지출결의서 제목 앞뒤로 ✿ 기호를 삽입해보겠습니다. ❶ '지출결의서' 앞을 클릭합니다. ❷ [삽입] 탭-[기호] 그룹-[기호Ω]를 클릭하고 ❸ [다른 기호]를 클릭합니다. ❹ [기호] 대화상자에서 [글꼴▼]을 [Wingdings]로 선택합니다. ❺ 기호 목록에서 스크롤바를 조절해 [✿]를 찾아 클릭하고 ❻ [삽입]을 클릭합니다.

➕ '지출결의서' 앞에 ✿ 기호가 삽입됩니다.

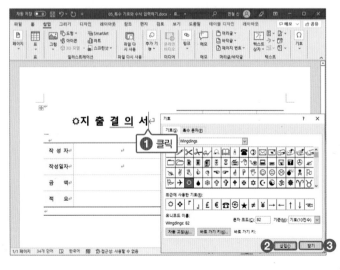

[기호] 대화상자에서 기호 연속 삽입하기

02 ❶ '지출결의서' 뒤쪽을 클릭하고 ❷ [기호] 대화상자에서 다시 [삽입]을 클릭합니다. ❸ [닫기]를 클릭해 [기호] 대화상자를 닫습니다.

➕ '지출결의서' 뒤에 ✿ 기호가 삽입됩니다.

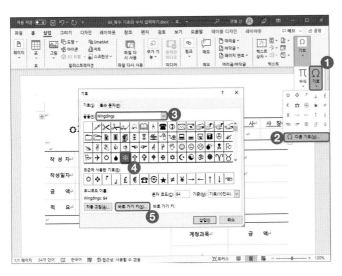

특수 문자 바로 가기 키 지정하기

03 자주 사용하는 특수 문자에 바로 가기 키를 지정해 단축키로 입력할 수 있습니다. ✲ 기호를 바로 가기 키로 등록해보겠습니다. ❶ [삽입] 탭-[기호] 그룹-[기호Ω]를 클릭한 후 ❷ [다른 기호]를 클릭합니다. ❸ [기호] 대화상자에서 [글꼴▼]을 [Wingdings]로 선택합니다. ❹ 기호 목록에서 [✲]를 클릭한 후 ❺ [바로 가기 키]를 클릭합니다.

➕ [키보드 사용자 지정] 대화상자가 나타납니다.

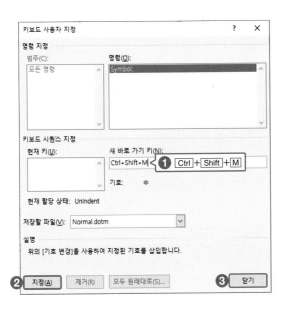

바로 가기 키 지정하고 삽입하기

04 ❶ [키보드 사용자 지정] 대화상자의 [키보드 시퀀스 지정]-[새 바로 가기 키]에서 Ctrl + Shift + M을 누른 후 ❷ [지정]을 클릭합니다. ❸ [현재 키]에 바로 가기 키가 표시되면 [닫기]를 클릭합니다.

05 ❶ [기호] 대화상자로 되돌아와 [닫기]를 클릭합니다. ❷ '영수증첨부란'의 위를 클릭하고 Ctrl + Shift + M을 누릅니다.

➕ 바로 가기 키가 지정된 ✲ 기호가 삽입됩니다.

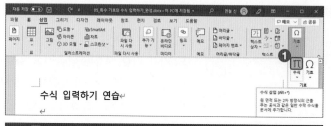

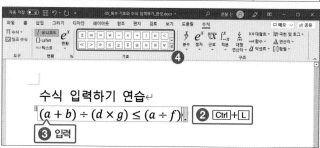

사칙 연산 기호와 부등호 입력하기

06 세로 스크롤 바를 아래로 드래그하거나 Page Down을 눌러 2페이지로 이동합니다. ❶ [삽입] 탭-[기호] 그룹-[수식π]을 클릭합니다. ❷ 수식 입력 틀이 문단 오른쪽에 정렬되면 Ctrl+L을 눌러 왼쪽 정렬합니다. ❸ 알파벳은 키보드로 입력하고 ❹ 연산 기호는 [수식] 탭-[기호] 그룹에서 선택하여 수식을 완성합니다.

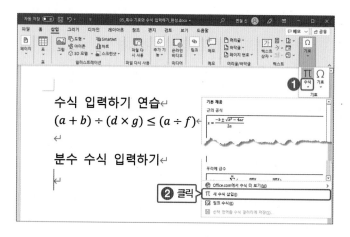

새 수식 삽입하기

07 ❶ [삽입] 탭-[기호] 그룹-[수식π]의 ▾을 클릭하고 ❷ [새 수식 삽입]을 클릭합니다.

➕ 수식 입력 틀이 본문에 삽입됩니다.

쉽고 빠른 워드 Note | 특수 문자의 바로 가기 키 확인하기

[기호] 대화상자의 [특수 문자] 탭에서 바로 가기 키를 확인할 수 있습니다. 원하는 문자를 클릭하고 [바로 가기 키]를 클릭하면 현재 지정한 바로 가기 키를 수정할 수 있습니다.

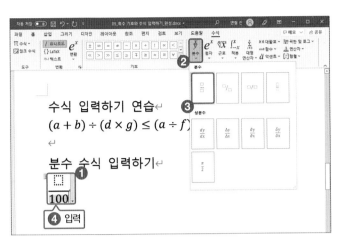

분수 수식 입력하기

08 ❶ 수식 입력 틀을 클릭합니다. ❷ [수식] 탭-[구조] 그룹-[분수⫶] 를 클릭하고 ❸ [분수]-[상하형 분수] 를 클릭합니다. ❹ 분수 수식 입력 상태에서 분모 상자에 **100**을 입력합니다.

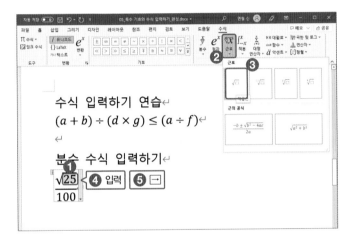

근호 입력하기

09 ❶ 분자 상자를 클릭합니다. ❷ [수식] 탭-[구조] 그룹-[근호⫟]를 클릭하고 ❸ [근호]-[제곱근]을 클릭합니다. ❹ 제곱근 상자에 **25**를 입력한 후 ❺ →를 한 번 눌러 근호 수식에서 빠져나옵니다.

바로 통 하는TIP 수식에서 벗어나지 않으면 숫자나 기호가 근호 안에 계속 입력됩니다.

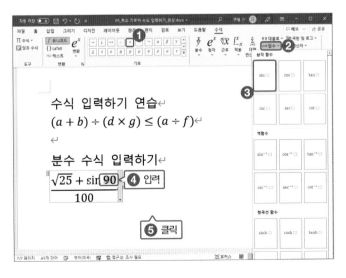

함수 입력하기

10 ❶ [수식] 탭- [기호] 그룹에서 [+]를 클릭합니다. ❷ [수식] 탭-[구조] 그룹-[함수⫼]를 클릭하고 ❸ [삼각 함수]-[사인 함수]을 클릭합니다. ❹ **90**을 입력합니다. ❺ 본문을 한 번 클릭하여 수식 입력 틀에서 빠져나옵니다.

핵심기능

06

단위 기호 입력하고
자동 고침 사용 및 해제하기

실습 파일 워드\2장\단위 기호 입력하고 자동 고침 사용 및 해제하기.docx
완성 파일 워드\2장\단위 기호 입력하고 자동 고침 사용 및 해제하기_완성.docx

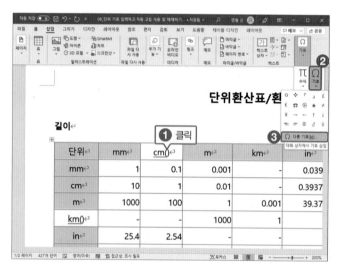

단위 기호 입력하기

01 ❶ '길이' 표의 첫 행에서 'cm( )'의 괄호 안을 클릭합니다. ❷ [삽입]탭-[기호] 그룹-[기호 Ω]를 클릭하고 ❸ [다른 기호]를 클릭합니다.

➕ [기호] 대화상자가 나타납니다.

02 ❶ [기호] 대화상자에서 [글꼴]을 [(현재 글꼴)]로 선택하고 ❷ [하위 집합]을 [한중일 호환]으로 선택합니다. ❸ 기호 목록에서 [㎝]를 클릭하고 ❹ [삽입]을 클릭합니다.

➕ 'cm( )'의 괄호 안에 '㎝'가 삽입됩니다.

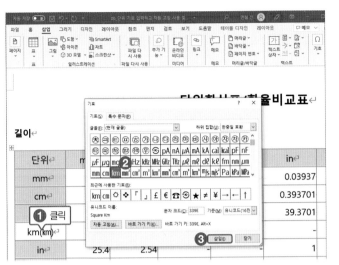

km 기호 입력하기

03 ❶ [기호] 대화상자가 열려 있는 상태로 'km( )'의 괄호 안을 클릭합니다. ❷ [기호] 대화상자의 기호 목록에서 [㎞]를 클릭하고 ❸ [삽입]을 클릭합니다.

➕ 'km( )'의 괄호 안에 '㎞'가 삽입됩니다.

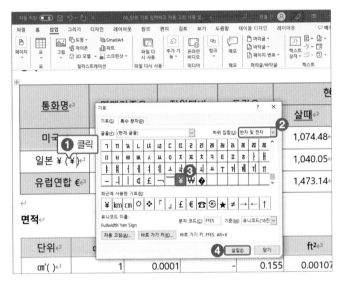

통화 단위 입력하기

04 [통화] 표로 이동합니다. ❶ '통화' 표에서 '일본¥( )'의 괄호 안을 클릭합니다. ❷ [기호] 대화상자에서 [하위 집합]을 [반자 및 전자]로 선택합니다. ❸ 기호 목록에서 [¥]을 클릭하고 ❹ [삽입]을 클릭합니다.

➕ '일본¥( )'의 괄호 안에 '￥'이 삽입됩니다.

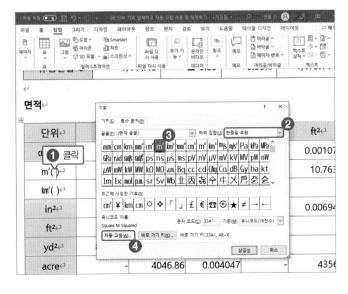

자동 고침 등록하기

05 ❶ '면적' 표에서 'm2( )'의 괄호 안을 클릭합니다. ❷ [기호] 대화상자에서 [하위 집합]을 [한중일 호환]으로 선택합니다. ❸ 기호 목록에서 [㎡]를 클릭하고 ❹ [자동 고침]을 클릭합니다.

➕ [자동 고침] 대화상자가 나타납니다.

06 ❶ [자동 고침] 대화상자에서 [입력]에 **m2**를 입력하고 ❷ [추가]를 클릭합니다. ❸ [결과]에 자동 고침이 추가되면 [확인]을 클릭합니다

자동 고침 사용하기

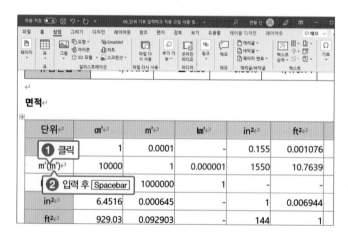

07 ❶ 'm²()'의 괄호 안을 클릭합니다. ❷ **m2**를 입력하고 Spacebar 를 누릅니다.

➕ 'm2'가 특수 문자 'm²'로 자동 고침됩니다.

바로통하는TIP 자동 고침이 되지 않으면 입력한 m2를 삭제하고 다시 입력한 후 바로 Spacebar 를 누릅니다.

자동 고침 되돌리기

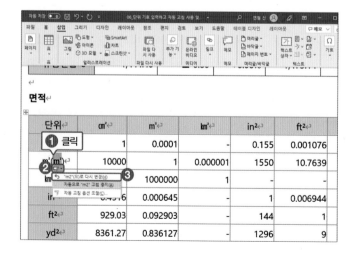

08 자동 고침으로 등록된 기호지만 자동 고침을 사용하고 싶지 않다면 자동 고침을 되돌릴 수 있습니다. ❶ 특수 문자 'm²' 앞을 클릭하고 ❷ 문자 아래쪽의 [자동 고침 옵션 🔽]을 클릭합니다. ❸ [자동으로 "m2" 고침 중지]를 클릭하면 자동 고침된 문자가 입력한 문자로 표시됩니다.

자동 고침된 'm²'의 앞을 클릭하고 [자동 고침 옵션 ⬚⬚]을 클릭합니다. [자동으로 "m2" 고침 중지]를 클릭하면 'm²'에 대한 자동 고침이 해제됩니다. 이때는 추가된 자동 고침 기호가 [자동 고침]에서 삭제되므로 더 이상 사용할 수 없습니다. 자동 고침을 해제하려면 [자동 고침] 대화상자에서 직접 자동 고침 문자를 삭제해도 됩니다.

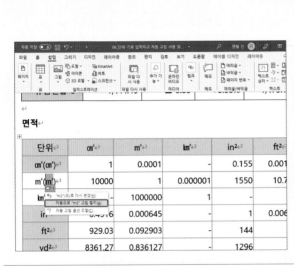

찾기 및 바꾸기

실습 파일 워드\2장\찾기 및 바꾸기.docx
완성 파일 워드\2장\찾기 및 바꾸기_완성.docx

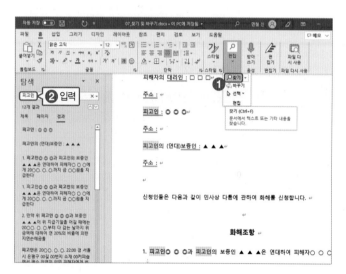

[탐색] 작업 창에서 빠르게 단어 찾기

01 ❶ [홈] 탭-[편집] 그룹-[찾기 🔍]를 클릭합니다. ❷ 화면 왼쪽에 [탐색] 작업 창이 나타나면 검색란에 **피고인**을 입력합니다.

➕ [탐색] 작업 창에는 탐색 결과가 실시간으로 표시되며 본문에는 검색된 단어인 '피고인'이 노란색 음영으로 표시됩니다.

바로 통 하는TIP 단축키 Ctrl + F 를 이용해 [탐색] 작업 창을 열 수 있습니다.

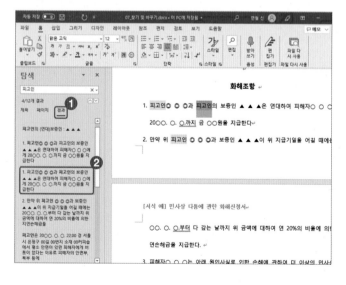

찾은 단어의 위치로 이동하기

02 ❶ [탐색] 작업 창에서 [결과]를 클릭하고 ❷ 목록에서 원하는 항목을 클릭하면 찾은 단어의 위치로 즉시 이동합니다.

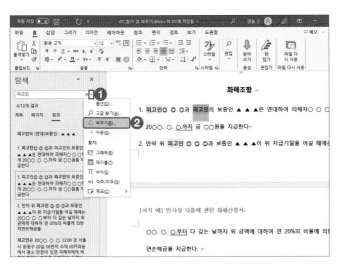

찾을 내용을 한자로 바꾸기

03 ❶ [탐색] 작업 창의 [다른 내용 검색▾]을 클릭하고 ❷ [바꾸기]를 클릭합니다.

➕ [찾기 및 바꾸기] 대화상자가 나타납니다.

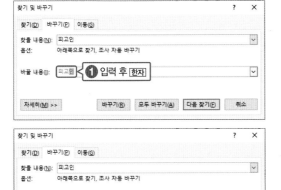

04 ❶ [찾기 및 바꾸기] 대화상자에서 [바꿀 내용]에 **피고인**을 입력한 후 한자를 누릅니다. ❷ 한 글자씩 선택하여 한자로 변환합니다.

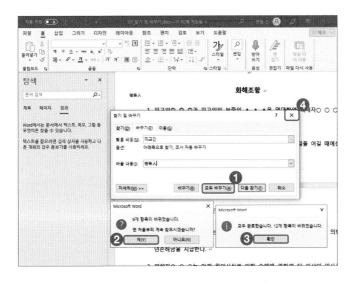

모두 바꾸기

05 ❶ [찾기 및 바꾸기] 대화상자에서 [모두 바꾸기]를 클릭합니다. ❷ 9개 항목이 바뀌었고 맨 처음부터 찾을지 묻는 메시지가 나타나면 [예]를 클릭합니다. ❸ 모두 12개의 항목이 바뀌었다는 메시지가 나타나면 [확인]을 클릭합니다. ❹ [찾기 및 바꾸기] 대화상자에서 [닫기⊠]를 클릭합니다.

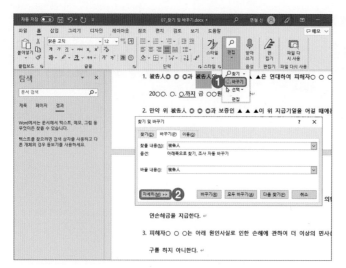

찾은 단어 서식 바꾸기

06 ❶ [홈] 탭-[편집] 그룹-[바꾸기🔁]를 클릭합니다. ❷ [찾기 및 바꾸기] 대화상자에서 [자세히]를 클릭합니다.

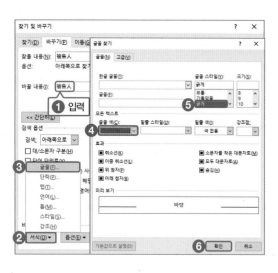

07 ❶ [찾기 및 바꾸기] 대화상자의 [바꿀 내용]에 **被告人**을 입력하고 ❷ [서식]을 클릭한 후 ❸ [글꼴]을 클릭합니다. ❹ [글꼴 찾기] 대화상자에서 [글꼴 색]을 [빨강]으로 설정하고 ❺ [글꼴 스타일]-[굵게]를 클릭합니다. ❻ [확인]을 클릭합니다.

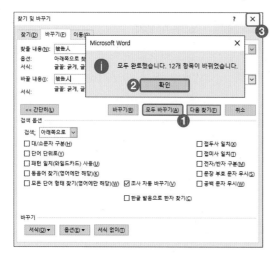

설정한 서식으로 모두 바꾸기

08 ❶ [찾기 및 바꾸기] 대화상자에서 [모두 바꾸기]를 클릭하고 ❷ 12개 항목이 바뀌었다는 메시지가 나타나면 [확인]을 클릭합니다. ❸ [닫기❌]를 클릭하여 모두 바꾸기를 완료합니다.

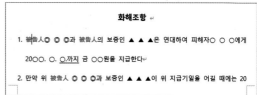

문서에서 원하는 문자열을 찾아 내용을 변경할 수 있으며 바꿀 내용을 하나씩 찾아 바꾸거나 한번에 모두 바꿀 수 있습니다.

① 찾거나 바꿀 내용에 적용된 서식이나 옵션을 표시합니다.

② **바꾸기** : 바꿀 내용을 하나씩 찾아가며 바꿉니다.

③ **모두 바꾸기** : 여러 단어를 한번에 바꿉니다.

④ **다음 찾기** : 단어를 변경하지 않고 해당 위치로 이동합니다.

⑤ **검색** : [아래쪽으로], [위쪽으로], [문서 전체] 등 검색 방향을 선택합니다.

⑥ **서식** : 찾을 내용 또는 바꿀 내용의 서식을 변경할 때 사용합니다.

⑦ **옵션** : 특수 문자 또는 기타 찾기 및 바꾸기 기능을 지정합니다.

⑧ **서식 없이** : 찾을 내용 또는 바꿀 내용에 적용된 서식을 삭제할 때 사용합니다.

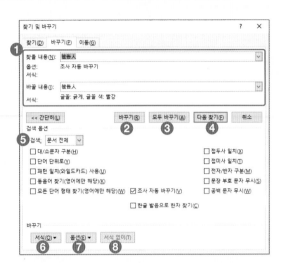

2010 \ 2013 \ 2016 \ 2019 \ 2021

실행 취소 및 다시 실행하기

실습 파일 워드\2장\실행 취소 및 다시 실행하기.docx
완성 파일 워드\2장\실행 취소 및 다시 실행하기_완성.docx

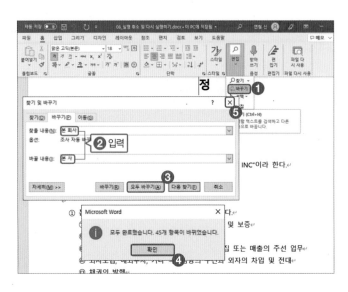

찾기 및 바꾸기로 단어 변경하기

01 ❶ [홈] 탭-[편집] 그룹-[바꾸기]를 클릭합니다. ❷ [찾기 및 바꾸기] 대화상자에서 [찾을 내용]에 **본 회사**를, [바꿀 내용]에 **본 사**를 입력하고 ❸ [모두 바꾸기]를 클릭합니다. ❹ 45개 항목이 바뀌었다는 메시지가 나타나면 [확인]을 클릭하고 ❺ [닫기⊠]를 클릭합니다.

바로 통 하는TIP [찾기 및 바꾸기] 대화상자는 Ctrl + H 를 눌러 빠르게 열 수 있습니다.

바로 통 하는TIP 실행 취소는 단축키 Ctrl + Z 를 눌러도 됩니다.

실행 취소하기

02 빠른 실행 도구 모음에서 [모두 바꾸기 취소⤺]를 클릭하면 **01**에서 변경한 '본 사'가 '본 회사'로 모두 되돌려집니다.

바로 통 하는TIP 실행 취소한 내용을 되돌릴 때 단축키 Ctrl + Y 를 눌러도 됩니다.

✔ **워드 2021** [홈] 탭-[실행 취소] 그룹에서 [실행 취소]나 [다시 실행]을 사용할 수 있습니다.

실행 취소한 내용 되돌리기

03 만약 실수로 되돌리기를 실행했을 때는 빠른 실행 도구 모음에서 [모두 바꾸기 다시 실행⤻]을 클릭합니다. 취소한 내용이 다시 실행되어 '본 회사'가 '본 사'로 변경됩니다.

핵심기능

09

문장 이동 및 복사하고
엑셀 표를 복사해 워드로 가져오기

실습 파일 워드\2장\문장 이동 및 복사하기.docx, 엑셀 표를 워드로 가져오기.docx
완성 파일 워드\2장\문장 이동 및 복사하기_완성.docx, 엑셀 표를 워드로 가져오기_완성.docx

문장 이동하기

01 2페이지에서 글꼴 색이 빨간색으로 표시된 단락을 1페이지의 표로 이동해보겠습니다. ❶ 빨간색 단락을 드래그하고 ❷ [홈] 탭-[클립보드] 그룹-[잘라내기 X]를 클릭합니다. ❸ 1페이지 표 맨 아래 셀을 클릭합니다. ❹ [홈] 탭-[클립보드] 그룹-[붙여넣기 📋]-[원본 서식 유지 📝]를 클릭합니다.

➕ 2페이지의 내용이 1페이지의 표로 이동합니다.

바로 통 하는TIP 잘라내기 단축키 Ctrl + X, 붙여넣기 단축키 Ctrl + V 를 이용해도 됩니다.

문장을 드래그해서 이동하기

02 ❶ 표로 이동한 빨간색 단락을 드래그합니다. ❷ 단락을 2페이지로 드래그합니다.

➕ 선택한 문단이 2페이지로 이동됩니다.

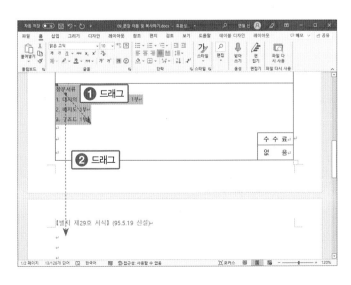

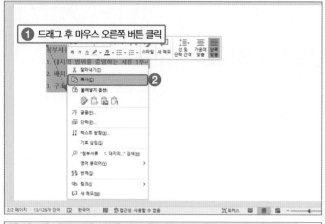

단축 메뉴를 이용해 복사하기

03 ① 빨간색 단락을 드래그한 후 마우스 오른쪽 버튼으로 클릭하고 ② [복사]를 클릭합니다. ③ 붙여 넣을 위치에서 마우스 오른쪽 버튼을 클릭한 후 ④ [붙여넣기 옵션] 중 [텍스트만 유지📋]를 클릭합니다.

➕ 서식이 제거되어 텍스트만 유지된 상태로 붙여 넣어집니다.

바로 통 하는 TIP [붙여넣기 옵션] 중 [원본 서식 유지]에 마우스 포인터를 올리면 붙여넣기 결과를 미리 볼 수 있습니다.

쉽고 빠른 워드 Note | **스마트 태그 사용하기**

스마트 태그는 문장을 붙여 넣을 때 적용할 서식을 선택하는 기능으로 문장을 복사해 붙여 넣으면 활성화됩니다. 문장을 복사해 아래 줄에 붙여 넣으면 스마트 태그가 활성화되고 [붙여넣기 옵션]을 선택할 수 있습니다.

① **원본 서식 유지** : 복사한 원본 문장의 서식을 유지한 상태로 붙여 넣습니다.

② **서식 병합** : 붙여 넣을 위치의 서식으로 변경합니다.

③ **그림** : 그림 형태로 붙여 넣습니다.

④ **텍스트만 유지** : 서식을 모두 제거한 상태로 붙여 넣습니다.

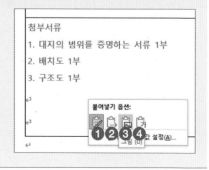

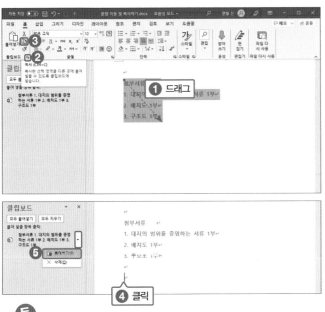

[클립보드] 작업 창 이용하여 문단 복사하기

04 ❶ '첨부서류'의 빨간색 단락을 드래그합니다. ❷ [홈] 탭-[클립보드] 그룹-[클립보드 🔳]를 클릭합니다. ❸ [홈] 탭-[클립보드] 그룹-[복사 🗐]를 클릭합니다. ❹ 단락을 붙여 넣을 위치를 클릭합니다. ❺ [클립보드] 작업 창의 붙여 넣을 항목에서 [목록 ☑]-[붙여넣기]를 클릭합니다.

➕ 첨부서류 문단의 아래쪽에 복사한 문단이 붙여넣어집니다.

바로 통 하는 TIP [클립보드] 작업 창에서 바로 붙여 넣을 내용을 클릭해도 됩니다.

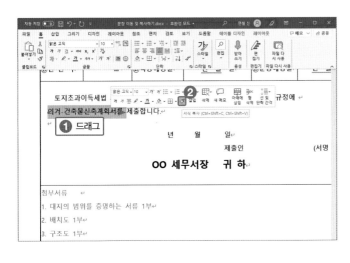

서식 복사하기

05 ❶ '의거~' 부분을 드래그해 선택합니다. ❷ 미니 도구 모음이 나타나면 [서식 복사 🖌]를 클릭합니다.

➕ 미니 도구 모음이 사라졌다면 문장이 선택된 상태에서 마우스 오른쪽 버튼을 클릭합니다.

쉽고 빠른 워드 Note [클립보드] 작업 창 살펴보기

복사할 내용을 차례로 저장해 보관했다가 원하는 내용을 붙여 넣을 때 클립보드를 사용할 수 있습니다. [클립보드] 작업 창은 문장을 이동할 때도 사용할 수 있습니다.

① **모두 붙여넣기** : 여러 내용을 클립보드에 복사하고 해당 내용을 한번에 삽입합니다.

② **모두 지우기** : 클립보드의 내용을 모두 지웁니다.

③ **붙여 넣을 항목 클릭** : 붙여 넣을 항목을 클릭하거나 클립보드의 [붙여넣기] 및 [삭제] 메뉴를 활성화합니다.

④ **옵션** : 클립보드 표시 방법을 선택합니다.

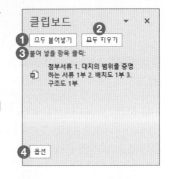

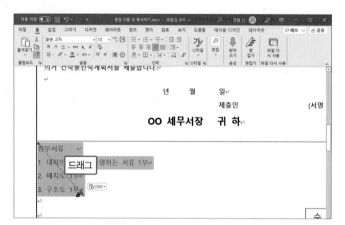

서식 붙여넣기

06 마우스 포인터가 붓 모양으로 바뀌면 서식을 붙여 넣을 문장을 드래그합니다.

바로 통 하는TIP [홈] 탭-[클립보드] 그룹-[서식 복사]를 더블클릭하면 여러 곳에 서식을 복사할 수 있습니다. 서식 복사를 중단하려면 Esc 를 눌러 해제합니다.

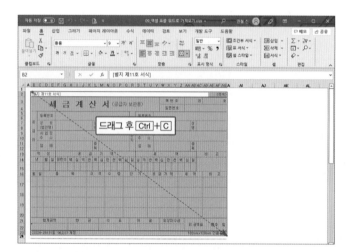

엑셀 표를 복사하기

07 엑셀에서 만든 세금계산서를 워드로 가져오겠습니다. '엑셀 표를 워드로 가져오기.docx', '엑셀 표를 워드로 가져오기.xlsx' 파일을 각각 실행합니다. 엑셀 파일에서 가져올 범위의 표 내용을 드래그하고 Ctrl +C 를 눌러 복사합니다.

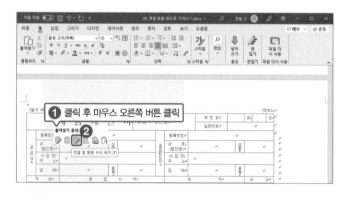

워드에 붙여넣기

08 작업 표시줄에서 워드를 클릭해 프로그램 창을 전환합니다. ❶ 붙여 넣을 위치를 클릭하고 마우스 오른쪽 버튼을 클릭합니다. ❷ [붙여넣기 옵션]-[연결 및 원본 서식 유지]를 클릭합니다.

바로 통 하는TIP 프로그램 창을 전환하려면 윈도우 작업 표시줄에서 엑셀, 워드 아이콘을 클릭하면 됩니다.

✓ **워드 2019** 워드 2019 버전에서는 연결 및 원본 서식 유지 기능으로 워드 파일을 종료했다가 새로 열 때 원본 엑셀 파일의 내용을 연결하여 가져올 수 있습니다.

> Microsoft Word ×
> ⚠ 이 문서에 다른 파일을 참조하는 링크가 있습니다. 연결된 파일의 데이터로 이 문서를 업데이트하시겠습니까?
> 예(Y)   아니요(N)

핵심기능

10

메모 사용하기

실습 파일 워드\2장\메모 사용하기.docx
완성 파일 워드\2장\메모 사용하기_완성.docx

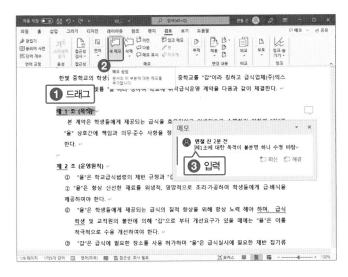

메모 삽입하기

01 ❶ 계약서에서 '제1조(목적)'을 드래그합니다. ❷ [검토] 탭-[메모] 그룹-[새 메모📝]를 클릭합니다. ❸ 화면에 메모 창이 활성화되면 내용을 입력합니다.

➕ 메모를 삽입하면 화면 오른쪽에 말풍선 모양의 메모 표시 도구가 표시됩니다.

바로 통 하는TIP 현재 화면은 [메모] 그룹의 [메모 표시]가 선택되지 않은 상태입니다.

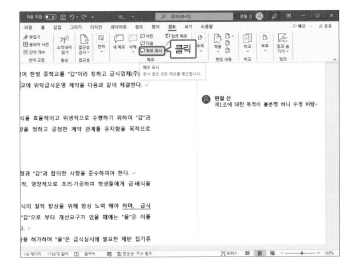

메모 영역에 메모 표시하기

02 화면 오른쪽 메모 영역에 메모를 표시할 수도 있습니다. [검토] 탭-[메모] 그룹-[메모 표시📄]를 클릭합니다.

바로 통 하는TIP 화면 확대 비율이 너무 높으면 메모가 가려져서 보이지 않을 수 있으므로 Ctrl을 누른 채 마우스 휠 버튼을 조절해 화면을 축소해야 합니다.

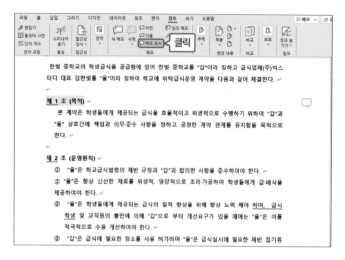

메모 영역 숨기기

03 메모 영역에 메모가 표시된 상태에서 [검토] 탭-[메모] 그룹-[메모 표시 🖓]를 다시 클릭하면 메모 영역이 숨겨집니다.

➕ 오른쪽의 메모 영역이 숨겨지고 메모 표시 도구가 본문 오른쪽에 표시됩니다.

✅ **워드 2010** [검토] 탭-[추적] 그룹-[변경 내용 표시]를 눌러 [메모]의 체크를 해제합니다.

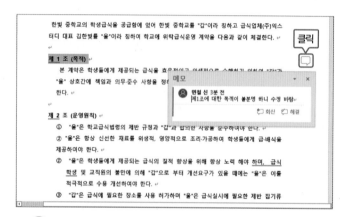

메모 표시 도구 사용하기

04 표시된 메모 🖓 를 클릭하면 메모를 팝업 형태로 확인할 수 있습니다.

✅ **워드 2010** [검토] 탭-[추적] 그룹-[변경 내용 표시]를 눌러 [메모]에 체크합니다.

바로 통 하는 TIP [메모 표시]를 클릭했는데도 메모가 활성화되지 않는다면 [검토] 탭-[추적] 그룹-[변경 내용 표시]를 클릭하고 [메모]에 체크되어 있는지 확인합니다. [메모]를 클릭해 체크를 해제하면 메모가 숨겨집니다.

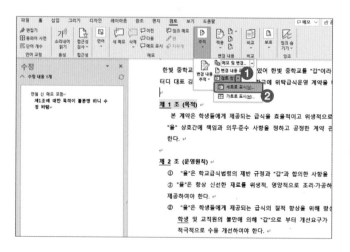

검토 창 활성화하기

05 ❶ [검토] 탭-[추적] 그룹-[검토 창 🔲]의 ☑을 클릭하고 ❷ [세로로 표시]를 클릭하면 문서 왼쪽에 검토 창이 활성화됩니다.

➕ 검토 창이 세로로 표시됩니다.

검토 창을 이용하여 메모 입력하기

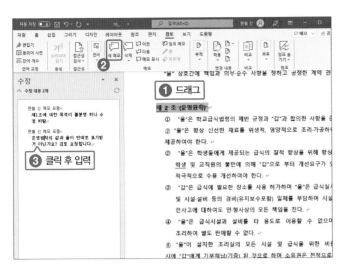

06 ① '제2조 (운영원칙)'을 드래그한 후 ② [검토] 탭-[메모] 그룹-[새 메모⬚]를 클릭합니다. ③ 검토 창에 두 번째 메모 영역이 표시되면 클릭하고 메모를 입력합니다.

메모 삭제하기

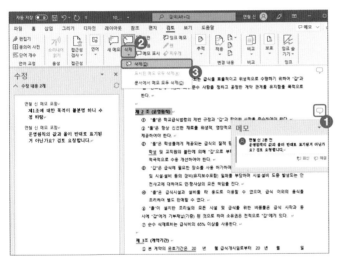

07 ① 삭제할 메모⬚를 클릭하거나 검토 창에서 메모를 클릭합니다. ② [검토] 탭-[메모] 그룹-[삭제⬚]의 ⬇을 클릭한 후 ③ [삭제]를 클릭하여 메모를 삭제할 수 있습니다.

바로 통하는TIP [문서에서 메모 모두 삭제]를 클릭하면 문서 내의 모든 메모를 삭제할 수 있습니다.

[검토] 탭-[추적] 그룹의 [검토용 표시]에서 문서의 변경 내용을 추적하거나 메모의 표시 여부를 변경할 수 있습니다.

① 메모 및 변경 내용 간단히 : 화면 오른쪽에 말풍선 모양의 메모 표시 도구가 표시됩니다. [메모 표시 □]가 활성화되어 있으면 화면 오른쪽 메모 영역에 메모가 표시됩니다.

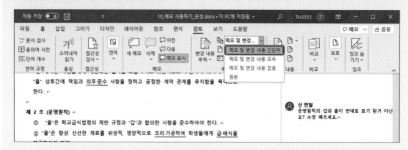

② 메모 및 변경 내용 모두 : 화면 오른쪽 메모 영역에 메모가 표시되고 메모가 추가된 위치를 점선으로 표시합니다.

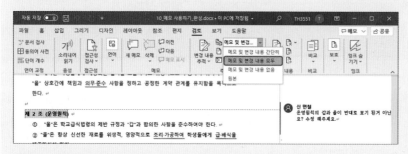

③ 메모 및 변경 내용 없음 : 화면에 메모가 표시되지 않습니다.

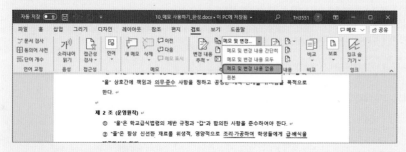

④ 원본 : 원본 문서만 표시됩니다.

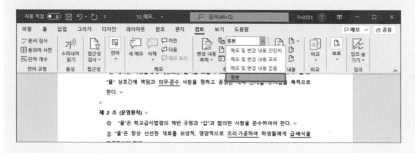

CHAPTER

03

글꼴
꾸미기

문서에 포함된 특정 단어를 강조할 때 글꼴을 변경하거나 음영을 설정
합니다. 문서를 이루는 기본 요소인 글꼴의 색, 장평, 글자 간격 등을 조
정해 문서를 꾸며보겠습니다. 윗주나 첨자, 강조점 등을 적절히 사용하
면 문서 내에서 특정 글자를 더욱 돋보이게 만들 수 있습니다.

핵심기능

11

2010 \ 2013 \ 2016 \ 2019 \ 2021

글꼴, 글꼴 색, 글꼴 크기, 밑줄 및 음영 지정하기

실습 파일 워드\3장\글꼴, 글꼴 색, 글꼴 크기, 밑줄 및 음영 지정하기.docx
완성 파일 워드\3장\글꼴, 글꼴 색, 글꼴 크기, 밑줄 및 음영 지정하기_완성.docx

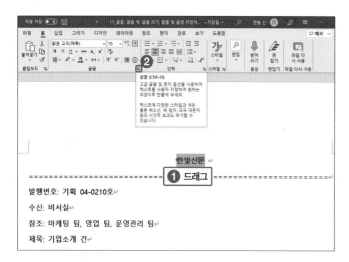

[글꼴] 대화상자로 글꼴 서식 변경하기

01 제목인 '한빛신문'의 글꼴 서식을 [글꼴] 대화상자에서 변경해보겠습니다. ❶ '한빛신문'을 드래그합니다. ❷ [홈] 탭-[글꼴] 그룹-[글꼴 ⬚]을 클릭합니다.

➕ [글꼴] 대화상자가 나타납니다.

쉽고 빠른 워드 Note | 글꼴 서식 변경하기

[홈] 탭-[글꼴] 그룹 또는 [글꼴] 대화상자를 이용해 글꼴 서식을 변경할 수 있습니다. 문장을 드래그해 선택했을 때 나타나는 미니 도구 모음을 이용해 서식을 변경할 수도 있습니다.

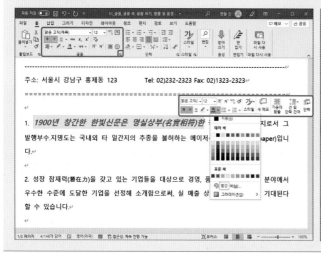

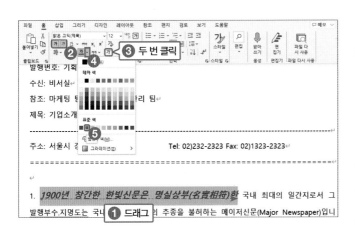

02 ❶ [글꼴] 대화상자에서 [글꼴] 탭−[한글 글꼴]에 **궁서체**를 입력합니다. ❷ [글꼴 스타일]은 [굵게 기울임 꼴]을 클릭합니다. ❸ [크기]는 [24]를 클릭합니다. ❹ [글꼴 색]을 클릭한 후 ❺ [진한 파랑]을 클릭하고 ❻ [확인]을 클릭합니다.

➕ 글꼴 모양, 색, 크기 등이 변경됩니다.

리본 메뉴로 글꼴 서식 변경하기

03 ❶ 본문의 첫 문장 앞부분을 드래그합니다. ❷ [홈] 탭−[글꼴] 그룹에서 [굵게 가]와 [기울임꼴 가]을 클릭한 후 ❸ [글꼴 크기 크게 가]를 두 번 클릭해 12pt로 설정합니다. ❹ [글꼴 색 가]의 ∨을 클릭하고 ❺ [빨강]을 클릭합니다.

➕ 글꼴 모양, 색, 크기 등이 변경됩니다.

밑줄 및 밑줄 색상 적용하기

04 ❶ 본문의 '단체성향(團體性向)이 강함을 비추어 볼 때'를 드래그하여 선택합니다. ❷ [홈] 탭−[글꼴] 그룹−[밑줄 가]의 ∨을 클릭하고 ❸ 밑줄의 종류로 [물결선 밑줄]을 클릭합니다. ❹ 다시 [홈] 탭−[글꼴] 그룹−[밑줄 가]의 ∨을 클릭하고 ❺ [밑줄 색]−[연한 파랑]을 클릭합니다.

➕ 선택한 범위에 연한 파란색 밑줄이 설정됩니다.

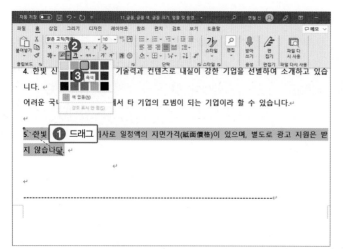

텍스트 강조 색 기능으로 문장 강조하기

05 ❶ 본문의 '5. 한빛 신문은 소개 기사로 일정액의~않습니다.'를 드래그합니다. ❷ [홈] 탭-[글꼴] 그룹-[텍스트 강조 색 🖉]의 ☑을 클릭합니다. ❸ 색상 팔레트에서 [옥색]을 클릭합니다.

➕ 선택한 영역에 옥색 텍스트 강조색이 적용됩니다.

바로 통 하는 TIP 텍스트를 먼저 선택하지 않고 [텍스트 강조 색 🖉]을 클릭하면 마우스 포인터가 형광펜 모양으로 변경됩니다. 이 상태에서 원하는 부분을 드래그해도 음영을 적용할 수 있습니다. 또한 텍스트를 선택하고 미니 도구 모음에서 바로 텍스트 강조 색을 적용할 수 있습니다.

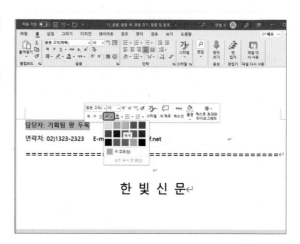

쉽고 빠른 워드 Note | 밑줄 해제 및 밑줄 스타일 변경하기

밑줄을 해제하려면 해제할 부분을 드래그한 후 [홈] 탭-[글꼴] 그룹-[밑줄 🏿]을 한 번 클릭합니다. ① 목록에 없는 밑줄 종류를 선택하려면 [홈] 탭-[글꼴] 그룹-[밑줄 ☑]을 클릭하고 ② [다른 밑줄]을 클릭합니다. ③ [글꼴] 대화상자의 [밑줄 스타일]에서 밑줄 종류를 변경할 수 있습니다.

우선순위

핵심기능

12

2010 \ 2013 \ 2016 \ 2019 \ 2021

글자 간격과 장평 조정하기

실습 파일 워드\3장\글자 간격과 장평 조정하기.docx
완성 파일 워드\3장\글자 간격과 장평 조정하기_완성.docx

[글꼴] 대화상자로 글자 간격 조정하기

01 제목에서 '자동차신규'의 글자 간격을 늘려보겠습니다. ❶ '자동차신규' 다섯 글자만 드래그하여 선택합니다. ❷ [홈] 탭-[글꼴] 그룹-[글꼴🗔]을 클릭합니다.

➕ [글꼴] 대화상자가 나타납니다.

02 ❶ [글꼴] 대화상자에서 [고급] 탭을 클릭합니다. ❷ [문자 간격]에서 [간격]을 [넓게]로 설정하고 ❸ [값]에 **10**을 입력한 후 ❹ [확인]을 클릭합니다.

➕ 제목 글자 사이에 간격이 적용됩니다.

바로통하는TIP 제목 전체를 드래그한 후 글자 간격을 위와 같이 적용하면 마지막 글자 뒤에도 간격이 표시됩니다.

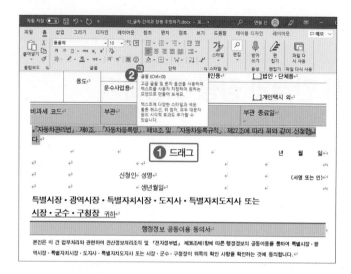

장평 변경할 범위 선택하기

03 본문 글자의 장평을 줄여 문장이 한 줄에 모두 표시되도록 수정해 보겠습니다. ① 1페이지 하단의 '「자동차관리법」~신청합니다.'를 드래그합니다. ② [홈] 탭-[글꼴] 그룹-[글꼴 🔲]을 클릭합니다.

➕ [글꼴] 대화상자가 나타납니다.

장평 변경하기

04 ① [글꼴] 대화상자의 [고급] 탭을 클릭합니다. ② [문자 간격]-[장평]에 **95**를 입력하고 ③ [확인]을 클릭합니다.

➕ 장평을 줄인 문장이 한 줄에 모두 표시됩니다.

바로 통하는 TIP [글꼴] 대화상자의 [고급] 탭-[위치]를 [글자 위치 올림]이나 [글자 위치 내림]으로 선택하고 [값]에 숫자를 입력하면 기준에서부터 글자의 위치를 올리거나 내릴 수 있습니다.

쉽고 빠른 워드 Note | 글자 간격과 장평의 차이

[글꼴] 대화상자에서 [문자 간격]-[간격]을 [넓게]로 지정하면 글자 사이의 간격이 넓어지고 [좁게]를 선택하면 글자 사이의 간격이 좁아집니다. 이와 달리 [장평]에서는 글자의 세로 길이 대비 폭의 비율을 설정합니다. 장평 200%는 세로 길이를 100%로 보았을 때 가로 길이를 200%로 늘린다는 의미입니다.

표준	오피스 워드
글자 간격 넓게(2pt)	오 피 스 워 드
글자 간격 좁게(2pt)	오피스워드
장 평 (200%)	오 피 스 워 드
장 평 (50%)	오피스 워드

2010 \ 2013 \ 2016 \ 2019 \ 2021

그림자 효과 및 윗주 지정하기

실습 파일 워드\3장\그림자 효과 및 윗주 지정하기.docx
완성 파일 워드\3장\그림자 효과 및 윗주 지정하기_완성.docx

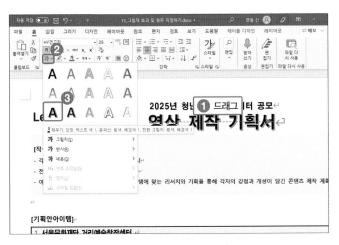

[텍스트 효과 서식] 대화상자로 제목에 그림자 효과 지정하기

01 ❶ 제목인 '영상 제작 기획서'를 드래그합니다. ❷ [홈] 탭-[글꼴] 그룹-[텍스트 효과와 타이포그래피㉮]를 클릭합니다. ❸ 기본 템플릿에서 [채우기: 검정, 텍스트 색 1, 윤곽선: 흰색, 배경색 1, 진한 그림자: 흰색, 배경색 1]을 클릭합니다.

➕ 제목에 설정한 효과가 적용됩니다.

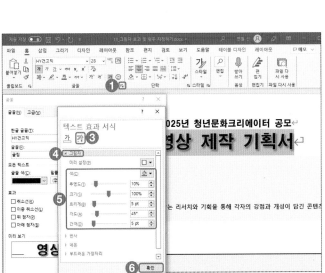

02 ❶ [홈] 탭-[글꼴] 그룹-[글꼴]을 클릭합니다. ❷ [글꼴] 대화상자의 [텍스트 효과]를 클릭하고 ❸ [텍스트 효과 서식] 대화상자에서 [텍스트 효과㉮]를 클릭합니다. ❹ [그림자]를 클릭하고 ❺ [색]은 [연한 파랑], [투명도]는 [10%], [크기]는 [100%], [흐리게]는 [5pt], [간격]은 [5pt]로 각각 설정합니다. ❻ [확인]을 클릭하고 ❼ [글꼴] 대화상자에서도 [확인]을 클릭합니다.

➕ 검은색 글자 아래에 연한 파란색 그림자가 나타납니다.

① **색** : 그림자의 색을 지정합니다.

② **투명도** : 그림자의 투명도를 지정합니다. 숫자가 클수록 투명해집니다.

③ **크기** : 그림자의 크기를 지정합니다. 숫자가 클수록 그림자의 크기가 커집니다.

④ **흐리게** : 그림자의 음영을 지정합니다. 숫자가 클수록 그림자가 흐려집니다.

⑤ **각도** : 그림자의 방향을 지정합니다.

⑥ **간격** : 그림자와 글자 사이의 거리를 지정합니다. 숫자가 클수록 그림자와 글자 사이의 간격이 멀어집니다.

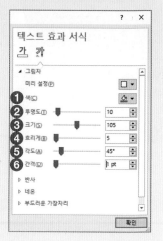

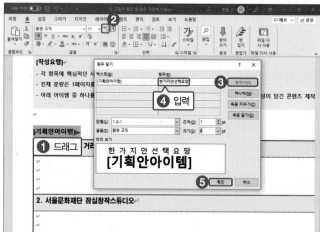

윗주 설정하기

03 단어 위에 보충 설명을 표시하는 윗주를 지정해보겠습니다. ❶ '[기획안아이템]'을 드래그합니다. ❷ [홈] 탭-[글꼴] 그룹-[윗주 달기[내선]]를 클릭합니다. ❸ [윗주 달기] 대화상자에서 [묶어서]를 클릭한 후 ❹ [윗주]에 **한가지안선택요망**을 입력하고 ❺ [확인]을 클릭합니다.

➕ 윗주가 적용됩니다.

바로 통 하는TIP [윗주 달기] 대화상자에서 [묶어서]를 선택하면 단어를 하나의 단위로 인식해 윗주가 들어가며, [하나씩]을 선택하면 선택 범위의 음절마다 윗주를 지정할 수 있습니다.

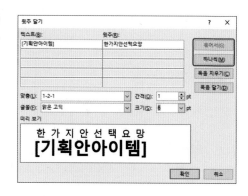

우선순위

핵심기능

14

2010 \ 2013 \ 2016 \ 2019 \ 2021

첨자, 원문자, 강조점 입력하기

실습 파일 워드\3장\첨자, 원문자, 강조점 입력하기.docx
완성 파일 워드\3장\첨자, 원문자, 강조점 입력하기_완성.docx

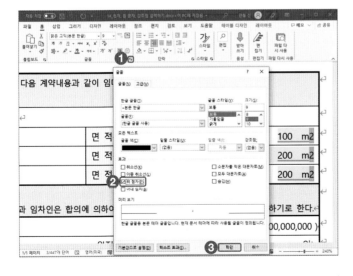

변경할 문자 연속 선택하기

01 부동산 임대차 계약서에서 토지와 건물의 면적을 표시하기 위해 위 첨자를 이용하여 'm2'를 'm²'로 변경해보겠습니다. ❶ '면적'의 'm2'에서 '2'를 드래그합니다. ❷ Ctrl 을 누른 채로 아래 칸에 있는 두 개의 '2'를 연속으로 드래그합니다.

바로 통하는 TIP 여러 문자를 동시 선택할 때는 Ctrl 을 누른 상태로 드래그합니다.

위 첨자로 변경하기

02 ❶ [홈] 탭-[글꼴] 그룹-[글꼴 🗔]을 클릭합니다. ❷ [글꼴] 대화상자의 [효과]에서 [위 첨자]에 체크합니다. ❸ [확인]을 클릭합니다.

➕ 앞서 선택한 '2'가 모두 위 첨자로 변경됩니다.

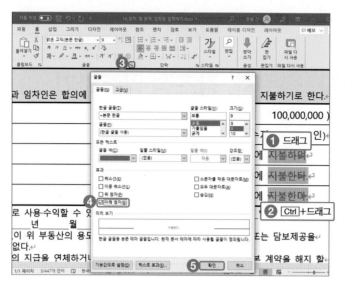

아래 첨자로 변경하기

03 ❶ 아래 첨자를 지정할 '지불하며'를 드래그합니다. ❷ [Ctrl]을 누른 상태에서 아래 칸에 있는 '지불한다.'를 연속으로 드래그합니다. ❸ [홈] 탭-[글꼴] 그룹-[글꼴 🖿]을 클릭합니다. ❹ [글꼴] 대화상자의 [효과]에서 [아래 첨자]에 체크하고 ❺ [확인]을 클릭합니다.

➕ 앞서 선택한 범위가 아래 첨자로 변경됩니다.

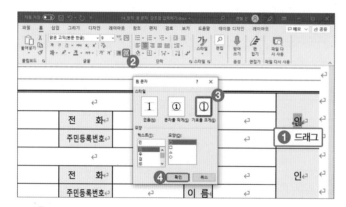

원 문자로 변경하기

04 ❶ 원 문자로 변경할 '인'을 드래그합니다. ❷ [홈] 탭-[글꼴] 그룹-[원 문자 🖎]를 클릭합니다. ❸ [원 문자] 대화상자에서 [기호를 크게]를 클릭하고 ❹ [확인]을 클릭합니다.

➕ '인'이 원 문자 ⑩으로 변경됩니다.

바로 통 하는TIP [원 문자] 대화상자에서 [없음]을 클릭하면 원 문자가 해제되어 일반 문자로 복원됩니다. [문자를 작게]를 클릭하면 원 크기가 현재 글꼴 크기에 맞게 생성되며, [기호를 크게]를 클릭하면 원 안의 글자가 현재 글꼴 크기에 맞게 생성됩니다.

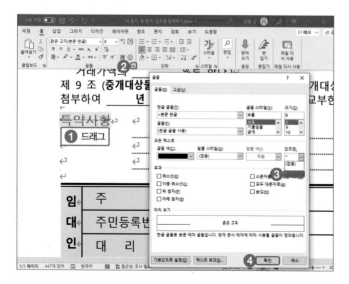

강조점 적용하기

05 본문에서 눈에 잘 띄어야 할 단어인 '특약사항'에 강조점을 적용해보겠습니다. ❶ '특약사항'을 드래그합니다. ❷ [홈] 탭-[글꼴] 그룹-[글꼴 🖿]을 클릭합니다. ❸ [글꼴] 대화상자의 [강조점]에서 [˙]을 클릭하고 ❹ [확인]을 클릭합니다.

➕ 선택한 범위에 강조점이 적용됩니다.

CHAPTER

04

단락
꾸미기

워드프로세서로 문서를 작성하는 가장 큰 이유 중에 하나는 단락을 꾸
며서 동일된 형태의 문서를 완성하는 것입니다. 각 단락에 번호를 넣거
나 번호의 서식을 간단히 변경하는 기능, 단락의 들여쓰기와 줄 간격을
조정해 특정 단락을 강조하고 다단을 표현하는 기능 등 체계적이고 일
관된 문서를 만드는 방법에 대해 알아보겠습니다.

단락 번호 삽입하고
번호 서식 변경하기

실습 파일 워드\4장\단락에 번호 삽입하고 번호 서식 변경하기.docx
완성 파일 워드\4장\단락에 번호 삽입하고 번호 서식 변경하기_완성.docx

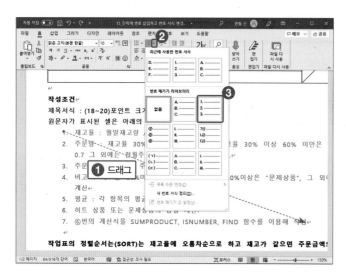

단락 번호 삽입하기

01 본문에 단락 번호를 적용해보겠습니다. ❶ 단락 번호를 삽입할 빨간색 단락을 드래그합니다. ❷ [홈] 탭-[단락] 그룹-[번호 매기기▤]의 ☑을 클릭합니다. ❸ [번호 매기기 라이브러리]-[번호 맞춤: 왼쪽]을 클릭합니다.

➕ 선택한 단락에 번호가 적용됩니다.

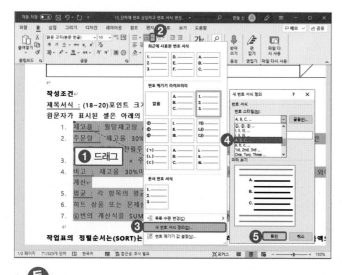

바로 통하는 TIP [새 번호 서식 정의] 대화상자에서 [글꼴]을 클릭하면 번호 서식의 글꼴을 수정할 수 있습니다.

단락 번호 스타일 변경하기

02 앞서 설정한 단락 번호의 스타일을 변경할 수 있습니다. ❶ 앞서 작업한 번호 서식이 적용된 단락을 드래그합니다. ❷ [홈] 탭-[단락] 그룹-[번호 매기기▤]의 ☑을 클릭하고 ❸ [새 번호 서식 정의]를 클릭합니다. ❹ [새 번호 서식 정의] 대화상자에서 [번호 스타일]을 [A, B, C, ...]로 변경하고 ❺ [확인]을 클릭합니다.

➕ 알파벳으로 번호 스타일이 변경됩니다.

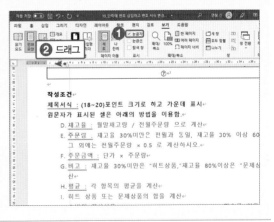

단락 시작 번호 변경하기

03 단락의 시작 번호를 원하는 숫자나 글자로 변경할 수 있습니다. ❶ 시작 번호를 변경할 단락을 드래그합니다. ❷ [홈] 탭-[단락] 그룹-[번호 매기기☰]의 ☑을 클릭하고 ❸ [번호 매기기 값 설정]을 클릭합니다. ❹ [번호 매기기 값 설정] 대화상자에서 [시작 번호]를 [D]로 변경하고 ❺ [확인]을 클릭합니다.

➕ 단락의 시작 번호가 'D'부터 시작됩니다.

쉽고 빠른 워드 Note ／ 들여쓰기 도구를 이용하여 단락 들여쓰기 변경하기

단락 번호를 적용하면 해당 단락의 들여쓰기 간격이 지나치게 안쪽으로 벌어지는 경우가 있습니다. 들여쓰기 위치를 변경하는 방법은 다음과 같습니다.

① [보기] 탭-[표시] 그룹-[눈금자]에 체크하여 가로, 세로 눈금자를 표시합니다.
② 가로 눈금자의 [왼쪽 들여쓰기] 도구를 왼쪽으로 드래그하여 들여쓰기 위치를 변경합니다. 이때 [왼쪽 들여쓰기] 도구의 위쪽 삼각형을 드래그해야 합니다. 아래 사각형 모양을 드래그하면 문단 전체의 들여쓰기가 바뀝니다.

2010 \ 2013 \ 2016 \ 2019 \ 2021

단락에 글머리 기호 삽입하기

실습 파일 워드\4장\단락에 글머리 기호 삽입하기.docx
완성 파일 워드\4장\단락에 글머리 기호 삽입하기_완성.docx

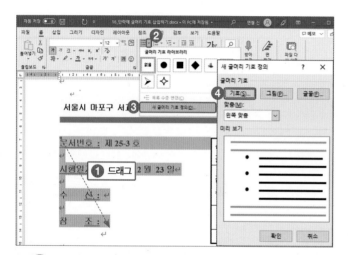

글머리 기호 삽입하기

01 ❶ 글머리 기호를 적용할 빨간색 단락을 드래그합니다. ❷ [홈] 탭-[단락] 그룹-[글머리 기호 ▤]의 ✓을 클릭하고 ❸ [새 글머리 기호 정의]를 클릭합니다. ❹ [새 글머리 기호 정의] 대화상자에서 [기호]를 클릭합니다.

➕ [기호] 대화상자가 나타납니다.

바로 통하는TIP [새 글머리 기호 정의] 대화상자에서 한 번 사용한 글머리 기호는 [홈] 탭-[단락] 그룹-[글머리 기호 ▤]의 [최근에 사용한 글머리 기호]에 자동 등록됩니다. 같은 글머리 기호를 반복해서 적용할 때 유용합니다.

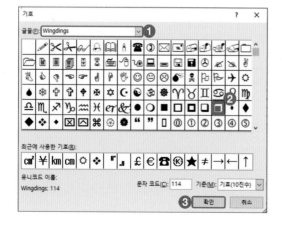

[기호] 대화상자에서 글머리 선택하기

02 ❶ [기호] 대화상자의 [글꼴 ✓]에서 [Wingdings]를 선택하고 ❷ 기호 목록에서 [❑]를 클릭한 후 ❸ [확인]을 클릭합니다.

➕ [새 글머리 기호 정의] 대화상자에서 [확인]을 클릭하면 해당 단락에 글머리 기호가 적용됩니다.

그림 글머리 기호 삽입하기

03 그림을 삽입해 글머리로 사용할 수 있습니다. ❶ 본문 아래의 빨간색 단락을 드래그합니다. ❷ [홈] 탭–[단락] 그룹–[글머리 기호▤]의 ✓을 클릭하고 ❸ [새 글머리 기호 정의]를 클릭합니다.

➕ [새 글머리 기호 정의] 대화상자가 나타납니다.

준비된 그림 찾아보기

04 ❶ [새 글머리 기호 정의] 대화상자에서 [그림]을 클릭합니다. ❷ [그림 삽입] 대화상자가 나타나면 [파일에서]–[찾아보기]를 클릭합니다.

➕ [그림 삽입] 대화상자가 나타납니다.

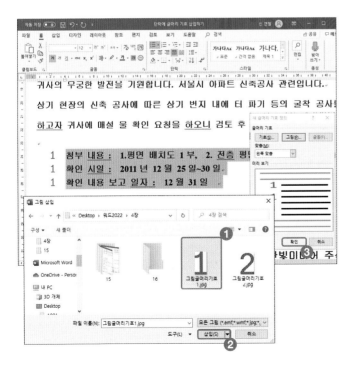

선택한 그림 글머리로 삽입하기

05 ❶ [그림 삽입] 대화상자에서 '그림글머리기호1.jpg' 파일을 클릭하고 ❷ [삽입]을 클릭합니다. ❸ [새 글머리 기호 정의] 대화상자에서 [확인]을 클릭합니다.

➕ 선택한 그림으로 글머리 기호가 변경됩니다.

첫 줄 들여쓰기와
둘째 줄 이하 들여쓰기

17

실습 파일 워드\4장\첫 줄 들여쓰기와 둘째 줄 이하 들여쓰기.docx
완성 파일 워드\4장\첫 줄 들여쓰기와 둘째 줄 이하 들여쓰기_완성.docx

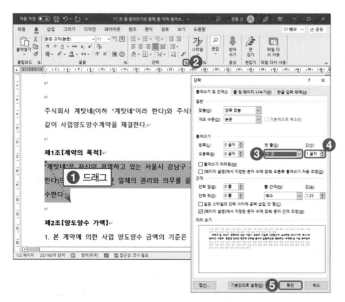

문단 첫 줄 들여쓰기

01 ❶ 적용할 단락을 드래그합니다. ❷ [홈] 탭-[단락] 그룹-[단락 설정⬚]을 클릭합니다. ❸ [단락] 대화상자의 [들여쓰기 및 간격] 탭-[들여쓰기]-[첫 줄]을 [첫 줄]로, ❹ [값]은 [1 글자]로 변경합니다. ❺ [확인]을 클릭합니다.

➕ 첫 줄이 한 글자 들여쓰기됩니다.

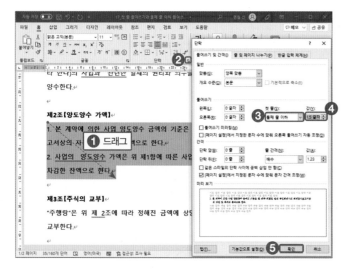

둘째 줄 이하 들여쓰기

02 ❶ 적용할 단락을 드래그합니다. ❷ [홈] 탭-[단락] 그룹-[단락 설정⬚]을 클릭합니다. ❸ [단락] 대화상자의 [들여쓰기 및 간격] 탭-[들여쓰기]-[첫 줄]을 [둘째 줄 이하]로, ❹ [값]은 [1.5 글자]로 변경한 후 ❺ [확인]을 클릭합니다.

➕ 지정한 단락의 둘째 줄 이하에 들여쓰기가 적용됩니다.

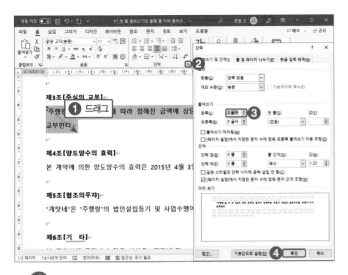

단락 전체 들여쓰기

03 ❶ 적용할 단락을 드래그합니다. ❷ [홈] 탭-[단락] 그룹-[단락 설정 ▣]을 클릭합니다. ❸ [단락] 대화상자의 [들여쓰기 및 간격] 탭-[들여쓰기]-[왼쪽]을 [2글자]로 변경합니다. ❹ [확인]을 클릭합니다.

➕ 선택한 단락 전체에 두 글자 들여쓰기가 적용됩니다.

바로 통 하는 TIP 단락 전체 들여쓰기 및 내어쓰기는 리본 메뉴에서 간단히 적용할 수 있습니다. [홈] 탭-[단락] 그룹에서 ① [내어쓰기], ② [들여쓰기]를 한 번 클릭할 때마다 한 글자 단위로 이동합니다.

쉽고 빠른 워드 Note / 한글과 숫자 간격을 자동으로 조절하기

문서 내에서 한글과 숫자가 혼용될 때 한글과 숫자의 간격이 벌어지는 경우가 있습니다. 이때 적용할 범위를 선택한 후 [단락] 대화상자의 [한글 입력 체계] 탭에서 [한글과 숫자 간격을 자동으로 조절]에 체크하면 한글과 숫자의 글자 간격이 자동으로 벌어지도록 설정됩니다.

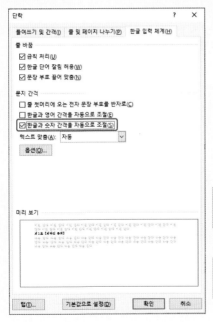

제1조【계약의 목적】

▲ 한글과 숫자의 간격이 붙어 있음

제 1 조【계약의 목적】

▲ 한글과 숫자의 간격이 자동으로 벌어짐

우선 순위

워드 기본기

입력 & 편집

글꼴 & 단락

도형 & 개체

표

페이지 관리 & 출력

우선순위

핵심기능

18

단락 줄 간격 조정하기

실습 파일 워드\4장\단락 줄 간격 조정하기.docx
완성 파일 워드\4장\단락 줄 간격 조정하기_완성.docx

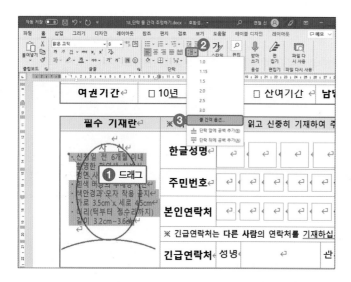

줄 간격 옵션 실행하기

01 ❶ 줄 간격을 조절할 단락을 드래그합니다. ❷ [홈] 탭-[단락] 그룹-[선 및 단락 간격 ▤]을 클릭하고 ❸ [줄 간격 옵션]을 클릭합니다.

➕ [단락] 대화상자가 나타납니다.

바로 통 하는TIP [홈] 탭-[단락] 그룹-[선 및 단락 간격 ▤]에서 간단하게 줄 간격을 변경할 수 있습니다. [1.0]은 글꼴의 한 줄 간격을 말하며, [1.5]와 [2.0]은 줄 간격의 너비가 [1.0]에 비해 각각 1.5배와 2배 넓습니다.

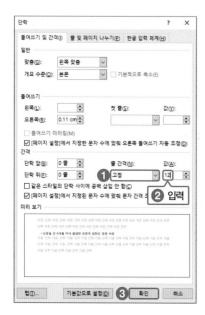

단락 줄 간격 조정하기

02 ❶ [단락] 대화상자의 [들여쓰기 및 간격] 탭-[간격]-[줄 간격]을 [고정]으로 변경하고 ❷ [값]에 **12**를 입력합니다. ❸ [확인]을 클릭합니다.

➕ 줄 간격이 9pt에서 12pt로 변경되어 줄 사이의 간격이 넓어집니다.

바로 통 하는TIP [줄 간격]에서 [최소]와 [고정]은 pt 단위로 줄 간격의 너비를 조절합니다. [배수]는 [1]을 기준으로 [1.11]로 설정하면 줄 간격이 11% 늘어나며, [3]으로 설정하면 300%, 즉 세 배로 늘어납니다.

핵심기능

19

단락 음영 색 적용하기

실습 파일 워드\4장\단락 음영 색 적용하기.docx
완성 파일 워드\4장\단락 음영 색 적용하기_완성.docx

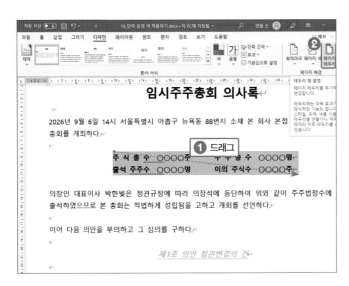

음영 설정할 범위 선택하기

01 ❶ 음영을 적용해 강조할 단락을 드래그합니다. ❷ [디자인] 탭-[페이지 배경] 그룹-[페이지 테두리□]를 클릭합니다.

➕ [테두리 및 음영] 대화상자가 나타납니다.

✅ **워드 2010** [페이지 레이아웃] 탭-[페이지 배경] 그룹-[페이지 테두리]를 클릭합니다.

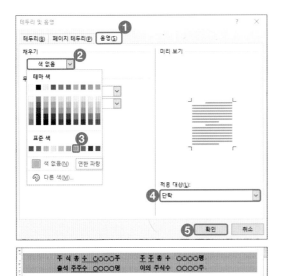

[테두리 및 음영] 대화상자에서 음영 설정하기

02 ❶ [테두리 및 음영] 대화상자에서 [음영] 탭을 클릭한 후 ❷ [채우기]를 클릭하고 ❸ [연한 파랑]을 클릭합니다. ❹ [적용 대상]에서 [단락]을 선택하고 ❺ [확인]을 클릭합니다.

➕ 선택한 단락에 연한 파란색으로 음영 색 채우기가 적용됩니다.

20 다단 지정 및 해제하기

실습 파일 워드\4장\다단 지정하기.docx
완성 파일 워드\4장\다단 지정하기_완성.docx

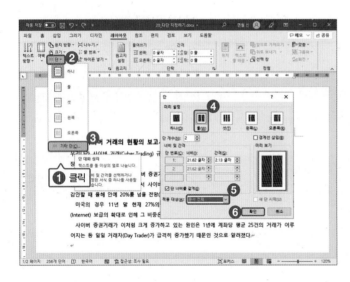

문서 전체에 다단 지정하기

01 ❶ 본문에서 임의의 위치를 클릭합니다. ❷ [레이아웃] 탭-[페이지 설정] 그룹-[단▦]을 클릭한 후 ❸ [기타 단]을 클릭합니다. ❹ [단] 대화 상자에서 [미리 설정]은 [둘], ❺ [적용 대상]은 [문서 전체]로 설정하고 ❻ [확인]을 클릭합니다.

➕ 다단이 적용되어 문서가 2단 구조로 변경됩니다.

쉽고 빠른 워드 Note [단] 대화상자의 구성 요소 알아보기

[레이아웃] 탭-[페이지 설정] 그룹-[단]을 클릭하고 [기타 단]을 클릭하면 [단] 대화상자가 표시됩니다. [단] 대화상자에서는 단의 개수, 너비 및 간격, 경계선 삽입 여부 등을 설정합니다.

① **미리 설정** : 단의 개수 및 레이아웃을 설정합니다.

② **단 개수** : 단의 개수를 임의로 설정합니다.

③ **경계선 삽입** : 체크하면 단 사이에 경계선을 삽입합니다.

④ **너비 및 간격** : 각 단의 너비와 간격을 설정합니다.

⑤ **단 너비를 같게** : 체크를 해제하면 각 단의 너비를 다르게 설정합니다.

⑥ **적용 대상** : 다단을 적용할 위치를 설정합니다.

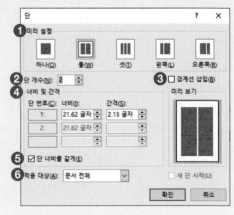

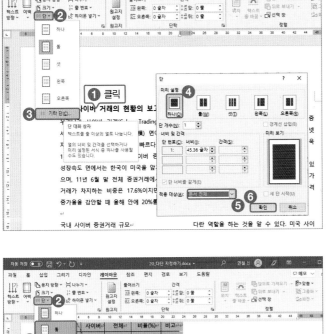

다단 해제하기

02 문서에 적용된 다단을 해제할 수 있습니다. ❶ 임의의 위치를 클릭합니다. ❷ [레이아웃] 탭-[페이지 설정] 그룹-[단]을 클릭한 후 ❸ [기타 단]을 클릭합니다. ❹ [단] 대화상자에서 [미리 설정]은 [하나], ❺ [적용 대상]은 [문서 전체]로 설정하고 ❻ [확인]을 클릭합니다.

➕ 앞서 적용되었던 다단이 해제됩니다.

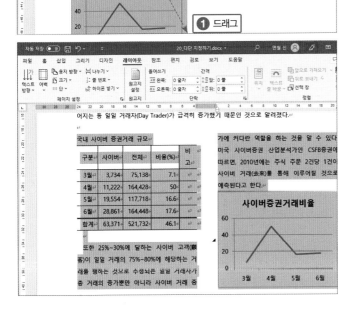

선택한 구역만 다단 지정하기

03 문서 일부에만 다단을 지정할 수 있습니다. ❶ 다단을 지정할 구역만 드래그합니다. ❷ [레이아웃] 탭-[페이지 설정] 그룹-[단]을 클릭한 후 ❸ [둘]을 클릭합니다.

➕ 선택한 부분이 경계선으로 구분된 2단 구조로 변경됩니다.

스타일 모음 이용하여 스타일 지정 및 수정하기

실습 파일 워드\4장\스타일 모음 이용하여 스타일 지정 및 수정하기.docx
완성 파일 워드\4장\스타일 모음 이용하여 스타일 지정 및 수정하기_완성.docx

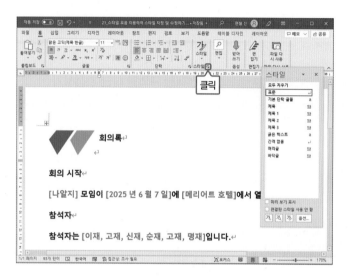

[스타일] 작업 창 표시하기

01 [홈] 탭-[스타일] 그룹-[스타일 📭]을 클릭합니다.

➕ [스타일] 작업 창이 표시됩니다.

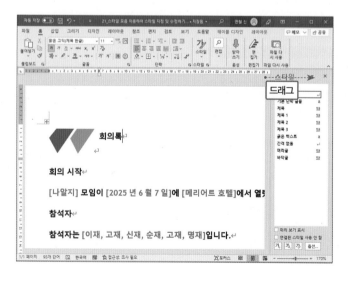

[스타일] 작업 창을 화면 오른쪽에 고정하기

02 [스타일] 작업 창이 이동 상태일 경우에는 워드 창을 이동할 때 같이 이동되지 않으므로 작업 창을 오른쪽에 고정해보겠습니다. [스타일] 작업 창을 화면의 오른쪽 경계로 드래그합니다.

➕ [스타일] 작업 창이 화면 오른쪽에 고정됩니다.

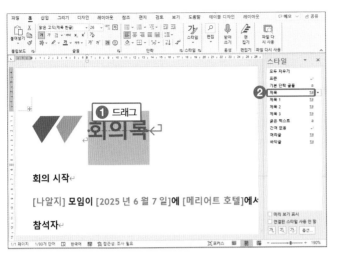

[스타일] 작업 창에서 스타일 적용하기

03 ❶ '회의록'을 드래그합니다. ❷ [스타일] 작업 창에서 [제목]을 클릭합니다.

➕ 선택한 '회의록'에 [제목] 스타일이 적용됩니다.

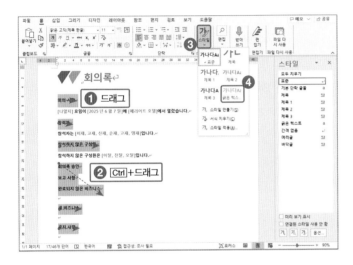

리본 메뉴에서 스타일 적용하기

04 ❶ '회의 시작'을 드래그합니다. ❷ 함께 스타일을 적용할 범위를 Ctrl 을 누른 채 드래그합니다. ❸ [홈] 탭-[스타일] 그룹-[스타일 가]을 클릭하고 ❹ [굵은 텍스트]를 클릭합니다.

➕ 선택한 범위에 [굵은 텍스트] 스타일이 적용됩니다.

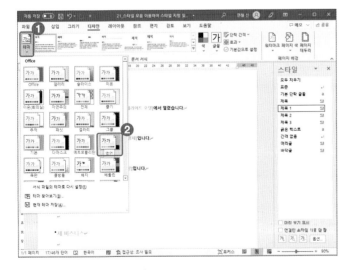

스타일 테마 변경하기

05 스타일 테마를 이용하면 일일이 작업하지 않고도 스타일을 다양한 형태로 변경할 수 있습니다. ❶ [디자인] 탭-[문서 서식] 그룹-[테마 가]를 클릭하고 ❷ [명언]을 클릭합니다.

➕ 앞서 적용한 스타일이 다른 형태의 테마로 변경됩니다. 워드의 기본 테마는 [Office]입니다.

✔ **워드 2010** 워드 2010 버전은 테마 기능을 제공하지 않습니다. 대신 [홈] 탭-[스타일] 그룹-[스타일 변경]에서 비슷한 효과를 적용할 수 있습니다.

스타일 서식 변경하기

06 [제목] 스타일의 서식을 변경해 보겠습니다. ❶ 스타일이 적용된 '회의록'을 드래그합니다. ❷ [스타일] 작업 창에서 [제목✔]을 클릭하고 ❸ [수정]을 클릭합니다.

➕ [스타일 수정] 대화상자가 나타납니다.

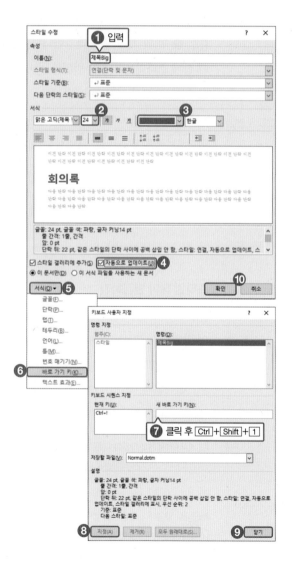

[스타일 수정] 대화상자에서 스타일 설정하기

07 ❶ [스타일 수정] 대화상자에서 [이름]에 **제목Big**을 입력합니다. ❷ [글꼴 크기]는 [24]로 변경하고 ❸ [글꼴 색]은 [파랑]으로 변경합니다. ❹ [자동으로 업데이트]에 체크합니다. ❺ [서식]을 클릭하고 ❻ [바로 가기 키]를 클릭합니다. ❼ [키보드 사용자 지정] 대화상자에서 [새 바로 가기 키]를 클릭하고 Ctrl + Shift + 1 을 누릅니다. ❽ [지정]을 클릭하고 ❾ [닫기]를 클릭합니다. ❿ [스타일 수정] 대화상자에서도 [확인]을 클릭하여 작업을 마무리합니다.

➕ [제목] 스타일이 [제목Big] 스타일로 변경되고 글꼴 크기, 글꼴 색, 바로 가기 키가 설정됩니다.

우선순위

핵심기능

2010 \ 2013 \ 2016 \ 2019 \ 2021

스타일 새로 만들기

22

실습 파일 워드\4장\스타일 새로 만들기.docx
완성 파일 워드\4장\스타일 새로 만들기_완성.docx

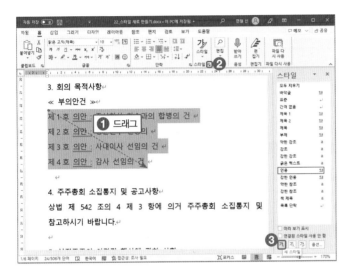

스타일 새로 만들기

01 ❶ 새 스타일을 만들어 적용할 단락을 드래그합니다. ❷ [홈] 탭-[스타일] 그룹-[스타일 🔾]을 클릭합니다. ❸ [스타일] 작업 창에서 [새 스타일 🔏]을 클릭합니다.

➕ [서식에서 새 스타일 만들기] 대화상자가 나타납니다.

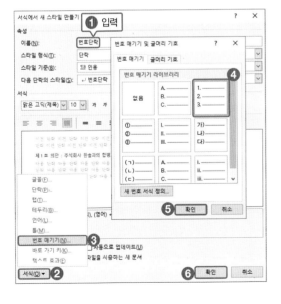

새 스타일 설정하기

02 ❶ [서식에서 새 스타일 만들기] 대화상자에서 [이름]에 **번호단락**을 입력합니다. ❷ [서식]을 클릭하고 ❸ [번호 매기기]를 클릭합니다. ❹ [번호 매기기 및 글머리 기호] 대화상자에서 [번호 매기기] 탭-[번호 매기기 라이브러리]-[번호 맞춤: 왼쪽]을 클릭하고 ❺ [확인]을 클릭합니다. ❻ [서식에서 새 스타일 만들기] 대화상자에서 [확인]을 클릭합니다.

➕ 설정한 스타일이 적용됩니다.

스타일에 사용되는 번호 서식을 변경할 수 있습니다. ① [번호 매기기 및 글머리 기호] 대화상자에서 [새 번호 서식 정의]를 클릭합니다. ② [새 번호 서식 정의] 대화상자에서 [번호 스타일]을 변경하면 [번호 매기기 라이브러리]에 없는 스타일도 적용할 수 있습니다.

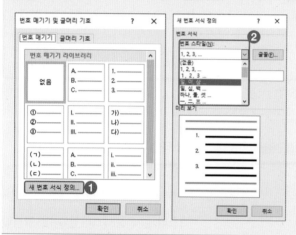

현재 문서에서 같은 서식 선택하기

03 [스타일] 작업 창을 이용하여 현재 문서에서 같은 스타일을 사용하는 문단을 쉽게 선택할 수 있습니다. ❶ 문서에서 [번호단락] 스타일이 적용된 문장을 클릭합니다. ❷ [스타일] 작업 창 하단의 [스타일 검사기🔍]를 클릭하고 ❸ [스타일 검사기] 작업 창에서 [단락 서식]의 [번호단락▼]을 클릭합니다. ❹ [같은 서식 선택]을 클릭합니다.

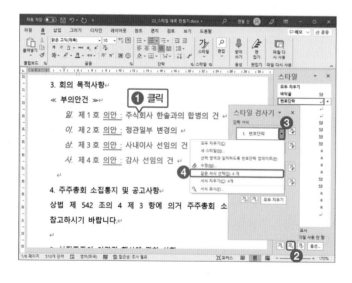

➕ 현재 문서에 [번호단락] 스타일이 적용된 모든 문단이 선택됩니다. 다른 스타일을 일괄 적용하거나 스타일을 모두 지울 수 있습니다.

CHAPTER

05

도형 및
개체 활용하기

문자뿐만 아니라 그림과 도형, WordArt를 삽입하여 적절히 편집하
면 눈에 띄면서도 좀 더 화려한 문서를 만들 수 있습니다. 그림, 도형,
WordArt를 삽입하고 편집하는 방법과 간단한 차트 등을 문서에 추가해
내용을 더욱 풍성하게 만드는 방법을 알아보겠습니다.

핵심기능

23

지도 그림 삽입하고
서식 지정하기

실습 파일 워드\5장\지도 그림 삽입하고 서식 지정하기.docx
완성 파일 워드\5장\지도 그림 삽입하고 서식 지정하기_완성.docx

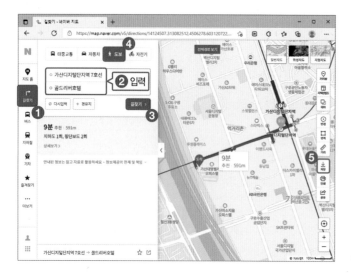

네이버 지도에서 검색하기

01 초대장에 행사장 위치를 표시한 지도를 첨부해보겠습니다. 네이버 지도(map.naver.com)에 접속합니다. ❶ 네이버 지도 왼쪽에서 [길찾기]를 클릭합니다. ❷ [출발]에 **가산디지털단지역 7호선**을, [도착]에 **골드리버호텔**을 입력합니다. ❸ [길찾기]를 클릭한 후 ❹ [도보]를 클릭합니다. ❺ 화면 오른쪽의 [공유]에 마우스 포인터를 올리면 [저장 ⬇] 아이콘이 표시됩니다. [저장]을 클릭합니다.

지도 그림 저장하기

02 지도가 저장됩니다.

바로 통하는 TIP 사용하는 브라우저마다 저장 표시가 다르게 나타날 수 있으며 설정에 따라 컴퓨터의 [다운로드] 폴더에 'naver_map.png' 파일로 저장됩니다.

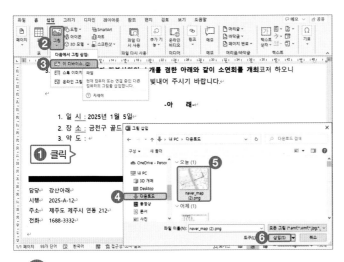

문서에 그림 삽입하기

03 ❶ 그림을 넣을 위치를 클릭합니다. ❷ [삽입] 탭-[일러스트레이션] 그룹-[그림 🖼️]을 클릭합니다. ❸ [이 디바이스]를 클릭한 후 ❹ [그림 삽입] 대화상자에서 [다운로드] 폴더를 클릭합니다. ❺ 지도 그림 파일을 클릭한 후 ❻ [삽입]을 클릭합니다.

➕ 그림이 본문에 삽입됩니다.

바로 통하는 TIP 예제 폴더의 'naver_map.png' 파일로 실습해도 됩니다.

그림 크기, 레이아웃 변경하기

04 그림이 삽입되면 문서에 맞춰 크기를 조절해야 합니다. ❶ 그림을 클릭하고 ❷ [그림 서식] 탭-[크기] 그룹-[너비]에 **12**를 입력합니다. ❸ [레이아웃 옵션🔲]을 클릭한 후 ❹ [위/아래🔲]를 클릭합니다.

➕ 삽입된 그림의 가로 크기가 12cm로, 레이아웃 옵션은 [위/아래]로 변경됩니다.

✅ **워드 2010** 워드 2010 버전은 [레이아웃 옵션]을 지원하지 않습니다. 그림 삽입 후 마우스 오른쪽 버튼을 클릭하고 메뉴에서 [텍스트 줄 바꿈]을 클릭하여 배치를 변경합니다.

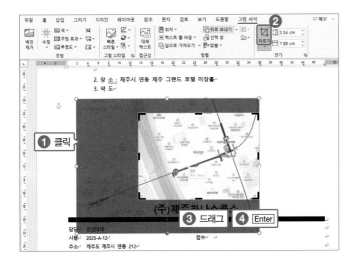

그림 자르기

05 삽입된 그림을 잘라 필요한 부분만 남기겠습니다. ❶ 삽입된 그림을 클릭합니다. ❷ [서식] 탭-[크기] 그룹-[자르기🔲]를 클릭합니다. ❸ 굵은 자르기 선을 마우스로 클릭한 채 위쪽으로 드래그하여 적당하게 이동합니다. ❹ Enter를 눌러 자르기를 적용합니다.

➕ 그림의 필요 없는 부분이 잘려나갑니다.

도형에 맞춰 그림 자르기

06 ❶ 그림을 클릭하고 ❷ [그림 서식] 탭-[크기] 그룹-[자르기▣]의 ☑을 클릭한 후 ❸ [도형에 맞춰 자르기]를 클릭합니다. ❹ [사각형]-[사각형: 둥근 모서리]를 클릭합니다.

➕ 삽입된 그림의 테두리 모양이 모서리가 둥근 직사각형으로 변경됩니다.

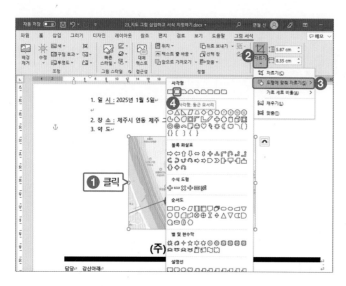

마우스로 그림 크기 조절하기

07 ❶ 그림을 클릭합니다. ❷ 오른쪽 아래 크기 조절점을 드래그하여 적당한 크기로 변경합니다.

바로 통 하는TIP 삽입된 그림의 크기가 크면 다음 페이지로 그림이 넘어갑니다. 이때는 그림의 크기를 줄여 앞쪽 페이지에 배치할 수 있습니다.

그림 이동하여 배치하기

08 ❶ 그림을 클릭합니다. ❷ 드래그하여 적당한 위치에 배치합니다.

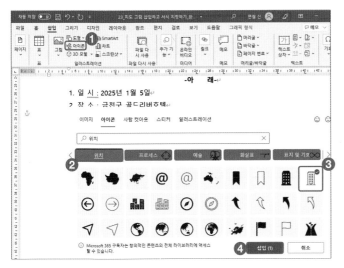

지도 위에 아이콘 배치하기

09 약도 위에 화살표로 목적지를 표시해보겠습니다. ❶ [삽입] 탭-[일러스트레이션] 그룹-[아이콘圖]을 클릭합니다. ❷ [아이콘] 대화상자에서 [위치] 그룹을 클릭합니다. ❸ 그림과 같이 아이콘을 클릭합니다. ❹ [삽입]을 클릭합니다.

➕ 본문 임의의 위치에 아이콘이 삽입됩니다.

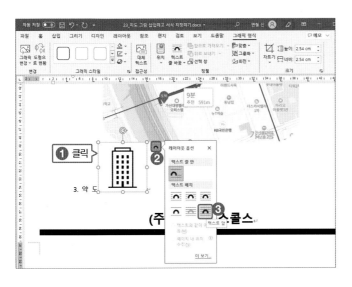

아이콘 레이아웃 옵션 변경하기

10 아이콘은 그림과 같은 속성을 지니고 있으므로 레이아웃 옵션으로 텍스트 배치를 변경할 수 있습니다. 지도 그림 위에 배치되도록 설정해보겠습니다. ❶ 삽입한 아이콘을 클릭합니다. ❷ [레이아웃 옵션☐]을 클릭합니다 ❸ [텍스트 앞☐]을 클릭합니다.

➕ 아이콘이 텍스트 앞에 표시됩니다.

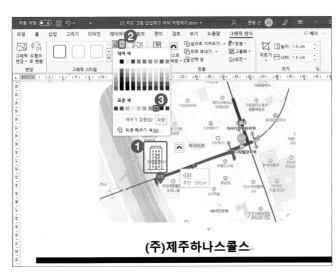

아이콘 이동하고 채우기 색 변경하기

11 ❶ 아이콘을 목적지 위치에 배치하고 적당한 크기로 변경합니다. ❷ [그래픽 형식] 탭-[그래픽 스타일] 그룹-[그래픽 채우기☐]의 ☑을 클릭합니다. ❸ [표준색]-[파랑]을 클릭합니다.

➕ 삽입한 아이콘이 파란색으로 변경됩니다.

텍스트 내 그림 배치하기

실습 파일 워드\5장\텍스트에서 그림 배치하기.docx
완성 파일 워드\5장\텍스트에서 그림 배치하기_완성.docx

텍스트 안에 그림 배치하기

01 ❶ 그림을 클릭합니다. ❷ [레이아웃 옵션]을 클릭하고 ❸ [텍스트 배치]-[정사각형]을 클릭합니다.

➕ 그림이 텍스트 안에 정사각형 형태로 배치됩니다.

✅ **워드 2010** 워드 2010 버전은 [레이아웃 옵션]을 지원하지 않습니다. 그림을 삽입한 후 마우스 오른쪽 버튼을 클릭하고 [텍스트 줄 바꿈]을 클릭하여 배치를 변경합니다.

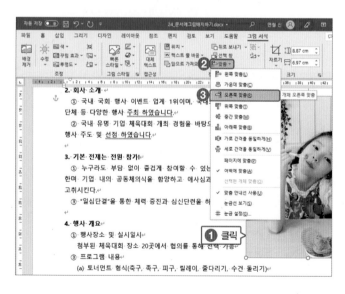

맞춤 도구 이용하여 그림 이동하기

02 맞춤 도구를 이용하면 간단하게 문서에 그림을 배치할 수 있습니다. ❶ 그림을 클릭합니다. ❷ [그림 서식] 탭-[정렬] 그룹-[맞춤]을 클릭하고 ❸ [오른쪽 맞춤]을 클릭합니다.

➕ 그림이 문서 오른쪽에 맞춰 배치됩니다.

바로 통 하는TIP 그림을 드래그하여 이동해도 됩니다.

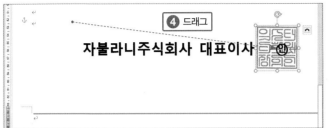

텍스트 뒤로 그림 배치하기

03 그림을 텍스트 뒤에 배치하여 텍스트와 그림이 서로 겹쳐 보이는 효과를 내보겠습니다. ① 도장 그림을 클릭합니다. ② [레이아웃 옵션▣]을 클릭하고 ③ [텍스트 배치]–[텍스트 뒤]를 클릭한 후 ④ ⑩ 위로 드래그해서 배치합니다.

쉽고 빠른 워드 Note 　텍스트 줄 바꿈 기능 이용하기

단축 메뉴에서 문서 내 그림의 배치 모양을 설정할 수 있습니다. 그림 위에서 마우스 오른쪽 버튼을 클릭하고 [텍스트 줄 바꿈]에서 원하는 배치 모양을 클릭합니다.

① **텍스트 줄 안** : 기본 설정값입니다. 삽입된 그림을 한 글자처럼 인식합니다.

② **정사각형** : 그림을 정사각형으로 인식해 글자를 배치합니다.

③ **빽빽하게** : 클립아트나 도형 주변의 투명한 영역에 글자를 채웁니다.

④ **투과하여** : 그림의 투명한 영역을 글자로 채웁니다.

⑤ **위/아래** : 그림의 현재 위치를 기준으로 글자를 위와 아래로 나누어 채웁니다.

⑥ **텍스트 뒤** : 삽입된 그림을 글자 뒤로 이동시켜 글자를 그림 앞에 채웁니다.

⑦ **텍스트 앞** : [텍스트 뒤]와 반대로, 삽입된 그림을 글자 앞으로 이동시켜 그림 뒤에 글자를 채웁니다.

그림 꾸미고 캡션 삽입하기

실습 파일 워드\5장\그림 꾸미고 캡션 삽입하기.docx
완성 파일 워드\5장\그림 꾸미고 캡션 삽입하기_완성.docx

도형에 맞춰 그림 테두리 자르기

01 ❶ 그림을 클릭하고 ❷ [그림 서식] 탭-[크기] 그룹-[자르기]의 ✓을 클릭합니다. ❸ [도형에 맞춰 자르기]를 클릭하고 ❹ [사각형]-[사각형 : 둥근 모서리]를 클릭합니다.

➕ 그림의 테두리 모양이 [사각형: 둥근 모서리]로 변경됩니다.

부드러운 가장자리 처리하기

02 ❶ 그림을 클릭한 상태에서 [그림 서식] 탭-[그림 스타일] 그룹-[그림 효과]를 클릭하고 ❷ [부드러운 가장자리]-[5 포인트]를 클릭합니다.

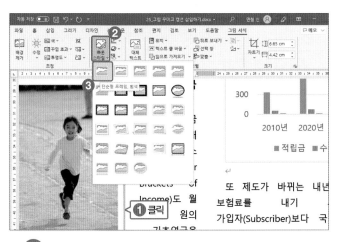

스타일 도구로 간단히 그림 꾸미기

03 기본 템플릿을 이용해서 그림을 꾸며보겠습니다. **①** 그림을 클릭하고 **②** [그림 서식] 탭–[그림 스타일] 그룹–[빠른 스타일 🖼]을 클릭한 후 **③** [단순형 프레임, 흰색]을 클릭합니다.

➕ 앞 단계에서 설정한 [부드러운 가장자리]가 해제되고 [단순형 프레임, 흰색]이 적용됩니다.

바로 통 하는 TIP 워드 창의 너비가 좁으면 [빠른 스타일 🖼]이 별도의 아이콘 메뉴로 표시됩니다.

그림 캡션 삽입하기

04 캡션은 그림에 부연 설명을 달 때 사용하는 도구입니다. **①** 그림에서 마우스 오른쪽 버튼을 클릭하고 **②** [캡션 삽입]을 클릭합니다. **③** [캡션] 대화상자에서 [캡션에서 레이블 제외]에 체크하고 **④** [확인]을 클릭합니다.

➕ 그림 하단에 캡션이 삽입됩니다.

캡션 내용 변경하기

05 캡션 내용을 수정할 수 있습니다. 캡션을 클릭하고 **축지법을 써봐요**를 입력합니다.

➕ 캡션 내용이 수정됩니다.

도형 삽입하고
도형 안에 텍스트 입력하기

2010 \ 2013 \ 2016 \ 2019 \ 2021

실습 파일 워드\5장\도형 삽입하고 도형 안에 텍스트 입력하기.docx
완성 파일 워드\5장\도형 삽입하고 도형 안에 텍스트 입력하기_완성.docx

도형 삽입하기

01 도형을 이용해 구매승인신청서의 제목을 꾸며보겠습니다. ❶ [삽입] 탭-[일러스트레이션] 그룹-[도형⬚]을 클릭하고 ❷ [사각형]-[사각형: 둥근 대각선 방향 모서리]를 클릭합니다. ❸ 제목 크기에 맞게 드래그하여 도형을 그려 넣습니다.

도형 테마 스타일 변경하기

02 ❶ [도형 서식] 탭-[도형 스타일] 그룹-[자세히⬇]를 클릭합니다. ❷ [테마 스타일]-[강한 효과 - 파랑, 강조 1]을 클릭하면 삽입한 도형의 테마 스타일이 변경됩니다.

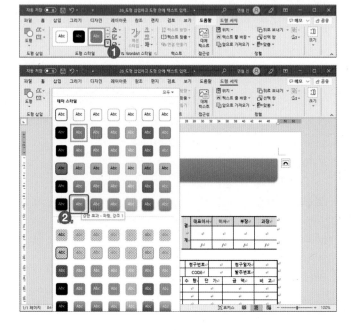

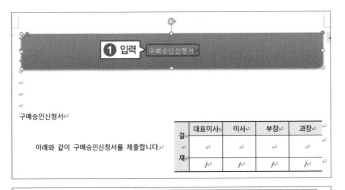

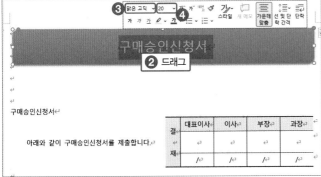

도형 안에 텍스트 입력하기

03 ❶ 도형이 선택된 상태에서 **구매승인신청서**를 입력합니다. ❷ 입력한 제목을 드래그하면 미니 도구 모음이 활성화됩니다. ❸ 미니 도구 모음에서 [글꼴]을 [맑은 고딕]으로 변경하고 ❹ [글꼴 크기]는 [20]으로 설정합니다.

➕ 도형에 입력된 '구매승인신청서'의 글꼴과 크기가 변경됩니다.

쉽고 빠른 워드 Note | **[도형 서식] 작업 창 활용하기**

도형을 클릭한 후 [도형 서식] 탭-[도형 스타일] 그룹-[도형 서식 🖼️]을 클릭하면 화면 오른쪽에 [도형 서식] 작업 창이 나타납니다. [도형 서식] 작업 창에서는 좀 더 다양한 도형 효과를 적용할 수 있습니다.

① **채우기** : [채우기 없음], [단색], [그러데이션], [그림 또는 질감], [패턴 채우기]를 설정합니다.

② **선** : [선 없음], [실선], [그러데이션] 등의 선 색을 설정합니다.

③ **그림자** : 도형의 그림자 모양, 색, 투명도, 크기, 각도 등을 설정합니다.

④ **반사** : 도형이 유리에 비친 듯한 느낌을 주도록 설정합니다.

⑤ **네온** : 도형에 네온을 설정하고 네온의 색, 크기, 투명도를 지정합니다.

⑥ **부드러운 가장자리** : 도형의 가장자리를 부드럽게 처리합니다.

⑦ **3차원 서식** : 도형을 3차원 입체 형식으로 설정하고 표면의 재질도 설정합니다.

⑧ **3차원 회전** : 도형을 3차원으로 회전할 수 있으며 각도를 설정합니다.

⑨ **텍스트 상자** : 도형의 텍스트 상자 속성을 설정합니다.

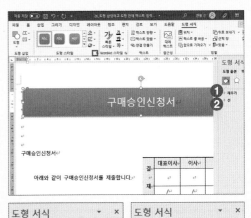

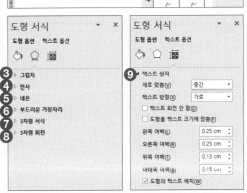

✅ **워드 2010** 워드 2010 버전에서는 [도형 서식] 작업 창이 대화상자 형태로 표시됩니다.

도형 복사/정렬/회전하기

실습 파일 워드\5장\도형 복사, 정렬, 회전하기.docx
완성 파일 워드\5장\도형 복사, 정렬, 회전하기_완성.docx

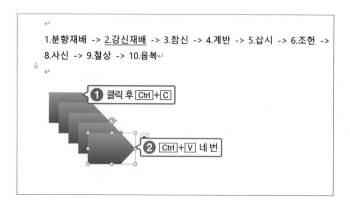

도형 복사하기

01 ❶ 문서에서 화살표 도형을 클릭한 후 Ctrl+C를 눌러 복사합니다. ❷ Ctrl+V를 네 번 눌러 도형을 붙여 넣습니다.

바로 통하는TIP 도형 클릭 후 Ctrl+C를 누르거나 도형을 클릭하고 Ctrl을 누른 채로 드래그하면 도형이 복사됩니다.

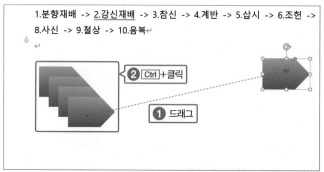

도형의 가로 간격 동일하게 정렬하기

02 ❶ 마지막으로 복사한 도형을 문서의 오른쪽으로 이동합니다. ❷ Ctrl이나 Shift를 누른 상태에서 나머지 네 개 도형을 각각 클릭하여 모두 선택합니다. ❸ [도형 서식] 탭-[정렬] 그룹-[맞춤🔄]을 클릭하고 ❹ [가로 간격을 동일하게]를 클릭합니다.

➕ 클릭한 도형의 가로 간격이 동일하게 배치됩니다.

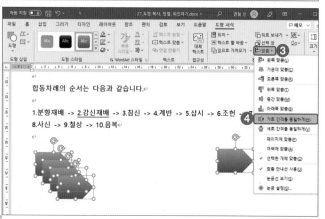

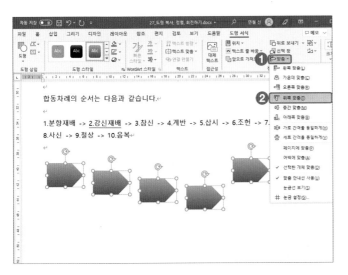

도형 위쪽 맞춤 정렬하기

03 ① 도형을 모두 선택한 상태에서 [도형 서식] 탭-[정렬] 그룹-[맞춤▤]을 클릭하고 ② [위쪽 맞춤]을 클릭하면 맨 위쪽에 있는 도형 위치에 맞추어 정렬됩니다.

바로 통 하는TIP [홈] 탭-[편집] 그룹-[선택]을 클릭하고 [개체 선택]을 클릭한 후 도형을 드래그하면 여러 개체를 한번에 선택할 수 있습니다. 개체 선택을 취소할 때는 [Esc]를 누릅니다.

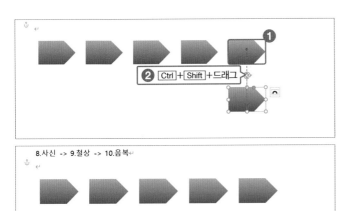

마우스로 도형 회전하기

04 ① 도형을 복사하기 위해 가장 오른쪽의 도형을 클릭하고 ② [Ctrl]+[Shift]를 누른 상태에서 아래쪽으로 드래그합니다. ③ 복사한 도형의 위쪽 회전점을 클릭한 채 오른쪽으로 드래그하여 90도 회전합니다.

➕ 도형의 화살표가 아래쪽을 가리킵니다.

바로 통 하는TIP 마우스로 도형을 회전할 때 [Shift]를 누른 채 드래그하면 각도를 15도씩 회전할 수 있습니다.

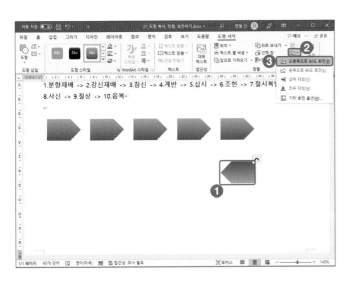

리본 메뉴 이용하여 회전하기

05 리본 메뉴를 사용하여 도형을 90도씩 회전할 수 있습니다. ① 앞서 회전한 도형을 클릭합니다. ② [도형 서식] 탭-[정렬] 그룹-[개체 회전◳]을 클릭하고 ③ [오른쪽으로 90도 회전]을 클릭합니다.

➕ 도형이 한 번 더 오른쪽으로 90도 회전하여 화살표가 왼쪽을 가리킵니다.

핵심기능

28

WordArt 삽입 및 수정하기

실습 파일 워드\5장\WordArt 삽입 및 수정하기.docx
완성 파일 워드\5장\WordArt 삽입 및 수정하기_완성.docx

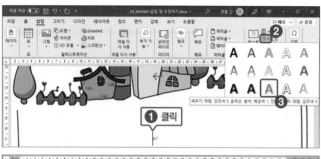

WordArt 삽입하고 문구 입력하기

01 ❶ WordArt를 삽입할 임의의 위치를 클릭합니다. ❷ [삽입] 탭-[텍스트] 그룹-[WordArt 📄]를 클릭하고 ❸ 임의의 WordArt 스타일을 클릭하면 글자를 입력할 수 있는 WordArt 텍스트 상자가 문서에 표시됩니다. ❹ 텍스트 상자에 **역골마을행복음악회**를 입력합니다.

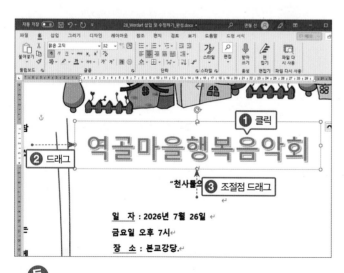

WordArt 이동 및 틀 크기 변경하기

02 WordArt를 꾸밀 때는 WordArt 틀에 맞춰서 효과가 적용됩니다. WordArt가 너무 커지지 않도록 틀 크기를 수정해보겠습니다. ❶ WordArt를 클릭합니다. ❷ WordArt 테두리를 마우스로 끌어 적당한 위치에 배치합니다. ❸ 아래쪽 크기 조절점을 위쪽으로 드래그하여 틀의 크기를 적당하게 줄입니다.

> **바로 통하는TIP** 예제가 다단으로 구성되어 있습니다. [도형 서식] 탭-[정렬] 그룹-[맞춤]을 이용하여 문서 가운데 맞추기를 적용하면 WordArt가 다단 가운데 배치되므로 드래그해 이동합니다.

> **바로 통하는TIP** 글꼴 크기가 커서 오른쪽 글자가 잘릴 경우 글꼴 크기를 줄여줍니다.

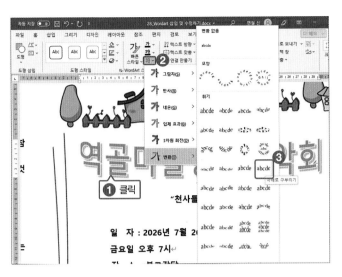

WordArt 스타일 변환하기

03 ❶ WordArt를 클릭합니다. ❷ [도형 서식] 탭-[WordArt 스타일] 그룹-[텍스트 효과📶]를 클릭합니다. ❸ [변환]-[휘기]에서 [아래로 구부리기]를 클릭해 WordArt의 모양을 변경합니다.

바로 통 하는 TIP WordArt 틀의 높이만큼 선택한 효과가 적용됩니다.

WordArt 반사 설정하기

04 ❶ WordArt 텍스트 상자를 클릭합니다. ❷ [도형 서식] 탭-[WordArt 스타일] 그룹-[텍스트 효과 서식: 텍스트 상자📶]를 클릭합니다. ❸ [도형 서식] 작업 창에서 [반사]를 클릭합니다. ❹ [미리 설정]을 클릭하고 ❺ [반사 변형]-[근접 반사: 터치]를 클릭합니다.

➕ WordArt 아래쪽에 반사 효과가 적용됩니다.

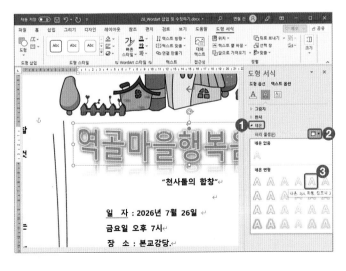

WordArt 네온 설정하기

05 ❶ WordArt 텍스트 상자가 선택된 상태에서 [도형 서식] 작업 창의 [네온]을 클릭합니다. ❷ [미리 설정]을 클릭하고 ❸ [네온 변형]-[네온: 5pt, 파랑, 강조색 5]를 클릭합니다.

➕ WordArt에 네온 효과가 적용됩니다.

WordArt 모양 변경하기

06 **①** WordArt 테두리를 클릭하면 노란색 조절점이 표시됩니다. **②** 노란색 조절점을 아래로 드래그하면 WordArt 모양이 변경됩니다.

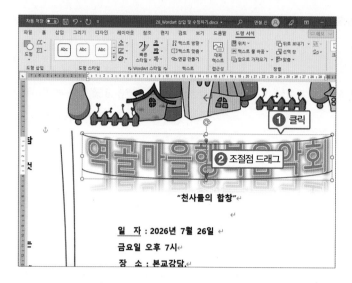

WordArt 글꼴 크기 변경하기

07 **①** WordArt 테두리를 클릭하고 **②** [홈] 탭-[글꼴] 그룹-[글꼴 크기]를 [32]로 변경합니다.

➕ WordArt의 글꼴 크기가 변경됩니다.

SmartArt로 다이어그램 만들기

실습 파일 워드\5장\SmartArt로 다이어그램 만들기.docx
완성 파일 워드\5장\SmartArt로 다이어그램 만들기_완성.docx

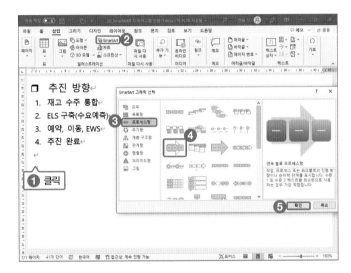

SmartArt 삽입하기

01 ❶ SmartArt를 삽입할 위치를 클릭합니다. ❷ [삽입] 탭-[일러스트레이션] 그룹-[SmartArt🔲]를 클릭합니다. ❸ [SmartArt 그래픽 선택] 대화상자에서 [프로세스형]을 클릭하고 ❹ [연속 블록 프로세스형]을 클릭한 후 ❺ [확인]을 클릭합니다.

➕ 연속 블록 프로세스형 SmartArt가 삽입됩니다.

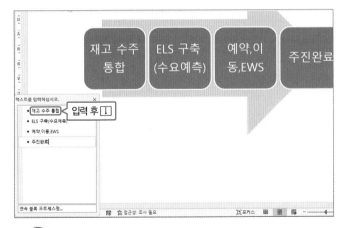

SmartArt에 텍스트 추가하기

02 SmartArt가 삽입되면 왼쪽에 텍스트 창이 활성화됩니다. 텍스트 창에 본문을 참고하여 내용을 입력합니다. 첫 번째 항목을 입력한 후 ↓를 누르면 다음 행에 두 번째 항목을 입력할 수 있습니다. 나머지 단계도 텍스트 창을 이용해 입력합니다.

➕ 항목이 추가되면 SmartArt에 새로운 도형이 자동으로 추가됩니다.

바로 통 하는TIP Enter를 누르면 새로운 항목이 추가되므로 Enter와 ↓를 적절히 사용합니다. 본문에 삽입된 SmartArt의 각 항목을 클릭하고 텍스트를 입력해도 됩니다.

텍스트 창을 이용하면 간단하게 텍스트를 입력하거나 새로운
항목을 추가할 수 있습니다. 텍스트 창은 [SmartArt 디자인]
탭-[그래픽 만들기] 그룹-[텍스트 창]을 클릭하면 표시하거
나 숨길 수 있습니다.

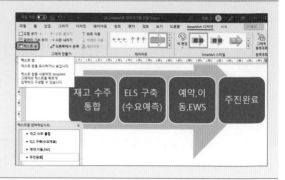

SmartArt 색상 변경하기

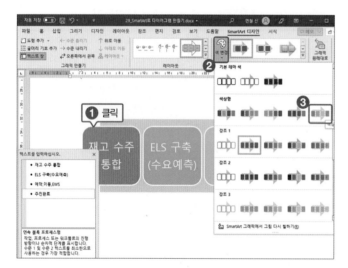

03 ❶ SmartArt의 테두리를 클
릭합니다. ❷ [SmartArt 디자인]
탭-[SmartArt 스타일] 그룹-[색 변
경🎨]을 클릭하고 ❸ [색상형]-[색
상형 범위-강조색 5 또는 6]을 클릭
합니다.

➕ SmartArt의 색상이 변경됩니다.

SmartArt 스타일 변경하기

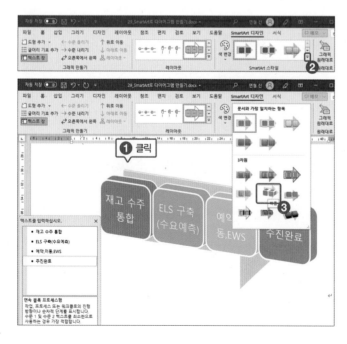

04 ❶ SmartArt의 테두리를 클
릭합니다. ❷ [SmartArt 디자인] 탭-
[SmartArt 스타일] 그룹-[자세히▼]
를 클릭하고 ❸ [3차원]-[벽돌]을 클
릭합니다.

➕ 스타일이 적용되어 3차원 형식의 SmartArt
로 변경됩니다.

핵심기능

2010 \ 2013 \ 2016 \ 2019 \ 2021

30

차트 삽입하고
스타일, 종류, 크기 변경하기

실습 파일 워드\5장\차트 삽입하고 스타일, 종류, 크기 변경하기.docx
완성 파일 워드\5장\차트 삽입하고 스타일, 종류, 크기 변경하기_완성.docx

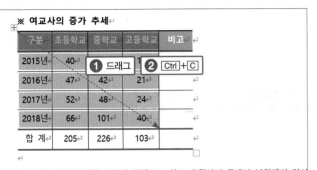

차트 데이터 미리 복사해놓기

01 차트 삽입에 사용할 데이터를 직접 입력하거나 기존 데이터를 복사해 사용할 수 있습니다. **①** 표 내용 일부를 드래그하고 **②** Ctrl + C 를 눌러 데이터를 복사합니다.

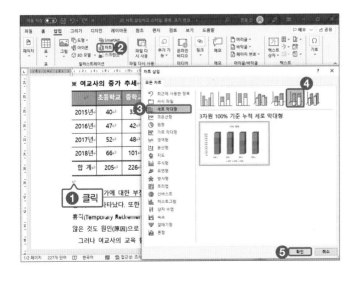

차트 삽입하기

02 **①** 차트를 삽입할 위치를 클릭하고 **②** [삽입] 탭-[일러스트레이션] 그룹-[차트🗔]를 클릭합니다. **③** [차트 삽입] 대화상자에서 [세로 막대형]을 클릭한 후 **④** [3차원 100% 기준 누적 세로 막대형]을 클릭하고 **⑤** [확인]을 클릭합니다.

➕ 차트가 삽입되고 데이터 편집 창이 활성화됩니다.

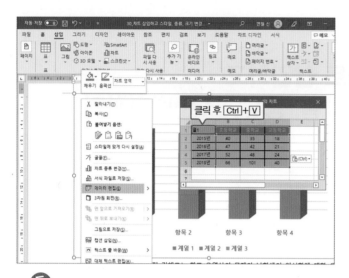

데이터 편집 창에 데이터 붙여넣기

03 데이터 편집 창에서 [A1] 셀을 클릭하고 Ctrl+V를 눌러 복사한 데이터를 붙여 넣습니다.

➕ 붙여 넣은 데이터에 따라 차트가 생성됩니다.

바로 통 하는 TIP 데이터 편집 창을 실수로 닫았을 경우 [차트 디자인] 탭-[데이터] 그룹-[데이터 편집]을 클릭하고 [데이터 편집]을 클릭합니다. 또는 차트를 선택하고 마우스 오른쪽 버튼을 클릭한 후 [데이터 편집]을 클릭합니다.

바로 통 하는 TIP 입력할 항목이 기본값으로 지정된 4행 4열보다 많다면 데이터 편집 창의 오른쪽 아래에 있는 크기 조절점을 드래그하여 행과 열을 늘릴 수 있습니다.

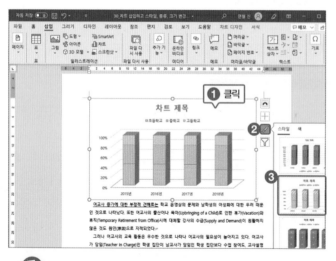

차트 스타일 변경하기

04 ❶ 차트 영역을 클릭하면 차트 오른쪽 위에 차트 속성 변경 도구가 활성화됩니다. ❷ 차트 속성 변경 도구 중 [차트 스타일🖌]을 클릭하고 ❸ [스타일 2]를 클릭해 스타일을 적용합니다.

바로 통 하는 TIP [차트 디자인] 탭-[차트 스타일] 그룹-[자세히▾]를 이용해 스타일을 변경할 수 있습니다.

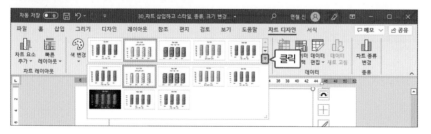

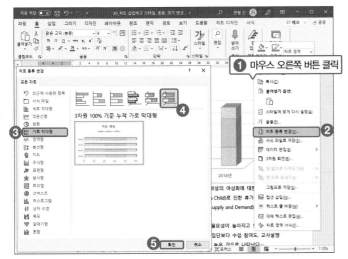

차트 종류 변경하기

05 ① 차트 영역에서 마우스 오른쪽 버튼을 클릭하고 ② [차트 종류 변경]을 클릭합니다. ③ [차트 종류 변경] 대화상자에서 [가로 막대형]을 클릭합니다. ④ [3차원 100% 기준 누적 가로 막대형]을 클릭하고 ⑤ [확인]을 클릭합니다.

➕ [3차원 100% 기준 누적 가로 막대형]으로 차트가 변경됩니다.

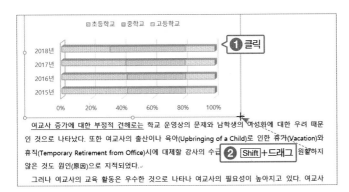

여교사 증가에 대한 부정적 견해로는 학교 운영상의 문제와 남학생의 여성화에 대한 우려 때문인 것으로 나타났다. 또한 여교사의 출산이나 육아(Upbringing of a Child)로 인한 휴가(Vacation)와 휴직(Temporary Retirement from Office)시에 대체할 강사의 수급 **Shift + 드래그** 원활하지 않은 것도 원인(原因)으로 지적되었다.

그러나 여교사의 교육 활동은 우수한 것으로 나타나 여교사의 필요성이 높아지고 있다. 여교사

차트 크기 조절하기

06 ① 차트 영역을 클릭하고 ② Shift 를 누른 채 오른쪽 아래 모서리의 크기 조절점을 드래그해 차트 크기를 조절합니다.

바로 통 하는 TIP Shift 를 누른 채 크기 조절점을 드래그하면 가로세로 크기가 같은 비율로 변경됩니다.

차트 레이아웃 설정하고 차트 데이터 변경하기

실습 파일 워드\5장\차트 레이아웃 설정하고 차트 데이터 변경하기.docx
완성 파일 워드\5장\차트 레이아웃 설정하고 차트 데이터 변경하기_완성.docx

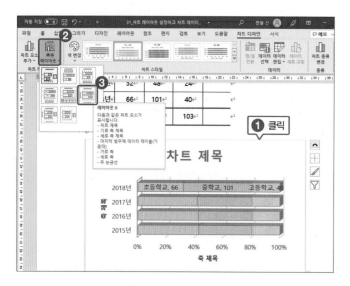

차트 레이아웃 설정하기

01 [차트 제목], [축 제목], [범례] 등을 표시하는 차트 레이아웃을 설정해보겠습니다. ❶ 차트 영역을 클릭합니다. ❷ [차트 디자인] 탭-[차트 레이아웃] 그룹-[빠른 레이아웃 ▦]을 클릭하고 ❸ [레이아웃 6]을 클릭합니다.

➕ 차트에 [레이아웃 6]이 적용됩니다.

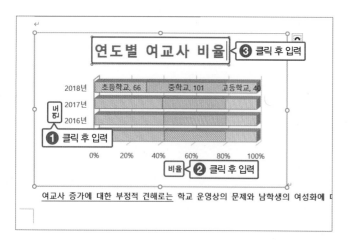

축 제목, 차트 제목 입력하기

02 ❶ 세로축 제목을 클릭하고 **연도**를 입력한 후 ❷ 가로축 제목을 클릭하고 **비율**을 입력합니다. ❸ 차트 제목을 클릭하고 **연도별 여교사 비율**을 입력하여 제목을 완성합니다.

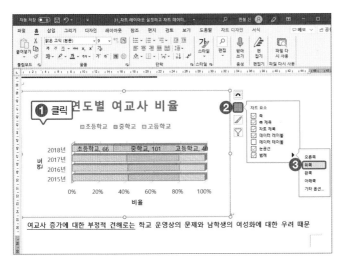

차트 범례 추가하고 이동하기

03 ① 차트 영역을 클릭하고 ② [차트 요소⊞]를 클릭합니다. ③ [범례]-[위쪽]을 클릭합니다.

➕ 차트 위쪽에 범례가 표시됩니다.

바로통 하는TIP [차트 요소]에서 [범례]의 체크를 해제하면 범례가 표시되지 않습니다.

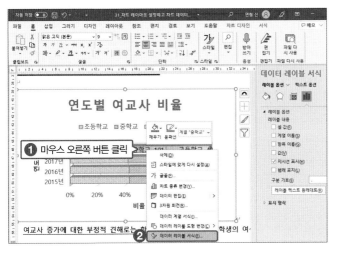

[데이터 레이블 서식] 작업 창 열기

04 ① 그림 영역의 중학교 항목에서 마우스 오른쪽 버튼을 클릭하고 ② [데이터 레이블 서식]을 클릭합니다.

➕ 화면 오른쪽에 [데이터 레이블 서식] 작업 창이 활성화됩니다.

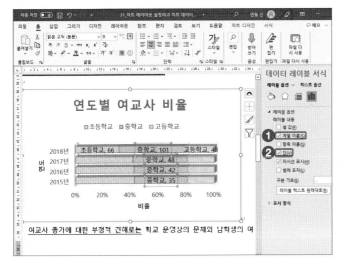

차트 레이블 표시하기

05 ① [데이터 레이블 서식] 작업 창에서 [계열 이름]에 체크하고 ② [값]에 체크합니다.

➕ 그림 영역에 계열 이름과 값이 함께 표시됩니다.

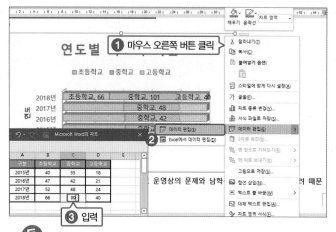

차트 데이터 편집하기

06 ❶ 차트 영역에서 마우스 오른쪽 버튼을 클릭한 후 ❷ [데이터 편집 ▸]–[데이터 편집]을 클릭합니다. ❸ 데이터 편집 창에서 2018년 중학교 항목에 **99**를 입력합니다.

➕ 차트 영역에서 2018년 중학교 항목의 계열 값도 '99'로 갱신됩니다.

바로통하는TIP 차트 영역을 클릭한 후 [차트 디자인] 탭–[데이터] 그룹–[데이터 편집]을 클릭하고 [데이터 편집]을 클릭해도 데이터 편집 창을 활성화할 수 있습니다.

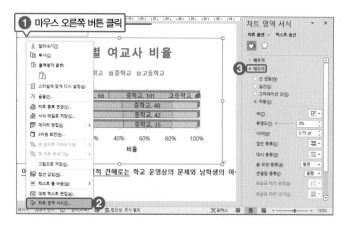

차트 테두리 둥글게 지정하기

07 ❶ 차트 영역에서 마우스 오른쪽 버튼을 클릭하고 ❷ [차트 영역 서식]을 클릭하면 [차트 영역 서식] 작업 창이 활성화됩니다. ❸ 차트 테두리를 변경하기 위해 [테두리]를 클릭합니다.

➕ [차트 영역 서식] 작업 창의 테두리 상세 항목이 펼쳐집니다.

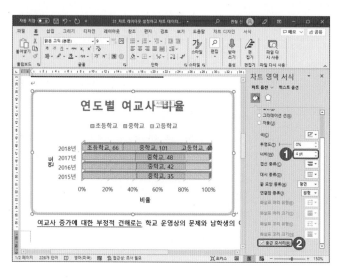

차트 영역 서식 변경하기

08 ❶ [차트 영역 서식] 작업 창에서 [너비]를 [4pt]로 설정하고 ❷ [둥근 모서리]에 체크합니다.

➕ 차트 영역의 테두리 선이 4pt로 굵어지고 모서리가 둥글게 표시됩니다.

CHAPTER

06

표
꾸미기

표 기능은 워드프로세서의 백미입니다. 표를 이용하면 문서에 삽입한 여러 가지 데이터를 가독성 있게 표현할 수 있으며 문서를 좀 더 체계적으로 정리할 수 있습니다. 표 만들기, 행/열을 삽입하거나 삭제하는 기능, 문자열을 정렬하고 셀에 테두리와 음영을 적용해 표 스타일을 변경하는 기능에 대해서 알아보겠습니다.

표 삽입, 크기 조절, 이동, 셀 병합 및 분할하기

실습 파일 워드\6장\표 삽입, 크기 조절, 이동, 셀 병합 및 분할하기.docx
완성 파일 워드\6장\표 삽입, 크기 조절, 이동, 셀 병합 및 분할하기_완성.docx

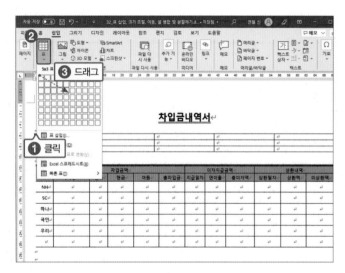

표 만들기

01 차입금내역서의 결재란을 표로 만들어 삽입해보겠습니다. ❶ 표를 삽입할 위치를 클릭합니다. ❷ [삽입] 탭-[표] 그룹-[표]를 클릭하고 ❸ 표 격자 위에서 5열×3행 크기로 드래그합니다.

➕ 5열×3행 표가 삽입됩니다.

바로 통하는TIP [삽입] 탭-[표] 그룹-[표]를 클릭하고 [표 삽입]을 클릭한 후 [표 삽입] 대화상자에서 [열 개수]와 [행 개수]를 각각 입력하여 표를 삽입할 수도 있습니다.

삽입된 표에 문자 입력하기

02 각 셀을 클릭하고 내용을 입력합니다.

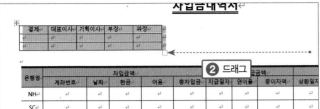

표 크기 변경하기

03 ❶ 표 오른쪽 아래 모서리에 마우스 포인터를 올리면 크기 조절점이 나타납니다. 나타난 크기 조절점을 클릭하고 ❷ 드래그하여 표 크기를 조절합니다.

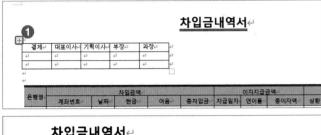

표 이동하기

04 ❶ 표 왼쪽 위 모서리에 마우스 포인터를 올리면 [표 선택⊞]이 활성화됩니다. ❷ [표 선택]을 드래그하여 표를 문서의 오른쪽으로 이동합니다.

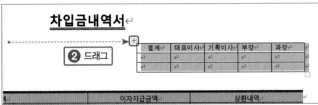

바로 통 하는TIP [홈] 탭-[단락] 그룹-[오른쪽 맞춤]을 클릭해도 됩니다. 단축키는 Ctrl + R 입니다.

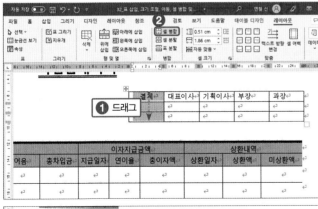

셀 병합하기

05 ❶ 첫 번째 열의 셀을 드래그합니다. ❷ [레이아웃] 탭-[병합] 그룹-[셀 병합⊞]을 클릭합니다.

➕ 드래그한 세 개의 셀이 한 개로 합쳐집니다.

바로 통 하는TIP 합칠 셀을 드래그하고 마우스 오른쪽 버튼을 클릭한 후 [셀 병합]을 클릭해서 셀을 합칠 수도 있습니다.

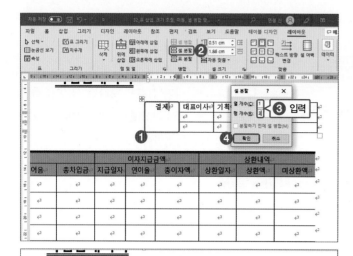

셀 분할하기

06 ❶ 첫 번째 열의 셀을 클릭합니다. ❷ [레이아웃] 탭-[병합] 그룹-[셀 분할▦]을 클릭합니다. ❸ [셀 분할] 대화상자의 [열 개수]에는 **1**을 입력하고 [행 개수]에는 **3**을 입력한 후 ❹ [확인]을 클릭합니다.

✚ 병합되었던 셀이 다시 세 개로 분할됩니다.

결제	대표이사	기획이사	부장	과장
↵	↵	↵	↵	↵
↵	↵	↵	↵	↵

		이자지급금액			상환내역		
어음	총차입금	지급일자	연이율	총이자액	상환일자	상환액	미상환액
↵	↵	↵	↵	↵	↵	↵	↵
↵	↵	↵	↵	↵	↵	↵	↵
↵	↵	↵	↵	↵	↵	↵	↵
↵	↵	↵	↵	↵	↵	↵	↵
↵	↵	↵	↵	↵	↵	↵	↵

우선순위

핵심기능

33

표에 행과 열 삽입/삭제하고 문자열 정렬하기

실습 파일 워드\6장\표에 행, 열 삽입, 삭제하고 문자열 정렬하기.docx
완성 파일 워드\6장\표에 행, 열 삽입, 삭제하고 문자열 정렬하기_완성.docx

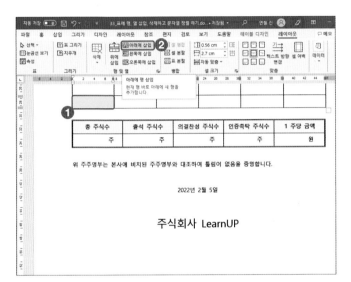

리본 메뉴로 행 삽입하기

01 표 아래에 행을 한 줄 더 삽입 해보겠습니다. ❶ 맨 아래 열에서 임의의 셀을 클릭합니다. ❷ [레이아웃] 탭-[행 및 열] 그룹-[아래에 삽입⊞]을 클릭합니다.

➕ 표 아래에 한 행이 추가됩니다.

바로 통 하는TIP 표의 마지막 행 또는 열 위치에서 [Tab]을 누르면 간단하게 행을 추가할 수 있습니다.

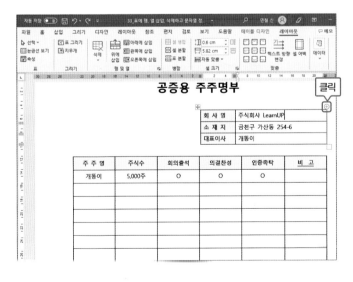

[행/열 삽입] 도구로 열 삽입하기

02 열을 추가할 위치의 세로선에 마우스 포인터를 올리면 [행/열 삽입⊕]이 나타납니다. [행/열 삽입⊕]을 클릭하여 열을 추가합 니다.

바로 통 하는TIP [레이아웃] 탭-[행 및 열] 그룹에서도 행과 열을 삽입할 수 있습니다.

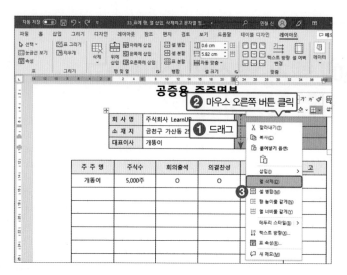

단축 메뉴로 열 삭제하기

03 ❶ 삭제할 열을 드래그합니다.
❷ 마우스 오른쪽 버튼을 클릭하고
❸ [열 삭제]를 클릭합니다.

➕ 선택한 열이 삭제됩니다.

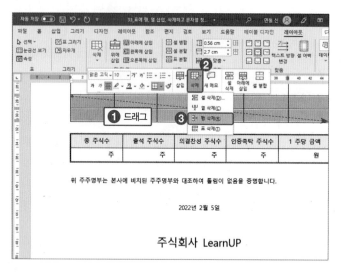

미니 도구 모음으로 행 삭제하기

04 ❶ 삭제할 행을 드래그합니다.
❷ 미니 도구 모음에서 [삭제▦]를
클릭하고 ❸ [행 삭제]를 클릭합니
다.

➕ 선택한 행이 삭제됩니다.

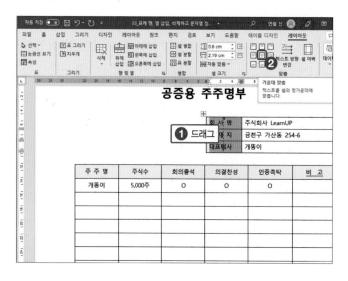

표 안의 문자열 정렬하기

05 ❶ 정렬할 셀을 모두 드래그합
니다. ❷ [레이아웃] 탭-[맞춤] 그
룹-[가운데 맞춤☰]을 클릭합니다.

➕ 셀의 문자열이 가로세로로 가운데로 정렬됩니다.

열 너비 조절하기

06 열의 경계를 좌우로 드래그하면 열 너비를 조절할 수 있습니다.

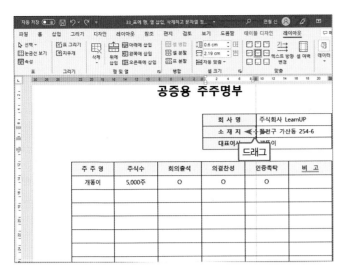

열 너비 같게 설정하기

07 ❶ 너비를 같게 설정할 열을 모두 드래그한 후 ❷ 마우스 오른쪽 버튼을 클릭하고 ❸ [열 너비를 같게]를 클릭합니다.

➕ 선택한 모든 열의 너비가 똑같이 설정됩니다.

바로 통 하는 TIP [행 높이를 같게]를 클릭하면 선택한 모든 행의 높이를 같게 설정할 수 있습니다.

바로 통 하는 TIP [레이아웃] 탭–[셀 크기] 그룹에서 [열 너비를 같게▦]를 클릭해도 됩니다.

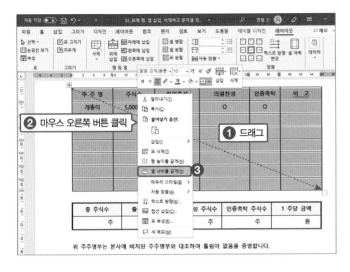

행 높이 조절하기

08 첫 번째 행 아래 경계선을 아래쪽으로 드래그하여 행 높이를 변경합니다.

➕ 주주명부가 완성됩니다.

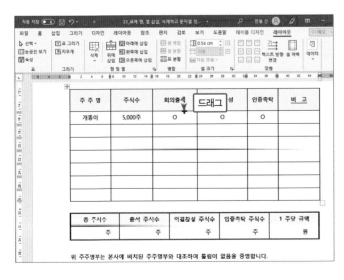

2010 \ 2013 \ 2016 \ 2019 \ 2021

셀 테두리 및 음영 지정하기

실습 파일 워드\6장\셀 테두리 및 음영 지정하기.docx
완성 파일 워드\6장\셀 테두리 및 음영 지정하기_완성.docx

테두리 설정하기

01 주간업무계획서에서 표의 첫 번째 열 테두리를 투명하게 설정해 보겠습니다. ❶ 첫 번째 열을 드래 그하고 ❷ 마우스 오른쪽 버튼을 클 릭한 후 ❸ [표 속성]을 클릭합니다. ❹ [표 속성] 대화상자의 [표] 탭에서 [테두리 및 음영]을 클릭합니다.

➕ [테두리 및 음영] 대화상자가 나타납니다.

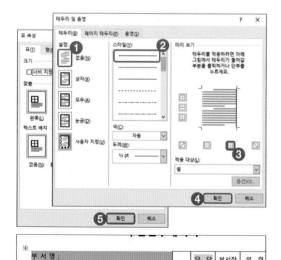

[테두리 및 음영] 대화상자에서 테두리 설정하기

02 ❶ [테두리 및 음영] 대화상자의 [테두리] 탭-[설정]에서 [없음]을 클릭하고 ❷ [스타일]에서 는 [실선]을 클릭합니다. ❸ [미리 보기]에서는 [오 른쪽 테두리]를 클릭하여 적용하고 ❹ [확인]을 클릭합니다. ❺ [표 속성] 대화상자에서도 [확인] 을 클릭합니다.

➕ 표에서 첫 번째 열의 오른쪽 테두리에는 실선이, 나머지 테두리에 는 투명 테두리가 설정됩니다.

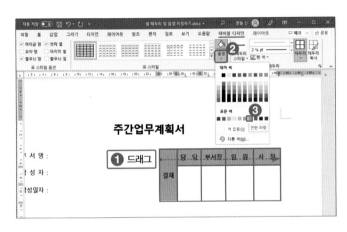

테두리 색 및 두께 변경하기

03 ❶ 결재란의 셀 전체를 드래그
합니다. ❷ [테이블 디자인] 탭-[테
두리] 그룹에서 [펜 두께]를 [2 ¼ pt]
로 설정하고 ❸ [펜 색 🔲]을 [파랑]
으로 설정합니다. ❹ [테두리 🖽]의
🔽을 클릭하고 ❺ [모든 테두리]를
클릭합니다.

➕ 선택한 영역의 테두리가 파란색으로 변경됩니
다.

셀 음영 설정하기

04 ❶ '결재', '담당', '부서장', '임
원', 사장' 셀 순서로 드래그합니다.
❷ [테이블 디자인] 탭-[표 스타일]
그룹-[음영 🖾]의 🔽을 클릭하고 ❸
[연한 파랑]을 클릭합니다.

➕ 선택한 셀의 음영 색이 연한 파란색으로 변경
됩니다.

쉽고 빠른 워드 Note [테두리 복사]를 이용해 테두리 색 변경하기

[테두리 복사]를 이용하면 원하는 부분의 표 테두리 선 스타
일을 변경할 수 있습니다. ① [테이블 디자인] 탭-[테두리]
그룹에서 [펜 두께]나 [펜 색]을 임의로 변경하고 ② [테두리
복사]를 클릭합니다. ③ 변경할 테두리 선을 클릭하면 해당
셀의 테두리 선만 색이 변경됩니다. ④ 다수의 테두리 선을
드래그하면 드래그한 선 스타일이 모두 변경됩니다. ⑤ 테두
리 복사 모드를 종료할 때는 Esc를 누릅니다.

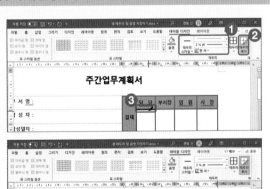

핵심기능

35

표 스타일 적용하기

2010 \ 2013 \ 2016 \ 2019 \ 2021

실습 파일 워드\6장\표 스타일 적용하기.docx
완성 파일 워드\6장\표 스타일 적용하기_완성.docx

리본 메뉴로 표 선택하기

01 ❶ 표에서 임의의 셀을 클릭합니다. ❷ [레이아웃] 탭-[표] 그룹-[선택🔽]을 클릭하고 ❸ [표 선택]을 클릭합니다.

➕ 클릭한 셀이 포함된 표가 모두 선택됩니다.

바로 통 하는 TIP 표에서 임의의 셀을 클릭하면 표 왼쪽 모서리에 [표 선택] 도구가 표시됩니다. [표 선택] 도구를 클릭해도 표를 선택할 수 있습니다.

표 스타일 적용하기

02 ❶ 표를 선택한 상태에서 [테이블 디자인] 탭-[표 스타일] 그룹-[자세히🔽]를 클릭하고 ❷ [눈금 표]-[눈금 표 6 색상형 – 강조색 5]를 클릭합니다.

➕ 표에 선택한 표 스타일이 적용됩니다.

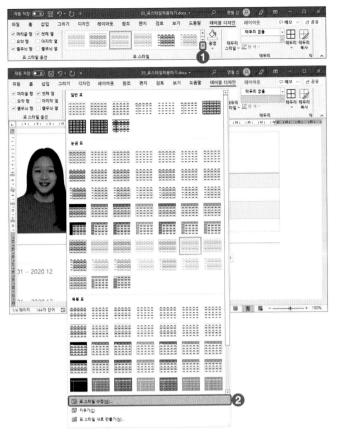

표 스타일 수정하기

03 ❶ [테이블 디자인] 탭-[표 스타일] 그룹-[자세히⊡]를 클릭한 후 ❷ [표 스타일 수정]을 클릭합니다.

➕ [스타일 수정] 대화상자가 나타납니다.

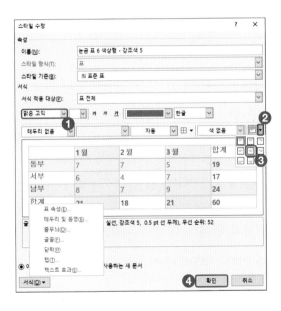

04 ❶ [스타일 수정] 대화상자에서 [서식]-[글꼴]을 [맑은 고딕]으로 설정합니다. ❷ [문자열 정렬⬇]을 클릭하고 ❸ [가운데 양쪽 맞춤⊟]을 클릭한 후 ❹ [확인]을 클릭합니다.

➕ 설정한 값으로 표 스타일이 변경됩니다.

바로 통 하는 TIP [스타일 수정] 대화상자에서 [서식]을 클릭한 후 셀 음영과 텍스트 및 표 서식 등을 변경할 수 있습니다.

표 내용을 오름차순이나 내림차순으로 정렬하기

실습 파일 워드\6장\표 내용을 오름차순이나 내림차순으로 정렬하기.docx
완성 파일 워드\6장\표 내용을 오름차순이나 내림차순으로 정렬하기_완성.docx

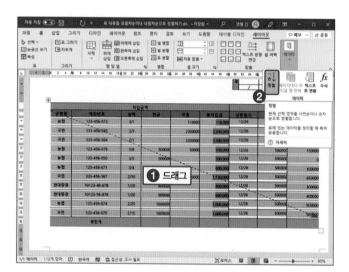

표 내용 정렬하기

01 은행명과 총차입금에 따라 표 내용을 정렬해보겠습니다. 이때 은행명은 오름차순(가나다 순서)으로, 총차입금은 큰 금액부터 표시되도록 내림차순으로 정렬합니다. **1** 표 내용 중 항목 이름인 두 번째 행부터 '총합계' 행의 바로 위에 행까지 드래그합니다. **2** [레이아웃] 탭-[데이터] 그룹-[정렬[↓]]을 클릭합니다.

➕ [정렬] 대화상자가 나타납니다.

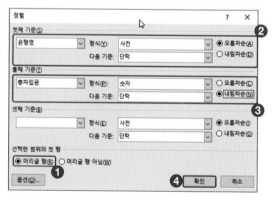

정렬 기준 설정하기

02 **1** [정렬] 대화상자의 [선택한 범위의 첫 행]에서 [머리글 행]을 클릭합니다. **2** [첫째 기준]을 [은행명]으로, [형식]을 [사전]으로 설정하고 [오름차순]을 클릭합니다. **3** [둘째 기준]을 [총차입금]으로, [형식]을 [숫자]로 설정하고 [내림차순]을 클릭한 후 **4** [확인]을 클릭합니다.

➕ 은행명을 기준으로 오름차순 정렬하고, 은행명 안에서 총차입금이 큰 순서로 내림차순 정렬됩니다.

바로 통 하는 TIP [선택한 범위의 첫 행]에서 [머리글 행]은 선택한 표의 첫 행에 항목 이름을 표시하고, [머리글 행 아님]을 클릭하면 정렬 기준이 열 번호로 표시됩니다. [머리글 행 아님]은 머리글 행을 선택하지 않은 표에서만 사용해야 합니다. 만약 머리글 행까지 같이 선택한 상태에서 표를 정렬하면 머리글 행도 정렬 대상에 포함됩니다.

핵심기능 37

수식 기능 이용하여 표 내용 자동 계산하기

실습 파일 워드\6장\수식 기능을 이용하여 표 내용 자동 계산하기.docx
완성 파일 워드\6장\수식 기능을 이용하여 표 내용 자동 계산하기_완성.docx

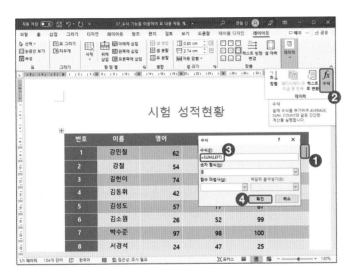

행 값 합계 계산하기

01 SUM 함수를 사용해 학생별로 각 과목 시험 점수의 합계를 구해보겠습니다. ❶ 합산할 첫 번째 셀을 클릭합니다. ❷ [레이아웃] 탭-[데이터] 그룹-[수식 fx]을 클릭합니다. ❸ [수식] 대화상자의 [수식]에서 '=SUM(LEFT)'를 확인하고 ❹ [확인]을 클릭합니다.

➕ 첫 번째 행의 합계가 계산됩니다.

계산된 수식 복사해 붙여넣기

02 ❶ 계산된 값을 드래그해 회색 음영 전체를 선택하고 Ctrl + C를 누릅니다. ❷ 붙여 넣을 셀을 드래그한 후 ❸ 마우스 오른쪽 버튼을 클릭합니다. ❹ [붙여넣기 옵션]-[원본 서식 유지 🖉]를 클릭합니다.

➕ 나머지 셀에 수식이 복사됩니다.

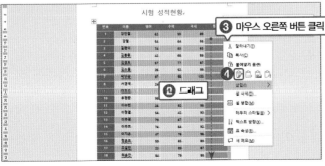

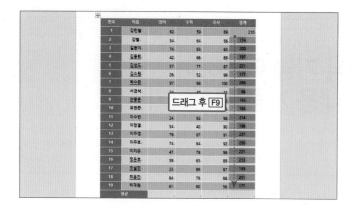

붙여 넣은 수식 새로 고치기

03 복사된 값이 적용된 모든 셀을 드래그하고 F9 를 눌러 각 셀에 맞는 내용의 결괏값으로 새로 고칩니다.

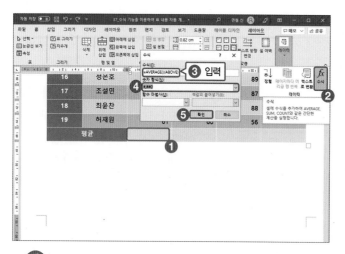

열 값 평균 계산하기

04 AVERAGE 함수를 사용해 각 과목별 평균 점수를 구해보겠습니다. ❶ 평균을 계산할 첫 번째 셀을 클릭합니다. ❷ [레이아웃] 탭-[데이터] 그룹-[수식 _fx_]을 클릭합니다. ❸ [수식] 대화상자의 [수식]에 **=AVERAGE(ABOVE)**를 입력하고 ❹ [숫자 형식]을 [#,##0]으로 선택합니다. ❺ [확인]을 클릭합니다.

➕ 평균이 셀에 표시됩니다.

바로 통 하는TIP [수식] 대화상자의 [함수 마법사] 항목을 이용하면 함수명을 쉽게 입력할 수 있습니다.

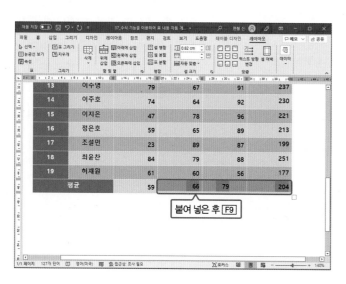

평균 수식 복사하고 붙여넣기

05 02와 동일하게 수식을 복사해 나머지 셀에 붙여 넣고 F9 를 눌러 새로 고침을 적용합니다.

바로 통 하는TIP 처음 계산값과 문자열 정렬이 맞지 않는 경우에는 숫자 범위를 모두 선택하고[홈] 탭-[단락] 그룹-[가운데 맞춤]을 이용하여 문자열을 다시 정렬한 후 마무리합니다.

CHAPTER

07

페이지 관리 및 출력하기

문서를 편집하다 보면 문서 말미에 새로운 페이지를 삽입하거나 문서 중간에서 페이지를 나눠야 하는 경우가 있습니다. 또한 페이지별로 쪽 번호나 머리글, 바닥글 등을 다르게 설정해야 하는 경우도 많습니다. 문서 전체 페이지를 좀 더 쉽게 관리할 수 있도록 문서 내 구역 나누기 페이지 번호 삽입, 번호 서식 변경하기 등에 대해서 알아보겠습니다. 잘 꾸며진 문서를 용지에 출력하기 위해 용지 크기나 여백을 설정하는 인쇄 기능도 살펴보겠습니다.

핵심기능

38

페이지 삽입하고 페이지 나누기

실습 파일 워드\7장\페이지 삽입하고 페이지 나누기.docx
완성 파일 워드\7장\없음

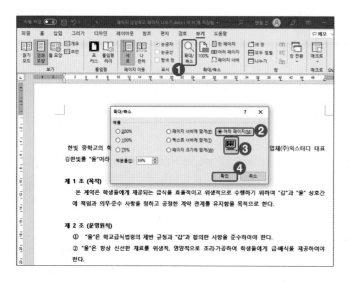

여러 페이지 보기

01 한 화면에 세 페이지를 표시해 보겠습니다. ❶ [보기] 탭-[확대/축소] 그룹-[확대/축소 🔍]를 클릭합니다. ❷ [확대/축소] 대화상자의 [배율]에서 [여러 페이지]를 클릭하고 ❸ [보기]를 [1×3페이지]로 설정합니다. ❹ [확인]을 클릭합니다.

➕ 한 화면에 세 페이지가 동시에 표시되도록 화면의 확대/축소 배율이 변경됩니다.

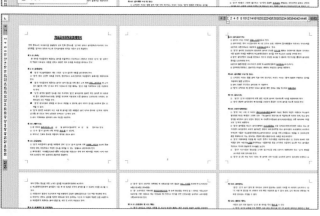

새 페이지 삽입하기

02 ❶ 2페이지에서 첫 번째 줄의 맨 앞을 클릭합니다. ❷ [삽입] 탭-[페이지] 그룹-[새 페이지 📄]를 클릭합니다.

➕ 클릭한 위치를 기준으로 2페이지 앞에 새 페이지가 삽입됩니다.

페이지 나누기

03 페이지 중간에서 페이지를 나누어 선택한 위치 이후의 내용을 다음 페이지로 밀려나게 할 수 있습니다. ❶ 4페이지에서 두 번째 단락 앞을 클릭합니다. ❷ [삽입] 탭-[페이지] 그룹-[페이지 나누기📇]를 클릭합니다.

➕ 클릭한 위치를 기준으로 페이지가 나뉩니다.

바로통하는TIP 페이지를 나눌 위치를 클릭한 후 Ctrl + Enter를 눌러도 페이지 나누기가 실행됩니다.

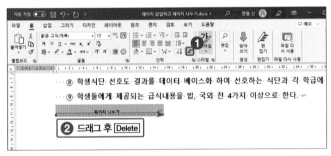

편집 기호 표시하고 삭제하기

04 앞서 작업한 페이지 나누기를 취소해보겠습니다. ❶ [홈] 탭-[단락] 그룹-[편집 기호 표시/숨기기📇]를 클릭하여 [페이지 나누기] 편집 기호를 표시합니다. ❷ [페이지 나누기] 편집 기호를 드래그하고 Delete를 눌러 삭제합니다.

➕ 추가된 새 페이지와 페이지 나누기가 삭제되어 단락이 다시 연결됩니다.

바로통하는TIP Ctrl을 누른 채 마우스 휠 버튼을 스크롤하여 문서를 확대한 후 작업합니다.

핵심기능

39

페이지 구역 나누고 구역별로 페이지 방향, 테두리 지정하기

실습 파일 워드\7장\페이지 구역 나누고 구역별로 페이지 방향 및 테두리 지정하기.docx
완성 파일 워드\7장\페이지 구역 나누고 구역별로 페이지 방향 및 테두리 지정하기_완성.docx

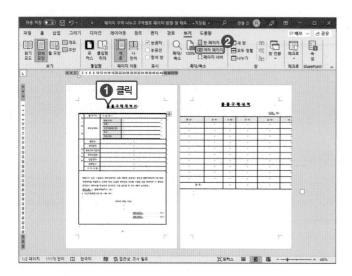

페이지 나란히 보기

01 1페이지 물품구매계약서와 2페이지 물품구매내역의 표 모양이 달라 2페이지의 용지 방향을 가로로 바꿔야 합니다. 용지 방향은 한 구역에서 하나만 선택할 수 있으므로 2페이지를 별도 구역으로 설정해 보겠습니다. ❶ 1페이지에서 임의의 위치를 클릭합니다. ❷ [보기]탭-[확대/축소] 그룹-[여러 페이지📖]를 클릭합니다.

➕ 두 페이지가 나란히 화면에 표시됩니다.

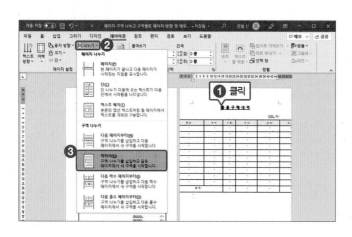

페이지 구역 나누기

02 ❶ 2페이지 제목의 앞을 클릭합니다. ❷ [레이아웃] 탭-[페이지 설정] 그룹-[나누기🔚]를 클릭하고 ❸ [이어서]를 클릭합니다.

바로 통 하는TIP [구역 나누기]-[다음 페이지부터]를 클릭하면 새로운 페이지가 추가됩니다. 여기서는 1페이지와 2페이지가 이어진 채 구역만 나누어져야 하므로 [이어서]를 클릭합니다.

바로 통 하는TIP [홈] 탭-[단락] 그룹-[편집 기호 표시/숨기기]를 클릭한 상태라면 1페이지 맨 아래에 [구역 나누기] 편집 기호가 표시됩니다.

구역 나누기(다음 페이지부터)

새 구역 용지 방향 변경하기

03 ❶ 2페이지 제목 앞을 클릭합니다. ❷ [레이아웃] 탭-[페이지 설정] 그룹-[용지 방향🖻]을 클릭한 후 ❸ [가로]를 클릭합니다.

➕ 2페이지의 용지 방향이 가로로 변경됩니다.

테두리 장식 지정하기

04 2페이지 제목 앞이 선택된 상태에서 ❶ [디자인] 탭-[페이지 배경] 그룹-[페이지 테두리🖻]를 클릭합니다. ❷ [테두리 및 음영] 대화상자에서 [페이지 테두리] 탭-[설정]-[상자]를 클릭한 후 ❸ [테두리 장식하기]에서 임의의 장식을 선택합니다. ❹ [적용 대상]에서 [이 구역]을 선택하고 ❺ [확인]을 클릭합니다.

➕ 2페이지에 테두리 장식이 적용됩니다.

✔️ **워드 2010** 워드 2010 버전은 [디자인] 탭을 지원하지 않으므로, [페이지 레이아웃] 탭-[페이지 배경] 그룹-[페이지 테두리]에서 테두리 장식을 적용합니다.

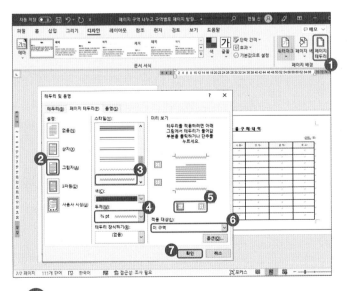

그림자 테두리 지정하기

05 ❶ 2페이지 제목 앞이 선택된 상태에서 [디자인] 탭-[페이지 배경] 그룹-[페이지 테두리🖻]를 클릭합니다. ❷ [테두리 및 음영] 대화상자에서 [페이지 테두리] 탭-[설정]-[그림자]를 클릭합니다. ❸ [스타일]-[2중 물결]을 클릭하고 ❹ [두께]-[¾pt]를 선택합니다. ❺ [미리보기]에서 좌우 테두리를 한 번씩 클릭하여 해제합니다. ❻ [적용 대상]에서 [이 구역]을 선택하고 ❼ [확인]을 클릭합니다.

➕ 2페이지 위/아래에 테두리가 적용됩니다.

바로 **통**하는TIP 구역별로 용지 크기나 여백을 바꾸려면 변경하고자 하는 페이지에서 임의의 위치를 클릭한 후 [레이아웃] 탭-[페이지 설정] 그룹-[크기] 및 [여백]을 클릭하고 값을 변경합니다.

머리글/바닥글 지정하기

2010 \ 2013 \ 2016 \ 2019 \ 2021

실습 파일 워드\7장\머리글, 바닥글 지정하기.docxx
완성 파일 워드\7장\머리글, 바닥글 지정하기_완성.docx

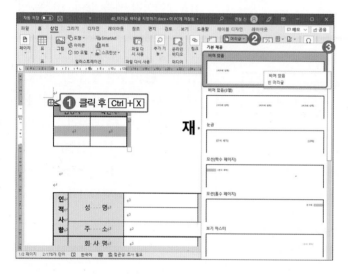

머리글 지정하기

01 재직증명서의 결재란을 머리글로 옮겨보겠습니다. ❶ 결재란 표 왼쪽 위 모서리의 [표 선택⊞]을 클릭하여 표 전체를 선택하고 Ctrl+X를 눌러 표를 잘라냅니다. ❷ [삽입] 탭-[머리글/바닥글] 그룹-[머리글]을 클릭하고 ❸ [비어 있음]을 클릭합니다.

⊕ 머리글의 편집 상태가 활성화됩니다.

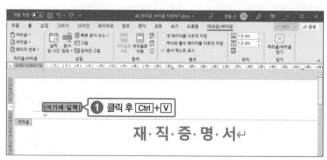

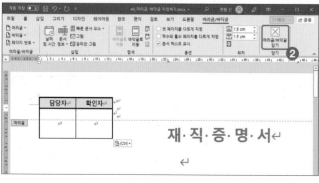

머리글에 표 붙여넣기

02 ❶ '[여기에 입력]'을 클릭하고 Ctrl+V를 눌러 표를 붙여 넣습니다. ❷[머리글/바닥글] 탭-[닫기] 그룹-[머리글/바닥글 닫기]를 클릭합니다.

⊕ 머리글에 표가 삽입되고 머리글의 편집 상태가 종료됩니다.

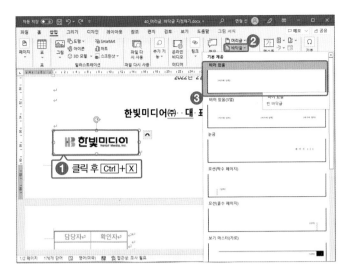

바닥글 지정하기

03 문서 아래쪽에 있는 회사 로고를 바닥글로 옮겨보겠습니다. ❶ 회사 로고를 클릭하고 Ctrl+X를 눌러 그림을 잘라냅니다. ❷ [삽입] 탭-[머리글/바닥글] 그룹-[바닥글 🔲]을 클릭하고 ❸ [비어 있음]을 클릭합니다.

➕ 바닥글의 편집 상태가 활성화됩니다.

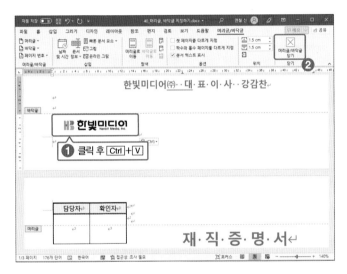

바닥글에 그림 붙여넣기

04 ❶ 바닥글에서 '[여기에 입력]'을 클릭하고 Ctrl+V를 눌러 그림을 붙여 넣습니다. ❷ [머리글/바닥글] 탭-[닫기] 그룹-[머리글/바닥글 닫기⊠]를 클릭합니다.

➕ 바닥글에 회사 로고가 삽입되고 바닥글의 편집 상태가 종료됩니다.

바로 통 하는 TIP 머리글이나 바닥글의 편집을 완료하면 반드시 [머리글/바닥글] 탭-[닫기] 그룹-[머리글/바닥글 닫기]를 클릭해 편집 상태를 종료합니다. 머리글이나 바닥글의 편집 상태에서는 본문을 편집할 수 없습니다.

구역별로 머리글 삽입하기

실습 파일 워드\7장\구역별로 머리글 삽입하기.docx
완성 파일 워드\7장\구역별로 머리글 삽입하기_완성.docx

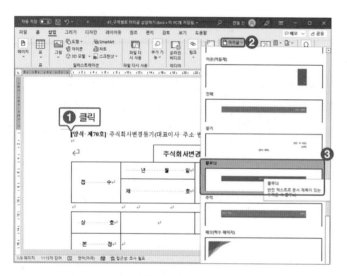

머리글 삽입하기

01 ❶ 1페이지 첫 줄 맨 앞을 클릭합니다. ❷ [삽입] 탭-[머리글/바닥글] 그룹-[머리글 🗊]을 클릭합니다. ❸ 스크롤 바를 내려 [줄무늬]를 클릭합니다.

➕ 머리글 영역에 [줄무늬] 머리글이 삽입됩니다.

머리글 입력하기

02 ❶ 기본 제공되는 '[문서 제목]'을 클릭한 후 Delete를 눌러 삭제합니다. ❷ **주식회사변경등기(대표이사, 주소, 변경)**을 입력합니다. ❸ [머리글/바닥글] 탭-[머리글/바닥글 닫기]를 클릭합니다.

페이지 구역 나누기

03 5페이지로 이동합니다. **①** 첫 행 맨 앞을 클릭합니다. **②** [레이아웃] 탭-[페이지 설정] 그룹-[나누기 📇]를 클릭한 후 **③** [이어서]를 클릭합니다.

➕ 5페이지부터 새로운 구역으로 설정됩니다.

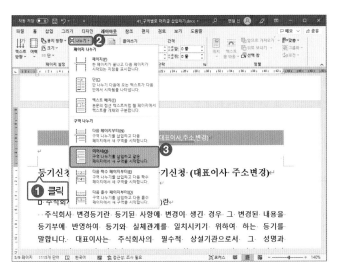

[이전 머리글에 연결] 해제하기

04 **①** 머리글 영역을 더블클릭합니다. **②** [머리글/바닥글] 탭-[탐색] 그룹-[이전 머리글에 연결📇]을 클릭하여 해제합니다.

바로 통 하는TIP [이전 머리글에 연결]은 이전 페이지의 머리글이 자동으로 아래 페이지로 연결되어 표시되도록 하거나 이를 해제할 수 있는 기능입니다.

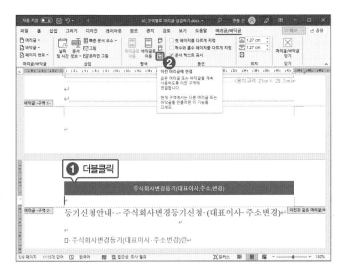

머리글 수정하기

05 **①** 도형 테두리를 선택하고 Delete 를 눌러 삭제합니다. **②** 머리글 내용을 **등기신청안내**로 수정합니다. **③** [머리글/바닥글] 탭-[닫기] 그룹-[머리글/바닥글 닫기☒]를 클릭합니다.

➕ 1~4페이지, 5페이지 머리글이 구분되어 다르게 입력됩니다.

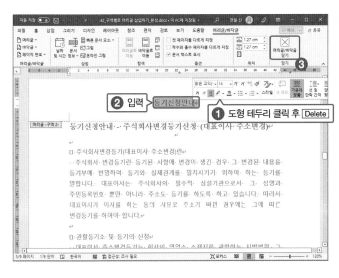

2010 / 2013 / 2016 / 2019 / 2021

짝수/홀수 페이지별로 바닥글 지정하기

실습 파일 워드\7장\짝수 홀수 페이지별로 바닥글 지정하기.docx
완성 파일 워드\7장\짝수 홀수 페이지별로 바닥글 지정하기_완성.docx

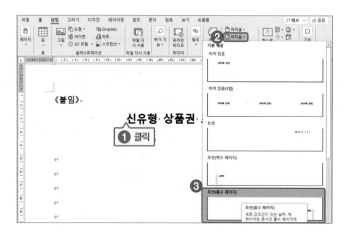

홀수 페이지에 바닥글 삽입하기

01 ❶ 1페이지에서 임의의 위치를 클릭합니다. ❷ [삽입] 탭-[머리글/바닥글] 그룹-[바닥글 📄]을 클릭하고 ❸ [모션(홀수 페이지)]를 클릭합니다.

➕ 바닥글의 편집 상태가 활성화됩니다.

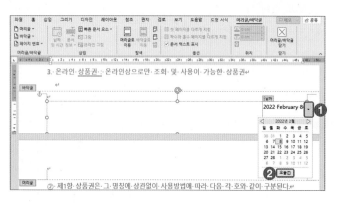

홀수 페이지에 오늘 날짜 입력하기

02 ❶ [날짜 ▾]를 클릭합니다. ❷ [오늘]을 클릭하여 오늘 날짜를 입력합니다.

➕ 오늘 날짜가 바닥글에 입력됩니다.

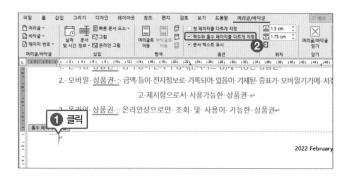

짝수/홀수 페이지 바닥글 다르게 지정하기

03 ❶ 바닥글에서 임의의 위치를 클릭합니다. ❷ [머리글/바닥글] 탭-[옵션] 그룹-[짝수와 홀수 페이지를 다르게 지정]에 체크합니다.

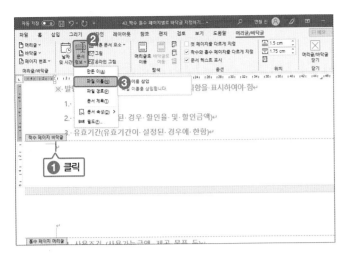

짝수 페이지에 파일 이름 넣기

04 ❶ 2페이지의 바닥글에서 임의의 위치를 클릭합니다. ❷ [머리글/바닥글] 탭-[삽입] 그룹-[문서 정보📄]를 클릭하고 ❸ [파일 이름]을 클릭합니다.

➕ 파일 이름 바닥글이 추가됩니다.

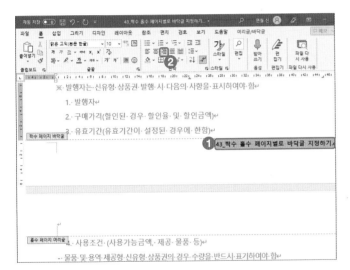

바닥글 단락 오른쪽 맞춤하기

05 ❶ 바닥글의 문서 이름을 클릭합니다. ❷ [홈] 탭-[단락] 그룹-[오른쪽 맞춤▤]을 클릭합니다.

➕ 파일 이름 바닥글이 오른쪽으로 맞춤됩니다.

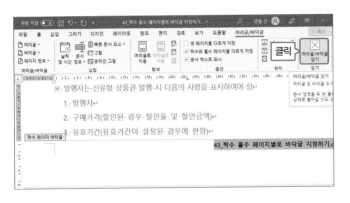

06 [머리글/바닥글] 탭-[닫기] 그룹-[머리글/바닥글 닫기⊠]를 클릭하여 바닥글 편집 상태를 종료합니다.

페이지 번호 삽입/삭제하고 서식 변경하기

2010 \ 2013 \ 2016 \ 2019 \ 2021

실습 파일 워드\7장\페이지 번호 삽입, 삭제하고 서식 변경하기.docx
완성 파일 워드\7장\페이지 번호 삽입, 삭제하고 서식 변경하기_완성.docx

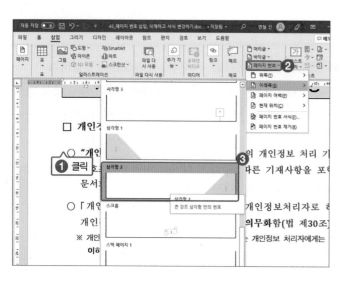

페이지 번호 삽입하기

01 ❶ 1페이지에서 임의의 위치를 클릭합니다. ❷ [삽입] 탭–[머리글/바닥글] 그룹–[페이지 번호▣]를 클릭한 후 ❸ [아래쪽]–[삼각형 2]를 클릭합니다.

➕ 바닥글의 편집 상태가 활성화되고 삼각형 형태의 페이지 번호가 삽입됩니다.

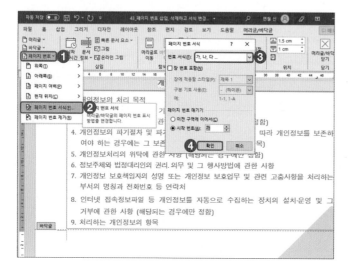

페이지 번호 서식 변경하기

02 ❶ [머리글/바닥글] 탭–[머리글/바닥글] 그룹–[페이지 번호▣]를 클릭하고 ❷ [페이지 번호 서식]을 클릭합니다. ❸ [페이지 번호 서식] 대화상자에서 [번호 서식]을 [가, 나, 다 …]로 변경하고 ❹ [확인]을 클릭합니다.

➕ 페이지 번호가 '1, 2, 3 …'에서 '가, 나, 다 …'로 변경됩니다.

시작 페이지 번호 변경하기

03 ① [머리글/바닥글] 탭-[머리글/바닥글] 그룹-[페이지 번호 🗋]를 클릭하고 ② [페이지 번호 서식]을 클릭합니다. ③ [페이지 번호 서식] 대화상자에서 [시작 번호]를 [나]로 변경하고 ④ [확인]을 클릭합니다.

➕ 페이지 번호가 '나'부터 시작되도록 변경됩니다.

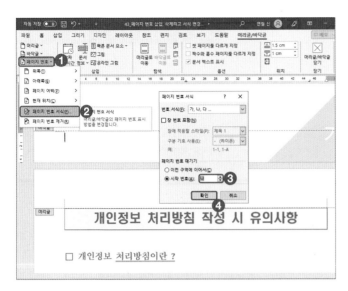

페이지 번호 제거하기

04 ① [머리글/바닥글] 탭-[머리글/바닥글] 그룹-[페이지 번호 🗋]를 클릭하고 ② [페이지 번호 제거]를 클릭합니다. ③ [머리글/바닥글] 탭-[닫기] 그룹-[머리글/바닥글 닫기]를 클릭합니다.

➕ 페이지 번호가 제거되고 본문 편집 상태로 전환됩니다.

2010 \ 2013 \ 2016 \ 2019 \ 2021

각주와 미주 삽입하기

실습 파일 워드\7장\페이지에 각주와 미주 삽입하기.docx
완성 파일 워드\7장\페이지에 각주와 미주 삽입하기_완성.docx

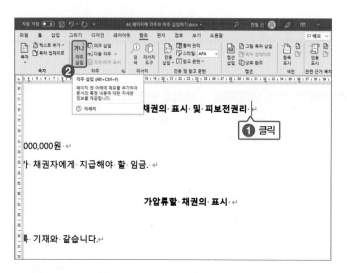

각주 삽입하기

01 페이지 아래에 각주를 삽입해 보겠습니다. ❶ 각주를 삽입할 단어인 '피보전권리' 뒤를 클릭하고 ❷ [참조] 탭–[각주] 그룹–[각주 삽입 가나]을 클릭합니다.

➕ 페이지 아래에 각주 편집 창이 활성화됩니다.

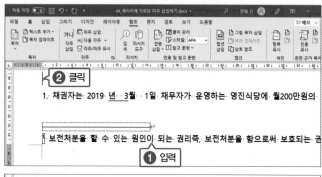

각주 내용 입력하기

02 ❶ 각주 편집 창에 **보전처분을 할 수 있는 원인이 되는 권리 즉, 보전처분을 함으로써 보호되는 권리**를 입력합니다. ❷ 본문에서 임의의 위치를 클릭합니다.

➕ 각주 입력이 완료되어 각주가 지정된 본문 단어 뒤에는 각주 번호가 숫자로 표시됩니다.

바로 통 하는 TIP 본문 단어의 각주 번호에 마우스 포인터를 올리면 각주 내용이 팝업 형태로 표시됩니다.

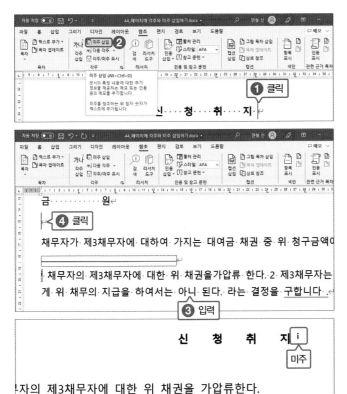

미주 삽입하기

03 문서의 맨 마지막 페이지에 미주를 삽입해보겠습니다. **1** 미주를 삽입할 단어인 '신청 취지' 뒤를 클릭합니다. **2** [참조] 탭-[각주] 그룹-[미주 삽입🔲]을 클릭하면 문서의 마지막 페이지 아래에 미주 편집 창이 활성화됩니다. **3** 미주 편집 창에 **채무자의 제3채무자에 대한 위 채권을 가압류 한다. 2 제3채무자는 채무자에게 위 채무의 지급을 하여서는 아니 된다. 라는 결정을 구합니다.**를 입력하고 **4** 본문에서 임의의 위치를 클릭합니다.

➕ 문서 마지막 페이지 끝에 미주가 삽입됩니다.

미주 번호 서식 변경하기

04 미주 번호를 알파벳 대문자 서식으로 수정해보겠습니다. **1** [참조] 탭-[각주] 그룹-[각주 및 미주🔲]를 클릭합니다. **2** [각주 및 미주] 대화상자의 [위치]에서 [미주]를 클릭하고 **3** [번호 서식]을 [A, B, C, ...]로 변경한 후 **4** [적용]을 클릭합니다.

➕ 변경된 미주 번호 서식이 적용됩니다.

바로 통 하는 TIP [각주 및 미주] 대화상자의 [위치]에서 [각주]를 클릭하면 각주 번호 서식이 변경됩니다.

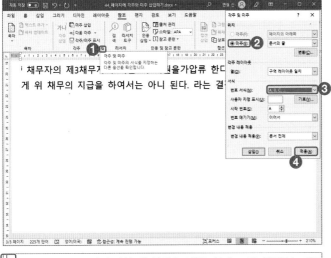

목차 만들고 업데이트하기

45

실습 파일 워드\7장\목차 만들기.docx
완성 파일 워드\7장\목차 만들기_완성.docx

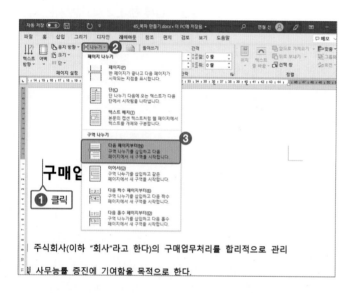

목차를 삽입할 페이지 만들기

01 ❶ 1페이지 제목의 앞을 클릭한 후 ❷ [레이아웃] 탭-[페이지 설정] 그룹-[나누기]를 클릭하고 ❸ [다음 페이지부터]를 클릭해 목차가 들어갈 페이지와 본문 페이지 구역을 분리합니다.

➕ 용지 방향과 종류가 가로 형태의 B5로 변경됩니다.

[구역 나누기] 편집 기호 표시하기

02 ❶ [홈] 탭-[단락] 그룹-[편집 기호 표시/숨기기]를 클릭해 [구역 나누기] 편집 기호를 표시합니다. ❷ 목차를 앞 구역에 넣기 위해 [구역 나누기] 편집 기호 앞을 클릭합니다.

목차 삽입하기

03 ❶ [참조] 탭-[목차] 그룹-[목차📄]를 클릭하고 ❷ [자동 목차 2]를 클릭합니다.

➕ [자동 목차 2]가 첫 번째 구역에 추가됩니다.

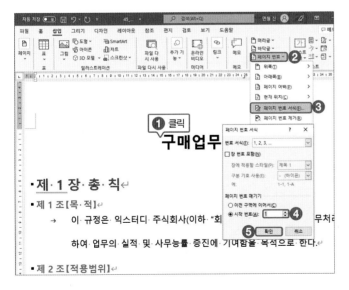

본문 시작 페이지 번호 변경하기

04 본문의 시작 페이지를 1페이지로 설정해보겠습니다. ❶ 스크롤 바를 내려 목차 다음 구역인 본문 제목 앞을 클릭합니다. ❷ [삽입] 탭-[머리글/바닥글] 그룹-[페이지 번호]를 클릭하고 ❸ [페이지 번호 서식]을 클릭합니다. ❹ [페이지 번호 서식] 대화상자에서 [시작 번호]를 [1]로 변경하고 ❺ [확인]을 클릭합니다.

➕ 페이지 번호가 '2'에서 '1'로 변경됩니다.

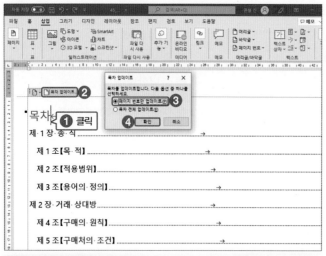

목차 업데이트하기

05 ❶ 목차 내 임의의 위치를 클릭하고 ❷ 목차 위의 [목차 업데이트]를 클릭합니다. ❸ [목차 업데이트] 대화상자에서 [페이지 번호만 업데이트]를 클릭하고 ❹ [확인]을 클릭합니다.

➕ 목차가 1페이지부터 시작하도록 업데이트됩니다.

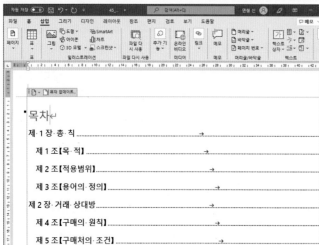

핵심기능

46

문서에 표지 삽입하고 배경색 및 워터마크 지정하기

실습 파일 워드\7장\문서에 표지 삽입하고 배경색 및 워터마크 지정하기.docx
완성 파일 워드\7장\문서에 표지 삽입하고 배경색 및 워터마크 지정하기_완성.docx

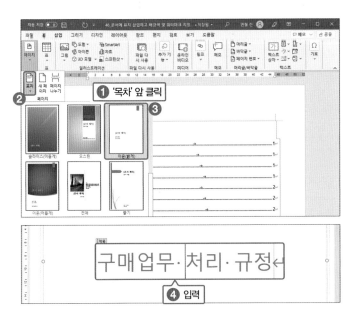

문서 표지 만들기

01 목차 앞 페이지에 표지를 넣어 보겠습니다. ❶ 1페이지에서 '목차' 앞을 클릭합니다. ❷ [삽입] 탭-[페이지] 그룹-[표지 📄]를 클릭하고 ❸ [이온(밝게)]를 클릭합니다. ❹ 삽입된 표지의 제목 텍스트 상자에 **구매 업무 처리 규정**을 입력합니다.

바로 통하는TIP 워드 버전별로 기본 제공되는 표지 디자인이 다를 수 있습니다.

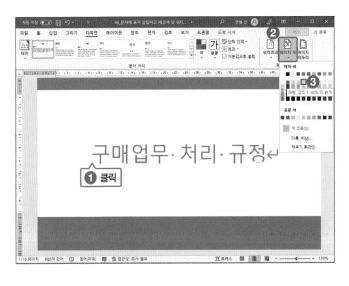

문서 배경색 지정하기

02 ❶ 문서 본문에서 임의의 위치를 클릭합니다. ❷ [디자인] 탭-[페이지 배경] 그룹-[페이지 색 📄]을 클릭하고 ❸ [파랑, 강조 1, 80% 더 밝게]를 클릭합니다.

➕ [파랑, 강조 1, 80% 더 밝게]로 페이지 배경색이 적용됩니다.

✅ **워드 2010** [페이지 레이아웃] 탭-[페이지 배경] 그룹-[페이지 색]을 클릭합니다.

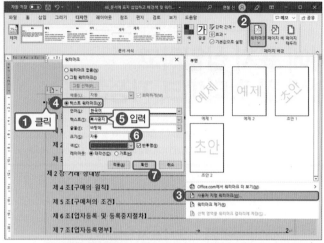

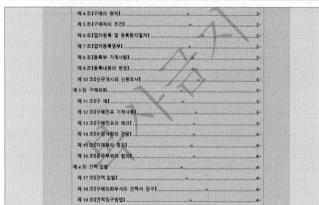

문서에 워터마크 적용하기

03 ❶ 문서 본문에서 임의의 위치를 클릭합니다. ❷ [디자인] 탭-[페이지 배경] 그룹-[워터마크]를 클릭하고 ❸ [사용자 지정 워터마크]를 클릭합니다. ❹ [워터마크] 대화상자에서 [텍스트 워터마크]를 클릭하고 ❺ [텍스트]에 **복사금지**를 입력합니다. ❻ [색]을 [빨강]으로 선택한 후 ❼ [확인]을 클릭합니다.

➕ '복사금지' 워터마크가 삽입됩니다.

✅ **워드 2010** [페이지 레이아웃] 탭-[페이지 배경] 그룹-[워터마크]를 클릭합니다.

우선순위

핵심기능

47

2010 \ 2013 \ 2016 \ 2019 \ 2021

페이지 및 여백 설정하기

실습 파일 워드\7장\페이지 및 여백 설정하기.docx
완성 파일 워드\7장\페이지 및 여백 설정하기_완성.docx

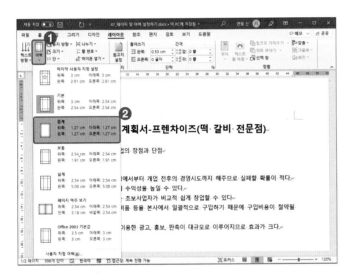

리본 메뉴에서 페이지 설정하기

01 페이지 여백을 좁게 변경하고, B5 용지, 가로 방향으로 인쇄되도록 설정해보겠습니다. ❶ [레이아웃] 탭-[페이지 설정] 그룹-[여백▦]을 클릭하고 ❷ [좁게]를 클릭합니다.

⊕ 페이지 여백이 좁아집니다.

쉽고 빠른 워드 Note ㅣ 리본 메뉴에서 페이지 설정하기

인쇄 전에 [레이아웃] 탭-[페이지 설정] 그룹에서 [여백], [용지 방향], [크기]를 설정합니다.

① **여백** : [기본], [좁게], [보통], [넓게] 등 기본으로 제공하는 여백을 설정합니다.

② **용지 방향** : [세로] 또는 [가로]로 방향을 변경합니다.

③ **크기** : 국제 표준인 용지 규격을 선택할 수 있습니다.

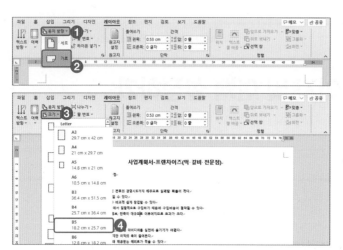

용지 방향, 종류 바꾸기

02 ❶ [레이아웃] 탭-[페이지 설정] 그룹-[용지 방향🖼]을 클릭하고 ❷ [가로]를 클릭합니다. ❸ [크기🖼]를 클릭하고 ❹ [B5]를 클릭합니다

➕ 용지 방향과 종류가 가로 형태의 B5로 변경됩니다.

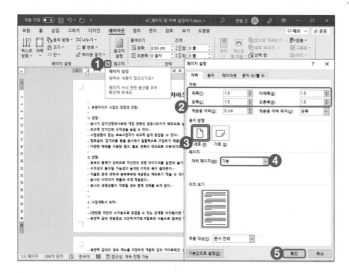

[페이지 설정] 대화상자에서 페이지 설정하기

03 ❶ [레이아웃] 탭-[페이지 설정] 그룹-[페이지 설정🖼]을 클릭합니다. ❷ [페이지 설정] 대화상자의 [여백] 탭에서 [여백]의 [위쪽], [아래쪽], [왼쪽], [오른쪽]을 모두 [1.5]로 변경합니다. ❸ [용지 방향]-[세로]를 클릭합니다. ❹ [페이지]의 [여러 페이지]는 [기본]으로 선택한 후 ❺ [확인]을 클릭합니다.

쉽고 빠른 워드 Note   제본용 여백 설정하기

문서를 출력해 제본하고자 할 때는 다음과 같이 설정합니다.

① [페이지 설정] 대화상자의 [여백] 탭에서 [여백]의 [제본용 여백]을 [0.5]로 설정합니다. 여백은 1cm 이하면 충분합니다.

② [페이지]의 [여러 페이지]에서 [페이지 마주 보기]를 선택하면 앞서 설정한 제본용 여백만큼 [미리 보기]에 제본 형태가 표시됩니다.

③ [확인]을 클릭하고 출력합니다.

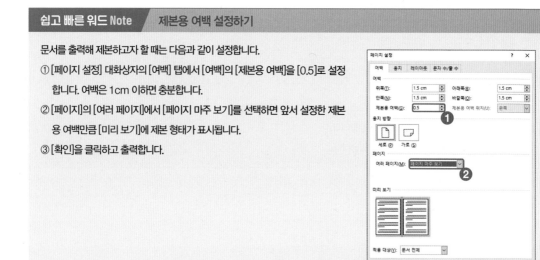

2010 \ 2013 \ 2016 \ 2019 \ 2021

인쇄 미리 보기 및 인쇄하기

48

실습 파일 워드\7장\인쇄 미리 보기 및 인쇄하기.docx
완성 파일 워드\7장\없음

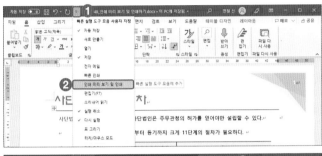

인쇄 미리 보기 활성화하기

01 ❶ [빠른 실행 도구 모음 사용자 지정⊡]을 클릭하고 ❷ [인쇄 미리 보기 및 인쇄]를 클릭합니다.

➕ [인쇄 미리 보기 및 인쇄📄] 도구를 활성화합니다.

✅ **워드 2021** 빠른 실행 도구 모음이 보이지 않는다면 [리본 표시]를 클릭하고 [빠른 실행 도구 모음 표시]를 클릭해 활성화합니다.

인쇄 미리 보기

02 빠른 실행 도구 모음에서 [인쇄 미리 보기 및 인쇄📄]를 클릭합니다. 미리 보기를 실행하고 인쇄 설정을 확인합니다.

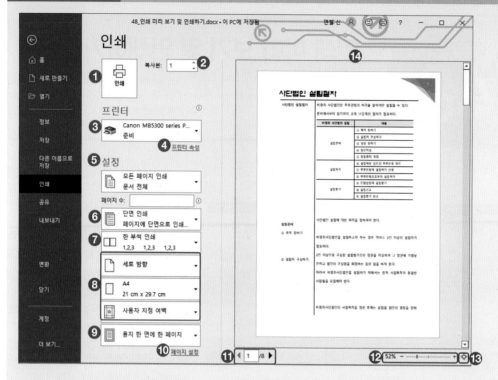

① **인쇄** : 설정이 완료된 후 인쇄를 실행합니다.

② **복사본** : 인쇄할 복사본의 매수를 결정합니다.

③ **프린터** : 인쇄할 프린터를 선택합니다. 여러 대가 설치된 경우에는 그중에서 하나를 선택해 출력합니다.

④ **프린터 속성** : 설치된 프린터의 속성을 설정하며 프린터 제조사에서 제공하는 프로그램이 실행되어 다양한 옵션을 설정할 수 있습니다.

⑤ **설정** : 모든 문서를 인쇄하거나 홀수/짝수 페이지를 선택해 인쇄합니다. [페이지 수]에서 연속된 페이지 범위를 인쇄할 때는 '–'를, 연속되지 않은 각각의 페이지를 인쇄할 때는 ','를 사용합니다. 예를 들어 1~10페이지까지 인쇄할 때는 [페이지 수]에 '1-10'을 입력하고 '1, 3, 6, 8' 페이지만 인쇄할 때는 '1, 3, 6, 8'을 입력합니다.

⑥ **인쇄 방식** : 단면/양면 인쇄 설정을 변경할 수 있습니다.

⑦ **인쇄 순서** : ②에서 설정한 매수만큼 복사본을 출력할 때 한 부씩 인쇄할지, 한 장씩 인쇄할지 결정합니다.

⑧ **용지 방향, 용지 크기, 용지 여백** : 인쇄할 용지의 가로 또는 세로 방향, 용지 규격, 상하좌우 여백을 지정합니다.

⑨ **인쇄 배율** : 용지 한 면에 여러 장을 인쇄할 때 사용합니다. 배포용 문서를 출력할 때 주로 사용합니다.

⑩ **페이지 설정** : [페이지 설정] 대화상자를 실행합니다.

⑪ **페이지 보기** : 미리 보기 문서 페이지를 검색할 수 있습니다.

⑫ **확대/축소** : 미리 보기 창에 보이는 문서를 확대/축소할 수 있습니다.

⑬ **현재 창 크기에 맞춤** : 미리 보기 창에 보이는 문서를 한 장 크기에 맞춰 표시합니다.

⑭ **인쇄 미리 보기 영역** : 인쇄가 어떻게 나올지 미리 보여주는 창입니다.

사용자 지정 범위 인쇄하기

03 ❶ 인쇄 미리 보기에서 [설정]의 [모든 페이지 인쇄]를 클릭한 후 ❷ [사용자 지정 인쇄]를 클릭합니다. ❸ 연속되지 않은 범위를 인쇄하기 위해 [페이지 수]에 각 페이지를 ','로 구분해 입력합니다. ❹ 연속되는 범위를 인쇄할 때는 '–'로 연결하여 입력합니다.

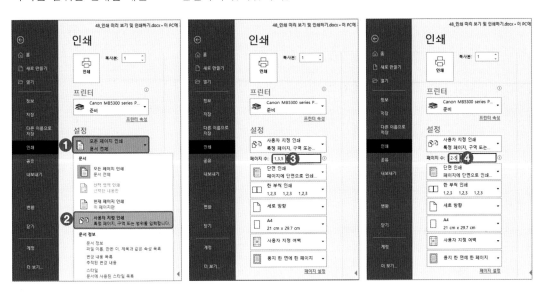

우선
순위

워드
기본기

입력
&
편집

글꼴
&
단락

도형
&
개체

표

페이지
관리
&
출력

한글

CHAPTER

01

한글
기본기 다지기

한글의 기능을 본격적으로 익히기 전에 화면 구성과 각 부분의 명칭을
익혀보겠습니다. 한글을 실행하고 종료하는 방법부터 환경 설정, 화면을
확대/축소하는 보기 옵션, 새 문서를 만들고 저장하는 방법, 문서에 암
호를 지정하고 해제하는 방법 등을 알아보겠습니다.

한글 시작 화면과 기본 화면 구성 살펴보기

기본 화면 구성

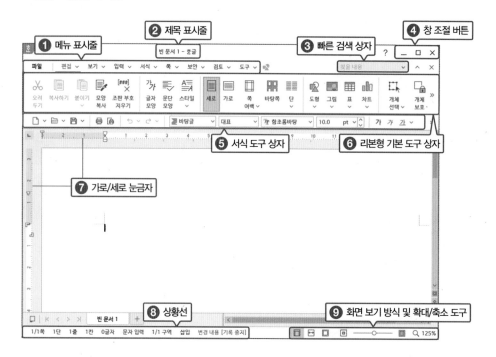

① 메뉴 표시줄 : 탭 방식으로 메뉴가 표시되며 펼침 메뉴도 함께 제공됩니다.

② 제목 표시줄 : 현재 작업 중인 문서의 이름이 표시됩니다.

③ 빠른 검색 상자 : 찾기 도구를 이용하지 않고도 문서 내용을 빠르게 찾을 수 있습니다.

④ 창 조절 버튼 : 작업 중인 창을 닫거나 창의 크기를 수정할 때 사용합니다. 최소화, 전체 화면으로 보기, 닫기 중에서 선택할 수 있습니다.

⑤ 서식 도구 상자 : 문서 작성 시 가장 자주 사용되는 새 문서, 불러오기, 저장하기, 인쇄 등의 메뉴와 글꼴 서식, 문단 서식 등에 관련된 도구들이 아이콘 형태로 표시됩니다.

⑥ 리본형 기본 도구 상자 : 자주 사용하는 기능이 아이콘 형태로 표시되어 있어 빠르게 메뉴를 찾고 실행할 수 있습니다.

❼ 가로/세로 눈금자 : 문서의 상하좌우 여백, 도형이나 표의 위치와 크기, 문단 여백 등을 확인할 수 있습니다.

❽ 상황선 : 현재 문서의 페이지 수, 커서의 현재 위치, 문자의 삽입/수정 상태, 변경 내용 기록 등의 상태가 표시됩니다.

❾ 화면 보기 방식 및 확대/축소 도구 : 화면 보기 방식을 쪽 윤곽, 쪽 맞춤, 폭 맞춤 중에서 선택할 수 있고 화면을 확대하거나 축소할 수 있습니다.

쉽고 빠른 한글 Note / 기본 도구 상자 접기/펴기

메뉴 표시줄 오른쪽에 위치한 [기본 도구 상자 접기/펴기⌃]를 클릭하거나 Ctrl + F1 을 눌러 도구 상자를 접거나 펼 수 있습니다.

✅ **한글 2014&이전 버전** 메뉴 표시줄에서 마우스 오른쪽 버튼을 클릭하고 [도구 상자 접기/펴기]를 클릭합니다.

한글 빠르게 시작하기

한글을 실행하면 내 컴퓨터에서 불러오기, 한컴스페이스에서 불러오기, 최근 문서 목록이 표시됩니다. 우측에는 새 문서 서식, 온라인 서식 문서 내려받기 등 문서 창이 표시됩니다.

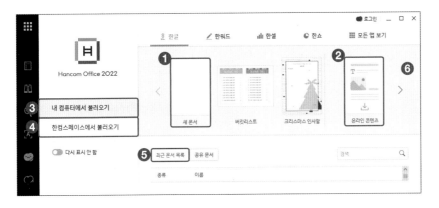

❶ 새 문서 : 새 문서를 작성할 때 사용합니다.

❷ 온라인 콘텐츠 : 업무에 필요한 서식 문서를 온라인으로 내려받아 사용할 수 있습니다.

❸ 내 컴퓨터에서 불러오기 : 내 컴퓨터에 저장된 문서를 불러올 때 사용합니다.

❹ 한컴스페이스에서 불러오기 : 한글과컴퓨터에서 제공하는 클라우드 서비스인 한컴스페이스에서 문서를 불러올 수 있습니다.

❺ 최근 문서 목록 : 최근 작업한 문서를 빠르게 불러올 수 있습니다.

❻ 문서 창 : 새 문서나 기본 서식 문서를 바로 열어 사용할 수 있습니다.

새 문서 만들고 저장하기

실습 파일 없음
완성 파일 없음

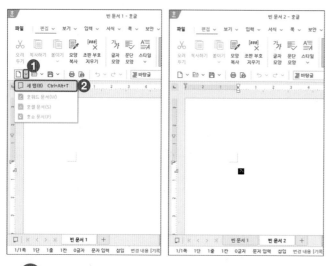

새 탭으로 새 문서 만들기(단축키 Ctrl + Alt + T)

01 새 창을 열지 않고 현재 열려 있는 작업 창에 탭을 추가하여 새 문서를 작성하겠습니다. 한 문서 창에서 여러 개의 문서를 탭 형식으로 추가해 배열하면 다른 문서로 전환하거나 참조할 때 빠르게 작업할 수 있습니다. ❶ 서식 도구 상자에서 [새 문서 🗋]의 ✔을 클릭하고 ❷ [새 탭]을 클릭합니다.

➕ [빈 문서 1] 탭의 오른쪽에 새 탭이 추가됩니다.

바로 통하는TIP [파일] 메뉴-[새 문서]-[새 탭]을 선택해도 되지만 단축키를 사용하면 좀 더 편리하게 탭을 추가하여 새 문서를 만들 수 있습니다.

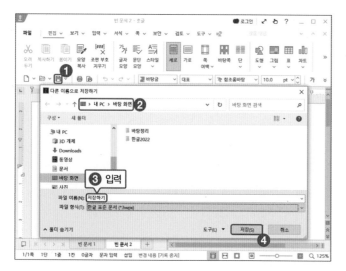

저장하기(단축키 Alt + S)

02 ❶ 서식 도구 상자에서 [저장하기 🖫]를 클릭합니다. ❷ [다른 이름으로 저장하기] 대화상자의 저장 위치에서 파일을 저장할 위치를 선택합니다. ❸ [파일 이름]에 **저장하기**를 입력하고 ❹ [저장]을 클릭합니다.

➕ [빈 문서 2] 탭이 '저장하기.hwp' 파일로 저장됩니다.

각각의 탭은 별개의 문서이므로 종료 시에는 각 탭을 별도의 파일로 저장해야 합니다. 문서를 저장하지 않은 상태로 [파일] 메뉴–[끝] 을 클릭하거나 단축키 [Alt]+[X]를 눌러서 문서를 종료하면 [빈 문서 1] 탭을 저장할지 묻는 메시지가 나타납니다. [저장]을 클릭하면 [다른 이름으로 저장하기] 대화상자에서 원하는 위치에 파일을 저장할 수 있습니다.

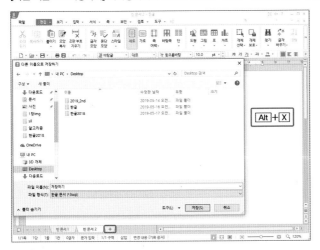

바로 통 하는 TIP [새 탭 +]을 클릭하면 문서 창을 여러 개 열지 않고 한 창에서 새 문서를 작성합니다.

현재 편집 중인 문서 파일을 그대로 두고 작업 내용을 새로운 파일로 저장하려면 [다른 이름으로 저장하기]를 사용합니다. 예를 들어 한글에서 기본으로 제공하는 이력서 서식 문서를 불러와 개인 이력서를 작성했다면 불러온 서식 파일을 그대로 두고 수정한 내용을 별도의 파일로 저장할 수 있습니다. 파일의 저장 위치, 저장할 파일 이름, 파일 형식도 [다른 이름으로 저장하기] 대화상자에서 새롭게 설정할 수 있습니다.

① 서식 도구 상자에서 [저장하기 🖫]의 ☑을 클릭합니다. ② [다른 이름으로 저장하기]를 클릭합니다(단축키 [Alt]+[V]). ③ [다른 이름으로 저장하기] 대화상자의 저장 위치에서 파일을 저장할 위치를 선택합니다. ④ [파일 이름]에 **다른 이름으로** 를 입력합니다. ⑤ [저장]을 클릭합니다. '다른 이름으로.hwp' 파일이 저장됩니다. 문서 탭의 이름노 [빈 문서 2]에서 [다른 이름으로]로 변경됩니다.

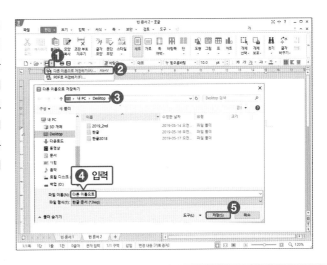

핵심기능

02

문서 불러와 암호 지정 및 해제하기

실습 파일 한글\1장\문서 불러와 암호 지정 및 해제하기.hwp
완성 파일 한글\1장\문서 불러와 암호 지정 및 해제하기_연습.hwp

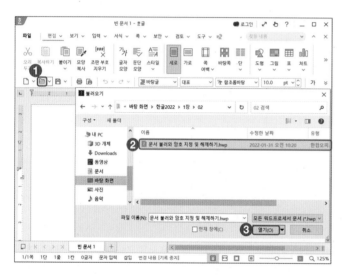

문서 불러오기(단축키 Alt+O)

01 저장한 문서를 다시 편집하기 위해 불러오겠습니다. ❶ 서식 도구 상자에서 [불러오기📁]를 클릭합니다. ❷ 예제 폴더에서 실습에 사용할 '문서 불러와 암호 지정 및 해제하기.hwp' 파일을 클릭합니다. ❸ [열기]를 클릭합니다.

➕ 구매품의서 양식 문서가 열립니다.

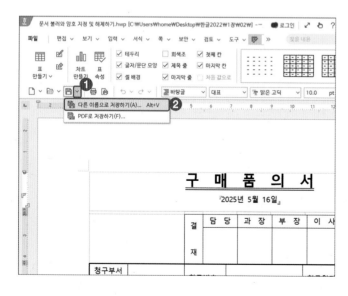

문서에 암호 설정하기

02 불러온 문서 파일에 암호를 지정하여 타인이 무단으로 문서를 열람하지 못하도록 설정해보겠습니다. ❶ 서식 도구 상자에서 [저장하기💾]의 ☑을 클릭합니다. ❷ [다른 이름으로 저장하기]를 클릭합니다.

➕ [다른 이름으로 저장하기] 대화상자가 나타납니다.

[파일] 메뉴—[불러오기]를 선택하거나 단축키 Alt + O, 또는 서식 도구 상자에서 [불러오기 📁]를 클릭하면 [불러오기] 대화상자가 표시됩니다. 문서가 저장된 폴더 위치를 지정하여 파일을 찾거나 불러올 파일의 형식을 설정하여 관련 파일만 표시한 후 문서를 선택할 수 있습니다. 최근에 편집한 문서는 [파일 이름]의 오른쪽 내림 단추 ✓를 클릭하여 빠르게 불러올 수 있습니다.

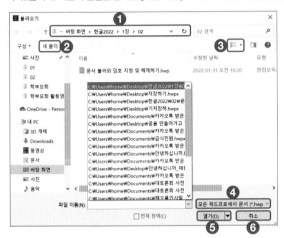

① **찾는 위치** : 문서를 찾을 해당 위치(폴더)를 선택합니다.

② **새 폴더** : 현재 폴더 아래에 새 폴더를 생성합니다.

③ **보기** : 목록에 파일이 표시되는 방식을 다양하게 지정할 수 있습니다.

④ **파일 형식** : [불러오기] 대화상자에 표시할 파일 형식을 선택합니다. 한글 문서뿐만 아니라 다양한 문서 형식을 선택할 수 있습니다.

⑤ **열기** : 파일을 선택하고 [열기]를 클릭하면 선택한 문서가 열립니다.

⑥ **취소** : [불러오기] 대화상자를 닫습니다.

✔ **한글 2014** [불러오기] 대화상자의 왼쪽 영역에서 [최근 문서]를 클릭해 최근에 사용한 문서를 빠르게 불러올 수 있습니다.

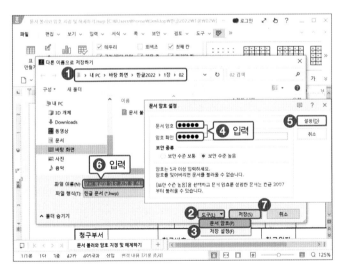

✔ **한글 2014** [다른 이름으로 저장하기] 대화상자에서 [문서 암호]를 클릭하면 [문서 암호 설정] 대화상자가 나타납니다.

암호 설정하고 저장하기

03 ❶ [다른 이름으로 저장하기] 대화상자의 저장 위치에서 파일 저장 위치를 지정합니다. ❷ [도구]를 클릭합니다. ❸ [문서 암호]를 클릭합니다. ❹ [문서 암호 설정] 대화상자가 표시되면 [문서 암호], [암호 확인]에 **12345**를 동일하게 입력하고 ❺ [설정]을 클릭합니다. ❻ [파일 이름]에 **문서 불러와 암호 지정 및 해제하기_연습.hwp**를 입력하고 ❼ [저장]을 클릭합니다.

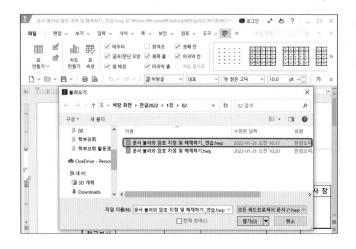

04 암호가 설정된 '문서 불러와 암호 지정 및 해제하기_연습.hwp' 파일이 저장되었습니다.

[문서 암호 설정] 대화상자에서 다섯 글자 이상의 암호를 설정합니다. 암호를 정확하게 입력하지 않으면 파일을 열 수 없으므로 주의합니다.

① **문서 암호** : 암호로 설정할 다섯 글자 이상의 문자를 입력합니다.

② **암호 확인** : 입력한 암호를 확인하기 위해 [문서 암호]와 같은 암호를 입력합니다.

③ **보안 종류** : 한글 2007 버전을 포함한 이전 버전에서도 해당 파일을 불러오고 싶다면 [보안 수준 보통]과 [보안 수준 높음] 중 [보안 수준 보통]을 클릭합니다.

암호 설정한 문서 불러오기

05 ❶ 작업 중인 예제 문서를 닫기 위해 [문서 닫기☒]를 클릭합니다. ❷ 서식 도구 상자에서 [불러오기📁]를 클릭합니다. ❸ 암호를 적용한 '문서 불러와 암호 지정 및 해제하기_연습.hwp' 파일을 더블클릭합니다. ❹ [문서 암호] 대화상자의 [현재 암호]에 **12345**를 입력합니다. ❺ [확인]을 클릭하여 암호가 지정된 문서를 불러옵니다.

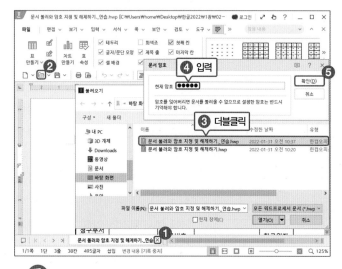

바로 통하는TIP　설정된 암호 해제하기

[보안] 메뉴-[문서 암호 변경/해제]를 클릭하고 [암호 변경/해제] 대화상자에서 [현재 암호]에 암호인 **12345**를 입력한 후 [해제]를 클릭하여 암호를 해제할 수 있습니다.

핵심기능

03

자동 저장 설정하기

실습 파일 한글\1장\문서 불러와 암호 지정 및 해제하기_연습.hwp
완성 파일 없음

한글
기본기

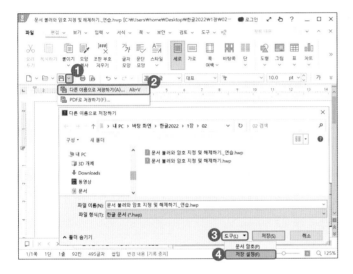

문서별로 자동 저장 옵션 설정하기

01 예기치 않은 상황으로부터 문서 소실을 방지할 수 있도록 일정 시간마다 자동 저장하는 방법을 살펴보겠습니다. ❶ 서식 도구 상자에서 [저장하기🖫]의 ✔을 클릭하고 ❷ [다른 이름으로 저장하기]를 클릭합니다. ❸ [다른 이름으로 저장하기] 대화상자에서 [도구]를 클릭하고 ❹ [저장 설정]을 클릭합니다.

➕ [저장 설정] 대화상자가 나타납니다.

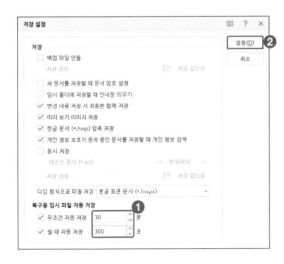

자동 저장 시간 설정하기

02 ❶ [저장 설정] 대화상자에서 [무조건 자동 저장]을 [30분], [쉴 때 자동 저장]을 [300초]로 설정합니다. ❷ [설정]을 클릭하여 대화상자를 닫습니다.

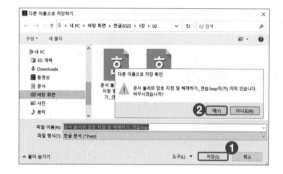

03 ❶ [다른 이름으로 저장하기] 대화상자에서 [저장]을 클릭합니다. ❷ 같은 이름의 파일을 새로 저장하는 파일로 바꾸겠냐는 메시지가 나타나면 [예]를 클릭합니다.

➕ 문서가 저장되고 자동 저장 시간이 설정됩니다.

바로 통하는TIP [도구] 메뉴–[환경 설정]을 클릭한 후 [환경 설정] 대화상자의 [파일] 탭에서 자동 저장 시간 설정 내용을 확인할 수 있습니다.

쉽고 빠른 한글 Note　[저장 설정] 대화상자 알아보기

[저장 설정] 대화상자에서는 문서를 저장할 환경을 미리 설정할 수 있습니다.

① **백업 파일 만듦** : 문서를 저장할 때 백업 파일을 별도로 저장합니다.

② **새 문서를 저장할 때 문서 암호 설정** : 새 문서로 저장할 때마다 [문서 암호 설정] 대화상자가 자동으로 나타나 암호를 설정할 수 있습니다.

③ **임시 폴더에 저장할 때 안내문 띄우기** : 임시 폴더에서 불러온 파일을 임시 폴더에 다시 저장하는 경우 문서가 삭제될 수 있으므로 다른 위치에 저장하는 것이 좋다는 안내문을 보여줍니다.

④ **변경 내용 저장 시 최종본 함께 저장** : 변경 내용을 저장할 때 마지막 문서를 함께 저장하고 싶다면 이 항목을 선택합니다.

⑤ **미리 보기 이미지 저장** : [불러오기] 대화상자의 미리 보기 창에 나타난 이미지를 문서에 저장합니다. 이 항목을 선택하면 미리 보기 속도가 빨라집니다.

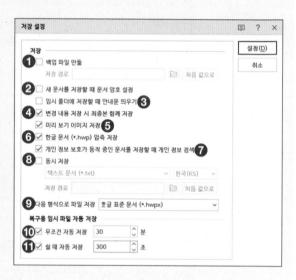

⑥ **한글 문서 (*.hwp) 압축 저장** : 문서를 압축해서 저장합니다.

⑦ **개인 정보 보호가 동작 중인 문서를 저장할 때 개인 정보 검색** : 개인 정보 보호가 포함된 문서를 다른 이름으로 저장할 때 문서에 개인 정보가 포함되어 있으면 자동으로 개인 정보를 검색합니다.

⑧ **동시 저장** : 문서를 저장할 때 다른 형식의 파일로 동시에 저장할 수 있습니다.

⑨ **다음 형식으로 파일 저장** : 저장할 문서의 형식을 변경할 수 있습니다.

⑩ **무조건 자동 저장** : 문서를 작성할 때 일정한 시간마다 무조건 자동 저장합니다. 1분~60분 사이의 값을 지정할 수 있습니다.

⑪ **쉴 때 자동 저장** : 문서 작성 중 일정 시간 이상 작업하지 않을 경우 자동 저장합니다. 1초~360초 사이의 값을 지정할 수 있습니다.

CHAPTER

02

입력 및
기본 편집하기

문서에 특수 문자나 단위 기호, 한자 등을 입력하는 방법에 대해 알아보 겠습니다. 자주 사용하는 한자 단어를 사전에 등록하는 기능, 실수하기 쉬운 오타와 맞춤법에 어긋나는 단어를 수정해주는 맞춤법 검사 기능도 살펴보겠습니다. 입력 및 편집 기능을 잘 활용하면 문서를 작성할 때 매 우 유용합니다.

우선순위

핵심기능

04

한자 입력 및 변환하기

실습 파일 한글\2장\한자 입력 및 변환하기.hwp
완성 파일 한글\2장\한자 입력 및 변환하기_완성.hwp

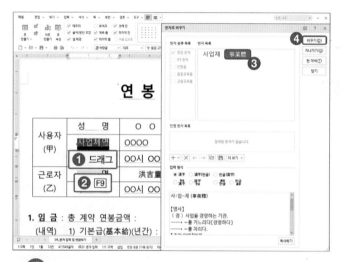

한글을 한자로 변환하기(단축키 F9)

01 한글에서 한자, 한자에서 한글 변환은 글자나 단어 단위로 변경할 수 있습니다. 예제 문서에서 '사업체명'을 한자로 변환해보겠습니다. ❶ 한자로 변환할 단어인 '사업체명'을 드래그합니다. ❷ F9 또는 한자를 누릅니다. ❸ [한자로 바꾸기] 대화상자의 [한자 목록]에서 [事業體]를 클릭하고 ❹ [바꾸기]를 클릭합니다.

➕ '사업체명'이 '事業體명'으로 변경됩니다.

바로 통하는 TIP '사업체명'에서 '사업체'만 선택되는 이유는 '사업체명'이라는 단어가 사전에 등록되어 있지 않기 때문입니다. 이 단계에서는 한자 사전에 이미 입력된 '사업체' 만 변환하고 '명'은 다음 단계에서 일반 한자로 찾아 변환합니다.

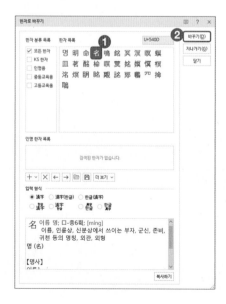

사전에 없는 글자를 한자로 변환하기

02 사전에 등록된 단어가 아닌 '명'은 글자 단위로 따로 변환합니다. [한자로 바꾸기] 대화상자의 [한자 목록]에 '명'이라는 음을 가진 한자가 제시됩니다. [자전 보이기]가 기본으로 선택되어 있으므로 한자의 뜻을 보면서 알맞은 한자를 선택할 수 있습니다. ❶ '이름'이라는 의미가 있는 [名]을 클릭하고 ❷ [바꾸기]를 클릭합니다.

➕ '事業體명'이 '事業體名'으로 변경됩니다.

바로 통하는 TIP [한자로 바꾸기] 대화상자에서 [더 보기]−[자전 보이기]를 클릭하면 대화상자 아래쪽에 자전이 펼쳐집니다.

한자로 변환할 한글 단어나 글자 뒤에서 [한자]를 누르면 [한자로 바꾸기] 대화상자가 나타납니다. 선택 가능한 한자 목록을 확인할 수 있으며 입력 형식을 설정할 수 있습니다.

① **한자 목록** : 한자 사전에 수록된 한자 중 선택 가능한 한자가 나타납니다. 한자는 다양한 뜻이 있으므로 아래쪽에 표시되는 자전에서 뜻을 정확히 확인한 후 선택합니다.

② **바꾸기** : 선택한 한자로 변환합니다.

③ **지나가기** : 선택한 단어를 한자로 변경하지 않을 때 클릭합니다.

④ **한 자씩** : 한자 사전에 등록되어 있지 않아 한자가 단어 단위로 제시되지 않을 때는 사용자가 직접 한자를 선택해 한 글자씩 변환합니다.

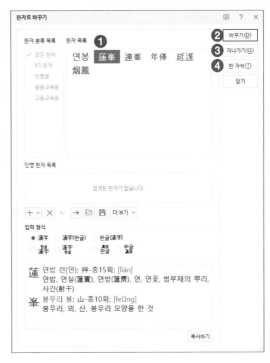

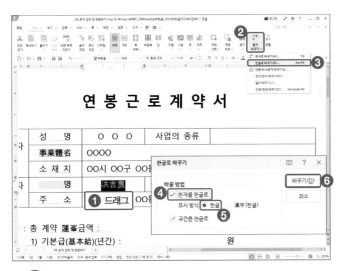

바로 통 하는 TIP [한글로 바꾸기] 대화상자의 [표시 방식]에서 [漢字(한글)]을 클릭하면 '洪吉童(홍길동)'과 같이 한자와 한글이 병기됩니다.

한자를 한글로 변환하기(단축키 Alt + F9)

03 한자로 입력된 근로자 성명 '洪吉童'을 한글로 변환해보겠습니다. ❶ 한글로 변환할 단어인 '洪吉童'을 드래그합니다. ❷ [편집] 메뉴-[글자 바꾸기 ⚙]를 클릭하고 ❸ [한글로 바꾸기]를 클릭합니다(단축키 Alt + F9). ❹ [한글로 바꾸기] 대화상자의 [바꿀 방법]에서 [한자를 한글로]에 체크하고 ❺ [표시 방식]에서 [한글]을 클릭한 후 ❻ [바꾸기]를 클릭합니다.

➕ '洪吉童'이 '홍길동'으로 변경됩니다.

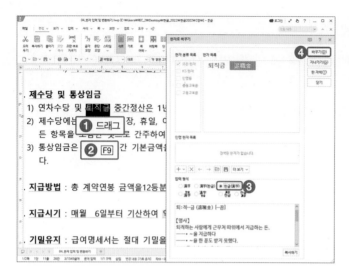

한글과 한자 함께 적기

04 한글과 한자를 함께 적어야 할 때가 있습니다. '퇴직금' 뒤에 괄호를 넣고 한자를 표시해보겠습니다. ❶ 한글과 한자를 함께 적을 단어인 '퇴직금'을 드래그합니다. ❷ F9 또는 한자 를 누르고 ❸ [한자로 바꾸기] 대화상자의 [입력 형식]에서 [한글(漢字)]을 클릭한 후 ❹ [바꾸기]를 클릭합니다.

➕ '퇴직금'이 '퇴직금(退職金)'으로 변경됩니다.

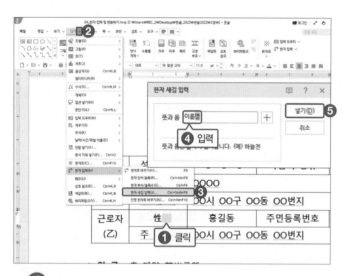

바로 **통** 하는TIP '새김'의 사전적 의미는 '한자를 읽을 때 음만 읽는 것이 아니라 음 앞에 뜻을 풀이해놓는다'라는 뜻으로, 사용자가 입력하고 싶은 한자의 뜻과 음을 대화상자에 직접 입력하여 문서에 한자를 삽입하는 방법입니다. 뜻과 음을 입력할 때는 붙여서 입력합니다.

한자 새김 입력하기(단축키 Ctrl + Shift + F9)

05 [한자 새김 입력]은 한자의 뜻과 음(새김)을 모두 입력해 찾는 방법입니다. 문서에는 근로자의 성명 입력란에 '性'만 입력되어 있습니다. '이름 명'을 새김으로 찾아 한자를 입력해보겠습니다. ❶ '性' 뒤를 클릭합니다. ❷ [입력▼] 메뉴를 클릭하고 ❸ [한자 입력]−[한자 새김 입력]을 클릭합니다(단축키 Ctrl + Shift + F9). ❹ [한자 새김 입력] 대화상자의 [뜻과 음]에 **이름명**을 입력하고 ❺ [넣기]를 클릭합니다.

➕ 이름 명 '名'이 본문에 입력됩니다.

한글에서는 일반 한자 사전에서처럼 총획수와 부수를 이용해 한자를 입력할 수 있습니다. 입력할 한자의 음을 정확히 알지 못할 때는 이 방법을 사용합니다.

01 총획수로 한자 입력하기

① 한자를 찾아 입력할 단어인 '월' 뒤의 괄호 안을 클릭하고 ② 단축키 Ctrl + F9 를 눌러 [한자 부수/총획수로 입력] 대화상자를 표시합니다. ③ [총획수로 입력] 탭을 클릭하고 ④ '月(달 월)'을 입력할 예정이므로 [총획수]를 [4]로 설정합니다. ⑤ 목록에서 [月]을 클릭하고 ⑥ [넣기]를 클릭합니다. '月'이 입력됩니다.

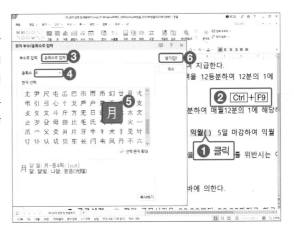

02 부수로 한자 입력하기

① 부수로 한자를 찾을 '익월' 뒤의 괄호 안을 클릭하고 ② 단축키 Ctrl + F9 를 눌러 [한자 부수/총획수로 입력] 대화상자를 표시합니다. ③ [부수로 입력] 탭을 클릭하고 ④ 부수에 '羽(깃 우)'를 입력할 예정이므로 [부수 획수]를 [6]으로 설정합니다. ⑤ [羽]를 클릭하고 ⑥ [나머지 획수]에서 [5]를 선택합니다. ⑦ 다음날을 뜻하는 [翌]을 클릭하고 ⑧ [넣기]를 클릭합니다. '익월' 중 '익'에 해당하는 '翌'이 입력됩니다.

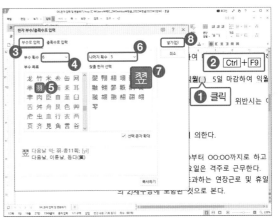

핵심기능

05

한자 사전에 자주 사용할
단어 직접 등록하기

실습 파일 한글\2장\한자 사전에 자주 사용할 단어 직접 등록하기.hwp
완성 파일 한글\2장\한자 사전에 자주 사용할 단어 직접 등록하기_완성.hwp

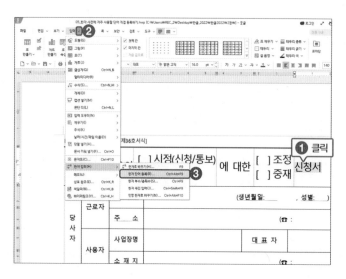

한자 단어 등록하기(단축키 Ctrl+Alt+F9)

01 예제 문서의 '신청서'를 한자 사전에 추가해보겠습니다. ❶ '신청서'를 클릭합니다. ❷ [입력▼] 메뉴를 클릭하고 ❸ [한자 입력]-[한자 단어 등록]을 클릭합니다(단축키 Ctrl+Alt+F9).

➕ [한자 단어 등록] 대화상자가 나타납니다.

[한자 단어 등록] 대화상자에서 한자로 바꾸기

02 [한자 단어 등록] 대화상자에서 [등록할 한자 단어]의 [한글]과 [한자]에는 '신청서'가 입력되어 있습니다. ❶ [바꾸기]에서 [한 글자씩 연속 바꾸기]를 클릭합니다. ❷ [한자로]를 클릭합니다.

➕ [한자로 바꾸기] 대화상자가 나타납니다.

03 ❶ [한자로 바꾸기] 대화상자의 [한자 목록]에서 [信]을 클릭하고 ❷ [바꾸기]를 클릭합니다. ❸ [한자로 바꾸기] 대화상자에서 '청'을 변환할 [廳]을 클릭하고 ❹ [바꾸기]를 클릭합니다. ❺ [한자로 바꾸기] 대화상자에서 '서'를 변환할 [書]를 클릭하고 ❻ [바꾸기]를 클릭합니다. '신청서'가 '信廳書'로 변환됩니다.

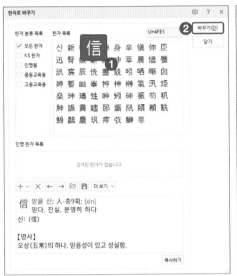

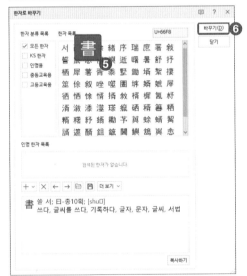

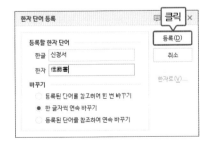 **TIP** [바꾸기]를 클릭하면 한 글자씩 변환됩니다. 단어 범위를 선택하고 F9를 누르거나 한자를 누르면 단어로 변환할 수 있습니다.

변환한 단어 사전에 등록하기

04 [한자 단어 등록] 대화상자로 되돌아와 한자 변환이 완료되었는지 확인하고 [등록]을 클릭합니다.

➕ 한자 사전에 '신청서(信廳書)'가 등록됩니다.

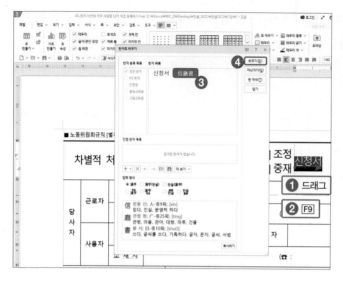

한자 사전에 등록한 단어 사용하기

05 ❶ 본문의 '신청서'를 드래그하고 ❷ 한자 또는 F9를 누릅니다. ❸ [한자로 바꾸기] 대화상자에서 앞서 등록한 '信廳書'를 클릭하고 ❹ [바꾸기]를 클릭합니다.

➕ 한자 사전에 등록된 '信廳書'로 변경됩니다.

바로통하는TIP 한자를 잘못 등록한 경우에는 [한자로 바꾸기] 대화상자의 [한자 목록]에서 해당 한자를 클릭한 후 [한자 단어 지우기 ×]를 클릭합니다. 한자 사전에서 단어가 삭제됩니다.

쉽고 빠른 한글 Note | **[한자 단어 등록] 대화상자 알아보기**

한자 사전에 등록되어 있지 않은 단어를 사용자가 사전에 추가할 때 사용합니다.

① **한글** : 문서에서 선택한 한글이 표시됩니다. 등록할 한자음을 직접 입력할 수 있습니다.

② **한자** : 등록할 한자음을 한자로 변환하여 입력합니다. 우선 한글로 단어를 입력하고 [한자로]를 클릭하거나 한자를 눌러 [한자로 바꾸기] 대화상자를 불러온 후 [한자 목록]에서 원하는 한자를 찾아 변환합니다.

③ **등록된 단어를 참조하여 한 번 바꾸기** : [한글]에 입력된 한글을 한자로 바꿉니다. 한 번에 한 글자씩만 변환합니다.

④ **한 글자씩 연속 바꾸기** : [한글]에 입력된 한글을 한자로 바꿀 때 한 번에 한 글자씩 연속적으로 변환합니다.

⑤ **등록된 단어를 참조하여 연속 바꾸기** : [한글]에 입력된 한글을 한자 사전에 등록된 단어를 참조하여 한 단어씩 연속적으로 변환합니다.

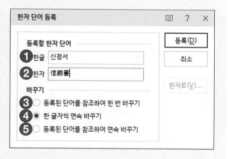

핵심기능

06

문자표를 이용하여 특수 문자 입력하기

실습 파일 한글\2장\문자표를 이용해 특수 문자 입력하기.hwp
완성 파일 한글\2장\문자표를 이용해 특수 문자 입력하기_완성.hwp

문자표를 이용해 특수 문자 입력하기(단축키 Ctrl + F10)

01 '10년' 앞에 특수 문자 '■'를 입력해보겠습니다. **①** '10년' 앞을 클릭합니다. **②** [입력] 메뉴-[문자표※]의 ✔을 클릭하고 **③** [문자표]를 클릭합니다.

⊕ [문자표 입력] 대화상자가 나타납니다.

바로 통 하는 TIP [입력] 메뉴-[문자표※]를 클릭하면 최근에 사용한 문자가 자동으로 입력됩니다.

특수 문자 찾기

02 **①** [문자표] 대화상자에서 [호글(HNC) 문자표] 탭을 클릭합니다. **②** [문자 영역]-[전각 기호(일반)]를 클릭합니다. **③** [문자 선택]에서 [■]를 클릭하고 **④** [넣기]를 클릭합니다.

⊕ '10년' 앞에 '■'가 입력됩니다.

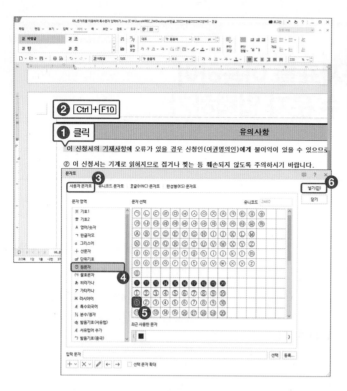

원문자 입력하기

03 2쪽 유의사항 앞에 원문자 번호를 입력해보겠습니다. ❶ '이 신청서'앞을 클릭하고 ❷ 단축키 [Ctrl]+[F10]을 누릅니다. ❸ [문자표] 대화상자의 [사용자 문자표] 탭을 클릭하고 ❹ [문자 영역]-[원문자]를 클릭합니다. ❺ [문자 선택]에서 [①]을 클릭합니다. ❻ [넣기]를 클릭합니다.

➕ '이 신청서' 앞에 '①'이 입력됩니다.

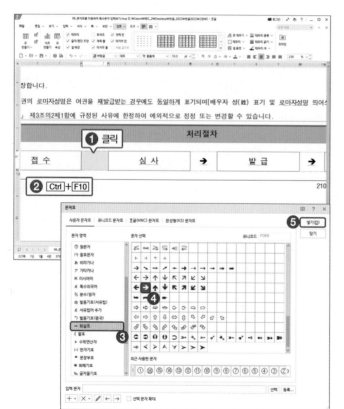

화살표 입력하기

04 '처리절차' 아래에는 화살표 기호를 입력해보겠습니다. ❶ '접수'와 '심사' 사이를 클릭하고 ❷ 단축키 [Ctrl]+[F10]을 누릅니다. ❸ [문자표] 대화상자에서 [사용자 문자표] 탭-[문자 영역]-[화살표]를 클릭합니다. ❹ [문자 선택]에서 [→]를 클릭합니다. ❺ [넣기]를 클릭합니다.

➕ '접수'와 '심사' 사이에 '→'가 입력됩니다.

핵심기능

07

단위 기호 입력하기

실습 파일 한글\2장\단위 기호 입력하기.hwp
완성 파일 한글\2장\단위 기호 입력하기_완성.hwp

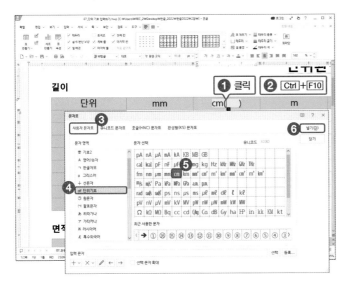

cm 입력하기

01 길이 표의 빈칸에 해당 단위 기호를 입력해보겠습니다. ❶ 길이 표에서 'cm' 뒤의 '( )' 안쪽을 클릭하고 ❷ 단축키 Ctrl + F10을 누릅니다. ❸ [문자표] 대화상자의 [사용자 문자표] 탭을 클릭하고 ❹ [문자 영역]–[단위 기호]를 클릭합니다. ❺ [문자 선택]에서 [cm]를 클릭하고 ❻ [넣기]를 클릭합니다.

➕ ( ) 안에 'cm'가 입력됩니다.

통화 단위 입력하기

02 통화와 관련된 화폐 단위도 [문자표] 대화상자에서 찾아 입력할 수 있습니다. ❶ 통화표에서 '일본 ¥' 뒤의 '( )' 안쪽을 클릭합니다. ❷ 단축키 Ctrl + F10을 누릅니다. ❸ [문자표] 대화상자에서 [사용자 문자표] 탭에서 [문자 영역]–[화폐기호]를 클릭합니다. ❹ [¥]을 클릭합니다. ❺ [넣기]를 클릭합니다.

➕ '( )' 안에 통화 단위인 '¥'이 입력됩니다.

2014 \ NEO \ 2018 \ 2020 \ 2022

메모 사용하기

실습 파일 한글\2장\메모 사용하기.hwp
완성 파일 한글\2장\메모 사용하기_완성.hwp

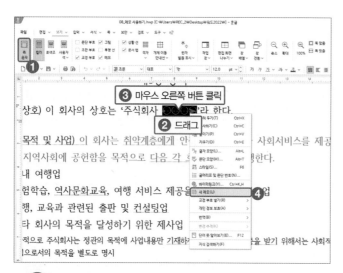

메모 삽입하기

01 다른 사용자와 공동으로 작업하는 문서에 메모를 삽입해 전달 사항을 남겨보겠습니다. ❶ [보기] 메뉴-[쪽 윤곽▣]을 클릭하여 화면 오른쪽에 메모가 표시될 수 있도록 준비합니다. ❷ 본문 첫째 줄의 '○○○○'를 드래그하여 선택하고 ❸ 마우스 오른쪽 버튼으로 클릭한 후 ❹ [새 메모]를 클릭합니다.

➕ 선택한 부분에 메모가 삽입됩니다. 메모 안내선과 화면 오른쪽에 메모 내용이 표시됩니다.

바로 통 하는TIP 쪽 윤곽이 설정되어 있지 않을 경우 화면 아래쪽에 메모가 표시됩니다. 이미 편집 화면에 쪽 윤곽이 활성화되어 있다면 [쪽 윤곽]은 클릭하지 않습니다. [검토] 메뉴-[새 메모▣]]를 클릭해도 메모를 추가할 수 있습니다.

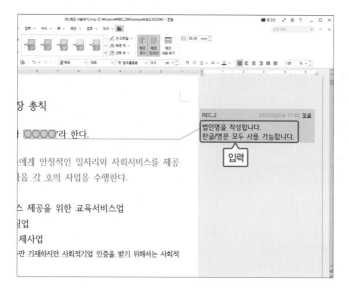

메모에 전달 사항 입력하기

02 메모에 **법인명을 작성합니다. 한글/영문 모두 사용 가능합니다.**를 입력합니다.

➕ 해당 위치에 메모가 삽입되었습니다.

바로 통 하는TIP 메모가 삽입되면 해당 단어와 메모가 안내선으로 연결됩니다. 메모가 어느 단어에 삽입되었는지 쉽게 확인할 수 있습니다.

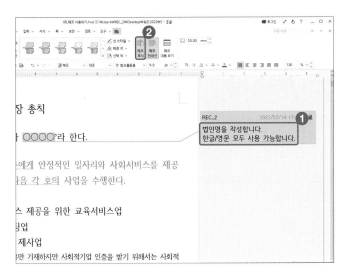

메모 숨기기

03 삽입한 메모가 거추장스럽다면 작업하는 동안 숨겼다가 원할 때 다시 표시할 수 있습니다. ❶ 메모가 표시된 상태에서 내용이 입력된 메모를 클릭합니다. ❷ [메모] 메뉴-[메모 표시🖹]를 클릭합니다.

➕ 메모가 숨겨져 화면에서 사라집니다.

바로 통 하는 TIP [메모] 메뉴는 메모를 클릭했을 때 활성화되어 나타납니다.

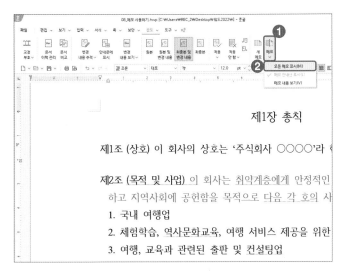

메모 표시하기

04 숨긴 메모를 다시 표시하는 방법을 살펴보겠습니다. ❶ [검토] 메뉴-[메모🖹]를 클릭하고 ❷ [모든 메모 표시]를 클릭합니다.

➕ 숨겨졌던 메모가 다시 화면에 나타납니다.

✅ **한글 NEO&이전 버전** [메모 보이기/숨기기]를 클릭합니다.

바로 통 하는 TIP [검토☑] 메뉴-[모든 메모 표시]를 클릭해도 됩니다.

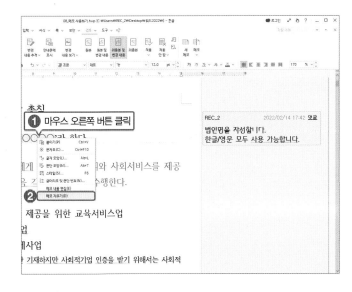

메모 지우기

05 문서에서 메모를 지워보겠습니다. ❶ 삭제할 메모를 마우스 오른쪽 버튼으로 클릭합니다. ❷ [메모 지우기]를 클릭합니다.

➕ 삽입되었던 메모가 지워집니다.

바로 통 하는 TIP [메모] 메뉴-[메모 지우기]를 클릭해도 됩니다.

핵심기능

09

책갈피/하이퍼링크 이용하기

실습 파일 한글\2장\책갈피 하이퍼링크 이용하기.hwp
완성 파일 한글\2장\책갈피 하이퍼링크 이용하기_완성.hwp

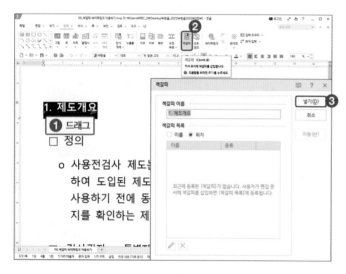

책갈피 추가하기(단축키 Ctrl + K, B)

01 쪽수가 많은 문서에서 자주 찾는 위치에 책갈피를 표시하여 해당 위치를 편리하게 찾아가도록 설정해보겠습니다. ❶ 예제 문서 3쪽에 있는 '1. 제도 개요'를 드래그합니다. ❷ [입력] 메뉴-[책갈피📑]를 클릭합니다. ❸ [책갈피] 대화상자에서 [넣기]를 클릭합니다.

➕ [책갈피 목록]에 [1. 제도개요]가 추가됩니다.

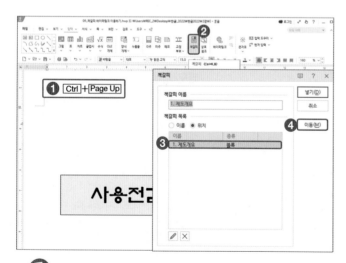

추가한 책갈피로 이동하기

02 다른 쪽에서 책갈피를 추가한 위치로 이동해보겠습니다. ❶ 문서의 1쪽으로 이동하기 위해 단축키 Ctrl + Page Up을 누릅니다. ❷ [입력] 메뉴-[책갈피📑]를 클릭합니다. ❸ [책갈피] 대화상자의 [책갈피 목록]에서 책갈피로 추가해둔 [1. 제도 개요]를 클릭하고 ❹ [이동]을 클릭합니다.

➕ 책갈피가 삽입된 3쪽의 '1. 제도개요' 위치로 커서가 이동합니다.

바로 통 하는TIP 단축키 Ctrl + Page Up을 누르면 문서의 맨 앞쪽으로 이동하고 Ctrl + Page Down을 누르면 문서의 마지막 쪽으로 이동합니다.

[책갈피] 대화상자에서는 새로운 책갈피를 추가하거나 기존의 책갈피를 편집, 수정, 삭제할 수 있습니다. 책갈피를 여러 개 추가했다면 이름이나 위치 순서로 정렬해서 볼 수 있습니다. 책갈피 목록에서 책갈피 이름을 선택한 후 [이동]을 클릭하면 해당 위치로 커서가 이동합니다.

① **책갈피 이름** : 책갈피로 사용할 이름을 입력합니다.
② **책갈피 목록** : 문서에 추가한 책갈피가 나타납니다.
③ **책갈피 정렬 기준** : 이름 또는 위치를 기준으로 정렬을 변경할 수 있습니다.

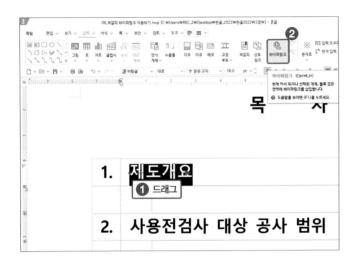

하이퍼링크 추가하기

03 하이퍼링크가 적용된 단어를 클릭하면 작성 중인 문서 내에 설정해 둔 위치나 인터넷 웹페이지, 전자 우편 프로그램 등으로도 바로 이동할 수 있습니다. ❶ 2쪽의 목차에서 '제도개요'를 드래그합니다. ❷ [입력] 메뉴-[하이퍼링크⊕]를 클릭합니다.

➕ [하이퍼링크] 대화상자가 나타납니다.

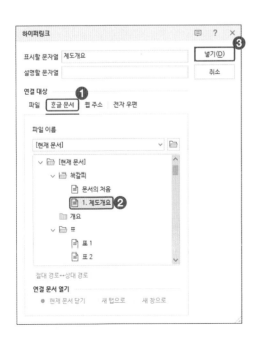

04 ❶ [하이퍼링크] 대화상자에서 [연결 대상]-[호글 문서] 탭을 클릭합니다. ❷ 선택 창에서 앞서 설정한 책갈피인 [1. 제도개요]를 클릭하고 ❸ [넣기]를 클릭합니다.

➕ 책갈피를 설정한 3쪽 본문 '1. 제도개요'로 이동할 수 있는 하이퍼링크가 추가됩니다. 2쪽 목차에서 '제도개요'를 클릭하면 3쪽 본문에 해당하는 '1. 제두개요'로 커서가 이동합니다

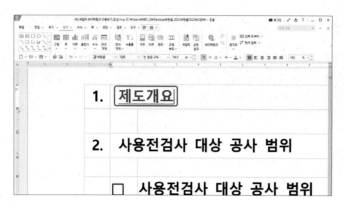

하이퍼링크 확인하기

05 하이퍼링크가 적용된 글자는 그림과 같이 글자색이 파란색으로 변경되며 밑줄이 표시됩니다.

바로 통 하는 TIP 하이퍼링크를 설정한 후 방문 이력이 없는 경우에는 글자가 파란색으로 표시되며, 클릭해서 이동한 후에는 보라색으로 표시됩니다.

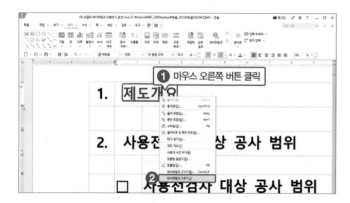

하이퍼링크 지우기

06 ❶ 하이퍼링크가 적용된 단어를 마우스 오른쪽 버튼으로 클릭합니다. ❷ [하이퍼링크 지우기]를 클릭하면 하이퍼링크가 지워집니다.

바로 통 하는 TIP 하이퍼링크를 수정하려면 같은 방법으로 [하이퍼링크 고치기]를 클릭합니다.

쉽고 빠른 한글 Note　　[하이퍼링크] 대화상자 알아보기

선택한 단어나 문구에 하이퍼링크를 설정할 때 나타나는 대화상자입니다. 같은 문서 내에서 이동할 수 있을 뿐만 아니라 외부 문서나 웹사이트로도 쉽게 이동할 수 있습니다.

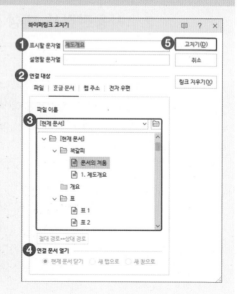

① **표시할 문자열** : 하이퍼링크를 표시할 문자열을 입력합니다. 문서 내에서 하이퍼링크를 설정한 단어를 선택하고 대화상자를 불러오면 선택한 부분이 이름으로 자동 입력됩니다. 이름을 변경하면 문서에서도 해당 텍스트가 수정되어 하이퍼링크가 적용됩니다.

② **연결 대상** : 하이퍼링크로 연결할 대상을 선택합니다. 파일, 한글 문서, 웹 주소, 전자 우편 주소 중에서 선택할 수 있습니다.

③ **연결 대상 선택 창** : [연결 대상]을 [한글 문서]나 [웹 주소]로 선택한 경우에 연결 대상 선택 창에서 하이퍼링크로 이동할 개체나 주소를 선택할 수 있습니다. [연결 대상]을 [웹 주소]로 선택하면 인터넷 익스플로러에서 즐겨찾기로 등록한 웹사이트 목록이 표시되어 간편하게 하이퍼링크를 설정할 수 있습니다.

④ **연결 문서 열기** : 하이퍼링크에 연결된 문서를 여는 방식을 선택합니다. 현재 문서를 닫고 연결된 문서를 불러오거나 새 탭 혹은 새 창으로 문서를 열 수 있습니다.

⑤ **넣기/고치기** : 하이퍼링크를 설정하고 문서에 적용할 때 [넣기]를 클릭합니다. [고치기]는 이미 적용된 하이퍼링크를 수정할 때 사용합니다.

🔵 우선순위

핵심기능

10

| 2014 | NEO | 2018 | 2020 | 2022 |

맞춤법 검사하기

실습 파일 한글\2장\맞춤법 검사하기.hwp
완성 파일 한글\2장\맞춤법 검사하기_완성.hwp

맞춤법 검사하기

01 맞춤법 검사기를 이용하여 오탈자를 찾아 수정해보겠습니다. ❶ 맞춤법 검사를 시작할 '[ABCD 건물]' 앞을 클릭합니다. ❷ [도구] 메뉴—[맞춤법 🖊]을 클릭합니다. ❸ [맞춤법 검사/교정] 대화상자에서 [시작]을 클릭하면 검사가 시작됩니다.

✅ **한글 NEO, 2018** [도구] 메뉴—[맞춤법 검사]를 클릭합니다.

바로 통 하는 TIP 맞춤법 검사를 시작하기 전에 클릭한 위치부터 검사가 시작됩니다.

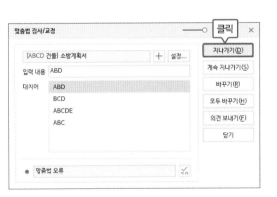

맞춤법 검사 지나가기

02 맞춤법 검사는 회사 이름 같은 고유 명사와 한자어도 오류로 인식하므로 이때는 [지나가기]를 클릭하여 넘어갑니다. [바꾸기]와 [지나가기]를 이용해 문서 전체의 맞춤법을 확인하고 수정할 수 있습니다. 'ABCD'와 같은 이름은 맞춤법 검사가 필요 없으므로 [지나가기]를 클릭합니다.

맞춤법 수정하기

03 [맞춤법 검사/교정] 대화상자에서 [입력 내용]과 [대치어]를 보고 검출한 오류를 확인합니다. [대치어]가 정확하다면 [바꾸기]를 클릭하여 오류를 수정합니다.

➕ '소방계획서'가 '소방 계획서'로 수정됩니다.

바로 통하는TIP 맞춤법이 수정되면 자동으로 다음 오류 단어로 이동합니다.

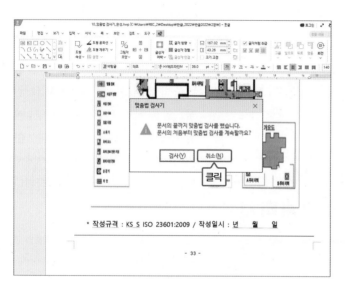

맞춤법 검사 마무리하기

04 맞춤법 검사가 끝나면 맞춤법 검사를 계속할지 묻는 메시지가 나타납니다. [취소]를 클릭해 맞춤법 검사를 종료합니다.

➕ [맞춤법 검사/교정] 대화상자가 사라집니다.

바로 통하는TIP 맞춤법 검사 시작 전의 커서 위치부터 맞춤법 검사를 시작했으므로 문서의 처음부터 맞춤법 검사를 계속할지 물어봅니다. 계속 검사를 진행하거나 취소할 수 있습니다.

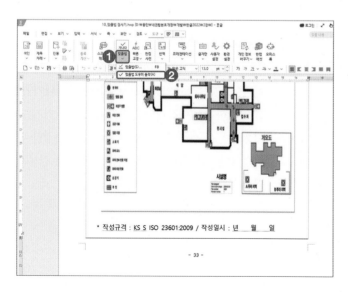

맞춤법 도우미 동작 활성화/비활성화하기

05 맞춤법 도우미가 활성화되면 오류 문장에 빨간색 밑줄이 나타납니다. 오류 표시가 문서를 볼 때 불편하다면 보이지 않도록 설정할 수 있습니다. ❶ [도구] 메뉴—[맞춤법✓]의 ☑을 클릭하고 ❷ [맞춤법 도우미 동작]을 클릭합니다.

➕ 맞춤법 검사 도우미가 비활성화되어 오류 문자에 표시된 빨간색 밑줄이 사라집니다.

맞춤법 검사를 실행하면 현재 커서 위치부터 문서 끝까지 맞춤법 검사가 실행됩니다. [맞춤법 검사/교정] 대화상자에서 맞춤법에 맞지 않는 단어가 검색되면 [대치어]에 나타난 단어 중 적합한 말을 선택합니다.

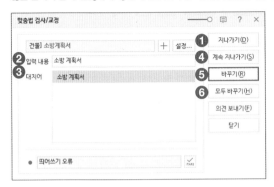

① **시작/지나가기** : 맞춤법 검사를 시작합니다. 검색 항목이 있으면 [지나가기]로 표시됩니다.

② **입력 내용** : 맞춤법에 어긋나는 단어가 나타납니다.

③ **대치어** : 맞춤법 사전의 내용을 검색해 맞춤법에 맞는 추천 단어를 표시합니다.

④ **계속 지나가기** : 맞춤법 검사에서는 오류로 인식되지만, 맞춤법에 맞는 경우 선택합니다.

⑤ **바꾸기** : [대치어] 목록에서 맞는 단어를 선택하고 [바꾸기]를 클릭하면 해당 단어로 변경됩니다.

⑥ **모두 바꾸기** : 맞춤법에 어긋나는 단어를 모두 바꿉니다.

2014 \ NEO \ 2018 \ 2020 \ 2022

주소를 영문으로 변경하기

실습 파일 한글\2장\주소를 영문으로 변경하기.hwp
완성 파일 한글\2장\주소를 영문으로 변경하기_완성.hwp

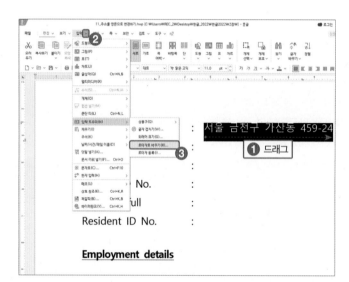

로마자로 바꾸기

01 ① 본문의 한글 주소를 드래그하여 선택합니다. ② [입력▼] 메뉴를 클릭합니다. ③ [입력 도우미]-[로마자로 바꾸기]를 클릭합니다.

➕ [로마자로 바꾸기] 대화상자가 나타납니다.

주소 바꾸기

02 ① [로마자로 바꾸기] 대화상자에서 [주소]를 클릭합니다. ② [바꾸기]를 클릭합니다.

➕ 주소가 '459-24, Gasan-dong, Geumcheon-gu, Seoul'처럼 로마자로 변환됩니다.

CHAPTER

03

문서 편집과
글꼴 꾸미기

글꼴은 문서를 이루는 기본 요소입니다. 글꼴, 글자 색, 장평, 자간 등을 적절히 조정해야 가독성 있는 문서를 만들 수 있습니다. 특정 글자와 단어에 그림자, 강조점, 음영 등을 적절히 사용해 돋보이게 만드는 방법에 대해서도 알아봅니다.

핵심기능

12

클립보드 사용하기

실습 파일 한글\3장\클립보드 사용하기.hwp
완성 파일 한글\3장\클립보드 사용하기_완성.hwp

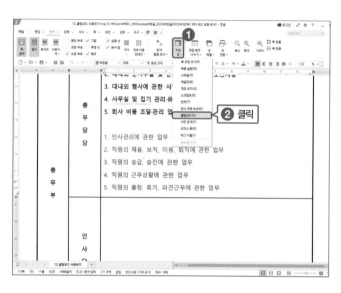

[클립보드] 작업 창 펴기

01 [클립보드] 작업 창을 사용하면 저장한 내용을 직접 보면서 문서에 추가할 수 있습니다. ❶ [보기] 메뉴–[작업 창🔲]을 클릭하고 ❷ [클립보드]를 클릭하여 화면 오른쪽에 [클립보드] 작업 창을 펼칩니다.

➕ [클립보드] 작업 창이 활성화됩니다.

✔️ **한글 NEO** 화면 오른쪽의 [작업 창 접기/펴기]를 클릭하여 작업 창을 펼칠 수 있습니다.

작업 창 접기/펴기

클립보드

쉽고 빠른 한글 Note | [클립보드] 작업 창 알아보기

복사할 내용을 차례로 여러 개 저장해두었다가 원하는 내용을 붙여 넣을 때 [클립보드] 작업 창을 사용할 수 있습니다.

① 본문에서 복사하여 클립보드에 저장된 내용입니다.
② **작업 창 접기/펴기** : 작업 창을 접고 펼 수 있습니다.
③ **모두 붙이기** : 현재 [클립보드] 작업 창에 저장된 내용을 문서에 모두 붙여 넣습니다.
④ **모두 지우기** : [클립보드] 작업 창에 저장된 내용을 모두 지울 때 사용합니다

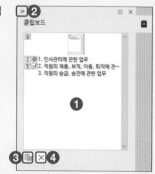

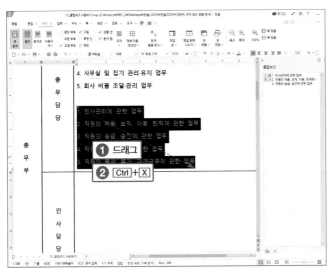

문단 선택하여 복사하기

02 예제 문서에서 '총무 담당'의 '분장 업무' 중에서 빨간색으로 적힌 글자를 아래쪽 '인사 담당' 부분으로 이동해보겠습니다. ❶ 이동할 문단을 드래그하고 ❷ Ctrl+X를 누릅니다. [편집] 메뉴-[오려두기]를 클릭해도 됩니다.

➕ 오려낸 내용이 [클립보드] 작업 창에 복사됩니다.

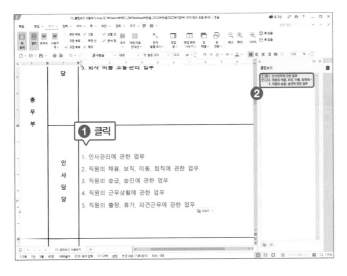

문단 붙여넣기

03 ❶ '인사 담당'의 빈칸을 클릭하고 ❷ [클립보드] 작업 창에서 앞서 복사한 내용을 클릭합니다.

➕ 커서 위치에 오려둔 내용이 붙여 넣어집니다.

바로 통하는 TIP [클립보드] 작업 창을 이용하면 저장된 내용이 순서대로 보이므로 이전에 복사하거나 오려둔 내용도 문서에 쉽게 추가할 수 있습니다. 바로 직전에 복사하거나 오려낸 내용은 단축키 Ctrl+V로 붙여 넣을 수 있습니다.

쉽고 빠른 한글 Note 　마우스로 드래그하여 문단 이동하기

내용을 단순히 이동할 때는 굳이 클립보드를 이용하지 않고 드래그하여 쉽게 이동할 수 있습니다. ① 이동할 문장이나 문단을 드래그하여 선택한 후 ② 이동할 위치로 드래그합니다.

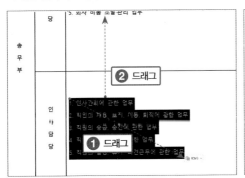
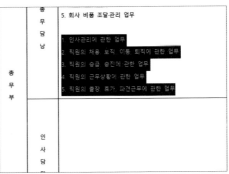

글꼴, 글자 색, 글자 크기 변경하기

실습 파일 한글\3장\글꼴, 글자 색, 글자 크기 변경하기.hwp
완성 파일 한글\3장\글꼴, 글자 색, 글자 크기 변경하기_완성.hwp

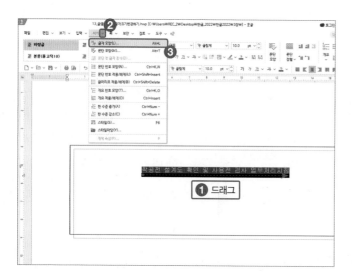

[글자 모양] 대화상자에서 글꼴 변경하기(단축키 Alt + L)

01 예제 문서의 제목인 '착공전 설계도 확인 및 사용전 검사 업무처리지침'의 글꼴 서식을 [글자 모양] 대화상자에서 변경해보겠습니다. 글꼴뿐만 아니라 글자 크기, 색, 속성 등도 변경할 수 있습니다. ① '착공전 설계도 확인 및 사용전 검사 업무처리지침'을 드래그합니다. ② [서식✓] 메뉴를 클릭하고 ③ [글자 모양]을 클릭합니다.

➕ [글자 모양] 대화상자가 나타납니다.

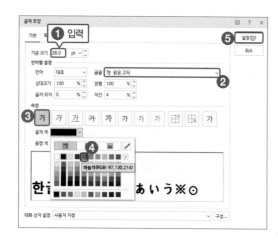

02 ① [글자 모양] 대화상자가 나타나면 [기준 크기]에 **28**을 입력하고 ② [글꼴]-[맑은 고딕]을 선택합니다. ③ [속성]-[진하게**가**]를 클릭합니다. ④ [글자 색]-[하늘색(RGB: 97,130,214)]을 클릭하고 ⑤ [설정]을 클릭합니다.

➕ 글꼴과 속성, 글자 색이 변경되었습니다.

✅ **한글 NEO** 글자 색에 이름이 표시되지 않고 RGB 값으로 표시됩니다.

[글자 모양] 대화상자의 [기본] 탭에서는 글꼴, 글자 크기, 장평 및 자간, 색 등을 설정할 수 있습니다. 변경할 글자를 드래그한 후 [서식] 메뉴-[글자 모양]을 클릭하거나 단축키 Alt + L 을 누릅니다. 대화상자 아래쪽에 표시되는 미리 보기 화면에서 글자 모양을 확인하면서 다양한 서식을 적용할 수 있습니다.

① **상대 크기** : 기준 크기에 대한 언어별 글자 크기를 정합니다. 한 문서 내에서 한글과 영문, 한자를 함께 쓸 때는 글꼴 크기가 서로 다른 경우가 많은데, 이때 언어별로 적당한 상대 크기를 정해놓으면 편리합니다. 기본 기준 크기는 100%입니다.

② **장평** : 크기는 그대로 유지하면서 글자의 가로 폭을 줄이거나 늘려 글자 모양에 변화를 줄 때 사용합니다.

③ **글자 위치** : 기본선을 기준으로 글자를 위나 아래로 움직입니다.

④ **자간** : 글자와 글자 사이의 간격을 조절합니다.

⑤ **속성** : 글꼴에 굵기, 기울이기, 밑줄, 외곽선, 그림자, 첨자 등을 설정합니다.

⑥ **대화 상자 설정** : 설정 패턴이 정형화되어 있는 경우 그 값을 파일로 저장해두었다가 필요할 때 선택하여 사용할 수 있는 기능입니다.

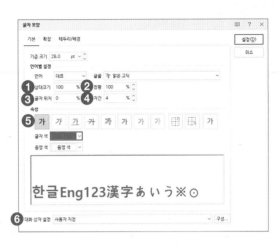

[서식] 메뉴의 도구를 이용해 글꼴 변경하기

03 [서식] 메뉴의 도구를 이용하면 좀 더 빠르게 글자 모양을 꾸밀 수 있습니다. ❶ 1쪽 아래 부분에서 '과학기술정보통신부'를 드래그합니다. ❷ [서식] 메뉴-[글꼴]-[굴림], ❸ [크기]-[20pt]를 선택합니다. ❹ [진하게 가]를 클릭합니다. ❺ [글자 색]의 ∨을 클릭하고 ❻ [주황(RGB: 255,132,58)]을 클릭합니다.

➕ 글꼴, 글자 크기, 속성, 글자 색 등이 변경됩니다.

바로 통하는 TIP 글꼴 서식은 메뉴 바로 아래쪽에 있는 서식 도구 상자를 이용해 설정할 수도 있습니다.

핵심기능 14

밑줄 및 음영 지정하기

실습 파일 한글\3장\밑줄 및 음영 지정하기.hwp
완성 파일 한글\3장\밑줄 및 음영 지정하기_완성.hwp

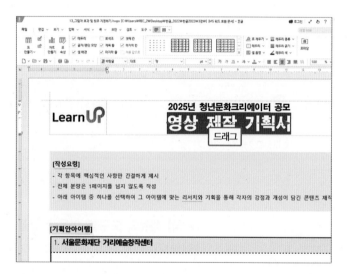

글자에 밑줄 넣기

01 문서 제목에 밑줄을 적용하고 밑줄 색을 변경해보겠습니다. '영상 제작 기획서'를 드래그합니다.

글자에 밑줄 서식 적용하기

02 ❶ [서식] 메뉴-[밑줄[가]]의 ☑을 클릭한 후 ❷ [원형 점선]을 클릭합니다. ❸ 다시 [밑줄[가]]의 ☑을 클릭하고 ❹ [밑줄 색]-[하양(RGB: 255,255,255) 50% 어둡게]를 클릭합니다.

➕ 문서 제목에 밑줄이 적용됩니다.

바로 통하는TIP 글자에 다양한 밑줄을 지정한 예입니다. 글자에 적용된 나눔고딕 서체는 네이버에서 '나눔 글꼴'을 검색하여 다운로드한 후 설치할 수 있습니다.

2025년 청년문화크리에이터 공모
영상 제작 기획서

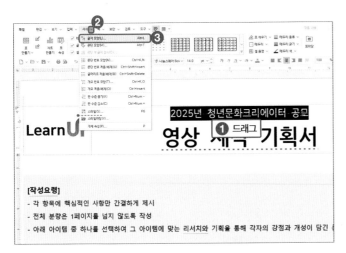

글자 음영 및 테두리 지정하기(단축키 Alt+L)

03 문서 본문 첫 번째 줄에 음영과 테두리를 지정해보겠습니다. ❶ 본문의 '2025년~공모'를 드래그하고 ❷ [서식▾] 메뉴를 클릭한 후 ❸ [글자 모양]을 클릭합니다.

➕ [글자 모양] 대화상자가 나타납니다.

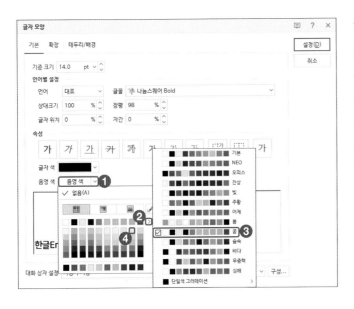

글자에 음영 지정하기

04 ❶ [글자 모양] 대화상자에서 [기본] 탭-[음영 색]을 클릭합니다. ❷ 색상표에서 [테마 색상표▷]를 클릭하고 ❸ [꿈]을 클릭합니다. ❹ 색상표에서 [(RGB: 76,198,169) 80% 밝게]를 클릭합니다.

문서 편집 & 글꼴

쉽고 빠른 한글 Note | [글자 모양] 대화상자의 [테두리/배경] 탭 알아보기

[글자 모양] 대화상자의 [테두리/배경] 탭에서 글자에 적용한 테두리의 종류, 굵기, 색, 무늬 색 등을 설정합니다. 대화상자 내 미리 보기 화면을 확인하면서 다양한 테두리 모양과 무늬를 적용할 수 있습니다.

① **테두리**: 글자에 적용한 테두리의 종류, 굵기, 색을 설정합니다.
② **테두리 적용 상자**: 테두리를 어떤 위치에 적용할지 선택합니다. 위, 아래, 좌, 우를 각각 선택하거나 모든 위치를 한번에 선택할 수 있습니다.
③ **배경**: 글자에 적용한 배경에 면 색, 무늬 색, 무늬 모양을 설정합니다.

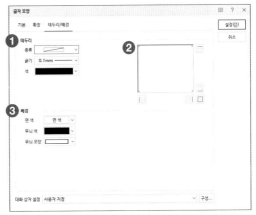

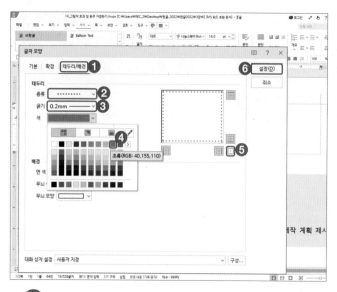

테두리/배경 설정하기

05 ❶ [글자 모양] 대화상자에서 [테두리/배경] 탭을 클릭합니다. ❷ [테두리]-[종류]를 [점선]으로 선택하고 ❸ [굵기]-[0.2mm]로 설정한 후 ❹ [색]-[초록(RGB: 40,155,110)]을 선택합니다. ❺ 테두리 서식을 적용하기 위해 테두리 적용 상자에서 [모두▣]를 클릭한 후 ❻ [설정]을 클릭합니다.

➕ 본문에 음영 및 테두리가 적용되었습니다.

 바로 통하는TIP 글자에 다양한 음영을 지정한 예입니다.

쉽고 빠른 한글 Note | **형광펜 기능으로 문장 강조하기**

형광펜 기능은 문서의 특정 부분을 강조할 때 사용합니다. 형광펜 표시는 편집 화면에서만 보이고 인쇄되지 않습니다.

① 강조할 문단을 드래그하여 선택합니다. ② [서식] 메뉴-[형광펜🖉]의 ✓을 클릭하고 ③ [밝은 연두색(RGB: 186, 255,26)]을 선택합니다. 형광펜을 취소하려면 형광펜이 지정된 범위를 드래그하고 [형광펜🖉]의 ✓을 클릭한 후 [없음]을 클릭합니다.

우선순위

핵심기능

15 그림자, 강조점, 취소선 적용하기

실습 파일 한글\3장\그림자, 강조점, 취소선 적용하기.hwp
완성 파일 한글\3장\그림자, 강조점, 취소선 적용하기_완성.hwp

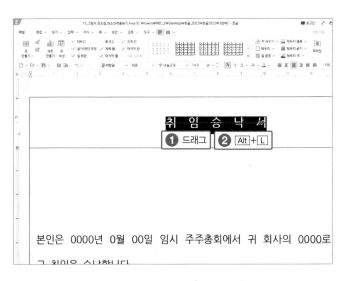

[글자 모양] 대화상자에서 글자에 그림자 지정하기

01 예제 문서의 글자에 그림자를 적용하여 꾸며보겠습니다. ❶ '취임 승낙서'를 드래그하고 ❷ 단축키 Alt +L을 누릅니다.

➕ [글자 모양] 대화상자가 나타납니다.

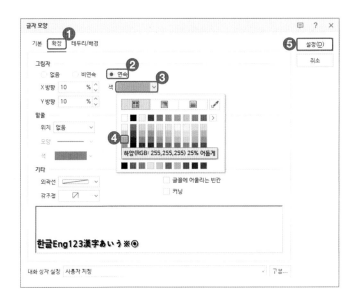

02 ❶ [글자 모양] 대화상자에서 [확장] 탭을 클릭하고 ❷ [그림자]–[연속]을 클릭합니다. ❸ [색]을 클릭하고 ❹ [하양(RGB: 255,255,255) 25% 어둡게]를 클릭합니다. ❺ [설정]을 클릭합니다.

➕ 본문에 그림자가 적용됩니다.

문서
편집
&
글꼴

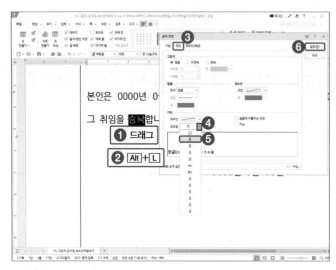

글자에 강조점 지정하기

03 글자가 두드러져 보이도록 강조점을 적용해보겠습니다. ❶ '승낙'을 드래그하고 ❷ 단축키 Alt + L 을 누릅니다. ❸ [글자 모양] 대화상자에서 [확장] 탭을 클릭합니다. ❹ [강조점 ▼]을 클릭하고 ❺ 글자 위에 검은 점 하나가 찍힌 모양인 ⬛를 클릭합니다. ❻ [설정]을 클릭합니다.

➕ 강조점이 적용됩니다.

  글자에 그림자, 강조점, 취소선을 적용한 예입니다.

취 임 승 낙 세

▲ 비연속 그림자, 연속 그림자, 강조점, 취소선

쉽고 빠른 한글 Note [글자 모양] 대화상자의 [확장] 탭 알아보기

[글자 모양] 대화상자의 [확장] 탭에서는 글자의 그림자, 밑줄, 취소선, 외곽선, 강조점 등을 설정합니다.

① **그림자** : 글자의 그림자 모양을 [없음], [비연속], [연속] 중에 선택하여 설정합니다.

② **밑줄** : 밑줄의 위치, 모양, 색을 선택합니다.

③ **취소선** : 취소선의 모양과 색을 선택합니다.

④ **글꼴에 어울리는 빈칸** : 글자 사이 빈칸의 폭을 현재 입력하는 글꼴이 가지고 있는 본래의 폭으로 나타냅니다. 이 항목에 체크가 되어 있지 않으면 빈칸의 폭을 글자 크기의 1/2로 설정합니다.

⑤ **커닝** : 영문을 입력할 때 연속되는 두 글자 사이의 간격을 자동으로 보기 좋게 조정합니다.

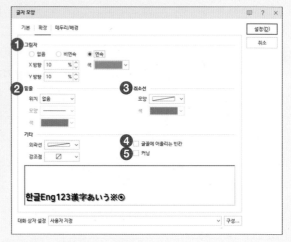

우선순위

핵심기능

16

자간과 장평 조정하기

실습 파일 한글\3장\자간과 장평 조정하기.hwp
완성 파일 한글\3장\자간과 장평 조정하기_완성.hwp

자간 넓히기(단축키 Alt + Shift + W)

01 글자의 자간은 [글자 모양] 대화상자에서 정확한 수치를 입력해 조정할 수 있습니다. ❶ '이전등록 신청서'를 드래그하고 ❷ [서식✓] 메뉴를 클릭한 후 ❸ [글자 모양]을 클릭합니다. ❹ [글자 모양] 대화 상자의 [기본] 탭에서 [자간]에 **50**을 입력하고 ❺ [설정]을 클릭합니다. 자간이 넓게 수정됩니다.

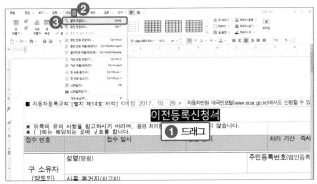

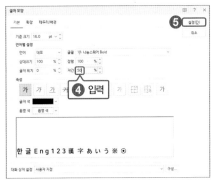

바로 통 하는TIP 자간을 조절한 예입니다. 자간은 글자 크기를 100%로 보고 글 자 크기만큼 글자 간격을 띄어줍니다. 기본값은 0%이며, −50%∼50% 범위에서 설정할 수 있습니다.

이 전 등록신청서

▲ '이전' 자간 : 50%, '등록' 자간 : 0%, '신청서' 자간 : −20%

도구 모음 이용해 자간 좁히기

02 도구 모음에서 조금씩 자간을 조정하는 방법도 있습니다. ❶ '이전 등록신정서'를 드래그하고 ❷ [서식] 메뉴−[글자 자간 좁게]를 클릭합니다. 클릭할 때마다 자간이 1%씩 줄 어듭니다.

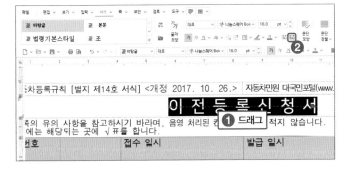

바로 통 하는TIP 단축키 Alt + Shift + N 을 누르면 자간이 1%씩 좁아지고 Alt + Shift + W 를 누르면 자간이 1%씩 넓어집니다.

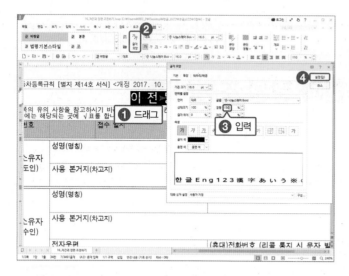

장평 늘리기

03 장평은 한 글자를 기준으로 가로 너비를 늘리거나 줄이는 기능입니다. [글자 모양] 대화상자를 이용하여 문서 제목의 장평을 조절해보겠습니다. ❶ '이전등록신청서'를 드래그하고 ❷ [서식] 메뉴-[글자 모양]을 클릭합니다. ❸ [글자 모양] 대화상자에서 [기본] 탭-[장평]에 **150**을 입력하고 ❹ [설정]을 클릭합니다.

➕ 제목의 장평이 150%로 변경됩니다.

바로 통하는TIP 장평을 조절한 예입니다. 장평은 글자의 가로세로 비율을 1:1로 보고 비율에 맞추어 가로 길이를 조절해줍니다. 장평은 50%~200% 범위에서 설정할 수 있고 기본값은 100%입니다.

이 전 등록 신청서

▲ '이전' 장평 : 200%, '등록' 장평 : 100%, '신청서' 장평 : 50%

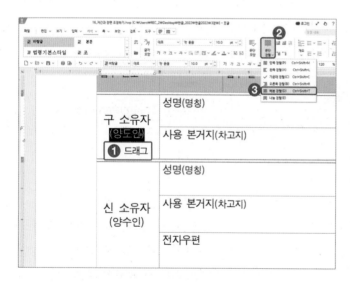

문단 배분 정렬하기

04 배분 정렬은 표와 같이 정해진 폭이 있는 개체 안의 문자 자간을 자동으로 변경하여 맞춰주는 기능입니다. ❶ 배분 정렬할 '(양도인)'을 드래그합니다. ❷ [서식] 메뉴-[문단 정렬]을 클릭하고 ❸ [배분 정렬]을 클릭합니다.

➕ 셀의 너비만큼 자동으로 문자의 자간이 변경됩니다.

(양 도 인)

핵심기능

17

글자 모양 복사하기

실습 파일 한글\3장\글자 모양 복사하기.hwp
완성 파일 한글\3장\글자 모양 복사하기_완성.hwp

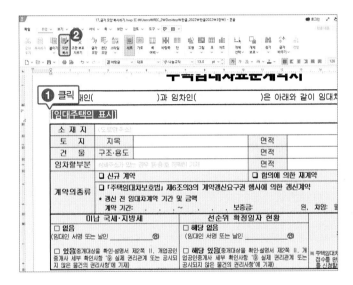

[모양 복사] 대화상자에서 글자 모양 복사하기(단축키 Alt+C)

01 상위 항목의 제목에서 사용한 글자 모양을 하위 항목에 동일하게 적용해보겠습니다. ❶ 글자 모양을 복사할 '[임대주택의 표시]' 앞부분을 클릭합니다. 드래그하지 않고 커서만 위치시킵니다. ❷ [편집] 메뉴-[모양 복사📋]를 클릭합니다.

➕ [모양 복사] 대화상자가 나타납니다.

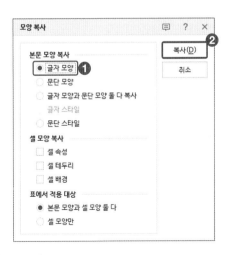

02 ❶ [모양 복사] 대화상자에서 [본문 모양 복사]-[글자 모양]을 클릭하고 ❷ [표에서 적용 대상]-[복사]를 클릭합니다.

➕ 글자 모양이 복사됩니다.

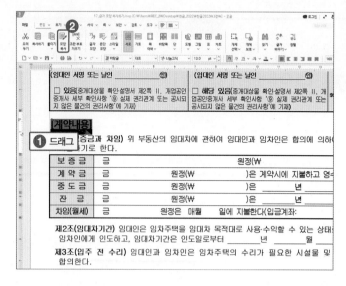

글자 모양 붙여넣기(단축키 Alt + C)

03 ❶ 복사한 글자 모양을 적용할 '계약 내용'을 드래그합니다. ❷ [편집] 메뉴−[모양 복사 ▣]를 클릭합니다(단축키 Alt + C).

➕ 앞서 '[임대주택의 표시]'에서 복사한 글자 모양대로 '[계약 내용]'의 글자 모양 및 서식 스타일이 변경됩니다.

쉽고 빠른 한글 Note   [모양 복사] 대화상자 알아보기

문서를 만들다 보면 같은 스타일로 통일해 글자나 문단을 꾸며야 하는 경우가 많은데, 이때 일일이 서식을 찾아 적용하려면 번거롭습니다. 모양 복사 기능을 사용하면 본문에 사용된 글자 서식뿐 아니라 문단 서식까지 복사해 원하는 부분에 똑같이 적용할 수 있습니다.

① **본문 모양 복사** : 글자 모양, 문단 모양, 글자 모양과 문단 모양 둘 다 복사, 글자 스타일, 문단 스타일 중 복사할 모양을 선택합니다.

② **셀 모양 복사** : 표 안에서만 사용할 수 있는 옵션으로 커서 위치의 글자나 문단 모양, 스타일뿐 아니라 현재 셀의 셀 속성이나 셀 테두리, 셀 배경까지 함께 복사해 다른 셀에 그대로 덮어쓸 수 있습니다.

③ **표에서 적용 대상** : 본문 모양과 셀 모양을 둘 다 복사할지, 셀 모양만 복사할지를 설정합니다.

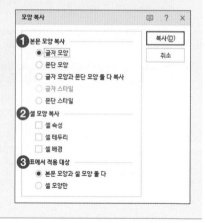

CHAPTER

04

문단
꾸미기

한글로 문서를 작성하면 문단을 꾸미고 통일된 형태의 문서를 완성할
수 있습니다. 문자 앞에 번호를 넣거나 번호 서식을 간단히 변경하는 기
능, 들여쓰기, 내어쓰기, 문단 줄 간격 조정 기능 등을 사용해 문단을 정
돈해보겠습니다. 나아가 특정 문단을 강조하여 체계적이고 통일된 문서
를 만드는 방법에 대해서 알아보겠습니다.

줄 간격 및 문단 여백 설정하기

실습 파일 한글\4장\줄 간격 및 문단 여백 설정하기.hwp
완성 파일 한글\4장\줄 간격 및 문단 여백 설정하기_완성.hwp

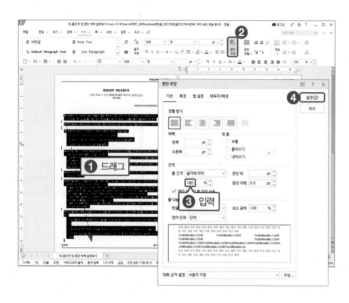

줄 간격 조절하기(단축키 Alt + T)

01 예제 문서 1쪽~2쪽의 내용이 2쪽 끝까지 꽉 차도록 편집해보겠습니다. ❶ 줄 간격을 조절할 1쪽 '제1조'부터 2쪽 마지막 '시행한다'까지 전체 문단을 드래그합니다. ❷ [서식] 메뉴-[문단 모양] 을 클릭합니다. ❸ [문단 모양] 대화상자에서 [기본] 탭-[간격]-[줄 간격]에 **180**을 입력하고 ❹ [설정]을 클릭합니다.

➕ 선택한 문단이 한쪽에 꽉 차게 줄 간격이 변경되었습니다.

서식 도구 상자에서 줄 간격 조절하기

02 서식 도구 상자의 [줄 간격]에서 직접 줄 간격을 변경해도 됩니다. 줄 간격을 줄여보겠습니다. 문단 전체가 선택된 상태에서 [줄 간격]에 **155**를 입력한 후 Enter 를 누릅니다.

➕ 줄 간격이 줄어듭니다.

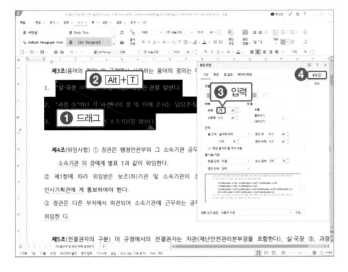

문단 여백 설정하기

03 문단의 왼쪽 여백과 오른쪽 여백을 설정할 수 있습니다. 첫 번째 문단의 하위 항목이 제목보다 들여써지도록 왼쪽 여백을 조금 늘려보겠습니다. ❶ '"실·국장 ⑨"이란~소속직원을 말한다.' 문단을 드래그하고 ❷ 단축키 Alt + T를 누릅니다. ❸ [문단 모양] 대화상자에서 [기본] 탭-[여백]-[왼쪽]에 **25**를 입력하고 ❹ [설정]을 클릭합니다.

➕ 선택한 범위의 왼쪽 여백이 25pt로 변경됩니다.

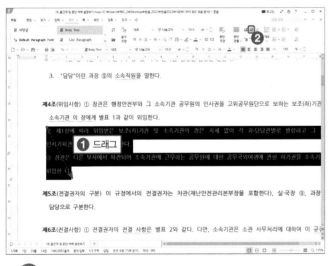

[서식] 메뉴를 이용해 문단 여백 설정하기

04 두 번째 문단의 하위 항목도 왼쪽 여백을 변경해보겠습니다. ❶ '② 제1항에 따라 위임받은~' 문단을 드래그하고 ❷ [서식] 메뉴-[왼쪽 여백 늘리기]를 클릭합니다.

➕ [왼쪽 여백 늘리기]를 클릭할 때마다 왼쪽 여백이 1pt씩 증가합니다.

바로 통하는 TIP 한글 기본 글꼴 크기 10pt를 기준으로 여백 10pt는 한 글자만큼의 여백을 의미합니다. 즉, 여백을 20pt로 설정하면 두 글자만큼의 여백이 설정됩니다.

들여쓰기와 내어쓰기

실습 파일 한글\4장\들여쓰기와 내어쓰기.hwp
완성 파일 한글\4장\들여쓰기와 내어쓰기_완성.hwp

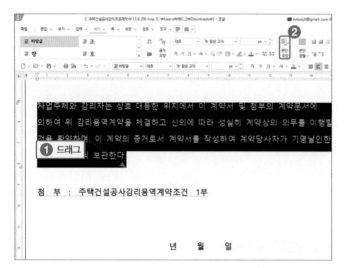

문단 첫 줄 들여쓰기(단축키 Ctrl+F6)

01 예제 문서 2쪽의 가운데 문단에 첫 줄 들여쓰기를 적용해보겠습니다. ❶ 가운데 문단을 드래그합니다. ❷ [서식] 메뉴-[문단 모양 ▼]을 클릭합니다(단축키 Alt+T).

➕ [문단 모양] 대화상자가 나타납니다.

✔ **한글 2014** [편집] 메뉴-[문단 모양]을 클릭합니다.

들여쓰기 설정하기

02 ❶ [문단 모양] 대화상자에서 [기본] 탭-[첫 줄]-[들여쓰기]를 클릭하고 ❷ [설정]을 클릭합니다.

➕ 첫 줄 들여쓰기가 적용됩니다.

바로 통하는 TIP 들여쓰기 10pt는 글꼴 크기 10pt인 한글 기준으로 한 글자 너비를 의미합니다. 들여쓰기와 내어쓰기는 일반적으로 한 글자씩 적용하므로 기본값으로 10pt가 설정되어 있습니다. 물론 이 수치는 원하는 대로 설정할 수 있습니다.

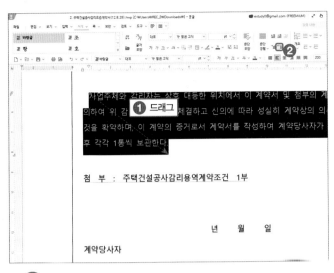

문단 첫 줄 내어쓰기(단축키 Ctrl+ F5)

03 다시 가운데 문단에 첫 줄 내어쓰기를 적용해보겠습니다. **①** 가운데 문단을 드래그하고 **②** [서식] 메뉴-[첫 줄 내어쓰기📋]를 클릭합니다.

➕ [첫 줄 내어쓰기]를 클릭할 때마다 1pt씩 내어쓰기가 적용됩니다.

바로 통 하는 TIP 들여쓰기와 내어쓰기는 일반적으로 최소 10pt 이상 지정하므로 [문단 모양] 대화상자에서 설정하는 것이 편리합니다. 그 외에 문단 꾸미기와 관련된 세부 설정은 도구 모음이나 단축키를 이용해 조절하는 것이 편리합니다.

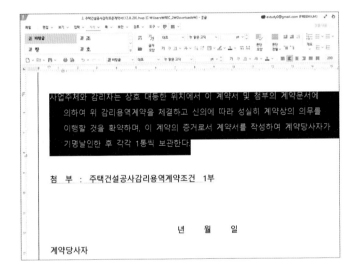

04 [첫 줄 내어쓰기]로 20pt를 적용했습니다.

개요 번호와 문단 번호 활용하기

실습 파일 한글\4장\개요 번호와 문단 번호 활용하기.hwp
완성 파일 한글\4장\개요 번호와 문단 번호 활용하기_완성.hwp

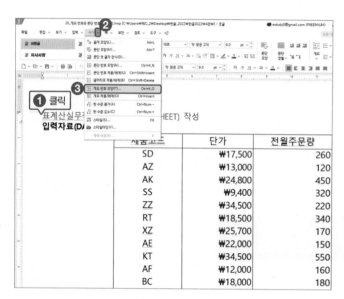

개요 번호 지정하기(단축키 Ctrl + K, O)

01 예제 문서에서 각 행의 글자 모양과 크기 등이 유사하게 편집되어 있어 문서 전체의 개요를 알아보기 어렵습니다. 개요 번호를 적용해 문서 전체의 구조를 한눈에 구분하여 알아볼 수 있도록 수정해보겠습니다. ❶ 개요 번호를 지정할 문서의 첫 번째 행을 클릭해 커서를 위치시킵니다. ❷ [서식☑] 메뉴를 클릭하고 ❸ [개요 번호 모양]을 클릭합니다.

➕ [개요 번호 모양] 대화상자가 나타납니다.

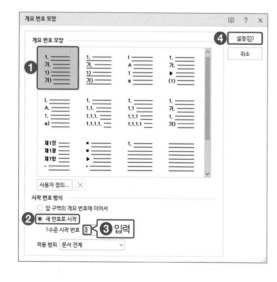

개요 번호 적용하기

02 ❶ [개요 번호 모양] 대화상자에서 [개요 번호 모양] 목록 중 첫 번째 항목을 클릭합니다. ❷ [시작 번호 방식]-[새 번호로 시작]을 클릭하고 ❸ [1수준 시작 번호]에 **3**을 입력합니다. ❹ [설정]을 클릭합니다.

➕ [1수준 시작 번호]는 개요 번호가 시작될 번호를 설정하는 항목입니다. 커서가 있던 문장에 개요 번호 '3'이 적용됩니다.

3. 표계산실무작업 작업표(WORK SHEET) 작성		
입력자료(DATA)		
제품코드	단가	전월주문량
SD	₩17,500	260
AZ	₩13,000	120

개요 번호 수준 변경하기

03 예제 문서의 두 번째 행에는 첫 번째 행의 하위 수준으로 개요 번호를 표시해보겠습니다. ❶ 두 번째 행을 클릭합니다. ❷ [서식] 메뉴-[개요📇]를 클릭합니다.

➕ 앞서 지정한 개요 수준의 다음 번호인 '4'가 자동으로 적용됩니다.

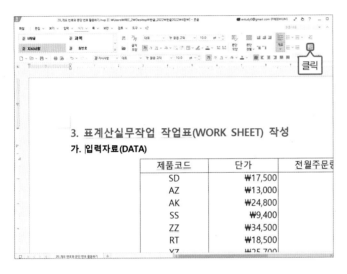

개요 수준 감소시키기

04 커서가 두 번째 행에 위치한 상태에서 [서식] 메뉴-[한 수준 감소📑]를 클릭합니다. 개요 수준이 한 단계 감소하여 '4'가 '가'로 변경되었습니다. 개요 수준의 모양은 앞서 설정한 [개요 번호 모양] 테마에 따라 자동 변경됩니다.

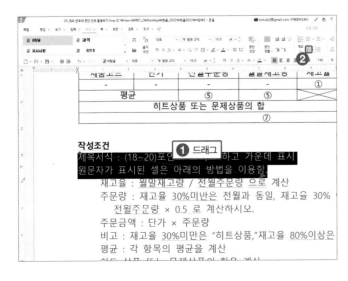

문단 번호 지정하기

05 '작성조건'이 있는 중간 위치로 이동하여 문단 번호를 표시해보겠습니다. ❶ '제목 서식~이용함'을 드래그하고 ❷ [서식] 메뉴-[문단 번호📑]를 클릭합니다.

➕ 개요 번호가 선택 범위에 적용되어 '1', '2'가 각각 추가됩니다.

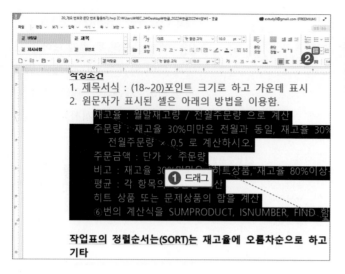

하위 항목에도 문단 번호 표시하기

06 ❶ '재고율~작성'을 드래그하고
❷ [서식] 메뉴-[문단 번호📋]의 ✓
을 클릭합니다.

➕ 문단 번호가 추가됩니다.

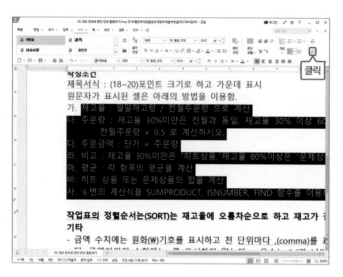

문단 번호 수준 변경하기

07 하위 항목 문단이 선택된 상태
에서 [서식] 메뉴-[한 수준 감소📑]
를 클릭합니다.

➕ 문단 번호 수준이 한 단계 감소하여 '가', '나',
'다' 등으로 변경됩니다.

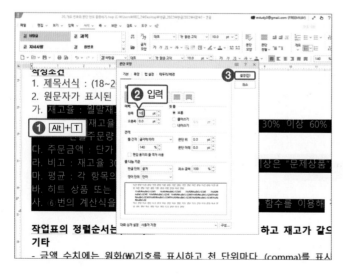

문단 여백 설정하기

08 ❶ 단축키 Alt+T를 누릅니다.
❷ [문단 모양] 대화상자에서 [기본]
탭-[여백]-[왼쪽]에 **10**을 입력하고
❸ [설정]을 클릭합니다.

➕ 문단 번호 [2수준]의 왼쪽 여백이 10pt로 적
용됩니다.

置

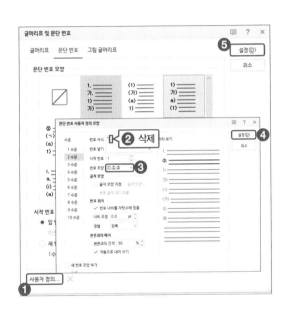

문단 번호 모양 사용자 정의하기

09 번호 모양은 지정된 테마 외에도 사용자가 원하는 모양으로 직접 변경할 수 있습니다. 이미 지정된 문단 번호의 모양을 바꿔보겠습니다. ❶ '재고율~작성'을 드래그하고 ❷ [서식] 메뉴-[문단 번호▤]의 ✔을 클릭한 후 ❸ [문단 번호 모양]을 클릭합니다.

➕ [글머리표 및 문단 번호] 대화상자가 나타납니다.

10 ❶ [글머리표 및 문단 번호] 대화상자에서 [문단 번호] 탭-[사용자 정의]를 클릭합니다. ❷ [문단 번호 사용자 정의 모양] 대화상자에서 [수준]-[2수준]-[번호 서식]에 입력되어 있는 '^2.'의 마침표(.)를 삭제합니다. ❸ [번호 모양]은 [①, ②,③]으로 선택하고 ❹ [설정]을 클릭합니다. ❺ [글머리 표 및 문단 번호] 대화상자로 돌아와 다시 [설정]을 클릭합니다.

11 적용된 문단 모양을 확인합니다.

작성조건
1. 제목서식 : (18~20)포인트 크기로 하고 가운데 표시
2. 원문자가 표시된 셀은 아래의 방법을 이용함.
①. 재고율 : 월말재고량 / 전월수문량 으로 계산
②. 주문량 : 재고율 30%미만은 전월과 동일, 재고율 30% 이상 60% 미딘
　　전월주문량 × 0.5 로 계산하시오.
③. 주문금액 : 단가 × 주문량
④. 비고 : 재고율 30%비반은 "히트상품","재고율 80%이상은 "문제상품",
⑤. 평균 : 각 항목의 평균을 계산
⑥. 히트 상품 또는 문제상품의 합을 계산
⑦. ⑥번의 계산식을 SUMPRODUCT, ISNUMBER, FIND 함수를 이용해 작

작업표의 정렬순서는(SORT)는 재고율에 오름차순으로 하고 재고가 같으면
기타

바로 통하는 TIP 개요 번호나 문단 번호가 지정된 행에서 Enter를 누르면 같은 수준의 다음 번호가 자동으로 입력됩니다.

⑦. ⑥번의 계산식을 SUMPRODUCT, ISNUMBER, FIND 함수를 이용해 작성
⑧.
작업표의 정렬순서는(SORT)는 재고율에 오름차순으로 하고 재고가 같으면 주

스타일 적용하기

2014 \ NEO \ 2018 \ 2020 \ 2022

실습 파일 한글\4장\스타일 적용하기.hwp
완성 파일 한글\4장\스타일 적용하기_완성.hwp

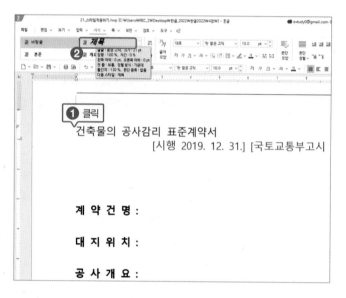

서식 도구 모음에서 스타일 적용하기

01 예제 문서에는 제목, 글머리 표 등의 스타일이 미리 설정되어 있습니다. 설정된 스타일을 문서에 적용해보겠습니다. ❶ 제목 스타일을 적용할 '건축물의 공사감리 표준계약서' 앞부분을 클릭합니다. ❷ [서식] 메뉴의 스타일 적용 상자에서 [제목]을 클릭합니다.

➕ '건축물의 공사감리 표준계약서'에 [제목] 스타일이 적용됩니다.

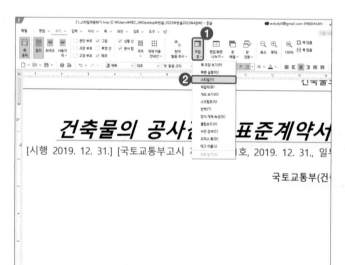

[스타일] 작업 창 활성화하기

02 화면 오른쪽에 [스타일] 작업 창을 열어놓고 스타일을 적용해보겠습니다. ❶ [보기] 메뉴-[작업 창]을 클릭하고 ❷ [스타일]을 클릭하여 [스타일] 작업 창을 활성화합니다.

☑ 한글 NEO 화면 오른쪽에 위치한 작업 창 도구를 클릭하여 작업 창을 활성화합니다.

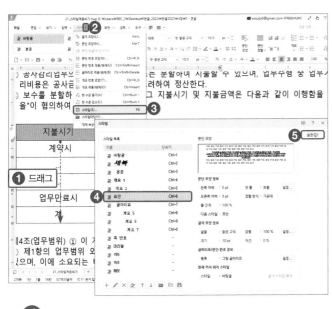

작업 창에서 스타일 적용하기

03 ❶ 2쪽으로 이동하여 스타일을 적용할 '건축허가~증서'를 드래그합니다. ❷ [스타일] 작업 창에서 [글머리표]를 클릭합니다.

➕ 선택한 범위에 [글머리표] 스타일이 적용됩니다.

[스타일] 대화상자에서 스타일 적용하기

04 ❶ 표에서 스타일을 적용할 '계약시~계'를 드래그합니다. ❷ [서식 ☑] 메뉴를 클릭하고 ❸ [스타일]을 클릭합니다. ❹ [스타일] 대화상자에서 [표안]을 클릭합니다. ❺ [설정]을 클릭합니다.

➕ [표안] 스타일이 본문에 적용됩니다

바로 통 하는 TIP [스타일] 대화상자에서 스타일을 선택하고 적용할 수 있습니다. [스타일] 대화상자에서 단축키를 확인해두면 단축키로 스타일을 간편하게 적용할 수 있습니다. 단축키의 번호는 첫번째 스타일부터 1, 2, 3, …순으로 할당되고 목록에서 스타일의 순서가 변경되면 단축키 번호도 변경됩니다.

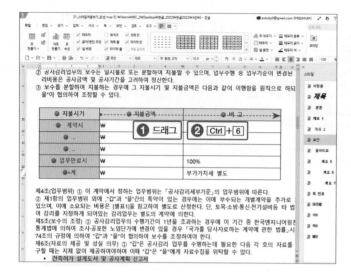

단축키로 스타일 적용하기

05 ❶ 스타일을 적용할 범위를 드래그합니다. ❷ 단축키 Ctrl + 6 를 누릅니다.

➕ 선택 범위에 [표안] 스타일이 적용됩니다.

쉽고 빠른 한글 Note ／ **[스타일] 대화상자 알아보기**

[스타일] 대화상자에서 스타일을 추가, 편집하고 단축키별로 정렬할 수 있습니다.

① **스타일 목록** : 현재 문서의 스타일 목록을 표시합니다.

② **스타일 추가하기** : 새로운 스타일을 추가할 수 있습니다.

③ **스타일 편집하기** : 기존 스타일을 편집할 수 있습니다.

④ **현재 모양으로 바꾸기** : 본문에서 커서가 있는 위치의 스타일을 선택한 스타일에 적용할 수 있습니다.

⑤ **한 줄 위로 이동하기** : 선택한 스타일의 위치를 위로 이동하여 원하는 단축키를 할당할 수 있습니다. 스타일 목록 맨 위 항목부터 단축키 Ctrl + 1 로 할당됩니다.

⑥ **한 줄 아래로 이동하기** : 선택한 스타일을 한 줄 아래로 이동하여 단축키를 할당하거나 변경할 수 있습니다.

핵심기능

22

스타일 편집하기

실습 파일 한글\4장\스타일 편집하기.hwp
완성 파일 한글\4장\스타일 편집하기_완성.hwp

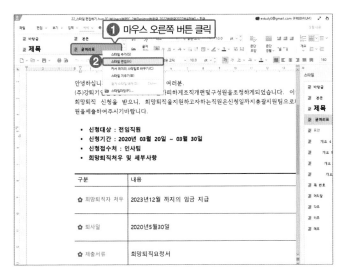

스타일 편집하기

01 예제 문서에는 [제목], [글머리표] 등의 스타일이 미리 설정되어 있습니다. 스타일을 편집해보겠습니다. ❶ [서식] 메뉴의 스타일 적용 상자에서 [글머리표]를 마우스 오른쪽 버튼으로 클릭합니다. ❷ [스타일 편집]을 클릭합니다.

➕ [스타일 편집하기] 대화상자가 나타납니다.

문단 모양 변경하기

02 본문의 '신청대상~세부사항' 문단에 적용된 [글머리표] 스타일을 편집해보겠습니다. [스타일 편집하기] 대화상자에서 [문단 모양]을 클릭합니다.

➕ [문단 모양] 대화상자가 나타납니다.

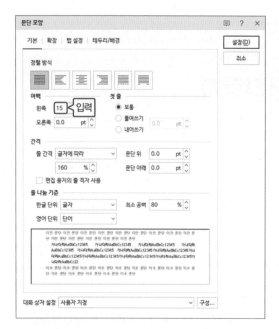

문단 모양 편집하기

03 [글머리표] 스타일에 적용된 문단 모양을 편집합니다. [문단 모양] 대화상자의 [기본] 탭–[여백]–[왼쪽]에 **15**를 입력합니다.

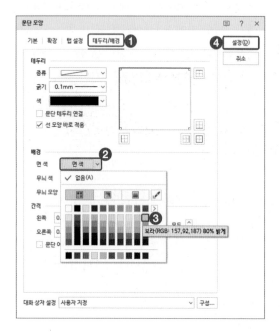

문단 테두리 변경하기

04 ❶ [문단 모양] 대화상자에서 [테두리/배경] 탭을 클릭하고 ❷ [면 색]을 클릭합니다. ❸ [보라(RGB: 157,92,187) 80% 밝게]를 클릭합니다. ❹ [설정]을 클릭하여 문단 모양 설정을 마무리합니다.

➕ [문단 모양] 대화상자가 닫힙니다.

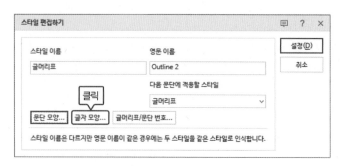

글자 모양 변경하기

05 [스타일 편집하기] 대화상자에서 [글자 모양]을 클릭합니다.

➕ [글자 모양] 대화상자가 나타납니다.

글자 모양 편집하기

06 [글머리표] 스타일에 적용된 글자 스타일을 편집합니다. ❶ [글자 모양] 대화상자에서 [기본] 탭-[기준 크기]에 **12**를 입력하고 ❷ [설정]을 클릭합니다.

➕ [글자 모양] 대화상자가 닫힙니다.

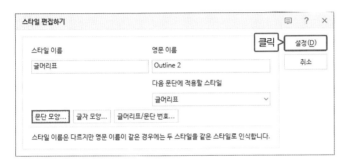

스타일 편집 마무리하기

07 [스타일 편집하기] 대화상자로 돌아와 [설정]을 클릭합니다.

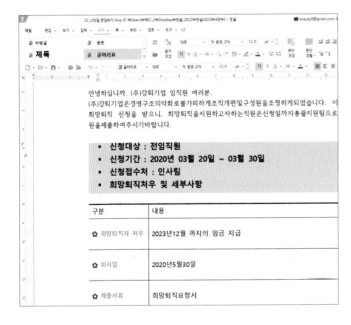

스타일 변경 내용 확인하기

08 스타일을 편집하여 본문 문단에 스타일로 적용한 서식을 한번에 변경했습니다.

핵심기능 23

스타일 추가하기

실습 파일 한글\4장\스타일 추가하기.hwp
완성 파일 한글\4장\스타일 추가하기_완성.hwp

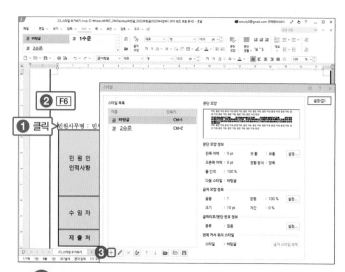

스타일 추가하기

01 예제 문서에는 [제목], [글머리 표] 등의 스타일이 미리 설정되어 있습니다. 새로운 스타일을 추가하고 문서에 적용해보겠습니다. ❶ 스타일을 추가하여 적용할 '민원 사무명 ~' 앞을 클릭합니다. ❷ F6을 누릅니다. ❸ [스타일 추가 ➕]를 클릭합니다.

➕ [스타일 추가하기] 대화상자가 나타납니다.

바로 통하는 TIP [서식] 탭-[스타일 추가하기 📝]를 클릭하여 [스타일 추가하기] 대화상자를 바로 열 수도 있습니다.

스타일 이름 설정하기

02 ❶ [스타일 추가하기] 대화상자에서 [스타일 이름]에 **1수준**을 입력합니다. ❷ [스타일 종류]-[문단]을 클릭하고 ❸ [문단 모양]을 클릭합니다.

➕ [문단 모양] 대화상자가 나타납니다.

문단 모양 편집하기

03 ❶ [문단 모양] 대화상자에서 [기본] 탭-[여백]-[왼쪽]에 **10**을 입력하고 ❷ [설정]을 클릭하여 [문단 모양] 대화상자를 닫습니다.

글자 모양 수정하기

04 [스타일 추가하기] 대화상자로 돌아와 [글자 모양]을 클릭합니다.

➕ [글자 모양] 대화상자가 나타납니다.

글꼴 스타일 편집하기

05 ❶ [글자 모양] 대화상자에서 [기본] 탭–[기준 크기]에 **15**를 입력하고 ❷ [글꼴]을 [맑은 고딕]으로 선택합니다. ❸ [속성]에서 [진하게 **가**]를 클릭합니다. ❹ [설정]을 클릭하여 [글자 모양] 대화상자를 닫습니다.

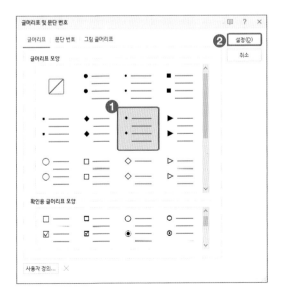

글머리표 붙이기

06 [스타일 추가하기] 대화상자로 돌아오면 [글머리표/문단 번호]를 클릭합니다.

➕ [글머리표 및 문단 번호] 대화상자가 나타납니다.

글머리표 선택하기

07 ❶ [글머리표 및 문단 번호] 대화상자의 [글머리표] 탭–[글머리표 모양]에서 그림과 같은 글머리표 모양을 클릭합니다. ❷ [설정]을 클릭합니다.

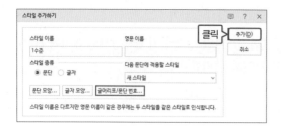

설정한 스타일 추가하기

08 [스타일 추가하기] 대화상자로 돌아와 [추가]를 클릭합니다.

➕ 지금까지 설정한 [1수준] 스타일이 [스타일 목록]에 추가됩니다.

스타일 단축키 변경하기

09 [1수준] 스타일의 단축키를 변경해보겠습니다. ① [스타일] 대화상자의 [스타일 목록]에서 [1수준]을 클릭하고 ② [한 줄 아래로 이동하기 ↓]를 클릭합니다. [1수준] 스타일이 한 행 아래로 이동하면서 단축키가 Ctrl+3으로 변경됩니다. ③ [설정]을 클릭하여 [1수준] 스타일을 본문에 적용합니다.

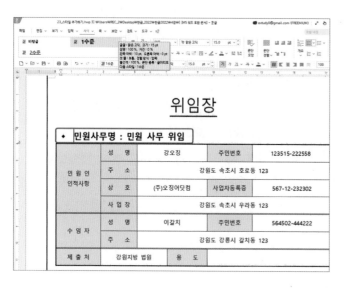

스타일 적용 확인하기

10 '민원사무명~' 문단의 스타일이 변경되었는지 확인합니다.

바로 통하는TIP [서식] 메뉴의 스타일 적용 상자에서 직접 [1수준]을 클릭해 스타일을 적용할 수도 있습니다.

바로 통하는TIP 예제 문서에 사용된 글꼴이 작업 중인 컴퓨터에 존재하지 않는 경우 다른 글꼴로 표시될 수 있습니다.

문서에 개요/문단 번호를 스타일로 적용하면 상위 항목이 바뀌어도 번호가 1부터 시작하지 않고 연번으로 설정됩니다. 예제 문서 3쪽에 있는 '표준근로계약서(기간의 정함이 있는 경우)' 하위 문단의 스타일 번호가 1부터 다시 시작하도록 수정해보겠습니다.

실습 파일 한글\4장\개요 문단 번호의 시작 번호 수정하기.hwp
완성 파일 한글\4장\개요 문단 번호의 시작 번호 수정하기_완성.hwp

01 문단 번호 새 번호로 시작하기

① 스타일로 지정한 앞 문단의 글머리 번호에 이어 11부터 시작하는 '11. 근로계약기간' 문장을 클릭합니다. ② [서식] 메뉴-[문단 번호 새 번호로 시작]을 클릭합니다 (단축키 Alt + Shift + Insert).

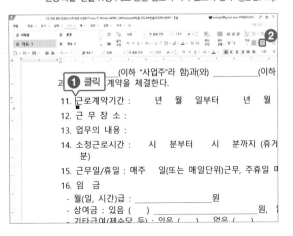

02 시작 번호 변경 확인하기

시작 번호가 1부터 시작하는지 확인합니다.

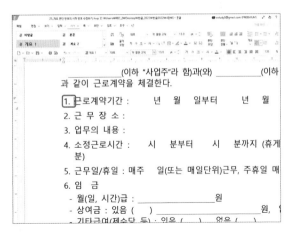

03 [글머리표 및 문단 번호] 대화상자에서 적용하기

[글머리표 및 문단 번호] 대화상자에서도 새 번호를 적용할 수 있습니다. ① [서식▽] 메뉴를 클릭하고 ② [문단 번호 모양]을 클릭합니다. ③ [글머리표 및 문단 번호] 대화상지에서 [문단 번호] 탭을 클릭하고 ④ [1수준 시작 번호]를 변경합니다. ⑤ [설정]을 클릭해 변경 내용을 적용합니다.

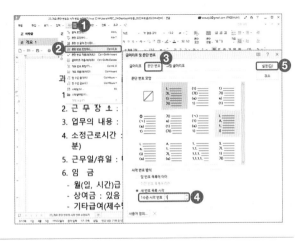

핵심기능

24

찾기 및 찾아 바꾸기

실습 파일 한글\4장\찾기 및 찾아 바꾸기.hwp
완성 파일 한글\4장\찾기 및 찾아 바꾸기_완성.hwp

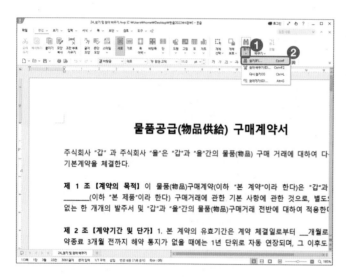

여러 단어 찾기/한글로 한자 찾기(단축키 Ctrl + F)

01 예제 문서에서 공급, 담보 등의 단어가 어느 조항에 포함되는지 찾아보려고 합니다. 계약서에서는 같은 단어라도 한자를 혼용하는 경우가 많으므로 한자로 표시된 '供給(공급)', '物品(물품)'까지 함께 찾아보겠습니다. ❶ [편집] 메뉴-[찾기]의 ∨을 클릭하고 ❷ [찾기]를 클릭합니다.

➕ [찾기] 대화상자가 나타납니다.

[찾기] 대화상자에서 찾을 내용 검색하기

02 ❶ [찾기] 대화상자에서 [찾을 내용]에 **공급;물품**을 입력합니다. ❷ [선택 사항]-[여러 단어 찾기], [한글로 한자 찾기]에 체크하고 ❸ [다음 찾기]를 클릭합니다.

➕ 문서에서 해당 낱말이 포함된 첫 번째 위치로 이동합니다.

바로 통 하는TIP 여러 단어를 한번에 찾을 때는 각 낱말을 쉼표(,) 또는 세미콜론(;)으로 구분해서 입력한 후 [선택 사항]-[여러 단어 찾기]에 체크합니다. [한글로 한자 찾기]는 문서 내에서 음이 같은 한자어를 함께 찾아주는 기능입니다.

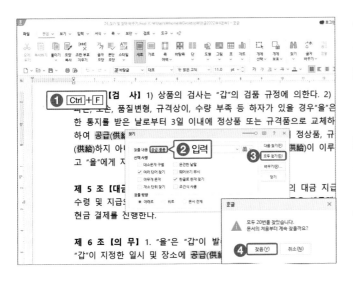

문서에 포함된 단어 모두 찾기(단축 키 Ctrl+F)

03 찾고자 하는 단어를 하나씩 찾지 않고 문서 전체에서 한번에 찾아 표시할 수도 있습니다. ① 단축키 Ctrl+F를 누르고 ② [찾기] 대화상자의 [찾을 내용]에 **공급;물품**을 입력합니다. ③ [모두 찾기]를 클릭하고 ④ 문서의 처음부터 계속 찾을지 묻는 메시지가 나타나면 [찾음]을 클릭합니다.

➕ 문서 전체를 대상으로 단어가 검색됩니다.

찾는 단어 개수 확인하기

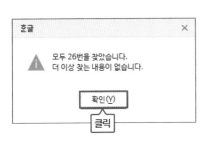

04 몇 건의 단어를 찾았는지 표시되면 [확인]을 클릭합니다. 모두 찾기 작업이 마무리되면 찾은 단어는 문서에서 형광색으로 표시됩니다. [찾기] 대화상자가 열려 있는 상태로 찾은 단어를 클릭해 내용을 수정하거나 위치를 확인할 수 있습니다.

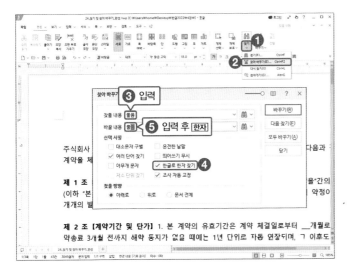

문서에서 원하는 내용 찾아 바꾸기 (단축키 Ctrl+F2)

05 계약서에서 '물품'을 찾아 한자 '物品'으로 바꿔보겠습니다. ① [편집] 메뉴—[찾기❘]의 ▾을 클릭하고 ② [찾아 바꾸기]를 클릭합니다. ③ [찾아 바꾸기] 대화상자에서 [찾을 내용]에 **물품**을 입력합니다. ④ [선택 사항]—[한글로 한자 찾기]의 체크를 해제하고 ⑤ [바꿀 내용]에 **물품**을 입력한 후 한자를 누릅니다.

➕ [한자로 바꾸기] 대화상자가 나타납니다.

바꿀 내용에 한자 입력하기

06 ① [한자로 바꾸기] 대화상자의 [한자 목록]에서 [物品]을 클릭하고 ② [바꾸기]를 클릭합니다.

➕ [찾아 바꾸기] 대화상자의 [바꿀 내용]에 '物品'이 입력됩니다.

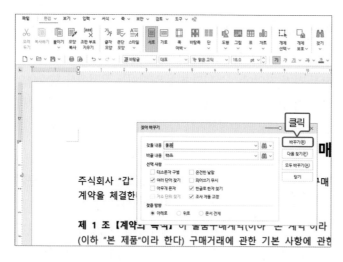

바꾸기 적용하기

07 [찾아 바꾸기] 대화상자에서 [바꾸기]를 클릭할 때마다 '물품'을 하나씩 찾아서 '物品'으로 변경합니다.

➕ 총 여섯 개의 '물품'을 '物品'으로 변경합니다.

쉽고 빠른 한글 Note   [모두 바꾸기]를 이용해 한번에 찾아 바꾸기

[찾아 바꾸기] 대화상자에서 [찾을 내용]과 [바꿀 내용]을 입력한 후 [모두 바꾸기]를 클릭하면 문서 안의 모든 단어 가 한번에 바뀝니다.

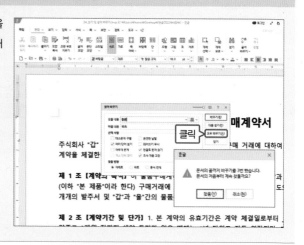

핵심기능

25

문단 구분선 넣고 색 변경하기

실습 파일 한글\4장\문단 구분선 넣고 색 변경하기.hwp
완성 파일 한글\4장\문단 구분선 넣고 색 변경하기_완성.hwp

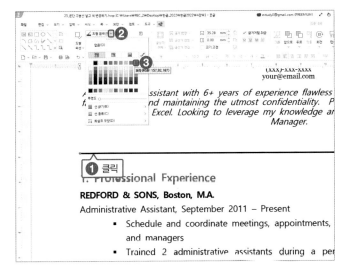

문단 구분선 넣기

01 ❶ 문단 구분선을 넣을 본문 위치를 클릭합니다. ❷ ---를 입력하고 Enter 를 누릅니다.

➕ 문단 구분선이 추가됩니다.

문단 구분선 색 변경하기

02 ❶ 문단 구분선을 클릭합니다. ❷ [도형] 메뉴-[도형 윤곽선☑]의 ☑을 클릭한 후 ❸ [보라(RGB: 157, 92, 187)]를 클릭합니다.

➕ 문단 구분선이 보라색으로 변경됩니다.

✅ 한글 NEO [도형] 메뉴-[선 색☑]을 클릭한 후 [보라]를 선택합니다.

문단

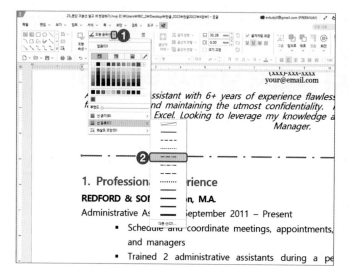

문단 구분선 모양 변경하기

03 ❶ 문단 구분선이 선택된 상태에서 [도형] 메뉴–[도형 윤곽선▱]의 ▾을 클릭하고 ❷ [선 종류]–[일점쇄선]을 클릭합니다.

➕ 문단 구분선이 일점쇄선으로 변경되었습니다.

✔ **한글 NEO** [도형] 메뉴–[선 스타일]을 클릭한 후 [선 종류]–[일점쇄선]을 선택합니다.

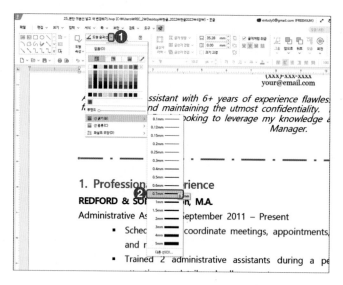

문단 구분선 굵기 변경하기

04 ❶ 문단 구분선이 선택된 상태에서 [도형] 메뉴–[도형 윤곽선▱]의 ▾을 클릭하고 ❷ [선 굵기]–[0.7mm]를 클릭합니다.

➕ 문단 구분선의 선 굵기가 0.7mm로 변경되었습니다.

✔ **한글 NEO** [도형] 메뉴–[선 스타일]을 클릭한 후 [선 굵기]–[0.7mm]를 선택합니다.

핵심기능

26

문단 배경과 테두리 꾸미기

실습 파일 한글\4장\문단 배경과 테두리 꾸미기.hwp
완성 파일 한글\4장\문단 배경과 테두리 꾸미기_완성.hwp

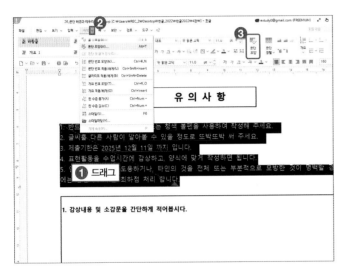

문단 배경 꾸미기

01 ❶ 배경색을 적용할 문단을 드래그합니다. ❷ [서식☑] 메뉴를 클릭하고 ❸ [문단 모양]을 클릭합니다.

➕ [문단 모양] 대화상자가 나타납니다.

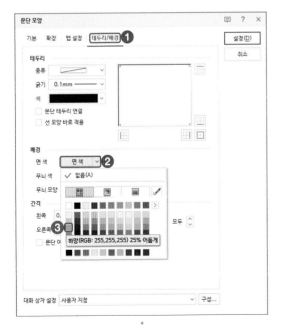

문단 배경 설정하기

02 ❶ [문단 모양] 대화상자에서 [테두리/배경] 탭을 클릭합니다. ❷ [배경]-[면 색]을 클릭하고 ❸ [하양(RGB: 255,255,225) 25% 어둡게]를 클릭합니다.

➕ 문단 배경색이 적용되었습니다.

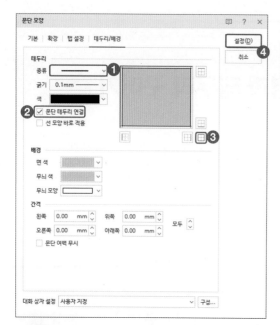

문단 테두리 설정하기

03 계속해서 문단의 테두리를 설정하겠습니다. ① [문단 모양] 대화상자에서 [테두리/배경] 탭-[테두리]-[종류]를 [실선]으로 선택합니다. ② 문단 테두리 연결에 체크하고 ③ 테두리 적용 상자에서 [모두回]를 클릭합니다. ④ [설정]을 클릭합니다.

➕ 문단에 배경과 테두리를 적용합니다.

바로 통 하는 TIP [문단 테두리 연결]에 체크하지 않으면 문단의 줄마다 구분선이 나타납니다.

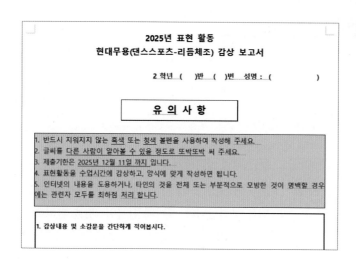

04 문단에 배경과 테두리가 설정한 대로 적용되었는지 확인합니다.

CHAPTER

05

쪽
꾸미기

문서를 편집하다 보면 새로운 문서를 끼워 넣거나 문서 중간에 쪽을 나누고 쪽별로 다른 쪽 번호나 머리글, 바닥글 등을 실정해야 하는 경우가 있습니다. 문서 전체를 좀 더 쉽고 체계적으로 관리할 수 있도록 쪽 번호를 삽입하고 번호 서식을 변경하는 방법, 다단을 나눠 편집하는 방법, 구역을 나누어 용지 방향을 지정하는 방법 등에 대해서 알아보겠습니다.

우선순위

핵심기능

27

편집 용지 설정하기

실습 파일 한글\5장\편집 용지 설정하기.hwp
완성 파일 한글\5장\편집 용지 설정하기_완성.hwp

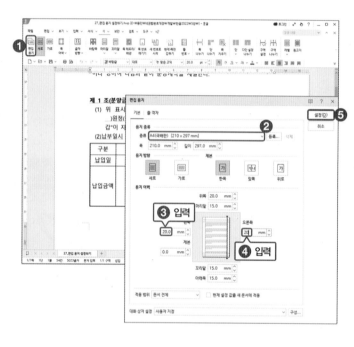

용지 종류와 여백 변경하기(단축키 F7)

01 예제 문서의 용지 종류는 B5입니다. 편집 용지보다 문서 내용이 크게 작성되어 화면에서 표가 잘려 보입니다. 작성된 문서 내용에 맞게 용지 종류와 여백을 변경해보겠습니다. ❶ [쪽] 메뉴–[편집 용지□]를 클릭합니다(단축키 F7). ❷ [편집 용지] 대화 상자에서 [기본] 탭–[용지 종류]–[종류]를 [A4(국배판)]로 선택합니다. ❸ [용지 여백]–[왼쪽]에 **20**을 입력합니다. ❹ [용지 여백]–[오른쪽]도 **20**을 입력합니다. ❺ [설정]을 클릭합니다.

02 편집 용지가 A4로 변경되면서 잘렸던 표의 오른쪽 부분이 화면에 모두 나타납니다.

제 1 조 (분양금액)
(1) 위 표시 물건의 분양금액은 일금   (₩   )원정(부가세 포함)
으로 하고 "을"은 아래의 납부방법에 의하여 "갑"이 지정하는 장소에 납부하여야 한다.
(건물분70%, 토지분30%)
(2)납부일시 및 금액

구분	계약금	1차 중도금	2차 중도금	3차 중도금	잔금
납입일	2000. 0. 0.	2000. 0. 0.	2000. 0. 0.	2000. 0. 0.	입점지정일
납입금액					

(3) 당초의 준공예정일이 변경될 경우에는 확정된 입점지정일을 추후 개별통보하기로 한다.
(4) 납부장소 : ○○은행, 계좌번호 : 000-000-00000, 예금주 : ○ ○ ○

제 2 조 (할인료, 연체료 및 지체상금)
(1) "갑"은 "을"이 중도금과 잔금을 약정일 이전에 납부하는 경우에는 선납액에 대하여 년 15%의 할인율을 적용하여 선납일수에 따라 산정된 금액을 할인한다. 다만,잔금에 대하여

제본 영역 만들기

03 문서를 출력해 제본하면 제본되는 부분의 내용이 잘 보이지 않을 수 있습니다. 본문이 가려지지 않도록 제본할 위치에 추가 여백을 설정해보겠습니다. ❶ [쪽] 메뉴–[편집 용지]를 클릭합니다(단축키 F7). ❷ [편집 용지▣] 대화상자에서 [기본] 탭–[제본]–[맞쪽▣]을 클릭합니다. ❸ [용지 여백]–[제본]에 **10**을 입력하고 ❹ [설정]을 클릭합니다.

➕ 제본 영역에 10mm 여백이 설정됩니다.

확대/축소하고 쪽 모양 변경하기

04 ❶ 화면 오른쪽 아래에서 [확대/축소◌]를 클릭합니다. ❷ [확대/축소] 대화상자에서 [배율]–[폭 맞춤]을 클릭하고 ❸ [쪽 모양]–[맞쪽]을 클릭합니다. ❹ [설정]을 클릭합니다.

➕ 문서가 맞쪽으로 화면에 표시됩니다.

제본 영역 확인하기

05 맞쪽 부분에 좀 더 여백이 생겨 제본 영역이 확보된 것을 확인할 수 있습니다.

바로 통 하는TIP [제본]–[맞쪽]으로 문서를 출력해 제본할 경우 문서를 양면으로 인쇄해 묶게 되므로 홀수 쪽 문서의 왼쪽에, 짝수 쪽은 문서의 오른쪽에 여백이 추가됩니다.

2014 \ NEO \ 2018 \ 2020 \ 2022

머리말/꼬리말 적용하기

실습 파일 한글\5장\머리말 꼬리말 적용하기.hwp
완성 파일 한글\5장\머리말 꼬리말 적용하기_완성.hwp

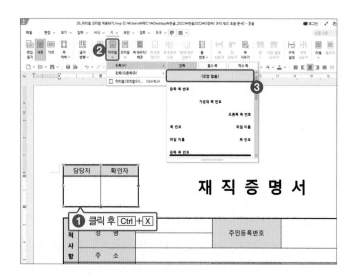

머리말 추가하기

01 예제 문서의 결재란을 머리글 영역으로 옮겨 문서의 모든 쪽마다 나타나도록 설정해보겠습니다. ❶ 결재란을 클릭한 후 단축키 Ctrl + X 를 눌러 표를 잘라냅니다. ❷ [쪽] 메뉴-[머리말]을 클릭합니다. ❹ [위쪽]-[양쪽]-[(모양 없음)]을 클릭합니다.

➕ 머리말 영역이 활성화됩니다.

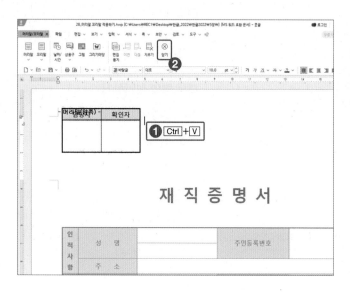

머리말에 사용할 표 붙여넣기

02 ❶ 단축키 Ctrl + V 를 눌러 표를 붙여 넣습니다. ❷ [머리말/꼬리말] 메뉴-[닫기]를 클릭합니다.

➕ 머리말 영역에서 빠져나옵니다.

삽입한 머리말은 필요에 따라 삭제할 수 있습니다.

① [머리말/꼬리말] 편집 상태로 전환하기 위해 머리말 영역을 더블클릭합니다. ② [머리말/꼬리말] 메뉴-[지우기 圖]를 클릭합니다. ③ 현재 머리말을 지울지 물어보는 메시지가 나타나면 [지움]을 클릭합니다. 머리말이 지워지면서 자동으로 머리말 영역에서 빠져나옵니다. ④ 결재란을 머리말에 다시 추가하기 위해 단축키 Ctrl+Z를 눌러 직전 실행을 취소합니다.

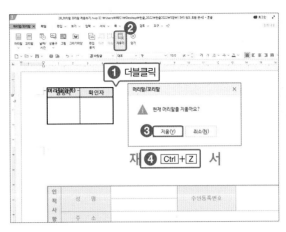

꼬리말 추가하기

03 재직증명서 첫 번째 쪽 아래에 표시된 '두목넷' 이미지가 모든 홀수 쪽마다 나타나도록 꼬리말을 삽입해보겠습니다. ❶ '두목넷' 이미지를 클릭하고 단축키 Ctrl+X를 눌러 이미지를 잘라냅니다. ❷ [쪽] 메뉴-[꼬리말 圖]을 클릭하고 ❸ [머리말/꼬리말]을 클릭합니다.

➕ [머리말/꼬리말] 대화상자가 나타납니다.

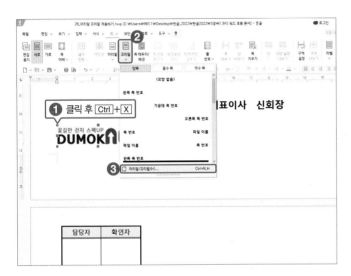

홀수 쪽에만 꼬리말 추가하기

04 ❶ [머리말/꼬리말] 대화상자에서 [종류]-[꼬리말]을 클릭하고 ❷ [위치]-[홀수 쪽]을 클릭합니다 ❸ [머리말/꼬리말 마당]-[목록]에서 [모양 없음]을 클릭하고 ❹ [만들기]를 클릭합니다.

➕ 꼬리말 영역이 활성화됩니다.

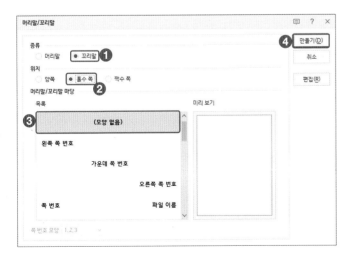

꼬리말 붙여 넣고 가운데 정렬하기

05 ❶ 꼬리말 영역에서 단축키 Ctrl +V를 눌러 이미지를 붙여 넣습니다. ❷ 이미지를 꼬리말 영역 가운데에 배치하기 위해 서식 도구 상자에서 [가운데 정렬▤]을 클릭합니다. ❸ [머리말/꼬리말] 메뉴−[닫기⊗]를 클릭합니다.

➕ 꼬리말 영역에서 빠져나옵니다.

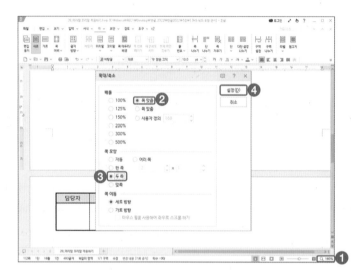

확대/축소 및 쪽 모양 변경하고 적용 확인하기

06 ❶ 화면 오른쪽 아래에서 [확대/축소◯]를 클릭합니다. ❷ [확대/축소] 대화상자에서 [배율]−[폭 맞춤]을 클릭하고 ❸ [쪽 모양]−[두 쪽]을 클릭합니다. ❹ [설정]을 클릭합니다.

➕ 홀수 쪽(1쪽)에만 꼬리말이 적용됩니다.

핵심기능

29

쪽 번호 넣기

실습 파일 한글\5장\쪽 번호 넣기.hwp
완성 파일 한글\5장\쪽 번호 넣기_완성.hwp

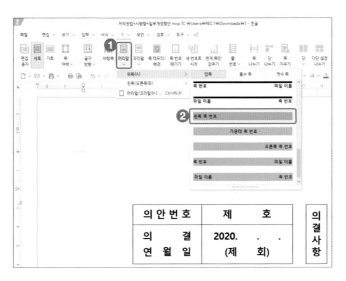

쪽 번호 넣기

01 저작권법에 관한 25쪽짜리 문서에 쪽 번호를 삽입해보겠습니다. ❶ [쪽] 메뉴-[머리말📋]을 클릭합니다. ❷ [위쪽]-[양쪽]에서 스크롤바를 내려 배경색이 포함되어 있는 [왼쪽 쪽 번호]를 클릭합니다.

➕ 머리말 영역에 쪽 번호가 나타납니다.

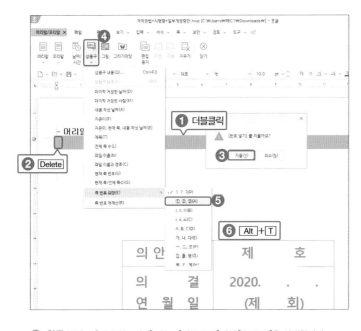

쪽 번호 모양 변경하기

02 쪽 번호의 배경을 다른 색으로 바꾸고 번호 모양은 원 번호 형태로 수정해보겠습니다. ❶ [머리말/꼬리말] 편집 상태로 전환하기 위해 머리말 영역을 더블클릭합니다. ❷ Delete를 누릅니다. ❸ 번호를 지우겠냐는 메시지가 나타나면 [지움]을 클릭하여 현재 쪽 번호를 삭제합니다. ❹ [머리말/꼬리말] 메뉴-[상용구📋]를 클릭하고 ❺ [쪽 번호 모양]-[①,②,③]을 클릭합니다. ❻ 단축키 Alt + T를 누릅니다.

➕ [문단 모양] 대화상자가 나타납니다.

✅ **한글 NEO** [머리말/꼬리말] 메뉴-[번호 종류]에서 [①,②,③]을 선택합니다.

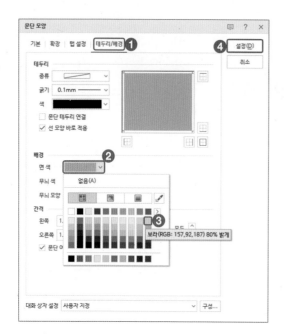

문단 모양 수정하기

03 ❶ [문단 모양] 대화상자에서 [테두리/배경] 탭을 클릭합니다. ❷ [배경]–[면 색]을 클릭하고 ❸ [보라(RGB: 157,92,187) 80% 밝게]를 클릭한 후 ❹ [설정]을 클릭합니다.

04 쪽 번호의 모양이 원 번호로 바뀌고 문단 배경색이 보라색으로 변경되었습니다. [머리말/꼬리말] 메뉴–[닫기⊗]를 클릭합니다.

➕ [머리말/꼬리말] 편집 상태가 종료됩니다.

핵심기능

30

쪽 번호를 새 번호로 시작하기

실습 파일 한글\5장\쪽 번호를 새 번호로 시작하기.hwp
완성 파일 한글\5장\쪽 번호를 새 번호로 시작하기_완성.hwp

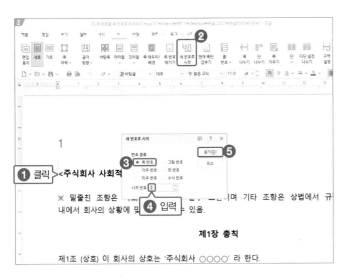

😊 **한글 2014** [쪽 번호 매기기] 대화상자에서는 시작 번호 기능을 제공하지 않습니다. [쪽] 메뉴에서 [새 번호로 시작]을 이용합니다.

쪽 번호를 새 번호로 시작하기

01 예제 문서의 머리말 영역에 이미 쪽 번호가 적용되어 있습니다. 쪽 번호가 2부터 시작되도록 설정해보겠습니다. ❶ 1쪽으로 이동해 첫 번째 줄을 클릭합니다. ❷ [쪽] 메뉴-[새 번호로 시작🔢]을 클릭합니다. ❸ [새 번호로 시작] 대화상자에서 [번호 종류]-[쪽 번호]를 클릭하고 ❹ [시작 번호]에 **2**를 입력한 후 ❺ [넣기]를 클릭합니다.

➕ 예제 1쪽의 쪽 번호가 2로 변경되었습니다.

쪽 번호를 현재 쪽만 감추기

02 삽입한 쪽 번호를 특정 쪽에서 보이지 않도록 설정할 수 있습니다. ❶ [쪽] 메뉴-[현재 쪽만 감추기🔲]를 클릭한 후 ❷ [감추기] 대화상자에서 쪽 번호가 표시된 [머리말]과 [쪽 번호]에 체크합니다. ❸ [설정]을 클릭합니다.

➕ 현재 쪽의 쪽 번호가 감춰집니다.

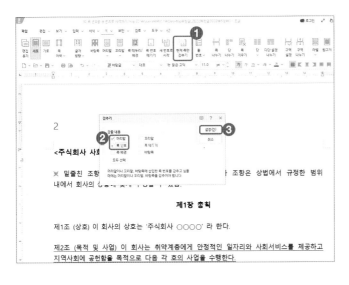

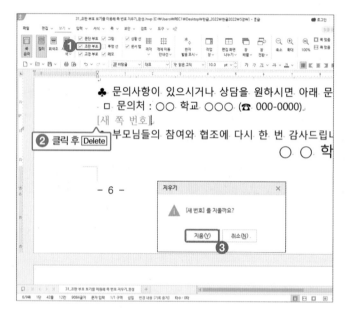

핵심기능 31

2014 NEO 2018 2020 2022

조판 부호 보기를 이용해 쪽 번호 지우기

실습 파일 한글\5장\조판 부호 보기를 이용해 쪽 번호 지우기.hwp
완성 파일 한글\5장\조판 부호 보기를 이용해 쪽 번호 지우기_완성.hwp

조판 부호 표시하고 새 쪽 번호 삭제하기

01 9쪽으로 이루어진 예제 문서의 2쪽을 살펴보면 쪽 번호가 '6'으로 표시되어 있습니다. 잘못 매겨진 쪽 번호를 지워 바르게 수정해보겠습니다. ❶ [보기] 메뉴–[조판 부호]에 체크합니다(단축키 Ctrl+G, C). ❷ 조판 부호인 '새 쪽 번호'가 표시되면 '새 쪽 번호' 앞을 클릭한 후 Delete를 누릅니다. ❸ 새 번호를 지우겠냐는 메시지가 나타나면 [지움]을 클릭합니다.

➕ 조판 부호가 지워집니다.

조판 부호 삭제 확인하기

02 '[새 쪽 번호]' 조판 부호를 삭제하면 쪽 번호가 앞쪽에 이어 '2'로 변경된 것을 확인할 수 있습니다.

우선순위

핵심기능

32

다단으로 문단 꾸미기

실습 파일 한글\5장\다단으로 문단 꾸미기.hwp
완성 파일 한글\5장\다단으로 문단 꾸미기_완성.hwp

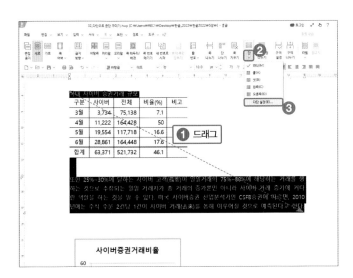

문단 둘로 나눠 다단 만들기

01 한 문단을 둘로 나눠 다단으로 표시해보겠습니다. ❶ 다단을 설정할 범위인 '국내 사이버~예측된다고 한다.'를 드래그합니다. ❷ [쪽] 메뉴-[단▤]의 ☑을 클릭합니다. ❸ [다단 설정]을 클릭합니다.

✚ [단 설정] 대화상자가 나타납니다.

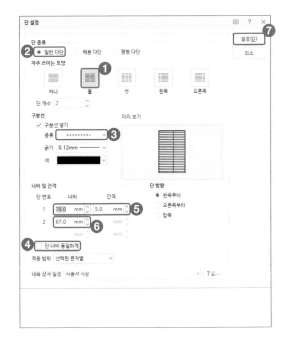

[단 설정] 대화상자에서 단 모양 설정하기

02 ❶ [단 설정] 대화상자에서 [자주 쓰이는 모양]-[둘]을 클릭하고 ❷ [단 종류]-[일반 다단]을 클릭합니다. ❸ [구분선 넣기]-[종류]를 [점선]으로 선택하고 ❹ [단 너비 동일하게]의 체크를 해제합니다. ❺ [너비 및 간격]-[단 번호]에서 [1]의 [너비]를 [78mm], [간격]을 [5mm]로 설정하고 ❻ [2]의 너비를 [67mm]로 변경한 후 ❼ [설정]을 클릭합니다.

✚ 다단이 적용되어 해당 문단이 2단 구조로 변경됩니다.

마로 하는TIP 처음 단 모양을 설정할 때는 [자주 쓰이는 모양]을 먼저 선택해야 [단 종류]를 선택할 수 있습니다.

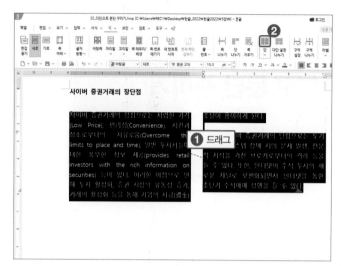

다단에 구분선 넣기

03 예제 2쪽에 있는 2단 구조의 다단을 [일반 다단]으로 설정하고 구분선을 넣어보겠습니다. ❶ 전체 다단 범위를 드래그하고 ❷ [쪽] 메뉴-[단 ▤]을 클릭합니다.

➕ [단 설정] 대화상자가 나타납니다.

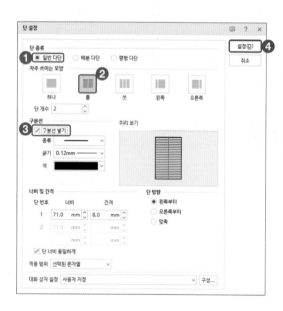

04 ❶ [단 설정] 대화상자에서 [단 종류]-[일반 다단]을 클릭하고 ❷ [자주 쓰이는 모양]-[둘]을 클릭합니다. ❸ [구분선 넣기]에 체크한 후 ❹ [설정]을 클릭합니다.

바로 통하는TIP 구분선의 종류, 굵기, 단의 너비 및 간격 등은 자동으로 설정된 값입니다.

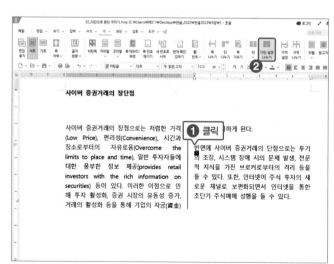

다단 설정 나누기(단축키 Ctrl+Alt+Enter)

05 ❶ 두 번째 단의 '반면에' 앞을 클릭합니다. ❷ [쪽] 메뉴-[다단 설정 나누기]를 클릭합니다.

사이버 증권거래의 장단점

사이버 증권거래의 장점으로는 저렴한 가격(Low Price), 편리성(Convenience), 시간과 장소로부터의 자유로움(Overcome the limits to place and time), 일반 투자자들에 대한 풍부한 정보 제공(provides retail investors with the rich information on 반면에 사이버 증권거래의 단점으로는 투기의 조장, 시스템 장애 시의 문제 발생, 전문적 지식을 가진 브로커로부터의 격리 등을

securities) 등이 있다. 이러한 이점으로 인해 투자 활성화, 증권 시장의 유동성 증가, 거래의 활성화 등을 통해 기업의 자금(資金) 조달이 용이하게 된다.

들 수 있다. 또한, 인터넷이 주식 투자의 새로운 채널로 보편화되면서 인터넷을 통한 초단기 주식매매 성행을 들 수 있다.

나누어진 다단 확인하기

06 클릭한 위치에서 다단이 분리됩니다.

쉽고 빠른 한글 Note 〉 다단의 형식 알아보기

한글에서 제공하는 다단의 형식은 일반, 배분, 평행 세 가지입니다.

① **일반 다단** : 가장 많이 사용하는 형식으로 한 단씩 차례로 내용이 채워지며 한 단이 가득 차면 다음 단으로 내용이 넘어갑니다.

② **배분 다단** : 마지막 줄에서 각 단의 높이가 가능한 같아지도록 각 단에 포함되는 내용의 양을 자동으로 조절합니다.

③ **평행 다단** : 한 단의 내용이 다 채워지지 않더라도 [쪽] 메뉴-[단 나누기]를 클릭해 다른 단으로 이동할 수 있습니다. 일반적으로 사전 형식의 용어 설명집처럼 제목과 설명이 번갈아 나열되는 형식의 문서에서 주로 사용됩니다.

▲ 일반 다단 : 한 단에 내용이 모두 채워지면 다음 단으로 커서 이동

▲ 배분 다단 : 각 단의 높이가 유사하도록 내용 배분

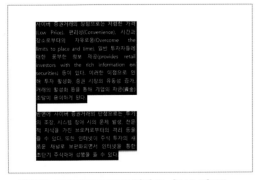

▲ 평행 다단 : 내용을 옆단으로 옮기려면 [쪽] 메뉴-[단 나누기] 클릭

핵심기능

33

페이지 구역 나누고
구역별로 용지 방향 변경하기

실습 파일 한글\5장\페이지 구역 나누고 구역별로 용지 방향 변경하기.hwp
완성 파일 한글\5장\페이지 구역 나누고 구역별로 용지 방향 변경하기_완성.hwp

구역을 나누지 않고 용지 방향 변경하기

01 구역 나누기를 하지 않은 문서에서는 가로 방향 용지와 세로 방향 용지를 혼용할 수 없습니다. 구역 나누기를 적용하기 전에 용지 방향을 바꾸면 어떤 결과가 나타나는지 확인해보겠습니다. ❶ 용지 방향을 변경할 2쪽의 '물품구매내역' 앞을 클릭하고 ❷ [쪽] 메뉴-[가로]를 클릭합니다.

✚ 문서 용지가 가로 방향으로 변경됩니다.

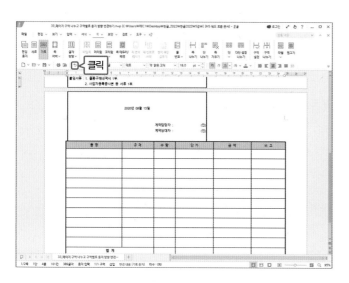

용지 방향 확인하기

02 1쪽과 2쪽의 표 모양이 한 쪽에 다 들어가지 않아 오히려 어색하게 보입니다. 구역을 나누지 않으면 한 문서 내에서는 가로나 세로 방향 문서를 혼용할 수 없음을 확인했습니다. 서식 도구 상자에서 [되돌리기⎌]를 클릭해 문서를 이전 상태로 되돌립니다(단축키 Ctrl + Z).

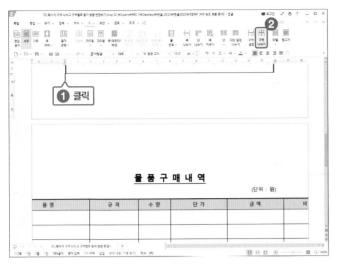

구역 나누고 쪽 방향 변경하기

03 1쪽과 2쪽 사이에 구역을 나누고 1쪽은 세로 방향, 2쪽은 가로 방향으로 용지 방향을 설정해보겠습니다. ❶ 1쪽 아래를 클릭하고 ❷ [쪽] 메뉴-[구역 나누기⊞]를 클릭합니다.

바로 통하는 TIP 구역을 나누고자 하는 쪽의 앞쪽 마지막 행을 선택해야 빈 쪽이 생기지 않습니다. 만약 구역을 나누고자 하는 쪽을 선택하고 구역을 나누면 빈 쪽이 중간에 삽입됩니다.

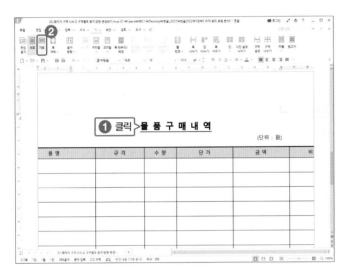

새 구역 용지 방향 변경하기

04 ❶ 2쪽 '물품구매내역' 앞을 클릭하고 ❷ [쪽] 메뉴-[가로▦]를 클릭합니다.

05 세로 방향 문서와 가로 방향 문서가 한 문서 내에 함께 표시되었습니다.

핵심기능

34

각주/미주로 부연 설명 작성하기

실습 파일 한글\5장\각주 미주로 부연 설명 작성하기.hwp
완성 파일 한글\5장\각주 미주로 부연 설명 작성하기_완성.hwp

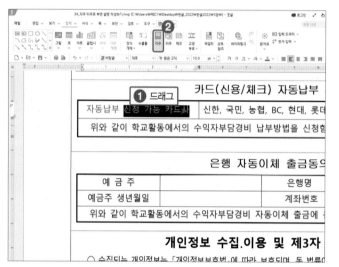

각주 작성하기(단축키 Ctrl+N, N)

01 예제 문서에서 부연 설명이 필요한 단어에 각주를 삽입해 쪽 아래 부분에 표시해보겠습니다. ❶ 1쪽에서 '신청 가능 카드사'를 드래그합니다. ❷ [입력] 메뉴–[각주▣]를 클릭합니다.

➕ 페이지 마지막 부분에 각주 편집 창이 활성화됩니다.

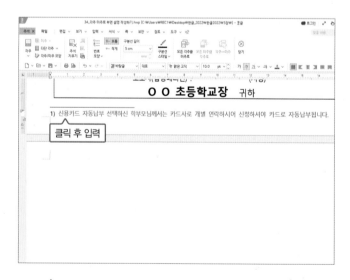

각주 내용 입력하기

02 각주 편집 창을 클릭하면 부연 설명을 작성할 수 있습니다. **신용카드 자동납부 선택하신 학부모님께서는 카드사로 개별 연락하시어 신청하셔야 카드로 자동납부됩니다.**를 입력합니다.

➕ 각주가 지정된 본문 뒤에는 각주 번호가 나타납니다.

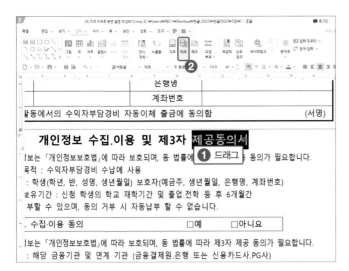

미주 작성하기(단축키 Ctrl + N, E)

03 미주를 삽입해 문서의 맨 마지막 쪽 아래 부분에 표시해보겠습니다. ❶ '제공동의서'를 드래그하고 ❷ [입력] 메뉴-[미주⬚]를 클릭합니다.

➕ 마지막 미주 편집 창이 활성화됩니다.

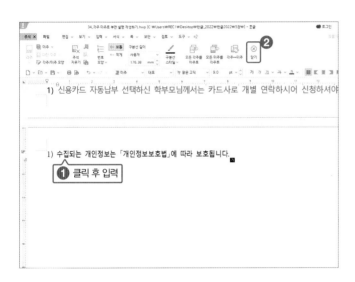

미주 내용 입력하기

04 미주 편집 창을 클릭하면 부연 설명을 작성할 수 있습니다. ❶ **수집되는 개인정보는 「개인정보보호법」에 따라 보호됩니다.**를 입력합니다. ❷ [주석] 메뉴-[닫기⊗]를 클릭해 편집 창을 닫습니다.

➕ 미주가 지정된 단어 뒤에는 미주 번호가 표시됩니다.

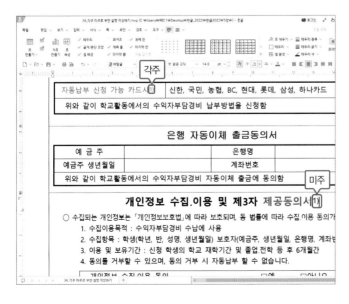

각주와 미주 표시 확인하기

05 각주와 미주가 적용된 단어 뒤에는 그림과 같이 각주, 미주 번호가 표시됩니다.

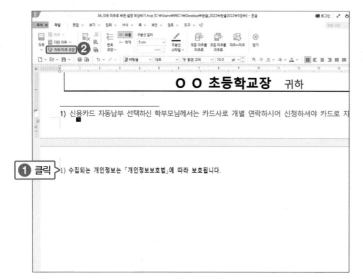

각주 모양 변경하기

06 입력한 각주의 모양을 변경해 보겠습니다. ❶ 쪽 아래 부분의 각주 편집 창을 클릭하고 ❷ [주석] 메뉴–[각주/미주 모양📝]을 클릭합니다.

➕ [주석 모양] 대화상자가 나타납니다.

✅ **한글 NEO&이전 버전** [각주 미주 모양] 도구가 [각주/미주 모양 고치기]로 표시됩니다.

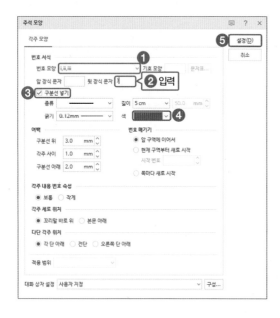

각주 모양 설정하기

07 ❶ [주석 모양] 대화상자에서 [번호 모양]은 [i,ii,iii]를 선택하고 ❷ [뒤 장식 문자]에)를 입력합니다. ❸ [구분선 넣기]에 체크하고 ❹ [색]을 [보라(RGB: 157,92,187)]로 변경합니다. ❺ [설정]을 클릭합니다.

🔵 **바로 통 하는 TIP** 미주도 같은 방식으로 모양을 변경할 수 있습니다.

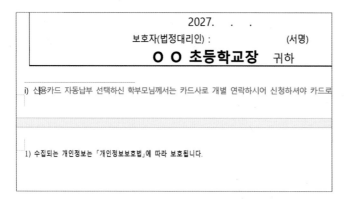

08 각주 모양과 구분선의 색이 변경되었습니다.

핵심기능

35

차례 만들기

실습 파일 한글\5장\차례 만들기.hwp
완성 파일 한글\5장\차례 만들기_완성.hwp

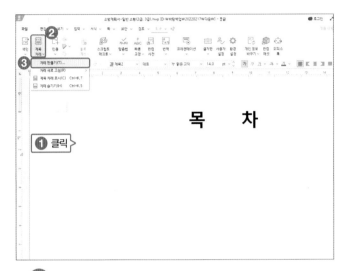

바로 통 하는 TIP 스타일 적용이 안 된 문서는 차례를 만들 수 없습니다.

[스타일로 모으기]를 이용해 차례 만들기

01 예제 문서에서 '장'과 '조'에 해당하는 제목을 묶어 차례를 만들어보겠습니다. '장'에는 [제목1] 스타일이, '조'에는 [제목2] 스타일이 적용되어 있습니다. ① 2쪽의 '목차' 다음 행을 클릭합니다. ② [도구] 메뉴-[제목 차례 📧]를 클릭하고 ③ [차례 만들기]를 클릭합니다.

➕ [차례 만들기] 대화상자가 나타납니다.

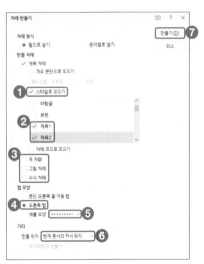

[차례 만들기] 대화상자에서 차례 설정하기

02 ① [차례 만들기] 대화상자에서 [만들 차례]-[스타일로 모으기]에 체크하고 ② 스타일 목록에서 [제목1], [제목2] 스타일에 체크합니다. ③ [표 차례], [그림 차례], [수식 차례]의 체크는 해제합니다. ④ [탭 모양]-[오른쪽 탭]을 클릭하고 ⑤ [채울 모양]은 [점선]을 선택합니다. ⑥ [만들 위치]는 [현재 문서의 커서 위치]를 선택한 후 ⑦ [만들기]를 클릭합니다.

➕ 커서 위치에 새 구역이 추가되고 차례가 삽입됩니다.

핵심기능

36

한글 파일로 프레젠테이션하기

실습 파일 한글\5장\한글 파일로 프레젠테이션하기.hwp
완성 파일 한글\5장\한글 파일로 프레젠테이션하기_완성.hwp

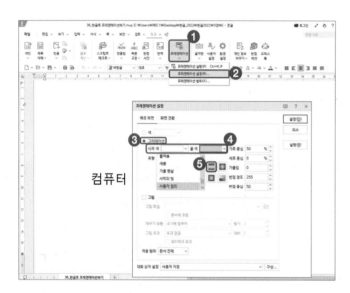

프레젠테이션 배경 화면 설정하기

01 한글 문서로 간편하게 프레젠테이션을 할 수 있습니다. ❶ [도구] 메뉴-[프레젠테이션]을 클릭하고 ❷ [프레젠테이션 설정]을 클릭합니다. ❸ [프레젠테이션 설정] 대화상자에서 [배경 화면] 탭-[그러데이션]을 클릭하고 ❹ [시작색]은 [하양(RGB: 255,255,255)]을, [끝색]은 [초록(RGB: 40,155,110) 80% 밝게]를 선택합니다. ❺ [채우기 방식]-[줄무늬]를 클릭합니다.

프레젠테이션 화면 전환 설정하기

02 ❶ [프레젠테이션 설정] 대화상자에서 [화면 전환] 탭을 클릭합니다. ❷ [화면 전환]-[효과] 목록에서 [오른쪽으로 펼치기]를 클릭합니다. ❸ [설정]을 클릭합니다.

프레젠테이션 실행하기(단축키 : Ctrl + K , P)

03 ❶ [도구] 메뉴-[프레젠테이션]을 클릭하고 ❷ [프레젠테이션 실행]을 클릭합니다.

✚ 프레젠테이션이 실행됩니다. 페이지가 넘어갈 때 왼쪽에서 오른쪽으로 펼치는 듯한 전환 효과를 확인할 수 있습니다.

CHAPTER

06

도형 및 개체
활용하기

문서를 작성할 때 문자뿐만 아니라 그림과 도형, 클립아트 등을 삽입하여 적절히 편집하면 눈에 잘 띄고 다채로운 문서로 꾸밀 수 있습니다. 문서에 그림과 도형을 삽입하고 다양한 효과를 적용하는 방법에 대해서 알아보겠습니다.

핵심기능

37

그림에 캡션 삽입하기

실습 파일 한글\6장\그림에 캡션 삽입하기.hwp
완성 파일 한글\6장\그림에 캡션 삽입하기_완성.hwp

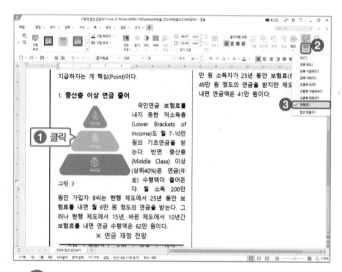

그림에 캡션 삽입하기(단축키 [Ctrl]+[N]+[C])

01 그림의 위, 아래, 혹은 왼쪽, 오른쪽에 캡션을 삽입할 수 있습니다. 그림 아래에 캡션을 넣고 내용을 수정해보겠습니다. ❶ 캡션을 삽입할 그림을 클릭합니다. ❷ [그림] 메뉴-[캡션🖼]의 ✔을 클릭한 후 ❸ [아래]를 클릭합니다.

➕ 그림 아래에 '그림 3'이 입력됩니다.

바로 통 하는 TIP 입력되는 그림 번호는 문서에 포함된 그림의 개수와 앞서 적용한 이력에 따라 달라집니다.

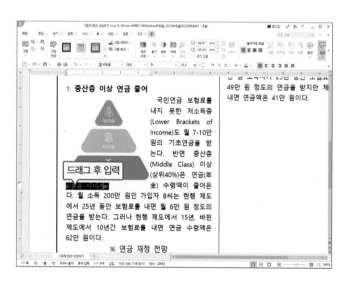

캡션 내용 변경하기

02 캡션으로 삽입한 '그림 3'을 드래그합니다. 〈샘플 이미지〉를 입력합니다.

➕ 그림 캡션의 내용이 변경됩니다.

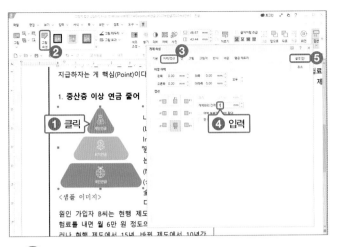

그림과 캡션의 간격 수정하기

03 ❶ 그림을 클릭합니다. ❷ [그림] 메뉴-[그림 속성▣]을 클릭합니다. ❸ [개체 속성] 대화상자에서 [여백/캡션] 탭을 클릭하고 ❹ [개체와의 간격]에 **1**을 입력합니다. ❺ [설정]을 클릭합니다.

➕ 개체와 캡션 사이의 간격이 3mm에서 1mm로 가까워집니다.

바로 **통**하는TIP [개체 속성] 대화상자는 그림을 더블클릭해도 표시됩니다.

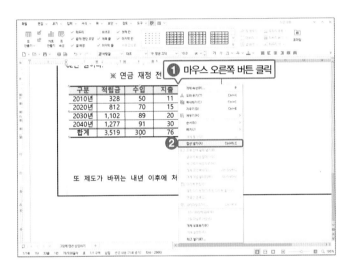

표에 캡션 삽입하기

04 ❶ 표 테두리를 마우스 오른쪽 버튼으로 클릭합니다. ❷ [캡션 넣기]를 클릭합니다.

➕ 표 아래쪽에 '표1'이 입력됩니다.

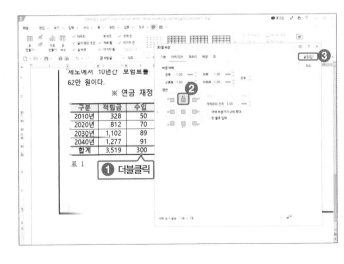

캡션 위치 변경하기

05 ❶ 표 테두리를 더블클릭합니다. ❷ [표/셀 속성] 대화상자에서 [여백/캡션] 탭-[캡션]-[위▣]를 클릭하고 ❸ [설정]을 클릭합니다.

➕ 캡션의 위치가 위쪽으로 변경됩니다. 표 캡션의 내용은 '02 캡션 내용 변경하기'와 같은 방법으로 수정할 수 있습니다.

도형 & 개체 & 표

그림 삽입하고 위치 설정하기

실습 파일 한글\6장\그림 삽입하고 위치 설정하기.hwp
완성 파일 한글\6장\그림 삽입하고 위치 설정하기_완성.hwp

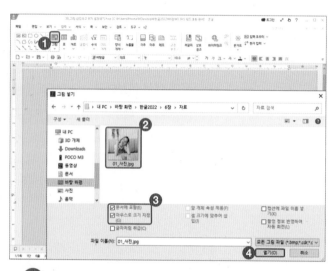

[글자처럼 취급]에 체크되어 있다면 이를 해제해야 [마우스 크기 지정]에 체크할 수 있습니다.

그림 삽입하기(단축키 Ctrl+N+I)

01 예제 문서와 어울리는 그림을 삽입해보겠습니다. ❶ [입력] 메뉴-[그림▣]을 클릭합니다. ❷ [그림 넣기] 대화상자에서 '01_사진.jpg' 파일을 클릭합니다. ❸ [문서에 포함], [마우스로 크기 지정]에 체크하고 ❹ [열기]를 클릭합니다.

➕ 마우스 포인터가 십자 모양⊞으로 변경되고 본문에 이미지를 넣을 준비가 됩니다.

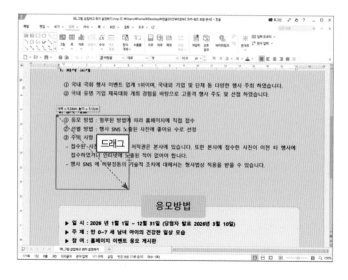

본문에 그림 삽입하기

02 그림을 삽입할 위치인 '2. 행사 개요' 아래에서 드래그하여 그림을 삽입합니다.

➕ 드래그하여 만들어진 사각형 크기에 맞게 그림이 삽입됩니다. 그림 배치는 아직 설정하지 않았으므로 텍스트와 그림이 배치된 모양은 각각 다를 수 있습니다.

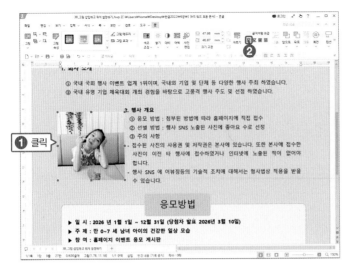

그림 위치 설정하기

03 문서에 그림을 배치하는 방법은 다양합니다. 텍스트와 그림이 나란히 배치되도록 설정해보겠습니다. ❶ 삽입한 그림을 클릭하고 ❷ [그림] 메뉴-[어울림▦]을 클릭합니다.

➕ 그림이 왼쪽에 위치해 있으므로 글은 그림의 오른쪽에 흐르듯 배치됩니다.

바로 통 하는 TIP 그림은 [어울림▦]을 기본값으로 삽입됩니다.

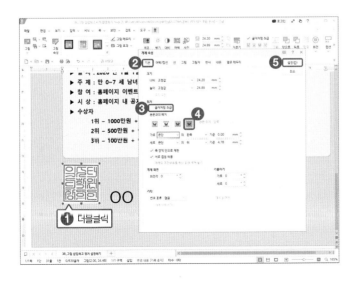

그림 여백 설정하기

04 그림과 글 사이에 여백이 없어 답답해 보입니다. 여백을 설정해보겠습니다. ❶ 그림을 더블클릭합니다. ❷ [개체 속성] 대화상자에서 [여백/캡션] 탭을 클릭하고 ❸ [바깥 여백]-[모두⬍]의 위쪽 버튼을 두 번 눌러 모든 바깥 여백을 [2mm]로 변경합니다 ❹ [설정]을 클릭합니다.

➕ 그림의 모든 바깥 여백이 2mm로 변경되고 그림과 글 사이에 여백이 설정됩니다.

도장 그림 속성 변경하기

05 마치 문서에 도장을 찍은 것처럼 도장과 '인'이라는 글자가 함께 보이도록 설정해보겠습니다. ❶ 도장 그림을 더블클릭합니다. ❷ [개체 속성] 대화상자에서 [기본] 탭을 클릭하고 ❸ [글자처럼 취급]의 체크를 해제하고 ❹ [글 뒤로▤]를 클릭합니다. ❺ [설정]을 클릭하여 개체 속성을 변경합니다.

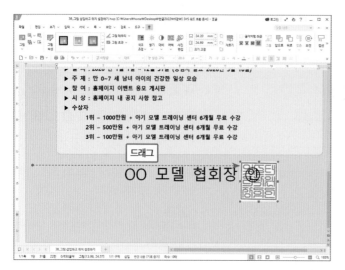

도장 그림 배치하기

06 도장 그림의 본문 배치가 글 뒤로 설정되었습니다. 도장 그림을 드래그하여 '인' 뒤에 배치합니다.

쉽고 빠른 한글 Note | **문서에 그림을 배치하는 방법 알아보기**

문서에 그림을 배치하는 옵션에는 [어울림🔳] 외에 [글자처럼 취급], [자리 차지🔳], [글 앞으로🔳], [글 뒤로🔳] 등이 있습니다. 각 옵션별로 글과 그림의 배치는 다음과 같습니다.

▲ 글자처럼 취급 : 그림을 글자와 동일하게 취급합니다.

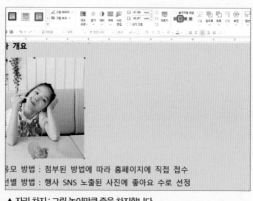

▲ 자리 차지 : 그림 높이만큼 줄을 차지합니다.

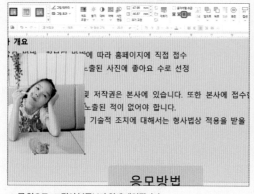

▲ 글 앞으로 : 그림이 본문보다 앞에 배치됩니다.

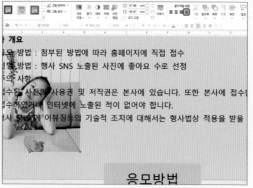

▲ 글 뒤로 : 그림이 본문보다 뒤에 배치됩니다.

핵심기능

39

그림 꾸미기

실습 파일 한글\6장\그림 꾸미기.hwp
완성 파일 한글\6장\그림 꾸미기_완성.hwp

스타일 효과로 그림 액자 설정하고 그림 액자 테두리 굵기 변경하기

01 그림에 액자 테두리를 적용해보겠습니다. **❶** 그림을 클릭하고 **❷** [그림] 메뉴의 그림 스타일 상자에서 [회색 아래쪽 그림자]를 클릭합니다. **❸** 그림을 선택한 상태에서 [그림 테두리☑]의 ☑을 클릭합니다. **❹** [선 굵기]를 클릭하고 **❺** [1mm]를 클릭합니다.

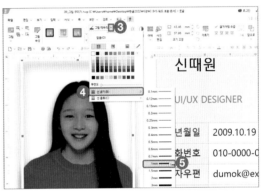

⊘ **한글 2014** 그림자를 적용하려면 [그림자]를 클릭합니다.

⊘ **한글 NEO** 선 굵기를 변경하려면 [선 스타일]을 클릭합니다.

쉽고 빠른 한글 Note | 사진 편집 기능을 이용하여 사진 보정하기

한글에 내장된 한포토를 이용하면 보정 전후를 시각적으로 확인하면서 사진을 밝게, 어둡게 또는 선명하게 보정할 수 있습니다. 그림을 클릭한 후 [그림] 메뉴-[사진 편집☒]을 클릭하여 사용합니다.

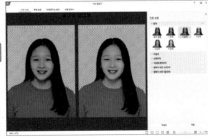

⊘ **한글 NEO** 한글 NEO에서는 [그림] 메뉴 – [한포토로 편집]을 클릭합니다.

도형
&
개체
&
표

그림 액자의 테두리 색 변경하기

02 그림 테두리의 색도 변경할 수 있습니다. ❶ 그림을 선택한 상태에서 [그림] 메뉴-[그림 테두리 ◤]의 ☑을 클릭하고 ❷ [보라(RGB: 157,92, 187) 80% 밝게]를 클릭합니다.

➕ 액자 테두리의 색이 변경됩니다.

그림 액자 테두리 그림자 변경하기

03 그림자의 색, 투명도, 거리, 각도 등을 세밀하게 변경할 수 있습니다. ❶ 그림을 더블클릭합니다. ❷ [개체 속성] 대화상자에서 [그림자] 탭을 클릭합니다. ❸ [색]을 [보라(RGB: 157,92,187) 80% 밝게], [투명도]를 [70%], [흐리게]를 [3pt], [거리]를 [3pt], [각도]를 [45°]로 변경하고 ❹ [설정]을 클릭합니다.

➕ 그림자 스타일이 변경됩니다.

그림자 속성 제거하기

04 ❶ 그림이 선택된 상태로 [그림] 메뉴의 그림 스타일 상자에서 [자세히 ☒]를 클릭한 후 ❷ [그림 스타일 없음]을 클릭합니다.

➕ 그림자 속성이 제거됩니다.

✅ **한글 NEO** [그림] 메뉴-[그림 효과]를 클릭한 후 [그림자]-[그림자 없음]을 클릭합니다.

그림에 옅은 테두리 지정하기

05 ❶ 그림이 선택된 상태에서 [그림] 메뉴-[그림 효과▦]를 클릭하고 ❷ [옅은 테두리]-[5pt]를 클릭합니다.

➕ 그림에 옅은 테두리가 적용됩니다.

✓ 한글 2014 [옅은 테두리]를 클릭합니다.

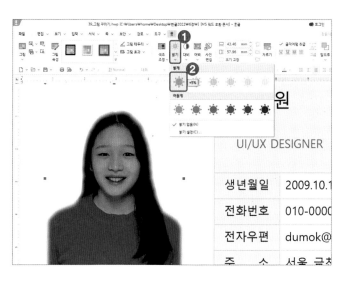

그림 밝기 수정하기

06 그림을 좀 더 밝게 수정해보겠습니다. ❶ 그림이 선택된 상태에서 [그림] 메뉴-[밝기▨]를 클릭하고 ❷ [밝게]-[+5%]를 클릭합니다.

✓ 한글 2010 [그림] 메뉴-[속성] 그룹-[밝기]를 클릭합니다.

그림 대비 수정하기

07 그림을 좀 더 선명하게 나타낼 수 있도록 그림의 대비를 수정해보겠습니다. ❶ 그림이 선택된 상태에서 [그림] 메뉴-[대비▨]를 클릭하고 ❷ [높게]-[+20%]를 클릭합니다.

➕ 그림의 대비가 변경되어 선명해집니다.

도형
&
개체
&
표

핵심기능

40

한컴 애셋 이용하여 클립아트 삽입하기

실습 파일 한글\6장\클립아트 삽입하기.hwp
완성 파일 한글\6장\클립아트 삽입하기_완성.hwp

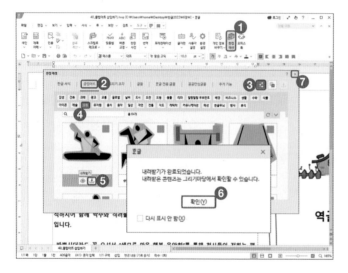

✅ **한글 NEO&이전 버전** 한컴 애셋은 한글 2018 버전부터 사용할 수 있습니다.

한컴 애셋 실행하고 클립아트 추가하기

01 ① [도구] 메뉴-[한컴 애셋🖳]을 클릭합니다. ② [한컴 애셋] 대화상자에서 [클립아트] 탭을 클릭합니다. ③ [필터🖳]를 클릭합니다. ④ 필터 목록에서 [운동]을 클릭하고 ⑤ [카누] 클립아트의 [내려받기⬇]를 클릭합니다. ⑥ 선택한 클립아트가 그리기마당에 추가되었다는 메시지가 표시되면 [확인]을 클릭하고 ⑦ [닫기❌]를 클릭하여 [한컴 애셋]을 종료합니다.

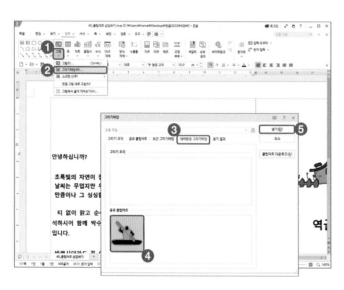

그리기마당 실행하고 클립아트 선택하기

02 ① [입력] 메뉴-[그림🖳]의 ☑을 클릭한 후 ② [그리기마당]을 클릭합니다. ③ [그리기마당] 대화상자에서 [내려 받은 그리기마당] 탭을 클릭하고 ④ 앞서 추가한 [카누]를 클릭합니다. ⑤ [넣기]를 클릭합니다.

바로 통하는TIP [그리기마당]을 처음 실행하면 자동으로 그리기 도구가 설치됩니다.

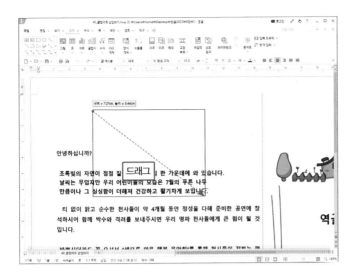

문서에 클립아트 삽입하기

03 문서 상단에 적당한 크기로 드래그하여 클립아트를 삽입합니다.

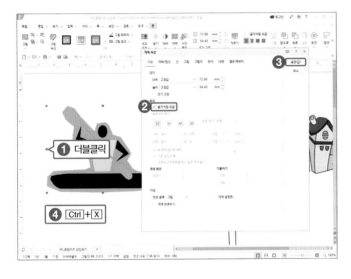

클립아트 글자처럼 취급하기

04 추가된 클립아트가 표 안에 배치되지 않는 문제를 해결하겠습니다. ❶ 클립아트를 더블클릭합니다. ❷ [개체 속성] 대화상자에서 [기본] 탭-[글자처럼 취급]에 체크합니다. ❸ [설정]을 클릭합니다. 삽입된 클립아트의 속성이 글자처럼 변경되었습니다. ❹ 클립아트가 선택된 상태에서 [Ctrl]+[X]를 눌러 잘라냅니다.

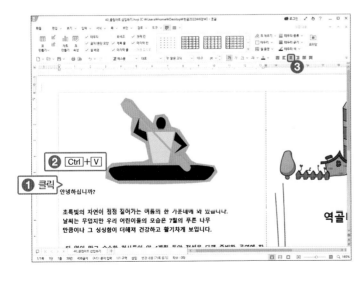

클립아트를 표 안에 붙여넣기

05 ❶ 표 왼쪽 칸의 첫 번째 줄을 클릭하고 ❷ [Ctrl]+[V]를 클릭하여 클립아트를 붙여 넣습니다. ❸ 서식 도구 상자에서 [가운데 정렬]을 클릭하여 배치합니다.

바로 통 하는TIP 예제 문서는 한 쪽에 2열의 표를 삽입해 좌우로 구분한 상태입니다. 만약 표로 구분되어 있지 않다면 04, 05 단계는 생략해도 됩니다.

도형 & 개체 & 표

2014 \ NEO \ 2018 \ 2020 \ 2022

도형 꾸미고 모양 복사하기

실습 파일 한글\6장\도형 꾸미고 모양 복사하기.hwp
완성 파일 한글\6장\도형 꾸미고 모양 복사하기_완성.hwp

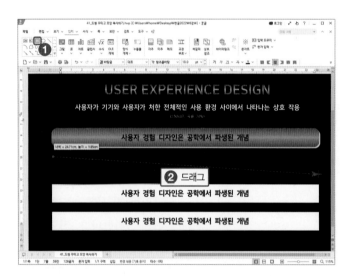

도형 그려 넣고 크기 변경하기

01 도형을 삽입한 후 문서에 어울리는 서식을 지정해보겠습니다. ❶ [입력] 메뉴의 도형 그리기 상자에서 [직사각형□]을 클릭합니다. ❷ 첫 번째 도형 아래에 드래그하여 직사각형을 그려 넣습니다.

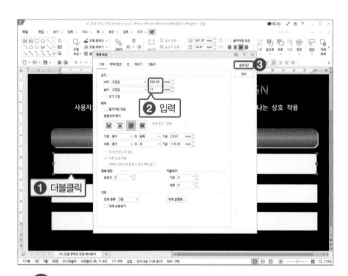

도형 크기 변경하기

02 ❶ 삽입한 직사각형의 테두리를 더블클릭합니다. ❷ [개체 속성] 대화상자에서 [기본] 탭-[크기]-[너비]에 **250**, [높이]에 **17**을 입력하고 ❸ [설정]을 클릭합니다.

➕ 도형의 크기가 250×17mm로 변경됩니다.

바로통하는TIP [개체 속성] 대화상자를 표시하려면 도형의 테두리를 더블클릭합니다. 도형 안에 텍스트가 입력되어 있다면 반드시 테두리를 더블클릭해야 합니다. 도형의 테두리를 클릭한 후 단축키 P를 눌러도 [개체 속성] 대화상자를 표시할 수 있습니다.

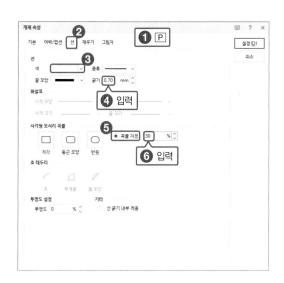

도형 선 서식 변경하기

03 도형의 선 서식을 설정해보겠습니다. ❶ 도형이 선택된 상태에서 단축키 P를 누릅니다. ❷ [개체 속성] 대화상자에서 [선] 탭을 클릭하고 ❸ [선]-[색]-[하양(RGB: 255,255,255)]을 선택합니다. ❹ [굵기]에 **0.7**을 입력하고, ❺ [사각형 모서리 곡률]-[곡률 지정]을 클릭한 후 ❻ **30**을 입력합니다.

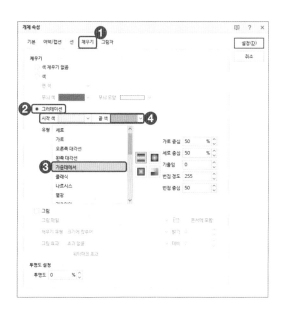

도형 채우기 서식 변경하기

04 ❶ [개체 속성] 대화상자에서 [채우기] 탭을 클릭하고 ❷ [그러데이션]을 클릭합니다. ❸ [유형]-[가운데에서]를 클릭하고 ❹ [시작 색]-[노랑(RGB: 255,215,0) 80% 밝게], [끝색]-[노랑(RGB: 255,215,0)]으로 설정합니다.

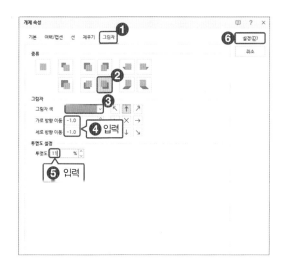

도형의 그림자 서식 설정하기

05 ❶ [개체 속성] 대화상자에서 [그림자] 탭을 클릭하고 ❷ [종류]-[오른쪽 아래▣]를 클릭합니다. ❸ [그림자]-[그림자 색]-[주황 40%(RGB: 255,132,58) 밝게]로 선택하고 ❹ [가로 방향 이동]에 **-1.0**, [세로 방향 이동]에 **-1.0**을 입력합니다. ❺ [투명도]에 **11**을 입력하고 ❻ [설정]을 클릭합니다.

➕ 도형에 선, 채우기, 그림자 서식이 적용됩니다.

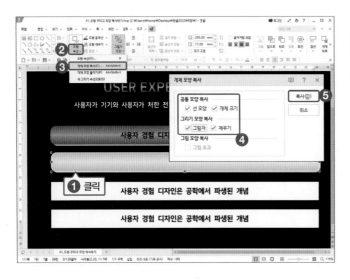

개체 모양 복사하기(단축키 Alt + Shift + C)

06 앞서 설정한 도형의 서식을 복사해 다른 도형에 적용해보겠습니다. ❶ 앞서 그려 넣은 도형 테두리를 클릭하고 ❷ [도형] 메뉴-[도형 속성◻]의 ✓을 클릭합니다. ❸ [개체 모양 복사]를 클릭합니다. ❹ [개체 모양 복사] 대화상자에서 [그림 효과]를 제외한 모든 항목에 체크하고 ❺ [복사]를 클릭합니다.

➕ 개체 모양이 복사됩니다.

개체 모양 붙여넣기(단축키 Alt + Shift + V)

07 ❶ 복사한 서식을 붙여넣기 위해 세 번째 도형의 테두리를 클릭합니다. ❷ [도형] 메뉴-[도형 속성◻]의 ✓을 클릭하고 ❸ [개체 모양 붙이기]를 클릭합니다.

➕ 세 번째 도형에 개체 모양이 붙여 넣어집니다.

바로 통 하는 TIP 테두리 모양은 붙여넣기를 할 수 없습니다.

CHAPTER

07

표
꾸미기

여러 종류의 데이터를 문서에 삽입해야 할 때 표를 이용하면 좀 더 가독성 있고 정돈된 문서를 만들 수 있습니다. 표를 만드는 방법, 줄/칸을 삽입하고 삭제히는 방법, 표 안의 문자열을 정렬하고 셀에 테두리와 음영을 적용하여 스타일을 변경하는 방법 등에 대해서 알아보겠습니다. 간단한 차트를 문서에 추가하여 내용을 더욱 풍성하게 만드는 방법도 소개합니다.

표 삽입, 크기 조절, 이동하기

실습 파일 한글\7장\표 삽입, 크기 조절, 이동하기.hwp
완성 파일 한글\7장\표 삽입, 크기 조절, 이동하기_완성.hwp

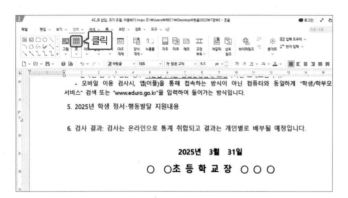

[표 만들기] 대화상자에서 표 그리기 (단축키 Ctrl + N , T)

01 예제 문서에서 3줄×4칸의 표를 추가해보겠습니다. [입력] 메뉴-[표 ▦]를 클릭합니다.

➕ [표 만들기] 대화상자가 나타납니다.

[표 만들기] 대화상자에서 표 설정하기

02 ❶ [표 만들기] 대화상자에서 [줄/칸]-[줄 개수]에 **3**, [칸 개수]에 **4**를 입력합니다. ❷ [마우스 끌기로 만들기]에 체크하고 ❸ [표마당]을 클릭합니다.

➕ [표마당] 대화상자가 나타납니다.

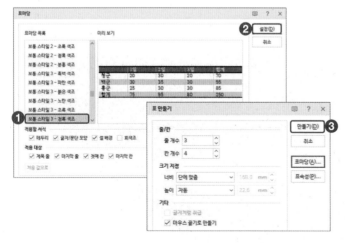

[표마당] 대화상자에서 설정하기

03 ❶ [표마당] 대화상자에서 [표마당 목록]-[보통 스타일 3 - 청록 색조]를 클릭하고 ❷ [설정]을 클릭합니다. ❸ [표 만들기] 대화상자가 다시 나타나면 [만들기]를 클릭합니다.

➕ 마우스 포인터가 표 그리기 모양으로 변경됩니다.

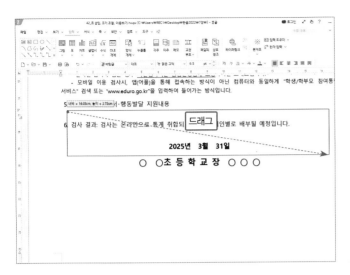

마우스로 표 그리기

04 표가 시작될 위치를 기준으로 드래그하여 적당한 크기의 표를 그립니다.

➕ 표가 본문에 삽입됩니다.

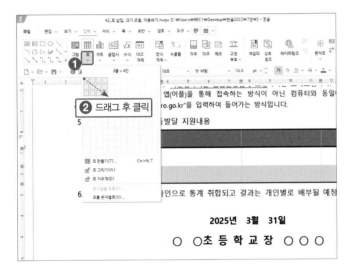

표 그리기 도구로 그리기

05 ❶ [입력] 메뉴-[표▦]의 ✅을 클릭합니다. ❷ 3줄×4칸만큼 드래그한 후 클릭합니다.

➕ 마우스 포인터가 표 그리기 모양🖉으로 변경됩니다.

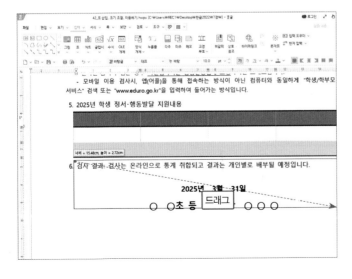

06 표가 시작될 위치를 기준으로 드래그하여 적당한 크기의 표를 그립니다.

➕ 표가 본문에 삽입됩니다.

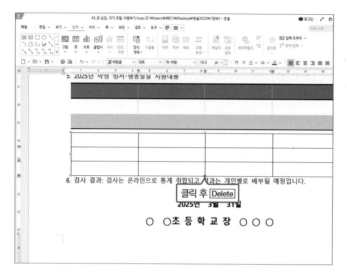

표 지우기

07 삽입한 표를 삭제해보겠습니다. 표 테두리를 클릭하고 Delete를 누릅니다.

➕ 표가 지워집니다.

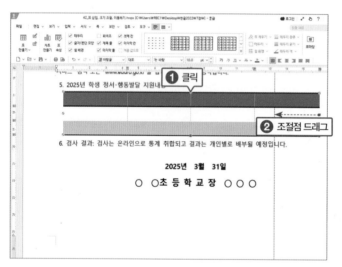

표 크기 조절하기

08 이미 삽입한 표의 전체 크기를 변경해보겠습니다. ❶ 표 테두리를 클릭합니다. 크기 조절점이 활성화됩니다. ❷ 표의 크기 조절점을 드래그하여 적당한 크기로 변경합니다.

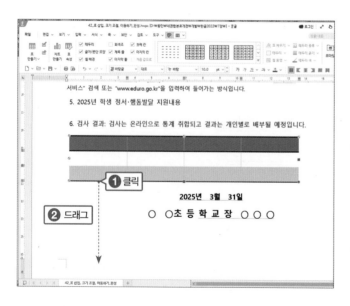

표 이동하기

09 그림이나 클립아트와 마찬가지로 표도 자유롭게 이동할 수 있습니다. 다만 표 속성에서 [글자처럼 취급]에 체크되어 있지 않아야 합니다. ❶ 표 테두리를 클릭하면 마우스 포인터가 이동하기 모양으로 변경됩니다. ❷ 표를 원하는 위치에 드래그합니다.

➕ 표가 이동합니다.

우선순위

핵심기능

줄/칸 삽입 및 삭제하기

43

실습 파일 한글\7장\줄 칸 삽입 및 삭제하기.hwp
완성 파일 한글\7장\줄 칸 삽입 및 삭제하기_완성.hwp

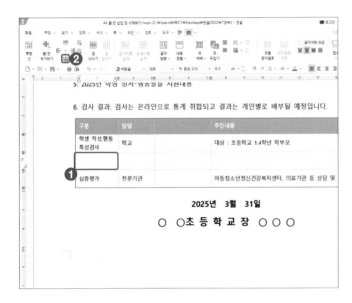

줄 삽입하기

01 표의 2행 아래에 한 줄을 추가해보겠습니다. **①** 2행에서 임의의 셀을 클릭합니다. **②** [표 레이아웃 圃] 메뉴-[아래에 줄 추가하기圃]를 클릭합니다.

⊕ 2행 아래에 한 줄이 추가됩니다. 셀 서식이 동일하게 적용됩니다.

✓ 한글 2020&이후 버전 한글 2020 버전부터는 [표] 메뉴가 [표 디자인 圂], [표 레이아웃圃] 메뉴로 분리되었습니다.

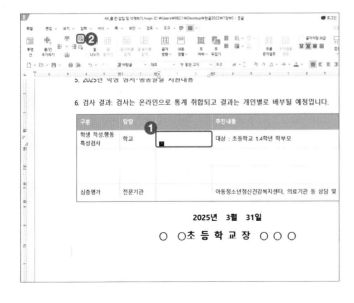

칸 삭제하기

02 표의 3열을 삭제해보겠습니다. **①** 삭제할 열에서 임의의 셀을 클릭합니다. **②** [표 레이아웃圃] 메뉴-[칸 지우기圂]를 클릭합니다.

⊕ 3열에 해당하는 칸이 삭제됩니다.

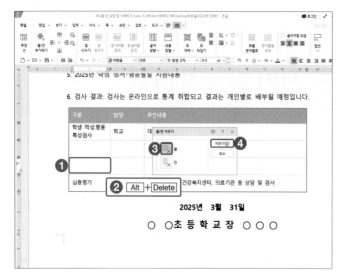

줄 삭제하기(단축키 Alt + Delete)

03 새로 추가한 줄을 단축키로 삭제해보겠습니다. ❶ 삭제하고자 하는 줄에서 임의의 셀을 클릭하고 ❷ 단축키 Alt + Delete를 누릅니다. ❸ [줄/칸 지우기] 대화상자에서 [줄]을 클릭하고 ❹ [지우기]를 클릭합니다.

➕ 현재 커서가 있는 줄이 삭제됩니다.

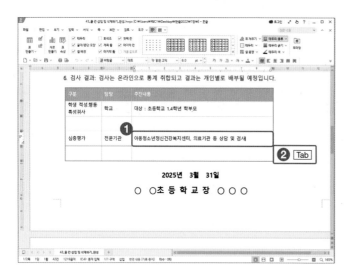

Tab으로 줄 추가하기

04 표의 마지막 셀에서 Tab을 누르면 빠르게 줄을 추가 할 수 있습니다. ❶ 표의 맨 아랫줄 오른쪽 마지막 셀을 클릭하고 ❷ Tab을 누릅니다.

➕ 표 아래쪽에 한 줄이 추가됩니다.

바로통하는TIP 마지막 셀을 클릭하고 Tab을 연속으로 눌러 쉽게 줄을 추가할 수 있습니다.

핵심기능

44

셀 합치고 나누기

실습 파일 한글\7장\셀 합치고 나누기.hwp
완성 파일 한글\7장\셀 합치고 나누기_완성.hwp

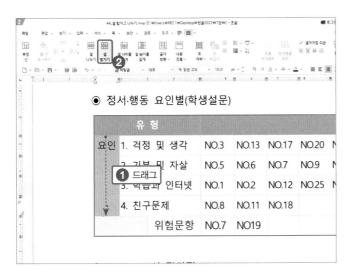

셀 합치기

01 예제 문서의 표에서 항목별로 분리되어 있는 '요인' 셀을 하나로 합쳐보겠습니다. ❶ 합칠 셀 범위를 드래그합니다. ❷ [표 레이아웃▦] 메뉴-[셀 합치기▦]를 클릭합니다.

➕ 선택한 네 개의 셀이 하나로 합쳐집니다.

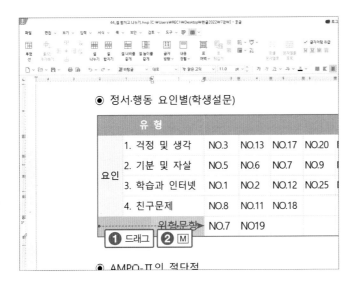

단축키 M으로 셀 합치기

02 '위험문항' 셀 역시 왼쪽에 있는 셀과 분리되어 있습니다. 하나의 셀로 합쳐보겠습니다. ❶ 합칠 셀 범위를 드래그합니다. ❷ 단축키 M을 누릅니다.

➕ 선택한 두 셀이 하나로 합쳐집니다.

도형
&
개체
&
표

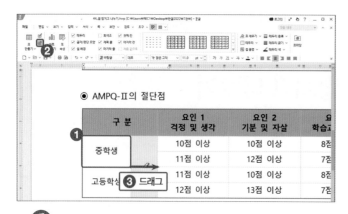

표 지우개를 이용해 셀 합치기

03 ❶ 표에서 임의의 셀을 클릭합니다. ❷ [표 디자인] 메뉴-[표 지우개]를 클릭합니다. ❸ 마우스 포인터가 표 지우개 모양으로 변경되면 지워야 할 선을 드래그합니다.

➕ 선이 지워지면서 셀이 합쳐졌습니다.

바로 통하는 TIP 표 지우개 상태에서는 셀 경계선을 계속 삭제할 수 있습니다. 표 지우개 상태를 해제하려면 표의 바깥쪽을 클릭하거나 Esc를 누릅니다.

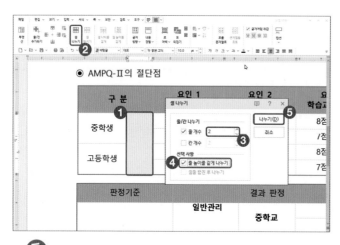

셀 나누기

04 '중학생' 오른쪽에 있는 노란색 셀을 두 개로 나눠보겠습니다. ❶ 두 개로 나눌 셀을 클릭합니다. ❷ [표 레이아웃] 메뉴-[셀 나누기]를 클릭합니다. ❸ [셀 나누기] 대화상자에서 [줄 개수]를 [2]로 변경합니다. ❹ [줄 높이를 같게 나누기]에 체크합니다. ❺ [나누기]를 클릭합니다.

➕ 선택한 셀이 높이가 같게 두 칸으로 나누어졌습니다.

바로 통하는 TIP 나눌 셀을 클릭하고 F5를 눌러 셀을 선택한 후 단축키 S를 눌러도 [셀 나누기] 대화상자를 표시할 수 있습니다.

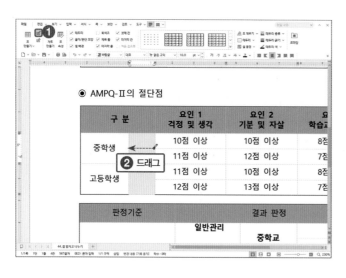

표 그리기로 셀 나누기

05 '중학생' 오른쪽에 있는 회색 셀 가운데에 선을 그어 셀을 두 개로 나눠보겠습니다. 이웃한 셀의 경계선을 기준선으로 삼아 연장하여 그립니다. ❶ [표 디자인] 메뉴-[표 그리기]를 클릭합니다. 마우스 포인터가 펜 모양으로 변경됩니다. ❷ 노란색 셀과 이웃 셀의 가로선이 만나는 부분을 왼쪽으로 드래그하여 연장합니다.

➕ 셀이 두 칸으로 나눠집니다.

핵심기능

45

셀 높이와 폭 같게 설정하기

실습 파일 한글\7장\셀 높이와 폭 같게 설정하기.hwp
완성 파일 한글\7장\셀 높이와 폭 같게 설정하기_완성.hwp

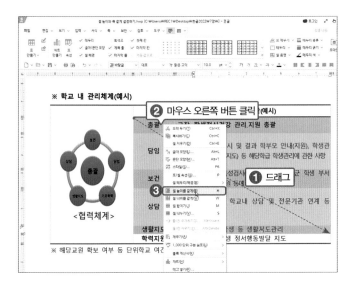

셀 높이 같게 설정하기(단축키 H)

01 예제 문서의 표에서 텍스트의 양에 상관없이 셀 높이를 일정하게 설정해보겠습니다. ❶ 제목 행과 마지막 행을 제외한 표 범위를 드래그하고 ❷ 선택한 범위에서 마우스 오른쪽 버튼을 클릭합니다. ❸ [셀 높이를 같게]를 클릭합니다.

➕ 선택한 모든 셀의 높이가 똑같게 맞춰집니다.

바로 통 하는TIP [표 레이아웃] 메뉴에서 [셀 높이 같게]를 클릭해도 됩니다.

셀 너비 같게 설정하기(단축키 W)

02 '담당'과 '선임'에 해당하는 셀의 너비를 일정하게 설정해보겠습니다. ❶ '담당' 열과 '선임' 열 범위를 드래그하고 ❷ [표 레이아웃▦] 메뉴-[셀 너비를 같게▥]를 클릭합니다.

➕ 선택한 모든 열의 너비가 똑같게 맞춰집니다.

도형
&
개체
∩
표

핵심기능

46

표 나누기, 붙이기, 여러 쪽 지원 기능 이용하기

실습 파일 한글\7장\표 나누기, 붙이기, 여러 쪽 지원 기능 이용하기.hwp
완성 파일 한글\7장\표 나누기, 붙이기, 여러 쪽 지원 기능 이용하기_완성.hwp

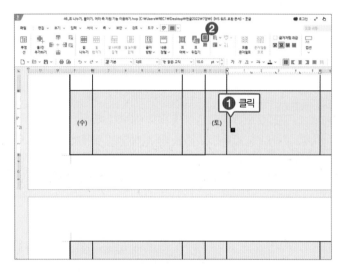

✅ **한글 NEO&이전 버전** [표 레이아웃] 메뉴가 [표] 메뉴에 포함되어 있습니다.

표 나누기(단축키 Ctrl+N, A)

01 예제 문서의 표가 길어서 마지막 칸의 일부가 다음 쪽으로 넘어갔습니다. 수요일과 토요일에 해당하는 줄을 기본 표에서 분리해 다음 쪽에 배치해보겠습니다. ❶ 표를 나누기할 기준인 '(수)', '(토)'가 입력된 행에서 임의의 셀을 클릭합니다. ❷ [표 레이아웃▦] 메뉴-[표 나누기▦]를 클릭합니다.

➕ 표가 나누어집니다.

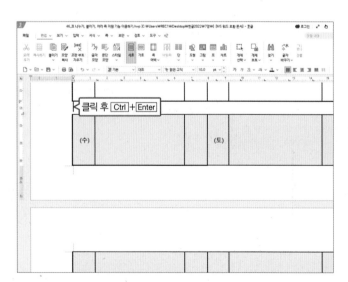

나눠진 표 다음 쪽으로 넘기기

02 나눠진 표의 바로 위쪽을 클릭하고 단축키 Ctrl+Enter를 눌러 분리된 표를 다음 쪽으로 넘깁니다.

➕ 나눠진 표가 다음 쪽으로 넘어갑니다.

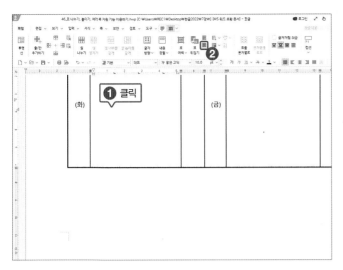

표 붙이기(단축키 Ctrl + N, Z)

03 두 개의 표를 하나로 붙여 연결해보겠습니다. ❶ '(화)', '(금)'이 표시된 줄에서 임의의 셀을 클릭하고 ❷ [표 레이아웃▦] 메뉴-[표 붙이기▦]를 클릭합니다.

➕ 분리되었던 아래쪽 표가 위쪽 표에 다시 붙습니다.

바로 통하는TIP 나눠진 아래쪽 표가 아니라 위쪽 표에서 임의의 셀을 클릭해야 합니다.

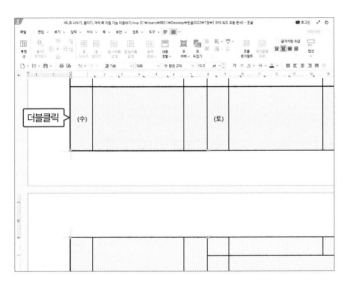

여러 쪽 지원 기능으로 표 나누기

04 표가 여러 쪽에 걸쳐 표시되는 경우 직접 표를 나누지 않고도 표가 잘리지 않게 여러 쪽에 표시하는 기능이 있습니다. 여러 쪽 지원 기능을 이용해 표를 배치해보겠습니다. 표 테두리를 더블클릭합니다.

➕ [표/셀 속성] 대화상자가 나타납니다.

바로 통하는TIP 표 테두리를 클릭한 후 마우스 오른쪽 버튼을 클릭하고 [개체 속성]을 클릭해도 됩니다.

셀 단위로 나누기

05 ❶ [표/셀 속성] 대화상자에서 [표] 탭을 클릭하고 ❷ [여러 쪽 지원]-[쪽 경계에서]-[셀 단위로 나눔]을 클릭한 후 ❸ [설정]을 클릭합니다.

➕ 표의 셀이 중간에서 잘리지 않고 자연스럽게 나눠지면서 여러 쪽에 걸쳐 표시됩니다.

핵심기능

47

표 셀 속성 지정하기

실습 파일 한글\7장\표 셀 속성 지정하기.hwp
완성 파일 한글\7장\표 셀 속성 지정하기_완성.hwp

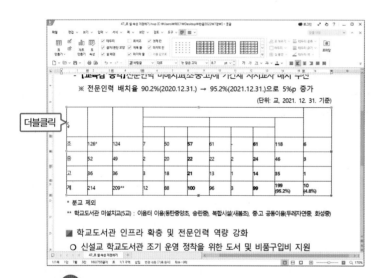

더블클릭

셀 안쪽에 여백 설정하기

01 1쪽에 수록된 설문표의 모양을 변경해보겠습니다. 우선 표 테두리와 텍스트 사이에 일정한 여백이 표시되도록 설정하겠습니다. 표 테두리를 더블클릭합니다.

➕ [표/셀 속성] 대화상자가 나타납니다.

바로**통**하는**TIP** 표 테두리를 클릭하고 [표 디자인] 메뉴-[표 속성]을 클릭해도 됩니다. 또는 표 테두리를 클릭하고 마우스 오른쪽 버튼을 클릭한 후 [개체 속성]을 클릭해도 됩니다.

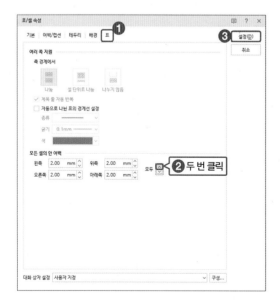

[표/셀 속성] 대화상자 설정하기

02 ❶ [표/셀 속성] 대화상자에서 [표] 탭을 클릭하고 ❷ [모든 셀의 안 여백]-[모두]의 위쪽 버튼을 두 번 클릭해 모든 셀의 안쪽 여백을 [2mm]로 변경한 후 ❸ [설정]을 클릭합니다.

➕ 모든 셀의 안쪽 여백이 2mm로 변경됩니다.

바로**통**하는**TIP** 표 선택을 취소하려면 Esc를 누르거나 문서에서 다른 위치를 클릭합니다.

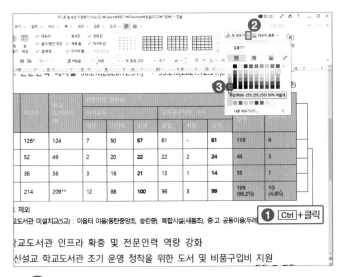

셀 배경색 채우기

03 표의 제목이나 특이 사항이 있는 셀을 돋보이게 표시하고 싶다면 배경색을 채우는 방법이 유용합니다. 설문에 대한 답을 표시하는 셀에 배경색을 채워보겠습니다. ❶ 배경색을 채울 셀들을 Ctrl 을 누른 상태에서 순서대로 클릭하여 선택합니다. ❷ [표 디자인▦] 메뉴─[표 채우기▣]의 ⌄을 클릭하고 ❸ [하양 (RGB: 255, 255, 255) 50% 어둡게]를 클릭합니다.

➕ 셀 배경색이 적용됩니다.

바로 통 하는 TIP 셀 배경색을 채우는 방식에는 표 도구 상자에서 바로 적용하는 방법과 [셀/테두리 배경] 대화상자에서 변경하는 방법이 있습니다. 테두리 선을 적용할 때도 이 두 가지 방법을 동일하게 사용할 수 있습니다. [셀 테두리/배경] 대화상자를 이용하려면 Ctrl 을 누른 상태에서 배경색을 적용할 셀을 모두 클릭하고 마우스 오른쪽 버튼을 클릭한 후 [셀 테두리/배경]─[각 셀마다 적용]을 선택합니다.

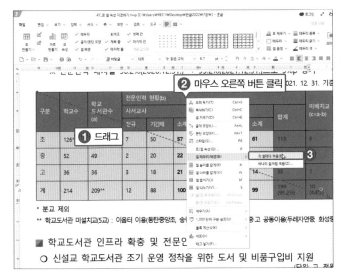

표 안쪽 테두리 색 편집하기

04 [셀/테두리 배경] 대화상자에서 셀 테두리를 변경해보겠습니다. ❶ 셀 테두리 색을 변경할 표 전체 범위를 드래그합니다. ❷ 선택한 범위에서 마우스 오른쪽 버튼을 클릭하고 ❸ [셀 테두리/배경]─[각 셀마다 적용]을 클릭합니다.

➕ [셀 테두리/배경] 대화상자가 나타납니다.

도형 & 개체 & 표

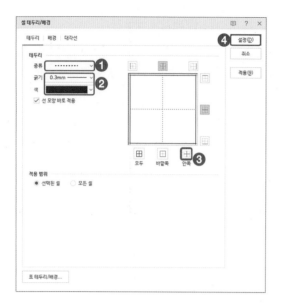

테두리 편집하기

05 ❶ [셀 테두리/배경] 대화상자에서 [테두리] 탭-[테두리]-[종류]-[점선]을 선택합니다. ❷ [굵기]는 [0.3mm], [색]은 [보라(RGB: 157, 92, 189)]를 선택하고 ❸ 테두리 적용 상자에서 [안쪽 ⊞]을 클릭합니다. ❹ [설정]을 클릭합니다.

➕ 표의 안쪽 테두리가 설정한 모양으로 바뀝니다.

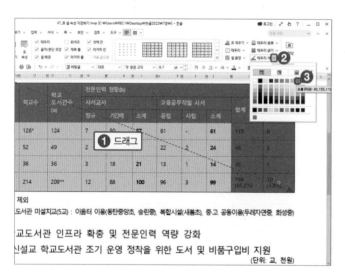

표 바깥쪽 셀 테두리 색 편집하기

06 표의 바깥쪽 테두리에 색을 지정해보겠습니다. ❶ 셀 테두리 색을 변경할 표 전체 범위를 드래그합니다. ❷ [표 디자인🔲] 메뉴-[테두리 색 🔲]의 ☑을 클릭하고 ❸ [초록(RGB: 40,155,110)]을 클릭합니다.

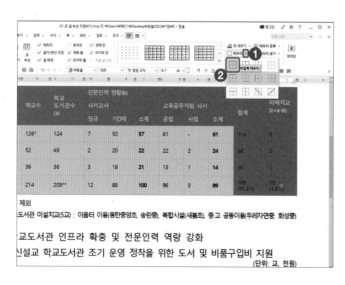

표 바깥쪽 셀 테두리 색 적용하기

07 ❶ [표 디자인🔲] 메뉴-[테두리🔲]의 ☑을 클릭하고 ❷ [바깥쪽 테두리🔲]를 클릭합니다.

➕ 선택 범위의 바깥쪽 테두리 선 색이 설정한 색으로 변경되었습니다.

바로 통 하는TIP 바깥쪽 테두리가 적용되지 않을 경우 다시 한 번 [바깥쪽 테두리🔲]를 클릭합니다.

핵심기능

48

표 내용을 오름차순이나 내림차순으로 정렬하기

실습 파일 한글\7장\표 내용을 오름차순이나 내림차순으로 정렬하기.hwp
완성 파일 한글\7장\표 내용을 오름차순이나 내림차순으로 정렬하기_완성.hwp

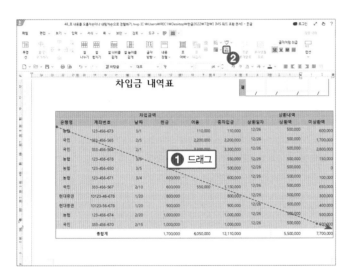

✅ **한글 NEO&이전 버전** 한글 2018 버전부터 표 메뉴가 [표 디자인📄]과 [표 레이아웃🔳] 메뉴로 분리되었습니다. 한글 NEO 버전을 포함한 이전 버전에서는 표를 선택하고 [표] 메뉴에서 도구를 선택합니다.

표 내용 정렬하기

01 예제 문서의 표 내용을 차입한 은행명, 미상환액에 따라 정렬해보겠습니다. '은행명(필드1)'는 오름차순으로 정렬하고, 은행 이름이 동일한 경우 '미상환액(필드9)'를 기준으로 큰 금액부터 표시되도록 내림차순으로 정렬하겠습니다. ❶ 표의 항목인 '은행명' 행의 아래 행부터 '총합계' 행의 바로 위 행까지 드래그합니다. ❷ [표 레이아웃🔳] 메뉴-[정렬🔢]을 클릭합니다.

➕ [정렬] 대화상자가 나타납니다.

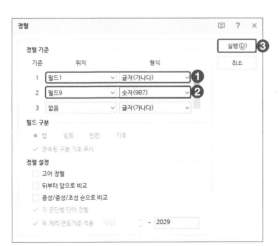

정렬 기준 선택하기

02 ❶ [정렬] 대화상자의 [정렬 기준]에서 [기준 1]의 [위치]는 [필드1], [형식]은 [글자(가나다)]로 설정합니다. ❷ [기준 2]의 [위치]는 [필드9], [형식]은 [숫자(987)]로 설정하고 ❸ [실행]을 클릭합니다.

➕ 은행명이 우선 기준으로 적용되어 가나다 순서로 정렬됩니다. 은행명(필드1)이 동일한 경우에는 미상환액(필드9)이 큰 내역부터 위쪽으로 정렬됩니다.

도형
&
개체
&
표

정렬 결과 확인하기

03 은행명이 우선 기준으로 적용되어 가나다 순서로 정렬됩니다. 은행명이 동일한 경우에는 미상환액이 큰 내역부터 위쪽으로 정렬됩니다.

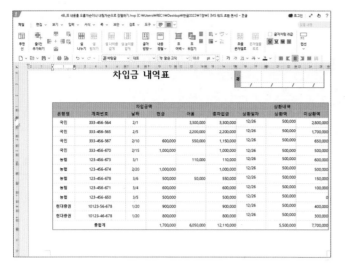

쉽고 빠른 한글 Note | **[표마당] 대화상자를 이용하여 표 스타일 변경하기**

[표마당] 대화상자를 이용하여 간단하게 표 서식을 적용할 수 있습니다. 표를 선택한 후 [표 레이아웃▼] 메뉴-[표마당]을 클릭합니다. [표마당] 대화상자에서 다양한 [표마당 목록]을 확인할 수 있으며 셀 배경, 테두리, 스타일 등을 변경할 수 있습니다. [적용할 서식]이나 [적용 대상] 옵션을 설정하여 서식을 적용할 대상을 선택합니다.

핵심기능

49

표 뒤집기와 키보드로
셀 크기 변경하기

실습 파일 한글\7장\표 뒤집기와 키보드로 셀 크기 변경하기.hwp
완성 파일 한글\7장\표 뒤집기와 키보드로 셀 크기 변경하기_완성.hwp

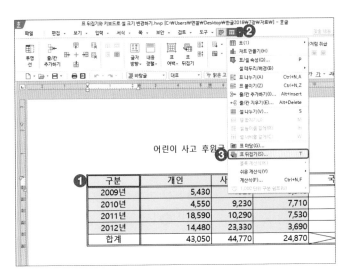

표 뒤집기

01 예제 문서의 표에서 후원 연도는 줄(열)로, 후원자는 칸(행)으로 표시되어 있습니다. 이 표의 줄과 칸을 뒤집어 후원 연도를 칸으로, 후원자를 줄로 표시해보겠습니다. ❶ 표에서 임의의 셀을 클릭합니다. ❷ [표 레이아웃☑] 메뉴를 클릭하고 ❸ [표 뒤집기]를 클릭합니다.

➕ [표 뒤집기] 대화상자가 나타납니다.

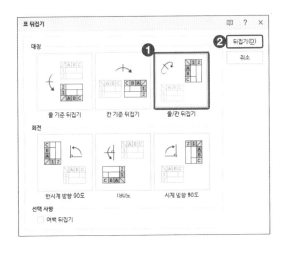

[표 뒤집기] 대화상자에서 설정하기

02 ❶ [표 뒤집기] 대화상자에서 [대칭]-[줄/칸 뒤집기]를 클릭하고 ❷ [뒤집기]를 클릭합니다.

➕ 표가 뒤집혀 후원 연도가 칸으로, 후원자는 줄로 표시됩니다.

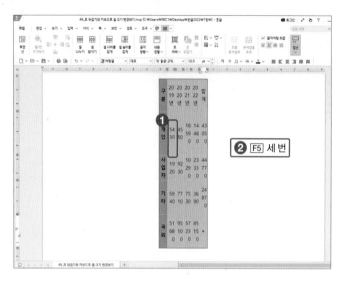

키보드를 이용하여 셀 크기 조절하기

03 표 모양이 정돈되지 않아 어색하게 보입니다. 줄, 칸의 높이와 너비를 조절해보겠습니다. ❶ 줄/칸 바꾸기가 완료된 표에서 임의의 셀을 클릭합니다. ❷ F5 를 세 번 눌러 표 전체를 선택합니다.

바로 통하는TIP F5 를 한 번 누르면 표에서 커서가 위치한 해당 셀이 선택됩니다. F5 를 두 번 누르면 선택한 셀을 기준으로 키보드의 방향키를 눌러 표 범위를 선택할 수 있으며, 세 번 누르면 표 전체가 선택됩니다.

표 크기 변경하기

04 ❶ 단축키 Ctrl + → 를 눌러 표 너비를 늘려줍니다. ❷ 단축키 Ctrl + ↑ 를 눌러 표 높이를 줄여줍니다. ❸ 표를 마우스 오른쪽 버튼을 클릭하고 ❹ [셀 높이를 같게]를 클릭합니다.

➕ 표의 셀 높이가 모두 동일하게 변경됩니다.

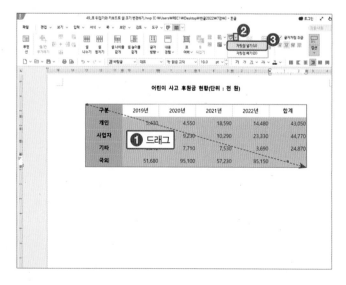

표 안의 값에 천 단위 구분 쉼표 넣기

05 ❶ 천 단위 구분 쉼표를 넣을 셀 범위를 선택합니다. ❷ [표 레이아웃] 탭-[1,000 단위 구분 쉼표]의 ▽을 클릭한 후 ❸ [자릿점 넣기]를 클릭합니다.

➕ 천 단위 구분 쉼표가 적용됩니다

바로 통하는TIP 자릿점 넣을 범위를 선택하고 마우스 오른쪽 버튼으로 클릭한 후 [천 단위 구분 쉼표]-[자릿점 넣기]를 클릭해도 됩니다.

핵심기능

50

저작권 없는 글꼴 설치하기

실습 파일 없음
완성 파일 없음

무료 글꼴 구하기

01 무료 글꼴을 내려받기 위해 인터넷 검색 창에 '공공누리' 또는 '눈누'를 검색하여 해당 웹사이트에 접속합니다. 이번 예제에서는 무료 글꼴을 한번에 다운로드할 수 있는 공공 누리 웹사이트를 이용합니다. [안심글꼴 한번에 내려받기]를 클릭하여 파일을 내려받습니다.

바로 통 하는 TIP 인터넷 검색 창에 '안심 글꼴'로 검색해도 공공누리 웹사이트에 접속할 수 있습니다.

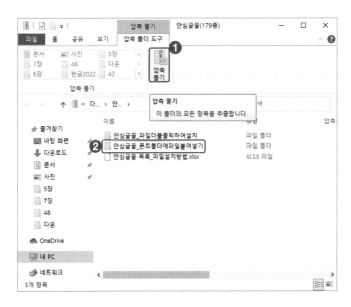

다운로드한 파일 압축 해제하기

02 ❶ [압축 풀기]를 클릭해 다운로드한 파일의 압축을 해제합니다. ❷ 압축 해제된 폴더 중 [안심글꼴_폰트폴더에파일붙여넣기] 폴더를 더블클릭합니다.

바로 통 하는 TIP 사용자의 컴퓨터 환경에 따라 압축을 해제하는 방법이 다를 수 있습니다.

도형 & 개체 & 표

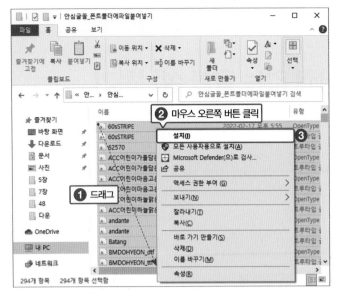

글꼴 설치하기

03 ❶ 설치할 글꼴 파일을 드래그하여 모두 선택합니다. ❷ 선택한 파일을 마우스 오른쪽 버튼으로 클릭한 후 ❸ [설치]를 클릭합니다.

➕ 선택한 글꼴이 모두 설치됩니다.

엑셀

파워포인트

한글